Christina Holtz-Bacha · Arnulf Kutsch (Hrsg.)

Schlüsselwerke für die Kommunikationswissenschaft

Christina Holtz-Bacha · Arnulf Kutsch (Hrsg.)

Schlüsselwerke für die Kommunikationswissenschaft

Westdeutscher Verlag

Die Deutsche Bibliothek – CIP-Einheitsaufnahme
Ein Titeldatensatz für diese Publikation ist bei
Der Deutschen Bibliothek erhältlich

1. Auflage Juni 2002

Der Westdeutsche Verlag ist ein Unternehmen der Fachverlagsgruppe BertelsmannSpringer.
www.westdeutschervlg.de

Umschlaggestaltung: Horst Dieter Bürkle, Darmstadt
Titelbild: Thomas Lietz, Leipzig
Redaktion: Dr. Joachim Pöhls, Hofgeismar
Satz: Ute Opitz-Karig, Leipzig
Gedruckt auf säurefreiem und chlorfrei gebleichtem Papier

ISBN-13: 978-3-531-13429-1 e-ISBN-13: 978-3-322-80371-9
DOI: 10.1007/ 978-3-322-80371-9

Inhalt

Vorwort

Wem die seit 1974 von Wilbert Ubbens bearbeitete internationale »Jahresbibliographie Massenkommunikation« mit ihren mehreren Tausend Titeln pro Band vertraut ist, kann sich leicht vorstellen, welche Herausforderung und zugleich riskante Aufgabe die Zusammenstellung von annähernd 200 Schlüsselwerken aus der Kommunikationswissenschaft darstellt. Diese Aufgabe haben wir uns ursprünglich nicht selbst gestellt, sie wurde uns vielmehr vom Lektorat des Westdeutschen Verlags angetragen. Der Verlag wollte mit dem vorliegenden Band ein Nachschlagewerk für die Kommunikationswissenschaft verlegen, wie es ähnlich zur gleichen Zeit für verschiedene andere sozialwissenschaftliche Disziplinen in Angriff genommen wurde.

Nach unserer Auffassung zielt seine Idee darauf, als Ergänzung zu den auf ganzheitliches Verständnis hin angelegten Einführungsbüchern und Überblicksdarstellungen der Kommunikationswissenschaft oder ihrer Teildisziplinen und Forschungszweige solche deutschen und ausländischen Werke im Detail vorzustellen, die einen wichtigen Einfluß auf die Genese, Ausfaltung und weitere Entwicklung der Kommunikationswissenschaft und ihrer akademischen Vorläufer, der Zeitungs- bzw. Publizistikwissenschaft, ausgeübt haben oder nach wie vor ausüben. Es handelt sich dabei um Werke, die in einem engeren Zeitraum nach ihrer Veröffentlichung oder aber andauernd aus unterschiedlichen Gründen als Ausgangspunkt für entsprechende Nachfolgeforschungen oder die weitere Ausdifferenzierung von fachlichen Erkenntnisperspektiven, Forschungsthemen und -feldern anzusehen sind, die neue Gegenstandsbereiche erschlossen oder zur Grundlegung der Methodologie des Faches beigetragen haben. In diesem Sinne bilden diese Werke Bausteine sowohl für die kognitive wie für die historische Identität der Disziplin.

Der wissenschaftshistorische Zeitraum begrenzt sich folglich nicht allein auf die zurückliegenden drei oder vier Jahrzehnte, in welchem sich die Bezeichnung Kommunikationswissenschaft durchgesetzt hat, sondern nimmt auch die früheren Entwicklungsstadien der Zeitungskunde, Zeitungs- bzw. Publizistikwissenschaft in den Blick, die man als wissenschaftliche Hauptwurzeln der Disziplin – zumindest im deutschsprachigen Raum – anzusehen hat. Wie die »Geschichte der deutschen Zeitungswissenschaft« (1948) von Otto Groth oder neuerdings die unter dem Titel »Publizieren« (1999) von Manfred Rühl vorgelegte »Sinngeschichte der öffentlichen Kommunikation« lehren, baute die Zeitungskunde oder Zeitungswissenschaft, wie das Fach bei seiner universitären Institutionalisierung zu Beginn des 20. Jahrhunderts nacheinander, teilweise auch nebeneinander bezeichnet wurde, in theoretischer und materialer Hinsicht auf Werken auf, die in den Jahrhunderten zuvor über das damals zentrale Materialobjekt, die Zeitung, entstanden waren und implizit Reflektionsansätze über mediale Kommunikationsprozesse enthalten. Deren herausragende und für die universitäre Entfaltung der Zeitungskunde einflußreichste Beispiele sollten gleichfalls Berücksichtigung finden. In diesen, fachhistorisch betrachtet, frühen Werken läßt sich die Herkunft der Disziplin als Spezialisierung aus der Nationalökonomie und Geschichtswissenschaft, teilweise auch aus der Literaturwissenschaft erkennen und zugleich als eines ihrer charakteristischen Merkmale den bis heute fortdauernden Prozeß der Integration von Theorien, Systematiken, Methoden und

Problemorientierungen aus anderen Disziplinen, insbesondere aus der Soziologie und Psychologie.

Mit dieser Dimension bietet sich außerdem die Möglichkeit, Werke einer neuen Bewertung zu unterziehen, welche in unterschiedlichen Entwicklungsstadien die Konsolidierung der Kommunikationswissenschaft in theoretischer, methodischer oder programmatischer Hinsicht beförderten, gleichwohl nur wenig Beachtung fanden oder heute finden bzw. die mehr oder weniger in Vergessenheit geraten sind. Andererseits ist davon auszugehen, daß es einer gewissen Zeit bedarf, ehe erkennbar wird, ob ein Werk sich als fruchtbar für die weitere disziplinäre Forschung und somit seine Relevanz für einen grundlegenden Erkenntnisfortschritt erweist. Aus diesem Grund erschien es uns ratsam, nur solche Titel aufzunehmen, die vor 1990 erschienen sind.

Die Konzeption beinhaltet mithin eine spezifisch nationale Perspektive: Wenn der Titel dieses Nachschlagewerkes »Schlüsselwerke für die Kommunikationswissenschaft« heißt, so muß einschränkend gesagt werden, daß damit die Disziplin und ihre Genese in Deutschland gemeint ist. Die Perspektive sollte keinesfalls die herausragende Bedeutung der internationalen und namentlich der amerikanischen Forschung für die theoretische und methodische Formierung der Kommunikations- und Medienwissenschaft hierzulande mindern, und wir meinen, daß jene in der hier präsentierten Auswahl angemessen berücksichtigt ist. Doch ist die wissenschaftshistorische und dogmengeschichtliche Entwicklung in unseren Nachbarländern wie im übrigen Ausland anders verlaufen, und diese Spezifik sollte die an Formierung und Status quo der Disziplin in Deutschland orientierte Auswahl von »Schlüsselwerken« berücksichtigen. Dabei sollte – um eine heute bisweilen allzu leicht vergessene Dimension dieser spezifisch nationalen Perspektive zu nennen – die Entwicklung des Faches »Journalistik« in der Deutschen Demokratischen Republik eingeschlossen werden.

* * * * *

Ein Vorbild für das vorliegende Nachschlagewerk gibt es in der Kommunikationswissenschaft nicht. Die schon seit Beginn der 1960er Jahre zu beobachtenden Bemühungen, durch ein annotiertes Verzeichnis der zentralen Fachpublikationen ein Orientierungsmittel für Leseempfehlungen zu erarbeiten und damit zur institutsübergreifenden Harmonisierung und letztlich Kanonisierung der grundständigen publizistik- und kommunikationswissenschaftlichen Lehre beizutragen, sind nicht weit gediehen – vermutlich nicht zuletzt wegen der schon damals ausgeprägten Auffassungsunterschiede über die Erkenntnisperspektive(n) der Publizistik- und Kommunikationswissenchaft. Den hinsichtlich seiner Zielsetzung und der explizierten Auswahlkriterien wohl umfassendsten und validesten Versuch auf diesem Weg haben Hans Bohrmann und Wilbert Ubbens mit ihrer 1984 erschienenen Bibliographie »Kommunikationsforschung« erarbeitet. Dem Konzept der Bearbeiter entsprechend, konzentrierte sich die Auswahl freilich nur auf deutschsprachige Publikationen aus den Jahren 1945 bis 1980, und im Vordergrund stand das Ziel einer Bibliographie, die ungeachtet der jedem verzeichneten Titel beigegebenen systematischen Annotation nicht die Aufgabe verfolgte, die Fragestellung, den Inhalt und die Resultate der Publikationen darzustellen sowie auf die von ihnen ausgegangenen Impulse für die

Forschung hinzuweisen. Neuere Anläufe in Deutschland oder in den Vereinigten Staaten von Amerika, die darauf zielen, die »wichtigsten« oder die »bedeutendsten« Werke für verschiedene Forschungsrichtungen aus der zweiten Hälfte oder aus dem gesamten 20. Jahrhundert auszuwählen und knapp vorzustellen oder aber in ausführlichen epistemologischen Abhandlungen »Klassiker der Kommunikationswissenschaft« daraufhin zu überprüfen, »was sie der Kommunikations- und Medienwissenschaft heute noch zu sagen« haben, signalisieren die Aktualität und gewiß auch die Notwendigkeit, sich der »gesicherten Bestände« in einer in Forschungsrichtungen und -schwerpunkten immer stärker ausdifferenzierten Disziplin mit einer kaum noch überschaubaren immensen Flut an Publikationen in Form seiner einflußreichsten Werke zu vergewissern. Man kann diese Bemühungen auch als Ausdruck der Professionalisierung der Disziplin verstehen.

Wie diese Unternehmungen und insbesondere die ursprünglich auf die Aufnahme von nicht mehr als 200 Titeln berechnete, letztlich aber 550 »forschungsrelevante« Werke verzeichnende Bibliographie von Bohrmann und Ubbens nachdrücklich verdeutlichen, stellt die Auswahl das schwierigste und fraglos breite Angriffsflächen für Kontroversen eröffnende Problem dar. Für das vorliegende Nachschlagewerk stellt sich dabei zunächst einmal die Frage, wie die heute nur noch schwer zu überblickende Disziplin sinnvollerweise einzugrenzen ist.

Die Kommunikationswissenschaft ist in Deutschland eine recht junge Disziplin. Ende der 1940er und Anfang der 1950er Jahre waren in den Vereinigten Staaten von Amerika mit den Publikationen beispielsweise von Paul F. Lazarsfeld und Frank N. Stanton (»Communications research 1948-1949«), Lyman Bryson (»The communication of ideas«) oder Wilbur Schramm (»The process and effects of mass communication«) richtungsweisende Sammelbände erschienen, welche ganz unterschiedliche, indes in jedem Fall explizit auf das Phänomen menschliche und mediale »Kommunikation« gerichtete Erkenntnisperspektiven aus verschiedenen sozialwissenschaftlichen Forschungsrichtungen und -traditionen zu dem noch diffusen Feld der Kommunikationsforschung zu vereinigen suchten. Der mit diesen und weiteren Publikationen einsetzende Prozeß der erkenntnistheoretischen Fokussierung und die mit ihm einhergehende Institutionalisierung der Disziplin an amerikanischen Universitäten ist in der Bundesrepublik Deutschland mit einem deutlichen Zeitverzug seit den 1960er Jahren zu beobachten, teils als Versuch, die jüngeren sozialwissenschaftlichen Forschungsperspektiven mit den älteren geistes- und sozialwissenschaftlichen Denkansätzen der Zeitungs- und Publizistikwissenschaft zu verknüpfen, teils in ziemlich radikaler Absetzung von diesen.

Zwar formulierte Henk Prakke, der spätere Münsteraner Publizistikwissenschaftler, schon 1956, als sich das damals strukturell noch sehr kleine Fach in der Bundesrepublik Deutschland uneinheitlich als Zeitungs- oder Publizistikwissenschaft bezeichnete, in seiner Groninger Antrittsvorlesung mit unmittelbarem Bezug auf die fachwissenschaftliche Entwicklung in den USA programmatisch: »Wissenschaftlich interessiert uns [...] vor allem der Prozeß der Kommunikation selbst«. Er nahm damit eine klare Unterscheidung zwischen dem (seinerzeit dominanten) Materialobjekt (Publizistik) und Formalobjekt (Prozeß der Human-

und Medienkommunikation) vor und bezeichnete folglich das Fach »Publizistik« auch synonym als Kommunikationswissenschaft. Seinen ersten Versuch einer umfassenden theoretischen Grundlegung dieser neuen Disziplin legte Prakke aber erst mehr als ein Jahrzehnt später mit der von ihm gemeinsam mit seinen Assistenten Franz R. Dröge, Winfried B. Lerg und Michael Schmolke bearbeiteten Monographie »Kommunikation der Gesellschaft« vor. Außerhalb des Instituts in Münster fand diese Monographie jedoch als Lehrbuch keine breitere Akzeptanz, und somit muß seine Wirkung als konsolidierendes Grundlagenwerk der neuen Disziplin Kommunikationswissenschaft wohl eher als gering eingeschätzt werden. Ein ähnliches Schicksal war zunächst auch einem anderen Grundlagenwerk beschieden, der bereits 1963 erschienenen Monographie »Psychologie der Massenkommunikation« von Gerhard Maletzke. Ihr etwas irreführender Titel ist möglicherweise dafür verantwortlich zu machen, daß es seine bis heute ungebrochene Anerkennung als fachliches Standardwerk wohl erst im folgenden Jahrzehnt erlangte. Breitere überinstitutionelle Resonanz fand – zumal unter den fachlichen Studierenden, deren Zahl immer stärker wuchs – das 1970 von Elisabeth Noelle-Neumann und Winfried Schulz herausgegebene Lexikon »Publizistik«. Dieses war bedeutsam, weil es Formal- und Materialobjekte der Kommunikationswissenschaft als explizit sozialwissenschaftliche Disziplin umriß. Mit dem Titel knüpften die Herausgeber zwar offenbar bewußt an die Tradition an, die nach dem Ende der nationalsozialistischen Diktatur und des Zweiten Weltkriegs vor allem von Walter Hagemann und Emil Dovifat in Rückgriff auf ihre zeitungswissenschaftlichen Vordenker (vor allem Karl Jaeger, Hans Traub und Heinrich Arimond) begründet worden war. Doch schon auf der ersten Seite legten sie unmißverständlich ihr Verständnis des Faches dar: Es »erforscht theoretisch und empirisch die Wirkung der Massenmedien, die Voraussetzungen von Werbung, Propaganda und Manipulation, die historischen, politischen und ökonomischen Bedingungen von Kommunikation in der Gesellschaft«.

Bereits Mitte der 1960er Jahre führte Otto B. Roegele, der Münchner Fachvertreter und einer der Mitbegründer der Kommunikationswissenschaft in Deutschland, jene Faktoren auf, die einem Konsolidierungsprozeß entgegenstanden und die sich in den folgenden Jahren noch verstärkt haben dürften: die Unübersichtlichkeit der das Fach begründenden theoretischen Ansätze, eine verwirrende terminologische Vielfalt und die fachinternen Auffassungsunterschiede über die Definition des wissenschaftlichen Gegenstandes. Der Prozeß der rasanten »Entgrenzung« und der Ausdifferenzierung von spezialisierten Teildisziplinen, der für das Fach in seinem Zentrum und an seinen Rändern seit Beginn der 1970er Jahre charakteristisch ist und auch weiterhin anhält, wenn nicht akzelleriert, beförderte die von Roegele wie von anderen Fachvertretern vielfach beklagte Unübersichtlichkeit und die Auffassungsunterschiede in einem immer komplexeren Forschungsfeld. In einer düsteren Prophezeiung warnte vor mehr als zwei Jahrzehnten Franz Ronneberger, ein anderer Nestor der deutschen Kommunikationswissenschaft, vor einer Selbstzerstörung: Mit dem Wandel von der Publizistik- zur Kommunikationswissenschaft habe das Fach seinen Gegenstandsbereich auf ein nicht mehr zu bewältigendes Maß ausgedehnt und drohe, seine Glaubwürdigkeit als Fach-Disziplin zu verlieren.

Mit dem Wandel moderner Gesellschaften zu Mediengesellschaften und einem damit einhergehenden diesbezüglichen Deutungs- und Problemlösungsbedarf interessierten sich nun auch andere sozial- und geisteswissenschaftliche Disziplinen wie Soziologie, Pädagogik, Psychologie, Geschichte oder Politikwissenschaft, verschiedene Philologien, ferner die Rechts- und die Wirtschaftswissenschaften, aber beispielsweise auch Theologie und Medizin für Probleme der medialen und Humankommunikation und ihre gesellschaftlichen Auswirkungen. Das theoretisch jedem wissenschaftlichen Erkenntnisinteresse offene Universalphänomen »Kommunikation« geriet zusehends zu einem interdisziplinären Gegenstand, für welchen selbst die grundständige Kommunikationswissenschaft immer weniger exklusive Zuständigkeit beanspruchen konnte.

In Deutschland wie im westlichen Ausland oder in Asien, seit dem Zerfall des sogenannten Ostblocks zudem auch in Osteuropa, läßt sich dieser Prozeß anschaulich an den fachlichen Strukturen ablesen: an einer in den letzten drei Jahrzehnten sprunghaft angestiegenen Zahl von – zum Teil hochspezialisierten – fachwissenschaftlichen Periodika, der Errichtung von – mitunter nicht weniger spezialisierten – Instituten und Studiengängen mit einer kaum noch zu überbietenden Varianz in den Bezeichnungen, der Ausdifferenzierung bestehender oder der Gründung neuer fachwissenschaftlicher Gesellschaften und der Veranstaltung von Fachtagungen. Die Herausgeber des »Handbook of communication science«, Charles R. Berger und Steven H. Chaffee, deuteten 1987 diese Entwicklung als einen für die Formierung und Konsolidierung der Disziplin – wenigstens in den USA – positiven Prozeß: »There has been much construction – of communication departments, research traditions, and journals. If these indicators can be taken as measures of the construct 'disciplinicity', communication is acquiring the trapping of a discipline.«

Gewiß berechtigt zu dieser Einschätzung ferner eine nicht geringe Anzahl von beeindruckenden, auf eine systematische Integration der vielfältigen, wie auch immer theoretisch begründeten kommunikationswissenschaftlichen Erkenntnisperspektiven und Problemorientierungen gerichteten Publikationen – beispielsweise die renommierten amerikanischen Nachschlagewerke »Handbook of interpersonal communication« (1985), »Handbook of communication science« (1987), »Handbook of organizational communication« (1988) oder »International encyclopedia of communications« (1989) – und, um eine andere Gattung zu nennen, die Lehr- und Studienbücher europäischer Provenienz etwa von Roland Burkart und Denis McQuail sowie neuerdings von Klaus Merten oder Karl Erik Rosengren. Gleichwohl wird – zumindest in Europa – der Status quo des Faches skeptisch beurteilt. Dafür mag exemplarisch die Einschätzung von Karsten Renckstorf stehen, der 1998 in der Kommunikationswissenschaft einen Fortbestand »grundlegender Dissense über Objekt, Theorie und Methoden« bilanzierte – eine Uneinigkeit mithin über die zentralen, eine Wissenschaft begründenden Fundamente, wie sie schon vor drei Jahrzehnten von Roegele moniert wurde.

* * * * *

Für die Auswahl stellte sich mithin das Problem, wie die Grenzen dieser, wie es der Schweizer Kommunikationswissenschaftler Ulrich Saxer formulierte, ins »grenzenlos Undisziplinierte« mäandrierenden Disziplin sinnvoll zu ziehen sind und die nur knapp angedeutete Theorie- und Perspektivenvielfalt sowie die nicht erst in letzten Jahrzehnten ausgeprägte Interdisziplinarität in den unterschiedlichen Entwicklungsstadien, Forschungsrichtungen und -schwerpunkten der Disziplin repräsentativ zu gewichten und in ihnen die jeweiligen »Schlüsselwerke« wiederum angemessen zu berücksichtigen sind. Um nur eine der grundsätzlichen Fragen in diesem Zusammenhang zu erwähnen: Versteht sich Medienpädagogik als Teildisziplin der Kommunikations- oder aber der Erziehungswissenschaft? Und: Wie lautet die Antwort für Medienrecht, -politik oder -ökonomie, wie für die Buchforschung? Welche Bedeutung ist dabei der fachlichen Selbstverortung der Autorin oder des Autors beizumessen?

Ein weiteres Problem stellt die Bestimmung des Begriffes »Schlüsselwerk« dar. Zumindest die gängigen Sprachwörterbücher und Enzyklopädien blieben uns darauf eine Antwort schuldig. Und schließlich sei noch ein drittes, ganz anders gelagertes Problem erwähnt: Den Herausgebern wurde durch den Verlag als Richtwert eine Höchstzahl von etwa 200 zu berücksichtigenden Werken vorgegeben und damit zugleich eine in letzter Konsequenz pragmatische Auswahldimension.

Um den unbestimmten Begriff »Schlüsselwerk« der Kommunikationswissenschaft für die solchermaßen limitierte Titelzahl im Sinne des Publikationsziels handhabbar zu machen und uns dabei – zumindest versuchsweise – jener vermutbaren gemeinsamen Schnittmenge zu vergewissern, die trotz der Auffassungsunterschiede, trotz Spezialisierung und Schwerpunktsetzungen in der Disziplin als vorhanden unterstellt wird, haben wir ein mehrstufiges Verfahren angewandt. Zunächst formulierten wir Kriterien für die Eingrenzung des Begriffs »Schlüsselwerk«:

Ein Schlüsselwerk leistet nach unserer Auffassung einen bedeutenden Beitrag für den fachlichen Erkenntnisfortschritt, etwa durch

- die erstmalige systematische Erforschung eines Themas, Problemfeldes, eines komplexeren medialen oder kommunikativen Phänomens und die Bestimmung zentraler Begriffe oder die Entwicklung grundlegender Methoden;
- programmatische Perspektiven, die sich für die Entwicklung des Faches als bahnbrechend erwiesen haben;
- die Eröffnung neuer Erkenntnisperspektiven über das gesellschaftliche Phänomen Kommunikation (innerhalb oder außerhalb der Fachgrenzen), die in der Disziplin neue Forschungsrichtungen begründeten und dadurch möglicherweise schulebildenden Charakter erhielten;
- die Systematisierung von Erkenntnisbeständen in komplexeren Wissensbeständen (etwa in Form eines Lehrbuchs), wodurch zur Konsolidierung des Faches oder seiner Teildisziplinen beigetragen wurde.

Von einem Schlüsselwerk kann man ferner sprechen, wenn es

- auf eine breite Resonanz (Zitation) und Akzeptanz (als grundlegende Literatur in der universitären Lehre) im Fach selbst stößt und womöglich darüber hinaus in anderen Disziplinen (wie etwa Soziologie, Geschichte, Politikwissenschaft, Pädagogik oder in Philologien) Beachtung findet,

- und/oder Beachtung und Relevanz in einer breiteren Öffentlichkeit erlangt (etwa in kommunikationspolitischen Diskussionen).

Aufgrund dieser Eingrenzung stellten wir eine erste Liste von annähernd 200 Werken auf. In einer E-Mail-Umfrage unter einem großen Teil von Mitgliedern der Deutschen Gesellschaft für Publizistik- und Kommunikationswissenschaft, Fachkolleginnen und -kollegen, stellten wir dann die Frage, welche deutschen oder ausländischen Publikationen sie – unabhängig von der Publikationsform als Monographie, Sammelwerk oder Zeitschriftenaufsatz – für die Formierung und den Status quo der Publizistik- und Kommunikationswissenschaft als gesamte Disziplin oder aber für eine ihrer Teildisziplinen für besonders einflußreich halten. Zeitlich parallel dazu baten wir Jay Blumler (Leeds) und David Weaver (Bloomington, IN) uns die nach ihrer Einschätzung wichtigsten Fachpublikationen aus dem angelsächsischen Raum zu nennen.

Auf diese Experten-Befragungen erhielten wir 31 Antworten mit insgesamt mehr als 300 empfohlenen Titeln (Monographien, Sammelpublikationen, Nachschlagewerke und Zeitschriftenaufsätze), wobei sich die Schnittmenge auf kaum mehr als 30 identische Werke beschränkte; die Schnittmenge aller in den Rückmeldungen empfohlenen Titel mit der in unserer Liste belief sich allerdings auf mehr als 50 Prozent. Um den Umfang des Nachschlagewerkes nicht auf das Doppelte der Planungsgrundlage anschwellen zu lassen, erforderte die Überprüfung und Ersetzung der von uns erstellten Liste durch diese für die Aufnahme empfohlenen Werke insofern einen nicht unwesentlichen qualitativen Einschnitt, als wir uns entschließen mußten, analog zu den eingangs erwähnten, gleichgelagerten Verlagsobjekten die Auswahl auf Monographien zu beschränken.

Wer den Prozeß überblickt, der zur Konsolidierung der Kommunikationswissenschaft seit den 1950er Jahren und ihrer anhaltend rasanten Ausdifferenzierung führte, mag diese Entscheidung bedauern. Denn diese Entwicklung wurde nicht nur durch eine Vielzahl von namhaften Monographien befördert, denen man mehr oder weniger berechtigt das Merkmal »Schlüsselwerk« zuschreiben kann, sondern ebenso durch eine Reihe von Aufsatzsammlungen, die, wie bereits angedeutet, gerade für den Formierungsprozeß der Disziplin in den USA in den 1940er und 1950er Jahren charakteristisch waren, und nicht zuletzt durch »Schlüssel«-Aufsätze, wissenschaftsprogrammatische und solche, in welchen theoretische oder methodische Ansätze und mit ihnen neue Forschungsrichtungen des Faches – häufig durch interdisziplinäre Vernetzung – begründet wurden. Diese Beobachtung trifft auch für die Herausbildung der Kommunikationswissenschaft in Deutschland seit den 1960er Jahren zu sowie – cum grano salis – für ihre Vorläuferdisziplin Zeitungswissenschaft zumindest in den späten 1920er und frühen 1930er Jahren.

Allerdings ist für die Mehrzahl dieser Fälle festzustellen, daß die der Fachwelt zunächst in Aufsatzform präsentierten Erkenntnisse nach kürzerer oder längerer Zeit in Form von Monographien in einem differenzierter hergeleiteten und begründeten Kontext publiziert wurden. Aus diesem Grund sollte in den einzelnen Beiträgen dieses Nachschlagewerkes auch der wissenschaftliche Entstehungszusammenhang der Werke (womöglich mit Angaben über die vorbereitenden Arbeiten) sowie ihre Rezeptions- und Wirkungsgeschichte beschrieben werden, wodurch – wie wir hoffen – die Genese der »Schlüsselwerke« ersichtlich wird sowie ihre Vernetzung in komplexere Forschungszusammenhänge.

Die überarbeitete Liste wurde dann von Hans Bohrmann (Dortmund) und Manfred Rühl (Bamberg) evaluiert, und aufgrund ihrer Vorschläge haben wir in einigen wenigen Fällen den von ihnen zusätzlich genannten Titeln den Vorzug gegenüber bereits verzeichneten gegeben. Verständlicherweise wird die hier präsentierte Auswahl, für die allein die Herausgeber verantwortlich sind, zu mancherlei Kritik veranlassen, die sich auf unterschiedliche Dimensionen richtet: Auf die zugrunde liegende Gewichtung der Entwicklungsstadien des Faches ebenso wie auf diejenige der unterschiedlichen Forschungsrichtungen, auf die Gewichtung der im engeren Sinne fachwissenschaftlichen Monographien zu denjenigen aus Nachbardisziplinen ebenso wie die Gewichtung der nationalen Fachliteratur im Verhältnis zur internationalen. Und nicht zuletzt wird sich die Kritik auf die Auswahl einzelner Werke richten. Doch hoffen wir, nicht nur ein nützliches, sondern auch für die Leser insofern anregendes Hilfsmittel präsentieren zu können, als sie durch seine Beiträge animiert werden, die Originalquellen zu studieren, also die »Schlüsselwerke« selbst.

* * * * *

Die Texte sind alphabetisch nach den Autorennamen angeordnet. Für Leser, denen diese Namen nicht in jedem Fall geläufig sind, erschließt ein Titelregister den Inhalt des Nachschlagewerks. Benutzer, die einen Einblick in die Genese der Disziplin erhalten möchten, können sich am chronologischen Register orientieren, das die Werke nach ihrem Entstehungsjahr ordnet.

Wir danken allen Autorinnen und Autoren für ihre Bereitschaft und ihr Engagement, an diesem Unternehmen mitzuwirken. Viele von ihnen haben das Entstehen dieses Werkes über die Lieferung ihrer Beiträge hinaus mit Interesse begleitet. Unser Dank gilt ferner allen denjenigen Kolleginnen und Kollegen und unter ihnen ganz besonders Jay Blumler, Hans Bohrmann, Manfred Rühl und David Weaver, die uns durch ihre Vor- und Ratschläge, mancherlei Kritik und die Evaluation geholfen haben, zur vorliegenden Auswahl zu gelangen. Zu besonderem Dank fühlen wir uns nicht zuletzt Joachim Pöhls verpflichtet, der die mühevolle Kleinarbeit der redaktionellen Bearbeitung übernommen hat, außerdem Ute Opitz-Karig für die sorgfältige Erstellung des druckfertigen Manuskripts sowie Barbara Emig-Roller für dauerhafte Unterstützung des gesamten Projekts. Schließlich bedanken wir uns bei Simone Nixdorf und Anita Heil für vielfältige logistische Hilfe sowie bei Thomas Lietz für den Entwurf des Titelbildes.

Mainz und Leipzig im März 2002

Christina Holtz-Bacha
Arnulf Kutsch

Schlüsselwerke

Gerd Albrecht (1969): *Nationalsozialistische Filmpolitik. Eine soziologische Untersuchung über die Spielfilme des Dritten Reiches.* Stuttgart: Ferdinand Enke Verlag. XII, 562 Seiten.

Um 1970 sind in der Bundesrepublik Deutschland einige publizistik- und sozialwissenschaftliche Filmuntersuchungen entstanden, bei denen ausschließlich oder teilweise mit Methoden und quantitativen Verfahren der empirischen Sozialforschung gearbeitet worden ist (vgl. Höfig 1973; Osterland 1970; Pleyer 1968; Zöchbauer 1969 und 1970). *Nationalsozialistische Filmpolitik* von Gerd Albrecht gehört in die Reihe dieser Untersuchungen. Die Arbeit unterscheidet sich allerdings von den genannten Untersuchungen insofern, als hier nicht die Filme selbst, sondern nur auf die Filme bezogene Materialien (z.B. Inhaltsangaben und Filmtitel) untersucht worden sind.

Gerd Albrecht (geb. 1933) hat evangelische Theologie, Psychologie und Soziologie studiert. Die Promotion erfolgte 1960 mit der 1962 veröffentlichten Dissertation »Film und Verkündigung«. Von 1957 bis 1965 leitete er das Filmseminar an der Universität Bonn; von 1963 bis 1969 war er Forschungsleiter der Abteilung Massenkommunikation im Institut für Soziologie der Universität Köln. Während dieser Tätigkeiten hat er zahlreiche Seminare über den Film im »Dritten Reich« durchgeführt; 1968 erstellte er für das Arbeitsseminar der Westdeutschen Kurzfilmtage Oberhausen »Der Spielfilm im Dritten Reich« eine umfangreiche Dokumentation. Von 1971 bis 1983 war Albrecht Filmbeauftragter der evangelischen Kirche und von 1981 bis 1996 Leiter des Deutschen Instituts für Filmkunde Wiesbaden, später Frankfurt am Main.

Albrechts Arbeit *Nationalsozialistische Filmpolitik,* die während seiner Tätigkeit im soziologischen Institut der Universität Köln entstanden ist, beginnt mit der Darlegung der Ziele und Methoden der Untersuchung: Ziel ist, »das Filmangebot jener Jahre [...] auf solche Art und Weise zu untersuchen und darzustellen, 1. daß die strukturellen und funktionalen Wechselbeziehungen zwischen den zuständigen politischen Instanzen und den hauptsächlichen Filmgestaltern deutlich werden; 2. daß die daraus resultierenden Filme [...] in ihrer Differenziertheit als Mittel politischer Führung erkannt werden können; 3. daß die Verbreitung dieser Filme und damit die Möglichkeit ihrer Wirkungen bekannt werden.« Ziel ist aber auch, die benutzten Forschungsinstrumente in ihrer Anwendung auf den Gegenstand Film zu testen.

In zwei weiteren einleitenden Kapiteln werden die institutionelle Entwicklung des deutschen Filmwesens von März 1933 bis zur Errichtung der Ufa-Film GmbH am 28. Februar 1942 und die Rolle von Goebbels als »Schirmherr des deutschen Films« dargestellt, wobei als Quellen vor allem die in den 60er Jahren nur bruchstückhaft vorliegenden Goebbels-Tagebücher der Jahre 1942 und 1943 und die Protokolle der geheimen Ministerkonferenzen (Boelcke 1966 und 1967) benutzt worden sind.

Der Hauptteil der Arbeit besteht im wesentlichen aus statistischen Untersuchungen (insgesamt 116 Tabellen) der Titel der Spielfilme, der soziographischen Struktur der Hauptpersonen von 257 zufällig ausgewählten Filmen, der Struktur und Funktion der Regie-Arbeit und der Rollenbesetzung sowie der Produktionskosten und der Einspielergebnisse. Grundlage für diese Untersuchungen ist eine

Gliederung der 1.094 während des »Dritten Reiches« uraufgeführten deutschen Spielfilme nach inhaltlichen Kriterien: Unterschieden wird zwischen 153 manifesten politisch-propagandistischen Filmen (P-Filme) und 941 Filmen mit latenten politisch-propagandistischen Funktionen (nP-Filme), die unterteilt werden in 523 Filme, die nach Handlung und Gestaltung Heiteres zum Hauptinhalt haben (H-Filme), 295 Filme, die nach Handlung und Gestaltung Ernstes zum Hauptinhalt haben (E-Filme), und 123 Filme, die »die Aktion selbst« zum Hauptinhalt haben (A-Filme). Die Zuordnung zu den vier Kategorien erfolgt aufgrund der im Filmkatalog des Reichsfilmarchivs enthaltenen Inhaltsangaben im deutschen Filmkatalog von Kraatz (o.J.) und im deutschen Spielfilm-Almanach von Bauer (1950). Als Filme mit manifesten politisch-propagandistischen Funktionen werden alle Filme klassifiziert, die »nach ihrem Inhalt und/oder nach ihrer öffentlichen Behandlung durch das RMVP in der Öffentlichkeit als politisch-propagandistisch angesehen werden mußten«. Daß diese Operationsdefinition und die als Grundlage benutzten Inhaltsangaben zu einer zumindest fragwürdigen kategorialen Zuordnung einzelner Filme geführt haben, zeigt sich exemplarisch daran, daß Filme wie »Heimat« (1938) oder »Ein Robinson« (1940) als P-Filme, Filme wie »Das Herz der Königin« (1940) oder »Die goldene Stadt« (1942) als nP-Filme eingeordnet worden sind.

Als ein wesentliches Fazit der im Hauptteil durchgeführten quantitativen Untersuchungen ergibt sich, daß zwischen P-Filmen und nP-Filmen im Hinblick auf viele Einzelmerkmale (z.B. Länge der Filmtitel, Tätigkeit der Hauptpersonen im Bereich des Militärs, Höhe der Produktionskosten) signifikante Unterschiede bestehen. Darüber hinaus enthält dieser Teil der Arbeit eine Vielzahl von Einzelergebnissen. Sie werden überwiegend interpretiert als Belege zur Bestätigung der Ausgangshypothesen der Untersuchung: Nationalsozialistische Filmpolitik ist ausgerichtet »1. auf die Einhaltung des nationalsozialistischen Führerprinzips (Hypothese I), 2. auf die Integration von nationalsozialistischer Ideologie und filmischer Darbietung (Hypothese II), 3. auf ein Filmangebot, das der nationalsozialistischen Propaganda auf unterschiedliche Weise und in unterschiedlichem Maße dient (Hypothese III).«

Im abschließenden Teil der Arbeit wird zunächst das nationalsozialistische Führerprinzip, das auch die Filmpolitik bestimmte, in seiner historischen Entwicklung, seiner Struktur und seinen Folgen dargestellt. Im Kapitel »Propaganda und Ideologie im Spielfilm des Dritten Reiches« werden Ergebnisse der Filmtiteluntersuchung in Beziehung gesetzt zu Äußerungen Hitlers in »Mein Kampf«: So wird zum Beispiel die in den Titeln der P-Filme festgestellte Häufung von Begriffen, die Spannung und Dramatik ausdrücken, gedeutet als bestimmt durch die nationalsozialistische Vorstellung von der Bedeutung des Kampfes. Das letzte Kapitel besteht aus wissenschaftstheoretischen Überlegungen zum Problem der Validität von inhaltsanalytisch gewonnenen Ergebnissen, die nach Auffassung des Verfassers durch Konfrontation mit der Totalität des Untersuchungsgegenstandes abzusichern sind.

Der Anhang der Arbeit enthält eine nützliche Zusammenstellung von Dokumenten: Wiedergegeben werden im Wortlaut die filmbezogenen Goebbels-Reden von der Rede im Kaiserhof am 28. März 1933 bis zur Rede vor den Filmschaffenden am 28. Februar 1942 sowie ausgewählte zeitgenössische Äußerungen zum Film als »geistigem Führungsmittel« und die wesentlichen Regelungen des Filmwesens von den Lichtspielgesetzen vom 12. Mai 1920 und vom 16. Februar 1934 bis zu dem 1944 erstellten Organisationsplan für das deutsche Filmwesen.

An einigen Stellen der Arbeit äußert der Verfasser den Wunsch, die Methodik dieser Untersuchung möge vorbildhaft sein für weitere zukünftige Untersuchungen im Bereich des Films. Dieser Wunsch ist unerfüllt geblieben, und das mag nicht zuletzt darin begründet sein, daß hier ein außergewöhnlich großer methodischer Aufwand getrieben worden ist.

Literatur

Alfred Bauer (1950): *Deutscher Spielfilm-Almanach 1929-1950.* München: Winterberg.

Willi A. Boelcke (Hrsg.) (1966): *Kriegspropaganda: 1939-1941. Geheime Ministerkonferenzen im Reichspropagandaministerium.* Stuttgart: Deutsche Verlags-Anstalt.

Willi A. Boelcke (Hrsg.) (1967): *Wollt ihr den totalen Krieg? Die geheimen Goebbels-Konferenzen 1939-1943.* Stuttgart: Deutsche Verlags-Anstalt.

Willi Höfig (1973): *Der deutsche Heimatfilm 1947-1960.* Stuttgart: Ferdinand Enke.

Karl L. Kraatz (unter redaktioneller Mitarbeit von Helmuth Müller, Eberhard Taupitz) (o.J.): *deutscher filmkatalog: 1930-1945. Ufa, Tobis, Bavaria.* Frankfurt am Main: Transit-Film Ges.m.b.H. (Loseblatt-Ausgabe).

Martin Osterland (1970): *Gesellschaftsbilder in Filmen. Eine soziologische Untersuchung des Filmangebots der Jahre 1949 bis 1964.* Stuttgart: Ferdinand Enke.

Peter Pleyer (1968): *Nationale und soziale Stereotypen im gegenwärtigen deutschen Spielfilm.* Münster: Arbeiten aus dem Institut für Publizistik.

Franz Zöchbauer (1969 und 1970): *Der deutsche Kurzfilm. Versuch einer Aussageanalyse der deutschen Kurzfilme Oberhausen 1969 und 1970.* Düsseldorf: Landeszentrale für politische Bildung.

Peter Pleyer

Gordon W. Allport (1954): *The nature of prejudice.* New York: Addison Wesley. 537 Seiten. – Eine gekürzte Ausgabe erschien 1958.

Deutsche Ausgabe: Gordon W. Allport (1971): *Die Natur des Vorurteils.* Köln: Kiepenheuer & Witsch. 531 Seiten.

Die schockierende Erfahrung des Zweiten Weltkrieges, insbesondere die systematische Ermordung von Millionen Juden durch das Nazi-Regime, regte in den USA eine Reihe von Forschungsprogrammen zu Ursachen und zur Überwindung von Intoleranz und Feindseligkeit an. In diesem Kontext entstand das Buch. Wie viele seiner Kollegen sah auch Gordon W. Allport (1897-1967), einer der herausragenden Psychologen in den USA der 30er und 40er Jahre und seit 1924 an der Harvard University, sozialwissenschaftliche Forschung dem Ziel des Abbaus von Intoleranz gegen andere verpflichtet. Das naheliegende politische Ziel dieser Art Forschung war die Aufhebung der in den Südstaaten praktizierten Segregation von Schwarzen und Weißen.

Intoleranz definiert Allport: »Ethnic prejudice is an antipathy based upon a faulty and inflexible generalization. It may be felt or expressed. It may be directed toward a group as a whole, or toward an individual because he is a member of that group« (S. 10). Intoleranz äußert sich a) als falsche Generalisierungen und b) als Feindseligkeit. Allport widmet sich im folgenden den falschen Generalisierungen, das sind Urteile über Individuen, die aus den vermeintlich negativen Eigenschaften bestehen, die ihrer Bezugsgruppe zugeschrieben werden. Das Phänomen der falschen Generalisierungen ist in den 1980er Jahren unter dem Aspekt schematischer Gedächtnis- und Urteilsprozesse im sozialen Kontext aufgegriffen und bis heute weiter entwickelt worden (vgl. Fiske & Taylor 1991). Die Wurzeln falscher Generalisierungen sieht Allport in der Sozialisation. In der Bezugsgruppe praktizierte Normen werden wegen ihrer Vertrautheit präferiert, Unbekanntes wird dagegen abgelehnt. So entstehen ethnische Einstellungen als Muster einer intoleranten Persönlichkeit.

Theoretisch erklären läßt sich Intoleranz nicht mit nur einem Ansatz, das erlaubt der Erkenntnisstand der Forschung nicht. Allport diskutiert historische, soziokulturelle, situative (Bewältigung von Alltagsanforderungen), psychodynamische, phänomenologische und stimulusobjektbezogene (Objekte intoleranter Äußerungen) Ansätze. Er nimmt an, daß solche ethnischen Einstellungen internalisiert werden, die mit dem Selbstbild übereinstimmen. Andere Einstellungen werden oberflächlich übernommen, um mit der Bezugsgruppe konform zu gehen. Unter den theoretischen Erklärungen behandelt Allport den psychodynamischen Ansatz eingehend. Dessen zentraler Hypothese zufolge äußern sich negative Gefühle aufgrund von Frustrationen, die für das Individuum inakzeptabel sind und daher verdrängt werden, als negative ethnische Einstellungen gegen andere. Die Funktion solcher Einstellungen ist dem intoleranten Individuum – andere Autoren wählten den Begriff »autoritäre Persönlichkeit« (vgl. Adorno u.a. 1950) – nicht bewußt.

Wie negative ethnische Einstellungen geändert werden können, diskutiert Allport an einem breiten Spektrum von Möglichkeiten. Sie reichen von politischen Maßnahmen über Massenmedien bis zur individuellen Therapie. Er hält Gesetze, schulische Erziehung und Kontakte zwischen Mitgliedern verschiedener Gruppen mit gleichem Status und gemeinsamen Zielen für die wirksamsten Mittel. Hierdurch würden Toleranz fördernde Strukturen für Gesellschaft und Individuen entstehen.

Die Bedeutung von Stereotypen als psychologischen Vereinfachungen wurde schon von Walter → Lippmann (1922) angesprochen, fand in der Kommunikationsforschung aber überwiegend Eingang in die Kommunikatorforschung. Franz Dröge befaßte sich in seinem 1967 erschienenen Buch allgemein mit den Zusammenhängen von »Publizistik und Vorurteil«. Er verweist auf die gängig gewordene Unterscheidung von Stereotyp und Vorurteil, wobei Vorurteile ihren Ausdruck in Stereotypen finden; er selbst spricht dann aber ebenfalls überwiegend von Stereotypen.

Literatur

Theodor W. Adorno, Else Frenkel-Brunswik, Daniel J. Levinson, R. Nevitt Sanford (1950): *The authoritarian personality*. New York: Harper & Row.

Franz W. Dröge (1967): *Publizistik und Vorurteil*. Münster: Regensberg.

Susan T. Fiske, Shelley E. Taylor (1991): *Social cognition*. New York: McGraw-Hill.

Axel Mattenklott

Emilie Altenloh (1914): *Zur Soziologie des Kino. Die Kino-Unternehmung und die sozialen Schichten ihrer Besucher.* Jena: Eugen Diederichs. V, 102 Seiten. – Zuerst als staatswiss. Diss. Univ. Heidelberg 1914. Druck: Leipzig: Spamer 1914. 104 Seiten. – Reprint Hamburg: Medienladen 1977. I, 102 Seiten.

Emilie Altenloh wurde 1888 als Tochter eines Brauereibesitzers auf dem Gut Altenloh bei Vörde in Westfalen geboren. Sie studierte Nationalökonomie sowie Jura und promovierte 1913/1914 schließlich bei Alfred Weber mit der berühmt gewordenen *Soziologie des Kino.* Es ist die erste sozial- bzw. geisteswissenschaftliche Dissertation über das Kino, die in Deutschland entstand und die schon 1914 viel Beachtung fand (z.B. mit einem Vorabdruck in der ›Hohwacht‹ vom April 1914). Altenloh wendet sich nach der Promotion der Sozialpolitik zu, leitet verschiedene Ämter, kommt 1930 für die Deutsche Demokratische Partei in den Reichstag und ist bis 1933 Stadtverordnete in Altona. Danach nimmt sie ein Studium im naturwissenschaftlichen Bereich auf und arbeitet später auch in diesem neuen Beruf. 1945 ist sie Mitbegründerin der Hamburger FDP, 1949 bis 1957 Mitglied der Hamburger Bürgerschaft, zeitweise Vizepräsidentin und Senatorin. 1972 wird sie zur Ehrenvorsitzenden der Hamburger FDP gewählt. 1961 bis 1965 ist sie Mitglied des Bundestages. Altenloh stirbt im Alter von 96 Jahren 1985 in Hamburg.

Die Autorin beschränkt sich nicht, wie in der Filmsoziologie vielfach später geschehen, auf die Untersuchung des Kinopublikums, sondern bezieht Überlegungen zur Produktion zentral mit ein und spricht hier neben soziologischen und ökonomischen Fragen auch ästhetische Probleme an. Der besondere Wert liegt, trotz aller methodischen Mängel, in den Befragungen der Mannheimer und Heidelberger Bevölkerung zu ihren Kinogewohnheiten und -vorlieben, die Altenloh nach Altersgruppen und sozialen Schichten sortiert. Ohne die hier vorgelegten Zahlen wäre es heute kaum mehr möglich, sich ein einigermaßen genaues und realistisches Bild des Kinopublikums vor dem Ersten Weltkrieg zu machen. Eine erstaunliche Differenziertheit des Kinogeschmacks kommt dabei zu Tage – Differenzen zwischen Stadt- und Landbevölkerung, zwischen jüngeren und älteren Publika, Knaben und Mädchen, zwischen Innen- und Vorstädten. Arbeiter und Frauen aller Schichten zeigen großes Interesse am Kino, Handwerker und Akademiker sind desinteressiert oder sogar reserviert. Die Modernität des Kinos wird mehrfach behauptet – es ist ein Medium für »die modernen Menschen, die sich treiben lassen und unbewußt nach den Gesetzen leben, die die Gegenwart vorschreibt« (S. 94).

Altenloh kommt mehrfach auf Funktionen des frühen Kinos zu sprechen – und lokalisiert die Sensationslust als eine primäre Motivation der Zuwendung. Allerdings nimmt sie das Kino als urbane Unterhaltungsform und als Antwort und Ersatzangebot für eine Verarmung der städtisch-industriellen Lebenswelten. Dabei zeichnet sich eine bürgerliche Medienkritik ab, die von der Besetzung des Phantasielebens durch die Angebote der zeitgenössischen Filme ausgeht und das Bild einer ideologischen Überwältigung des Publikums durch die Stoffe und Bilder des Kinos zeichnet: »In dem Maße, in dem das enge Zusammenleben in Großstädten die Möglichkeit zum Selbsterleben solcher Abenteuer [wie sie das zeitgenössische Kino anbietet] beseitigt hat, werden Surrogate an deren Stelle gesetzt. Die eigene Aktivität wird immer mehr ausgeschaltet; denn es fehlt der Großstadtjugend überhaupt die nötige Umgebung, der nötige Platz zu derartigen Spielen und Streichen. So konnte der Film nach und nach zu einem immer beherrschenderen Faktor im Leben der modernen Jugend werden, der weitgehenden Einfluß auf die gesamte psychische Entwicklung ausübt. Das wird in um so stärkerem Maße der Fall sein, je weniger entgegenwirkende Hemmungen, wie die Erziehung und die dadurch vermittelten andersartigen Stoffe, die Phantasie in gesunde Bahnen lenken« (S. 60). Es ist nicht allein der Kontext der Diskussionen über die bildungspolitischen Debatten, die die Kinoreformer angezettelt haben, der Altenlohs Dissertation lebendig gehalten hat, und es ist auch nicht die deutliche Zivilisationskritik, in der sie die Bedeutung des Kinokonsums mit der Verelendung des Alltagslebens in den armen Schichten der städtischen Bevölkerung nachzeichnet, sondern vor allem dieser Rekurs auf eine Medienpädagogik, die ihre Aufgabe primär in der Bereitstellung von Kräften gesehen hat, die der verführerischen Kraft des damals noch jungen Films entgegenwirken könnten.

Hans Jürgen Wulff

David L. Altheide (1976): *Creating reality. How tv news distorts events.* Beverly Hills, CA, London: Sage. 221 Seiten. – Mehrere Nachdrucke.

Creating reality ist eine von mehreren Untersuchungen, die sich in den 70er Jahren mit der Frage befaßten, wie Massenmedien Wirklichkeit konstruieren. In den USA beobachteten die Forscher als Ethnographen die sozialen Prozesse, an deren Ende ein spezifisches Realitätsbild in Form bestimmter Medieninhalte mit bestimmten strukturellen Merkmalen steht (vgl. Fishman 1980; Tuchman 1978). In Großbritannien wurden umfassende Fallstudien durchgeführt, die Sichtweisen, Arbeitsprozesse und Medieninhalte zusammen betrachteten (→ Halloran, Elliott & Murdock 1970; Cohen & Young 1973). Deutsche Forscher widmeten sich vor allem dem Produkt selbst, also den Medieninhalten (→ Schulz 1976) bzw. den Relationen von Inhalten zur Wirklichkeit (vgl. Kepplinger 1975). Verbunden sind diese Ansätze durch die implizite oder explizite Annahme, daß die Medieninhalte einen bedeutsamen sozialen Sachverhalt darstellen und daß die durch sie hervorgerufenen Wirkungen mitunter schädlich für die Gesellschaft sind. Der Soziologe Altheide stellt sich völlig in die amerikanische Tradition ethnographischer Redaktionsbeobachtung.

Die Feldarbeit hat David L. Altheide im wesentlichen 1971 und 1972 für seine Dissertation, die an der University of California in San Diego entstand, durchgeführt. Er beobachtete ungefähr ein Jahr lang mehrmals in der Woche die Arbeit in der Lokalnachrichten-Redaktion einer amerikanischen Fernsehanstalt (ein network affiliate). Als Mitarbeiter dieser Anstalt war er auch bei den Parteitagen der Republikaner und der Demokraten (beide in Miami) im Präsidentschaftswahlkampf 1972 akkreditiert. Er nutzte außerdem die Resultate der Feldforschung eines Kollegen sowie mehrere Besuche bei anderen Rundfunkeinrichtungen.

Auf der Grundlage seiner Feldforschung stellt Altheide dar, wie die organisatorischen Bedingungen der Fernsehnachrichtenproduktion das Produkt beeinflussen. Er beschreibt die Bedingungen der äußeren Organisation: die privatwirtschaftliche Struktur des Fernsehmarktes mit dem Erfordernis, gute Quoten zu erbringen; die Konkurrenz und deren Einfluß auf eine Redaktion sowie die Anbindung an Politiker, die aber nicht zwangsläufig aus Organisationsbedingungen folgt, sondern eher den Neigungen des Nachrichtenchefs der untersuchten Redaktion entspringt. Zu den Bedingungen der inneren Organisation gehören Arbeitseinteilung, Zeitzuweisung, die Anforderungen eines gewählten Formats, die Verfügbarkeit von Quellen, das Erfordernis, eine strukturierte Geschichte zu erzählen, sowie die Grenzen der Schnittechnik. All dies belegt Altheide mit Beispielen aus seinen Beobachtungen und Recherchen und macht es damit plastisch. Das Produkt, die Fernsehnachrichten, erscheint als Folge einer Fülle von Entscheidungen, die viel mit dem Produktionsprozeß, aber nur wenig mit den kommunizierten Inhalten zu tun haben. In seinen eigenen Worten: »News reports reflect the organization which produces them« (S. 61).

Altheides Kernbegriff ist »news perspective«. Darunter versteht er die Fähigkeit, mit vorgefaßten Erwartungen an Ereignisse heranzugehen und ihre Wichtigkeit zu demonstrieren, indem eine strukturierte Erzählung daraus konstruiert wird (vgl. S. 73). Positiv formuliert ist diese Perspektive das, was ein junger Nachrichtenjournalist lernen muß, sie ist die gesammelte Berufserfahrung älterer Journalisten. Negativ formuliert handelt es sich um eine »déformation professionelle«, die von vornherein verhindert, daß das Realitätsbild der Nachrichtenmedien sich mit dem Realitätsbild der Rezipienten oder der Akteure deckt, denn niemand außer Nachrichtenjournalisten betrachtet die Welt vornehmlich unter Aspekten ihrer Berichtbarkeit.

»News perspective« ist kein Fachbegriff geworden. Das dürfte auch nicht zuletzt daran liegen, daß andere Autoren ähnliche Sachverhalte mit anderen Worten beschrieben haben. Auch erfaßt der Begriff nur einen Teil des Problems, denn das Realitätsbild der Medien wird außer von wahrnehmungspsychologischen auch von gesellschaftlichen, technischen, wirtschaftlichen und politischen Faktoren geprägt. Zudem ist der Begriff nur schwer in empirische Fragestellungen übersetzbar.

Altheide verfolgt die Auswirkungen der »news perspective« und auch der technischen Bedingungen der Fernsehnachrichten weiter. Er führt an: Interviews, in denen die Absichten des Interviewten verfälscht werden, um eine vorab beschlossene Geschichte auch tatsächlich erzählen zu können; Konflikte zwischen Akteuren und Berichterstattern über einzelne Beiträge sowie die Berichterstattung von den beiden erwähnten Parteitagen des Jahres 1972.

Kleine Fallstudien zu zwei Affären beschließen die Analysen. Im ersten Fall geht es um den demokratischen Vizepräsidentschaftskandidaten Thomas F. Eagleton. Der enthüllte kurz nach seiner Nominierung, daß er Jahre zuvor wegen Depressionen und Erschöpfung in psychiatrischer Behandlung gewesen sei. Presse und Fernsehen diskutierten die Enthüllungen unmittelbar unter dem Aspekt, ob eine Kandidatur aufrechtzuerhalten sei, während die viel schwerer zu behandelnde Frage der Befähigung für das Amt des (Vize-)Präsidenten nicht gestellt, geschweige denn beantwortet wurde. Das machtpolitische Leitmotiv der Berichterstattung erzeugte eine Dynamik, die in wenigen Tagen zu einhelligen Kommentaren mehr oder weniger aller großen Zeitungen des Landes führte, die Eagleton den Verzicht nahelegten. Die Niederlegung der Kandidatur erfolgte bald.

Der andere Fall ist Watergate. Hier sieht Altheide das überaus große und langanhaltende Medieninteresse keineswegs in den Handlungen Richard Nixons und seiner Mitarbeiter begründet, sondern in einer Bereitschaft der Medien, diese Handlungen in einen Bezugsrahmen von moralischer Verkommenheit und Machtmißbrauch zu stellen und so eine mitreißende Geschichte erzählen zu können. Daß eine solche Geschichte über frühere Regierungen nicht erzählt wurde, lag nicht daran, daß es keine entsprechenden Verfehlungen gegeben hätte, sondern daran, daß die Bereitschaft fehlte, sie zu erzählen. Daß diese Bereitschaft bei Nixon vorhanden war, hat sicherlich viele Gründe. Die pressefeindliche Informationspolitik (und verbreitete Medienkritik durch Vertreter seiner Regierung) dürfte eine Rolle gespielt haben.

Das Beispiel zeigt, daß die »news perspective« alleine nicht hinreicht zu erklären, warum ein Thema in den Nachrichtenmedien behandelt wird und ein anderes eben nicht. Sie genügt auch nicht zu erklären, warum ein Thema so und nicht anders behandelt wird. Die durch den Beruf bedingte Wahrnehmungsverzerrung allein erklärt die Medienrealität nicht, jedenfalls nicht ihre konkrete Ausprägung zu einer bestimmten Zeit an einem bestimmten Ort. Und ob die berufsbedingte Wahrnehmungsverzerrung wirklich heikler ist als die Einflüsse, die Werthaltungen, politische Meinungen oder Neigungen auf die Weltsicht der Journalisten ausüben, wird man diskutieren dürfen.

Altheides Begriff der »news perspective« hat sich – wie gesagt – nicht durchgesetzt. Die Sache aber ist in den 90er Jahren unter dem Etikett des »framing« bzw. der »framing analysis« in der Kommunikationsforschung vielfach erörtert worden (z.B. Pan & Kosicki 1993), jetzt mit einem ausgefeilten Begriffsapparat und einer Perspektive, die auch die Rezeption von Nachrichten einschließt. Altheide kann mit gutem Grund als ein Vorläufer dieses Ansatzes angesehen werden.

Nach seiner Promotion ging Altheide an die Arizona State University in Tempe. Er ist dort heute Regents Professor an der School of Justice Studies und arbeitet auf den Gebieten der Massenkommunikation, der qualitativen Methoden der Sozialforschung, des abweichenden Verhaltens und der sozialen Kontrolle.

Literatur

Stephen Cohen, Jock Young (Hrsg.) (1973): *The manufacture of news*. Beverly Hills, CA: Sage.
Mark Fishman (1980): *Manufacturing the news*. Austin, TX: University of Texas Press.
Hans Mathias Kepplinger (1975): *Realkultur und Medienkultur: Literarische Karrieren in der Bundesrepublik*. Freiburg im Breisgau, München: Alber.
Zhongdang Pan, Gerald M. Kosicki (1993): Framing analysis. An approach to news discourse. In: *Political Communication*, 10. Jg., S. 55-75.
Gaye Tuchman (1978): *Making news. A study in the construction of reality*. New York: Free Press.

Uwe Hartung

Günther Anders (1956): *Die Antiquiertheit des Menschen. Über die Seele im Zeitalter der zweiten industriellen Revolution.* München: C. H. Beck. 353 Seiten. – Mehrere unveränderte Nachdrucke.

Der für die Kommunikationswissenschaft relevante Beitrag »Die Welt als Phantom und Matrize. Philosophische Betrachtungen über Rundfunk und Fernsehen« umfaßt gut die Hälfte des ersten Bandes von *Die Antiquiertheit des Menschen*, der 1980 durch einen zweiten Band mit dem Untertitel »Über die Zerstörung des Lebens im Zeitalter der dritten industriellen Revolution« ergänzt wurde. Dieser Essay »Die Welt als Phantom und Matrize« ist eines der erstaunlichsten Dokumente einer frühen und radikalen Kulturkritik des Fernsehens. In einem Brief vom 5. Mai 1987 (an den Verfasser dieses Beitrages) bekannte Günther Anders (geb. als Günther Stern 1902 in Breslau, gest. 1992 in Wien), daß er, als er den Aufsatz schrieb, »noch nicht ein einziges mal ferngesehen hatte«. Auch in den USA, wo er bis 1950 lebte, war das neue Medium noch nicht sehr weit verbreitet. Um so verblüffender – und dies gilt auch noch ein halbes Jahrhundert später –, wie präzise er eine epochale Entwicklung voraussah und wie treffsicher er ihre Probleme identifizierte. In der Einleitung beschrieb er seine so erstaunlich erkenntnisträchtige Methode so: »Die nachfolgenden Aufsätze (sind) weder einfach literarische Essays noch philosophische Analysen in üblicher akademischer Manier, sondern Beispiele dessen, was man mit einem alten Ausdruck 'Okkasionalismus', also 'Gelegenheitsphilosophie' nennen könnte. Darunter verstehe ich etwas, was auf den ersten Blick wie ein Unding aussehen muß, wie eine hybride Kreuzung von Metaphysik und Journalismus: ein Philosophieren nämlich, das die heutige Situation, bzw. charakteristische Stücke unserer heutigen Welt zum Gegenstande hat; aber nicht nur zum Gegenstande, da es der opake und beunruhigende Charakter dieser Stücke selbst ist, der dieses Philosophieren recht eigentlich erst in Gang bringt. Aus der Hybridität des Vorhabens ergibt sich ein ungewohnter Stil der Darstellung.« (S. 8)

Autor und Werk gehören naturgemäß nicht zum Mainstream einer sozialwissenschaftlichen Kommunikationswissenschaft. Anders hatte nach einem Philosophiestudium an den Universitäten Hamburg, Freiburg im Breisgau und Berlin u.a. bei Ernst Cassirer, Edmund Husserl und Martin Heidegger promoviert mit einer Arbeit über »Die Rolle der Situationskategorien im Logischen«. Danach widmete er sich journalistischen und belletristischen Arbeiten, betätigte sich als Kunstkritiker und Herausgeber einer Kulturzeitschrift. Er lebte vor 1933 in Berlin und war mit Hannah Arendt verheiratet. Ein Roman aus dem Anfang der 30er Jahre, der das lügnerische System des Nationalsozialismus entlarvte, erschien erst 60 Jahre später (»Die molussische Katakombe«). Wegen seiner jüdischen Herkunft und seiner antifaschistischen Einstellung mußte er 1933 nach Paris flüchten und wurde dann auch bald ausgebürgert; 1936 emigrierte er in die USA und war u.a. Lehrer für Ästhetik an der New School of Social Research. Nach seiner Rückkehr nach Deutschland arbeitete er als freier Schriftsteller, engagierte sich in der Anti-Atom-Bewegung, gegen die Kriegführung der USA in Vietnam, war Richter des Russell-Tribunals und wurde mehrfach für sein schriftstellerisches Schaffen ausgezeichnet – zuletzt 1992 mit dem Sigmund-Freud-Preis.

Inhaltlich gehörten diese über einhundert Seiten philosophischer Betrachtungen über Rundfunk und Fernsehen in den Kontext einer fundamentalen, nicht selten reaktionär (»Maschinenstürmerei«) gescholtenen Technikkritik, die im Zeichen des Fortschrittsoptimismus der 40er und 50er Jahre nach Meinung von Günther Anders »bereits eine Frage von Zivilcourage geworden« war. Mit dem Thema »Abschaffung der Atombombe« war diese kritische Debatte aber längst wieder in Gang gekommen. Ihr galt im gleichen Band sein Beitrag »Über die Bombe und die Wurzeln unserer Apokalypse-Blindheit«. Beide Texte gehen von einem einfachen Axiom aus: »Die Technik ist unser Schicksal.«(S. 7) Und das ist für ihn ein ebenso epochaler wie globaler Sachverhalt: »Was in den folgenden drei Aufsätzen diskutiert wird, ist also ein von allen Erdteilen, politischen Systemen oder Theorien, sozialen Programmen oder Planungen unabhängiges Phänomen; eines unserer Epoche, mithin, ein epochales. Nicht was Washington oder Moskau aus der Technik macht, wird gefragt; sondern was die Technik aus uns gemacht hat, macht und machen wird, noch ehe wir irgendetwas aus ihr machen können.« (S. 7)

Anders stellt radikal in Frage, daß wir über die Freiheit verfügen, autonom zu entscheiden, was wir aus den technischen Einrichtungen machen, »für welche Zwecke wir sie als Mittel einsetzen«. (S. 99) Für ihn ist es die »reine Illusion«, daß es in unserer Welt »Mittel« gibt, denen wir beliebig »gute Zwecke« anhängen können. Bezogen auf das Fernsehen nennt er das einen »Bilderbuch-Effekt«: Wenn wir via Fernsehen an einem Gottesdienst teilnehmen, so prägt uns v.a. die Tatsache, daß wir an ihm gerade nicht teilnehmen, »sondern allein dessen Bild konsumieren« (S. 100). Mittels dieser »Kulturwasserhähne« (S. 101) Radio und Fernsehen entsteht so der Typ des modernen »Masseneremiten« (S. 102), einsiedlerisch, aber massenhaft und einer dem anderen gleich. Was wie trautes Familienleben aussieht, ist vielmehr dessen Auflösung. Die Familie wird durch den Bildschirm zentrifugal ausgerichtet. Dank Fernsehen kommen die Ereignisse selbst – nicht nur die Nachrichten über sie – zu uns ins Haus. Erfahrung (hinzufahren zur Welt), so glaubt Anders, ist überflüssig geworden.

Die weitere Analyse ist dann nicht mehr so direkt auf die beiden Medien bezogen, sondern stellt diese in allgemeine anthropologische und gesellschaftliche Zusammenhänge, trifft aber auch damit zentrale Deutungen, wenn er etwa nach dem Grund für die Nachfrage nach Konsummitteln fragt, die pausenlos konsumiert werden können: Sie bergen die Gefahr der Sättigung nicht ins sich. Kronbeispiel ist ihm der Kettenraucher; nach dem Siegeszug des Fernsehens hätte er vielleicht vom »Kettenfernseher« gesprochen. Wir führen ihn als Vielfernseher, der für Anders in einer ihm gespensterhaft erscheinenden puren Phantomwelt lebt. (S. 140)

Sozusagen ganz einschlägig der dritte Abschnitt über »Die Nachricht«. (S. 154-163) Hier dringt er zu einer Theorie des Ereignismanagements vor, die erst Jahrzehnte später wissenschaftlich entwickelt wurde: »Es gibt zahllose Geschehnisse, die nur deshalb so geschehen, wie sie geschehen, damit sie als Sendungen brauchbar (sind); ja solche, die überhaupt nur geschehen, weil sie als Sendungen erwünscht oder benötigt sind.« (S. 191) Darum formuliert er den berühmten Aphorismus von Karl Kraus über den Zusammenhang von Presse und Welt denn auch so um:

»Im Anfang war die Sendung,
für sie geschieht die Welt.« (S. 191)

So werden wir zur Matrize und entsprechen – »vorverbildet« (S. 197) – der Form, die uns aufgeprägt wird.

Wieder gelesen bleibt unbezweifelbar, daß Anders ein hellsichtiger philosophierender Kulturkritiker war, dessen Ideen- und Assoziationsreichtum in der normal science eher selten sind. Naturgemäß enthält sein Text auch veritable Irrtümer, aber mehr Einsichten, deren theoretische Grundlagen tiefer liegen als die der einem oft flachen »Ansatzismus« huldigenden Kommunikationswissenschaft. Er selbst hat in einem Vorwort zu einer Ausgabe von 1979 notiert, daß er nicht mehr restlos einverstanden sei mit seiner »total pessimistischen Beurteilung der Massenmedien«, an seinen Grundthesen (Passivierung; Erziehung zur Verwechslung von Schein und Sein; der Welt, die zum Abbild wird) freilich festhalte, daran aber eine »ermutigende Ergänzung« vornehmen möchte: »Unterdessen hat es sich nämlich herausgestellt, daß Fernsehbilder doch in gewissen Situationen die Wirklichkeit, deren wir sonst überhaupt nicht teilhaftig würden, ins Haus liefern und uns erschüttern und zu geschichtlich wichtigen Schritten motivieren können. Wahrgenommene Bilder sind zwar schlechter als wahrgenommene Realität, aber sie sind doch besser als nichts. Die täglich in die amerikanischen Heime kanalisierten Bilder vom vietnamesischen Kriegsschauplatz haben Millionen von Bürgern die auf die Mattscheibe starrenden Augen erst wirklich 'geöffnet' und einen Protest ausgelöst, der sehr erheblich beigetragen hat zum Abbruch des damaligen Genozids.«

Eine kontinuierliche und systematische Rezeption dieses Textes hat es im Fach nicht gegeben – wenn man von beiläufigen Versuchen absieht, den Nutzen solcher Kulturkritik durch das Beischaffen von empirischem Beleg- und Illustrationsmaterial zu belegen. Allerdings finden sich immer wieder einmal Bezugnahmen in Anmerkungen von Aufsätzen und Büchern und studentischen Referaten, die zeigen, das Anders alle paar Jahre wieder einmal neu entdeckt wird. Er selbst meinte in dem zitierten Vorwort indirekt, daß wohl die Idee des damaligen Bundeskanzlers Helmut Schmidt zu einem »fernsehfreien Tag« als Teil einer Wirkungsgeschichte interpretiert werden könnte. Wissenschaftlich ist eine solche denkbar und wahrscheinlich, seit und soweit gesamtgesellschaftliche Sichtweisen gängiger werden. Hierfür darf Günther Anders als faszinierender Vordenker gelten.

Wolfgang R. Langenbucher

Heinrich Arimond (1934): *Einführung in die Wissenschaft von der Publizistik auf sozialpsychologischer Grundlage*. München: Institut für Zeitungswissenschaft. 91 Seiten.

Das Buch erschien in der Reihe des Münchner Zeitungswissenschaftlers Karl d'Ester »Zeitung und Leben« und hatte vor allem programmatische Bedeutung. Denn Heinrich Arimond (1910-1983) forderte nicht mehr nur eine Wissenschaft von der Publizistik – wie es auch schon Karl → Jaeger (1926) getan hatte – sondern zugleich auch eine bestimmte methodologische Basis: die Sozialpsychologie als Hilfswissenschaft der Publizistik.

Heinrich Arimond schloß seine Dissertation 1933 ab. Sie wurde von den Referenten Karl d'Ester und Aloys Fischer, Professor für Pädagogik an der Münchner Universität, mit Auszeichnung bewertet. Nur ein Jahr nach ihrer Abgabe und einem hochlobenden Gutachten d'Esters schrieb dieser 1935 im Vorwort zur Dissertation seines Schülers: Es handele sich bei Arimonds Ausführungen um die »Privatmeinung des Verfassers« (d'Ester 1935). Was war passiert? Der Deutsche Zeitungswissenschaftliche Verband (DZV) unter Leitung von d'Esters Freund Walther Heide hatte interveniert und die Auslieferung des Buches von einem distanzierenden Vorwort d'Esters abhängig gemacht. Denn soziologische und sozialpsychologische Positionen galten als »nicht-zeitungswissenschaftlich« und wurden vom DZV massiv blockiert. Von heute aus gesehen war ihr kritisches Potential wohl nicht mit einer »Führungswissenschaft« Zeitungswissenschaft im »Dritten Reich« vereinbar (vgl. Maoro & Neugebauer 1984). Heinrich Arimond verließ die Universität München, obwohl er ein Habilitationsvorhaben mit Karl d'Ester bereits abgesprochen hatte. Die »Treuhänder des Propagandaministeriums« beim DZV hatten seine Karriere offensichtlich vereitelt (vgl. Averbeck 1999: 461ff.). Arimond ließ sich 1939 in Rosenheim als »Fachpsychologe« nieder, darüber hinaus ist sein Lebensweg unbekannt.

Arimonds Buch fehlt augenscheinlich der für Dissertationen typische Fußnotenapparat, auch das dürfte eine »Bereinigung« im Sinne des DZV sein – die »Privatmeinung« des Verfassers Arimond sollte wohl nicht belegbar erscheinen. Tatsächlich hatte Arimond Vorläufer und Gleichgesinnte, die längst ebenfalls soziologische und/oder sozialpsychologische Konzepte für eine Zeitungswissenschaft entwarfen, so etwa Hans Traub, 1937 als »Vierteljude« aus den Universitäten Berlin und Greifswald entlassen (vgl. Biermann 1984).

Ebenso wie Traub (vgl. Traub 1933) war Arimond an einer einheitlichen Fachsystematik interessiert, die sich auf mehrere Medien erstrecken sollte: »Denn der Zeitung als einer Vermittlerin geistiger Inhalte kommt in objektivem Sinne durchaus nicht jene Sonderstellung zu, in die sie die Wissenschaft der letzten Jahrzehnte zu heben gewillt war, sondern sie steht in einem großen und umfangreichen Komplex all jener Phänomene, die, genau wie sie, der öffentlichen Vermittlung geistiger Inhalte jedweder Art dienen.« (S. 9).

Arimonds Buch besticht durch eine Typologie »publizistischer Gegenstände«, verstanden als öffentliche Kommunikationsmedien wie Presse, Rundfunk, Schallplatte, Bühne, Film, Ausstellung und Versammlung (vgl. S. 21), und durch den programmatischen Einbezug von »Sozialpsychologie« in die Zeitungswissenschaft im Sinne einer Untersuchung der »wirkungsbedingenden und wirkungserfüllenden Faktoren« auf der Grundlage von Statistik, Selbst- und Fremdbeobachtung (S. 85ff.). Die inhaltlichen Ausführungen zum Verlauf des Kommunikationsprozesses bleiben vergleichsweise schwach – was die fachhistorische Bedeutung dieses Buches, dessen zeitweiliges Auslieferungsverbot signifikant für den Abbruch sozialwissenschaftlicher Theoriebildung innerhalb der Zeitungswissenschaft nach 1933 steht, nicht mindert.

Arimonds Forderungen zielten auf eine Wirkungsforschung und sind heute weitgehend erfüllt. Er begriff als das »Zentralproblem« künftiger Forschung die »Wirkung der Publizistik auf das soziale Leben« (Arimond 1935).

Wolfgang Joußen (1990: 80ff.) hat die Dissertation Arimonds ausführlich gewürdigt. Arimond habe auf längerfristige, bewußtseins- und kulturverändernde Wirkungen gezielt, diesen Ansatz aber aufgrund massenpsychologischer Begründungen nicht durchgehalten. Diese Kritik ist berechtigt: Eine fundierte Abgrenzung zwischen Sozial- und Massenpsychologie findet sich bei Arimond nicht. Überlegungen zu den Einbindungen des Lesers in soziale Kontexte sucht man vergeblich. Hier blieb Arimond hinter den Ansätzen von Hans Traub (1933), Gerhard Münzner (1928) oder Alfred → Peters (1930) zurück.

Literatur

Heinrich Arimond (1935): Die Krise der Zeitungswissenschaft. In: *Frankfurter Zeitung*, Nr. 365 vom 15.7., S. 4.

Stefanie Averbeck (1999): *Kommunikation als Prozess. Soziologische Perspektiven in der Zeitungswissenschaft 1927-34*. Münster: Lit.

Frank Biermann (1984): Hans Traub (1901-43). In: Arnulf Kutsch (Hrsg.): *Zeitungswissenschaftler im Dritten Reich. Sieben biographische Studien*. Köln: Hayit, S. 45-78.

Karl d'Ester (1935): Vorbemerkung. In: Heinrich Arimond: *Einführung in die Wissenschaft von der Publizistik auf sozialpsychologischer Grundlage*. München: Institut für Zeitungswissenschaft (= Phil. Diss. München 1934), S. [1, o.S.].

Wolfgang Joußen (1990): *Massen und Kommunikation. Zur soziologischen Kritik der Wirkungsforschung*. Weinheim: VCH.

Bettina Maoro, Dirk Neugebauer (1984): Hubert Max (1909-45). In: Arnulf Kutsch (Hrsg.): *Zeitungswissenschaftler im Dritten Reich. Sieben biographische Studien*. Köln: Hayit, S. 127-167.

Gerhard Münzner (1928): *Presse und öffentliche Meinung. Eine sozialwissenschaftliche Studie*. Karlsruhe: G. Braun (= Phil. Diss. Heidelberg 1927).

Hans Traub (1933): *Zeitung, Film, Rundfunk. Die Notwendigkeit einer einheitlichen Betrachtung*. Berlin: Weidmannsche Buchhandlung (= Antrittsvorlesung an der Universität Greifswald im November 1932).

Stefanie Averbeck

Rudolph Arnheim (1936): *Radio*. London: Faber & Faber. 296 Seiten.

Geringfügig überarbeiteter Nachdruck in deutscher Sprache: Rudolph Arnheim (1979): *Rundfunk als Hörkunst. Mit einer neuen Einleitung des Verfassers* München, Wien: Hanser. 168 Seiten.

Rudolph Arnheim (geb. 1904) sucht in der zu Anfang der 30er Jahre verfaßten Schrift, Klarheit über die kulturellen Ausdrucksmöglichkeiten des Radios zu schaffen. Während die in etwa zur selben Zeit in den USA von Hadley Cantril und Gordon W. Allport vorgelegte Studie die Rolle des Radios als Medium der Massenkommunikation in den Mittelpunkt stellt (→ Cantril & Allport 1935), geht Arnheim darauf nur am Rande ein. Sein Interesse gilt den »Formgesetzen« der »Hörwelt«. Dafür untersucht er die Besonderheiten einer rein auditiven Wahrnehmung, das »Weltbild des Ohres«. Er unterscheidet die Leistungen der verschiedenen Sinnesorgane für Denken und Gemüt. Dabei hat er allerdings keine systematische Entwicklung der Formen des »subjektiven Geistes« im Sinn

(Hegel 1986). Vielmehr zeigt er sich stärker an Unterschieden in der Wirkung auditiver im Vergleich zu audiovisuellen oder szenischen Darbietungen interessiert. Aus der Perspektive des Kunsttheoretikers lotet er die durch das Radio bereitgestellten Gestaltungsmaterien und -optionen aus. Arnheim bestimmt das Medium aus dem Geist der Ästhetik.

Nachdem er sein Studium in Berlin mit einer Dissertation über visuelle Wahrnehmung abgeschlossen hat, ist Rudolph Arnheim von 1928 bis 1933 als Autor und stellvertretender Herausgeber der ›Weltbühne‹ tätig. Die Arbeit an *Rundfunk als Hörkunst* vollendet er 1933. Danach emigriert Arnheim über Rom und London, wo die Schrift erstmals erscheint, in die USA. Nach einer kurzen Tätigkeit im Office of Radio Research der Columbia University arbeitet Arnheim als Hochschullehrer an mehreren Universitäten in den USA; von 1968 bis 1974 ist er Professor für die Psychologie der Kunst an der Harvard University. Der Schwerpunkt seiner gestaltpsychologisch inspirierten Forschung gilt der Psychologie der visuellen Wahrnehmung, von der sein Hauptwerk handelt (vgl. Arnheim 1969), sowie der Kunstwahrnehmung und der Kunsttherapie.

Rundfunk als Hörkunst diskutiert ausgiebig die Darstellungsmöglichkeiten des Funks – die Verwendung und Kombination von Stimmtypen, den Umgang mit der Wirkung des Raums auf die Modulation des Klangs, den Umgang mit der Klangfülle, die Montage, die Anforderungen an eine funk-, d.h. hörgerechte Sprache (die weitgehend den Empfehlungen entsprechen, die Cantril und Allport den Radiopräsentatoren aufgrund experimenteller Studien geben). Arnheim erkundet so die Besonderheiten, die eine Darstellung im Medium Radio auszeichnen. Seine Überlegungen münden in das »Lob der Blindheit«. Das Lob gilt der vorzüglichen Eignung des Radios als Medium dramatischer Kunst. An vielen Beispielen und besonders durch den Vergleich von Hörspiel und Schauspiel zeigt Arnheim, wie sich die künstlerische Inszenierung die »Blindheit« vorteilhaft zunutze machen kann. Im Zuge dessen arbeitet Arnheim Bestimmungen über die spezifische »Materialität« einer reinen Klangwelt heraus. So gilt ihm etwa der Klang der Stimme(n) als reine, von peripheren Sinneseindrücken gereinigte, Verkörperlichung eines »Seelengeschehnisses«. Arnheim identifiziert den Klang – seine an- und abschwellende Intensität, Rhythmik, Melodik und Harmonik – als reinen Ausdruck von wirkenden Kräften, als ideale kulturelle Verobjektivierung von »Geschehen«; im Klangmedium Radio sei daher der inszenierte Sinneseindruck dieses Geschehens von der bloß ablenkenden visuellen Anschauung der umgebenden Zuständlichkeit (der Körper und der ruhenden Gegenstände im Raum) befreit.

Arnheims Überlegungen zur »Soziologie« des Radios diskutieren die Widersprüche eines Integrationsprogramms in einer Gesellschaft konfligierender oder auseinanderstrebender Kräfte. Dessenungeachtet entwickelt er eine positive Utopie von der gesellschaftlichen Bedeutung, die das Medium Radio seiner Potenz nach habe. Ganz ähnlich wie Cantril und Allport schreibt Arnheim dem Radio die Kraft zu, gesellschaftlich integrierend zu wirken und zu einer allgemeinen kulturellen Hebung breiter Volksschichten beizutragen. Er erkennt im Radio gar ein Medium interkultureller Kommunikation, das staatliche Grenzen überwinden und so der Völkerverständigung dienen könne.

Arnheims Anmerkungen zur »Psychologie des Rundfunkhörers« sind von zwei Denkmotiven geprägt, die sich ähnlich auch bei Cantril und Allport finden. Auf der einen Seite steht der Argwohn, das Massenmedium Radio besorge eine Uniformierung der Lebensformen. Arnheim spottet über die vorgebliche Neigung der Menschen, sich gedankenlos auf den Radio-»Wellen« treiben zu lassen, die, während sie einem das vorgeblich Wahre, Schöne und Wichtige auf annehmliche Weise zutragen, zugleich dazu verführten, sich in Anschauung und Geschmack gänzlich lenken zu lassen. Auf der anderen Seite setzt Arnheim seine Hoffnung in das bildende Potential des Mediums, das – bei rechtem Gebrauch durch Anbieter und Nutzer – die Entwicklung von Kultur und Gesellschaft befördern könne.

Der Kommunikationswissenschaft fehlt eine tragfähige Radiotheorie (vgl. Herrmann 1999). Auf der Suche nach theoretischem Rückhalt wird Arnheims Arbeit daher noch von jüngsten Arbeiten zur Theorie des Radios rezipiert (vgl. Aberg 1999). Was Arnheims Schrift dazu beitragen kann, geht auf sein Bemühen zurück, die Besonderheiten des »Codes« zu bestimmen, in dem das Medium seinen Inhalten eine kulturelle Gestalt gibt, und darüber hinaus die diesem Code entsprechende spezifische Weise der subjektiven Aufnahme der radiophonen Inhalte zu identifizieren. Arnheim entziffert das »Weltbild des Ohres«, indem er den Klang als Sinneseindruck von Bewegung, Veränderung, Tätigkeit, als sinnliche Spur eines natürlichen, sozialen und/oder seelischen Geschehens identifiziert. Eben darauf gründe die vorzügliche Darstellungskraft des Radios für das dramatische Geschehen. Damit einher geht die Flüchtigkeit, die »Erstrecktheit in der Zeit« der radiophonen Präsentation. Sie begründet die Suggestion der Teilhabe an einem Geschehen, die Illusion der Ohrenzeugenschaft ebenso wie die Suggestion der Begleitung.

Literatur

Carin Aberg (1999): *The sounds of radio. On radio as an auditive means of communication*. Edsbruk: Akademitryck.

Rudolf Arnheim (1969): *Visual thinking*. University of California Press. (Dt.: *Anschauliches Denken. Zur Einheit von Bild und Begriff*. Köln: DuMont Schauberg 1972.)

Georg Wilhelm Friedrich Hegel (1986): *Enzyklopädie der philosophischen Wissenschaften*. Bd. 3. Auf der Grundlage der Werke von 1832-1845 neu edierte Ausgabe. Werke, Bd. 10. Frankfurt am Main: Suhrkamp.

Friederike Herrmann (1999): Theorien des Hörfunks. In: Joachim-Felix Leonhard, Hans-Werner Ludwig, Dietrich Schwarze, Erich Straßner (Hrsg.): *Medienwissenschaft. Ein Handbuch zur Entwicklung der Medien und Kommunikationsformen*. Teil-Bd. 1. Berlin, New York: de Gruyter, S. 175-189.

Ralph Weiß

Walter Auerbach (1931): *Presse und Gruppenbewußtsein. Vorarbeit zur Geschichte der deutschen Arbeiterpresse*. Berlin, Leipzig: Frommhold & Wendler. 95 Seiten.

Walter Auerbach (1905-1975) zählt zu den Zeitungswissenschaftlern, die nach 1933 emigrierten (vgl. Kutsch 1988). Nicht zuletzt daher ist seine frühe, zeichentheoretisch und sozialpsychologisch orientierte Dissertation heute vergessen. Über den »Umweg« pressehistorischer Überlegungen kam er zu bedeutenden systematischen Erkenntnissen für den Prozeß der Kommunikation. Zugänglich über den Buchhandel war seine Arbeit über »Presse und Gruppenbewußtsein«, eine Kölner Dissertation bei dem Neuhistoriker Martin Spahn aus dem Jahre 1929, ab 1930 zunächst in einer Druckfassung der »Laubschen Buchhandlung«. Maßgeblichen Einfluß auf Auerbach hatte weniger sein Lehrer Spahn als der Kölner Soziologe Leopold von Wiese, bei dem er ebenfalls Vorlesungen hörte (vgl. Averbeck 1999); daneben regte ihn Karl Jaeger mit seiner publizistikwissenschaftlichen Programmatik an (→ Jaeger 1926).

Hinweise auf den Symbolcharakter und die Kontextgebundenheit sprachlichen Verhaltens, die Auerbach als grundlegende Basis für Kommunikation (»Mitteilung«) ansah, entnahm er einer breiten Lektüre soziologischer (Alfred Vierkandt, Karl Mannheim, Ferdinand Tönnies, Max Scheler), pädagogischer (Theodor Litt, Karl Bühler) und philosophischer Provenienz (Ernst Cassirer, Karl Jaspers, Martin Heidegger).

»Zeichen« sind – Auerbach folgend – willkürlich, »Ausdrucksbewegungen« hingegen unwillkürlich (sie können aber als Zeichen interpretiert werden und haben dann Mitteilungscharakter). Das Zeichen definiert sich über Bedeutungszuweisung, es repräsentiert von ihm Verschiedenes, ist nicht selbst Mitteilung, sondern Träger derselben. »Intentionen« konstituieren sich nicht im Zeichen selbst, sondern – kognitiv – zwischen »Zeichengeber« und »-empfänger« (vgl. S. 9ff.).

Die Differenzierung zwischen Zeichen und Mitteilung, also zwischen Form und Inhalt, führte Auerbach zur Unterscheidung zwischen »Mitteilungen« (Inhalten) und ihren komplexeren Trägern, den »Darstellungsmitteln« oder Medien. Sie codieren auf der Basis von Zeichen Informationen. Auerbach entwickelte, aufbauend auf diesen Überlegungen, eine »Übersicht über die optisch und akustisch aufzunehmenden menschlichen Darstellungsmittel«, darunter Gebärde, Wort, Druckschrift, Film, Rundfunk und »Fernseher« (S. 85), die in der Fachgemeinschaft vielfach rezipiert wurde, so von Emil Willems (1930), Hans Traub (→ Traub 1933), von Josef Hardy Krumbach (vgl. Krumbach 1935) und nicht zuletzt – ungekennzeichnet und als Auerbach schon in England lebte – von Hans Amandus Münster, damals Direktor des Leipziger Instituts für Zeitungskunde (vgl. Kutsch 1994: 21).

Potentiell sei, so Auerbach, jeder Mensch zugleich »Zeichengeber« und »-empfänger« (S. 101ff.), im Falle institutionalisierter und organisierter Medien wie Rundfunk und Zeitung existieren allerdings Verfügungsmonopole (S. 34).

Rezeption ist niemals passiv: Der »geformte Bericht« des Berichterstatters werde vom Verstehenden »umformend aufgenommen« (S. 19). »Wir verstehen aus unserem eigenen Lebenszusammenhang heraus«, zitierte Auerbach den Wissenssoziologen Karl Mannheim (S. 13). Er erkannte aber auch, daß Zeichen konventionalisiert sein müssen, sollen sie kommunizierbar sein; sie unterliegen einer »sozialen Vereinbarung« (S. 14).

Auerbach befaßte sich auch mit der Konstruktion von Realität« durch »Bericht«, Zeichen im weitesten Sinne. Hier fand er zu der zentralen Überlegung, daß »geglaubte Realität«, Fiktion, ein »indirektes Erleben« des Rezipienten hervorrufe und potentiell dieselbe Wirkung habe wie »objektive« Realität (S. 76f.). Diese Wirkung kann noch erhöht werden, wenn Rezipienten über ähnliche Lebenseinstellungen verfügen, so etwa die Arbeiterschaft: »Ständiger Bericht« rufe »die Schicksalsgemeinschaft der Klasse durch Auslösung indirekten Bewußtseins ins aktuelle Bewußtsein« (S. 68). Hier kippt Auerbachs Argumentation ins Normative. Seine Verallgemeinerung des Wirkungsverlaufs als Abrufung des inneren Erlebens eines spezifisch motivierten und interessierten Publikums, das er sehr idealtypisch beschrieb, resultierte aus einer sozialistisch begründeten Kultur- und Pressekritik, die sich gegen »Amerikanisierung« und »Atomisierung« der Gesellschaft und ihrer Ausdrucksformen wandte.

Festzuhalten bleibt, daß Auerbachs sprachphilosophische Implikationen für eine Zeitungswissenschaft, implizit von ihm verstanden als eine Wissenschaft der menschlichen Kommunikation und ihrer medialen Basis, inhaltlich überzeugen und Vorläufer modernerer Auffassungen sind, die in der Kommunikationswissenschaft heute unter dem Stichwort »Sprache als Medium« diskutiert werden (→ Burkart 1983; hier [3]1998: 73ff.).

Literatur

Stefanie Averbeck (1999): *Kommunikation als Prozess. Soziologische Perspektiven in der Zeitungswissenschaft 1927-1934*. Münster: Lit.

Josef H. Krumbach (1935): *Grundfragen der Publizistik. Die Wesenselemente des publizistischen Prozesses. Seine Mittel und Ergebnisse*. Berlin, Leipzig: de Gruyter.

Arnulf Kutsch (1988): Die Emigration der deutschen Zeitungswissenschaft ab 1933. Anmerkungen zu einem vergessenen Thema. In: *Medien & Zeit*, 3. Jg., Nr. 1, S. 3-16.

Arnulf Kutsch (1994): Die Rundfunkforschung an der Universität Leipzig in den Jahren 1924-1945. Ein Überblick. In: *Rundfunk und Geschichte*, 20. Jg., Nr. 1, S. 17-29.

Emil Willems (1930): *Presse und Kollektivmeinung in Zusammenhängen. Ein Beitrag zur speziellen Soziologie*. Köln: Pilgram.

Stefanie Averbeck

Jörg Aufermann (1971): *Kommunikation und Modernisierung. Meinungsführer und Gemeinschaftsempfang im Kommunikationsprozeß*. München-Pullach, Berlin: Verlag Dokumentation. 239 Seiten.

Kommunikation und Modernisierung gehört zu den wenigen deutschsprachigen Analysen, die Innovationstheorie berücksichtigen, und dies bemerkenswert frühzeitig. Zugleich aber arbeitet der ursprünglich in Berlin und dann in Göttingen tätige Autor (geb. 1940) umsichtig den damaligen Forschungsstand, von der Theorie der Kommunikationssysteme über die Publikumsforschung bis zur Meinungsführerthese und eben der Innovationstheorie ein. Insofern handelt es sich bei diesem Band um eine beachtliche synthetisierende Leistung.

Vor diesem theoretischen Hintergrund und speziell ausgehend von der kritischen Analyse des Bezugsgruppenkonzeptes entwickelt Jörg Aufermann ein Modell der sozial-relationalen Dimension von Kommunikation. Der Rezipient wird als ein Knotenpunkt verschiedener Kommunikationssysteme begriffen und damit die damals noch häufig geäußerte Allmachtsthese der Medien, basierend auf der Vorstellung einer atomisierten Massengesellschaft isolierter Individuen als Publikum, widerlegt. Die Schwäche der bisherigen Kommunikationsforschung erklärt Aufermann als Folge des Fehlens einer sozial-relationalen Perspektive der Kommunikation selber.

Von dieser dynamischen Konzeption der Relation zwischen Kommunikatoren und Rezipienten aus vermag der Autor auch Differenzierungsmängel des damaligen Meinungsführungskonzepts zu korrigieren. Damit die Rolle des Opinion Leaders wahrgenommen werden kann, bedarf die betreffende Person der Empathie, des Einfühlungsvermögens in die Informationsbedürfnisse und -verarbeitungskapazität von Kommunikationspartnern. Natürlich bezieht sich Aufermann in diesem Zusammenhang immer wieder auf die bahnbrechenden Untersuchungen von Paul F. Lazarsfeld und seinen Kollegen (→ Lazarsfeld, Berelson & Gaudet 1944; → Katz & Lazarsfeld 1955; Lazarsfeld & Menzel 1964), entwirft aber im Anschluß an Jürgen Helle (1968) eine Typologie von Meinungsführern gemäß den jeweils ausgetauschten Wissensarten. So unterscheidet er kommunikationsaktive Bezugspersonen, die in erster Linie wegen ihres Faktenwissens soziale Wertschätzung genießen; solche, denen diese wegen ihrer sozial normativen Prominenz (Normenwissen) zufließt, und solche, denen dies aufgrund ihres Wertewissens zuteil wird.

Überhaupt überzeugt der Autor am meisten durch seine Art der vergleichenden Typenbildung, aber auch etwa die Darstellung des Zusammenhangs der Kommunikationssysteme (S. 23) war und bleibt hilfreich und wurde auch entsprechend von der scientific community rezipiert, während seine innovationstheoretischen Anregungen leider wenig Widerhall auslösten.

Literatur

Jürgen Helle (1968): Symbolbegriff und Handlungstheorie. In: *Kölner Zeitschrift für Soziologie und Sozialpsychologie*, 20. Jg., S. 17-37.

Paul F. Lazarsfeld, Herbert Menzel (1964): Massenmedien und personaler Einfluß. In: Wilbur Schramm (Hrsg.): *Grundfragen der Kommunikationsforschung*. München: Juventa, S. 117-139 [engl. Original 1963].

Ulrich Saxer

Dieter Baacke (1973): *Kommunikation und Kompetenz. Grundlegung einer Didaktik der Kommunikation und ihrer Medien*. München: Juventa. 408 Seiten (hier: 3. Auflage 1980).

Dieter Baacke (1934–1999), der nach seiner 1972 erfolgten Habilitation an der Universität Göttingen bis zu seinem Tod an der Universität Bielefeld als Professor für außerschulische Pädagogik mit dem Schwerpunkt Medienpädagogik, Kindheitsforschung sowie Jugend- und Erwachsenenbildung lehrte (vgl. Schorb 1999), unternimmt es in seinem Buch konsequent, ausführlich und stringent einerseits Kommunikationswissenschaft in die Sozialwissenschaften zu integrieren und andererseits kommunikationswissenschaftliche Forschung zu einem

Bestandteil sozialwissenschaftlicher Disziplinen zu machen. Er arbeitet heraus, in welcher Weise die Erkenntnisse der Kommunikationsforschung anderen Disziplinen entspringen (er nennt dabei vor allem Informationstheorie, Soziologie, Psychologie, Linguistik, Kulturanthropologie, Ästhetik und Pädagogik) und zum Gemeingut der Kommunikationswissenschaft werden, und er beschreibt den Weg, wie die Erkenntnisse wiederum in die verschiedenen Disziplinen rückzuvermitteln sind. Diesen Ansatz, Kommunikationswissenschaft als eine Disziplin zu bestimmen, welche die Erkenntnisse der anderen Disziplinen zusammenfaßt und sie ihnen zugleich vermittelt, will er in zwei Schritten realisieren. Der erste beinhaltet, »daß das Corpus einiger Basismaterialien zur Kommunikation in die verschiedenen Wissenschaften transportiert wird, das selbst aufgrund interdisziplinärer Fragestellungen entstanden ist, aber längst nicht immer interdisziplinär zur Kenntnis genommen wurde. Ein nächster Schritt wäre dann eine bewußte, geordnete und in Forschungsstrategien vorgeplante interdisziplinäre Kommunikationsforschung, die weniger Sichtweisen und Ergebnisse addiert, sondern vielmehr integriert.« (S. 30) Die vorgeschlagenen Schritte bilden zugleich die Vorgabe für sein eigenes Werk. Den Hauptteil von *Kommunikation und Kompetenz* nimmt die systematisierte Darstellung der bis 1971 vorliegenden Forschungen ein. In diesem Teil ist Baackes Schrift ein detailreiches und zugleich geordnetes Kompendium über Theorien (kurzer und langer Reichweite) und Forschungsergebnisse im Kontext von Kommunikation.

Bei der Betrachtung des ersten Teils, des Kompendiums, fällt angenehm eines ins Auge: Das Buch ist in einer Zeit geschrieben, in der sich die Wissenschaft aus der Enge rein deskriptiver Empirie und standardisierter Theorie löste und versuchte, nicht allein die umgebenden Disziplinen einzubeziehen, sondern darüber hinaus wissenschaftliches Forschen und dessen Ergebnisse in den Kontext von Theorie und gesellschaftlicher Verpflichtung zu stellen. Dies bedeutet dann letztlich, daß Kommunikationsforschung auch sich selbst und die eigenen Implikationen zu einem zu befragenden und erforschenden Gegenstandsbereich macht, daß sie zur »Interaktion [wird], indem sie selbst darstellt, was sie erfasst.« (S. 36). Unter dieser Prämisse gibt Baacke in der Folge einen Überblick über die (wohl bis heute) wichtigsten Theorien und Definitionen von Kommunikation und deren empirische Begründung. Im weiteren führt er elf Axiome der Kommunikation ein, die er unter das Grundaxiom der kommunikativen Kompetenz subsumiert. In der Weiterentwicklung des Kompetenzbegriffs des Linguisten Naom Chomsky (1957), der auf Sprache und Sprechen bezogen ist, unterscheidet er kommunikative Kompetenz als Grundfähigkeit und kommunikative Performanz als deren Aktualisierung in Situationen »oder auch überdauernden Verhaltenspatterns, die jedoch nicht durch die Kompetenz allein strukturiert werden, sondern auf der Grundlage eines Regelsystems der Kompetenz durch situative, persönliche, soziale, kulturelle Varianten geschaffen sind.« (S. 102)

Auf dem Grundaxiom der kommunikativen Kompetenz baut er die weiteren Axiome auf. Deren erstes, das Permanenz-Axiom, behandelt das Faktum, daß jedes menschliche Verhalten zugleich immer Kommunikation ist, oder umgekehrt in Paul Watzlawicks berühmter Formulierung: »Man kann nicht nicht kommunizieren« (Watzlawick, Beavin & Jackson 1967). Die Weitsicht von

Baackes Ansatz wird auch in seinem sechsten, dem Erwartbarkeits-Axiom deutlich. Hier bezieht er sich auf den Begriff »Weltoffenheit« des umstrittenen Philosophen Arnold Gehlen ([6]1958), um zu kennzeichnen, »daß Bewußtsein und erkennende Produktivkraft des Menschen jedem wahrgenommenen Zeichen und bei der Symbolbildung durch Sprache jedem Text und jeder Aussage einen ›Mehrwert‹ an Bedeutung geben können.« (S. 112) Kommunikation, so der durchgehende Tenor von Baackes Arbeit, ist kein funktionaler Vorgang der Zeichenübermittlung, sondern ein Akt menschlichen Handelns, von diesem und für diesen bestimmt.

Diese Sichtweise leitet auch den zweiten Teil seines Buches, die Umsetzung der sorgfältig aufgearbeiteten Wissensbestände in die Umrisse einer Kommunikationswissenschaft als Handlungswissenschaft. In der Auseinandersetzung mit den beiden zentralen Begriffen Emanzipation und Kommunikation legt Baacke hier zugleich die Grundsteine einer Theorie der Medienpädagogik. Hat er zuvor in der Auseinandersetzung mit den das Soziale beschreibenden Systemen herausgearbeitet, welche Kompetenzen solchen Systemen innewohnen, welche Möglichkeiten in ihnen für den Prozeß der Kommunikation angelegt sind, so legt er nun dar, welche Kompetenzen der kommunikativ handelnde Mensch hat und erwerben könnte. Das Ziel kommunikativen Handelns und damit die Richtung, in die sich kommunikative Kompetenz entwickelt oder entwickeln soll, bestimmt er mit dem Begriff der Emanzipation, der für ihn nicht nur die Zielvorgabe kommunikativen Handelns, sondern zugleich dessen inhaltliches Programm umschreibt. Aufgrund der Diskussion des theoretischen Hintergrundes des Emanzipationsbegriffes kommt er zu zehn sogenannten Definitions-Konstituentien dieses Begriffs. Dabei betont er zum einen den Prozeßcharakter bzw. die Dialektik von Prozeß und Ziel, die dem Begriff Emanzipation inhärent sind, er weist auf die Aufklärungsfunktion von Emanzipation für menschliches Erfahren und Handeln hin und die Verschränktheit von Emanzipation und Gesellschaftskritik. Die Verbindung von Emanzipation und Kommunikation faßt er in den Thesen acht und neun. »8. ›Emanzipation‹ ist als Prozeß und Ziel nur verfügbar zu machen in der Kommunikationsgemeinschaft aller Menschen [...]; 9. ›Emanzipation‹ ist nur dann für jeden [...] zu verwirklichen, wenn sie nicht als Postulat und Forderung allein auftritt, sondern im Kommunikationsprozeß vorbereitet wird und sich vollzieht.« (S. 316)

Mit der Bestimmung von Kommunkation als Prozeß und Ziel kommunikativen Handelns ist auch der Begriff der kommunikativen Kompetenz weiter entfaltet als Fähigkeit zu kommunikativem Handeln mit dem Ziel der kollektiven ebenso wie der individuellen Emanzipation. Damit wiederum ist der Entwicklung der kommunikativen Kompetenz die pädagogische Aufgabe zugleich gesetzt, »ein emanzipiertes Publikum zu erziehen, das die Maßstäbe eigener kommunikativer Erfahrungen auch für seine Rezipientenrolle übernimmt, also zum selbstbestimmten Rezipienten wird.« (S. 336) Diese Pädagogik ist ebenso Bestandteil der von ihm als interdisziplinär bestimmten Kommunikationswissenschaft wie die Forschung, die ihren Beitrag leistet zur Entdeckung der Möglichkeiten, kommunikative Kompetenz zu entwickeln und zu praktizieren.

Weit umfassender als Modebegriffe wie »Medienkompetenz«, die sich nach den flüchtigen aktuellen politischen und ökonomischen Gegebenheiten und Vorgaben richten, ist der Begriff der kommunikativen Kompetenz, den Baacke in seinem Werk entfaltet und begründet, geeignet in die Richtung zu weisen, in welche sich menschliches Denken und Handeln entwickeln muß, will es die selbstgeschaffene Omnipotenz und Omnipräsenz von Medien in Richtung und Ziel beherrschen und bestimmen.

Das Werk *Kommunikation und Kompetenz* ist die erste große theoretische Arbeit von Dieter Baacke. Sie begründet die wissenschaftliche Fundierung einer gesellschafts- und handlungsorientierten Medienpädagogik sowie einer rezipientenorientierten Medienforschung. Die verschiedenen medienwissenschaftlichen Forschungsprojekte, die sich vor allem einem Ansatz verschrieben haben, der Kommunikation als gesellschaftlich fundierten, biographisch beeinflußten und alltagsweltlich konstituierten Prozeß begreift, beziehen sich auf das grundlegende Werk von Baacke. Er selbst hat seinen Ansatz in verschiedener Weise ausgearbeitet. Er hat ihn zum einen zu medienpädagogischen Forschungs- und Praxismodellen (vgl. Baacke 1999), und zum anderen in Verbindung mit Medientheorien (beispielsweise zur Musik) zu Werken über die Adressatengruppe Kinder und Jugendliche verdichtet (vgl. Baacke 1987). Eine aktuelle forschungsbestimmende Neufassung seines theoretischen Ansatzes ist der medienökologische Ansatz, in dem Baacke versucht, die medialen Einflußfelder ausgehend vom Subjekt bis hin zur Gesellschaft näher zu bestimmen (vgl. Baacke 1991). Für eine theoretisch fundierte Medienpädagogik ist Baackes Hauptwerk ebenso eine Grundlage wie für eine den gesellschaftswissenschaftlichen Kontext und den aktiven Rezipienten einbeziehende Kommunikationswissenschaft.

Literatur

Dieter Baacke (1987): *Jugend und Jugendkulturen. Darstellung und Deutung.* Weinheim, München: Juventa.

Dieter Baacke, Günter Frank, Martin Radde (1991): *Medienwelten – Medienorte. Jugend und Medien in Nordrhein-Westfalen.* Opladen: Westdeutscher Verlag.

Dieter Baacke u.a. (Hrsg.) (1999): *Handbuch Medien: Medienkompetenz.* Bonn: Bundeszentrale für politische Bildung.

Naom Chomsky (1957): *Syntactic structures.* 's-Gravenhage: Mouton & Co.

Arnold Gehlen ([6]1958): *Der Mensch, seine Natur und seine Stellung in der Welt.* Bonn: Athenäum.

Bernd Schorb (1999): Im Gedenken an Dieter Baacke. In: *Publizistik,* 44. Jg., S. 468–469.

Bernd Schorb

Barbara Baerns (1985): *Öffentlichkeitsarbeit oder Journalismus? Zum Einfluß im Mediensystem.* Köln: Wissenschaft und Politik. 212 Seiten. – 2. Aufl. 1991. 212 Seiten.

Öffentlichkeitsarbeit oder Journalismus ist die publizierte Kurzfassung der Habilitationsschrift von Barbara Baerns – damals Akademische Rätin/Oberrätin an der Sektion für Publizistik und Kommunikation der Ruhr-Universität Bochum und heute Professorin an der Freien Universität Berlin. Die inhaltsanalytische Untersuchung wurde unter dem Projekttitel »Nachrichtenfluß und Nachrichtenverwendung. Öffentlichkeitsarbeit als Determinante publizistischer Aussagen« von der Deutschen Forschungsgemeinschaft finanziell gefördert. Sie beschäftigt sich mit dem »Zusammenspiel von Öffentlichkeitsarbeit und Journalismus beim Entstehen und Zustandekommen von Medieninhalten.« (S. 2) Die Forschungsidee zu einer empirischen Arbeit über Prozesse der Informationsverarbeitung durch Massenmedien entwickelte Baerns in der Medienpraxis. Als langjährige politische Redakteurin bei Tageszeitungen in Essen und Hannover, als Mitarbeiterin der PR-Abteilung des United States Information Center in Hannover und als PR-Abteilungsleiterin der Coca-Cola GmbH in Essen kennt sie »beide Seiten des Schreibtisches«. Eine theoretische Herleitung der Relevanz ihrer Fragestellung, die Einbettung ihres Erkenntnisinteresses in den klassischen Bereich der kommunikationswissenschaftlichen Forschung zur Nachrichtenselektion und -produktion, empirische Befunde einer Vorstudie sowie erste einfache Befunde ihrer Inhaltsanalyse präsentierte Baerns bereits 1979 in der kommunikationswissenschaftlichen Fachzeitschrift ›Publizistik‹.

Baerns untersuchte den Einfluß von PR auf journalistische Berichterstattung am Beispiel der Landespolitik in Nordrhein-Westfalen. Zum Untersuchungsmaterial gehörten Presseinformationen der Pressestellen von Legislative und Exekutive, Inhalte der Landespressekonferenz, die sie durch teilnehmende Beobachtung und Protokollierung erfaßte, amtliche Protokolle der Landtagssitzungen, öffentliche Landtagspublikationen sowie themenspezifische Veröffentlichungen von Nachrichtenagenturen, Tageszeitungen, Hörfunk und Fernsehen, die sie einem inhaltsanalytischen quantitativen Vergleich unterzog. Ihr Erhebungszeitraum erstreckte sich auf die jeweils vier Wochen der Monate April und Oktober 1978. Mit Hilfe der quantitativ gewonnenen Daten belegt Baerns die Dominanz von PR: Während nur wenig journalistische Eigenrecherche identifiziert wurde (8 bis 11%) oder journalistische Nach- und Zusatzrecherche keine bedeutende Rolle zu spielen schien (13 bis 21%), stellten Pressemitteilungen und Pressekonferenzen sowohl bei Nachrichtenagenturen (59%) und Tageszeitungen (64%) als auch in der betreffenden Fernseh- (63%) und Hörfunkberichterstattung (61%) die Mehrzahl der themenleitenden Primärquellen. Eigenständige Medienleistung dagegen reduzierte sich auf das Schreiben bzw. Produzieren, auf Selektion und Redigieren. Baerns interpretiert diese Befunde als Indiz dafür, daß Informationsvielfalt nur noch durch Selektion und Interpretation bereits vorgegebener Inhalte entsteht sowie durch eine medientechnisch und -dramaturgisch unterschiedliche Umsetzung dieser Inhalte. (S. 88f.)

Die Rezeption der Untersuchung war kontrovers: Die Wissenschaft begrüßte sie als die erste fundierte, weil auf eine breite Datenbasis aufgebaute Erhebung zum Einfluß von PR auf die Berichterstattung. PR und Journalismus – vor allem der Journalismus – zweifelten die Befunde an. Hauptsächlich zwei Schlußfolgerungen der Studie wurden zwischen Praxis und Wissenschaft kontrovers verhandelt. Im Vorwort zur Neuauflage stellt Baerns beide Befunde noch einmal pointiert heraus und verweist darüber hinaus auf weitere bestätigende Ergebnisse aus anderen Untersuchungen, die zum Zeitpunkt der Neuauflage ihres Buches, also zehn Jahre nach Abschluß ihrer Inhaltsanalyse, zum betreffenden Fragenkomplex vorliegen: Erstens, das tägliche Informationsgeschehen wird »dominiert« und »gelenkt« von »standardisierten Informationsverarbeitungsprozessen«, und zwar »unabhängig von subjektiven Intentionen der Macher und unabhängig von gesellschaftlichen Erwartungen«; und zweitens: Die Recherche verlagert sich »offensichtlich umfangreich auf Träger der Öffentlichkeitsarbeit.« (S. 3) Ihre Befunde interpretiert Baerns außerdem als Beleg dafür, daß Öffentlichkeitsarbeit nicht nur die Themen der Berichterstattung kontrolliert, sondern auch das Timing dieser Themen. Die Studie wurde wohl vor allem deshalb so kontrovers diskutiert, weil sie, wie die Autorin selbst bemerkt, im Widerspruch steht »zu journalistischen Selbsteinschätzungen und zu artikulierten Zielen, [...] zu normengebundenen Möglichkeiten und zu gesellschaftlichen Erwartungen«. (S. 98) Das eigentliche Problem aber liegt wohl in der Tatsache, daß das Publikum der Massenmedien gar nicht in der Lage ist, die tatsächliche Quellenlage zu durchschauen, denn, wie Baerns zeigt, es finden sich in den Massenmedien selbst selten Hinweise auf den Ursprung der Inhalte oder die Quelle der Berichterstattung.

Baerns' Studie hat im deutschsprachigen Raum eine ganze Reihe kommunikationswissenschaftlicher Folgestudien initialisiert, die im Rahmen stärker spezifizierter Fragestellungen größtenteils die Determinierungsthese von Baerns verifizierten (vgl. z.B. Grossenbacher ²1989; Barth & Donsbach 1992; Fröhlich 1992). Seit etwa Mitte der 90er Jahre aber wird in der deutschen Kommunikationswissenschaft neben der Determinierungsthese zunehmend die *Intereffikationsthese* diskutiert, die auf theoretischen Überlegungen Günter Benteles zur gegenseitigen Abhängigkeit von Journalismus und PR basiert (vgl. Bentele, Liebert & Seeling 1997). Mit Ausnahme einer Untersuchung von Pierre A. Saffarnia (1993), die allerdings nicht im Zusammenhang mit der Intereffikationsthese steht, wurde die Determinierungsthese empirisch bisher jedoch noch nicht falsifiziert.

Literatur

Barbara Baerns (1979): Öffentlichkeitsarbeit als Determinante journalistischer Informationsleistungen. Thesen zur realistischeren Beschreibung von Medieninhalten. In: *Publizistik*, 24. Jg., S. 301–316.

Barbara Baerns (1981): *Öffentlichkeitsarbeit und Journalismus – Zur Notation und Interpunktion latenter Beziehungen. Ein Versuch empirisch-analytischer Annäherung durch Ermittlung von Einflüssen ins Mediensystem.* Habil.-Schrift Abteilung für Philosophie, Pädagogik und Psychologie der Ruhr-Universität Bochum.

Henrike Barth, Wolfgang Donsbach (1992): Aktivität und Passivität von Journalisten gegenüber Public Relations. Fallstudie am Beispiel von Pressekonferenzen zu Umweltthemen. In: *Publizistik*, 37. Jg., S. 151–165.

Günter Bentele, Tobias Liebert, Stefan Seeling (1997): Von der Determination zur Intereffikation. Ein integriertes Modell zum Verhältnis von Public Relations und Journalismus. In: Günter Bentele, Michael Haller (Hrsg.): *Aktuelle Entstehung von Öffentlichkeit. Akteure, Strukturen, Veränderungen.* Konstanz: UVK, S. 225–250.

Romy Fröhlich (1992): Qualitativer Einfluß von Pressearbeit auf die Berichterstattung: Die »geheime Verführung« der Presse? In: *Publizistik*, 37. Jg., S. 37–49.

René Grossenbacher (²1989): *Die Medienmacher: Eine empirische Untersuchung zur Beziehung zwischen Public Relations und Medien in der Schweiz.* Solothurn: Vogt-Schild.

Pierre A. Saffarnia (1993): Determiniert Öffentlichkeitsarbeit tatsächlich den Journalismus? Empirische Belege und theoretische Überlegungen gegen die PR-Determinierungsthese. In: *Publizistik*, 38. Jg., S. 412–425.

Romy Fröhlich

Frederic C. Bartlett (1932): *Remembering. A study in experimental and social psychology*. Cambridge: University Press. X, 317 Seiten.

Das im Jahre 1932 erschienene Buch *Remembering* von Sir Frederic C. Bartlett gilt als einflußreiche kognitions- und sozialpsychologische Arbeit. Auf der Basis einer Reihe von experimentellen Studien zur Wahrnehmung, Vorstellung sowie Erinnerung in verschiedenen Kontexten entwickelt Bartlett eine umfassende Theorie der Erinnerung in natürlichem Kontext. Bartlett wird 30 Jahre später als Kronzeuge der »kognitiven Wende« angesehen, die uns lehrt, sowohl experimentelle Befunde der Psychologie als auch einzelne Prozesse der Wahrnehmung, des Verstehens und des Erinnerns von Texten und Bildern in einem größeren Zusammenhang zu sehen (vgl. Dahrendorf 1959).

Frederic Charles Bartlett (1887-1969) gilt als wichtiger Sozialpsychologe und erhielt nach seinem Studium am St. Johns College in Cambridge mehrere Ehrendoktorate. Seit 1914 war er Assistent am Psychologischen Laboratorium, später Reader (1922–31) und Professor der Experimentalpsychologie (1931–52) sowie Direktor des Psychologischen Laboratoriums (1922–52) an der Universität Cambridge. 1952 wurde er emeritiert.

Gleich zu Beginn seines Buches postuliert Bartlett, daß der forschende Psychologe nicht einfach mit Reaktionen, sondern mit menschlichen Wesen zu tun habe. Daher müsse sich der Experimentator mit dem Alltagsverhalten des normalen Individuums ebenso beschäftigen wie mit den Reaktionen seines Forschungssubjektes innerhalb eines Laboratoriums. Es sind bestimmte kognitive Schemata, die es erlauben, wahrgenommenes Material vorläufig zu benennen und zu definieren, mit analogen Bildern bzw. Eindrücken zu vergleichen, zu ordnen und in einen größeren visuellen Kontext zu stellen. Bartlett wird mit diesen Aussagen zur Wahrnehmung als einer der frühen Schematheoretiker in der modernen Psychologie angesehen.

In seinen Experimenten zur Vorstellung bezeichnet Bartlett jede menschliche kognitive Reaktion, sei es nun Wahrnehmung, Vorstellung, Bewertung, Denken oder Überlegen als eine Suche nach Bedeutung. Noch deutlicher wird dieses Prinzip in den Experimenten zur Erinnerung: Bartlett nimmt an, daß die Versuchsperson einen zuvor gehörten Text zunächst im Kern erinnert, dann aber verfügbare Schemata verwendet, um die ganze Geschichte zu rekonstruieren. Die Schemata steuern dabei nicht nur eine angemessene Wiedergabe des Textes, sondern sie fungieren zugleich auch als Pläne für eine Ausarbeitung der erinnerten Geschichte bis hin zur Fiktion. Mit anderen Worten – und diese Implikation hat für die Kommunikationswissenschaft eine ganz erhebliche Bedeutung –: Mittels seines Wissens konstruiert der Rezipient einen Kontext, der ihm das Verständnis eines Textes, einer Geschichte oder eines Medienangebotes erst ermöglicht.

Am Beispiel der indianischen Volkssage »The war of the ghosts« findet Bartlett mit seiner berühmten Methode der wiederholten Reproduktion in den Beschreibungen von 20 Versuchspersonen eine konstruktive Wiedergabe des erinnerten Materials: Die Versuchspersonen lassen zahlreiche Einzelheiten der angebotenen Geschichte aus und passen die Geschichte ihren eigenen Erwartungen an. Dabei rufen sie nicht einfach gespeicherte Kopien der Geschichte ab, sondern aktivieren ihr Wissen, um die Geschichte nach und nach zu rekonstruieren. Ähnliche Strukturen finden sich bei experimentellen Arbeiten zur Wiedergabe von einzelnen Bildsymbolen, die Versuchspersonen gezeigt werden.

Vor allem für Textmaterial lassen sich die typischen Merkmale bei der Rekonstruktion folgendermaßen beschreiben: Zunächst werden Einzelheiten und nicht erwartete Elemente des Textes oder einzelner Bilder ausgelassen. Außerdem neigen die Versuchspersonen dazu, Texte und Bilder mit fiktivem Material zu ergänzen und damit zu versuchen, Ungereimtheiten oder Widersprüche im Ausgangsmaterial zu erklären. Eine weitere Eigenheit besteht darin, dominante Einzelheiten eines Textes oder Bildes zu betonen. Dazu passend rekonstruieren die Versuchspersonen weitere Einzelheiten, so daß sich ein sinnvoller und kohärenter Zusammenhang ergibt. Hinzu kommt, daß die Versuchspersonen Einzelheiten bei der Wiedergabe des Ausgangsmaterials verändern und zwar in der Weise, daß ihnen unvertraute Wörter, Namen, Bilder, Titel vertrauter werden. Details des Ausgangsmaterials werden vor allem nach Relevanzgesichtspunkten verändert, weggelassen oder schlicht neu hinzu erfunden. Die Methode der seriellen Reproduktion zeigt, wie Versuchspersonen Materialien zu verschiedenen Zeitpunkten reproduzieren und die Zahl der Transformationen bei jeder weiteren Übermittlung zunimmt.

Ein weiteres typisches Merkmal der konstruktiven Veränderung von Ereignissen und Bildern in der Erinnerung ist die Transformation der Reihenfolge dargebotener Stimuli: Umfang und Grad dieser Transformationen variieren mit der Aufmerksamkeit, die der Befragte dem Ausgangsmaterial entgegenbringt. Wesentlich ist auch die Bedeutung der Einstellung bei der Erinnerung von Bildern und Texten. Versuchspersonen neigen dazu, ihre eigenen Bewertungen und Einstellungen zu reproduzieren. Gerade dieser Umstand macht Erinnerung zu einem hochkonstruktiven Prozeß, der mit Abbildung oder Widerspiegelung sehr wenig zu tun hat.

Schließlich ist es auch das Verdienst von Bartlett, auf den Einfluß gruppenspezifischer Einstellungen hingewiesen zu haben. Jede Gruppe, so Bartlett, hat ihr eigenes, gut organisiertes Cluster von präferierten Einstellungstendenzen, die bei der Erinnerung und Wiedergabe von Texten und Bildern von Bedeutung sind.

Bartletts Überlegungen zum Erinnern, insbesondere sein Schemakonzept, gerieten fast 30 Jahre in Vergessenheit, bevor sie Anfang der 70er Jahre zu einem ungeahnten Wiederaufstieg gelangten. Allen Schematheorien gemeinsam ist die Auffassung, daß geistige Prozesse nicht atomistisch beobachtet werden können, sondern in größeren Kontexten zu entwickeln und zu beschreiben sind. Noch heute werden Schemata als Wissensstrukturen auf höherer Ebene aufgefaßt, die informationsbezogene Variablen aufweisen und die nur eine bestimmte Art von Information akzeptieren. Schemata, so zeigt bereits Bartlett, haben nicht nur kognitive, sondern auch emotionale Merkmale. Sie präsentieren sowohl Alltagswissen als auch hochspezifisches Wissen. Und: Schemata organisieren die Informationsverarbeitung. Schemata helfen bei der Selektion von Informationen, sie dienen der Bewertung neuer Informationen und sie ermöglichen das Verstehen unvollständiger Informationen. Aufgrund ihrer spezifischen Struktur gestatten sie durch bereits vorhandene Kontextinformationen die Interpretation komplexerer semiotisch relevanter Zusammenhänge.

In der deutschen Kommunikationswissenschaft ist das Konzept von Bartlett erst relativ spät wiederentdeckt worden (vgl. Ruhrmann 1989: 43ff., 60ff.). Bartletts Arbeit wird gebraucht, um die Organisation des Gedächtnisses und die Informationsverarbeitung zu erklären. Empirische Untersuchungen bieten sich vor allem bei der Analyse von mehrdeutigem Material an. Während bei der Analyse von Medienangeboten die Schematheorie im Rahmen neuer Framekonzepte über deskriptive Aussagen nicht hinaus gekommen ist, läßt sich für den engeren Bereich der Medienwirkungsforschung doch zeigen, daß und wie Rezipienten Informationen auswählen, integrieren, interpretieren und weiter verwenden (→ Graber 1984). Manche vordergründige Kritik an der konstruktivistischen Medientheorie der 90er Jahre hat übersehen, daß sowohl in der Kunsttheorie der 20er Jahre, in der phänomenologischen Sozialtheorie (vgl. Schütz 1964) sowie insbesondere in der Kognitionspsychologie (vgl. Neisser 1976; Reason 1992) konstruktives Denken als herausforderungsreicher Ansatz gilt. Denn die Befunde sind nicht nur plausibel, sie sind auch beschreibungskräftig und lassen Vorhersagen über Erinnerungs- und Wiedergabeprozesse zu. Lücken indes bestehen sicher noch für die empirische Testbarkeit des Ansatzes, insbesondere was emotionale Komponenten der Wahrnehmung, Interpretation und Erinnerung komplexerer Bildmaterialien wie etwa Filme und Fernsehbilder betrifft. Die Kommunikationswissenschaft kann von Bartlett lernen, wie anregend und erkenntnisfördernd individualpsychologische Studien sind, die nach der kulturellen Bedingtheit psychischer Reaktionen und individuellen Verhaltens fragen.

Literatur

Ralf Dahrendorf (1959): *Bartlett, Sir Frederic Charles.* In: Wilhelms Bernsdorf (Hg.): Internationales Soziologen Lexikon. Stuttgart: Ferdinand Enke, S. 22.

Ulric Neisser (1976): *Cognition and reality.* San Francisco: Freeman.

James Reason (1992): *Human error.* Cambridge: University Press.

Georg Ruhrmann (1989): *Rezipient und Nachricht. Struktur und Prozeß der Nachrichtenrekonstruktion.* Opladen: Westdeutscher Verlag.

Alfred Schütz (1964): *Collected papers. Studies in social theory.* The Hague: Martius Nijhoff.

Georg Ruhrmann

Kurt Baschwitz (1932): *Der Massenwahn. Seine Wirkung und seine Beherrschung.* München: Beck'sche Verlagsbuchhandlung. 385 Seiten.

Das Buch ist eine stark erweiterte und überarbeitete Fassung von Kurt Baschwitz' (1886-1968) berühmter Abhandlung über den »Massenwahn« der Hexenverfolgungen in Europa (vgl. Baschwitz 1923).

Auf der Basis eines immensen Akten- und Bücherstudiums schilderte Baschwitz die psychische Verdrängungsleistung der europäischen Bevölkerungen, ihrer Regierungen und ihres Klerus angesichts der Hexenverbrennungen: Unrecht sei für Recht anerkannt worden, vor allem, da der einzelne die eigene Beteiligung an Schuld und Verblendung nicht wahrhaben wollte. Marten Brouwer hat darauf hingewiesen, daß Baschwitz hier implizit Phänomene der Vermeidung kognitiver Dissonanz beschrieb (vgl. Brouwer 1964). Baschwitz' eigenes Vokabular war 1932 tiefenpsychologisch geschult. Mit großer Nähe zur Freudschen »Projektion« sprach er von »Verdrängen« und »Entlasten« durch »Spiegelgedanken«: »Man unterschiebt die eigenen Taten oder Absichten dem Gegner und verurteilt sie aufs Heftigste« (S. 161, S. 250).

Im *Massenwahn* von 1932 ist das Hauptthema nicht mehr der Haß gegen Hexen, sondern der gegen die Deutschen als Weltkriegsverlierer. Wieweit man hier von einem »Massenwahn« sprechen kann, ist fraglich; ebenfalls Baschwitz' Feststellung, einzig die Deutschen seien keinem »Völkerhaß« verfallen. Er selbst sollte nur ein Jahr später als Jude aus Deutschland fliehen müssen.

Trotz der normativen Färbung dieses Buches führte er seine sozialpsychologischen Überlegungen dezidiert und in Abgrenzung gegen die Massenpsychologie Gustave Le Bons und ihrer Anhänger auch in der deutschen Zeitungswissenschaft aus. Konsequent verneinte Baschwitz den Mythos »Kollektivseele« und argumentierte sozialpsychologisch: »In Wirklichkeit hat es die Massenpsychologie denn auch nur mit dem Seelenleben des einzelnen Menschen zu tun, und zwar mit den Einflüssen, denen die Einzelseele durch die zwischen ihr und den vielen anderen Einzelseelen spielenden Wechselwirkungen ausgesetzt ist. Massenpsychologie bedeutet also Psychologie des Menschen in der ,Masse'.« (S. 159). Baschwitz setzte »Masse« nicht mit Depraviertheit, mangelnder Bildung und Marginalisierung gleich, der Verlust der kritischen Vernunft in entlastungsbedürftigen Situationen treffe den Gelehrten wie den Arbeiter (vgl. S. 205ff). Sozialer Kontrolle unterliegt potentiell jeder. Die »psychologische Masse« sei das »Gefühl mit Vielen einer Meinung sein zu dürfen«. Darin sei die »Flucht in die Massenwahnvorstellung« als »Entlastungsbedürfnis« von Gesellschaften in schuldhafter Verstrickung (»Schuldzuschiebung auf die Opfer«, S. 178) schon angelegt. Baschwitz ging dabei nicht von einem angeborenen Bösen aus, sondern von zugleich tiefenpsychologischen (Anlehnung an Sigmund Freud) und gruppendynamischen (Anlehnung an Walther Moede und William Stern) Vorgängen, die auf einem angeborenen Gerechtigkeitsgefühl – welches er bei Moede und Stern beschrieben fand – beruhen sollen. Dieses Gerechtigkeitsgefühl motiviere einen »moralischen Selbsterhaltungstrieb«, der zur »Selbstachtung« strebe (vgl. S. 165ff.) und dissonante Informationen (etwa Schuldverstrickung) nicht dulden kann. Auf der Basis dieser (latenten) psychischen Disponiertheit erst vermag Propaganda zu wirken.

Baschwitz war der erste der deutschen Zeitungswissenschaftler – zu dieser Zeit, also 1932, Chefredakteur des Verlegerblattes ›Der Zeitungsverlag‹ und gelegentlich Gastredner am Institut für Zeitungswesen in Heidelberg (vgl. Anschlag: 29ff.) –, der sich ausführlich mit dem Phänomen Propaganda befaßte und sie als »Wechselwirkung« zwischen Kommunikatoren und Rezpienten sah, nicht etwa als allmächtige persuasive Kommunikation. Suggestiv wirke nicht die Propaganda selbst, vielmehr »das Vermuten der gleichgerichteten Stimmung bei den Anderen«, und zwar »verstärkend auf die einseitige Voreingenommenheit des Einzelnen« (S. 160). Ähnliche Überlegungen gingen später sowohl in die Theorie der Schweigespirale ein als auch in die Annahme sozialer Reflexivität, wie sie der Konstruktivismus beschreibt. Suggestiv ist dabei ggf. schon die emotionale Orientierung an anderen, an dem »Gefühl, mit vielen [...] dieselbe Meinung hegen zu dürfen oder – zu müssen.« (S. 161); im Zweifelsfall: egal welche Meinung. Die Bereitschaft, den »Massenwahn« mitzutragen, Schuldzuweisungen zuzusprechen, sah Baschwitz an Ohnmachtsgefühle und defizitäre Selbstbilder gebunden (vgl. S. 165). Die Furcht vor Isolation und das Einfordern der Selbstachtung (durch den Umweg mittels Projektion) sind eng verwoben. Das Phänomen der Wahrnehmung vieler »Gleichmeinender« sichert das Entlastungsbedürfnis ab.

Propaganda kann ggf. an Drohkommunikation gebunden sein. Terror, autoritäre Herrschaft, auch Klassenprivilegien, unterstützen Massenwahnvorstellungen, während demokratische Staatsformen eher hinderlich, da per se auf Abweichung gerichtet sind: »Denn so lange und so weit der einzelne Staatsbürger die Freiheit – nicht nur die äußere, sondern auch die innere Freiheit – zu Widerspruch, zu Abänderungsvorschlägen, zu Gegenwirkungen irgendwelcher Art hat und sie ausübt, wird er sich nicht entlastungsbedürftig fühlen.« (S. 175)

Die »Experimentelle Massenpsychologie« des Berliner Professors für Psychotechnik Walter Moede (1920) war eine der zentralen erkenntnistheoretischen Fundstellen für Baschwitz. Er argumentierte kommunikationspsychologisch (»Stumm werden«) auf der Basis von (Moedes) Gruppenexperimenten – hier ging er Elisabeth Noelle-Neumann (die sich auf Experimente von Solomon Ash beruft) methodisch voraus. In der Legierung sozialpsychologischer und tiefenpsychologischer Elemente ging er weiter als sie.

Baschwitz und Moede standen durch gemeinsame Projekte, so eine Sondernummer des ›Zeitungsverlags‹ 1930 über den »Leser und seine Zeitung«, in Kontakt (vgl. Averbeck 1999: 83f.). Damit war Baschwitz neben Karl Jaeger und Hans Traub einer der wenigen Zeitungswissenschaftler seiner Zeit, die psychotechnische Forschungen wahrnahmen und deren empirische und sozialpsychologische Orientierungen nutzbar machen wollten.

Dieses in seinen Grundaussagen so klarsichtige Buch hat eine zweite, eine Schattenseite: Baschwitz' eigenen Nationalismus, der die Deutschen als kriegsunschuldige, dem »Versailler Diktat« Unterjochte darstellte und den Stolz über die kulturellen Leistungen Deutschlands in eine Hierarchisierung von »europäischen Völkern« und »schwarzen Hilfsvölkern« einmünden ließ (vgl. z.B. S. 119, S. 201).

Hier wird die Geschichte dieses Buches – und Baschwitz eigene – evident: Er demaskierte 1932 in seinem Buch auch die Nationalsozialisten, entfernte entsprechende Passagen auf Wunsch des Verlags aber wieder (vgl. Anschlag 1990: 38). Baschwitz mag seine eigene Verblendung erst später in ihrer ganzen Tragweite erkannt haben. Sein Biograph Dieter Anschlag betont deutschnationale Züge in Baschwitz' Frühwerk, die Opposition gegen Hitler bei gleichzeitiger Fehleinschätzung der realen Bedrohung (vgl. Anschlag 1990).

In Amsterdam erhielt der jüdische Emigrant Kurt Baschwitz 1935 eine Privatdozentur, später, nach Jahren des Untertauchens in den besetzten Niederlanden, 1948 eine a.o. Professur für »Presse, Propaganda und öffentliche Meinung«. 1938 war in Amsterdam sein Buch »Du und die Masse« erschienen, in dem Baschwitz die erkenntnistheoretischen Grundlagen seiner systematisch verstandenen Massenpsychologie weiter ausarbeitete – nun auch mit Bezug auf angelsächsische Literatur und neue Aktualitäten: das nationalsozialistische Deutschland.

Literatur

Dieter Anschlag (1990): *Wegbereiter im Exil. Kurt Baschwitz: Journalist und Zeitungswissenschaftler.* Münster: Journal für Publizistik und Kommunikation.

Stefanie Averbeck (1999): *Kommunikation als Prozess. Soziologische Perspektiven in der Zeitungswissenschaft* 1927-1934. Münster: Lit.

Marten Brouwer (1964): Mass communication and the social sciences. Some neglected areas. In: Lewis A. Dexter, David M. White (Hrsg.): *People, society and mass communications.* London, S. 548-567.

Walther Moede (1920): *Experimentelle Massenpsychologie.* Leipzig: Hirzel.

Stefanie Averbeck

Wilhelm Bauer (1914): *Die öffentliche Meinung und ihre geschichtlichen Grundlagen. Ein Versuch.* Tübingen: J. C. B. Mohr. VII, 335 Seiten.

Wilhelm Bauer (1877-1953) war Wiener Historiker und Journalist. Er schrieb für das ›Neue Wiener Tagblatt‹, den ›Wiener Mittag‹, die Wiener ›Neuesten Nachrichten‹, das ›Neue Grazer Tagblatt‹ und die ›Deutschösterreichische Tageszeitung‹. Schon seit 1917 hielt er erste zeitungskundliche Kurse an der Universität Wien. Wie viele Österreicher seiner Generation befürwortete er nach der Niederlage im Ersten Weltkrieg den Anschluß Österreichs an Deutschland. Mit den ›Deutsch-österreichischen Monatsheften‹, von denen nur eine Probenummer erschienen ist, wollte er den Anschluß fördern. 1930 erhielt er an der Universität Wien ein Ordinariat für allgemeine Geschichte, 1944 wurde Bauer Leiter des dort geschaffenen »Instituts für Geschichte des Postwesens« (vgl. Schulz 1979).

Die öffentliche Meinung und ihre geschichtlichen Grundlagen bietet einen immer noch lesenswerten und angenehm geschriebenen Überblick über die Kommunikationsgeschichte. Als das Werk entstand, waren sowohl Deutschland als auch die Habsburgermonarchie zwar schon mehr oder minder moderne, industrialisierte Staaten. Gleichwohl waren beide Staaten – trotz ihrer Parlamente – keine Demokratien, eine institutionelle Absicherung der Macht der Öffentlichkeit fehlte mithin. Daß in beiden Staaten die Politik jedoch kaum noch gegen die öffentliche und veröffentlichte Meinung durchgesetzt werden konnte, sollte sich noch im Publikationsjahr zeigen, als das Kriegsgeschrei der Öffentlichkeit seinen Beitrag leistete, sowohl die Wiener Hofburg als auch die Berliner Wilhelmstraße in den Ersten Weltkrieg zu treiben.

1930 hat sich Bauer dem Thema noch einmal unter leicht verändertem Ansatz gewidmet. Die Darstellung der Veröffentlichung »Die öffentliche Meinung in der Weltgeschichte« ist – unter dem Eindruck des Ersten Weltkriegs und der folgenden Ereignisse – spürbar nationalistischer gefärbt; statt der systematischen Ordnung des ersten »Versuchs« von 1914 wählt Bauer nun eine chronologische Anordnung, und zudem ist die zweite Veröffentlichung vorzüglich illustriert.

Im einführenden Kapitel der ersten Veröffentlichung *Die öffentliche Meinung und ihre geschichtlichen Grundlagen* sammelt Bauer zunächst Belegstellen für die Verwendung des Begriffs öffentliche Meinung. Im zweiten Kapitel setzt sich der Verfasser kritisch mit der zeitgenössischen massenpsychologischen Schule, insbesondere Gustave Le Bons Klassiker »Psychologie der Massen« (→ Le Bon 1895) auseinander. Dabei vertritt Bauer die Auffassung, daß die »Masse« dazu tendiere, sich auf Basis des kleinsten gemeinsamen Nenners zu verständigen. Öffentliche und veröffentlichte Meinung seien nicht identisch. Im den folgenden beiden Kapiteln resümiert Bauer etliche Beispiele der Weltgeschichte, an denen er die Charakteristika der öffentlichen Meinung verdeutlicht. In der Veröffentlichung von 1930 sind diese Beispiele ausführlicher gewürdigt. In beiden Abhandlungen betrachtet Bauer ausschließlich die Hoch- und Schriftkulturen, im Zentrum steht dabei Deutschland, daneben – nicht gleichberechtigt, aber sehr prominent – Frankreich. Im fünften bis achten Kapitel stellt er die »Ausdrucksmittel« der öffentlichen Meinung: die mündliche Rede, schriftliche Formen, die Presse und die Propaganda der Tat vor.

Bauer ist in manchen Interpretationen erstaunlich modern, wenn er beispielsweise die Presse in Zusammenhänge mit der Industrialisierung stellt und sie in ihren dynamischsten Formen als Folge der Urbanisierung begreift. In anderen ist er wohltuend zurückhaltend. So werden die römischen »acta diurna«, wie es damals gängig war, nicht als Vorform der Tageszeitung gesehen. Bauer interpretiert die öffentlichen Kommunikationsprozesse nicht als etwas, das nach vorgeblich unveränderlichen Gesetzmäßigkeiten abläuft. Statt dessen verdeutlicht er – unprätentiös eingestreut –, daß Lern- und Gewöhnungsprozesse diese Kommunikation immer wieder anders wirken lassen. Er geht nicht von einer Wirkungsrichtung der Massenkommunikation aus, sondern vertritt einen Ansatz, der sich als dynamisch-transaktional beschreiben ließe, wenn es 1914 schon dieses Denkschema gegeben hätte. Seine Darstellung geht exemplarisch vor. Besonders deutlich wird die Methode in den idealtypischen Darstellungen der »Kommunikatoren« Bismarck und Napoleon III. – Bauer benutzt den Ausdruck nicht. Von den moderneren sozialwissenschaftlichen Studien ist ihm am stärksten die »Schweigespirale« von Elisabeth → Noelle-Neumann (1980) verpflichtet. Allerdings nicht in dem Sinne, daß Bauer den von Noelle-Neumann beschriebenen, von Isolationsfurcht angetriebenen Prozeß in den Mittelpunkt seiner Betrachtungen stellt, sondern in einerseits allgemeinerer, andererseits spezieller Hinsicht: Allgemeiner, weil Bauers Konzept der öffentlichen Meinung ebenfalls den sozialpsychologischen Ansatz favorisiert, spezieller dort, wo er die begriffsgeschichtlichen Beispiele als Ausgangspunkt nimmt, oder bei randständigen Aspekten, wenn er beispielsweise die Mode, wie Elisabeth Noelle-Neumann nach ihm, als Ausdruck der öffentlichen Meinungen interpretiert (S. 135). Seine Bedeutung für die heutige Kommunikationswissenschaft ist vor allem indirekter Natur, da Bauer neben Ferdinand → Tönnies (1922) zu den meistzitierten Autoren in der Konstituierungsphase der Zeitungs- und Publizistikwissenschaft in den 1920er und 1930er Jahren zählte (vgl. Averbeck 1999). Sein 1928 zur Ausstellung »Pressa« erschienener Artikel über den Sinn der Pressegeschichte (vgl. Bauer 1928) ist immer noch zentral (vgl. Lerg 1977).

Literatur

Stefanie Averbeck (1999): *Kommunikation als Prozeß. Soziologische Perspektiven in der Zeitungswissenschaft 1927-1934*. Münster: Lit.
Wilhelm Bauer (1928): Was haben wir von einer Geschichte der modernen Presse zu verlangen? In: *Archiv für Buchgewerbe und Gebrauchsgrafik*, 65. Jg., Pressa-Sonderheft, S. 153-161.
Winfried B. Lerg (1977): Pressegeschichte oder Kommunikationsgeschichte? In: Elger Blühm (Hrsg.): *Presse und Geschichte*. München: Verlag Dokumentation, S. 9-24.
Elisabeth Schulz (1979): *Wilhelm Bauer. Studien zu Leben und Werk*. Wien: Verband der wissenschaftlichen Gesellschaften Österreichs.

Rudolf Stöber

Hans Bausch (1956): *Der Rundfunk im politischen Kräftespiel der Weimarer Republik 1923-1933*. Tübingen: J.C.B. Mohr. VIII, 224 Seiten.

Die Tübinger Dissertation von Hans Bausch (1921-1991) markiert – neben der nahezu gleichzeitig entstandenen Arbeit »Der Rundfunk als Instrument der Politik« (→ Pohle 1955) – den Anfang der wissenschaftlichen Auseinandersetzung in der Bundesrepublik Deutschland mit der Vor- und Frühgeschichte des deutschen Rundfunks in den 1920er Jahren. Betreut wurde die Studie von zwei namhaften Wissenschaftlern: dem Historiker Hans Rothfels und dem Politologen Theodor Eschenburg. Einen deutlich spürbaren Einfluss auf die Darstellung hatten die befragten Zeitzeugen, nicht zuletzt der von Bausch als »Vater des deutschen Rundfunks« akzeptierte ehemalige Rundfunk-Kommissar des Reichspostministers Hans Bredow. Unverkennbar ist aber schon in diesem frühen Werk die Handschrift des Journalisten, zeitweiligen Politikers und Wissenschaftlers Hans Bausch, der 1958 zum Intendanten des Süddeutschen Rundfunks avancierte. Als Intendant in Stuttgart, der er bis Ende 1989 war, und mehrfach als ARD-Vorsitzender hat Bausch später selbst Rundfunkgeschichte gemacht, rundfunkgeschichtliche Forschung initiiert und 1980 mit »Rundfunkpolitik nach 1945« (→ Bausch 1980) das Standardwerk über den (west-)deutschen Nachkriegsrundfunk verfasst.

Bausch ging in seiner Dissertation von der These aus, jedes Land habe den Rundfunk, den es verdiene und der ihm entspreche. Am Ende seiner Untersuchung sah er diese These für die Jahre bis 1932/33 bestätigt und sprach ihr »ein hohes Maß an Allgemeingültigkeit« zu, auch im Blick auf die (west-)deutsche Rundfunksituation Mitte der 1950er Jahre.

Aus heutiger Sicht erscheint *Der Rundfunk im politischen Kräftespiel* als eine explorative Studie, als ein Versuch, die wesentlichen Strukturmerkmale und Entwicklungsstufen des frühen deutschen Rundfunks herauszuarbeiten. Dieser Versuch ist vor allem in den ersten Kapiteln, die sich auf die Vorgeschichte bis 1926 und auf die Rundfunkordnungen von 1926 und 1932 beziehen, erstaunlich gut gelungen. Erstaunlich deshalb, weil die Quellenbasis mit einigen wenigen Aktenbeständen, hauptsächlich aus Länderarchiven und dem Privatbesitz Bredows, gedruckten Protokollen, beispielsweise der Reichstagssitzungen, und ganzen 44 Titeln Literatur sehr schmal war. Die Auseinandersetzungen zwischen Post- und Innenministerium auf Reichsebene und anschließend zwischen Reich und Ländern über die Einführung und Organisation des Rundfunk werden weitgehend zutreffend geschildert, wenn auch noch nicht mit der Detailgenauigkeit, die → Lerg (1965) gut ein Jahrzehnt später auf wesentlich breiterer Quellengrundlage erreichte. Gleiches gilt für die Charakteristika der Rundfunkordnung von 1926 und die Grundlinien der Reform von 1932. Zu großes Gewicht erhalten allerdings die parlamentarische Kontrolle der Wirtschaftsführung des Rundfunks und der »Griff nach dem Rundfunk« des sozialdemokratischen Reichsministers des Innern Carl Severing. In diesen Punkten schlägt die Einseitigkeit der Quellenauswahl durch und führt zum Teil zu Fehleinschätzungen.

In den hinteren Kapiteln, die sich mit der Entwicklung der politischen Sendungen, der Tätigkeit der Zensurorgane Überwachungsausschuss und Kulturbeirat sowie den Formen des politischen Programms befassen, wird das Manko der Quellenauswahl noch deutlicher. Hier gelingen, soweit es um die Überwachungs- und Programmpraxis geht, zwar etliche im Detail durchaus zutreffende Streiflichter, doch ein differenziertes Gesamtbild entsteht nicht. Dies liegt auch daran, dass Bausch selbst dort, wo er relativ vollständige Aktenbestände ausgewertet hat (Hamburg, Baden und Württemberg), nicht gerade systematisch vorgeht und durchgängig mit einem traditionell engen Politikbegriff arbeitet. Zudem fehlt der Studie über weite Strecken des zweiten Teils der Gegenpol, die Analyse der Programmpraxis als Korrektiv für das Bild, das sich aus den staatlichen Akten und vereinzelten dort gesammelten Presseausschnitten ergibt. So erscheint der Weimarer Rundfunk bei Bausch als ein wirtschaftlich bald verstaatlichtes Medium am politischen Gängelband von Reichspost, Rundfunk-Kommissar und Ländervertretern. Ein Bild, das – nimmt man nur die äußeren Merkmale der Rundfunkordnungen und die (Haushalts-)Debatten im Reichstag oder im Postverwaltungsrat – durchaus stimmig zu sein scheint, das der Überprüfung an der unternehmerischen und programmgestalterischen Tätigkeit von Sendegesellschaften und Programmverantwortlichen aber nicht standhält.

Die Konzentration auf die Rundfunkpolitik und die Organisationsgeschichte des Mediums bei Bausch – und in ähnlicher Weise auch bei Pohle – hat in der wissenschaftlichen Auseinandersetzung mit der deutschen Rundfunkgeschichte lange nachgewirkt. Bis in die 1980er Jahre hinein sind vornehmlich Studien entstanden, die das einmal entworfene Bild regional und für einzelne Fragestellungen differenziert haben, Arbeiten beispielsweise über »Rundfunkpolitik in Baden und Württemberg« (vgl. Grube 1976) oder über »Rundfunk und Rundfunkrecht in der Weimarer Republik« (vgl. Fessmann 1973). Vernachlässigt wurde hingegen bis in die 1990er Jahre – bis zu den von Bausch selbst initiierten Bänden über die »Programmgeschichte des Hörfunks in der Weimarer Republik« (vgl. Leonhard 1997) – der Versuch, die Relevanz der Organisationsstrukturen an der Programmrealität zu überprüfen. Auch eine genauere Beschäftigung mit dem kulturellen Programm, das Bausch nur gestreift hat, unterblieb.

Jenseits der wissenschaftlichen Forschung haben die Arbeiten von Bausch und Pohle ebenfalls erhebliche Wirkung gezeigt, vor allem im Zusammenhang mit dem ersten Rundfunkurteil des Bundesverfassungsgerichts 1961 (vgl. Zehner 1964/65). Das Bild, das die Karlsruher Richter in der Begründung ihres sogenannten Fernsehurteils vom frühen deutschen Rundfunk und den Auseinandersetzungen zwischen Reich und Ländern über den Rundfunk gezeichnet haben, stützt sich wesentlich auf diese beiden Dissertationen. Indirekt hat die (verengte) Darstellung des Weimarer Rundfunks als unmündiger Staatsrundfunk so dazu beigetragen, die Unabhängigkeit des Rundfunks in der Bundesrepublik von staatlicher und sonstiger Bevormundung zu sichern.

Literatur

Ingo Fessmann (1973): *Rundfunk und Rundfunkrecht in der Weimarer Republik*. Frankfurt am Main: Josef Knecht.

Sibylle Grube (1976): *Rundfunkpolitik in Baden und Württemberg 1924-1933*. Berlin: Volker Spiess.

Joachim-Felix Leonhard (Hrsg.) (1997): *Programmgeschichte des Hörfunks in der Weimarer Republik*. München: dtv. 2 Bde.

Günter Zehner (1964/65): *Der Fernsehstreit vor dem Bundesverfassungsgericht*. Karlsruhe: C.F. Müller. 2 Bde.

Horst O. Halefeldt

Hans Bausch (1980): *Rundfunkpolitik nach 1945*. 2 Bde. München: Deutscher Taschenbuch Verlag. 1.044 Seiten.

Die beiden Bände zur Rundfunkpolitik nach 1945 sind Teil der fünfbändigen Reihe »Rundfunk in Deutschland«, die Hans Bausch in seiner Eigenschaft als Vorsitzender der Historischen Kommission der Arbeitsgemeinschaft der öffentlich-rechtlichen Rundfunkanstalten (ARD) herausgegeben und deren Abfassung er inauguriert hat. Die redaktionelle Betreuung lag beim Deutschen Rundfunkarchiv (Frankfurt am Main).

Hans Bausch (1923–1991) war in vielerlei Hinsicht als Fachmann für diese Aufgabe prädestiniert. Nach seinem Studium der Geschichte und Politikwissenschaft an der Universität Tübingen 1948 ergriff er den Journalistenberuf. Zunächst ging er zu einer regionalen Tageszeitung. Mitte 1950 trat er in die Dienste des Südwestfunks (SWF), Baden–Baden, der ihn zwei Jahre später in die baden-württembergische Landeshauptstadt als Berichterstatter schickte. 1955 promovierte Bausch in Tübingen mit einer Arbeit über »Den Rundfunk im politischen Kräftespiel der Weimarer Republik« (→ Bausch 1956). Im März des Folgejahres wurde er in den Landtag als CDU-Abgeordneter gewählt. Seine Karriere begann, als er sich entschloß, 1958 gegen den mehrfach wiedergewählten Intendanten des Süddeutschen Rundfunks, Stuttgart, Dr. Fritz Eberhard (SPD), entgegen dem Wunsch seiner Fraktion anzutreten, und im dritten Wahlgang die Mehrheit der Stimmen auf sich zog. Bausch, der mehrfach auch zum ARD-Vorsitzenden gewählt wurde, ist bis heute der dienstälteste Intendant der ARD geblieben. Er war mehr als zwanzig Jahre bis zum Dezember 1989 Intendant in Stuttgart. Seit 1971 wirkte er auch als Honorarprofessor an der Universität Stuttgart-Hohenheim. Sein kommunikationspolitisches Lebenswerk galt dem öffentlich-rechtlichen Rundfunk, von dessen Notwendigkeit für die demokratische Entwicklung der Kommunikationsverhältnisse in unserer Gesellschaft er – auch gegen sich verstärkenden Widerstand in der Partei (CDU), deren Mitglied er blieb – überzeugt war (vgl. In memoriam Hans Bausch 1992; Lang 1992).

Rundfunkpolitik ist für das zweibändige Werk eine vielleicht weniger anspruchsvolle Bezeichnung als Zeitgeschichte des Rundfunks. Darum aber handelt es sich der Sache nach. Es werden die ersten drei Jahrzehnte Rundfunk in der Bundesrepublik einschließlich deren Vorgeschichte ab 1945 in den Westzonen zusammenfassend, aber dennoch detailliert erzählt. Dabei stehen die Landesrundfunkanstalten, die Mehrländer–Anstalten und deren Wandlungen sowie die Gemeinschaftseinrichtungen der ARD im Mittelpunkt des ersten Bandes. Bausch erörtert dann den Streit zwischen dem Bund und den Ländern um den Auslandsrundfunk (Deutsche Welle) und den vergeblichen Versuch der Regierung Adenauer, eigene Rundfunkkompetenzen auch innerhalb Deutschlands zu gewinnen (Deutschland-Fernsehen GmbH), der vom Bundesverfassungsgericht im ersten Rundfunkurteil (1961) für immer gestoppt wurde. Aus den Auseinandersetzungen ging die Gründung des Zweiten Deutschen Fernsehens (ZDF), Mainz, hervor (ebenfalls 1961).

Im zweiten Band verfolgt Hans Bausch die kommunikationspolitischen Auseinandersetzungen um den publizistischen Wettbewerb zwischen Presse und Rundfunk/Fernsehen. Dabei geht es vordergründig um mögliche Nachteile auf dem Werbemarkt (Anzeigen), eigentlich jedoch um die öffentlich-rechtliche Organisationsform der Landesrundfunkanstalten und des ZDF gegen die privatrechtlichen Presseverlage. Nachdem der frontale Angriff abgewehrt werden konnte, geht es in der Folge um die Finanzierung, sprich Gebührenerhöhungen des Rundfunks und die Kompetenz der Länder, diese zu genehmigen. Ende der siebziger Jahre zeichnete sich eine ganz neue Herausforderung in den »Neuen Medien« Videotext, Bildschirmtext und Kabelfernsehen/Satellitenfernsehen ab. Durch neue technische Erfindungen waren tragende Elemente der alten öffentlich-rechtlichen Rundfunkordnung (vor allem Frequenzmangel und außerordentlich hohe Produktionskosten für Fernsehen) ins Wanken geraten. ARD und ZDF konnten wenigstens einen Teilerfolg erringen: Eines der vier Pilotprojekte des Kabelfernsehens durften die Rundfunkanstalten ausrichten. Am Horizont aber zeichnete sich der private Rundfunk- und Fernsehsektor bereits ab, der heute unbestrittene Realität darstellt. Bausch schreibt unprätentiös unter Heranziehung der wichtigen Quellen, von denen zahlreiche auch abgedruckt werden. Beide Bände sind mit einem veritablen Quellen- und Literaturverzeichnis versehen, das die Benutzung immer zum Gewinn macht. Zu wünschen ist, daß spätestens zum Ende des ersten Jahrzehnts im 21. Jahrtausend eine Fortsetzung vorgelegt wird, die Geschichtsschreibung und Dokumentation bietet.

Eine Fortführung hat die doppelbändige Monographie von Hans Bausch mit der von Dietrich Schwarzkopf herausgegebenen, gleichfalls zweibändigen Sammlung »Rundfunkpolitik in Deutschland« (1999). In ihren mehr als 20 Beiträgen sind auch die Befunde zahlreicher Einzelstudien verarbeitet, die seit Beginn der 1980er Jahre über Rundfunkentwicklung, -politik, -wirtschaft und -technik – häufig in Form von Dissertationen – vorgenommen wurden. Verfolgten Bausch und Schwarzkopf als Grundlinie ihrer Argumentation die Betonung der gesellschaftlichen Bedeutung des öffentlich-rechtlichen Rundfunks in Deutschland (und seine Verteidigung), so liegt dem ebenfalls zweibändigen Werk »Medien in Deutschland – Bd. 2: Rundfunk« von Heinz-Werner Stuiber (1998) gewissermaßen die Antithese, eine Apologie des privatwirtschaftlichen Rundfunks, zu Grunde.

Literatur

In memoriam Hans Bausch (1992). Stuttgart: Süddeutscher Rundfunk.
Rudolf Lang (Bearb.) (1992): Auswahlbibliographie Hans Bausch. In: *Studienkreis Rundfunk und Geschichte. Mitteilungen*, 18. Jg., S. 110–119.
Dietrich Schwarzkopf (Hrsg.) (1999): *Rundfunkpolitik in Deutschland. Wettbewerb und Öffentlichkeit.* 2 Teilbde. München: Deutscher Taschenbuch-Verlag.
Heinz-Werner Stuiber (1998): *Medien in Deutschland – Bd. 2: Rundfunk.* 2 Teilbde. Konstanz: UVK Medien.

Hans Bohrmann

Bernard Berelson (1952): *Content analysis in communication research.* Glencoe: The Free Press. 220 Seiten. – 2. Auflage New York: Hafner 1971. 220 Seiten.

Der vorliegende Titel gilt als erste Einführung in die systematische Inhaltsanalyse (content analysis). Der Verfasser, Bernard Berelson (1912–1979), hatte sich, zunächst Bibliothekswissenschaftler an der University of Chicago, bereits in seiner Dissertation (1941) mit inhaltsanalytischen Fragen befaßt.

Ein Jahr zuvor (1940) hatte Berelson zudem, zusammen mit Douglas Waples und Franklin R. Bradshaw, unter dem Titel »What reading does to people« den Begriff »Content analysis« eingeführt und definiert: »The term content analysis is here taken to include the analysis of the several aspects of written discourse« (→ Waples, Berelson & Bradshaw 1940: 147).

1941 nahm Berelson – von 1941 bis 1951 Bibliothekswissenschaftler (zuletzt als Dekan) und von 1957 bis 1960 als Verhaltenswissenschaftler an der University of Chicago tätig – an der ersten Konferenz über inhaltsanalytische Fragen teil, die von Waples in Chicago ausgerichtet wurde. Teilnehmer an dieser Konferenz waren auch Ernst Kris, Klaus Speier und Harold D. Lasswell, mit der Analyse von Propaganda befaßt, sowie Paul F. Lazarsfeld, an der Analyse von Radiosendungen arbeitend. Auch Berelson wandte sich, wie Lasswell, Kris und Speier, im Krieg der Propagandaanalyse zu, sammelte und sichtete aber daneben unter dem Einfluß von Lasswell systematisch alle ihm zugänglichen Untersuchungen zu Theorie, Methode und Technik dessen, was er als später als »content analysis« definieren sollte, nämlich als »research technique for the objective, systematic, and quantitative description of the manifest content of communication« (Berelson 1948: 6). Bereits im März 1948 legte er, noch an der University of Chicago tätig, ein 149seitiges Manuskript unter dem Titel »The analysis of communication content« vor, das Grundlage für die hier besprochene Arbeit wurde.

Zwischenzeitlich war Berelson an dem von Lazarsfeld geleiteten Bureau of Applied Social Research tätig und arbeitete hier an verschiedenen Projekten, darunter »The people's choice« mit Lazarsfeld zusammen (→ Lazarsfeld, Berelson & Gaudet 1944), der ihn immer wieder ermutigte, an Grundlagen der content analysis zu arbeiten. »Es ist sicher richtig, daß Berelson von Lasswell gelernt hat, wie man Kategorien bildet und von Lazarsfeld, wie man bivariat analysiert« (Sills 1980).

1952 erschien erstmalig *Content analysis in communication research* und wurde später mehrfach aufgelegt. Berelson verfaßte auch für das »Handbook of social psychology« (vgl. Berelson 1954) und für das »Handbuch der empirischen Sozialforschung« (hier zusammen mit Paul Lazarsfeld; vgl. Berelson & Lazarsfeld 1952) einführende Artikel über content analysis bzw. über Inhaltsanalyse.

Der Fortschritt, der mit diesem Titel verbunden war, liegt nicht so sehr in der methodischen oder gar theoretischen Elaboration des Instruments Inhaltsanalyse, sondern noch davor, nämlich in der Sammlung und Sichtung aller solchen Untersuchungen, die inhaltsanalytische Bezüge aufweisen. Das soll keine Abwertung dieser Arbeit bedeuten – im Gegenteil: Die Hauptfunktion theoretischen Arbeitens liegt nicht zufällig in der Ordnung der Phänomene, erst danach in der Abstraktion. Berelson vertrat – als empirischer Sozialforscher der frühen Zeit – eine strikt quantitative Vorgehensweise. Seiner Ansicht nach zählen nur »black marks on white« (S. 19), ein »reading between the lines«, so Berelson, ist nicht zulässig.

Der Einfluß von *Content analysis in communication research* – bei allen seinen Beschränkungen, insbesondere der Vernachlässigung der qualitativen Analyse, auf die spätere Kritiker (vor allem: Kracauer 1952) hingewiesen haben – auf die Entwicklung der Inhaltsanalyse in Deutschland war ausgesprochen stark und dies aus zwei Gründen: Zum einen stellt diese Arbeit die erste Synopse theoretischer und methodischer Anstrengungen, Probleme und Ergebnisse der Inhaltsanalyse dar – allein die Bibliographie zählt mehr als 500 Titel. Zum zweiten hat Berelson durch den gewählten Untertitel von vornherein bewirkt, daß das Instrument der Inhaltsanalyse originär der Kommunikationswissenschaft zugerechnet wird. Daß er diese als zukünftig wichtige Wissenschaft versteht, hat er später (vgl. Berelson 1959) nochmals bekräftigt, und dabei im Nebeneffekt Lasswell, Lazarsfeld, Kurt Lewin und Carl I. Hovland zu den »Vätern der Kommunikationsforschung« gemacht.

Zwar hatte Lasswell, später auch als »Vater der Inhaltsanalyse« bezeichnet, gleichfalls intensiv über Inhaltsanalyse gearbeitet. Aber Lasswell verstand Inhaltsanalyse eher eingeschränkt als Instrument vor allem zur Analyse von Propaganda.

22 Jahre nach Erscheinen des o.a. Titels legte Alphons Silbermann eine Einführung in die content analysis vor, die er mit »Aussagenanalyse« übersetzte. (vgl. Silbermann 1974) Doch erst ein Jahrzehnt später begann sich der Begriff »Inhaltsanalyse«, in Konkurrenz zu Begriffen wie Bedeutungsanalyse, Textanalyse und Aussagenanalyse, als anerkannter Begriff für »content analysis« in Deutschland durchzusetzen.

Berelson hat sich später nicht mehr an der Weiterentwicklung der Inhaltsanalyse beteiligt, sondern sich den Verhaltenswissenschaften, der Soziologie, der Politologie (Wahlforschung), den Bevölkerungswissenschaften und der Kommunikationswissenschaft zugewandt. Aber keine seiner späteren Veröffentlichungen hatte eine solch weltweite und Jahrzehnte überdauernde Resonanz wie sein Buch *Content analysis in communication research.*

Literatur

Bernard Berelson (1941): *Content emphasis. Recognition and agreement.* Phil. Diss., University of Chicago.

Bernard Berelson (1948): *The analysis of communication content.* University of Chicago. Preliminary draft, mimeographed. 149 Seiten.

Bernard Berelson (1954): Content analysis. In: Gardner Lindzey (Hrsg.): *Handbook of social psychology*. Reading, London: Addison Wesley, S. 488-522.

Bernard Berelson (1959): The state of communication research. In: *Public Opinion Quarterly*, 23. Jg., S. 1-15.

Bernard Berelson, Paul F. Lazarsfeld (1952): Die Bedeutungsanalyse von Kommunikationsmaterialien. In: René König: *Praktische Sozialforschung*. Bd. 1. Dortmund: Ardey, S. 141-168.

Siegfried Kracauer (1952): The challenge of qualitative content analysis. In: *Public Opinion Quarterly*, 16. Jg., S. 631-642.

Alphons Silbermann (1974): Systematische Inhaltsanalyse. In: René König (Hrsg.): *Handbuch der empirischen Sozialforschung*. Bd. 4. Stuttgart: Ferdinand Enke, S. 253-339.

David L. Sills (1980): In memoriam Bernard Berelson, 1912-1979. In: *Public Opinion Quarterly*, 44. Jg., S. 274-275.

Klaus Merten

Bernard R. Berelson, Paul F. Lazarsfeld, William N. McPhee (1954): *Voting. A study of opinion formation in a presidential campaign*. Chicago, IL: The University of Chicago Press. XIX, 395 Seiten.

Voting gehört zu den frühen Untersuchungen der Wahlverhaltensforschung. Es handelt sich um eine Nachfolgeuntersuchung zu »The people's choice« (→ Lazarsfeld, Berelson & Gaudet 1944), an der zwei der drei Autoren von *Voting* beteiligt waren. Laut Vorwort versteht sich die Studie als Teil eines kumulativen Unternehmens US-amerikanischer und britischer Studien, die der Frage nachgehen, warum Wähler so wählen, wie sie wählen. Diese anderen Studien sind im Anhang des Buches mit ihren wichtigsten Ergebnissen dokumentiert. Anlaß von *Voting* war der amerikanische Präsidentschaftswahlkampf 1948. Ebenso wie der Vorgängerstudie »The people's choice« lag *Voting* eine Panelbefragung zugrunde, in diesem Fall die vierwellige Befragung von rund 1.000 Personen in der Stadt Elmira im US-Bundesstaat New York. In der Literatur findet sich daher gelegentlich auch die Bezeichnung Elmira-Studie.

Die Untersuchung steht in der Tradition der Columbia-Schule, benannt nach New York City's Columbia University, an der das einflußreiche Bureau of Applied Social Research (früher Office of Radio Research) ab Ende der dreißiger Jahre angesiedelt war. Paul F. Lazarsfeld (1901-1976), der 1935 von Österreich in die USA emigrierte, war Direktor dieser Forschungseinrichtung, während er ab 1939 zugleich am Department of Sociology der Universität lehrte. Bernard Berelson (1912-1979) hatte zunächst an der University of Chicago gelehrt, arbeitete während des Krieges für das Office of War Information und kam bei Kriegsende nach New York, wo er einer der Nachfolger von Lazarsfeld als Direktor des Bureau wurde.

Die soziologisch orientierte Columbia-Schule zieht sozialstrukturelle Merkmale zur Erklärung des Entstehens langfristiger Parteibindungen, die die Wahlentscheidung bestimmen, heran. *Voting* ging es insbesondere um die Identifizierung der sozialen und politischen Prozesse bzw. Institutionen und ihrem – kurzfristigen, in den letzten Monaten vor der Wahl erfolgenden – Einfluß auf politische Aktivität und Wahlverhalten. Neben dem Einfluß von Bezugsgruppen arbeitete die Studie die wichtige Rolle anderer »priority variables« heraus, nämlich die Relevanz von Themen sowie des Interesses an der Wahlkampagne.

Voting bezeichnet Kommunikation als essentiell für den politischen Prozeß. Die Rolle der Medien wird allerdings nur relativ knapp im dritten Teil des Buches zu politischen Prozessen behandelt. Das betreffende Kapitel präsentiert neben Befragungsdaten Ergebnisse einer inhaltlichen Analyse der Lokalzeitungen, die in ihrer Berichterstattung als ausgewogen, in ihren Kommentaren jedoch als eher einseitig bezeichnet werden. Als ausschlaggebend für die Nutzung der Medien während des Wahlkampfes erwiesen sich soziodemographische Merkmale. Da die Zuwendung zu politischen Inhalten bei denjenigen Rezipienten höher ausfiel, die allgemein die Medien häufiger nutzten, folgerten Lazarsfeld, Berelson und McPhee, daß es zwei Typen von Zuwendung gebe: Eine Minderheit wendet sich den Medien aufgrund ihres Interesses zu, die Mehrheit dagegen wird wegen ihres umfangreichen Medienkonsums erreicht. Schon *Voting* ermittelte Prozesse, wie sie später das dynamisch-transaktionale Modell (→ Schönbach 1983) herausgearbeitet hat: Je umfangreicher die Zuwendung zu den Medien, desto größer fiel auch das Interesse am Wahlkampf aus und desto ausgeprägter war die Einstellung zum bevorzugten Präsidentschaftskandidaten; je umfangreicher die Zuwendung, desto geringer war auch die Tendenz, die Position zu wechseln und desto größer war die Wahrscheinlichkeit der Stimmabgabe. Außerdem erwiesen sich Rezipienten, die die Medien in größerem Umfang nutzten, als besser informiert über die Kampagne und die Haltung der Kandidaten zu bestimmten Themen. Die Tendenz der selektiven Zuwendung, das heißt, die Neigung, bevorzugt Informationen zu nutzen, die der eigenen politischen Präferenz entsprechen, war in dieser Untersuchung nur schwach ausgeprägt.

Neben »The people's choice« gehört *Voting* bis heute zu den meistzitierten Werken der Wahlforschung. Als das Buch erschien, wurde es indessen eher kritisch aufgenommen. So bezeichnete Eleanor Maccoby in einer Rezension für ›Journalism Quarterly‹ (1955) das Buch zwar als wichtig und noch eindrucksvoller als die Vorgängerstudie, zeigte im weiteren dann aber doch deutliche Vorbehalte gegenüber der Interpretation von Befunden bzw. den eingesetzten Meßinstrumenten. Ähnlich urteilte Daniel Katz in ›Public Opinion Quarterly‹ (1955), der darüber hinaus die mangelnde theoretische Integration der verschiedenen Teile vermerkt (vgl. auch Berns 1968).

Literatur

Walter Berns (1968): A critique of Berelson, Lazarsfeld and McPhee's Voting. In: Norman R. Luttbeg (Hrsg.): *Public opinion and public policy.* Homewood, IL: Dorsey Press, S. 24-33 [Reprint; zuerst 1962].

Daniel Katz (1955): [Rezension]. In: *Public Opinion Quarterly,* 19. Jg., S. 326-328.

Eleanor Maccoby (1955): [Rezension]. In: *Journalism Quarterly,* 32. Jg., S. 217-219.

Christina Holtz-Bacha

Peter L. Berger, Thomas Luckmann (1966): *The social construction of reality: a treatise in the sociology of knowledge.* Garden City, NJ: Doubleday. VII, 203 Seiten.

Deutsche Ausgabe: Peter L. Berger, Thomas Luckmann (1969): *Die gesellschaftliche Konstruktion der Wirklichkeit. Eine Theorie der Wissenssoziologie.* Mit einer Einleitung zur deutschen Ausgabe von Helmuth Plessner. Frankfurt am Main: S. Fischer. XIX, 220 Seiten.

Die gesellschaftliche Konstruktion der Wirklichkeit von Peter L. Berger und Thomas Luckmann hat nicht nur in den USA eine ganze Reihe von Neuauflagen und Taschenbuchausgaben erlebt. In der Bundesrepublik wurde die erste Ausgabe bis 1977 fünf Mal aufgelegt, seit 1980 erscheinen etwa alle zwei Jahre Taschenbuchausgaben (Gesamtauflage über 40.000). Übersetzungen liegen in mindestens sieben weiteren Sprachen vor, darunter Chinesisch und Japanisch. Entsprechend zahlreich sind die Zitationen, noch häufiger jedoch Bezugnahmen auf den Titel, die nicht immer auf eine fundierte Rezeption des Buchs schließen lassen. Aus der Theorie von Berger und Luckmann ging keine soziologische oder kommunikationswissenschaftliche Schule hervor, allerdings ist die Formulierung von der »gesellschaftlichen Konstruktion« fester Bestandteil sozialwissenschaftlicher Rhetorik (vgl. hierzu kritisch Hacking 1999) geworden: »Ein Großteil des 'Erfolgs' der Gesellschaftlichen Konstruktion muß auf unaufmerksames Lesen zurückzuführen sein«, meinte Luckmann (1997: 7) rückblickend.

Die beiden Soziologen Peter L. Berger (geb. 1929) und Thomas Luckmann (geb. 1927) stammen ebenso wie ihr gemeinsamer Lehrer, Alfred Schütz, aus Europa. Die theoretischen Grundlagen und Traditionen, in denen ihr Werk steht, sind weniger der amerikanischen Soziologie verpflichtet als der deutschen Philosophie: Edmund Husserls Phänomenologie – in der soziologischen »Anwendung« durch Alfred Schütz –, Max Schelers und Karl Mannheims Wissenssoziologie sowie Max Webers Handlungstheorie. Berger und Luckmann übersiedelten nach dem Krieg in die USA, wo sie sich an der New School for Social Research in New York begegneten und von 1963 bis 1966 in englischer Sprache die *Gesellschaftliche Konstruktion der Wirklichkeit* verfaßten. Sie rekonstruieren die Wissenssoziologie nicht als Auseinandersetzung mit den großen Ideen, Ideologien oder Wissenssystemen, sondern setzen sie in einen handlungstheoretischen Zusammenhang (»Alltags- und Jedermannswissen«).

Ihr Begriff »Alltagswelt« knüpft an das Lebenswelt-Konzept von Schütz an. Alltagswelt ist eine vom Subjekt als zweifelsfrei erlebte, gleichwohl intersubjektiv konstruierte Welt mit räumlichen und zeitlichen Strukturen, die über das »hier« und »jetzt« hinausreichen (vgl. Schütz & Luckmann 1979). Die »Vis-a-vis-Situation« ist Ausgangspunkt und »Prototyp« der Analyse. Bei der Interaktion kommt es zu wechselseitigen Typisierungen des jeweils anderen: Typisierungen sind alltägliche Wissenselemente (über Akteure und ihre Rollen), die eine Einordnung des anderen erlauben und die Einschätzung seiner Handlungen, Handlungserwartungen und seiner subjektiven Sinnzuschreibungen erleichtern. Bei der Interaktion kommt es zur Objektivation, also zur Verdinglichung der subjektiven Handlungsintentionen und Sinnzuschreibungen. Die wichtigste Form der Objektivation ist die Zeichengebung, und das grundlegende und bedeutungsvollste Zeichensystem der menschlichen Gesellschaft ist die natürliche

Sprache: Alltagswelt ist »Leben mit und mittels Sprache.« (1969, S. 39) Der subjektiv gemeinte Sinn von Handlungen wird durch Sprache (räumlich) übermittelt, (zeitlich) aufbewahrt und so zu einem sinnhaften Ganzen integriert: Wissen entsteht durch (Sprach-)Handlungen. Durch Sprache schaffen sich Menschen ihre Umwelt als soziale Welt selbst; Gesellschaft kann nur verstanden werden als Vermittlung von objektiver und subjektiver Wirklichkeit – so die Titel der beiden Hauptteile des Werkes.

Berger und Luckmann gelingt en passant eine »Vermählung« von Wissenssoziologie und Handlungstheorie (vgl. Berger 1997: 2) mit Hilfe sprach- und kommunikationssoziologischer Argumente. Wenngleich Sprache als grundlegendes Zeichensystem betrachtet wird, so weisen die beiden Autoren doch auf die Vielfalt von Symbolisierungsakten und »symbolischen Sinnwelten« (1969, S. 104) hin, die je nach Wissenstypus variieren können.

Kommunikation spielt eine zentrale Rolle bei der gesellschaftlichen Konstruktion der Wirklichkeit: »Das notwendigste Vehikel der Wirklichkeitserhaltung ist die Unterhaltung. Das Alltagsleben des Menschen ist wie das Rattern einer Konversationsmaschine, die ihm unentwegt seine subjektive Wirklichkeit garantiert, modifiziert und rekonstruiert.« (1969, S. 163) Dem Werk von Berger und Luckmann kommt damit grundlegende Bedeutung für die Kommunikationswissenschaft zu; Thomas Luckmann (1997: 8-9) hält, nicht zuletzt aufgrund seiner sprachsoziologischen Ausbildung, die »interdisziplinäre Analyse von Kommunikationsprozessen« für eine zentrale Forschungsaufgabe. Obgleich »Prozesse der Interaktion und der Kommunikation« Grundlage der Theorie der Wissenssoziologie sind, hat »ein systematisches Aufgreifen der mit dieser Perspektive gewonnenen Möglichkeiten in der Massenkommunikationsforschung [...] gerade erst begonnen.« (Sprondel 1994: 170)

Die größte Beachtung fanden Berger und Luckmann in der Kommunikationstheorie. Jürgen Habermas bezieht sich in seiner »Theorie des kommunikativen Handelns« auf die Wissenssoziologie (→ Habermas 1981; hier 1982, Bd. 1: 119) und das von Schütz und Luckmann (1979) ausgearbeitete Lebenswelt-Konzept (→ Habermas 1981; hier 1982, Bd. 2: 194-202). Er gibt den phänomenologischen Analysen eine »kommunikationstheoretische Lesart« (→ Habermas 1981; hier 1982, Bd. 2: 210). Das Werk von Berger und Luckmann ist *ein* Baustein einer handlungstheoretischen Kommunikationstheorie (in Deutschland z.B. durch Will Teichert und Karsten Renckstorf vertreten; vgl. hierzu auch Vorderer 1992), die besonders die Interpretationsleistung des Subjekts (Sinnverstehen als Fremdverstehen) betont. Das Subjekt bleibt dabei jedoch eingebunden in seinen gesellschaftlich geprägten Erfahrungsschatz, die konkrete soziale Situation und kulturell vorgeformte Regelwerke. Die bereits 1959 durch Elihu Katz postulierte Abkehr von der nahezu ausschließlichen Orientierung auf Wirkungsfragen und das Aufkommen nutzen- und nutzerzentrierter Ansätze wurde durch Berger und Luckmann zwar nicht ausgelöst, sicherlich aber befördert. Beide Ansätze weisen gemeinsame Bezugspunkte auf: George Herbert Meads symbolischen Interaktionismus und Alfred Schütz' verstehende Soziologie.

Auch in der kommunikationswissenschaftlichen Forschung fand der Gedanke der sozialen Konstruktion seinen Niederschlag, allerdings meist nicht unter direkter Bezugnahme auf Berger und Luckmann. Winfried Schulz' (1976) wegweisende empirische Untersuchung über die »Konstruktion von Realität in den Nachrichtenmedien« setzt bei der Nachrichtenwertforschung (Galtung und Ruge u.a.m.) und dem frühen Werk »Public opinion« von Walter → Lippmann (1922) an, der bereits vom Konstrukt-Charakter der Medienrealität ausging. Das Werk von Berger und Luckmann bietet gleichwohl eine Basistheorie für die »kopernikanische« Auffassung, nach der Medien Weltbildapparate sind, und nicht bloße Spiegel der Wirklichkeit (vgl. Schulz 1989). Melvin L. De Fleur und Sandra Ball-Rokeach (→ De Fleur 1966; hier 1989: 259) zählen außer Lippmanns Ansatz u.a. George Gerbners »Cultivation theory« sowie die »Agenda-Setting«-These von Donald L. Shaw und Maxwell E. McCombs zu den Ansätzen, die soziale Konstruktion von Sinn in den Mittelpunkt stellen. Während Schulz auch methodisch nicht phänomenologisch, sondern empirisch quantifizierend vorgeht, ist Gaye Tuchman (1978), die »news as a constructed reality« betrachtet, theoretisch wie methodologisch der phänomenologischen, »sozialkonstruktivistischen« Soziologie zuzurechnen. Auf der Grundlage teilnehmender Beobachtung analysiert sie die zeitlich und räumlich geprägten »Konstruktionspläne« des Nachrichtenjournalismus und beruft sich u.a. explizit auf Berger und Luckmann sowie Schütz.

Ebenfalls auf explizit wissenssoziologischer Basis argumentiert Angela Keppler (1985) in ihren empirischen Fallstudien zur politischen Berichterstattung im Fernsehen. Sie bezieht sich implizit auf Berger und Luckmann und explizit auf Luckmanns spätere Arbeiten zur gesellschaftlichen Wissensverteilung, auf Alfred Schütz' »gut informierten Bürger« sowie die Forschungen von Tuchman (1978).

Die Bedeutung der Medien für die soziale Konstruktion von Geschlechteridentitäten und -rollen ist Gegenstand kommunikationswissenschaftlicher Gender-Forschung (vgl. beispielsweise Mühlen Achs 1995).

Bedeutsam für die Kommunikationswissenschaft ist ferner, daß es Berger und Luckmann nicht um die Konstruktion der gesellschaftlichen Welt, sondern um die gesellschaftliche Konstruktion von Wirklichkeiten geht. Der hieraus resultierende Pluralismus der Wirklichkeiten ist zwar ein zentrales Argument »radikal konstruktivistischer« Kommunikationswissenschaftler, allerdings argumentieren diese Fachvertreter weniger (wissens-)soziologisch als vielmehr kognitionstheoretisch. Die erkenntnistheoretische Selbstbeschränkung Bergers und Luckmanns (1969, S. 15) wird von einigen radikalen Konstruktivisten (Schmidt 1994: 4; Hejl 1994: 44-45; Potter 1996: 13) kritisiert und als eine Ursache dafür angeführt, daß sich radikal konstruktivistische Sozial- und Kommunikationswissenschaftler nur in Ausnahmefällen (vgl. Elsner u.a. 1994: 184) auf die Wissenssoziologie von Berger und Luckmann beziehen. Dabei können Berger und Luckmann die soziologische Leerstelle füllen, die von der radikal konstruktivistischen Kognitionstheorie hinterlassen wird: Die »wirklichkeitsstiftende Macht des Gesprächs« (1969, S. 164) zu untersuchen, bedeutet – über den Prototyp der Vis-a-vis-Situation hinaus – die Strukturen der Medieninstitutionen und die Funktionsweise der öffentlichen Kommunikation zu analysieren (vgl. für einen solchen Versuch Beck 1994).

Literatur

Klaus Beck (1994): *Medien und die soziale Konstruktion von Zeit. Über die Vermittlung von gesellschaftlicher Zeitordnung und sozialem Zeitbewußtsein.* Opladen: Westdeutscher Verlag.

Peter L. Berger (1997): Betrachtungen zum 25. Jahrestag von »Die gesellschaftliche Konstruktion der Wirklichkeit.« In: Joachim Matthes, Manfred Stosberg: *Die gesellschaftliche Konstruktion der Wirklichkeit: Berger-Luckmann revisited.* Nürnberg: Schriftenreihe des Sozialwissenschaftlichen Forschungszentrums der Friedrich-Alexander-Universität Erlangen-Nürnberg, S. 1-6.

Monika Elsner, Hans Ulrich Gumbrecht, Thomas Müller, Peter M. Spangenberg (1994): Zur Kulturgeschichte der Medien. In: Klaus Merten, Siegfried J. Schmidt, Siegfried Weischenberg (Hrsg.): *Die Wirklichkeit der Medien. Eine Einführung in die Kommunikationswissenschaft.* Opladen: Westdeutscher Verlag, S. 163-187.

Ian Hacking (1999): *Was heißt »soziale Konstruktion«? Zur Konjunktur einer Kampfvokabel in den Wissenschaften.* Frankfurt am Main: Fischer.

Peter M. Hejl (1994): Soziale Konstruktion von Wirklichkeit. In: Klaus Merten, Siegfried J. Schmidt, Siegfried Weischenberg (Hrsg.): *Die Wirklichkeit der Medien. Eine Einführung in die Kommunikationswissenschaft.* Opladen: Westdeutscher Verlag, S. 43-59.

Angela Keppler (1985): *Präsentation und Information. Zur politischen Berichterstattung im Fernsehen.* Tübingen: G. Narr.

Thomas Luckmann (1997): »Die gesellschaftliche Konstruktion« und ihre Folgen. In: Joachim Matthes, Manfred Stosberg: *Die gesellschaftliche Konstruktion der Wirklichkeit: Berger-Luckmann revisited.* Nürnberg: Schriftenreihe des Sozialwissenschaftlichen Forschungszentrums der Friedrich-Alexander-Universität Erlangen-Nürnberg, S. 7-10.

Joachim Matthes, Manfred Stosberg (1997): *Die gesellschaftliche Konstruktion der Wirklichkeit: Berger-Luckmann revisited.* Nürnberg: Schriftenreihe des Sozialwissenschaftlichen Forschungszentrums der Friedrich-Alexander-Universität Erlangen-Nürnberg.

Klaus Merten, Siegfried J. Schmidt, Siegfried Weischenberg (Hrsg.) (1994): *Die Wirklichkeit der Medien. Eine Einführung in die Kommunikationswissenschaft.* Opladen: Westdeutscher Verlag.

Gitta Mühlen Achs (1995): Frauenbilder: Konstruktionen des »anderen« Geschlechts. In: Gitta Mühlen Achs, Bernd Schorb (Hrsg.): *Geschlecht und Medien.* München: KoPäd, S. 13-37.

Jonathan Potter (1996): *Representing reality: discourse, rhetoric and social construction.* London u.a.: Sage.

Siegfried J. Schmidt (1994): Die Wirklichkeit des Beobachters. In: Klaus Merten, Siegfried J. Schmidt, Siegfried Weischenberg (Hrsg.): *Die Wirklichkeit der Medien. Eine Einführung in die Kommunikationswissenschaft.* Opladen: Westdeutscher Verlag, S. 3-19.

Winfried Schulz (1976): *Die Konstruktion von Realität in den Nachrichtenmedien. Analyse der aktuellen Berichterstattung.* Freiburg im Breisgau, München: Alber.

Winfried Schulz (1989): Massenmedien und Realität. Die »ptolemäische« und die »kopernikanische« Auffassung. In: Max Kaase, Winfried Schulz (Hrsg.): *Massenkommunikation. Theorien, Methoden, Befunde.* Opladen: Westdeutscher Verlag, S. 135-149.

Alfred Schütz, Thomas Luckmann (1979): *Strukturen der Lebenswelt.* Bd. 1. Frankfurt am Main: suhrkamp.

Walter M. Sprondel (1994): Das Medium ist die Wirkung. Medienöffentlichkeit und Handlungsoptionen. In: Walter M. Sprondel (Hrsg.): *Die Objektivität der Ordnungen und ihre kommunikative Konstruktion. Für Thomas Luckmann.* Frankfurt am Main: suhrkamp, S. 167-191.

Gaye Tuchman (1978) *Making news: a study in the construction of reality.* New York, London: The Free Press.

Peter Vorderer (1992): *Fernsehen als Handlung. Fernsehfilmrezeption aus motivationspsychologischer Perspektive.* Berlin: edition sigma.

Klaus Beck

David K. Berlo (1960): *The process of communication. An introduction to theory and practice.* New York [u.a.]: Holt, Rinehart and Winston. 318 Seiten.

David K. Berlo (geb. 1929) promovierte 1956 am Institute of Communications Research der University of Illinois, und es wundert daher nicht, daß seine Arbeit vor allem der kommunikationswissenschaftlichen Tradition um Charles E. Osgood und Wilbur Schramm verpflichtet ist.

Das Buch gliedert sich in insgesamt 11 Kapitel, die – wie Berlo gleich im Vorwort feststellt – weder eine erschöpfende Darstellung des kommunikationswissenschaftlichen Forschungsstandes noch eine (ab)geschlossene Theorie des Kommunikationsprozesses liefern sollen. Den Anfang bildet eine an die klassische Rhetorik angelehnte Darstellung von Kommunikationszielen und -absichten (Kapitel 1). Mit Hilfe von Kommunikation, so Berlo, zielen wir im wesentlichen darauf ab, Einfluß auszuüben: »In short, we communicate to influence – to affect with intent« (S. 12). Im Anschluß daran entwirft Berlo ein Modell für Kommunikationsprozesse und befaßt sich dabei zunächst mit den Implikationen des Prozessbegriffs (Kapitel 2). Wenn wir diese Implikationen ernst nehmen, so faßt Berlo seine Überlegungen zusammen, dann müssen wir akzeptieren, daß Kommunikationsprozesse keinen Anfang und kein Ende besitzen und deswegen auch nicht ausschließlich am Kommunikator, am Rezipienten oder an irgendeiner anderen isolierten Position im Kommunikationsprozess festgemacht werden können. Darüber hinaus lege ein so verstandener Prozeßbegriff nahe, daß alle notwendigerweise linear verlaufenden, weil (sprachlich) fixierten, Beschreibungen von Kommunikation keine Entdeckungen eines real ablaufenden Geschehens, sondern mehr oder weniger nützliche Werkzeuge zur Konstruktion des Beobachteten sind. Die Dynamik jedes kommunikativen Prozesses muß zum Zwecke seiner Beschreibung unterbrochen und eingefroren werden. Berlo verweist an dieser Stelle auf einige der grundlegenden Probleme jeder kommunikationswissenschaftlichen Forschung und vertritt dabei eine nach wie vor aktuelle und bis heute durchaus kontrovers diskutierte Position. Sein im folgenden entwickeltes Kommunikationsmodell orientiert sich im wesentlichen am informationstechnischen Modell von Claude E. Shannon und Warren Weaver (→ Shannon & Weaver 1949) – später einmal wird Berlo jedoch selbstkritisch feststellen, daß er, wie viele andere seiner Kollegen auch, die zugrundeliegenden Annahmen und die theoretischen Konsequenzen dieses Modells nicht erkannt hätte.

Bezogen auf die einzelnen Elemente seines Modells (source, encoder, message, channel, decoder und receiver) beschreibt Berlo im folgenden (Kapitel 3) einige der Determinanten, die die Verläßlichkeit (fidelity) von Kommunikation beeinflussen. Dies sind auf seiten der Quelle und des Empfängers gleichermaßen Kommunikationsfertigkeiten, Einstellungen, Wissen sowie die Positionierung innerhalb des soziokulturellen Systems, auf seiten der Botschaft der verwendete Code (etwa: Sprache, Musik, Tanz), der Inhalt sowie die Behandlung der Botschaft (verstanden als alle Entscheidungen auf seiten der Quelle für ein bestimmtes Arrangement von Inhalt und Code). In den folgenden drei Kapiteln beschreibt Berlo jeweils psychologische, soziologische und sozialpsychologische Aspekte von Kommunikationsprozessen. Kommunikation, so stellt Berlo mit

Bezug auf Osgood und Tannenbaum (1954), → Festinger (1957) und Schramm (1954) fest, ist ein Lernprozeß, der durch eingebaute Feedback-Schleifen kontrolliert wird (Kapitel 4). Dabei lassen sich verschiedene Kommunikationssituationen danach unterscheiden, wie leicht ein Feedback in ihnen zu erhalten ist. Interaktive Kommunikation, die durch das wechselseitige »role-taking« (→ Mead 1934) der beteiligten Interaktionspartner gekennzeichnet ist, so Berlo, bildet gewissermaßen das Ideal aller Kommunikationsprozesse (Kapitel 5). Weil jedoch direkte Interaktion oft zuviel Zeit und Energie kostet, basiert Kommunikation mit zunehmender gesellschaftlicher Komplexität auf der Grundlage generalisierter Erwartungsstrukturen sozialer Systeme (Rollen) (Kapitel 6). Die letzten fünf Kapitel des Buches widmen sich aus jeweils verschiedenen Perspektiven der Frage nach Bedeutungen von/in Kommunikationsprozessen. Dabei geht es zunächst um den Ursprung und den Prozeß der Aneignung von Bedeutungen, die, so Berlo, niemals in den Worten einer Sprache oder in beobachteten Dingen verankert, sondern immer in einem erfahrungsbasierten Lernprozeß des Individuums begründet sind (Kapitel 7). Im Anschluß daran stellt Berlo die klassischen semantischen Dimensionen der denotativen, konnotativen, kontextuellen und strukturellen Bedeutungen vor (Kapitel 8 und 9). Die beiden abschließenden Kapitel beziehen die Frage nach den Bedeutungen in Kommunikationsprozessen auf wissenschaftliche Kommunikation selbst: Dabei geht es um Formen möglicher Inferenz (Kapitel 10) und Bedeutungsfestlegung (Kapitel 11).

Berlos nur schwach rezipierte Einführung in die Theorie und Praxis des Kommunikationsprozesses basiert in wesentlichen Teilen auf Unterrichtsmaterialien, die ursprünglich im Rahmen von Einführungsveranstaltungen für ausländische Studierende an der Michigan State University einen ersten, leicht verständlichen Einblick in ausgewählte Problembereiche der anwendungsorientierten Kommunikationsforschung bieten sollten. Die vielen (teilweise jedoch etwas bemühten) Beispiele sowie die am Ende jedes Kapitels stehenden Zusammenfassungen und Fragen zur Lernkontrolle verdanken sich sicherlich ebenso diesem Entstehungszusammenhang wie der weitgehende Verzicht auf eine anstrengende Fachterminologie.

Literatur

David K. Berlo (1956): *Allocation of procedural responsibilities as a determinant of group productivity and satisfaction*. Dissertation am Institute of Communications Research der University of Illinois.

James Q. Knowlton (1960): [Rezension]. In: *AV Communication Review*, 8. Jg., Nr. 4, S. 234-237.

Raymond B. Nixon (1960): [Rezension]. In: *Journalism Quarterly*, 37. Jg., S. 594-595.

Charles E. Osgood, Percy Tannenbaum (1954): Attitude change and the principle of congruity. In: Wilbur Schramm (Hrsg.) (1954): *The process and effects of mass communication*. Urbana, IL: University of Illinois Press, S. 251-260.

Wilbur Schramm (Hrsg.) (1954): *The process and effects of mass communication*. Urbana, IL: University of Illinois Press.

Guido Zurstiege

Edward L. Bernays (1923): *Crystallizing public opinion*. New York: Boni and Liveright Publishers. 218 Seiten.

Edward L. Bernays (1891-1995) veröffentlichte 1923 mit *Crystallizing public opinion* eines der erfolgreichsten und einflußreichsten Bücher zum Thema Public Relations. Für das Verständnis der von Bernays entwickelten Theorie der Public Relations ist dessen Herkunft von zentraler Bedeutung: Bernays war ein (doppelter) Neffe von Sigmund Freud. Seine Mutter war Freuds Schwester, und die Schwester seines Vaters war Freuds Frau (vgl. Bernays 1965: 4). Bernays half seinem Onkel bei der Veröffentlichung der amerikanischen Ausgabe der »Introductory lectures in psychoanalysis«. Kurz danach erschien 1923, ganz offensichtlich von Freuds Theorie beeinflusst, *Crystallizing public opinion* (vgl. Cutlip 1994: 170).

Bernays war u.a. Mitarbeiter des Committee on Public Information (»Creel-Committee«), das im Ersten Weltkrieg (ab 1917) für die amerikanische Propaganda verantwortlich zeichnete. Bernays arbeitete u.a. als PR-Berater für Litauen und führte für die »American Tobacco Company« Kampagnen durch, um das Rauchen bei Frauen populär zu machen. Während seiner Tätigkeit als PR-Berater für die Firma »United Fruit« war er gemeinsam mit der CIA am gewaltsamen Sturz der Regierung Guzman 1954 in Guatemala beteiligt (vgl. Kunczik 1990: 196ff.; 1997: 246ff.). Dabei hat es Bernays, wie seine Autobiographie (vgl. Bernays 1965) deutlich belegt, nie vermocht, seine eigene Tätigkeit mit kritischer Distanz zu sehen.

Crystallizing public opinion beginnt mit dem Satz: »A new phrase has come into language – counsel on public relations.« Der Begriff public relations counsel stammt von Bernays, der sich selbst als erster diese Bezeichnung verlieh. Die Berufsrolle des PR-Beraters charakterisierte Bernays als Vermittler (S. 57): »He acts [...] as a consultant both in interpreting the public to his client and in helping to interpret his client to the public. He helps to mould the action of his client as well as to mould public opinion.« Damit wird PR als Zweiwege-Kommunikation verstanden. Bis dahin beschränkte sich das Verständnis von PR auf das einseitige Verbreiten von Botschaften. Zugleich wird auf die soziale Bedeutung des PR-Beraters verwiesen (S. 216): »The social value of the public relations counsel lies in the fact that he brings to the public facts and ideas of social utility which would not so readily gain acceptance otherwise.«

Die Diskussion darüber, ob Public Relations und Propaganda unterschiedliche Phänomene sind, hat Bernays in *Crystallizing public opinion* pragmatisch gelöst (S. 212): »The only difference between ›propaganda‹ and ›education‹, really, is the point of view. The advocacy of what we believe in is education. The advocacy of what we don't believe in is propaganda.«

In *Crystallizing public opinion* arbeitete Bernays (S. 197) den Grundgedanken der Nachrichtenwertforschung heraus und nahm das Konzept des Pseudo-Ereignisses (d.h. eines speziell für die Medienberichterstattung inszenierten Ereignisses) vorweg. Der PR-Berater wisse nicht nur, was Nachrichtenwerte sind, sondern er sei aufgrund dieses Wissens auch in der Lage, Ereignisse mit Nachrichtenwert zu inszenieren. Der PR-Experte sei ein Schöpfer von Ereignissen (»He is a creator of events.«). Bernays hat selbst Pseudo-Ereignisse inszeniert;

z.B. ließ er am Ostersonntag 1929 auf der Fifth Avenue in New York Frauen in der Öffentlichkeit rauchen. Zigaretten sollten dadurch zum Symbol der Frauenemanzipation werden (»Torches of freedom campaign«). Dem im Exil lebenden tschechischen Politiker Tomás Garrigue Masaryk, der zum Präsidenten des tschechoslowakischen Nationalrates gewählt worden war, empfahl Bernays bereits 1914, die Unabhängigkeitserklärung seines Landes aus Gründen der PR an einem Sonntag abzugeben. Aufgrund der gewöhnlich geringeren Nachrichtenkonkurrenz am Wochenende sei dann die Chance größer, die Meldung in die Zeitungen zu bringen.

Bernays argumentierte in *Crystallizing public opinion*, daß die Macht der öffentlichen Meinung immer weiter zunehmen werde (S. 217). Fünf Jahre später vertrat er in »Propaganda« (1928: 47f.), einem Werk, das sich nahtlos an *Crystallizing public opinion* anschließt, die Meinung, die Menschheit könne mit Hilfe der Erkenntnisse der Massenpsychologie manipuliert werden. Wenn die Mechanismen und Motive des Gruppenbewußtseins verstanden würden, wäre es möglich, die Massen zu kontrollieren und zu steuern, ohne daß sich die betroffenen Menschen dessen bewußt seien. Bernays (1928: 9) behauptete: »The conscious and intelligent manipulation of the organized habits and opinions of the masses is an important element in democratic society.« Diejenigen, die diese unsichtbaren Steuerungsmechanismen der Gesellschaft beherrschten, seien die unsichtbare Regierung, in deren Händen die wahre Macht liege: »We are governed, our minds are molded, our tastes formed, our ideas suggested, largely by men we never have heard of. This is a logical result of the way in which our democratic society is organized. Vast numbers of human beings must cooperate in this manner if they are to live together as a smoothly functioning society.« (Bernays 1928: 9). Da er die bewußte Manipulation der öffentlichen Meinung als wichtiges Element einer Massendemokratie sah, steht Bernays in der Tradition der »Sozialingenieure«, d.h. derjenigen Autoren, die glauben, daß es möglich sei, die Gesellschaft durch Experten bzw. Expertengremien zum Wohle aller steuern zu können. Bernays (1928: 11f.) argumentierte: »It might be better to have, instead of propaganda and special pleading, committees of wise men who would choose our rulers, dictate our conduct, private and public, and decide upon the best types of clothes for us to wear and the best kind of food for us to eat.«

In »Propaganda« argumentiert Bernays (1928: 52) in Anlehnung an Freud auch, daß viele Gedanken und Bedürfnisse des Menschen kompensatorische Substitute für jene Bedürfnisse darstellten, die der Mensch zu unterdrücken gezwungen sei. Es wird also ein Gegensatz zwischen individualistischen, im Grunde asozialen Trieben und gesellschaftlichem Zwang, durch den diese Triebe an ihrer Verwirklichung gehindert werden, unterstellt. Erfolgreiche PR-Berater müßten die wahren, den Menschen selbst nicht bewußten Bedürfnisse kennen und dieses Wissen instrumental nutzen. Dies ist nach Bernays auch für die Manipulierten von Vorteil, da ihnen das sonst ausbrechende Chaos erspart bleibe.

Für Bernays gibt es keine Alternative zur Öffentlichkeitsarbeit: Nur durch PR könne die Ordnung der Gesellschaft erhalten werden. Das Individuum wird dabei als Zelle im Organismus der menschlichen Gesellschaft gesehen. Es komme darauf an, die Nerven des sozialen Körpers an der richtigen Stelle zu treffen; dann erhalte man, wie beim Pawlowschen Hund, die richtige Reaktion. Wenn es gelinge, die Anführer zu beeinflussen, dann habe man automatisch auch die ihnen zugehörige Gruppe beeinflußt (Bernays 1928: 37).

In *Crystallizing public opinion* wurde auch die Frage der Ethik der PR bereits angeschnitten. Bernays (S. 215) forderte, PR-Berater sollten nicht die Interessen von Klienten vertreten, deren Anliegen von moralisch zweifelhafter Qualität sei. Kriterien zur Festlegung dieser moralischen Qualität fehlen allerdings, obwohl die besondere Verpflichtung von PR gegenüber der Öffentlichkeit betont und auf die Bedeutung der Wahrheit verwiesen wird (S. 218): »It is the creation of a public conscience that the counsel on public relations is destined [...] to fulfill his highest usefulness to the society in which he lives.«

In der PR-Theorie von Bernays findet eine Synthese der beiden großen Denkrichtungen der Soziologie zu Beginn des zwanzigsten Jahrhunderts statt. Auf der einen Seite wird Gesellschaft als quasi-biologischer Organismus verstanden, als stabile Ordnung, die sich immer weiter ausdifferenziert. Auf der anderen Seite steht die Massenpsychologie, die den Menschen in der Mehrzahl als triebgeleitet und irrational auffaßt, aber den einzelnen als durchaus rational und schöpferisch akzeptiert. PR ist das Instrument, das die Synthese beider Modelle ermöglicht: Intelligente Individuen erhalten die Stabilität der Gesellschaft und verhindern zum Vorteile aller das Chaos.

Literatur

Edward L. Bernays (1928): *Propaganda*. New York: Horace Liveright.
Edward L. Bernays (1965): *Biography of an idea: Memoirs of public relations counsel Edward L. Bernays*. New York: Simon & Schuster (deutsch: Edward L. Bernays [1967]: *Biographie einer Idee. Die Hohe Schule der PR. Lebenserinnerungen von Edward L. Bernays*. Düsseldorf, Wien: Econ).
Scott M. Cutlip (1994): *The unseen power. Public relations: A history*. Hillsdale, NJ: Erlbaum.
Michael Kunczik (1990): *Die manipulierte Meinung*. Köln, Wien: Böhlau.
Michael Kunczik (1997): *Images of nations and international public relations*. Mahwah, NJ: Erlbaum.
Marvin N. Olasky (1985): Bringing ›Order out of chaos‹: Edward Bernays and the salvation of society through public relations. In: *Journalism History*, 12. Jg., S. 17-21.
Larry Tye (1998): *The father of spin. Edward L. Bernays and the birth of public relations*. New York: Crown Publishers.

Michael Kunczik / Astrid Zipfel

Bruno Bettelheim, Morris Janowitz (1950): *Dynamics of prejudice. A psychological and sociological study of veterans*. New York: Harper. 227 Seiten.

Im Jahr 1944 plante Max Horkheimer als Direktor des Department of Scientific Research of the American Jewish Committee eine umfassende Studie über den Antisemitismus. Sie sollte Einsichten in die Struktur einer Gesellschaft geben, in der solche antisozialen Phänomene, wie ethnische Intoleranz, überdauerten. Eine derartige Studie schien jedoch für ein Forscherteam allein zu groß zu sein, so daß man sich zu einer Serie von Projekten entschloß. Horkheimer lud Bruno Bettelheim (1903-1990) ein, eines der Projekte zu leiten. Bettelheim, der aus Österreich stammte und in die USA emigrierte, ist insbesondere mit seinen psychoanalytisch geprägten Publikationen zur Erziehung und Therapie von Kindern auch einer breiten Öffentlichkeit bekannt geworden. Über die 1946 durchgeführte Studie berichtet das Buch. Morris Janowitz (1919-1988) leistete während des Zweiten Weltkrieges seinen Militärdienst in der Psychological Warfare Division. Er lehrte anschließend bis 1951 Soziologie in Chicago, dort begann seine Zusammenarbeit mit Bruno Bettelheim. Ab 1951 war er an der University of Michigan in Ann Arbor, 1954-55 Fulbright Professor an der Universität Frankfurt am Main und ab Anfang der 60er Jahre wieder an der University of Chicago.

Die Untersuchung fand an amerikanischen Kriegsveteranen statt. Sie wurden gewählt, weil die Autoren den psychodynamischen Ansatz zugrunde legten, der ethnische Intoleranz auf verdrängte, weil inakzeptable Gefühle zurückführt. Solche Gefühle entstehen durch die Erfahrung und Antizipation von Frustration. Kriegsveteranen, so die Annahme, hätten bei ihren Versuchen, sich in die zivile Gesellschaft zu integrieren, Frustrationen besonders häufig erfahren und würden daher zu feindseligen Einstellungen gegenüber Minderheiten neigen. Auch hätte die Geschichte des Antisemitismus in Deutschland gezeigt, daß es besonders häufig Kriegsveteranen waren, die sich antisemitischen Parteien anschlossen.

In der Stichprobe der 150 in Chicago lebenden Kriegsveteranen, alle nicht älter als 35 Jahre, befanden sich keine Mitglieder aus Minderheiten, wie Juden oder Schwarze, die als primäre Objekte ethnischer Intoleranz galten. Somit untersuchten die Autoren ausschließlich ethnische Intoleranz von Weißen. Strukturierte Interviews mit 160 offenen Fragen bildeten die Untersuchungsmethode. Direkte Fragen nach Einstellungen gegenüber Minderheiten wurden im Schlußteil des Interviews gestellt. Insgesamt sechs in Interviewtechnik und Stenographie trainierte Sozialarbeiterinnen führten die Interviews durch. Eine Untersuchung an Männern, die nicht im Krieg waren und somit ohne die frustrierenden Erfahrungen, sich als Erwachsene in die Nachkriegs-Gesellschaft integrieren zu müssen, fand nicht statt.

Eine Voruntersuchung an einer kleinen Gruppe von Kriegsveteranen legte eine Klassifikation der Einstellungen in vier Typen nahe, a) intensiv antisemitisch (feindselige Äußerungen spontan), b) antisemitisch, wenn direkt gefragt, c) stereotyp antisemitisch, wobei die Stereotype nicht ausschließlich negativ waren (aggressive Handlungen gegen Juden wurden abgelehnt) und d) tolerant. Diese Klassifikation wurde auch auf Einstellungen gegenüber Schwarzen angewandt. Die Hauptuntersuchung ergab, daß sechs Kriegsveteranen Einstellungen des Typs a, 41 des Typs b, 42 des Typs c und 61 Einstellungen des Typs d gegenüber Juden hatten. Gegenüber Schwarzen waren die Einstellungen feindseliger: Nur zwölf ließen sich als tolerant, 40 als stereotyp, 74 als direkt und 24 als spontan anti-schwarz klassifizieren. Hierbei waren nahezu alle Männer mit intoleranten Einstellungen gegenüber Juden auch gegenüber Schwarzen intolerant.

Im weiteren Verlauf der Analyse wurden die Einstellungstypen (Typ a und Typ b nun zusammengefaßt) mit einer Reihe von Merkmalen, wie »Formale Bildung«, »Sozioökonomischer Status« oder »Soziale Mobilität« und mit Bewertungen, etwa der Zeit in der Armee, der eigenen Zukunft oder der politischen Parteien, in Beziehung gesetzt. Diese Zahlen zeigten eine ausgeprägtere Intoleranz bei geringer formaler Bildung und bei sozialem Abstieg. Die Intoleranz gegenüber Juden und Schwarzen war auch ausgeprägter, wenn die Armeezeit als schlecht bewertet, mögliche Arbeitslosigkeit als bedrohlich eingeschätzt und die politischen Parteien abgelehnt wurden. Diese Ergebnisse bestätigten die Autoren in ihrer Annahme, daß Menschen mit niedrigem Selbstwert negative Erfahrungen nur schlecht integrieren und dass sie sich über den Weg intoleranter Einstellungen von ihren verdrängten negativen Gefühlen entlasten.

Die Ursachen ethnischer Intoleranz sind für die Autoren sozialer und psychodynamischer Natur. Zur Bildung von Toleranz plädieren sie daher für soziale Reformen und für eine Erziehung zur integrierten Person.

In einem 14 Jahre später publizierten Band (Bettelheim & Janowitz 1964) skizzieren die Autoren für die Erziehung zur Toleranz ein Programm der sozialen und personalen Kontrolle. Soziale Kontrolle soll in Gemeinden, personale Kontrolle in Schulen praktiziert werden.

Literatur

Bruno Bettelheim, Morris Janowitz (1964): *Social change and prejudice*. New York: The Free Press.

Axel Mattenklott

Herbert Blumer (1969): *Symbolic interactionism. Perspective and method*. Englewood Cliffs, NJ: Prentice-Hall. X, 208 Seiten. – Paperback-Ausgabe 1986: Berkeley, CA: University of California Press. X, 208 Seiten.

Im Anschluß an das Werk George Herbert Meads »Mind, self, and society« (→ Mead 1934) war es vor allem der Soziologe Herbert Blumer, der dafür sorgte, daß der Symbolische Interaktionismus gegen den soziologischen Mainstream als eigenständiges Paradigma der amerikanischen Soziologie akzeptiert und so auch seine Bedeutung für die sozialwissenschaftliche Kommunikationsforschung erkennbar wurde. Dafür steht zusammenfassend das hier besprochene Werk, das weniger ein einführendes oder systematisches Lehrbuch als eine Elaboration der Grundideen des Symbolischen Interaktionismus ist.

Herbert Blumer wurde 1900 in Missouri geboren, wo er aufwuchs und auch seine ersten universitären Abschlüsse machte. 1925 wechselte er an die Universität von Chicago, wo er 1928 promovierte und bis 1952 lehrte. Blumer, der auch als professioneller Football-Spieler Erfolg hatte, wechselte dann an die University of Berkeley in Kalifornien, wo er bis zu seiner Emeritierung blieb. Er starb – vielfach geehrt – mit 87 Jahren.

Blumer hat den Symbolischen Interaktionismus über Jahrzehnte hinweg vertreten, verbreitet und im Gespräch gehalten und ihn dadurch in der amerikanischen Sozialwissenschaft zu einer wichtigen Teiltheorie gemacht. Von ihm stammt auch der Begriff »Symbolischer Interaktionismus«, den er für die auf Mead, Dewey, James und andere zurückgehende Theorie geprägt hat. Blumer hat dann später diese Begriffsbildung zwar als »somewhat barbaric neologism« (S. 1) wieder in Frage gestellt, das Etikett hat aber trotzdem Bestand. Wichtig für diese Durchsetzung philosophisch-pragmatisch basierter Sozialwissenschaft war auch die intensive institutionelle Mitarbeit Blumers in der amerikanischen Soziologenvereinigung, deren Präsident er in den fünfziger Jahren zeitweilig war, sowie seine wissenschaftliche und empirische Präsenz auf nahezu allen wichtigen inhaltlichen Forschungsfeldern, die in der US-Soziologie eine Rolle gespielt haben (nach Meltzer und Petras 1973; vgl. auch Shibutani 1973 sowie Lyman & Vidich 1988). In seiner Presidential Adress an die Amerikanische Soziologenvereinigung von 1955 hat Blumer beispielsweise die Einschränkungen eines Denkens in Variablen herausgearbeitet und vor einer Verengung sozialwissenschaftlicher Theorie und Empirie auf eine Variablensoziologie gewarnt – ein wichtiger Text, dessen Erkenntnisse von der quantitativen empirischen Sozial- und Kommunikationsforschung nie richtig zur Kenntnis genommen wurden. Dieser auch anderswo oft nachgedruckte Aufsatz macht in dem hier besprochenen Werk das Kapitel 7 aus.

Blumers im engeren Sinn medienbezogene Texte berechtigen eigentlich nicht dazu, ihm den Titel eines kommunikationswissenschaftlichen Klassikers zu verleihen. Zwar wurden einzelne Ausschnitte wegen ihrer systematischen Elaboration von Grundbegriffen, insbesondere von Konzepten wie Masse oder Öffentliche Meinung und wegen ihrer daraus resultierenden begrifflichen Klarheit in den fünfziger Jahren immer wieder abgedruckt (z.B. Blumer 1955, vgl. auch Kapitel 11 und 12 des hier besprochenen Bandes). Wichtiger als diese Texte aber und auch heute noch lesenswert sind dagegen seine Aufsätze zur Interaktion der Menschen miteinander und damit sein Beitrag zum Symbolischen Interaktionismus als eine wesentliche Grundlagentheorie sozialwissenschaftlicher Kommunikationsforschung.

Seine Kernbefunde finden sich in dem hier vorgestellten Band, den Blumer, der sich sonst meist in Aufsätzen in Zeitschriften oder Sammelbänden zum Symbolischen Interaktionismus bzw. zu seiner Anwendung auf einzelne Forschungsfelder geäußert hat, zum Ende seiner aktiven Karriere publiziert hat. Er hat dazu eine Reihe bereits an anderer Stelle veröffentlichter Texte ausgewählt und dieser Sammlung einen grundlegenden Text vorangestellt, in dem er sein eigenes Verständnis des Symbolischen Interaktionismus deutlich macht. Dieser einführende Text, Kapitel 1 des Buches, wurde unter dem Titel »Der methodologische Standort des Symbolischen Interaktionismus« auch in deutscher Sprache (vgl. Blumer 1973) publiziert.

Blumer entwickelt hier zuspitzend drei wesentliche Grundthesen des Symbolischen Interaktionismus, die das sozialwissenschaftliche und das Kommunikationsverständnis dieses Ansatzes und damit dessen Anspruch verdeutlichen: Danach handeln Menschen erstens auf der Grundlage von Bedeutungen, die die Dinge für sie besitzen; sie haben zweitens diese Bedeutungen in sozialen Interaktionen gelernt, und diese Bedeutungen sind auch dort entstanden, beziehen sich also auf soziale Praktiken. Drittens schließlich reproduzieren und entwickeln die Menschen diese Bedeutungen in ihren Interaktionen. Auf dieser Grundlage skizziert Blumer eine sozialpsychologische und soziologische Handlungstheorie, die auch die Kommunikationswissenschaft heute allmählich zur Kenntnis nimmt.

Dabei argumentiert Blumer vor allem methodisch/wissenschaftstheoretisch sowie vom Konzept der kulturellen und gesellschaftlichen Bedeutung von Symbolen her, ohne deren Berücksichtigung menschliches Handeln sowie Kultur und Gesellschaft nicht zu verstehen und zu untersuchen sind. Er rückt damit ein hermeneutisch-interpretatives Wissenschaftsverständnis in den Vordergrund, wie es an der Chicago School of Sociology der zwanziger Jahre mit ihrem Interesse an Fallstudien entwickelt wurde. Er grenzt sich darüber gegen die von der sogenannten Iowa-School entwickelten Vorstellungen ab, die die Thesen und Konzepte Meads mit quantitativen empirischen Methoden zu untersuchen versuchte (vgl. hierzu vor allem Meltzer und Petras 1973). Blumer betont dabei auch die wissenschaftliche Bedeutung eines Denkens in Prozessen statt in Zuständen – hier liegt eine der Lehren, die die Kommunikationswissenschaft auch heute noch aus seinem Werk herleiten könnte, insofern sie ihren statischen Kommunikationsbegriff nach dem Transmissionsmodell von Kommunikation damit auflösen könnte.

Die Blumersche Zuspitzung des Symbolischen Interaktionismus auf einen interpretativen Kernbereich sozial vermittelten Handelns hat Vor- und Nachteile. Sie verkürzt einerseits den eigentlich wesentlich breiteren Ansatz Meads, Deweys und der anderen »Väter« des Symbolischen Interaktionismus auf eine soziologisch-handlungstheoretische und sozialpsychologische Theorie. Blumer macht diese Theorie damit andererseits aber auch konkret und vor allem auch empirisch explizit und anwendbar, insofern er ihre Grundlagen elaboriert und präzisiert. Anhänger dieses Ansatzes konnten auf dieser Basis dann Lehrbücher (wie das von Charon 1979) schreiben, eigenständige soziale Methoden (wie die »grounded theory« von Glaser und Strauss 1967) entwickeln, empirische Studien unternehmen und bis heute fruchtbare – wenn auch zum Teil mißverstandene (vgl. Krotz 2001) – Konzepte für die Kommunikationswissenschaft wie die sogenannte parasoziale Interaktion (vgl. Horton & Wohl 1956; Horton & Strauss 1957) entwickeln.

Literatur

Herbert Blumer (1955): The crowed, the public, and the mass. In: Wilbur Schramm (Hrsg.): *The process and effects of mass communication*. Urbana, IL: University of Illinois Press, S. 363-379.

Herbert Blumer (1973): Der methodologische Standort des Symbolischen Interaktionismus. In: Arbeitsgruppe Bielefelder Soziologen (Hrsg.): *Alltagswissen, Interaktion und gesellschaftliche Wirklichkeit. Bd. 1: Symbolischer Interaktionismus und Ethnomethodologie*. Reinbek bei Hamburg: Rowohlt, S. 80-146.

Joel M. Charon (1979): *Symbolic interactionism*. Englewood Cliffs: Prentice-Hall.

Barney G. Glaser, Anselm L. Strauss (1967): *The discovery of grounded theory*. New York: Aldine Publ.

Donald Horton, Anselm Strauss (1957): Interaction in audience-participation shows. In: *American Journal of Sociology*, 62. Jg., S. 579-587.

Donald Horton, R. R. Wohl (1956): Mass communication and para-social interaction. In: *Psychiatry*, 19. Jg., S. 215-229.

Friedrich Krotz (2001): *Die Mediatisierung kommunikativen Handelns*. Opladen, Wiesbaden: Westdeutscher Verlag.

Stanford M. Lyman, Arthur J. Vidich (1988): *Social order and the public philosophy. An analysis and interpretation of the work of Herbert Blumer*. Fayetteville, London: The University of Arkansas.

Bernard N. Meltzer, John W. Petras (1973): The Chicago and Iowa schools of symbolic interactionism. In: Tamotsu Shibutani (Hrsg.): *Human nature and collective behavior. Papers in honor of Herbert Blumer*. New Brunswick, NJ: Transaction Books, S. 3-17.
Tamotsu Shibutani (1973): Foreword. In: Tamotsu Shibutani (Hrsg.): *Human nature and collective behavior. Papers in honor of Herbert Blumer*. New Brunswick, NJ: Transaction Books, S. V-VIII.

Friedrich Krotz

Jay G. Blumler, Denis McQuail (1968): *Television in politics. Its uses and influence.* London: Faber and Faber. XI, 379 Seiten.

Television in politics untersucht die Rolle des Fernsehens während des britischen Wahlkampfes zur Parlamentswahl 1964, in dem sich Sir Alec Douglas-Home für die Konservativen und Harold Wilson für die Labour Party als Spitzenkandidaten gegenüberstanden. Der aus den USA stammende Kommunikationswissenschaftler Jay Blumler und sein britischer Kollege Denis McQuail, beide seinerzeit an der Granada Television Research Unit of the University of Leeds tätig, stellen ihre Studie explizit in die Nachfolge der im Zusammenhang mit der vorangegangenen Wahl 1959 entstandenen Untersuchung »Television and the political image« (1961), für die McQuail mit Joseph Trenaman zusammengearbeitet hatte. Beiden Studien zusammen kommt das Verdienst zu, die Massenmedien, nun insbesondere das Fernsehen, wieder in die Aufmerksamkeit der (europäischen) Wahlforschung gerückt zu haben, nachdem ihr Einfluß aufgrund der Interpretation der Befunde von »The people's choice« (→ Lazarsfeld, Berelson & Gaudet 1944) als vernachlässigbar gegolten hatte. Die Untersuchung zur Wahl 1964 geht allerdings in einem wichtigen Punkt über die Vorgängerstudie hinaus: Ihr zentrales Anliegen war die Anwendung des Uses-and-Gratifications Approach. Schon eingangs vermuten die Autoren, daß der Umfang der Fernsehnutzung für Persuasionsleistungen des Mediums weniger wichtig sein könnte als vielmehr die Motive, die der Nutzung zugrunde liegen, sowie deren unterschiedliche Intensität. Damit leiteten Blumler und McQuail die später als Paradigmenwechsel gefeierte Umorientierung auch der europäischen Wirkungsforschung ein, für die sich insbesondere Blumler auch in späteren Publikationen stark machte (vgl. z.B. Blumler & Katz 1974). Sie ergänzte das traditionelle Transfermodell durch eine Perspektive, die dem Rezipienten insofern Aktivität zusprach, als nun dessen Nutzenerwartungen im Wirkungsprozeß berücksichtigt wurden.

Die Daten für diese Untersuchung gehen zurück auf ein dreiwelliges Panel mit 748 Personen, die zweimal vor und einmal nach dem Wahltermin befragt wurden. Diese Befragung wurde ergänzt durch zwei exploratorische Befragungen zu Beginn des Jahres 1964, aufgrund derer vor allem auch Fragenmodelle für das Hauptpanel entwickelt wurden. Die Interviews wurden in zwei Wahlkreisen in Yorkshire durchgeführt, wo auch die Untersuchung von Trenaman und McQuail stattgefunden hatte. Zusätzlich wurden die noch auffindbaren Personen des Panels der Studie von 1959 erneut befragt, so daß Aussagen über Wahlkampfeffekte, aber zum Teil auch über längerfristige Effekte gemacht werden konnten.

Mit dem Wahlkampf 1964 hatte sich das Fernsehen zum wichtigsten Medium entwickelt, auch insofern, als nun nicht nur von den Parteien gestaltete (sog. PEBs = party election broadcasts; damals 10- bis 15minütige Sendungen, die zeitgleich auf beiden Kanälen gesendet wurden), sondern auch redaktionell verantwortete Sendungen ausgestrahlt wurden. 1959 waren im Wahlkampf noch die regulären politischen Sendungen aus dem Programm genommen worden; die Nachrichten hatten die Wahl kaum beachtet, um jeden Einfluß auf die Wählerschaft auszuschließen. Fernsehen war damit 1964 nicht mehr länger nur eine Plattform für Politiker und Parteien und veränderte so auch seine Funktion im Wahlkampf.

Die Autoren haben ihre Analyseschritte und die Befunde detailliert beschrieben, ergänzt durch einen umfangreichen Anhang, der Angaben zur Feldarbeit und zum Sample macht, die Fragebögen, die Indexkonstruktion sowie die Ergebnisse einer Themenanalyse der PEBs dokumentiert. Insgesamt belegen die Befunde sehr wohl einen Einfluß des Fernsehens, und zwar gerade auch der von den Parteien produzierten Sendungen, auf wahlrelevante Ein- und Vorstellungen. Zwei Motive erwiesen sich als bedeutsam: die Suche nach Orientierung (vote guidance) sowie die Suche nach Bestärkung (reinforcement). Diese wie auch andere Motive, zum Beispiel Interesse an der Kampagne, entfalteten ihre Wirksamkeit oftmals in Interaktion mit anderen, etwa soziodemographischen Variablen.

Die Fixierung der Agenda-Setting-Forschung auf die Anfänge in North Carolina/USA hat vergessen gemacht, daß sowohl die Studie zur Wahl 1959 als auch diejenige aus dem Jahr 1964 Thematisierungseffekte der Kampagne untersuchten, wiewohl dieser Prozeß noch nicht als Agenda Setting bezeichnet, aber dennoch von »developments of issue salience« gesprochen wurde.

Schon bei früheren Wahlen, vor allem aber 1964 profitierte die liberale Partei als dritte Kraft in besonderer Weise vom Wahlkampf. Blumler und McQuail führen das auf den Einfluß des Fernsehens zurück, weil dieses der Partei und ihrem Vorsitzenden die Möglichkeit der Selbstdarstellung gibt und auch die Ansprache von weniger an Politik interessierten bzw. unentschlossenen Wählern erlaubt.

Die Autoren nehmen ihre Befunde zum Anlaß, um im Schlußkapitel des Buches Empfehlungen für Veränderungen der Politikvermittlung im Wahlkampf auszusprechen. So sprechen sie sich für eine Reduktion der PEBs und deren zeitgleiche Ausstrahlung, die dem Publikum keine Alternative läßt, aus. Statt dessen plädieren sie dafür, das Angebot an Sendungen zu erhöhen, die Politiker stärker (heraus)fordern. Gemeint sind vor allem Interviewsendungen, in denen die Politiker auf Fragen aus dem Publikum oder von Journalisten antworten müssen, und Kandidatendebatten. Beide Formen würden es besser als die von den Parteien vorbereiteten Sendungen erlauben, Aufschluß über thematische Positionen und die Persönlichkeit der Kandidaten zu gewinnen, und hätten zudem eine größere Attraktivität für die Wählerschaft.

Literatur

Jay G. Blumler, Elihu Katz (Hrsg.) (1974): *The uses of mass communications. Current perspectives on gratifications research.* Beverly Hills, London: Sage.

Joseph Trenaman, Denis McQuail (1961): *Television and the political image. A study of the impact of television on the 1959 general election*. London: Methuen.

Christina Holtz-Bacha

Hans Bohrmann, Peter Schneider (1975): *Zeitschriftenforschung. Ein wissenschaftsgeschichtlicher Versuch*. Berlin: Spiess. 118 Seiten.

Im Jahr 1975 – fast 60 Jahre nach Gründung des ersten zeitungswissenschaftlichen Instituts in Deutschland – machen sich zwei Autoren daran, »Material zur Geschichte der Publizistikwissenschaft zusammenzutragen und ansatzweise zu interpretieren« (S. 7). Sie begrenzen dieses Unterfangen aus praktischen Gründen auf das Feld der Zeitschriftenforschung. Antrieb zu diesem Projekt war eine Beobachtung der überwiegenden Forschungspraxis: Isoliertheit und Punktualität vieler Forschungsprojekte, Ignoranz gegenüber Vorläufern, Forschungs-Geschichtslosigkeit. Die Folgen: diskontinuierliche Forschungsentwicklungen statt stringente Erkenntnislinien.

Somit ist dieses Buch in zwei Richtungen zu lesen: Erstens als ein Versuch, die seinerzeit vorliegenden Erkenntnisse der Zeitschriftenforschung inhaltlich aufeinander zu beziehen. Zweitens als ein Versuch, die eigene Zunft zu wissenschaftsgeschichtlichen Forschungen anzuregen. In beiden Bereichen konnten die Autoren kaum auf Vorarbeiten aufbauen. Hans Bohrmann (geb. 1940) hatte die Defizite des Faches während der Arbeiten an seiner Dissertation über die Entstehung der Studentenpresse (1967) entdeckt. Während seiner Assistenzzeit am Institut für Publizistik der Freien Universität Berlin vertiefte er seine Studien über die Presse- und Wissenschaftsgeschichte. Zum Zeitpunkt der Veröffentlichung des Werkes *Zeitschriftenforschung* war er am Institut für Publizistik in Münster tätig, bevor er 1977 Direktor des Instituts für Zeitungsforschung der Stadt Dortmund wurde. Peter Schneider war Doktorand am Institut für Germanistik der Freien Universität Berlin, sein Berufsweg führte ihn später in die PR-Branche.

Das Werk gliedert sich in drei Teile. Der erste Abschnitt befaßt sich mit den Akteuren, Methoden und Ergebnissen der bisherigen Zeitschriftenforschung. Der zweite Teil rekonstruiert die Phase 1933-1945, in der in Deutschland versucht wurde, eine eigenständige Zeitschriftenkunde zu etablieren. Der dritte Abschnitt ist eine umfassende Bibliographie.

Die Forschungsgeschichte der Zeitschriften wird im ersten Teil knapp und kompakt dargestellt. Bohrmann und Schneider bestätigen das Urteil von Otto → Groth (1948), die Zeitschriftenforschung führe ein Aschenbrödel-Dasein, ursächlich zunächst aufgrund der frühen Orientierung der Zeitungswissenschaften auf die Erforschung der öffentlichen Meinung. Entsprechend befaßten sich alle vor 1928 erschienenen Standardwerke der Presseforschung ausschließlich mit der Tagespresse. Impulse zur Berücksichtigung der Zeitschriften kamen wesentlich von den Verlagen, insbesondere von den Fachpresse-Verlagen. Nach verschiedenen wissenschaftspolitischen Bemühungen wurde die Zeitschrift als Lehrgegenstand in den reichseinheitlichen Studienplan der Zeitungswissenschaft

(1934/35) verankert. Mit der frühen Zeitschriftenforschung sind die Namen Jakob Friedrich Meissner, Gerhard Menz, Joachim Kirchner, Ernst Herbert Lehmann, Hubert Max und Wilmont Haacke verbunden.

Bohrmann und Schneider befassen sich sodann mit dem Ertrag der bisherigen Forschung in bezug auf die zwei zentralen Aspekte »Definition« und »Typologie« der Zeitschrift. Eine befriedigende Definition von »Zeitschrift« ist den Forschern der ersten Hälfte des letzten Jahrhunderts nicht gelungen, der Begriff kann andererseits aber auch nicht aufgegeben werden. Gewichtiger wird daher eine schlüssige Typologie nach Zeitschriftengattungen. Pragmatische inhaltsbezogene Gliederungen nahmen die Pressekataloge der Anzeigenexpeditionen schon früh vor, allerdings je nach Ausgabe mit sehr unterschiedlichen Zuordnungen. Eigenständige wissenschaftliche Gliederungen wurden in den 50er Jahren vorgelegt, wobei Walter Hagemann in Münster nach Funktionen für den Leser ordnete, Groth in München nach den »Wesensmerkmalen« Aktualität und Universalität. Bohrmann und Schneider resümieren, eine allgemein-verbindliche Typologie sei auf diesen Wegen nicht entwickelt worden. Historische Prozesse und unterschiedliche Fragestellungen lassen die Entwicklung der einen »richtigen« Zeitschriftentypologie auch nicht zu. Die Schwierigkeiten mit der Definition und Typologie der Zeitschrift behindern – so Bohrmann und Schneider – schließlich auch deren statistische und bibliographische Durchdringung. Ausführlich werden die verschiedenen Formen der bibliographischen Forschungsbemühungen besprochen mit dem Ergebnis, daß nur die amtliche Statistik die Voraussetzungen für eine adäquate und laufend aktualisierte Pressestatistik schaffen kann. Die Aufgaben der Zeitschriftenforschung sehen die beiden Autoren in deren Einbindung in einen dezidiert kommunikationswissenschaftlichen Ansatz. Der entscheidende Mangel bisheriger Forschung sei die Dominanz historischer Fragestellungen und die Vernachlässigung soziologischer Problemorientierungen. Die Funktion der Zeitschriften für die Gesellschaft und ihre Verortung im öffentlichen Kommunikationsprozeß – dies sind Herausforderungen der Forschung, die Günter Kieslich (1969) erstmals benannt hat.

Im zweiten Kapitel untersuchen die Autoren die Bedeutung der Zeitschriftenkunde in der Geschichte der Publizistikwissenschaft, die als eigenständiges Lehrgebiet von 1933 bis 1945 existierte. Der Befund ist eindeutig: Der Ertrag der Zeitschriftenkunde bestand eher aus Postulaten und Axiomen als aus Erkenntnissen. Die Zeitschriftenkunde war von der Praxis initiiert und durch deren Interessen geprägt. Theorie wurde lediglich als Deskription der vorgefundenen Realität bestimmt. Insoweit begründete die Zeitschriftenkunde für die Zeitschriftenforschung der Nachkriegszeit keine Basis, an die anzuknüpfen wäre.

Das Werk von Bohrmann und Schneider ist bis heute unverändert aktuell: Die Zeitschriftenforschung ist innerhalb der Kommunikationswissenschaft randständig, die meisten Forschungsarbeiten werden auch heute (vgl. Bohrmann 1999) noch eher isoliert und punktuell durchgeführt. Integrative Arbeiten haben Seltenheit, soziologische Fragestellungen werden wissenschaftlich kaum erforscht. Im Jahr 1975 wurde immerhin eine amtliche Pressestatistik eingeführt und jährlich fortgeschrieben. Deren Einstellung 1994 verweist auf das Desinteresse der Politik an presseökonomischen Daten. Unverständlicherweise führte aber auch das zwischenzeitlich vorhandene, differenzierte Datenmaterial nicht zur Belebung der Zeitschriftenforschung. Zu den zentralen Aspekten »Zeitschriftendefinitionen« und »Pressetypologie« ist in den letzten 25 Jahren lediglich ein grundlegend neuer Vorschlag vorgelegt wurden (vgl. Vogel 1998). Viele Pressegattungen werden heute gar nicht mit wissenschaftlicher Kontinuität untersucht – selbst der Fachpresse ergeht es so. Seit der Entstehung von Online-Medien gibt es aktuell einen Boom an Untersuchungen über die Auftritte von Zeitschriftenverlagen im Internet. Die Zeitschriften als Stamm-Medien bleiben aber auch von dieser Forschung unberücksichtigt.

Ganz anders ist die Entwicklung der Fachgeschichte der Kommunikationswissenschaft verlaufen: Hier gab und gibt es immer wieder deutliche Hinwendung zu den Vorläufern und Erkenntnislinien. Neben Rüdiger vom Bruch und Otto B. Roegele (1986) hat insbesondere Arnulf Kutsch die geschichtliche Erforschung des Faches und seiner Wissenschaftler durchgeführt und angeregt. Hieraus sind eine Reihe von Publikationen entstanden. Zu nennen sind insbesondere Kutsch (1984), Maoro (1987) und Klose (1989).

Literatur

Hans Bohrmann (1999): Forschungsgeschichte der Zeitschrift. In: Joachim-Felix Leonhard u.a. (Hrsg.): *Medienwissenschaft*. 1. Teil-Bd. Berlin, New York: de Gruyter, S. 891-895.

Rüdiger vom Bruch, Otto B. Roegele (Hrsg.): *Von der Zeitungskunde zur Publizistik: Biographisch-institutionelle Stationen der deutschen Zeitungswissenschaft in der ersten Hälfte des 20. Jahrhunderts*. Frankfurt am Main: Haag und Herchen.

Hans-Georg Klose (1989): *Zeitungswissenschaft in Köln. Ein Beitrag zur Professionalisierung der deutschen Zeitungswissenschaft in der ersten Hälfte des 20. Jahrhunderts*. München u.a.: Saur.

Arnulf Kutsch (Hrsg.) (1984): *Zeitungswissenschaftler im Dritten Reich. Sieben biographische Studien*. Köln: Hayit.

Bettina Maoro (1987): *Die Zeitungswissenschaft in Westfalen: 1914-1945*. München u.a.: Saur.

Andreas Vogel (1998): *Die populäre Presse in Deutschland. Ihre Grundlagen, Strukturen und Strategien*. München: Reinhard Fischer.

Andreas Vogel

Heinz Bonfadelli (1981): *Die Sozialisationsperspektive in der Massenkommunikationsforschung. Neue Ansätze, Methoden und Resultate zur Stellung der Massenmedien im Leben der Kinder und Jugendlichen*. Berlin: Volker Spiess. 427 Seiten.

Die Sozialisationsforschung in Deutschland versucht seit den späten 60er Jahren verstärkt, Analysen individuellen Verhaltens und Handelns mit soziologischen und psychologischen, zumeist auch pädagogischen Erklärungskonzepten zu verbinden. Für die deutsche Publizistik- und Kommunikationswissenschaft lag es im Zuge des aufkommenden Interesses an Massenkommunikation und später Medienwirkungsforschung nahe, sich umfassender mit dem Thema Sozialisation zu beschäftigen. Ein vergleichsweise frühes Zeugnis dieser Bemühungen lag mit dem im Jahre 1971 erschienenen Sammelband von Franz Ronneberger »Sozialisation durch Massenkommunikation« vor.

In seiner zehn Jahre später erschienenen Dissertation arbeitet der Schweizer Medienforscher Heinz Bonfadelli (geb. 1949) die bisherigen publizistikwissenschaftlichen Arbeiten zum Thema auf und plädiert für die Einführung eines akteurorientierten Sozialisationsparadigmas in die Medienforschung. Dabei wird konstatiert, daß es noch keinen Konsens über die entscheidenden Merkmale und Faktoren von Sozialisation durch und zur Massenkommunikation gibt. Dies lag nicht nur an Theoriedefiziten der deutschen Publizistik- und Kommunikationswissenschaft, sondern auch an fehlender emprischer Forschung, die substantiellen Erkenntnisgewinn hätte versprechen können.

Bonfadelli beschreibt das Verhältnis von Individuum und Gesellschaft in der Massenkommunikation sowohl mit strukturfunktionalistischen als auch mit systemtheoretischen Begriffen und Konzepten. Der Prozeß der Mediensozialisation findet nicht isoliert statt, sondern liegt – in Anlehnung an Niklas Luhmann – in der Verschränkung der einzelnen Personensysteme in umfassendere und komplexere institutionalisierte soziale Systemzusammenhänge begründet. Schwierig erweist es sich dabei, analytische und deskriptive Kategorien einer Sozialisationstheorie zu trennen. Begründet wird diese Schwierigkeit mit theorieinternen, methodologischen, aber auch forschungspolitischen Gründen. Bonfadelli trägt eine Reihe von Untersuchungsansätzen und Ergebnissen der auch von ihm selbst betriebenen empirischen Publikums- und Leserschaftsforschung zusammen. Modelle zur Medieninteraktion erweisen sich als erste Versuche, die bisherigen Befunde zu systematisieren.

Im Rahmen einer kritischen Auseinandersetzung mit der klassischen Wirkungsforschung und einer breiteren Rezeption der Theorien des Symbolischen Interaktionismus kommen auch neuere Ansätze und Konzepte der Medienforschung zur Sprache. Insbesondere die Entwicklung des »Uses and Gratifications«-Ansatzes durch Jay G. Blumler und Elihu Katz (1974) sowie die Untersuchungen der schwedischen Gruppe von Karl Erik Rosengren und Kollegen (1985) hatten das wissenschaftliche Interesse für Rezipientenbedürfnisse und -situationen nachhaltig gefördert.

Bonfadelli wählt Familie, Wirtschaft, Politik und Kultur als konkreten Bezugsrahmen für medienspezifische Sozialisation. Referiert werden empirische Studien zur Aufmerksamkeit und Informationsverarbeitung von Kindern beim Werbefernsehen. Deutlich werden Zusammenhänge von Mediennutzung mit familiärer Interaktion, Schulerfolg, politischer Sozialisation und Konsum der Pop-Kultur. Dadurch ergeben sich auch erste Verweise auf die Verwendungsweisen von Medien und ihrer Inhalte, die sich im Kontext von Medienbiographien zu bestimmten kognitiven, aber auch instrumentellen Medienkompetenzen entwickeln können.

Die Zukunft der Sozialisationsforschung liegt darin, Kinder und Jugendliche sowie Erwachsene als Sozialisanden und Mediennutzer zu begreifen. Ferner wird es darum gehen, die Rolle der Medien im Geflecht anderer Sozialisationsinstanzen wie Eltern, Schule und Peer-groups zu begreifen, die Wechselwirkungen anhand geeigneter Indikatoren zu operationalisieren und empirisch zu analysieren. Zu ermitteln sind diesbezüglich auch die genutzten Medieninhalte und die Motive der Sozialisanden, sich verschiedenen Angeboten mehr oder weniger intensiv zuzuwenden. Ein weiteres Thema künftiger Forschung sind die beabsichtigten und nichtbeabsichtigten Nebenfolgen der Mediensozialisation in verschiedenen Kontexten. Relevant sind hier nicht nur kognitive (Agenda Setting, Wissensklüfte, Schemata, Politiker-Images), sondern auch affektive (Verstärkung und Wandel von Einstellungen, Motive u.a.) Effekte. Eingebettet werden könnten solche Untersuchungen in größere theoretische Kontexte wie etwa die Forschung über Glaubwürdigkeit und Vertrauen. In jedem Falle ist es für solche Untersuchungen besonders reizvoll, international und national vergleichende (Ost-West) Perspektiven über einen längeren Zeitraum, etwa im Rahmen einer Panel-Studie zu berücksichtigen. Mediensozialisationsforschung zählt damit angesichts der raschen Diffusion digitaler Medientechnologien und Netzwerke zu einem aktuellen Forschungsfeld, das Antworten auf drängende Fragen längerfristiger Folgen einer forcierten individualisierten Mediennutzung zu geben vermag.

Literatur

Jay G. Blumler, Elihu Katz (Hrsg.) (1974): *The uses of mass communication. Current perspectives in gratification research.* Beverly Hills, CA: Sage.

Heinz Bonfadelli (1994): *Die Wissenskluft-Perspektive. Massenmedien und gesellschaftliche Kommunikation.* Konstanz: UVK.

Heinz Bonfadelli (1998): Politische Kommunikation als Sozialisation. In: Otfried Jarren, Ulrich Sarcinelli, Ulrich Saxer (Hrsg.): *Politische Kommunikation in der demokratischen Gesellschaft. Ein Handbuch.* Opladen: Westdeutscher Verlag, S. 342-351.

Heinz Bonfadelli (2000): *Medienwirkungsforschung II. Anwendungen in Politik, Wirtschaft und Kultur.* Konstanz: UVK.

Dagmar Hoffmann (2000): *Attraktion und Faszination Medien. Jugendliche Sozialisation im Kontext von Modernisierung und Individualisierung.* Phil. Diss. TU Chemnitz.

Jack McLeod, Garrett J. O'Keefe (1972): The socialization perspective and communication behavior. In: F. Gerald Kline, Philip J. Tichenor (Hrsg.): *Current perspectives in communication research.* Beverly Hills, CA: Sage, S. 121-168.

Franz Ronneberger (Hrsg.) (1971): *Sozialisation durch Massenkommunikation.* Stuttgart: Enke.

Karl Erik Rosengren, Lawrence A. Wenner, Philip Palmgreen (Hrsg.) (1985): *Media gratifications research. Current perspectives.* Beverly Hills, CA: Sage.

Georg Ruhrmann

Daniel J. Boorstin (1962): *The image; or what happened to the American dream.* New York: Atheneum. 315 Seiten. – Neuauflage 1987 unter dem Titel: *The image. A guide to pseudo-events in America.* 25th anniversary edition with a new foreword by the author and an afterword by George F. Will. New York: Atheneum. X, 319 Seiten.

Deutsche Ausgabe: Daniel J. Boorstin (1987): *Das Image. Der amerikanische Traum.* Reinbek bei Hamburg: Rowohlt.

Der von Boorstin eingeführte Begriff des Pseudo-Ereignisses (»pseudo-event«) gehört mittlerweile zum festen analytischen Repertoire der Kommunikationswissenschaft. Der Begriff stellt die naive Vorstellung von den Medien als einem Spiegel einer objektiv vorfindbaren Wirklichkeit grundsätzlich in Frage, indem die medial repräsentierte Realität, zumindest zu einem erheblichen Anteil, als »gemacht« entlarvt wird. Diese synthetische Medienrealität überlagert, laut Boorstin, zunehmend unsere Umweltwahrnehmung und verhindert eine aktive

Auseinandersetzung mit der Wirklichkeit. Boorstins Buch ist damit ein wichtiger früher Beitrag zur Konstruktivismusdebatte (vgl. Luhmann ^{2}1996). Im Unterschied zu radikalen Konstruktivisten hält Boorstin jedoch am Gegensatz von authentischer und hergestellter Realität fest. Die Formulierung der Titelüberschriften spitzt diese Dichotomie auf einprägsame Weise zu, zum Beispiel: »From news gathering to news making«, »From hero to celebrity«, »From shapes to shadows«, »From ideal to image«. Allerdings entwickelt die Pseudo-Wirklichkeit einen spezifischen eigenen Geltungsanspruch, der die Grenzziehung zwischen wahr und falsch zunehmend verwischt: Pseudo-Ereignisse sind weder wahr noch falsch.

Der von Boorstin verfolgte Ansatz ist sehr viel breiter angelegt als die meist eher verkürzte Rezeption seines Buches vermuten läßt. Die zentralen Thesen werden vielmehr auf so unterschiedliche Bereiche wie Journalismus, Prominenz, Tourismus, Kunst und Werbung angewendet und zu einer allgemeinen Kritik der (amerikanischen) Mediengesellschaft verdichtet. Daniel J. Boorstin (geb. 1914) ist ein einflußreicher Sozialhistoriker und hat eine Vielzahl von Büchern zur amerikanischen Geschichte und Gegenwartskultur veröffentlicht. Nach 25 Jahren Lehrtätigkeit an der University of Chicago wurde er 1969 Direktor des National Museum of American History and Technology at the Smithsonian Institution und ab 1975 bis zu seiner Emeritierung 1987 Direktor der Library of Congress. Boorstins akademischer Hintergrund spiegelt sich in der Fülle von historischen Einzelfalldarstellungen wider, mit denen er in *The image* seine Kernthesen untermauert. Die Beispiele umfassen u.a. eine detaillierte Beschreibung der legendären Kennedy-Nixon-Debatte im Jahre 1961, die Erfindung der Pauschalreise durch Thomas Cook und die flüchtige Berühmtheit von Charles A. Lindbergh.

Das im Mittelpunkt von *The image* stehende Phänomen des Pseudo-Ereignisses zeichnet sich gegenüber genuinen Ereignissen dadurch aus, daß es im voraus geplant wird mit dem ausschließlichen Ziel, Gegenstand der Medienberichterstattung zu werden. Deswegen sind Pseudo-Ereignisse auf eine Weise arrangiert, die den Bedürfnissen der Medien so weit wie möglich entgegenkommen. Pseudo-Ereignisse bedienen aber auch die Bedürfnisse des Publikums nach leicht konsumierbarer Information, da sie dramatischer und glaubwürdiger erscheinen als die tatsächliche Wirklichkeit.

Die Erwartungen des Publikums sind ein wichtiger Bestandteil in Boorstins theoretischer Begründung, warum Pseudo-Ereignisse eine so dominante Rolle in der modernen Gesellschaft spielen. Modernisierung und Demokratisierung haben zu einer neuen Weltsicht geführt, in der das Individuum im Mittelpunkt steht. Die Folge sind eine Popularisierung ehemals exklusiver Erfahrungsbereiche, der Glaube, die Umwelt beliebig manipulieren zu können, sowie die Erwartung an die Umwelt, das persönliche Bedürfnis nach außergewöhnlichen Erfahrungen zu befriedigen. Ein weiterer wichtiger Faktor bei der Ausbreitung von Pseudo-Erfahrungen ist die Medienrevolution (»graphic revolution«), beginnend mit der Erfindung des Buchdrucks mit beweglichen Lettern, über die Rotationspresse, bis hin – so ließe sich ergänzen – zur digitalen Verarbeitung von Information. Die mit dieser Entwicklung einhergehende Beschleunigung des Nachrichtenumlaufs hat zu einer ständig wachsenden Nachfrage nach immer neuem Material geführt – ein Bedarf, der von der Wirklichkeit kaum mehr gedeckt wird, den aber Pseudo-Ereignisse um so besser bedienen können.

Für Kommunikationswissenschaftler sind vor allem die Kapitel 1 zur Bedeutung von Pseudo-Ereignissen für den Journalismus, Kapitel 2 zur Medienprominenz und Kapitel 5 zur Werbung interessant. Kapitel 1 zeigt die historische Entwicklung von Pseudo-Ereignissen im Bereich der politischen Kommunikation, insbesondere die Einführung von Pressemitteilungen in den USA zu Beginn des 20. Jahrhunderts und die der Pressekonfrenz des Präsidenten in den 30er Jahren. Mittlerweile als selbstverständlich angesehene Formate werden ebenfalls in ihrer historischen Bedingtheit dargestellt, so das Interview, das in der Mitte des 19. Jahrhunderts entstand, und die Debatten zwischen den Spitzenkandidaten. Alle diese Entwicklungen betrachtet Boorstin als einen Beleg für die Macht der Medien, die die Regeln vorgeben, nach denen Politiker Pseudo-Ereignisse inszenieren. So seien die beliebten Quiz-Shows das Vorbild für die Debatten gewesen. Diese stellen folgerichtig nicht die politische Kompetenz der Kandidaten unter Beweis, sondern deren Fähigkeit, sich fernsehgerecht zu präsentieren.

Medienpräsenz ist auch der Boden für die in Kapitel 2 diskutierte Prominenz (»celebrity«), die Boorstin dem Helden früherer Zeiten gegenüberstellt. In der Mediengesellschaft sind es nicht mehr besondere Leistungen oder herausragende Charaktereigenschaften, die eine Person berühmt machen, sondern deren auf Medienpräsenz beruhende Bekanntheit (»well-knownness«). Ähnlich wie Ereignisse kann in der Mediengesellschaft auch Prominenz synthetisch hergestellt werden. Die Person wird zum »human pseudo-event«, und wie beim Pseudo-Ereignis wird die wirkliche Persönlichkeit durch das in den Medien präsentierte Image dieser Person überschattet.

Das Ziel von Werbung ist die Herstellung positiver Images von Personen, Organisationen oder Produkten (Kapitel 5). Boorstin bezeichnet Images als Pseudo-Ideale. Im Unterschied zu Idealen sind Images nicht in abstrakten Werten verankert, sondern irgendwo zwischen Erwartungen und Wirklichkeit angesiedelt. Kriterium für den Erfolg von Werbung ist nicht mehr Wahrheit, sondern Glaubwürdigkeit, das heißt die Fähigkeit, Dinge als wahr erscheinen zu lassen. Für Boorstin ist Werbung eine Pseudo-Wirklichkeit mit hoher Suggestivkraft, die – wie die anderen in *The image* beschriebenen Entwicklungen – dazu beiträgt, unsere eigenen Erfahrungen und Bedürfnisse in den endlosen Spiegelungen einer synthetischen Realität aufzulösen.

Literatur

Niklas Luhmann (^{2}1996): *Die Realität der Massenmedien*. Opladen: Westdeutscher Verlag.

Katrin Voltmer

Ernest G. Bormann (1980): *Communication theory*. New York: Holt, Rinehart and Winston. IV, 264 Seiten.

Dies war ein zukunftsweisendes Buch, obwohl es nicht im »Fischer-Lexikon Publizistik/Massenkommunikation« aufschien. Beeindruckend sind besonders die breite wissenschaftstheoretische und der – freilich nicht wirklich gelungene – Versuch, sozialwissenschaftliche und humanistische Tradition zusammenzubringen. Im Sommer 1983 versuchte dies auch das ›Journal of Communication‹ in seiner Themennummer »Ferment of the field« nicht viel erfolgreicher. Während die wissenschaftstheoretische Diskussion mittlerweile abgeebbt ist, wird namentlich diejenige über die Integration der Kommunikationswissenschaft zweifellos zunehmen. Zu unbefriedigend ist ja das Nebeneinander verschiedenster Ansätze. Zumal das Schisma von Publizistik- und Medienwissenschaft im deutschsprachigen Raum ist sprichwörtlich.

Ernest G. Bormann erwarb 1953 seinen Ph.D. an der University of Iowa. Heute ist er Emeritus der University of Minnesota in den Twin Cities, wo er dem Speech Departement angehörte. Er hatte sich spezialisiert auf Kommunikationstheorie, Rhetorik, Persuasionsforschung und Kleingruppenkommunikation.

Bormann schlägt in *Communication theory* einen weiten Bogen vom damaligen Stand der Kommunikationstheorie über die Analyse spezialisierter und allgemeiner Kommunikationstheorien, darunter vor allem auch geisteswissenschaftliche, namentlich rhetorische Traditionen, über die Kritik an der kommunikationswissenschaftlichen Theorienbildung, und zwar auf der Basis eines wohl fundierten Kapitels über »Science and the nature of knowledge about communication«. Das Bemühen, diese unterschiedlichen Disziplinen zusammenzuschauen, ist ebenso verdienstvoll wie – im Zeitalter disziplinärer Differenzierung – ein Sisyphusunternehmen, das von der späteren Entwicklung der Kommunikationswissenschaften leider noch mehr vereitelt wird. Um so dringender bedarf es solch unerschrockener und kompetenter Grenzüberschreiter wie Bormann, die der Departementalisierung des Geistes in den Kommunikationswissenschaften zu steuern sich bemühen.

Interessant ist denn auch der Versuch des Autors, die Tradition der Rhetorik mit derjenigen der sozialwissenschaftlich orientierten Kommunikationswissenschaft zusammenzubringen. Freilich werden in seiner Darstellung in erster Linie die Unterschiede deutlich: die Rhetorik ist eine Kunstlehre der Persuasion, während die Sozialwissenschaft auf generalisierbare Erklärungen zielt. Erstere ist stark situativ orientiert, letztere tendiert dazu, ihre Situationsgebundenheit zu überwinden, allerdings nicht selten um den Preis der Einsicht in die eigene Historizität. Auch der Hinweis Bormanns auf »Stil« als taugliches Leitkonzept für die Analyse von Kommunikation ist bei der notorischen Schwäche der Genretheorie beherzigenswert. Vielleicht kann man ihm vorwerfen, er habe 1980 die Ergiebigkeit der Systemtheorie als kommunikationswissenschaftliche Konzeptions- und Erklärungshilfe unterschätzt. Dafür erkennt er schon damals, was seither weiterhin die Crux der Medienwirkungsforschung darstellt: »A final problem with those who developed the quasi-paradigm was that they tried to transfer in too literal a fashion a research paradigm from another century and another field of inquiry to contemporary social scientific study of communication. The result was that their explanitory system became more and more divorced from the social realities with which it was supposed to deal.« (S. 179)

Ulrich Saxer

Margret Boveri (1965): *Wir lügen alle. Eine Hauptstadtzeitung unter Hitler.* Olten: Walter. 744 Seiten.

Wir lügen alle ist ein origineller Beitrag zur deutschen Pressegeschichtsschreibung. Die Autorin verbindet darin quellengestützte Geschichtsdarstellung mit Memoiren. Margret Boveri (1900-1975) war vielfältig begabt. Durch ihre Herkunft naturwissenschaftlich angeregt – ihr Vater war Professor für Genetik an der Universität Würzburg – arbeitete sie zunächst an der Zoologischen Station in Neapel (Reinhard Dohrn). Sie studierte dann aber in Würzburg und München gymnasiale Fächer (Germanistik, Anglistik und Geschichte) und legte die beiden für den Schuldienst erforderlichen Staatsexamina 1925 ab. 1929 begann sie ein zweites Studium an der Hochschule für Politik in Berlin. Wenig später nahm sie der Historiker Hermann Oncken an der Friedrich Wilhelms Universität als Doktorandin an. Bei ihm promovierte Boveri 1933 mit einer Studie über die britische Außenpolitik vor dem Ersten Weltkrieg. In dieser Zeit hatte sie ihre journalistischen Interessen entwickelt und damit begonnen, auf der Grundlage von Zeitungsausschnitten ein umfangreiches (außen-)politisches Archiv aufzubauen, das auf einem Sommergrundstück in Teupitz (südlich von Berlin) den Krieg überstand und heute in der Staatsbibliothek zu Berlin überliefert ist.

Als Journalistin wurde Boveri von Paul Scheffer, dem Chefredakteur des ›Berliner Tageblatts‹ (BT) »entdeckt«, der sie als außenpolitische Redakteurin engagierte (von Sommer 1934 bis zum Ausscheiden Scheffers aus dem BT 1937). Danach war sie als Auslandskorrespondentin der ›Frankfurter Zeitung‹ in Stockholm, New York und Lissabon bis zur erzwungenen Einstellung des Blattes im Sommer 1943 tätig. Bis zum Kriegsende arbeitete Boveri als Journalistin und Autorin in Berlin u.a. für ›Das Reich‹ sowie die ›Kölnische Zeitung‹ sowie während der Besatzungszeit u.a. für den (französisch lizenzierten) ›Kurier‹ (Berlin) und die ›Badische Zeitung‹ (Freiburg im Breisgau), die von mehreren ehemaligen Redakteuren der ›Frankfurter Zeitung‹ redigiert wurde. Später schrieb sie auch für die 1949 gegründete ›Frankfurter Allgemeine Zeitung‹, verlagerte ihre Arbeit aber immer stärker auf größere historisch-politische Publikationsformen. Ihre Aufsätze, großenteils der deutschen Nachkriegspolitik gewidmet, erschienen vor allem in der 1947 gegründeten Zeitschrift ›Merkur‹. Im Zentrum ihres monographischen Werks steht die vierbändige Studie ›Der Verrat im 20. Jahrhundert‹, eine Analyse der Verführbarkeit von Intellektuellen (1956–1960). Einen Seitenaspekt des Themas Selbstbehauptung und Verrat oft mehr an den eigenen Grundsätzen, als an anderen, stellt das Buch *Wir lügen alle* dar, in dem Boveri die redaktionelle Arbeit im ›Berliner Tageblatt‹ während der Nazizeit beschreibt. Weit bekannt wurden ferner ihre Tagebuchaufzeichnungen über den Untergang Berlins am Ende des Zweiten Weltkriegs, die 1968 unter dem Titel »Tage des Überlebens. Berlin 1945« erschienen und im Folgejahr mit dem Literaturpreis der Deutschen Kritiker ausgezeichnet wurden. Uwe Johnson hat postum Boveris Autobiographie »Verzweigungen« (1977), die aufgrund vieler Tonbandinterviews entstand, niedergeschrieben und publiziert.

Als die Untersuchung über das ›Berliner Tageblatt‹ entstand, war die Generation derjenigen, die die nationalsozialistische Diktatur als Erwachsene miterlebt hatten, über ihre Lebensmitte hinaus. Das Thema »Drittes Reich« war in der Bundesrepublik nicht gerade beliebt. Die Zeit der Anklagen (Nürnberger Gerichtshof) und auch der zu vernehmenden Selbstanklagen war vorbei, ebenso die vor allem von Illustrierten in den 1950er Jahren betriebene Trivialgeschichtsschreibung. Doch die Auseinandersetzung mit der nationalsozialistischen Vergangenheit bildete einen Streitfall zwischen den beiden deutschen Staaten. Schon deshalb war eine radikale, d.h. an die Wurzel gehende Diskussion durch mancherlei nicht in der Sache liegende Rücksichtnahmen eingeschränkt. Außerdem kam hinzu, dass die Eliten in der Bundesrepublik die zwölf Jahre mit Hitler trotz einiger Einbußen einigermaßen gut überstanden hatten. Dazu gehörten auch viele Journalisten, obwohl die westlichen Besatzungsmächte, allen voran die Amerikaner, im Rahmen ihrer Entnazifizierungspolitik den Grundsatz verfochten hatten, alle diejenigen von der Publizistik fern zu halten, die während der Diktatur den Federhalter geführt oder auch nur in Verlagsleitungen gearbeitet hatten. Wie in anderen gesellschaftlichen Bereichen war dieser Grundsatz offenbar zu abstrakt, um der Lebenswirklichkeit gerecht werden zu können.

Boveris Buch war ein Tabubruch. Er störte die in den 1950er Jahren stabilisierte Ruhe, bevor noch die Studentenrevolte (1968) die öffentliche Szene eroberte. Spezifischer störte sie noch die Legendenbildung, wonach der Journalismus durch den Nationalsozialismus überwältigt worden sei, Verbote und diktatorische Gewalt die Realität vollständig geprägt hätten und – in Analogie zum Alleinverantwortlichen Adolf Hitler – in der Publizistik Joseph Goebbels nicht nur der eigentliche, sondern auch der einzige Täter gewesen sei. Boveri irritiert mit der völlig ernst gemeinten Behauptung, daß »alle« lügen, wenn sie von dieser Zeit redeten, und sie zeigt die Spielräume auf, die das Regime ließ oder nicht schließen konnte, d.h. Boveri spürte der Dimension der Entscheidung und damit Verantwortung derjenigen nach, die von 1933 bis 1945 in den Zeitungen arbeiteten. Personifiziert wird das Problem am Moskauer Korrespondenten des ›Berliner Tageblatts‹, Paul Scheffer, der 1933 nach dem erzwungenen Ausscheiden Theodor Wolffs aus dem ehemaligen Mosse-Blatt die Chefredaktion übernommen hatte. Bei Scheffer gab es – wie bei den meisten bürgerlichen Politikern und auch Journalisten – eine Ebene der Übereinstimmung mit »vernünftigen« Nationalsozialisten, die beispielsweise viele Bereiche der Außenpolitik und die Ablehnung des Kommunismus betraf. Scheffer hatte auch Felder, in denen er nicht zustimmte. Das war der pathologische Antisemitismus. So blieb er – nach dem Zeugnis von Boveri – mit Juden befreundet und traf sich aber mit Goebbels Absicht, das ›Berliner Tageblatt‹ als deutsches »Weltblatt« zu erhalten. Als er sein selbst gestecktes Ziel nicht mehr für erreichbar hielt, verließ er seinen Posten als Chefredakteur, um als Auslandskorrespondent des ›Berliner Tageblatts‹ in die USA zu gehen. Ein Jahr später ließ Goebbels die Zeitung einstellen. Scheffer blieb in den USA, auch nach dem Ende des Krieges. Er starb 1963 im »Exil« in Vermont.

Boveris Geschichte »einer Hauptstadtzeitung unter Hitler« ist zugleich eine Hommage an Paul Scheffer, dem sie einige Zeit nahestand. Die Interpretation ist einfühlend, aber genauso kritisch, indem die erklärten Maßstäbe des Handelns mit den erreichten Zielen verglichen werden. Ihr Urteil, was denn die Wahrheit sei, stellt sie als Mithandelnde während der Diktatur unter Vorbehalt, ja, sie glaubt, daß intellektuelle Redlichkeit unter den ideologischen Bedingungen des 20. Jahrhunderts kaum durchgehalten werden kann, selbst wenn der eigene Kompaß immer nach Norden zeige. Spätere Generationen haben es denkbarerweise einfacher, weil sie die Komplexität stärker zu reduzieren vermögen; vielleicht liegt die Wahrheit aber in der Fraglichkeit und nicht in den einfachen Lösungen. Boveri zeichnet Scheffer nicht als Widerständler, sondern als gemäß den Möglichkeiten seiner Epoche unabhängigen Intellektuellen, dessen zeitbedingte Urteile kritisch reflektiert werden müssen.

Boveri verbindet ihre Darstellung mit der Dokumentation von Quellen, darunter Artikel aus dem ›Berliner Tageblatt‹ und anderen Periodika, Redaktionsprotokolle, Mitschriften aus der Pressekonferenz im Propagandaministerium (nach Fritz Sänger). Es gibt wenig vergleichbare Memoiren und historische Überblicksdarstellungen, welche den Journalismus und die Publizistik im Nationalsozialismus mit dem Schwerpunkt Berlin thematisieren (vgl. → Hagemann 1948; Silex 1968; Sänger 1978 sowie – aus der Perspektive des Exils – de Mendelssohn 1959, ^{2}1982). Kurt → Koszyk (1972) hat die Zeit in die deutsche Pressegeschichte eingeordnet. Wenn nicht alles täuscht, wäre es heute an der Zeit, das Thema wieder aufzunehmen. Der Abstand eines halben Jahrhunderts könnte hilfreich sein, die Aporien bisheriger Geschichtsschreibung zu vermeiden, auch ohne den wohlfeilen Vergleich mit der Deutschen Demokratischen Republik urteilsfördernd heranzuziehen. Margret Boveris *Wir lügen alle* ist dafür eine unverzichtbare Quelle.

Literatur

Margret Boveri (1968): *Tage des Überlebens.* Berlin 1945. München: Piper.
Margret Boveri (1976): *Der Verrat im 20. Jahrhundert.* Hamburg: Rowohlt (zuerst 1956-1960 in 4 Bden.).
Margret Boveri (1977): *Verzweigungen. Eine Autobiographie.* Hrsg. von Uwe Johnson. München, Zürich: Piper.
Peter de Mendelssohn (1959, ^{2}1982): *Zeitungsstadt Berlin.* Berlin: Ullstein.
Fritz Sänger (1978): *Verborgene Fäden. Erinnerungen und Bemerkungen eines Journalisten.* Bonn: Neue Gesellschaft.
Karl Silex (1968): *Mit Kommentar. Lebensbericht eines Journalisten.* Frankfurt am Main: S. Fischer.

Hans Bohrmann

Karl Bücher (1926): *Gesammelte Aufsätze zur Zeitungskunde.* Tübingen: H. Laupp'sche Buchhandlung. IV, 429 Seiten.

Der Nationalökonom und Wirtschaftshistoriker Karl Bücher (1847–1930) gilt als Nestor der akademischen Zeitungskunde in Deutschland. Seine *Gesammelten Aufsätze zur Zeitungskunde* vereinen zehn Abhandlungen, die er zuvor an anderen Stellen veröffentlicht hatte. Eröffnet wird die Sammlung mit der ausführlichen, Büchers normative Zeitungslehre begründenden Abhandlung »Die Grundlagen des Zeitungswesens«. Ihr folgen vertiefende, historisch angelegte und meist auch einen internationalen Vergleich einschließende Detailstudien u.a. über verschiedene zeitungswirtschaftliche Probleme sowie ferner zwei seiner berühmten Kriegsschriften. In ihnen setzt sich Bücher mit kaum zu überbietender Schärfe mit der Propaganda und den Entgleisungen der deutschen und ausländischen Presse zu Beginn des Ersten Weltkriegs auseinander und unterbreitet verschiedene Vorschläge zur Reform der nach seiner Ansicht auf einen ethischen Tiefstand abgesunkenen Kulturinstitution Presse. Diesen Niedergang deutet er als Symptom einer »Umwälzung der sozialen Wertbegriffe«, deren Ursache er im organisierten Kapitalismus verortet. In der Presse finde dieser Prozeß seinen Ausdruck im Gewinnstreben der Verleger und in einem um sich greifenden Verfall der journalistischen Berufsmoral.

Zu Büchers Reformvorschlägen zählt insbesondere ein universitäres Lehrprogramm für die berufsvorbereitende Ausbildung künftiger Journalisten, das er selbst im Herbst 1915 an der Universität Leipzig umzusetzen begann. Auf seiner Grundlage errichtete er im Jahr darauf das erste zeitungskundliche Institut in Deutschland. Bücher bestritt zwar, diese Institutsgründung als Auftakt einer speziellen Zeitungswissenschaft verstanden zu haben, doch sah er deren Verselbständigung als unaufhaltsam an. So kann man die *Gesammelten Aufsätze* als Ersatz für ein zeitungskundliches Opus magnum Büchers ansehen, dem für ein Lehrbuch in dem hohen Alter, in welchem er seine Lehrtätigkeit ausschließlich zeitungskundlichen Problemen widmete, die Kräfte fehlten.

Bücher war ursprünglich Gymnasiallehrer. Schon während seiner Schultätigkeit in Frankfurt am Main arbeitete er von 1874 bis 1878 als Autor für wirtschafts- und sozialpolitische Fragen an der liberalen ›Frankfurter Zeitung‹ mit, deren sozialpolitisches Ressort er danach bis 1880 als Redakteur leitete. In diese Zeit fällt auch seine Hinwendung von der Geschichte zur Volkswirtschaftslehre und Statistik sowie sein Eintritt in den Verein für Sozialpolitik, zu dessen prominenten, gemäßigt liberalen Mitgliedern er avancierte. Gefördert durch den Nationalökonomen Albert Schäffle, habilitierte sich Bücher 1881 an der Universität München für Nationalökonomie. Seine akademische Karriere führte ihn über die Universitäten in Dorpat (1882), Basel (1883-1890) und Karlsruhe (1890-1892) an die Universität Leipzig, wo er bis zu seiner Emeritierung 1917 als Nationalökonom lehrte. Durch zahlreiche sozialstatistische und wirtschaftspolitische Studien sowie Forschungen über antike und mittelalterliche Wirtschaftszustände, vor allem aber durch seine Theorie der Wirtschaftsstufen (1892) erlangte er internationales Ansehen als Vertreter der jüngeren Historischen Schule der Nationalökonomie (vgl. Backhaus 2000; Kutsch 2000).

Büchers Interesse an der Zeitung entstand während seiner journalistischen Tätigkeit, als die ›Frankfurter Zeitung‹ während der Zeit des Kulturkampfes und des Sozialistengesetzes scharfen Angriffen Bismarcks ausgesetzt war und er die Instrumentalisierung der Presse durch Regierung und Finanzwelt erlebte. Als Volkswirtschaftler beschäftigte er sich mit der Interdependenz von Kultur und Wirtschaft. Im Rahmen seiner Analysen der Ausdifferenzierungsprozesse von Wirtschaft und Gesellschaft interessierten ihn die Leistung der Zeitung »zur Aufrechterhaltung und Vermittlung sozialer und wirtschaftlicher Beziehungen«

(S. 2) sowie überhaupt die Erforschung der volkwirtschaftlichen Bedeutung der Presse und die dazu erforderliche Begründung ihrer Statistik.

Am prägnantesten ist Büchers Zeitungslehre in seiner Abhandlung »Die Grundlagen des Zeitungswesens« ausgeführt (S. 1–64), die erstmals in dem von Paul Hinneberg 1906 herausgegebenen Monumentalwerk »Die Kultur der Gegenwart« erschienen war. Hier beschreibt er Genese, wirtschaftliche Grundlagen und Betrieb der modernen Zeitung sowie ihre gesellschaftlichen Wirkungen aus historischer, volkswirtschaftlicher und soziologischer Perspektive und unterzieht die vorfindbaren organisatorischen und strukturellen Ausprägungen der Presse sowie den Journalismus einer ebenso scharfsichtigen wie harschen Kritik. Dabei orientiert er sich implizit am Ideal der in der 2. Hälfte des 19. Jahrhunderts entstandenen »Gesinnungszeitung«, »der unbestechlichen Richterin«, welche »die höchsten Interessen der Menschheit zu vertreten« beabsichtigt habe. (S. 23) Von diesem Ideal sieht er die moderne Zeitung weit enfernt. Sie sei überwiegend anzeigenfinanzierte »parteilose Geschäftspresse«, eine ausdifferenzierte, arbeitsteilige und auf Gewinnmaximierung zielende gesellschaftliche Einrichtung, die er aus volkswirtschaftlicher Sicht in seinem berühmten Diktum charakterisierte als eine Unternehmung, »die Anzeigenraum als Ware produziert, die nur durch einen redaktionellen Teil absetzbar wird.« (S. 21) In den vorrangig am Gewinn orientierten Interessen des Verlegers und im Angestelltenstatus der Redakteure, die »in ihrer ganzen Existenz« vom Verleger abhängig seien, (S. 44) erkennt er größte Gefahren für die Wahrnehmung der öffentlichen Aufgabe des Journalismus und vielfältige Einflußmöglichkeiten des Staates und der Wirtschaft bis hin zu Stimmungsmacherei, Demagogie und Korruption.

Die soziologische Perspektive Büchers ist stark durch Albert Schäffles Hauptwerk »Bau und Leben des socialen Körpers« (→ Schäffle 1875) beeinflußt. Von diesem übernimmt er die Beschreibung der Presse als ein soziales »Vermittlungsglied« zwischen »dem Volk und seinen führenden Geistern«, als eine Institution für die Gewährleistung gesellschaftlicher Information und zugleich Organ der öffentlichen Meinung, das die Ideen des Volkes aufnimmt, artikuliert und wiederum auf jene verstärkend zurückwirkt. (S. 52ff.) Trotz seiner Kritik an den bestehenden Presseverhältnissen würdigt Bücher die Kulturbedeutung der Zeitung, die allein schon darin bestehe, daß sie täglich »die Kenntnisse ihrer Leser bereichert und ihnen eine Erweiterung des Gesichtskreises ermöglicht« und darüber hinaus zu Gemeinschaftsempfinden beiträgt. (S. 56f.)

Büchers Analysen und Kritik der kapitalistischen Organisation und Struktur der Zeitung, seine Ansichten über den Journalismus und seine Vorschläge zur Pressereform wurden in Zeitungswissenschaft und Pressepraxis bis in die 1930er Jahre heftig und kontrovers diskutiert. Das Lehrbuch »Die Zeitung und ihre Wissenschaft« seines Schülers und einzigen zeitungskundlichen Habilitanden Walter → Schöne (1928), mit welchem er seit 1923 in unversöhnlicher Fehde lag, kann man als Gegenentwurf zu seiner normativen Zeitungslehre lesen. Die *Gesammelten Aufsätze* finden sich gleichwohl bis in die 40er Jahre als zeitungskundliche Basisliteratur in zahlreichen Dissertationen und anderen fachlichen Veröffentlichungen zitiert. Hervorzuheben sind Büchers Anregungen für die Begründung und Systematik der Pressestatistik (vgl. Schütz 1969). Sein Einfluß auf die zeitungswissenschaftliche Theoriebildung ist bis heute Gegenstand wissenschaftshistorischer Untersuchungen (vgl. u.a. → Groth 1948; Schmidt & Knipping 1959; → Hardt 1979; vom Bruch 1980; Rühl 1999). Verschiedene Beiträge aus seinen *Gesammelten Aufsätzen* wurden zudem in neuere publizistikwissenschaftliche Editionen aufgenommen (vgl. Roegele 1965; Silbermann 1969; Fischer & Minte 1981).

Literatur

Jürgen G. Backhaus (Hrsg.) (2000): *Karl Bücher. Theory, History, Anthropology, Non-market economy*. Marburg: Metropolis.

Rüdiger vom Bruch (1980): Zeitungswissenschaft zwischen Historie und Nationalökonomie. Ein Beitrag zur Vorgeschichte der Publizistik als Wissenschaft im späten deutschen Kaiserreich. In: *Publizistik*, 25. Jg., S. 579-607.

Heinz-Dietrich Fischer, Horst Minte (Hrsg.) (1981): *Karl Bücher. Auswahl der publizistikwissenschaftlichen Schriften*. Bochum: N. Brockmeyer.

Arnulf Kutsch (Bearb.) (2000): *Schriftenverzeichnis Karl Bücher*. Leipzig: Universitätsverlag.

Otto B. Roegele (Hrsg. unter Mitwirkung von Peter Glotz) (1965): *Pressereform und Fernseh-Streit. Texte zur Kommunikationspolitik 1832 bis heute*. Gütersloh: Sigbert Mohn.

Manfred Rühl (1999): *Publizieren. Eine Sinngeschichte der öffentlichen Kommunikation*. Opladen: Westdeutscher Verlag.

Dietrich Schmidt, Franz Knipping (1959): Karl Bücher und das erste deutsche Universitätsinstitut für Zeitungskunde. Ein Beitrag zur Entstehungsgeschichte und zur Rolle der bürgerlichen Zeitungswissenschaft. In: *Karl-Marx-Universität Leipzig 1409–1959. Beiträge zur Universitätsgeschichte*. Bd. 2. Leipzig: Verlag Enzyklopädie 1959, S. 57–77.

Walter J. Schütz (1969): Zeitungsstatistik. In: Emil Dovifat (Hrsg.): *Handbuch der Publizistik*. Bd. 3. Berlin: Walter de Gruyter, S. 348–369.

Alphons Silbermann (Hrsg.) (1969): *Reader Massenkommunikation*. Bd. 1. Gütersloh: Bertelsmann.

Arnulf Kutsch

Hermann Budzislawski (1966): *Sozialistische Journalistik. Eine wissenschaftliche Einführung*. Leipzig: VEB Bibliographisches Institut. 236 Seiten.

Die wichtigste Besonderheit des vorliegenden Werkes besteht darin, daß es das einzige in einem regulären DDR-Verlag veröffentlichte Lehrbuch zur sozialistischen Journalistik und Journalistikwissenschaft geblieben ist, das einen repräsentativen Überblick über die Lehrinhalte dieser an der Leipziger Universität institutionalisierten Disziplin verschafft. Fachpublikationen wurden nur universitätsintern und in Auflagen hergestellt, die den Zahlen der unmittelbaren Benutzer, Studierenden und Lehrenden, entsprachen. Sie wurden auch nur universitätsintern vertrieben, das heißt, sie gelangten in der Regel nicht einmal in die Buchhandlungen der DDR. Das änderte sich in Ansätzen erst in der ersten Hälfte der 80er Jahre. Fast alle Lehrinhalte der Leipziger Journalistikwissenschaft blieben so einer breiteren Öffentlichkeit vorenthalten.

Über die Gründe, weshalb ausgerechnet die Vorlesungstexte von Hermann Budzislawski (1901-1978) diese Barriere durchbrachen, läßt sich nur spekulieren. Der Autor war einer der prominenten Remigranten der DDR, mit einer bewegten publizistischen Exilvergangenheit, 1948 hatte er den Ruf der Leipziger Universität auf eine Professur für internationales Pressewesen angenommen. Eine Exilvergangenheit allein bot jedoch bekanntlich keine Garantie für besondere Wertschätzung seitens der herrschenden Kreise der DDR. Budzislawski war von März 1934 bis Juni 1938 in Prag, ab September 1939 dann in Paris Chefredakteur der aus Deutschland vertriebenen ›(Neuen) Weltbühne‹. Nach seiner Flucht aus einem französischen Internierungslager gelangte er über Spanien und Lissabon im Oktober 1940 nach New York. Dort blieb er bis 1948, er war also ein sogenannter Westemigrant. Gegenüber den aus der Sowjetunion Zurückgekehrten haftete den Westemigranten in der DDR immer ein mehr oder weniger ausgesprochener Makel an. Von 1941 bis Kriegsende arbeitete Budzislawski zudem auf ungewöhnliche Weise für die US-amerikanische Starkolumnistin Dorothy Thompson, als Ratgeber und wohl auch Ghostwriter, die genauen Umstände scheinen nicht ganz geklärt (vgl. Lerg 1978a, 1978b). Er hat sich dazu nach seiner Rückkehr des öfteren geäußert und wohl auch äußern müssen (vgl. Lerg 1978a, 1978b; Walther 1978). Dennoch wurde er zu seinem 60., insbesondere seinem 65., aber auch 75. Geburtstag in der DDR gebührend gewürdigt (vgl. z.B. Journalismus und Gesellschaft 1966). Nach seiner Emeritierung 1966 arbeitete er wieder als Chefredakteur und Herausgeber der inzwischen in Ostberlin erscheinenden ›Weltbühne‹, er war in vielen politischen Ämtern tätig, u.a. seit 1958 Mitglied der Volkskammer, und meldete sich immer wieder öffentlich zu Wort. Parteilich, aber doch eher unkonventionell, blieb sein Verhältnis zur SED nicht ohne Konflikte.

Die Schrift *Sozialistische Journalistik* beruht, wie bereits erwähnt, auf Vorlesungstexten. Die Überarbeitung für den Druck erforderte so manche kollegiale Hilfe, auf die der Autor im Vorwort, die Namen der Beteiligten nennend, dankend eingeht (eine für DDR-Verhältnisse nicht unbedingt häufige, »bürgerliche« Sitte). Zentrales Anliegen der Veröffentlichung ist es gewesen, erstmals in deutscher Sprache ein völlig neues Konzept gesellschaftswissenschaftlich fundierter journalistischer Ausbildung zu präsentieren, das Theorie, Empirie und Berufspraxis optimal verbindet und das sich zugleich dem Marxismus-Leninismus als Grundlage wissenschaftlicher und praktischer Weltaneignung verpflichtet weiß. Aufgeteilt in insgesamt siebzehn Kapitel unterschiedlichen Umfangs, wird mit der Vorstellung besonderer Eigenschaften des sozialistischen Journalismus und der sozialistischen Journalistenpersönlichkeit sowie der wichtigsten Maximen ihrer Tätigkeit begonnen.

Es folgt eine systematisierende Einordnung der Journalistik als marxistisch-leninistische Gesellschaftswissenschaft, auch historisch, eine Abgrenzung zwischen Journalismus, Literatur und literarischer Publizistik, die beim Schwerpunkt Stilistik und Sprache des Journalismus endet. Kurz und eigentlich schon 1966 überholt ist die folgende Darstellung der Bereiche Kommunikationstechnik und Massenwirksamkeit, letztere verstanden als Ausdruck der durch die massenhafte Verbreitung der Medien entstehenden Wirkungspotentiale. Die dezidiert politischen Überlegungen zum Journalismus als kollektiver Propagandist, Agitator und Organisator sind ebenfalls verhältnismäßig kurz gehalten, werden jedoch ergänzt durch die Darstellung der sogenannten Prinzipien des sozialistischen Journalismus: Parteilichkeit, Wissenschaftlichkeit, Kritik und Selbstkritik sowie Massenverbundenheit und Massenwirksamkeit. Diese Prinzipien wiederum schließen direkt an die zuvor erwähnten Maximen journalistischer Tätigkeit an – wir haben es nicht mit einer klar strukturierten, deduktiven Gliederung zu tun, sondern mit einer problemorientierten, induktiv-pragmatischen Darstellungsweise. Direkt praxisbezogen sind die Kapitel zu den journalistischen Genres, zu den Besonderheiten der Bildjournalistik, der Rundfunk- und der Fernsehjournalistik. Dazwischen findet sich ein vergleichsweise ausführliches Kapitel zur journalistischen Information und Informationspolitik, das der damals in der DDR aktuellen Kybernetik-Diskussion geschuldet sein dürfte, in der der Informationsbegriff sehr wichtig war. Das Buch endet mit einem Kapitel über Pressefreiheit, die deutlich als relative, vom jeweiligen Gesellschaftssystem abhängige Größe verstanden wird. Hier erfolgt, wie an vielen anderen Stellen auch, eine Konfrontation mit der Bundesrepublik. Vor dem Hintergrund der Monopoldebatten jener Jahre nicht ganz ohne Anlaß. Literaturangaben finden sich am Ende jedes Kapitels, ein Sachwortregister schließt das Werk ab.

Zu fragen bleibt, ob eine Einführung in die sozialistische Journalistik etwa zwanzig Jahre später, also gegen Ende der DDR, anders geschrieben worden wäre, so es sie denn gegeben hätte. Vom Sprachstil her vermutlich schon, denn Budzislawski ist eine gewisse klassen-kämpferische journalistische Polemik nicht abzusprechen. Von der Sache her vermutlich kaum, wirft man z.B. einen Blick auf die Stichworte Journalistik und Journalismus im letzten, 1984 erschienenen, für den Lehrbetrieb der Sektion Journalistik der Karl-Marx-Universität Leipzig gedruckten »Wörterbuch der sozialistischen Journalistik« (1984: 109ff.). Die durchaus vorhandene Flexibilität des marxistisch-leninistischen Denksystems wurde von der Journalistikwissenschaft der DDR nicht genutzt. Es ist allerdings anzumerken, daß diese so eng an die SED gebundene gesellschaftswissenschaftliche Disziplin hierfür im Grunde auch keinen Spielraum besaß.

Literatur

Journalismus und Gesellschaft (1966). Hermann Budzislawski zum 65. Geburtstag. Festschrift der Fakultät für Journalistik an der Karl-Marx-Universität Leipzig. Leipzig: Karl-Marx-Universität, Fakultät für Journalistik.

Winfried B. Lerg (1978a): Hermann Budzislawski (1901-1978). Eine biographische Miszelle zur Exilpublizistik. In: *Publizistik*, 23. Jg., S. 106-114.

Winfried B. Lerg (1978b): Hermann Budzislawski (1901-1978): Post Scriptum. In: *Publizistik*, 23. Jg., S. 437-438.

Willy Walther (1978): Professor em. Dr. rer. pol., Dr. h. c. Hermann Budzislawski. In: *Theorie und Praxis des sozialistischen Journalismus*, 6. Jg., Nr. 4, S. 5-10.

Wörterbuch der sozialistischen Journalistik (1984). Leipzig: Karl-Marx-Universität Leipzig, Sektion Journalistik.

Verena Blaum

Bundesministerium für Jugend, Familie und Gesundheit (Hrsg.) (1975): *Die Darstellung der Frau und die Behandlung von Frauenfragen im Fernsehen. Eine empirische Untersuchung einer Forschungsgruppe der Universität Münster unter Leitung von Professor Dr. Erich Küchenhoff.* Stuttgart, Berlin, Köln, Mainz: W. Kohlhammer. 291 Seiten.

Die unter dem Namen des Leiters der Forschungsgruppe Prof. Dr. Erich Küchenhoff als »Küchenhoff-Studie« bekanntgewordene Untersuchung ist die erste umfassende Inhaltsanalyse zum Frauenbild im deutschen Fernsehen. In der Publikation der Studie wird Erich Küchenhoff im bibliographischen Sinn nicht als Autor aufgeführt; vielmehr zeichnet das Bundesministerium für Jugend, Familie und Gesundheit (BMJFG) als Herausgeber der Monographie. Dennoch wird das Werk in allen Katalogen sowohl unter der Autorenschaft »Küchenhoff« geführt – was unter strengen bibliographischen Gesichtspunkten eigentlich falsch ist – als auch unter der Herausgeberschaft des BMJFG.

Außer der Dissertation von Hannelore Kleine-Albenhausen zum Frauenbild in Spielhandlungen aus dem Jahr 1970 lagen bis dahin in Deutschland keine Befunde zur Frage der Darstellung von Frauen im Fernsehen vor. Die Untersuchung wurde vom Bundesministerium für Jugend, Familie und Gesundheit »angeregt und gefördert«, wie es in der Einleitung heißt, und galt damals als Beitrag der Bundesrepublik Deutschland zum »Internationalen Jahr der Frau«. 14 Mitarbeiterinnen und Mitarbeiter um Küchenhoff untersuchten im Erhebungszeitraum zwischen dem 1. Februar 1975 und dem 15. März 1975 insgesamt 966 Sendungen sowohl des Fiction- als auch des Non-Fiction-Bereichs der ARD- und ZDF-Programme sowie exemplarisch des WDR-»Werberahmenprogramms«. Ziel dieser umfassenden Inhaltsanalyse war es nicht nur, die vermittelten Frauenbilder und weiblichen Stereotype zu erfassen und zur realen Situation der Frau in der Bundesrepublik (Stand 1975) in Bezug zu setzen, sondern auch die Behandlung solcher Themen und Fragen im Fernsehen zu untersuchen, die für die damalige gesellschaftliche Situation von Frauen eine besondere soziale Relevanz aufwiesen. Darüber hinaus ging es bei dieser Studie explizit auch darum, die erfaßte medienspezifische Wirklichkeit des Fernsehens am »selbstformulierten aufklärerischen Anspruch« des öffentlich-rechtlichen Fernsehens zu messen. (S. 46)

Erich Küchenhoff (geb. 1922) ist Jurist. Seit 1965 lehrte er an der Universität Münster Öffentliches Recht und Politische Wissenschaft. Zu seinen Forschungsschwerpunkten gehörten neben Verfassungsrecht, Ausländer- und Asylrecht auch politische Institutionenlehre sowie Fragen der Medienfreiheit, der Medieninstitutionen, der Medienmacht und der Medieninhalte. So zeichnete er schon 1972 als Herausgeber verantwortlich für eine andere Medienuntersuchung unter dem Titel »Bild-Verfälschungen«: eine Inhaltsanalyse der Berichterstattung der ›Bild-Zeitung‹ zu verschiedenen aktuellen gesellschaftspolitischen Themen. Wie gerade auch am Titel der Monographie über die ›Bild-Zeitung‹ deutlich wird, liegt seinen medienkritischen Arbeiten die Überzeugung zugrunde, daß Massenmedien gesellschaftliche Realität abbilden und kritisch widerspiegeln sollen, um damit einen Beitrag zur Durchdringung komplexer gesellschaftlicher Realität zu leisten. Abweichungen und Verzerrungen zwischen gesellschaftlicher Wirklichkeit und Medienrealität auf den Grund zu gehen und zu überprüfen, inwieweit das öffentlich-rechtliche Fernsehen einen Beitrag leistet zu einer zukunftsorientierten Weiterentwicklung der Gesellschaft, das war der wesentliche Motor seiner Arbeiten in diesem Bereich.

Nahezu zwei Jahrzehnte lang – bis zum Erscheinen einer neuen umfassenden TV-Inhaltsanalyse von Monika Weiderer im Jahr 1993 – prägten die Befunde der »Küchenhoff-Studie« die (wissenschaftliche) Diskussion um das Thema »Frauenbild im Fernsehen«. Ihr Ansehen und ihre Popularität verdankt die Küchenhoff-Studie aber nicht nur dem Umstand, daß sie für viele Jahre die einzige Untersuchung ihrer Art geblieben ist, sondern auch der Tatsache, daß sie völlig unterschiedliche fictionale und non-fictionale Sendungsgattungen analysierte. Ob Nachrichtensendung, Quiz und Show oder Sendungen mit Spielhandlung – die breite Anlage ermöglichte einen sehr differenzierten Blick auf das dargestellte Frauenbild und die Thematisierung von Frauenthemen im Fernsehen.

Die Rezeptions- und Wirkungsgeschichte zeigt allerdings, daß im Umgang mit den Befunden der Küchenhoff-Studie von dieser Möglichkeit eines differenzierten Blicks kaum Gebrauch gemacht wurde. Denn bestimmend für die Rezeption der Studie und die allgemeine Diskussion blieben bis heute in generalisierender Weise leider nur die Zusammenfassungen aus dem Schlußkapitel der Monographie: Frauen sind im (damaligen!) deutschen Fernsehen erheblich unterrepräsentiert und auch »medienintern« benachteiligt; das von ihnen gezeichnete Bild steht im Gegensatz zur gesellschaftlichen Realität – unter anderem auch deshalb, weil als Alternative zum traditionellen Leitbild der Hausfrau und Mutter das Leitbild der jungen, schönen, unabhängigen, aber auch unpolitischen Frau dominiert; die Berufstätigkeit von Frauen sowie die Probleme von Frauenarbeit und Doppelbelastung werden nur mangelhaft thematisiert, die Behandlung von Frauenfragen wird vernachlässigt. Die nunmehr 25jährige Rezeption des Werkes ignoriert weitgehend, daß die Forscher um Küchenhoff mit ihrer Untersuchung auch etliche Brüche im mediatisierten Frauenbild des Fernsehens zutage gefördert haben, und zwar gerade durch ihr differenziertes Vorgehen. Die Ergebnisse für die Analyse von Sendungen mit Spielhandlung fördern nämlich ein »modernisiertes« Leitbild zutage (S. 244), das in der Studie als »Abkehr von überkommenen Stereotypen« und als »Hinwendung zu einem 'modernen' Rollenverhalten der Frau« interpretiert wird. Diese Brüche werden als Beleg für »gewisse, wenn auch begrenzte Liberalisierungstendenzen im Fernsehen« gewertet. (S. 73f.)

Die Tatsache, daß diese Untersuchung für lange Zeit als die einzige Datenquelle zum Thema galt, führte wohl auch zu einem anderen Versäumnis ihrer Rezeption: dem unkritischen Umgang mit der methodischen Anlage dieser Inhaltsanalyse. Der gravierendste Schwachpunkt der Studie ist nämlich das ihr zugrundeliegende und im Anhang der Monographie veröffentlichte Codebuch – dort bezeichnenderweise nicht »Codebuch«, sondern »Fragebögen« genannt. In diesen Fragebögen gibt es keinerlei Codieranweisungen; subjektiv interpretierbare Kategorien, Dimensionen und Ausprägungen sind nicht definiert. Die Zuordnungen der jeweiligen Aspekte der dargestellten Frauenbilder und -rollen zu einzelnen Dimensionen und Ausprägungen blieben weitgehend der subjektiven Entscheidung der Codiererin und des Codierers überlassen. Vielleicht sucht man auch deshalb in der Studie vergebens nach Angaben zu einem Codierer- und Codiererinnen-Interreliabilitätstest.

Literatur

Hannelore Kleine-Albenhausen (1970): *Die Darstellung der Frau in Fernsehsendungen mit Spielhandlung. Eine Inhaltsanalyse von Sendungen im 1. Programm des Deutschen Fernsehens vom 1.2.1969 bis 30.7.1979*. Phil. Diss. Universität Hamburg.
Erich Küchenhoff (Hrsg. unter Mitarbeit von Gabriele Keppler) (1972): *Bild-Verfälschungen. Analyse der Berichterstattung der Bild-Zeitung über Arbeitskämpfe, Gewerkschaftspolitik, Mieten, Sozialpolitik*. Frankfurt am Main: Europäische Verlags-Anstalt.
Monika Weiderer (1993): *Das Frauen- und Männerbild im Deutschen Fernsehen. Eine inhaltsanalytische Untersuchung der Programme von ARD, ZDF und RTL plus*. Regensburg: S. Roderer.

Romy Fröhlich

Roland Burkart (1983): *Kommunikationswissenschaft. Grundlagen und Problemfelder. Umrisse einer interdisziplinären Sozialwissenschaft*. Wien u.a.: Böhlau. 308 Seiten. – 2. Auflage 1995. 553 Seiten. – 3. erweiterte Auflage 1998. 585 Seiten.

Das Buch ist die Habilitationsschrift von Roland Burkart (geb. 1950), der seit 1988 am Institut für Publizistik- und Kommunikationswissenschaft der Universität Wien lehrt. Er begreift Kommunikationswissenschaft als interdisziplinäre Sozialwissenschaft und steht damit in der Tradition jener grenzüberschreitenden Orientierung, die bereits Henk Prakke postuliert hat (vgl. Prakke 1961). Den eigentlichen Objektbereich des Faches – »die Realität sozialer Kommunikation« (S. 196) – lokalisiert er in zwischenmenschlichen Beziehungen, und er rekonstruiert ihn aus dem Spektrum theoretischer Perspektiven, aus denen er betrachtet werden kann. Diese gliedert er in universale, anwendungsbezogene und objektspezifische Ansätze, stellt dazu jeweils die wichtigsten Konzepte und Vertreter vor und versucht, ihre Bedeutung für die Theorieentwicklung und Forschung sowie ihre Beziehungen untereinander aufzuzeigen.

Burkarts zentrales Postulat lautet, dass man Phänomene der Massenkommunikation nur über eine grundsätzliche Betrachtung von Individualkommunikation angemessen begreifen kann (S. 12). Deshalb stellt er (in Orientierung an → Maletzke 1963) zunächst Kriterien zur Definition von Humankommunikation auf, die sich mehrheitlich auch auf massenkommunikative Prozesse übertragen lassen. Das entscheidende Medium dieser »symbolisch vermittelte[n] Interaktion« (S. 29) ist für ihn die Sprache, der er in Anlehnung vor allem an → Watzlawick, Beavin und Jackson (1967) sowie Habermas (1971) ein eigenes Kapitel widmet, bevor er sich anthropologischen und sozialpsychologischen Konzepten zuwendet (z.B. → Mead 1934), die die gesellschaftliche Relevanz von Kommunikation (namentlich als Sozialisationsfaktor) begründen. Anschließend stellt er durchaus kritisch funktionale Dimensionen der Massenkommunikation sowie prominente Ansätze und Ergebnisse der publizistischen Wirkungs- und Nutzenforschung vor (S. 127ff.), bevor er diverse theoretische Ansätze durchmustert (S. 203ff.), um am Ende den Objektbereich der Kommunikationswissenschaft präziser abzustecken (S. 261ff.).

Bei aller Akribie wird allerdings deutlich, daß der Autor kein durchgängiges Ordnungsschema für seine Kollektion von Positionen, Perspektiven und empirischen Ergebnissen gefunden hat. Die Folge sind diverse Sprünge und Redundanzen (Habermas wird gleich in drei Kapiteln eingehend gewürdigt; vgl. auch → Habermas 1962 und 1981), die den erhobenen Anspruch einer systematischen Entfaltung kommunikationswissenschaftlicher Gegenstände und Probleme relativieren.

Im übrigen veranlaßte ihn die offensichtliche Bewährung der Monographie im akademischen Unterricht, 1995 eine zweite „runderneuerte", nämlich erheblich umfangreichere und inhaltlich aktualisierte Auflage zu veröffentlichen, um den Ansprüchen an ein veritables Lehrbuch noch besser gerecht zu werden. Dort präsentiert er zusätzlich journalistische Kriterien und Operationen der Konstruktion von Medienrealität (in Anlehnung v.a. an Schulz 1989), erörtert den mutmaßlichen Einfluß von Public Relations darauf (Determinierungsthese) und diskutiert konstruktivistische Erkenntnismöglichkeiten (u.a. durch Gegenüberstellung von Saxer 1992 und Schmidt & Weischenberg 1994). Daß er hier freilich vor der Darstellung massenmedialer Funktionen unversehens ein umfangreiches Kapitel über das Fernsehen und seine gesellschaftliche Problematik einschiebt ([2]1995: S. 302-350), trägt kaum dazu bei, den besagten Ordnungsmangel zu beheben.

Literatur

Jürgen Habermas (1971): Vorbereitende Bemerkungen zu einer Theorie der kommunikativen Kompetenz. In: Jürgen Habermas, Niklas Luhmann (Hrsg.): *Theorie der Gesellschaft oder Sozialtechnologie*. Frankfurt am Main: Suhrkamp, S. 101-141.

Gerhard Maletzke (1983): [Rezension]. In: *Publizistik*, 28. Jg., S.284.

Henk Prakke (1961): *Über die Entgrenzung der Publizistik*. Assen: van Gorcum.

Ulrich Saxer (1992): Thesen zur Kritik des Konstruktivismus. In: *Communicatio Socialis*, 25. Jg., S. 178-183.

Siegfried J. Schmidt, Siegfried Weischenberg (1994): Mediengattungen, Berichterstattungsmuster, Darstellungsformen. In: Klaus Merten, Siegfried J. Schmidt, Siegfried Weischenberg (Hrsg.): *Die Wirklichkeit der Medien*. Opladen: Westdeutscher Verlag, S. 212-236.

Winfried Schulz (1989): Massenmedien und Realität. In: Max Kaase, Winfried Schulz (Hrsg.): *Massenkommunikation. Theorien, Methoden, Befunde*. Opladen: Westdeutscher Verlag, S. 135-149.

Joachim Westerbarkey

Hadley Cantril (1940): *The invasion from Mars. A study in the psychology of panic. With the complete script of the famous Orson Welles broadcast. With the assistance of Hazel Gaudet & Herta Herzog*. Princeton: Princeton University Press. XV, 226 Seiten. – 2. Aufl. 1947; weitere Aufl. 1952, 1966, 1976, 1982.

Am 30. Oktober 1938 wurde in den USA das Hörspiel »The war of the worlds« nach einer Erzählung von Herbert George Wells unter der Regie des zu dem Zeitpunkt noch unbekannten Orson Welles ausgestrahlt (vgl. Faulstich 1981). Diese Sendung avancierte zu einem Meilenstein der Mediengeschichte, um den sich nach wie vor zahlreiche Mythen ranken. In dem Hörspiel wurde in einer 1938 im Wortsinne unerhörten Weise mit den Genres gespielt und durch zahlreiche Kunstgriffe der Eindruck von Authentizität nahegelegt. Es ist ein Glücksfall der Kommunikationsforschung, daß es der Leitung des kurz vorher gegründeten Princeton Radio Research Projects (PRRP) gelang, mit kurzfristig akquirierten Mitteln unmittelbar nach dem Medienereignis eine Untersuchung in Gang zu setzen. Aus dieser Studie unter Leitung von Hadley Cantril wissen wir einiges Verläßliche darüber, was im Anschluß an die Sendung geschah, und sind nicht auf die Presseberichte angewiesen.

Albert Hadley Cantril (1906-1969) hatte in Princeton studiert und nach Studienaufenthalten in München und Berlin 1931 an der Harvard University in Psychologie promoviert. Ab 1936 lehrte er in Princeton Persönlichkeits- und Sozialpsychologie. Er gilt als einer der Begründer des Transaktionalen Ansatzes in der Psychologie, mit dem das Zusammenspiel von internen Vorstellungen und externen Gegebenheiten bei der Entwicklung von Weltbildern konzeptualisiert wurde (vgl. Cantril & Ittelson 1954). Insofern reicht sein Einfluß bis in jüngste Entwicklungen der deutschen Medienwirkungsforschung. Hier interessiert vor allem seine Hörerforschung, die er ab Anfang der 30er Jahre betrieb (→ Cantril & Allport 1935) und bei der er sich auf die Motive verschiedener Gruppen von Radiohörern konzentrierte. Damit thematisierte er als einer der ersten die Forschungsfrage, die sehr viel später als »Uses-and-Gratifications-Approach« über lange Zeit die Kommunikationsforschung prägte. Es gelang ihm und Frank N. Stanton, von der Rockefeller Foundation für Radioforschung Mittel in erheblicher Höhe zu akquirieren. Daraus entstand das erwähnte PRRP, für das 1937 Paul F. Lazarsfeld als Leiter gewonnen wurde; der prägte das Forschungsprogramm in hohem Maße, insbesondere durch die Ausrichtung auf Umfrageforschung statt auf experimentelle Designs. Cantril und Stanton zogen es aufgrund ihrer anderen Verpflichtungen vor, als Associate Directors zu fungieren. *Invasion from Mars* – ursprünglich unter dem Titel »Mass hysteria study« – war eine der ersten abgeschlossenen Studien des Projekts (zu den Auseinandersetzungen zwischen den Leitern über die Studie siehe den bei Pasanella 1994: 15 wiedergegebenen Briefwechsel).

Nach der Beratertätigkeit für das Office of War Information im Zweiten Weltkrieg beschäftigte sich Cantril vor allem mit Fragen von Wahrnehmung, Einstellung und öffentlicher Meinung, insbesondere unter methodologischem Aspekt. Er gründete das Office of Public Opinion Research an der Princeton University und leitete es bis 1957.

An *Invasion from Mars* haben Hazel Gaudet (1908-1975) als Forschungsassistentin und die Psychologin Herta Herzog (geb. 1910) mitgearbeitet. Letztere stammte aus Wien und hatte einige Arbeiten zur Radiorezeption vorgelegt. Laut Vorwort (S. XIII) hat sie für die Panikstudie eine eigene Umfrage durchgeführt, die Grundlage für den Interviewleitfaden wurde, und das Interviewmaterial systematisiert. Laut anderen Quellen war ihr Beitrag zu der Studie aber wesentlich größer, als Titelaufnahme und Vorwort einräumen. Diese Diskrepanz führte zu Auseinandersetzungen zwischen Cantril und Lazarsfeld, der mit Herta Herzog von 1936 bis 1946 verheiratet war (vgl. Lerg 1977: 86; Pasanella 1994: 30). Sie war im übrigen eine der ersten, die in verschiedenen Studien im Rahmen des PRRP systematisch nach den Motiven für selektive Wahrnehmung und nach Gratifikationen durch Unterhaltungsprogramme gefragt hatte (siehe z.B. Herzog 1944)

Mit welcher Fragestellung ging nun Cantril an die Ereignisse heran? Als Psychologe interessierte Cantril die Varianz in den Reaktionen auf das Hörspiel und wie sie erklärt werden könnte.

Dazu entwickelte er ein Multi-Methoden-Design und basierte die Studie auf drei Quellen:

- Eine Woche nach dem Hörspiel und damit nach der breiten Presseberichterstattung wurden ca. 1.000 Hörer des Hörspiels durch die CBS befragt. Aus zeitlichen Gründen konnten nur die Daten von der Hälfte der Befragten für die Studie ausgewertet werden.
- Sechs Wochen nach dem Hörspiel wurde eine landesweite repräsentative Befragung durch das American Institute of Public Opinion durchgeführt.
- Im Laufe des November 1938 wurden 135 Personen durch vier Interviewerinnen gezielt ausgewählt (107 »frightened«, 28 »not frightened«) und intensiv anhand eines Leitfadens befragt. Die Interviews wurden interpretativ ausgewertet.

Außerdem wurden das Telefon- und das Briefaufkommen als Indikator für Panikreaktionen und die Presseberichterstattung ausgewertet.

Trotz einiger methodischer Defizite ist die Studie ein hervorragendes Beispiel für die Integration von qualitativen und quantitativen Verfahren. Nicht zuletzt die Aufbereitung des Datenmaterials wirkte stilbildend, z.B. die Zitierung einer typischen Interviewaussage als plakative Überschrift für die einzelnen Kapitel.

Zu welchen Ergebnissen kommt die Studie? 85% der Haushalte verfügten 1938 über ein Radiogerät. Die Sendung wurde landesweit von etwa 6 Mio. Personen ganz oder teilweise gehört. Dreh- und Angelpunkt der Rezeption war die Einschätzung der Authentizität: Ist die Sendung einem fiktionalen oder einem faktionalen Genre zuzuordnen? Danach läßt sich eine erste Gruppierung der Hörer vornehmen: 28% der Hörer haben – nach Maßgabe der repräsentativen Umfragen – die Sendung für authentisch gehalten. Von diesen waren 70% »frighented or disturbed« (S. 58). Die anderen bezeichneten sich im Nachhinein als »calm«. Etwa 1,2 Mio. waren also »excited« – so folgert Cantril aus den Umfragen.

Durch die Interviews wird darüber hinaus die »enorme Varietät« (S. 76) in Erfahrung und Reaktion deutlich. Cantril kann auf der Basis der qualitativ erhobenen Daten feiner gruppieren: Eine Gruppe bilden die Naiven. Sie zweifeln nicht an der Authentizität der Sendung und reagieren dann aber in unterschiedlicher Weise: Manche sind wie paralysiert vor Schreck, manche erwarten gelassen ihr Ende, manche warnen andere, manche fliehen, manche organisieren kollektive Maßnahmen. Eine andere Gruppe sind die Unsicheren. Sie versuchen, sich durch verschiedene Formen von Checks Gewißheit über den Charakter der Sendung zu verschaffen (Prüfung der internen Evidenz der Sendung, Nutzung paralleler Radioprogramme, Kommunikation mit anderen). Die einen kommen zum Schluß, daß es sich um ein Hörspiel handelt, die anderen gehen von einer authentischen Sendung aus. Daraus folgen wiederum unterschiedliche Handlungsweisen. Auf diese Weise können differenzierte Wahrnehmungs- und

Handlungstypen gebildet werden: Aus einer »Massenhysterie« oder »-panik« wird ein komplexes Geflecht unterschiedlichster Handlungsweisen. Wie sich die gesamte Hörerschaft auf diese verschiedenen Handlungsformen verteilte, konnte mit dem qualitativen Design nicht festgestellt werden, auch nicht, in welchen Größenordnungen ein Wechsel zwischen den Gruppen stattfand.

Wodurch sind die großen Unterschiede in der Einschätzung der Authentizität und im Handeln zu erklären? Die Sendung war von hoher Qualität und Radio noch ein kulturell ungewohntes Medium. Aber das kann die Unterschiede in den Reaktionen ebensowenig erklären wie der allgemeine historische Kontext (Kriegsgefahr, Wirtschaftslage, generelle Unsicherheit der Lebensverhältnisse etc.), denn diese Faktoren betrafen alle Hörer. Größere Erklärungskraft haben nach den Befunden der Studie Faktoren wie:

- Unterschiede im Zuwendungszeitraum (Hörer, die Genresignale am Anfang oder in der Mitte des Hörspiels nicht hatten wahrnehmen können, reagierten anders als diejenigen, die Genresignale wahrgenommen hatten) und in der ergänzenden Zuwendung zu anderen Programmen (so daß sich die Möglichkeit eines medialen Korrektivs ergab);
- Unterschiede in der Persönlichkeit, insbesondere das Verhältnis von »critical ability« (Kritikfähigkeit) und »susceptibility« bzw. »suggestibility« (Empfänglichkeit für Suggestionen in bedrohlichen Situationen), was Cantril wiederum vor allem zurückführte auf Bildungsstand, Religiosität und psychische Stabilität.
- Unterschiede in der Rezeptionssituation (Verhalten anwesender bzw. externer Personen, deren Handeln wahrgenommen bzw. antizipiert wurde).

Daraus schlußfolgert Cantril abschließend mit aufklärerischem Impetus: Wenn es gelingt, die Fähigkeit zu stärken, vorgegebene Interpretationen in Frage zu stellen, und die kritische Urteilsfähigkeit zu stärken, dann sinkt auch die Wahrscheinlichkeit, daß Ängste in Panik umschlagen – denn es seien nicht Radio, Presse und Propaganda, die Krieg und Panik entstehen lassen (S. 205).

Die Bedeutung der Studie liegt darin, daß sie nachhaltige Auswirkungen auf das Denkmuster hatte, mit denen die Kommunikationsforschung Medienwirkung konzeptualisierte. Cantril nahm die Ereignisse rund um das Hörspiel als eine experimentelle Situation, die die Möglichkeit bot, eine weitflächige, medieninduzierte Panik untersuchen zu können – ein singuläres Ereignis, für das es vorher und nachher kein Pendant gab. Aber dadurch, daß die Studie nicht die Radiosendung, sondern das Handeln der Menschen in den Mittelpunkt des Interesses stellte und die Unterschiede in Kognition und Verhalten zu erklären versuchte, öffnete sie die Tür für differenzierte multifaktorielle Erklärungen, bei denen mediale, personale und soziale Faktoren einbezogen werden. Die Studie nimmt die Unterschiede ins Blickfeld und prüft daran die Erklärungskraft von Ansätzen. Wie auch aus den anderen Studien aus dem Umfeld des PRRP spricht aus der Studie ein nüchterner Blick auf Medien – als einem Wirkfaktor unter mehreren. Die Studie macht das komplexe Geflecht aus personalen, sozialen, kulturellen und medialen Faktoren deutlich, das ein Ereignis wie eine Panik erklärt. Dies steht in krassem Gegensatz zu dem einfachen Modell starker direkter Medienwirkungen, das gerne mit diesem Medienereignis illustriert wird (und das in einer Formel wie »Radio Panics America« komprimiert wird – Lowery &

DeFleur 1983: 58). Nicht zuletzt ist die Studie ein prägnantes Beispiel für die Leistungsfähigkeit der flexiblen Forschungsorganisation, für die das PRRP steht.

Literatur

Hadley Cantril, William H. Ittelson (1954): *Perception: A transactional approach*. Garden City, NJ: Doubleday.

Werner Faulstich (1981): *Radiotheorie. Eine Studie zum Hörspiel »The war of the worlds« (1938) von Orson Welles*. Tübingen: Narr.

Herta Herzog (1944): What do we really know about daytime serial listeners? In: Paul F. Lazarsfeld, Frank N. Stanton (Hrsg.): *Radio Research 1942-43*. New York: Duell, Sloan and Pearce, S. 3-33.

Herta Herzog (1955): Why did people believe in the »Invasion from Mars«? In: Paul F. Lazarsfeld, Morris Rosenberg (Hrsg.): *The language of social research. A reader in the methodology of social research*. Glencoe, IL: Free Press, S. 420-428.

Winfried B. Lerg (1977): Paul Felix Lazarsfeld und die Kommunikationsforschung. Ein bibliographisches Epitaph. In: *Publizistik*, 22. Jg., S. 72-88.

Shearon Lowery, Melvin L. De Fleur (1983): *Milestones in mass communication research: Media effects*. New York: Longman.

Ann K. Pasanella (1994): *The mind traveller. A guide to Paul F. Lazarsfeld's communication research papers*. New York: Freedom Forum.

Gerhard Vowe

Hadley Cantril, Gordon W. Allport (1935): *The psychology of radio*. New York, London: Harper. X, 276 Seiten. – Reprint: Salem, NH: Ayer 1986.

Das Werk *The psychology of radio* nimmt für sich in Anspruch, das »neue Medium« Radio erstmals systematisch aus der Perspektive der empirischen Sozialpsychologie zu analysieren. Die Schrift zeichnet für die USA – in den Urteilen treffend und durch instruktive Beispiele anschaulich – ein umfassendes Porträt der Frühzeit des Mediums, in dem die grundlegenden Beziehungen zwischen Programmanbietern und Werbetreibenden, die Grundlinien der Programmstrategie und die vorherrschenden Programmstrukturen ebenso zum Vorschein gebracht werden wie Gebrauchsweisen und Vorlieben von Hörern, so wie sie die frühe Nutzungsforschung zutage gefördert hat. Den Kern der Arbeit bildet eine Reihe sozialpsychologischer Experimente, die die Möglichkeiten des neuen Mediums zu erkunden trachten, indem sie die Spezifika der durch das Radio vermittelten »Kommunikation« herausarbeiten. Sie geben ein frühes Beispiel für eine ausdrücklich anwenderorientierte Forschung. Cantril und Allport begreifen es als Aufgabe der Sozialpsychologie, den Interessenten an dem neuen Medium – namentlich Programmanbietern, Werbetreibenden und Pädagogen – empirisch gesicherte Kenntnisse darüber an die Hand zu geben, was sie bei der Gestaltung von Botschaften beachten müssen, um den Eigenarten des Mediums gerecht zu werden. Die Autoren verbinden diese Anwenderorientierung mit dem theoretischen Interesse an der Rolle des Mediums in der Gesellschaft; sie erkennen in ihm das Potential, zu einem wirkungsvollen Hebel der sozialen Teilhabe, gar zu einer machtvollen »Agentur der Demokratie« zu werden.

Die experimentellen Untersuchungen sind mit Mitteln der Harvard Universität realisiert worden, an der Allport seit 1930 als Assistenzprofessor tätig war. Die

Autoren stützen sich bei ihrer Studie auf eine Reihe von Arbeiten, die insbesondere von dem an der Ohio State University angesiedelten Bureau of Educational Research zum Radio vorgelegt worden sind. Cantril (1906-1969), von 1936 an Professor in Princeton, hat sich weiter mit dem Radio beschäftigt (→ Cantril 1940). Allport (1897-1967), seit 1942 Professor im Department of Psychology der Harvard University, hat schwerpunktmäßig zur empirischen Persönlichkeitspsychologie gearbeitet. Er gilt als deren Nestor in den USA.

The psychology of radio ist im Ausgangpunkt von dem Bemühen geprägt, die Spezifika des Mediums Radio durch den Vergleich mit Printmedien, dem Kinofilm sowie vor allem mit der Konstellation Redner-Auditorium herauszuarbeiten. Begriffe zur Kennzeichnung des neuen Mediums werden durch Analogiebildung und Unterscheidung gewonnen (Einlinigkeit der Kommunikation, Befreiung der Rezeption aus Konventionen eines Auditoriums, Massenmedium mit personalisierter Ansprache, mit der Suggestion der Teilhabe an einem sozialen Ereignis u.a.). Die erklärtermaßen spekulativen Überlegungen zur denkbaren Rolle des Radios für den sozialen Wandel geben ein frühes Beispiel für die sozialen Utopien, die mit einem neuen Medium assoziiert werden: Cantril und Allport messen dem Radio das Potential zu, die Demokratie zu vitalisieren, die soziale Integration zu befördern, zur kulturellen Hebung breiter Volksschichten beizutragen und grenzüberschreitend für die Verständigung zwischen den Völkern zu sorgen. Sie warnen aber auch vor der Standardisierung von Meinungen und Formen der Lebensführung als Effekt des Massenmediums Radio, den sie dem strukturellen Konservatismus von Programmen zur Last legen, die gezielt zum Umfeld für die Werbung für den Kommerz ausgestaltet werden. Dieses Bedenken wird später die Cultivation Analysis in das Zentrum ihrer Forschung stellen.

Die Anlage der Experimente zeugt von dem Anliegen, die Potentiale des neuen Mediums – seine Darstellungsmöglichkeiten mit Rücksicht auf die besonderen Bedingungen der Rezeption – kennenzulernen. Dabei haben die Autoren das Interesse im Blick, das Radio als Instrument für die Bildung oder aber für kommerzielle oder politische »Propaganda« zu nutzen. Eine Serie von Experimenten erkundet die Unterschiede zwischen der Wahrnehmung eines Sprechers und der Wahrnehmung derselben Stimme aus dem Radiolautsprecher in Hinsicht auf die Einschätzung der Kommunikationssituation sowie deren Einfluß auf verschiedene Dimensionen der Informationsverarbeitung. Ergebnis: Die mediatisierte Kommunikation wird als strukturierter, weniger persönlich und weniger sozial wahrgenommen und wirke in Hinsicht auf »höhere mentale Prozesse« eher abstumpfend, da der Hörer in der »Radiosituation« weniger analytisch verfahre, weniger wachsam und weniger sozial und personal involviert sei. Eine weitere Experimentreihe vergleicht die Effektivität des Radiohörens – bemessen in Erinnerungsleistung, Verständnis und Bewertung – mit dem Lesen in Abhängigkeit von verschiedenen Bedingungen. Es zeigt sich: je schwieriger der zu rezipierende Stoff, desto weniger »effektiv« das Radiohören; dagegen fallen reproduktive mentale Leistungen, insbesondere bei »konkreten« oder bereits vertrauten Materien, bei der Radiorezeption besser aus. Cantril und Allport finden zu ihrer Überraschung außerdem: Je höher der Bildungsgrad, desto größer das Vermögen, von der Radiorezeption zu profitieren. Das Phänomen wird die Arbeiten zur »Wissenskluft«-Hypothese beschäftigen (vgl. Bonfadelli 1994).

Cantril und Allport untersuchen neben weiteren für die Programmgestaltung relevanten Merkmalen wie optimaler Satzlänge und Sprechgeschwindigkeit auch die Art der Informationsverarbeitung in Abhängigkeit von Eigenschaften der Radiotexte. Für das Verständnis und die Interessantheit der radiophonen Botschaften sei – ihren Befunden zufolge – am besten eine allgemeine Aussage, die von einer beispielgebenden Veranschaulichung ergänzt werde. Auch heute noch spüren Studien der Bedeutung des Verhältnisses von Allgemeinaussagen und Fallbeispielen in Medientexten für die Informationsverarbeitung, insbesondere für eine Urteilsbildung im Horizont der »Alltagsrationalität« nach (vgl. Brosius 1995).

Es gehört auch zur Erkundung der kommunikativen Potentiale des neuen Mediums Radio, wenn Cantril und Allport prüfen, inwieweit sich Hörer allein durch die von dem Radiolautsprecher übermittelte Stimme ein Vorstellungsbild von der unsichtbaren fremden Person fertigen. Sie vergleichen die erfragten Personenimages mit durch psychologische Tests ermittelten Personeneigenschaften der Sprecher und finden, dass die Personenimages der Hörer überzufällig oft zutreffend, aber nie in allen Dimensionen perfekt sind. An der Gleichartigkeit gerade unzutreffender Personenimages verschiedener Hörer erkennen die Autoren die Existenz sozial durchgesetzter Personenstereotype. Mit ihren Experimenten bringen Cantril und Allport bereits zum Vorschein, daß die Rezipienten den sinnlichen Eindruck von der Medienfigur mit der Imagination von Personeneigenschaften assoziieren. Das bildet eine Grundlage für die »parasoziale Beziehung« zur Medienfigur. Das Phänomen ist im Zuge der Einführung privater Programme mit Blick auf die Radiomoderatoren erneut untersucht worden – nun weniger um kommunikative Potentiale des Mediums als vielmehr um Faktoren des Erfolgs einzelner Angebote zu eruieren (vgl. Schröter & Wagner 1992).

Radio verschafft den Hörern einen für sie unaufwendigen Zugang zu Ereignissen in Kultur, Gesellschaft und Politik. Im »sense of participation« machen Cantril und Allport resümierend die zentrale Eigenschaft des Mediums aus. Die besondere Weise, in der es eine bisherige soziale Schranken überwindende Form der Teilhabe ermögliche, sichere diesem Medium seine Zukunft. Viel von dieser Funktion dürfte das Radio unterdessen an das Fernsehen und die Online-Kommunikation abgegeben haben. Eine verschiedene Medien und Kommunikationsformen in ihrer sozialen Rolle systematisch vergleichende Betrachtung, wie Cantril und Allport sie 1935 vorgelegt haben, wäre auch für die gegenwärtige Medienlandschaft wünschenswert.

Literatur

Heinz Bonfadelli (1994): *Die Wissenskluft-Perspektive. Massenmedien und gesellschaftliche Kommunikation*. Konstanz: UVK.

Hans-Bernd Brosius (1995): *Alltagsrationalität in der Nachrichtenrezeption. Ein Modell zur Wahrnehmung und Verarbeitung von Nachrichteninhalten*. Opladen: Westdeutscher Verlag.

Detlef Schröter, Hans Wagner (1992): Hörfunkmoderation – Muster und Stile. In: *Rundfunk und Fernsehen*, 40. Jg., S. 107-131.

Ralph Weiß

James W. Carey (1989): *Communication as culture. Essays on media and society.* Boston: Unwin Hyman. XIII, 241 Seiten. – Reprints 1990 und 1992.

Communication as culture ist der programmatische Titel, den der 1989 erschienene Sammelband von James W. Carey (geb. 1934) trägt, in dem Aufsätze aus den 70er und 80er Jahren zusammengefaßt sind, die in verschiedenen Zeitschriften, Jahrbüchern und Sammelbänden erschienen sind. In den einzelnen Aufsätzen ist Carey detailliert der in dem ersten Aufsatz »A cultural approach to communication« entworfenen Leitfragestellung zum Zusammenhang von Gesellschaft, Kommunikation und Kultur nachgegangen. Diese Perspektive führt ihn nicht nur zu einer Kritik, sondern auch zu einer Überprüfung und Revision traditioneller Konzepte der Kommunikationswissenschaft im Lichte kulturphilosophischer und kultursoziologischer sowie anthropologischer Überlegungen. Dieser Weg hat Carey bis zu den Cultural Studies geführt, deren Rolle und Stellung er in zwei Aufsätzen – »Mass communication and cultural studies« und »Overcoming resistance to cultural studies« – mit dem Ziel einer wechselseitigen Befruchtung diskutiert.

James Carey ist gegenwärtig Professor für Journalismus an der Columbia University in New York. Zuvor war er Direktor des »Institute for Communication Research« an der University of Illinois in Urbana-Champaign und Dean des College of Communications an derselben Universität. Zwischenzeitlich hatte er für kurze Zeit die George H. Gallup Professur an der University of Iowa inne. Lange bevor der »interpretive turn« in den Geistes- und Sozialwissenchaften an Bedeutung gewann, hat Carey unter dem Einfluß des amerikanischen Pragmatismus damit begonnen, Ideen und Argumente für eine kulturalistische Sichtweise miteinander zu verbinden. Insbesondere die Arbeiten von John Dewey, Clifford Geertz und Raymond Williams haben sich neben Ideen von Harold Innis, Thomas Kuhn, aber auch Max Weber, als maßgeblich für die Grundlegung seines Ansatzes erwiesen.

Auch wenn im ersten Teil des Buches die Cultural Studies in zwei Aufsätzen einen breiten Raum einnehmen, gehört Carey nicht zu den Vertretern der Cultural Studies im Sinne des Projekts, das sich mit den Arbeiten des Birminghamer Centre for Contemporary Cultural Studies und den davon beeinflußten Formationen in England und Nordamerika verbindet. Sein Bestreben, eine »kulturwissenschaftliche« Sichtweise in die Kommunikationswissenschaft einzubringen, führt zu einer Reihe von Überschneidungen mit verschiedenen sozial- und kulturwissenschaftlichen Grundfragen, die er im Lichte seiner Intention interpretiert und kritisch gegen eingespielte Gewißheiten der Kommunikationswissenschaft wendet. Seine Schüler, wie z.B. Lawrence Grossberg, nehmen innerhalb der Cultural Studies seine Anregungen auf und führen sie in eigenen Arbeiten mit eigener Schwerpunktsetzung weiter (vgl. Grossberg, Wartella & Whitney 1998).

Carey selber läßt sich einer kommunikationswissenschaftlichen Richtung zuordnen, die sich, von der Vorstellung des »rituellen Charakters« der Kommunikation ausgehend, mit kulturellen Zugängen und dem Einfluß technischer Entwicklungen auf die Gesellschaft sowie die Kultur und mithin die (Massen-)Kommunikation befaßt. Dieser Ansatz ist interdisziplinär und erstreckt sich auf die

Analyse der Populärkultur und ihren Zusammenhang mit den modernen Kommunikationsmitteln. Verbunden damit ist eine Abwendung vom funktionalistischen Paradigma und der Analyse von Medienwirkungen. Was ihn an der Entwicklung der Massenkommunikation interessiert, sind die historischen Folgen und Konsequenzen, die zum einen im Mythos der elektronischen Revolution zum Ausdruck kommen und zum anderen auch in den Kommunikationsmodellen der Wissenschaftler – sowohl auf Seiten der Techniker als auch der Kommunikationswissenschaftler – selber ihren Niederschlag gefunden haben.

Die enge Verbindung beider Bereiche, also der Technik und der Wissenschaft wird in seinem Aufsatz »Technology and ideology: The case of the telegraph« im Sinne einer Fallstudie besonders deutlich. Dort schildert er, wie mit dem Einsatz dieser ersten elektronischen Kommunikationstechnik die Grenzen von Raum und Zeit zum ersten Mal überwunden waren, als deren Folge sich die Bedingungen menschlicher und damit gesellschaftlicher und kultureller Interaktion grundlegend gewandelt haben. In der Medien- und Kommunikationswissenschaft gibt es nur wenige Aufsätze von vergleichbarer Tragweite und Weitsicht, an denen sich nicht nur die Fruchtbarkeit eines kulturwissenschaftlichen Ansatzes zeigt, sondern auch die theoretischen Prämissen umfassend in einer Geschichtsschreibung eingelöst wurden. Für das Fernsehen wurde eine solche Sichtweise von Raymond Williams mit dem Buch »Television. Technology and cultural form« (→ Williams 1974) verfolgt.

Repräsentiert dieser Aufsatz die Fruchtbarkeit des historischen Zugangs, mit dem die Wirksamkeit von »Ideologien« über die Funktionsweise von Kommunikation aufgezeigt werden kann, so liegt die Leistung seines Ansatzes für die Kommunikationswissenschaft darin, das Verständnis dafür bereitet zu haben, daß auch die Kommunikationsanalysen nicht von den ihnen impliziten Kommunikationsmodellen zu trennen sind. Der schlichte Satz »models of communication are, then, not merely representations of communication but representations for communication« (S. 32) weist hier die Richtung, die Anwendungsweisen der Kommunikationsmodelle selber in den Blick zu nehmen. »Therefore, to study communication involves examining the construction, apprehension, and use of models of communication themselves« (S. 32). Wie das folgende kurze Beispiel zur Perspektive des rituellen Ansatzes verdeutlicht, hat die Anwendung dieser Erkenntnis weitreichende Konsequenzen für unser Verständnis von Massenkommunikation. Ausgewählt hat er dazu das Beispiel von Nachrichten, auf die er seine Perspektive im Vergleich zum Übertragungsmodell von Massenkommunikation richtet. Während im ersten Modell das Medium als Instrument für die Übermittlung von Nachrichten und Wissen behandelt wird, führt die rituelle Sichtweise dazu, daß »news is not information but drama. It does not describe the world but portrays an arena of dramatic forces and action; it exists solely in historical time; and it invites our participation on the basis of our assuming, often vicarious, social roles within it.« (S. 21)

Dieser letzte Punkt beschreibt eine der Herausforderungen, vor die Carey die Kommunikationsforschung und insbesondere den Zweig der Journalismusforschung gestellt sieht. James W. Carey zählt zu den Pionieren eines solchen Zugangs, und in diesem Sinne kann sein Zugriff nicht nur eine gewisse Zeitlosigkeit reklamieren, sondern bleibt auch solange aktuell, wie entscheidende Schritte in die Umsetzung einer solchen Perspektive auf sich warten lassen.

Literatur

Lawrence Grossberg, Ellen Wartella, D. Charles Whitney (1998): *Mediamaking: Mass media in a popular culture*. London, New York: Sage.

Udo Göttlich

Colin Cherry (1957): *On human communication. A review, a survey, and a criticism.* New York: Wiley: 337 Seiten.

Deutsche Ausgabe: Colin Cherry (1967): *Kommunikationsforschung – eine neue Wissenschaft*. Frankfurt am Main: S. Fischer. 406 Seiten.

Colin Cherry (1914–1979) hat mit dieser Studie, die bis 1975 fünf Auflagen und Übersetzungen in zahlreiche Sprachen – darunter auch ins Deutsche – erlebte, eine der frühen interdisziplinären Synopsen zur Kommunikationsforschung geliefert, die wegen der Breite des verhandelten Stoffes, der Tiefe der Argumentation und – last not least – wegen ihrer Lesbarkeit auf globale Resonanz gestoßen ist.

Das ist um so erstaunlicher, als Colin Cherry weder Geistes- noch Sozialwissenschaftler, sondern Techniker war – er war Professor für Telekommunikation an der Universität von London – und sich dem Phänomen Kommunikation von der technischen Seite her genähert hat, aber dies mit großen Erfolg: Cherry war jemand, der es verstand, mit Leichtigkeit und semantischer Anmut über den Tellerrand seiner eigenen Disziplin hinwegzuschauen sowie zu -formulieren – und das vor allem mit wissenschaftlichem Engagement. Dieses Phänomen ist allerdings nicht unbekannt: Gerade Naturwissenschaftler, die in vorderster Front die Folgen der Technik für die Veränderung von Kommunikation geschaffen und erlebt haben, haben oft als erste darüber berichtet – in Deutschland beispielsweise Karl Steinbuch (1966). Und waren es nicht Physiker, die zur Verbesserung ihrer internen Kommunikation – mal so eben nebenbei – das World Wide Web (WWW) erfunden haben?

Doch Cherry kann für sich in Anspruch nehmen, der erste gewesen zu sein und zugleich derjenige, der Kommunikationswissenschaft als neue, eigene Disziplin erkannte – und auch die Fallstricke, die auf dem Wege dorthin gespannt sind: »Bei der Behandlung eines Themas, das so ausdrücklich im Grenzgebiet zahlreicher wohlfundierter Forschungsrichtungen liegt, besteht eine der größten Schwierigkeiten darin, geeignete Begriffe und Definitionen zu wählen. In den einzelnen Disziplinen werden den Begriffen verschiedenartige Bedeutungen beigelegt [...] es ist deshalb durchaus verständlich, daß die Wissenschaftler Änderungen, nämlich Einschränkungen oder Erweiterungen ihrer gewohnten Definitionen nur ungern sehen« (Cherry 1967: 13). Überraschend dabei ist, daß Cherry, anders als etwa Steinbuch (1966), als Techniker nicht die technischen Aspekte, also die Darstellung von Massenkommunikation, zum Gegenstand seiner Bemühungen macht, sondern sich auf die sehr viel schwierigere Darstellung von Humankommunikation kapriziert.

Was den in Rede stehenden Titel besonders auszeichnet, ist seine intelligente Gründlichkeit: Die Darstellung von Kommunikation, Sprache, Bedeutung, Codes und vielen anderen Basisbegriffen der Kommunikationswissenschaft wirkt abgewogen, weil sie stets sorgfältig auf die zugrunde liegenden wissenschaftlichen Befunde bezogen wird.

Insbesondere die laufende Verknüpfung syntaktischer, semantischer oder pragmatischer Perspektiven der Kommunikationswissenschaft mit logischen oder mathematischen Grundlagen besticht, denn sie macht in der Tat deutlich, daß Kommunikation sowohl inhaltlich als auch formal modelliert werden kann – und dies, wie Cherry zeigt – mit Erfolg.

Daß Cherry darüber hinaus verständlich und packend zu formulieren verstand, hatte den Verlag (Wiley) seinerzeit bewogen, Cherry die Herausgabe einer gesamten Reihe zur Kommunikationsforschung (»Studies in communication«) anzuvertrauen. Außerdem hat Cherry (1971) einen populären Titel zur Weltkommunikation verfaßt sowie (1974) einen interdisziplinären Titel zur Pragmatik von Kommunikation.

Alle frühen Einführungen in die Kommunikationswissenschaft – von → Maletzke (1963) über → Prakke (1968) und Maser (1971) bis zu Schreiber ([4]1990) berufen sich auf Cherry – ob es um Systemtheorie, Logik, Semantik oder die mathematische Nachrichtentheorie ging. Und wer in den 60er Jahren Publizistik- oder Kommunikationswissenschaft studiert hat, weiß, daß dieser Titel damals zu den intellektuellen Herausforderungen zählte und in seiner Breite und vor allem in seiner Tiefe viel Kopfzerbrechen und vielerlei Bemühung um Verständnis erzeugt hat – nicht nur bei den Studenten, sondern – wiederum tröstlich – genauso bei den Dozenten.

Cherrys *On human communication* war damals die wichtigste Tür, die den Weg zur Kommunikationswissenschaft öffnen konnte. Dies ist ihr bleibender Verdienst.

Literatur

Colin Cherry (1971): *World communication – threat or promise. A socio-technical approach.* London, New York, Sydney, Toronto: Wiley Interscience.

Colin Cherry (Hrsg.) (1974): *Pragmatic aspects of human communication.* Dordrecht, Boston: Reidel.

Siegfried Maser (1971): *Grundlagen der allgemeinen Kommunikationstheorie. Eine Einführung in ihre Grundlagen und Methoden (mit Übungen).* Stuttgart: Berliner Union, Stuttgart u.a.: Kohlhammer.

Erhard Schreiber ([4]1990): *Repetitorium Kommunikationswissenschaft.* München: Ölschläger.

Karl Steinbuch (1966): *Die informierte Gesellschaft.* Stuttgart: Deutsche Verlagsanstalt.

Klaus Merten

Harwood L. Childs (1965): *Public opinion: Nature, formation, and role.* Princeton, Toronto, New York, London: D. van Nostrand. VII, 376 Seiten.

Harwood L. Childs (1898-1972), Professor für politische Wissenschaft an der Princeton University und Gründungsherausgeber der Fachzeitschrift ›Public Opinion Quarterly‹, hatte wie kaum ein anderer Gelegenheit, in den Jahrzehnten vor Erscheinen von *Public opinion: Nature, formation, and role* die Forschungsarbeit auf dem Gebiet der öffentlichen Meinung zu verfolgen. Das Buch ist das Ergebnis dieser Jahre der Lehre, des Studiums, der Diskussion und der Lektüre, wie er selbst im Vorwort schreibt. Es wurde schon bald nach Erscheinen zum Standardwerk über die öffentliche Meinung und gehört bis heute, neben der 25 Jahre zuvor erschienenen »Introduction to the study of public opinion« (Childs 1940), zu den Klassikern auf diesem Gebiet. Jeder, der sich mit öffentlicher Meinung beschäftigt, sollte dieses Buch besitzen, heißt es in der Rezension von George Gallup (1967), und sei es aus keinem anderen Grund, als die einzigartige Abhandlung über das Wesen und die Geschichte öffentlicher Meinung im zweiten Kapitel des Werks zur Hand zu haben. In der Tat hat dieses zweite Kapitel des Buches eigenständige Berühmtheit erlangt.

Zum einen liefert Childs darin eine Zusammenstellung von rund fünfzig Definitionen öffentlicher Meinung aus dem Schrifttum verschiedener Disziplinen, die er thematisch nach den jeweiligen Gesichtspunkten analysiert, die den Autoren zufolge für die öffentliche Meinung charakteristisch sind. Zum anderen gibt er einen Überblick über die historische Dimension des Phänomens, wie sie in der Auseinandersetzung mit der öffentlichen Meinung durch zahllose Autoren verschiedener Zeiten ihren Niederschlag findet. Wegen des grundsätzlichen Charakters der Darstellung besitzt dieses »The nature and history of public opinion« überschriebene zweite Kapitel des Buches gewissermaßen zeitlose Relevanz. Die übrigen Kapitel sind dagegen zeitnah vor dem Hintergrund der Entwicklung der Methoden zur quantitativen Bestimmung der öffentlichen Meinung zu sehen, die Childs als »any collection of individual opinions« definiert.

Anhand eines Klassifikationsschemas der im ›Public Opinion Quarterly‹ seit 1937 erschienenen Artikel zeigt Childs die signifikanten Entwicklungen im Studium der öffentlichen Meinung auf, wobei insbesondere der Umfrageforschung und ihren Anwendungstechniken große Bedeutung zukommt. Ausführlich setzt er sich mit den Herausforderungen und Problemen der public opinion polls beispielsweise in Hinblick auf die Stichprobenbildung, den Interviewereinsatz, die unterschiedlichen Fragetypen oder die Genauigkeit der Ergebnisse, aber auch mit der an die Umfrageforschung herangetragenen Kritik auseinander, die bis heute nichts von ihrer Aktualität verloren haben. Eher forschungsgeschichtlichen Wert besitzt für den heutigen Leser dagegen die Darstellung der Gründungsbedingungen und -umstände der mit der Erforschung der öffentlichen Meinung befaßten Institute und Organisationen in der ersten Hälfte des 20. Jahrhunderts, wie beispielsweise des American Institute of Public Opinion (AIPO) 1935, des Office of Public Opinion Research (OPOR) 1940 oder des National Opinion Research Center (NORC) 1941, aber auch der American Association bzw. der World Association for Public Opinion Research (AAPOR/WAPOR)

1947 oder der European Society for Opinion Surveys and Market Research (ESOMAR) 1950.

Die gleiche Dopplung von aktueller Bedeutung und forschungsgeschichtlichem Wert trifft auf die Darstellung der Bildung öffentlicher Meinung zu. Der programmatische Eröffnungsbeitrag »Toward a science of public opinion« (Allport 1937) für die erste Ausgabe des ›Public Opinion Quarterly‹ hatte bereits unmißverständlich den Weg aufgezeigt, den die wissenschaftliche Erforschung der öffentlichen Meinung mit Hilfe der Methode der Umfrageforschung in Abgrenzung zu der »Group-mind fallacy« der Massenpsychologie (→ Le Bon 1895) zu begehen habe. In diesem Sinne beschreibt auch Childs das Zustandekommen öffentlicher Meinung als Interaktionsprozeß zwischen Individuum und Umwelt mit einer unüberschaubaren Zahl psychologischer, biologischer, physikalischer, soziologischer, wirtschaftlicher, politischer, religiöser usw. Einflußfaktoren, die alleine zu benennen schon unmöglich sei. Bezogen auf die amerikanische Öffentlichkeit identifiziert er als für den Meinungsbildungsprozeß besonders bedeutsame Faktoren der sozialen Umwelt den Einfluß von Familie, Kirche und Schule, von Bezugs- und Interessengruppen, von Zeitung, Radio und Fernsehen, von Werbung und Öffentlichkeitsarbeit sowie von politischen Institutionen. Die umfassende Darstellung dieser Umweltfaktoren dient vor allem dem Aufweis der Komplexität des Interaktionsprozesses bei der Herausbildung öffentlicher Meinung, die weit entfernt ist von einer kulturpessimistischen Zeichnung manipulativer Beeinflussung oder Fremdsteuerung des Individuums, wie sie von der Massen- und Kulturkritik der Zeit gesehen wird (vgl. de Man 1952).

Zuversichtlich sieht Childs der Weiterentwicklung der Methoden und Techniken in der Anwendung repräsentativer Bevölkerungsumfragen entgegen. So könnten beispielsweise Apparate und Maschinen entwickelt und eingesetzt werden, mit deren Hilfe sich zum Wohle des Gemeinwesens die öffentliche Meinung noch schneller und genauer feststellen ließe. Ob er hierbei bereits an computergestützte Telefonumfragen dachte, die heute zur selbstverständlichen Umfragepraxis geworden sind? Und was hätte Childs wohl zu Online-Befragungen im Internet gesagt?

Literatur

Floyd H. Allport (1937): Toward a science of public opinion. In: *Public Opinion Quarterly*, 1. Jg., S. 7-23.

Harwood L. Childs (1940): *An introduction to public opinion*. New York: John Wiley and Sons.

Hendrik de Man (1952): *Vermassung und Kulturverfall. Eine Diagnose unserer Zeit*. München: Lehnen.

George Gallup (1967): [Rezension]. In: *Public Opinion Quarterly*, 31. Jg., S. 508-509.

Erich Lamp

Melvin L. De Fleur (1966): *Theories of mass communication.* New York: McKay. 185 Seiten. – 4. Auflage 1982: Melvin L. De Fleur, Sandra Ball-Rokeach: *Theories of mass communication.* New York, London: Longman. 263 Seiten. – 5. Auflage 1988. 368 Seiten.

Melvin L. De Fleur (geb. 1923) hat als Professor für Soziologie und Kommunikationswissenschaft an verschiedenen amerikanischen Universitäten gewirkt, namentlich an den Universitäten von Kentucky und Miami. Die keine 200 Seiten starke Analyse entstand unter dem Eindruck der Expansion der Massenkommunikationsforschung, ohne daß diese klare Konturen gewonnen hätte. Umgekehrt erkennt De Fleur eine behavioristische Verengung der jungen Wissenschaft und plädiert, obwohl von Haus aus Soziologe, für eine multidisziplinäre Optik auf den komplexen Gegenstand. Zugleich systematisiert er überzeugend und ohne zuviel sozialwissenschaftlichen Jargon vorhandene wissenschaftliche Erkenntnisse. Die Resonanz, die dieses Buch zeitigte, war so positiv, daß wiederholt Nachdrucke notwendig wurden. Ab der vierten Auflage (1982) trat Sandra J. Ball-Rokeach als Mitautorin auf. Die von ihr entwickelte Dependenz-Theorie, die mit der fünften Auflage (1988) aufgenommen wurde, sowie die Berücksichtigung neuer Medienentwicklungen trugen dazu bei, daß das Buch mittlerweile einen Umfang von mehr als 350 Seiten angenommen hat. Es gibt Übersetzungen in andere Sprachen, darunter ins Italienische und ins Spanische.

Melvin L. De Fleur wählt schon früh eine funktionalistisch-systemtheoretische Perspektive. Diese ist seither weitgehend die Mainstream-Orientierung nicht nur der deutschsprachigen Kommunikationswissenschaft geworden. Zugleich ist aber sein Ansatz in der erwähnten Art offen, was das Buch zu einer stimulierenden Lektüre für Dozierende wie Studierende macht. Die historische Dimension der Medien wird von ihm zu Recht vergleichsweise breit abgehandelt, damit nicht der Irrglaube in den (amerikanischen) Köpfen weiterlebt, Massenkommunikationsmittel gebe es erst seit den elektronischen Medien. Die holistische, d.h. umfassende Orientierung des Autors kommt überhaupt seiner Darstellung der Medienentwicklung zugute, werden Medien doch so als vielfältig determinierte und zugleich all-überall in die gesellschaftlichen Prozesse eingreifende Systeme deutlich.

Entsprechend aussagekräftig sind die vergleichenden standardisierten Diffusionskurven von Zeitung, Film, Radio und Fernsehen (S. 74). Sie zeigen sehr anschaulich, wie sich jedes jüngere Medium in kürzerer Zeit als das vorherige einen Massenmarkt erschlossen hat. Diese Darstellung wurde dann in der Ausgabe von 1982 differenziert, aber im Ansatz beibehalten. Leider wurde von den Unternehmen und auch wissenschaftlichen Promotoren, die später die sogenannten Neuen Medien etablieren wollten, dieses Verkürzungstheorem einfach fortgeschrieben, und so auch später im Falle von Multimedia. Dies diesem bahnbrechenden Werk anzulasten, wäre natürlich ungerecht, erweist aber einmal mehr die beschränkte Kalkulierbarkeit des Kommunikationsmarktes und daß häufig dort technisch Machbares ohne weiteres mit Nachfrage gleichgesetzt wird. Dabei gibt es die konservativen Nutzungsmuster des Großteils der Rezipienten und die Segmentierung bzw. Sättigung der Medienmärkte, die beide dazu führen, daß kommunikationstechnologische Innovationen es immer schwerer haben, sich auf diesen durchzusetzen.

Besonders aufschlußreich ist ferner De Fleurs Modellierung der amerikanischen Massenmedien als eines Sozialsystems (S. 152). Die Bedeutung von »low-taste-content« als Funktionsvoraussetzung und Stabilisierung desselben arbeitet der Autor eindringlich und überzeugend heraus. Die spätere europäische kulturkritische Diskussion über »Kommerzialisierung der Medienkommunikation« wäre gut beraten, nähme sie diese luzide Analyse der systemischen Zusammenhänge zwischen Gesellschaft, Medien und deren Finanzierung wieder – oder erstmals – zur Kenntnis. Sie würde so von manchen aufgeregten und problematischen Verallgemeinerungen bewahrt.

Mehreren Generationen von Studierenden vertraut, wenn nicht noch bekannter als die *Theories,* die mittlerweile von Denis McQuails Bestseller (→ McQuail 1983) verdrängt wurden, ist ein anderes Buch, an dem De Fleur als Mitautor beteiligt war. Zusammen mit Shearon Lowery brachte er 1983 »Milestones in mass communication research« heraus, das die einflußreichen Studien, die insbesondere die Wirkungsforschung geprägt haben, darstellt.

Literatur

Shearon Lowery, Melvin L. De Fleur (1983): *Milestones in mass communication research.* New York, London: Longman.

Ulrich Saxer

Melvin L. De Fleur, Otto N. Larsen (1958): *The flow of information. An experiment in mass communication.* New York: McKay. 302 Seiten. – Reprint 1987: With a new introduction by Melvin L. De Fleur. New Brunswick, NJ: Transaction. LV, 302 Seiten.

Es gibt Ansätze der Kommunikationswissenschaft, die plötzlich nicht mehr gepflegt werden. Dies kann mit der Erschöpfung des jeweiligen Basisparadigmas, aber auch mit der zunehmenden Heterogenität des Fachs oder seiner schwachen Institutionalisierung zusammenhängen. Die Diffusionsforschung, als Zweig der Innovationsforschung, innerhalb derer diese Studie steht, ist ein solcher. Melvin L. De Fleur (geb. 1923) hat selber in einem Beitrag über »The growth and decline of research of the diffusion of the news, 1945-1985« (1987) das weitgehende Versiegen der längere Zeit sehr aktiven Untersuchungstradition, namentlich im Zusammenhang mit großen Ereignissen, festgestellt. Seine Bilanz über diese 40 Jahre Diffusionsforschung fällt denn auch recht nüchtern aus. Die sechs Generalisierungen, die er dort formuliert, basieren zwar auf empirischen Untersuchungen, z.B. »The daily rhythms of a population roughly regulate its initial sources of news«, sind zwar plausibel, aber entsprechend wenig überraschend.

Es ist wohl richtig, die fast in Vergessenheit geratene Diffusionsforschung hier, im Zusammenhang mit Hauptwerken der Kommunikationswissenschaft, in ihren Strukturen wieder in Erinnerung zu rufen. Elihu Katz, M. L. Levin und H.

Hamilton haben 1963 ihre Schlüsselvariablen herausgearbeitet: Die Diffusionsforschung beschäftigt sich mit 1. the acceptance, 2. over time, 3. of some specific items, idea or practice, 4. by individuals, groups or other adopting units, linked 5. to specific channels of communication, 6. to a social structure, and 7. to a given system of values. Es geht also bei der Diffusionsforschung um ein zentrales Anliegen der Wissenschaft von der publizistischen Kommunikation, um deren Multiplikationsvermögen nämlich. Die Vielzahl der zu berücksichtigenden Variablen der in den 70er Jahren mehr und mehr zur Systemforschung sich ausweitenden Diffusionsforschung erklärt freilich auch ihre Schwierigkeiten und die allmähliche Resignation, diese Komplexität wissenschaftlich angemessen zu meistern (vgl. auch → Rogers 1962; → Kiefer 1967).

Hoffnungsvoller als in seinem Abgesang auf die Diffusionsforschung von 1987 und seiner pessimistischen Einführung in die Auflage von 1987 zeigt sich De Fleur, in Zusammenarbeit mit Otto N. Larsen, allerdings noch 1968, im Zusammenhang mit dem sogenannten Revere-Projekt der amerikanischen Luftwaffe (1952-55), das auch in die »Milestones« (vgl. Lowery & De Fleur 1983) Eingang fand. In diesem gut dotierten Forschungskontext untersuchten die beiden Autoren die Wirkungsmöglichkeiten und -modalitäten von Flugblättern, die von Flugzeugen aus über bestimmte Gebiete abgeworfen werden. Das sehr umsichtig und stark informationstheoretisch ausgerichtete Forschungsunternehmen wollte die Bedingungen für die Optimierung von Flugblattkampagnen erhellen und zugleich die Diffusionsforschung grundlagentheoretisch weiterbringen. Dank der umfassenden wissenschaftlichen Kompetenz der zwei Verfasser liegt denn auch ein wissenschaftstheoretisch wie methodologisch wohlfundiertes Kompendium vor, das die Möglichkeit und Grenzen der Diffusionsforschung verbindlich aufweist. So sind bespielsweise die Einsichten über Interviewverfälschungen bei der Analyse der Transmission von Nachrichten sehr erhellend, etwa die Feststellung, daß Befragte ihr Alter nicht richtig angeben. Problematisch sind freilich die Ausführungen über »semantic noise potential«, die die strikte auf den syntaktischen Bereich beschränkte Aussagekraft der Informationstheorie auf den semantischen ausweiten.

Als Fazit läßt sich denn auch festhalten, daß hier mit viel Gründlichkeit zwar Neues, zum Beispiel weniger Einfluß der Face-to-face-Kommunikation als vormals angenommen, erkannt, aber auch viel Common-sense-Theorie bestätigt wird. Eine gewisse Uferlosigkeit der Diffusionsforschung, wie später derjenigen über das Agenda-Setting, wird auch erkennbar, wurde doch hier nur die Rezeption von Flugblättern zu einer bestimmten Zeit und in spezifischen (amerikanischen) Städten ermittelt. Wieweit beispielsweise das Fernsehen die Informationsflüsse verändert hat, ist seit dem Versiegen der Diffusionsforschung wenig geklärt. Eine gewisse Ratlosigkeit, neben dem Appell zur Weiterentwicklung dieses Forschungszweigs, verrät denn auch De Fleurs Einführung in der 1987er Auflage dieses Werks: »Should this tradition be revived so that the process of the diffusion of the news becomes better understood? Who should continue the research? What needs to be studied? And who should provide the sources for such studies? These are complex questions, but they require answers. At time when students are flocking to the communication disciplines, it seems inconceivable that this line of research will be allowed to die.« (S. XI). Die Kommunikationswissenschaft ist aufgerufen, hier qualifiziert weiterzuforschen.

Literatur

Melvin L. De Fleur (1987): The growth and decline of research of the diffusion of the news, 1945-1985. In: *Communication Research*, 14. Jg., S. 109-130.

Elihu Katz, M. L. Levin, H. Hamilton (1963): Traditions of research on the diffusion of innovation. In: *American Sociological Review*, 28. Jg., S. 237-252.

Shearon Lowery, Melvin L. De Fleur (1983): *Milestones in mass communication research*. New York, London: Longman.

Ulrich Saxer

[Nabor] U.[rbain A.] De Volder, OFM (1959): *Soziologie der Zeitung*. Stuttgart: Ferdinand Enke. 162 Seiten.

De Volders *Soziologie der Zeitung* gehört, aus deutscher Perspektive gesehen, in die Frühphase der »Soziologisierung« der Publizistikwissenschaft. Für sich selbst genommen stammt das Buch jedoch aus einem anderen Zusammenhang. Es handelt sich nämlich um die Übersetzung (aus dem Niederländischen) des Ersten Teils eines vom Umfang her mehr als doppelt so starken Werkes De Volders, das bereits 1952 unter dem Titel »De Ethiek van de Pers« in Löwen (Leuven, Louvain) erschienen ist (De Volder 1952). Jener Erste Teil trägt in der niederländischen Fassung den Titel »De krant en haar sociale functie« (Die Zeitung und ihre gesellschaftliche Funktion) und ist dem gewichtigeren Zweiten Teil (De Ethiek van de Pers: 210 zu 117 Seiten) vorgeordnet. In der Entstehungszeit war der Autor Lektor, später Professor an der Katholischen Universität Löwen; die Thematik des Gesamtwerks steht im Zusammenhang mit seiner Biographie: De Volder (der Name findet sich auch in den Schreibweisen Devolder oder de Volder) wurde 1909 im flämischen Wakken geboren, studierte bei den Franziskanern, trat dem Orden (OFM) bei und wurde 1934 zum Priester geweiht. Neben der Theologie studierte er Politik und Sozialwissenschaft, und sein erstes Arbeitsgebiet (Promotion 1942) war die Arbeitsethik. Das Interesse an der Sozialethik führte in dem Moment zur Presse-Ethik, als er ab 1946 als Lehrender den Studiengang für Zeitungswissenschaft (niederländischsprachig) im Rahmen des Instituts für »Politieke en Sociale Wetenschappen« an der Universität Löwen übernahm. Daraus entwickelte sich das CE.CO.WE (Centrum voor Communicatie wetenschappen), die heutige Fakultät für Kommunikationswissenschaft an der (inzwischen nicht mehr zweisprachigen) Katholieke Universiteit Leuven.

Der fachwissenschaftliche Kontakt nach (West-)Deutschland lief zu einem guten Teil über Kurt Koszyk, damals Direktor des Westfälisch-Niederrheinischen Instituts für Zeitungsforschung in Dortmund, der sich auch für die Publikation des Buchs *Soziologie der Zeitung* einsetzte und Mitarbeiter aus seinem Umfeld dafür gewann: Wilhelm Klutentreter besorgte (mit Wilhelm Niedermeier) die Übersetzung und Margot Lindemann die fachsprachliche Redaktion, die stark in die Urfassung eingriff.

Das Buch gliedert sich in drei Kapitel, die in ihrer Thematik teils Gegenstände aufgreifen, die gleichzeitig von Walter Hagemann und Emil Dovifat thematisiert wurden und auch einen ähnlichen sprachlichen Duktus pflegen: »Wesen und Eigenschaften der Tageszeitung« heißt das erste Kapitel, wenn man wörtlich übersetzt. Im deutschen Buch aber steht »Gestalt und Problemkomplexe der Zeitung«; die Tendenz, De Volders Formulierungen in der Übersetzung zu soziologisieren, findet sich deutlich ausgeprägt, wobei die ursprüngliche Gliederung teilweise stark gestrafft wurde.

Das zweite Kapitel (»Die Zeitung als Ausdrucksmittel der Gemeinschaft«) interpretiert die sattsam bekannten Wesensmerkmale der Zeitung jeweils als »soziale Funktion« (niederländisch aber als »soziales Phänomen«), also »Aktualität als soziale Funktion« etc.

Das dritte Kapitel gilt (wörtlich) dem »Einfluss der Tagespresse«, also den damals in die Diskussion eintretenden Fragen nach der Wirkung der Massenmedien. »Hier bleibt manches spekulative Theorie, was empirisch nachgewiesen werden müßte«, schreibt Uwe Magnus, der das Buch fünf Jahre nach seinem Erscheinen in der Fachzeitschrift ›Publizistik‹ rezensierte (Magnus 1964). Die deutsche Kapitelüberschrift gibt sich vorsichtiger: »Kausalität und Aktivität der Tagespresse«.

So ist die (heutige) Auseinandersetzung mit De Volders Buch *Soziologie der Zeitung* notwendigerweise auch ein Puzzle-Spiel der Textvergleichung. Dabei stellt der in der deutschen Fassung (als eigene Einheit) weggefallene Abschnitt »De krant als organisme« eine besondere Herausforderung dar. De Volder, der Hagemanns »Zeitung als Organismus« (1950!) laut Literaturverzeichnis sehr wohl rezipiert hatte, führt die Formel hier auf Johann Hermann Wehle (^{2}1883) zurück, während die deutsche Buchfassung die jüngere deutsche Publizistikwissenschaft und also auch Hagemann einarbeitet (S. 45f.).

Die *Soziologie der Zeitung* hat im deutschen Sprachraum inhaltlich wie wissenschaftsgeschichtlich merkliche Spuren hinterlassen. Inhaltlich geschah dies durch De Volders Erörterung des Aktualitätsbegriffs (S. 56-65), konkret durch die aus der individuellen und sozialen Relevanz abgeleitete Relativierung der Aktualität, wie sie in allen späteren Diskussionen (vgl. z.B. Schmolke 1965 und Merten 1973) weitergedacht wurde. Für die Entwicklung der Publizistik sehr wichtig wurde die Tatsache, daß De Volder Erfahrungen und Lesefrüchte aus den USA mitgebracht und ausgiebig verwertet hat. So las sich sein Literaturverzeichnis Anfang der 1960er Jahre teils wie eine Offenbarung, teils aber nur wie ein Buch mit sieben Siegeln.

Ein wichtiger Mittler für die Arbeit De Volders wurde Henk Prakke, der 1960 nach Münster kam und jetzt eng mit dem flämischen Franziskaner zusammenarbeitete (vgl. van Pelt 2000). De Volders Buch *Soziologie der Zeitung* wurde am Institut für Publizistik in Münster Pflichtlektüre und ermöglichte es, Prakkes gelegentlich exponierte Ideen von der Erneuerung der Disziplin auf ein zweites Bein zu stellen. Besonders wichtig aber war die neue Lesart: Der gleiche Gegenstand (die Zeitung, die Öffentliche Meinung) konnte nicht mehr nur publizistikimmanent (sprich à la Hagemann oder Dovifat) aufgefaßt werden, denn seit De Volder mußte man »die Presse und ihre Problematik immer in ihrer gesellschaftlichen Umrahmung zu verstehen suchen« (Prakke 1968: 39). De Volder starb am 30. November 1967. Henk Prakke sah ihn als »Wegbereiter für die funktionale Publizistikwissenschaft« (Prakke 1968: 39).

Literatur

N. [abor] De Volder (1952): *De ethiek van de pers*. Leuven: Leuvense universitaire uitgaven.
Walter Hagemann (1950): *Die Zeitung als Organismus*. Heidelberg: Kurt Vowinckel.
Uwe Magnus (1964): [Rezension]. In: *Publizistik*, 9. Jg., S. 372.
Klaus Merten (1973): Aktualität und Publizität. In: *Publizistik*, 18. Jg., S. 216-235.
Hermann van Pelt (2000): Henk Prakkes Beziehungen zu Urbain Devolder und zur Publizistikwissenschaft in Flandern. In: Joan Hemels, Arnulf Kutsch, Michael Schmolke (Hrsg.): *Entgrenzungen. Erinnerungen an Henk Prakke*. Assen: Van Gorcum, S. 99-107.
Henk Prakke (1968): Nabor Urbain A. De Volder O.F.M. †. In: *Communicatio Socialis*, 1. Jg., S. 38-39.
Michael Schmolke (1965): Thesen zum Aktualitätsbegriff. In: Winfried B. Lerg, Michael Schmolke, Gerhard E. Stoll (Hrsg.): *Publizistik im Dialog*. Assen: Van Gorcum, S. 119-129.
Johann Hermann Wehle ([2]1883): *Die Zeitung. Ihre Organisation und Technik*. Wien, Pest, Leipzig: Hartlebens Verlag.

Michael Schmolke

Ursula Dehm (1984): *Fernsehunterhaltung – Zeitvertreib, Flucht oder Zwang? Eine sozialpsychologische Studie zum Fernseh-Erleben*. Mainz: v. Hase & Koehler. 309 Seiten.

Eigentlich handelt es sich bei diesem Buch »nur« um eine Dissertation, die ja veröffentlicht werden muss. Andererseits hat Ursula Dehm (geb. 1952) mit dieser Studie für die deutsche Kommunikationswissenschaft eine wesentliche Basis für ein konzeptionelles Verständnis und die empirische Untersuchung von Unterhaltung geschaffen, indem sie den Begriff entwickelt und eine eigenständige empirische Studie unter Rezipienten dazu durchgeführt hat. »Nur eine Dissertation« – Dehms Buch macht deutlich, dass wissenschaftliche Innovation gerade in neu entstehenden Wissenschaften nicht an Titel, Amt oder Würden gebunden ist.

Medien- und insbesondere Fernsehunterhaltung waren bis zum Ende der 80er Jahre eher ein Randthema der Kommunikationswissenschaft gewesen. Obendrein wurden sie in der Öffentlichkeit in der Folge der Kulturindustrietheorie von Horkheimer und Adorno (1971) eher mißtrauisch beäugt und skeptisch beurteilt (Adorno 1953). Auch in der Tradition der Publizistik- und Zeitungswissenschaft, aus der sich in Deutschland die Kommunikationswissenschaft entwickelt hat, standen journalistische Leistungen und politische Kommunikation im Vordergrund wissenschaftlichen Interesses. Und in den USA, wo die empirische Kommunikationswissenschaft in enger Nachbarschaft zur quantitativen Sozialforschung von Paul F. Lazarsfeld und seiner Schule ihren Anfang genommen hat, waren Theorie und Empirie der Radio- und Fernsehunterhaltung und ihrer Nutzung bis dahin nicht gerade entwickelt, sieht man von der frühen Soap-Studie Herta Herzogs (1944) ab.

Dehm, die heute beim ZDF arbeitet, diskutiert in ihrer Dissertation zunächst den Begriff der Unterhaltung, wobei sie historisch vorgeht und sich an der Literaturwissenschaft als Basis orientiert. Sie arbeitet im Rahmen ihrer Begriffsklärung Elemente der gesellschaftlichen Kritik an der Fernsehunterhaltung heraus und geht dann genauer auf kommunikationswissenschaftliche Konzepte zur Bearbeitung dieser Problematik ein. Gegen die so identifizierten, oft medienkritisch angelegten und partiell verbleibenden Konzeptionen von Unterhaltung als »escape« oder »para-social interaction« wie im Nutzenansatz, gegen Unterhaltung als »gesellschaftlichen Zwangsmechanismus« und »als Tauschabstraktion verkörperndes Medium« setzt sie ein allgemeines Konzept von Unterhaltung als eine spezialisierte Form von Beziehung zwischen Personen und Objekten, in der dann die anderen Definitionen eingeordnet, beurteilt und gewichtet werden können. Spätestens von da ab kann Unterhaltung aus kommunikationswissenschaftlicher Sicht eigentlich nicht mehr mit dem verwechselt werden, was die Unterhaltungsabteilungen der Funkhäuser produzieren, und von da ab kann auch nicht mehr alle Unterhaltung als bloß repressiv oder irrelevant abgetan werden.

Auf Basis dieser Begriffsentwicklung wendet sich Dehm der Empirie zu. Sie referiert zunächst die einschlägigen Untersuchungen – daran wird einmal mehr deutlich, daß auch eine grundlegende Studie wie die ihre nicht ohne Vorläufer ist: So ist hier z.B. explizit auf Bosshart (1979) zu verweisen. Dehm entwickelt in diesem Diskurs auch ihre eigenen Fragestellungen weiter und berichtet dann von ihrer empirischen Untersuchung, die aus Tiefeninterviews sowie einer standardisierten Befragung von Nutzern über ihren Umgang mit Fernsehunterhaltung und deren Hintergründe bestand, die zu weiteren, vertiefenden Einsichten führt.

Die Studie Dehms, die in den darauf folgenden Jahren Basis weiterer Untersuchungen wurde, erscheint zeitgeschichtlich gesehen im rechten Moment, nämlich gerade dann, als das Monopol des öffentlich-rechtlichen Rundfunks abgeschafft und das duale System propagiert wird. Als realistische Alternative zum bestehenden System wird aber auch eine privatisierte, am amerikanischen Vorbild orientierte Rundfunklandschaft denkbar. Es ist klar, daß ein derartiger Entwicklungspfad Unterhaltung im Fernsehen als zentralen Programmtyp in den Vordergrund stellen würde. Es beginnt eine Entwicklung, die Unterhaltung und darüber erzielte Quoten in den Vordergrund rückt, in deren Verlauf sich auch Fernsehjournalismus und die Informationssendungen dieses Mediums verändern und etwa Sport als Unterhaltungsgenre kenntlich wird. Dagegen stehen die spezifischen europäischen Qualitäten von Rundfunk – Gemeinwohlorientierung, Informations-, Bildungsanspruch und kulturelle bzw. Minderheitenorientierung, letztlich der Rundfunk als Kultur, nicht nur als Ware, und eine Art der Fernsehunterhaltung, die sich vom um jeden Preis Unterhaltenden abgrenzt. All das spielt in Dehms Buch keine zentrale Rolle, ihre Konzeption von Unterhaltung macht es aber der Kommunikationswissenschaft möglich, sich mit diesen Themen wissenschaftlich, empirisch und theoretisch auseinanderzusetzen. Die Kommunikationswissenschaft ihrerseits nimmt diese Fragestellung intensiv erst fast ein Jahrzehnt später auf: Auf der von Louis Bosshart als Veranstalter und von Wolfgang Hoffmann-Riem als Vorsitzendem veranstalteten Kongreß der

Deutschen Gesellschaft für Publizistik- und Kommunikationswissenschaft 1993 im Schweizerischen Fribourg wird mediale Unterhaltung unter dem Titel »Medienlust – Sinnenlust« in den Mittelpunkt gestellt (Bosshart & Hoffmann-Riem 1994).

Literatur

Theodor W. Adorno (1953): Prolog zum Fernsehen. In: *Rundfunk und Fernsehen*, 1. Jg., S. 1-8.
Louis Bosshart (1979): *Dynamik der Fernseh-Unterhaltung. Eine kommunikationswissenschaftliche Analyse und Synthese*. Freiburg/Schweiz.
Louis Bosshart, Wolfgang Hoffmann-Riem (Hrsg.) (1994): *Medienlust und Mediennutz. Unterhaltung als öffentliche Kommunikation*. München: Ölschläger.
Herta Herzog (1944): What do we really know about daytime serial listeners? In: Paul F. Lazarsfeld, Frank N. Stanton (Hrsg.): *Radio research 1942-1943*. New York: Duell, Sloan and Pearce, S. 3-33.
Max Horkheimer, Theodor W. Adorno (1971): *Dialektik der Aufklärung*. Frankfurt am Main: Fischer Taschenbuch.

Friedrich Krotz

Wolfgang Donsbach (1982): *Legitimationsprobleme des Journalismus. Gesellschaftliche Rolle der Massenmedien und berufliche Einstellungen von Journalisten*. Freiburg im Breisgau, München: Alber. 349 Seiten.

Die Studie *Legitimationsprobleme des Journalismus* des Publizistikwissenschaftlers Wolfgang Donsbach (geb. 1949), der viele Jahre an der Universität Mainz tätig war und derzeit in Dresden lehrt, steht in der Tradition der sogenannten Mainzer Schule der Publizistikwissenschaft, die insbesondere mit den Werken von Elisabeth Noelle-Neumann und Hans Mathias Kepplinger verbunden wird. *Legitimationsprobleme des Journalismus* setzt Arbeiten Donsbachs fort, in denen er sich kritisch mit der Rolle des Journalismus auseinandergesetzt hatte (vgl. Donsbach 1979, 1981). Bis dahin hatten sich Vertreter der Mainzer Schule vor allem mit dem Publikum (Noelle-Neumann) und den Medienaussagen (Kepplinger) befaßt. Donsbach, ein Schüler Noelle-Neumanns, verbindet demgegenüber Aussagen über den Berufsjournalismus konsequent mit Aussagen Noelle-Neumanns, daß der große Einfluß der Massenmedien nur zufriedenstellend zu erklären sei, wenn die Medienwirkungsforschung sich auch den Kommunikatoren zuwendet. Er konstatiert einen Relevanzgewinn der Journalismusforschung, weil die empirische Wirkungsforschung deutlich gemacht habe, daß die Massenmedien einen erheblichen politischen Einfluß besäßen und daraus die Frage resultiere, »ob diejenigen, die den größten Einfluß auf die Inhalte der Massenkommunikation ausüben, mit dieser Macht so umgehen, daß der Gemeinschaft daraus kein Schaden erwächst.« (S. 10) Für Donsbach ist die Journalismusforschung also ein Teil der Medienwirkungsforschung.

Mir dieser Grundposition grenzt sich Donsbach deutlich vom systemtheoretisch fundierten Funktionalismus ab, der in erster Linie mit den Arbeiten von Manfred Rühl und Siegfried Weischenberg verbunden wird. Unterschiede zwischen dem Funktionalismus und dem »Legitimismus« (Baum 1994: 208) der Mainzer

Schule offenbaren sich besonders deutlich bei der Frage, welches berufliche Selbstverständnis Journalistinnen und Journalisten besitzen und wie handlungsrelevant dieses letztlich ist. Nicht untertrieben ist es, dieses Problemfeld als das – auch wegen seiner medienpolitischen Relevanz – umstrittenste Thema der empirischen Journalismusforschung zu bezeichnen. (vgl. Löffelholz 2000: 45f.)

Donsbach konfrontiert in *Legitimationsprobleme des Journalismus* kommunikationspolitische Normen, insbesondere die verfassungsrechtliche Stellung der Medien, mit Befunden der empirischen Journalismusforschung. Ihm geht es primär um eine »Gegenüberstellung von Kommunikationsnormen und Kommunikationsrealität« (S. 15). Seine Kernfrage ist, wie bestimmte journalistische Berufseinstellungen legitimiert seien. Eine Legitimation sei notwendig, da diese Einstellungen einen starken politischen und gesellschaftlichen Einfluß auf die öffentliche Meinung ausüben würden. Um diese Frage zu beantworten, beschäftigt sich Donsbach vor allem mit dem journalistischen Selbstverständnis, den politischen Präferenzen von Journalisten, den Motiven, die Journalisten mit ihrem Beruf verbinden, ihren wichtigsten Bezugsgruppen sowie den Vorstellungen, die Journalisten vom Publikum besitzen. Eine Analyse dieser Merkmale und Einstellungen ist deshalb wichtig, da sie – wie er unterstellt – handlungsrelevant seien, also Konsequenzen für die journalistischen Produkte und damit das Publikum besäßen.

Die zentrale Argumentationslinie in *Legitimationsprobleme des Journalismus* kann so zusammengefaßt werden: Die Journalisten stellen eine ungewöhnlich homogene Berufsgruppe mit ähnlichen Einstellungen auch in politischer Hinsicht dar. Gleichzeitig repräsentieren Journalisten mit ihren Merkmalen, Interessen und Einstellungen keineswegs die Gesamtbevölkerung. Das Selbstverständnis der Journalisten geht mit Ignoranz gegenüber dem Publikum einher, sogar mit Verachtung. Statt sich am Publikum zu orientieren, agieren Journalisten selbstbezogen. Das zeigt sich daran, daß zu ihren Freunden und Bekannten vor allem Kollegen zählen. Kommunikationspolitisch besonders brisant ist dabei Donsbach These, »daß die deutschen Journalisten die ihnen gegebenen Privilegien bewußt für die Befriedigung subjektiver politischer Anliegen und individueller Bedürfnisse nach persönlichem Einfluß nutzen.« (S. 193) Deutsche Journalisten beschränken sich nicht auf die Rolle des Vermittlers von Informationen, sondern praktizieren vorwiegend einen wertungsorientierten Journalismus. Bei der Nachrichtenselektion bevorzugen sie ihren eigenen Standpunkt und wählen Informationen einseitig aus. (vgl. S. 218ff.) Journalisten werden von Donsbach demnach als gesellschaftliche und politische Macht verstanden, als privilegierte Berufsgruppe, die über weit mehr Partizipationschancen als die übrigen Bürger verfügt, aber die – aus seiner Sicht erforderliche – gesellschaftliche Legitimation nicht aufweist.

Legitimationsprobleme des Journalismus beruht nicht auf einer eigenen empirischen Untersuchung, sondern beruft sich auf diverse Journalismus- und Journalistenstudien, darunter vor allem drei Erhebungen, an denen Donsbach selbst mitgewirkt hat. Die Befunde dieser Studien kombiniert er mit älteren Daten aus unterschiedlichen weiteren Erhebungen. Die drei von Donsbach häufig zitierten Studien variieren in Erkenntnisinteresse, Grundgesamtheit und Stichprobenziehung. Keine dieser Untersuchungen kann als repräsentativ für den deutschen Journalismus angesehen werden.

Besondere Relevanz erhielt *Legitimationsprobleme des Journalismus* vor allem, weil es die Debatte über die Einstellungen deutscher Journalisten – und ihre wissenschaftliche Untersuchung – intensivierte. In der Folge setzten sich Kritiker sowohl mit Donsbachs Vorgehensweise als auch mit seinen Interpretationen auseinander. Bemängelt wurden u.a. die Schlußfolgerungen von Befragungsdaten auf (vermutete) Inhalte sowie die theoretischen Schwächen des Ansatzes, der primär auf die individuellen Einstellungen von Journalistinnen und Journalisten abhebe, die strukturellen Bedingungen der Medienproduktion aber außer Acht lasse. Kritisiert wurde auch die Gleichsetzung von Journalismus und Medien: Damit würden die individuellen Einstellungen von Journalisten mit dem gesamten Journalismus gleichgesetzt, also die Abhängigkeiten journalistischen Handelns von ökonomischen, organisatorischen und technologischen Strukturen ausgeblendet. Zudem weise Donsbach nicht nach, sondern unterstelle nur, daß die Kommunikationsabsichten der Journalisten und ihre Einstellungen handlungsrelevant seien. Er gehe von einer im journalistischen Beruf institutionalisierten Wirkungsabsicht aus, ohne daß die Frage beantwortet wäre, ob es überhaupt medienspezifische Wirkungen gebe (vgl. Altmeppen & Löffelholz 1998: 105ff.; Schönbach, Stürzebecher & Schneider 1994: 139ff.; Baum 1994: 222ff.; Schulz 1992: 5; Roß 1983; Ruhrmann 1983).

Zur Wirkungsgeschichte von *Legitimationsprobleme des Journalismus* gehören im weiteren Sinne auch zwei repräsentative Untersuchungen, die Anfang der 90er Jahre – in dezidierter Abgrenzung zu Donsbach – ein dominantes Rollenselbstbild des neutralen Vermittlers sowie ein insgesamt pluralistisches Rollenverständnis konstatierten. Der Journalismus als Vierte Gewalt besitzt im Selbstverständnis deutscher Journalisten danach nur eine untergeordnete Bedeutung. Die Daten zeigen darüber hinaus, daß politische Einstellungen nicht unmittelbar handlungsrelevant werden, weil die Medieninstitutionen mehrheitlich andere politische Positionen vertreten als die bei ihnen tätigen Journalisten (vgl. Weischenberg, Löffelholz & Scholl 1994; Schneider, Schönbach & Stürzebecher 1993). Dessen ungeachtet sieht Donsbach auch in späteren Arbeiten zum beruflichen Selbstverständnis von Journalisten seine Annahme bestätigt, daß deutsche Journalisten einen missionarischen Stil der Berichterstattung pflegten und nicht durch redaktionelle Kontrolle korrigiert werden (vgl. Donsbach 1993a: 158; Donsbach 1993b: 291; Patterson & Donsbach 1996).

Literatur

Klaus-Dieter Altmeppen, Martin Löffelholz (1998): Zwischen Verlautbarungsorgan und »vierter Gewalt«. Strukturen, Abhängigkeiten und Perspektiven des politischen Journalismus. In: Ulrich Sarcinelli (Hrsg.): *Politikvermittlung und Demokratie in der Mediengesellschaft*. Opladen, Wiesbaden: Westdeutscher Verlag, S. 97-123.

Achim Baum (1994): *Journalistisches Handeln. Eine kommunikationstheoretisch begründete Kritik der Journalismusforschung*. Opladen: Westdeutscher Verlag.

Wolfgang Donsbach (1979): Aus eigenem Recht. Legitimitätsbewußtsein und Legitimitätsgründe von Journalisten. In: Hans Mathias Kepplinger (Hrsg.): *Angepaßte Außenseiter. Was Journalisten denken und wie sie arbeiten*. Freiburg im Breisgau, München: Alber, S. 29-48.

Wolfgang Donsbach (1981): *Gesellschaftliche Aufgaben der Massenmedien und berufliche Einstellungen der Journalisten*. Phil. Diss. Univ. Mainz.

Wolfgang Donsbach (1993a): Redaktionelle Kontrolle im Journalismus. Ein internationaler Vergleich. In: Walter A. Mahle (Hrsg.): *Journalisten in Deutschland. Nationale und internationale Vergleiche und Perspektiven*. München: Ölschläger, S. 143-160.
Wolfgang Donsbach (1993b): Journalismus versus journalism – ein Vergleich zum Verhältnis von Medien und Politik in Deutschland und den USA. In: Wolfgang Donsbach, Otfried Jarren, Hans Mathias Kepplinger & Barbara Pfetsch (Hrsg.): *Beziehungsspiele – Medien und Politik in der öffentlichen Diskussion. Fallstudien und Analysen*. Gütersloh: Bertelsmann Stiftung, S. 283-315.
Martin Löffelholz (2000): Theorien des Journalismus. Entwicklungen, Erkenntnisse, Erfindungen – eine metatheoretische und historische Orientierung. In: Martin Löffelholz (Hrsg.): *Theorien des Journalismus. Ein diskursives Handbuch*. Wiesbaden: Westdeutscher Verlag, S. 15-60.
Thomas E. Patterson, Wolfgang Donsbach (1996): News decisions. Journalists as partisan actors. In: *Political Communication*, 13. Jg., S. 455-468.
Dieter Roß (1983): [Rezension]. In: *Rundfunk und Fernsehen*, 31. Jg., S. 202-204.
Georg Ruhrmann (1983): [Rezension]. In: *Publizistik*, 28. Jg., S. 453-455.
Beate Schneider, Klaus Schönbach, Dieter Stürzebecher (1993): Westdeutsche Journalisten im Vergleich. Jung, professionell und mit Spaß an der Arbeit. In: *Publizistik*, 38. Jg., S. 5-30.
Klaus Schönbach, Dieter Stürzebecher, Beate Schneider (1994): Oberlehrer und Missionare? Das Selbstverständnis deutscher Journalisten. In: Friedhelm Neidhardt (Hrsg.): *Öffentlichkeit, öffentliche Meinung, soziale Bewegungen*. Opladen: Westdeutscher Verlag, S. 139-161.
Winfried Schulz (1992): Medienwirkungen lautet die Antwort – Was war die Frage? In: Winfried Schulz (Hrsg.): *Medienwirkungen. Einflüsse von Presse, Radio und Fernsehen auf Individuum und Gesellschaft*. Weinheim: VCH Acta Humaniora, S. 1-7.
Siegfried Weischenberg, Martin Löffelholz, Armin Scholl (1994): Merkmale und Einstellungen von Journalisten. Journalismus in Deutschland II. In: *Media Perspektiven*, Heft 4, S. 154-167.

Martin Löffelholz

Emil Dovifat (1927): *Der amerikanische Journalismus. Mit einer Darstellung der journalistischen Berufsbildung*. Berlin, Leipzig: Deutsche Verlagsanstalt Stuttgart. 255 Seiten. – Neuauflage 1990, herausgegeben von Stephan Ruß-Mohl. Berlin: Colloquium Verlag. XLIII, 255 Seiten.

Emil Dovifat (1890-1971) ist einer der Gründungsväter der Publizistikwissenschaft in Deutschland. 1928 wurde er auf die neugeschaffene Professur für Zeitungswissenschaft an die Friedrich Wilhelm-Universität in Berlin berufen. Vorangegangen war dem im März und April 1926 eine Forschungsreise in die Vereinigten Staaten, in deren Gefolge Dovifats Frühwerk, vielleicht sogar seine bedeutendste wissenschaftliche Veröffentlichung überhaupt, entstand: *Der amerikanische Journalismus*.

Dovifats Buch ist mehr als ein knapper Rückblick auf die Anfänge des amerikanischen Journalismus und eine üppige Momentaufnahme der Gegebenheiten zu Beginn des 20. Jahrhunderts. Die Elle, an der Dovifat den amerikanischen Journalismus mißt, ist allemal dessen deutsches Pendant – und das macht sein Werk noch immer fruchtbar und interessant, obschon es sich um keine im heutigen Sinne empirisch-komparative Studie handelt.

Unweigerlich stellt sich bei der Lektüre in Bezug auf mancherlei Aufgeregtheiten in der aktuellen Diskussion über Journalismus und Medienpolitik ein Déjà-vu-Erlebnis ein: Vieles schon mal dagewesen. Um nur die wichtigsten Punkte zu nennen, die damals wie heute die Gemüter bewegen:

(1) Die fortschreitende Pressekonzentration und die Entwicklung von Medienunternehmen zur »großkapitalistischen Betriebsform« hat bereits Dovifat auf ihre Folgen für den Journalismus und das Gemeinwesen hin erörtert (S. 183 ff.).

(2) Dovifat entwickelte auch schon ein empfindsames Sensorium für die Gefahren, die von »Pressagenten« und der Öffentlichkeitsarbeit für das amerikanische Zeitungswesen und einen unabhängigen Journalismus ausgehen (S. 115).

(3) Wenn Dovifat – ganz aus der deutschen und europäischen Tradition des politischen Journalismus heraus – im amerikanischen Nachrichtenjournalismus »das Fehlen jeglichen eigenen Urteils« beklagt, »an dessen Stelle Urteile fremder, mehr oder weniger beteiligter Personen treten« (S. 108f.), so formuliert er damit bereits den zentralen Einwand gegen die »Scheinobjektivität« des amerikanischen Prinzips der Trennung von Nachricht und Meinung.

(4) Der schonungslose Umgang mit Opfern von Katastrophen oder Verbrechen, aber auch mit Politikern irritiert bereits 1927: »Die Auskundschaftung [...] geschieht rücksichtslos mit allen nur möglichen persönlichen Mitteln. Kein Winkel seines [des Politikers, srm] Privatlebens bleibt unerforscht« – das ist nicht etwa nach dem Clinton-Lewinsky-Skandal geschrieben; die Sätze stammen aus Dovifats Feder (S. 163).

(5) Schon damals verblüffte ihn auch die Fülle des Nachrichtenstoffs, den amerikanische Zeitungen anzubieten haben (S. 86). Andererseits fiel auch ihm bereits der Mangel an internationaler Berichterstattung auf. Dovifat unterstrich die vorwiegend lokale Bedeutung auch sehr großer Blätter und hob die einflußreiche Position des jeweiligen City Editor, also des Lokalchefs hervor (S. 79, S. 106 u. S. 113).

(6) Auch was den investigativen Journalismus anlangt, läßt sich der Bogen mühelos von den Muckrakers hin zu den Watergate-Rechercheuren spannen. Dovifats beobachtet, einzelne Geschichten würden – mehr als bei uns üblich – im Teamwork erarbeitet werden (S. 113ff.).

(8) Es gab auch schon in den 20er Jahren produktiven Streit um die Präsentationsformen und um die zunehmende Oberflächlichkeit des Journalismus. Zwar hatte die Hamburger-Kette McDonalds ihren Siegeszug noch nicht angetreten, und somit ließ sich der damalige Trend noch nicht mit der Wortschöpfung vom Fast Food Journalism einfangen. Indes schrieb bereits Dovifat, das »Baumaterial«, aus dem die Zeitungsseiten erstellt würden, sei »von Jahr zu Jahr buntscheckiger geworden« (S. 133).

(9) Fast schon wie das Credo moderner Marketing-Experten liest es sich, wenn Dovifat berichtet, wie in der redaktionellen Arbeit auf Leserbedürfnisse eingegangen werde: »Nicht die Rücksicht auf die Anzeigenkunden, sondern auf den Leserkreis bestimmt daher die redaktionelle Haltung. Nur der Leserkreis gibt dem Inseratenraum seinen Wert, und je größer der Leserkreis wird, um so höher kann nicht nur der Preis der Anzeigen und damit der Gewinn steigen, sondern umso unabhängiger wird auch der redaktionelle Teil. Es muß also alles daran gesetzt werden, den Leser zu verwöhnen.« (S. 84 ff.).

(10) Daß »die eigentliche Kraft [...], die den Reporter zur Höchstleistung treibt«, die Konkurrenz sei (S. 110) – auch dies ist eine Erkenntnis Dovifats, die im amerikanischen Journalismus unvermindert fortgilt.

Der sichere Blick fürs Wesentliche verbindet sich bei Dovifat aufs angenehmste mit Anschaulichkeit. Anekdoten, die er einstreut, sind kaum je Selbstzweck – sie illustrieren vielmehr wichtige Sachverhalte und Entwicklungen: Was Papierknappheit bedeutet, wird sinnlich wahrnehmbar, wenn vor und während des Revolutionskriegs im 18. Jahrhundert die Lumpensammler ausschwärmen, um den Rohstoff für die Zeitungsherstellung zu gewinnen (S. 19). Und was Aktualitäts-Wettbewerb heißt, wird klarer, wenn man dessen skurrile Blüten vor Augen geführt bekommt: Bereits Ende des 18. Jahrhunderts, so berichtet Dovifat, sei in Philadelphia zum ersten Mal ein Blatt zweimal täglich herausgekommen – »doch das war nur ein Bluff. Beide Blätter wurden gleichzeitig auf einen Bogen gedruckt, auseinandergeschnitten und zu verschiedenen Tageszeiten ausgetragen. Eine derartige Intensivität der Produktion hätte auch die Drucktechnik noch gar nicht gestattet« (S. 44).

Der für Dovifat so charakteristische Hang zur Personalisierung mag ebenfalls aus seiner journalistischen Prägung herrühren. Bei Dovifat bleiben bzw. werden die Pioniere des amerikanischen Zeitungsjournalismus lebendig – Benjamin Franklin, Andreas Hamilton, Peter Zengen, Thomas Paine, Samuel und John Adams in der Phase der kolonialen Pionierpresse; Alexander Hamilton, Thomas Jefferson, als führende Repräsentanten der frühen Parteipresse an der Wende vom 18. zum 19. Jahrhundert; James Gordon Bennett d.Ä. und sein Sohn als die erfolgreiche Promotoren der Penny-Presse von 1835 an; später Horace Greeley, Karl Schurz und Joseph Medill als Vertreter eines neuen Gesinnungsjournalismus; und – last not least – Edward Wyllis Scripps, William Randolph Hearst und Joseph Pulitzer, die den Siegeszug der Geschäftspresse vollendeten (S. 13ff.).

Dovifat war jedenfalls – das hat insbesondere sein Biograph Klaus Ulrich Benedikt herausgearbeitet – nicht nur Hochschullehrer, sondern immer auch Publizist und betrieb als solcher journalistische Standespolitik, ja Medienpolitik. Er war ein engagierter Vorkämpfer journalistischer Aus- und Weiterbildung, aber auch der Zeitungswissenschaft als akademischer Disziplin. Wie sehr es Dovifat auch darum ging, das Fach zu etablieren, wird schon im zweiten Absatz des Vorworts deutlich. Dort reklamiert er für die Zeitungskunde eine »in sich durchaus selbständige Methode« (S. 9) – ohne daß freilich dieser Anspruch bis auf den heutigen Tag von ihm selbst oder irgendeinem anderen Zunftgenossen hätte eingelöst werden können.

Wissenschaftliche Werke brauchen oftmals einige Jahre, um Wirkungen zu entfalten. Insoweit standen die Zeichen der Zeit für Dovifats Amerikanischen Journalismus nicht eben günstig. Persönlich hat das Buch ihm zwar entscheidend weitergeholfen: Ohne diese Veröffentlichung hätte er kaum je die an der Berliner Universität neueingerichtete Professur erhalten. Darüber hinausgehende journalismus- und wissenschaftspolitische Impulse konnte das Werk dagegen kaum entfalten – dafür war die Zeitspanne zwischen der Erstveröffentlichung und der Machtergreifung der Nationalsozialisten zu kurz. Erst in der Generation seiner

Enkel setzte in Deutschland eine kontinuierliche und systematische wissenschaftliche Beobachtung von Journalismus und Medien in den USA ein.

Literatur

Klaus-Ulrich Benedikt (1986): *Emil Dovifat. Ein katholischer Hochschullehrer und Publizist.* Mainz: Matthias-Grünewald-Verlag.

Stephan Ruß-Mohl (1998): »Der amerikanische Journalismus«. Zur Aktualität von Dovifats Frühwerk: In: Bernd Sösemann (Hrsg., in Zusammenarbeit mit Gunda Stöber): *Emil Dovifat. Studien und Dokumente zu Leben und Werk.* Berlin, New York: de Gruyter, S. 307-324.

Stephan Ruß-Mohl

Emil Dovifat (1929): *Wege und Ziele der zeitungswissenschaftlichen Arbeit.* Berlin: Walter de Gruyter & Co. 16 Seiten.

Emil Dovifat (1890-1969) entwickelte im November 1928 mit dieser Antrittsvorlesung an der Friedrich-Wilhelm-Universität zu Berlin eine Perspektive für das fortan von ihm als außerordentlicher Professor für Zeitungswissenschaft vertretene noch junge Fach. Die kleine Broschüre ist sowohl in ideengeschichtlicher als auch in fachpolitischer Hinsicht aufschlußreich sowie mit Blick auf den Autor selbst, der das Fach als Professor in Berlin bis Ende der 50er Jahre prägte. Dovifat, promovierter Historiker, hatte bereits als Student zeitweilig »Zeitungskunde« in Leipzig gehört und Mitte der 20er Jahre die Vertretung von Martin Mohr am »Deutschen Institut für Zeitungskunde in Berlin« (Trägerschaft »Deutsche Gesellschaft für Zeitungswissenschaft« mit Anbindung an die Universität) übernommen. Er kam also als Fachkundiger an die größte Universität des Landes, um Zeitungswissenschaft zu lehren. Erschienen ist seine Antrittsvorlesung im renommierten Verlag Walter de Gruyter in Berlin, was indes keine Rückschlüsse auf die akademische Anerkennung des Faches zu dieser Zeit zuläßt. Die Antrittsvorlesung richtete sich an die wenigen Fachkollegen wie die etablierten Nachbarwissenschaften an der Philosophischen Fakultät. Dovifat resümierte zunächst die gängigen Vorurteile über die Zeitung als unangemessenen, da praxisnahen, flüchtigen und subjektiven Gegenstand von Wissenschaft sowie das als abhängig unterstellte Verhältnis, das Wissenschaft und Journalismus, insbesondere die Berufsverbände, hier eingehen könnten.

»Was heißt und zu welchem Zwecke studiert man Zeitungswissenschaft?«, fragte Dovifat (S. 6). Das Studium der Zeitungswissenschaft sollte ihm folgend vor allem Reflexionswissen über die Rolle der Zeitung in der Gesellschaft vermitteln und ergänzt werden um klassische Wissenschaften, die für spezifische Ressorttätigkeiten befähigen sollten. Dovifat betonte die »staatsbürgerliche« Funktion des Faches, die in seinem Szenario einer aufgeklärten (Medien)Gesellschaft weit über das akademische Milieu hinausreicht: Das »rechte Verständnis der Zeitung und ihrer Wesensart« sei nicht nur für den Staatsbürger, sondern auch für den Leser bedeutsam. Eine »Reform der Presse« (gegen die »Betonung des Sensationellen«) müsse gar »zum guten Teil vom Leser« ausgehen (S. 12ff.).

Über diese eher medienpädagogischen und rezeptionsethischen Aufgaben hinaus setzte Dovifat auch die systematische, zeitungswissenschaftliche Erforschung des Gegenstandes »Zeitung« in einen starken Gegenwartsbezug. Er definierte Zeitungswissenschaft deutlich *nicht* als Historiographie der Presse: »Seit wir ein öffentliches Leben im modernen Sinne haben, können wir uns nicht mehr damit begnügen, es Jahrzehnte oder Jahrhunderte später aus seinen historischen Relikten zu verstehen. Wir versuchen vielmehr, obgleich es in starker Bewegung ist, es gegenwärtig zu beobachten, in seinen Gesetzen zu begreifen.« (S. 6) Diesen Gesetzen gelte es »durch empirische Beobachtung nahezukommen«. Damit war das Methodenproblem eröffnet, das Dovifat in dieser Antrittsvorlesung allerdings nicht löste. Drei Monate zuvor hatten Gotthard Würfel, der Kölner Sozialstatistiker, und seine meistenteils studentischen Mitarbeiter aus der Nationalökonomie anläßlich der Internationalen Presseausstellung in Köln die erste großangelegte Inhaltsanalyse unternommen (vgl. Würfel 1930). Dovifat benannte solche Verfahren der »Zeitungsinhaltsstatistik« – so ein Terminus des Greifswalder Zeitungswissenschaftlers Hans Traub – zwar nicht, verwies aber auf Max Webers Plan einer Presseenquete, die bekanntermaßen ähnliche Verfahren vorschlug, jedoch nie durchgeführt wurde (vgl. Weber 1911).

Dovifats Diskussionsebene des methodologischen Problems verblieb auf der Ebene der Abgrenzung: »Unsere Disziplin ist so selbständig, wie es das Objekt dieser Arbeit ist. Eigen und eigengesetzlich. Eine typische Erscheinung sui generis.« (S. 11). Ein solcher Satz erscheint antiquiert und bedarf der zeithistorischen Einordnung: Er ergab sich aus dem Kontext der Selbstlegitimation der Zeitungswissenschaft an den deutschen Universitäten wie auch den fehlenden theoretischen Vorarbeiten, auf die die Disziplin zurückgreifen konnte. Dovifat unterstrich beides. Die von ihm vertretene Wissenschaft habe noch keine vollen akademischen Rechte. Tatsächlich war Zeitungswissenschaft nur in Leipzig Hauptprüfungsfach und Dovifat selbst in Berlin erst ab 1931 voll berechtigter Gutachter in Promotionsverfahren; erst ab 1940 war Zeitungswissenschaft als eigenständiges Prüfungsfach an der Universität Berlin anerkannt (vgl. Averbeck 1999: 506ff.).

Um Anerkennung zu erringen, müsse, so Dovifat, die Zeitungswissenschaft erst »auf ganz begrenztem Gebiete« Erfolge vorweisen und solle sich nicht gleich – wie dies etwa Karl Jaeger in seinem Buch »Von der Zeitungskunde zur publizistischen Wissenschaft« (→ Jaeger 1926) vorgeschlagen hatte – zu einer solchen »publizistischen Wissenschaft« erweitern noch soziologische und psychologische Untersuchungsfelder in den Mittelpunkt stellen (S. 7f.). Dovifat bewertete diesen Verzicht auf eine »Entgrenzung« des Faches deutlich als Phasenerscheinung. Erste programmatische Aussagen zu einer »publizistischen Wissenschaft« formulierte er sechs Jahre später in einem Aufsatz im Fachorgan ›Zeitungswissenschaft‹ (vgl. Dovifat 1934). In der Antrittsvorlesung blieb sein Aufriß der Zeitungswissenschaft medienzentriert: Im Mittelpunkt solle die Zeitung als eine »Einheit geistiger, technischer und ökonomischer Kräfte« stehen. Aufbauend auf dieser Aussage fand Dovifat 1931 in Band 1 der Monographie »Zeitungswissenschaft« zur dogmatischen Formulierung und zugleich forschungsleitenden Thematik dieses seines Hauptwerkes: »Gegenstand der Zeitungswissenschaft ist die der Zeitung innewohnende Wechselwirkung geistiger, wirtschaftlicher und technischer Kräfte« (→ Dovifat 1931: 5). Auf interdependente Dimensionen verwies er schon in der Antrittsvorlesung. Bezogen auf die »geistigen Kräfte« der Zeitung hieß das, daß es den »Leser«, als denjenigen, der gegenüber der Zeitung einen »Bedarf« habe, mit in die Untersuchungen einzubeziehen gelte; bezogen auf die technischen und ökonomischen Kräfte, daß sie ihrerseits auf die geistigen rückwirkten, insbesondere auf den Part des Journalisten. Ihn beschrieb Dovifat noch nicht als »publizistische Persönlichkeit« (wie drei Jahre später in der Monographie über »Zeitungswissenschaft«), sondern aus organisationssoziologischem Blickwinkel. Der Journalist unterliege dem Aktualitätszwang, der eigenen »Subjektivität«, technischen und ökonomischen Zwängen. Somit sei die Zeitung kein »Spiegel« ihrer Zeit, vielmehr ein Instrument, das mit dieser Zeit bzw. ihrer Gesellschaft interagiere und sie zugleich präge.

Dovifat hat die komplexe Problematik der Interdependenz der diversen in der Zeitung wirksam werdenden »Kräfte« in seinem langen Schaffen nicht schlüssig bearbeitet und vermochte die Breite der Fragestellungen, die seine Antrittsvorlesung aufwirft, nie einzulösen.

Insgesamt zeigt diese Antrittsvorlesung den erkenntnistheoretischen Weitblick ebenso wie die Zwänge, denen Dovifat als neu berufener Professor einer kaum akademisch integrierten Wissenschaft begegnete. Die Schwächen seiner eigenen Positionen, der normative Impetus, fokussiert auf die »publizistische Persönlichkeit«, sowie die Vernachlässigung zeitgenössischer soziologischer Positionen, insbesondere zur Soziologie der Gruppe und der öffentlichen Meinung, werden erst drei Jahre später in der Monographie »Zeitungswissenschaft« (→ Dovifat 1931) offensichtlich.

Literatur

Stefanie Averbeck (1999): *Kommunikation als Prozeß. Soziologische Perspektiven in der Zeitungswissenschaft 1927-1934*. Münster: Lit.

Emil Dovifat (1934): Die Erweiterung der zeitungskundlichen zur allgemein-publizistischen Lehre und Forschung. In: *Zeitungswissenschaft*, 9. Jg., Nr. 1, S. 12-20.

Max Weber (1911): Geschäftsbericht. In: *Verhandlungen des Ersten Deutschen Soziologentages vom 19.-22. Oktober 1910 in Frankfurt am Main. Reden und Vorträge*. Tübingen: J.C.B. Mohr, S. 39-62.

Gotthard Würfel (1930): *Kritisches über die Zeitung von heute*. Köln: Schulze.

Stefanie Averbeck

Emil Dovifat (1931): *Zeitungswissenschaft*. Berlin, Leipzig: Walter de Gruyter & Co. – Band 1: *Allgemeine Zeitungslehre*. 125 Seiten. – Band 2: *Praktische Zeitungslehre*. 147 Seiten.

Emil Dovifat (1890-1969) ist eine fachhistorisch viel gewürdigte (vgl. Benedikt 1986), aber auch kritisch betrachtete Persönlichkeit. Der langjährige Professor der Zeitungswissenschaft in Berlin wird oft an seiner vermeintlichen oder tatsächlichen Anpassungsleistung an die (fach)politischen Prämissen im »Dritten Reich« gemessen. Dieser Streit kann hier nicht geführt werden (vgl. Sösemann 1998). Sicherlich aber schuf Dovifats Buch *Zeitungswissenschaft* nicht zu leugnende Kontinuitäten, ließ es sich doch in das NS-Paradigma vom politischen »Führungsmittel« leicht einpassen (vgl. Wilke 1998: 280).

Die Rezeptions- und Wirkungsgeschichte dieses sechs Mal, zuletzt 1976 von Jürgen Wilke herausgegebenen Buches wird eben erst geschrieben, und der vorliegende Beitrag bespricht ausschließlich die erste Auflage von 1931. Bereits ein Jahr nach ihrem Erscheinen war sie vergriffen, der Lehrbuchcharakter des zweibändigen Werkes wurde von Kollegen weithin anerkannt (vgl. Averbeck 1999: 149). Dovifat suchte in dieser Monographie das Programm seiner Antrittsvorlesung zu verwirklichen, die Theorie der Zeitung mit der Reflexion der journalistischen Praxis zu verbinden (→ Dovifat 1929). Es gehe in der »praktischen Zeitungslehre« indes nicht um »Berufsdrill« (Bd. 2, S. 5ff.). Er ging mit den meisten Fachkollegen konform: Der Journalismus sei Begabungsberuf, den man zwar universitär, durch die reflexiven Aufgaben der Zeitungswissenschaft und ergänzend durch das Wissen anderer Disziplinen heben könne, journalistische Ausbildung wie in den USA wollte man aber an deutschen Universitäten nicht betreiben.

Der Aufbau des ersten, theoretischen Bandes der *Zeitungswissenschaft*, die *Allgemeine Zeitungslehre*, erfolgt nach Lehrsätzen, die Dovifat ausgehend von seinem Diktum, die Zeitung unterliege einer »Wechselwirkung geistiger, wirtschaftlicher und technischer Kräfte« (Bd. 1, S. 5) entwickelte. Das Ergebnis der Analyse dieser Wechselwirkung lautet: »Die Zeitung vermittelt jüngstes Gegenwartsgeschehen in kürzester regelmäßiger Folge der breitesten Öffentlichkeit« (Bd. 1, S. 9). Dieser Satz erscheint nicht überraschend, verweist er doch auf eine lineare Wirkungsvorstellung und die »Wesensmerkmale« der Zeitung, wie sie etwa auch Otto Groth seit Mitte der 20er Jahre beschrieb: Periodizität, Publizität und Aktualität. Auffällig ist der Vermittlungsbegriff, den Erich Everth und Alfred Peters – anders als Dovifat – zum Ausgangspunkt für funktionale Perspektiven nahmen (vgl. Rühl 1987; Averbeck 1999: 296f.). Gleichfalls der Öffentlichkeitsbegriff, den Dovifat mit Erich Everth (1928) erkenntnistheoretisch fundierte und dessen zentrale Kriterien er in der allgemeinen Zugänglichkeit von Informationen sowie der Abgrenzung gegen Privatinteressen fand.

Dovifat vertrat eine normative Perspektive: »Der Publizist führt die Öffentlichkeit in öffentlichen Dingen und auf Gesinnungsgrundlage durch Überzeugung zur Tat« (Bd. 2, S. 61).

Zwar ist die Wirkungsvorstellung linear, aber sie kennt intervenierende Variablen, wenn auch gewonnen aus Alltagsbeobachtungen, verbleibend auf einer beschreibenden Ebene, aber nicht ohne empirische Phantasie: etwa in Dovifats Versuch, die Abonnenten einer Parteizeitung und die tatsächlichen Parteigänger gegeneinander aufzurechnen. Aus seinem Rechenbeispiel folgerte er, bestimmte Parteien – er spielte auf die NSDAP an – verfügten über einen »Massenzulauf«, der unmöglich auf die begrenzte Auflage ihrer Parteizeitungen zurückgeführt werden könne. Vielmehr darauf, »daß die Wählermasse aus eigener Erfahrung [...] die politische Willensbildung selbständig vornimmt«. Daneben seien insbesondere Vereine, politische Demonstration und Aktion »meinungsführend« (Bd. 1, S. 118f.).

Diese Beobachtungen widersprechen Transmissionsvorstellungen. Zugleich aber fehlte Dovifat eine gruppensoziologische Bestimmung des Rezipienten, der für ihn schließlich »Lesermasse«, die der »Führung« durch publizistische Persönlichkeiten bedürfe, blieb. Letzteren obliegt dann die Aufgabe politischer Bildung und Erziehung, auch mittels manipulativer »Nachrichtenpolitik« (Bd. 1, S. 25f., S. 115).

Dovifat machte ergänzende Mechanismen der Meinungsbildung aus: Zeitung, Rede, Versammlung, Demonstration, Rundfunk, Film. Damit hob er die selbstgesetzte Gegenstandbegrenzung auf die Zeitung, wie noch in der Antrittsvorlesung und auch im Eingangskapitel des ersten Bandes der *Zeitungswissenschaft* postuliert, auf. Von hier aus kam er zur Betrachtung von Phänomenen wie Funktionswandel und Komplementarität der Medien. Lange vor der Zeitung habe es meinungsbildende Kräfte gegeben. Gesprochenes Wort, darstellendes Bild, Lied und Rede seien »zurückgedrängt worden durch die Technik der Druckkunst«. Indes: »Sie treten – genauso wie es die Nachrichtenmittel tun – zeitweise zurück, um dann in neuen Formen wieder vorzubrechen oder sich gar leistungsmäßig an die Spitze zu stellen« (Bd. 1, S. 117).

Aus der zeitlichen Distanz überraschend zu lesen, sind auch die Ausflüge in die Technikgeschichte, zum Gebrauch des Telefons, zur »gefunkten Zeitung«, zu Rundfunk und »Bildfunk«. Dovifat vermutete, daß sich die »kritische Aufgabe der Zeitung« mit dem Alltäglich-Werden der Bildnachricht via »drahtloses Fernsehen« erhöhe. Gegen den Trend der Zeit bewertete er die Visualisierung des öffentlichen Lebens nicht negativ. Das Publikum werde des Lesens keinesfalls »entwöhnt«, habe es sich doch durch die Filmwochenschauen längst »gewöhnt«, Ereignisse »auch bildmäßig zu sehen« (Bd. 1, S. 16; Bd. 2, S. 28ff.).

Gegen Karl Büchers Vorstellungen einer Trennung von redaktionellem und Anzeigenteil führte er makroökonomische und politiktheoretische Zusammenhänge ins Feld. Staatliche Monopole liefen der Pressefreiheit entgegen; jeder Versuch, der Zeitung die Anzeigen und damit die wirtschaftliche Basis zu nehmen, bringe sie in »weit gefährlichere Abhängigkeiten« (Bd. 1, S. 111). Dovifat argumentierte wie Bücher normativ, allerdings aus einer anderen Position, nämlich der der Meinungspluralität, die er in ähnlicher Weise anläßlich des Berliner Soziologentages vortrug (vgl. Dovifat 1931a) und die anti-etatistische Züge aufweist (vgl. Stöber 1998).

Dovifats methodologische Basis galt früh als »nicht haltbar« (Peters 1931), später wurde ihr das »Niveau einer Alltagstheorie« zugesprochen (Rühl 1977). Noch ohne das Stadium der Hypothesenbildung zu erreichen, hat Dovifat anhand seiner Alltagsbeobachtungen immerhin die (auch die normativen) Fragen gestellt, die das Fach heute noch beschäftigen, obwohl sein eigener Ansatz in den Grundzügen kommunikator- und medienzentriert blieb.

Literatur

Stefanie Averbeck (1999): *Kommunikation als Prozeß. Soziologische Perspektiven in der Zeitungswissenschaft 1927-34.* Münster: Lit.

Klaus Ulrich Benedikt (1986): *Emil Dovifat. Ein katholischer Hochschullehrer und Publizist.* Mainz: Grünewald.

Emil Dovifat (1931a): Diskussionsbeitrag. In: *Verhandlungen des Siebenten Deutschen Soziologentages*. Tübingen: J.C.B. Mohr.
Erich Everth (1928): Die Zeitung im Dienste der Öffentlichkeit. Eine begriffliche Grundlegung. In: *Archiv für Buchgewerbe und Gebrauchsgraphik*, 65. Jg., H. 4 , S. 1-30.
Alfred Peters (1931): Zeitungswissenschaft. In: *Archiv für Angewandte Soziologie*, 3. Jg., H. 4, S. 266-270.
Manfred Rühl (1977): Emil Dovifat: Zeitungslehre I und II. In: *Publizistik*, 22. Jg., S. 212-213.
Manfred Rühl (1987): Eine funktionale Sichtweise in der Publizistikwissenschaft – vor Parsons, Merton et al. Anmerkungen zum Werk von Alfred Peters. In: Manfred Bobrowsky, Wolfgang R. Langenbucher (Hrsg.): *Wege zur Kommunikationsgeschichte*. München: Ölschläger, S. 183-199.
Bernd Sösemann (Hrsg.) (1998): *Emil Dovifat. Studien und Dokumente zu Leben und Werk*. Berlin: Walter de Gruyter.
Rudolf Stöber (1998): Emil Dovifat in der Weimarer Republik: Bemerkungen zu Pressefreiheit, Demokratie und Subsidiaritätsprinzip. In: Bernd Sösemann (Hrsg.): *Emil Dovifat. Studien und Dokumente zu Leben und Werk*. Berlin: Walter de Gruyter, S. 69-92.
Jürgen Wilke (1998) Standardwerk oder Materialsammlung ohne wissenschaftlichen Anspruch? Emil Dovifats »Zeitungslehre« und die Entwicklung der Zeitungswissenschaft in Deutschland. In: Bernd Sösemann (Hrsg.): *Emil Dovifat. Studien und Dokumente zu Leben und Werk*. Berlin: Walter de Gruyter, S. 267-288.

Stefanie Averbeck

Franz Dröge (unter Mitarbeit von Ilse Modelmog) (1972): *Wissen ohne Bewusstsein. Materialien zur Medienanalyse der Bundesrepublik Deutschland*. Frankfurt am Main: Athenäum Fischer Taschenbuch Verlag. 212 Seiten.

Wissen ohne Bewußtsein ist am Übergang von der Industriegesellschaft zur Informationsgesellschaft möglicherweise theoretisch irrelevant, gibt aber einen guten Einblick in die Entwicklung der Publizistik- und Kommunikationswissenschaft am Anfang der 70er Jahre. Zum wissenschaftlichen Beirat der Reihe, in der die Monographie erscheint, gehört auch der Autor, Franz Dröge, selbst. Unter den Reihenherausgebern finden wir viele, die sich gegenwärtig noch als wissenschaftliche Meinungsführer gebärden. Es wäre interessant, ihre aktuelle Meinung zu *Wissen ohne Bewußtsein* kennenzulernen. Oder haben sie den Band nie gelesen? Die Redaktion lag bei Stefan Müller-Doohm, der später auch selber als sozialwissenschaftlicher Autor hervorgetreten ist.

Im Grunde handelt sich bei dem Buch um eine späte Münsteraner Publikation. In Münster, neben Berlin der wichtigste Platz, an dem die Publizistik nach 1945 wieder (von Walter Hagemann) installiert worden ist, hatten sich mehrere Assistenten Henk Prakkes in den sechziger Jahren im Gefolge des Struktur-Funktionalismus Talcott Parsonsscher Provenienz einen Funktionalismus erarbeitet, der auf Modernisierung der rückständigen Publizistik ausging. Ihr Funktionalismus hatte freilich mit der später ausgearbeiteten funktional-strukturellen Systemtheorie Niklas Luhmanns wenig zu tun. Allerdings konnten mit ihm alle Arten von »normativen« Ansätzen, also der subjektiven feuilletonistischen Kritik, »überwunden« werden. Daran war hervorragend Franz Dröge beteiligt. Zu verzeichnen sind linkskatholische Einflüsse. Allerdings kam es dann 1969 in Münster zu einem bekannten Nachfolgestreit, der den Ansatz der dortigen Assistenten mit zum Ende brachte.

In *Wissen ohne Bewußtsein* exemplifiziert Dröge seinen Abschied von dieser »bürgerlichen Wissenschaft«. Er will, das war seinerzeit so üblich, einen Beitrag zur marxistischen »Medienwissenschaft« leisten. Bei den vielen, die sich seinerzeit auf diesen Weg machten, grenzt er sich vernünftigerweise von den beiden anderen wichtigen marxistischen Erneuerern der »Medienwissenschaft« ab, Horst Holzer und Dieter Prokop. Beide waren bis in die letzten Jahre noch mit aktuellen Beiträgen in der »Medienwissenschaft« vertreten, was *Wissen ohne Bewußtsein* wichtig macht. Worin die Abgrenzung besteht, wird nicht immer völlig klar. Allerdings steht außer Frage, daß die Theorie des staatsmonopolistischen Kapitalismus (die wissenschaftliche Doktrin des real existierenden Sozialismus), mit der Horst Holzer wohl immer zu weit identifiziert worden ist, hier klar abgelehnt wird. Es handelt sich um eine Publikation der undogmatischen Linken, die heute wissenschaftlich weithin verschwunden ist. Auch Mao Tse Tung wird hier und da zitiert, ohne daß dies inhaltlich tatsächlich seine Auswirkungen hätte.

Selbstverständlich geht es um das richtige Klassenbewußtsein, das offensichtlich einige Wissenschaftler stets genauer kannten, aber nicht mitteilten mit der Ausrede, daß es nicht um schematische Prognosen gehe, sondern um die Kritik der politischen Ökonomie (die Kritik der bestehenden kapitalistischen Verhältnisse), um den Grundwiderspruch zwischen den Produktivkräften und den Produktionsverhältnissen. Letztere wurden bekanntlich als Fessel der erstgenannten gesehen, eine Annahme, die durch den Cyber-Kapitalismus der Gegenwart und den ökonomischen Zusammenbruch des realen Sozialismus 1989 nicht bestätigt erscheint. Wie Profite erarbeitet werden, wie sie tatsächlich zustande kommen, dafür interessiert sich der Band nicht wirklich. Stets zu analysieren war die Klassengesellschaft und der Herrschaftszusammenhang, der in ihr gegeben war. Dröge betonte den Zusammenhang der Medienindustrie mit der Freizeitindustrie und der Bildungsindustrie. Wer wollte ihn im Jahr 2000 angesichts unserer Freizeitgesellschaft und bei den bildungspolitischen Bemühungen der verschiedenen Modernisier-Gruppen, auch um ausländische Fachkräfte, ernsthaft übersehen.

Wissen wird von Dröge als Teil gesellschaftlichen Handelns angesehen. Sein Kernbegriff, der die neue (allerdings schon bei Karl Marx vorformulierte) Analyse tragen soll, ist Arbeit, nicht Wissen oder Information oder Kommunikation. Er gelangt zu dem damals auch von anderen – etwa Jürgen Habermas – konstatierten Doppelcharakter der Medien als einerseits herrschaftsstabilisierend, andererseits revolutionär-bewußtseinsverändernd. Allerdings interessiert sich der Band wesentlich stärker als andere marxistische Hervorbringungen jener Jahre tatsächlich für den Gebrauchswert von Massenkommunikation und damit dafür, was die Massen wirklich wollen. Insofern liefert Dröge Ansatzpunkte für eine Cultural Studies-Hypothese. Pluralismus ist da nur die Vortäuschung von Vielfalt, die aufgrund der unterschiedlichen Interessen der einzelnen Kapitalfraktionen (der verschiedenen Medienkapitale im realen Gesamtkapital) und der Gruppeninteressen in der Bevölkerung zustande kommt.

Private und öffentlich-rechtliche Medien sind hier gleichermaßen der Kapitalverwertung unterworfen. Werbung ist das beherrschende Element gesellschaftlicher Kommunikation, mit der Folge der Manipulation der Meinungsbildung.

Bestand haben an *Wissen ohne Bewußtsein* kann allenfalls die Beschreibung des Warencharakters jeglicher gesellschaftlicher Produktion. Sie fällt hier allerdings so aus, daß immer mehr Gleichheit gesehen werden muß, Differenzierung kaum möglich ist. Aber sie ist ohne Frage heute noch grundsätzlich berechtigt angesichts der umfassenden Vermarktung öffentlicher und privater Güter. Der Band ist aus gegenwärtiger Sicht von einiger Aussagekraft über die Debatten, die seinerzeit die Linke bestimmt haben. Das mag zur Erklärung ihres wissenschaftlichen und politischen Scheiterns beitragen, von wirklichem Interesse ist es wohl nur für Veteranen jener Auseinandersetzungen.

Wilfried Scharf

Fritz Eberhard (1962): *Der Rundfunkhörer und sein Programm. Ein Beitrag zur empirischen Sozialforschung*. Berlin: Colloquium Verlag. 302 Seiten.

Dieses Buch ist auch Resultat einer Freundschaft und eines Zufalls, und es hatte für die Publizistikwissenschaft Folgen, die weit über das hinausreichen, was Gedrucktes normalerweise bewirken kann. Wahrscheinlich wäre *Der Rundfunkhörer und sein Programm* nicht geschrieben worden, wenn der Rundfunkrat des Süddeutschen Rundfunks am 27. Juni 1958 nicht für eine Überraschung gesorgt hätte. Intendant Fritz Eberhard (1896-1982), seit dem 1. September 1949 im Amt, 62 Jahre alt und eine Institution, glaubte die Wiederwahl für eine letzte Amtsperiode bereits in der Tasche zu haben – und unterlag seinem 36jährigen Herausforderer Hans Bausch. Die Enttäuschung verarbeitete Eberhard am Schreibtisch. Anderthalb Jahre später war ein Manuskript fertig, das die wichtigsten Ergebnisse der Hörerumfragen zusammenfaßte, die der Süddeutsche Rundfunk seit 1950 beim Institut für Demoskopie in Auftrag gegeben hatte. Zwar haben alle westdeutschen Rundfunkanstalten in den 50er Jahren entsprechende Untersuchungen bezahlt, kontinuierliche Forschung aber gab es nur in Stuttgart. Allensbach ermittelte für eine ganze Reihe von Stichtagen die Hörbeteiligung und befragte außerdem jährlich einen repräsentativen Hörerquerschnitt zu Empfangsbedingungen, Programmwünschen und Hörgewohnheiten. Bestimmte Fragen wurden dabei stets wiederholt, so daß das Institut nicht nur die aktuellen Ergebnisse auswerten konnte, sondern mit Hilfe der Daten aus den Vorjahren zugleich Veränderungen im Nutzungsverhalten nachspürte. Dadurch sind die Berichte eine einzigartige Basis für eine Geschichte der Medienrezeption in der Nachkriegszeit.

Die Umfrageserie hing eng mit der Person des Intendanten zusammen. Fritz Eberhard, als Hellmut von Rauschenplat geboren, Frontsoldat im Ersten Weltkrieg, promovierter Wirtschaftswissenschaftler und linkssozialistischer Funktionär, war von den Nationalsozialisten per Haftbefehl verfolgt und in die Illegalität gezwungen worden. Ab 1937 lebte er in London, arbeitete unter anderem für die BBC und lernte hier die Umfrageforschung kennen. Nach Kriegsende brachte Carlo Schmid den Sozialdemokraten Eberhard mit Elisabeth Noelle-Neumann zusammen. Zwischen beiden entstand eine Freundschaft. Kaum im Amt, beauftragte der Intendant Eberhard das Allensbacher Institut, das Verhalten der Hörer zu untersuchen. In den anderen Funkhäusern wurde dieses Engagement als »Steckenpferd« belächelt. So wie der Rundfunk in Deutschland organisiert war, brauchte er keine Studien über die Rezipienten. Die Anstalten hatten eine sichere Einnahmequelle und in ihrem Sendegebiet de facto ein Monopol, sie konnten auf ihren Programmauftrag pochen und waren in ihrem Wohlergehen eher von den Aufsichtsgremien abhängig als vom Urteil der Hörer. Dazu kam das Unverständnis gegenüber den Hörerwünschen. Wie viele der Verantwortlichen sah auch Fritz Eberhard den Rundfunk als Kulturinstrument und Volksbildungsmittel. Er lehnte aber Umfragen nicht ab, sondern wollte mit ihrer Hilfe den Sendungen, die er für wichtig hielt, ein größeres Publikum verschaffen und auch die erreichen, die sich eigentlich gar nicht dafür interessierten. Die Berichte aus Allensbach führten zu Programmänderungen, und in den Stuttgarter Redaktionsräumen hingen Schaubilder mit Umfrage-Ergebnissen (soziale Zusammensetzung der Hörerschaft, Schlaf-Zeiten, Informationsstand der Bevölkerung). Nach der Abwahl Eberhards versiegte die Datenquelle langsam: Zunächst veranstaltete das Institut für Demoskopie noch alle zwei Jahre eine Umfrage, dann gab es sporadisch Aufträge, und Anfang der 70er Jahre war endgültig Schluß.

Das Buch *Der Rundfunkhörer und sein Programm* läßt sich auch als das Vermächtnis des Intendanten Eberhard lesen, als ein Plädoyer für Hörerforschung und für eine Programmgestaltung, die die Bedürfnisse der Bevölkerung berücksichtigt. Wichtiger als die rundfunkpolitischen Kapitel war aber, daß Eberhard die Umfrage-Ergebnisse der Öffentlichkeit zugänglich machte. Er beschränkte sich dabei fast ausschließlich auf die Allensbacher Untersuchungen für den Süddeutschen Rundfunk. Vergeblich sucht der Leser nach Hinweisen auf die ersten Versuche der Hörerforschung in den 20er und 30er Jahren, etwa auf die Umfragen von Programmzeitschriften, die Gerhard Eckert bereits 1941 in seiner Habilitationsschrift ausgewertet hatte (vgl. Eckert 1941), oder auf die Untersuchungen unter Leitung des Zeitungswissenschaftlers Hans Amandus Münster (vgl. Münster 1932; Schmidt 1939; Schindler 1942). Eberhard fragte auch nicht nach sozialen und psychologischen Ursprüngen der Kommunikationsbedürfnisse und blieb hier hinter dem Original, hinter den Berichten des Instituts für Demoskopie, zurück. Dafür beschrieb er detailliert das Radiopublikum der Vor-Fernsehzeit, ein Publikum, das das Medium Hörfunk längst in seinen Alltag integriert hatte, sehr viel nebenbei hörte und vor allem Musik und Nachrichten erwartete. Als Eberhards Schrift *Der Rundfunkhörer und sein Programm* erschien, sprach alle Welt längst über das Fernsehen. Vielleicht hat Eberhards Werk deshalb keinen Nachfolger gefunden. Als Quelle für das goldene Jahrzehnt des Radios ist es aber bis in die Gegenwart unerreicht.

Das Buch ermöglichte Fritz Eberhard den Sprung auf den Publizistik-Lehrstuhl der Freien Universität Berlin. Im Wintersemester 1960/61 hielt er hier die ersten Vorlesungen, war Honorarprofessor und bis 1968 als Nachfolger Emil Dovifats Leiter des Instituts für Publizistik. Nicht nur deshalb ist *Der Rundfunkhörer und sein Programm* ein Meilenstein auf dem Weg des Faches zu einer empirischen Sozialwissenschaft. Bereits 1961 holte Eberhard Elisabeth Noelle-Neumann als Lehrbeauftragte nach Berlin (für Vorlesungen über die Methoden der Demoskopie) und beantragte wenig später eine Honorarprofessur für seine Wegbegleiterin (der Versuch scheiterte allerdings). 1965 wurde Noelle-Neumann in Mainz zur Universitätsprofessorin ernannt.

Literatur

Gerhard Eckert (1941): *Der Rundfunk als Führungsmittel*. Heidelberg, Berlin, Magdeburg: Vowinckel.
Hans A. Münster (1932): *Jugend und Zeitung*. Berlin: Carl Duncker.
Friedrich Schindler (1942): *Die Publizistik im Leben einer Gruppe von Leunaarbeitern insbesondere im Hinblick auf Presse, Rundfunk und Film*. Phil. Diss. Univ. Leipzig. (Maschinenschrift).
Alfred Schmidt (1939): *Publizistik im Dorf*. Dresden: Dittert.

Michael Meyen

Umberto Eco (1977): *Zeichen. Einführung in einen Begriff und seine Geschichte*. Frankfurt am Main: Suhrkamp. 203 Seiten. – 16. Auflage 2000. 202 Seiten.

Originalausgabe: Umberto Eco (1973): *Il segno*. Milano: Istituto Editoriale Internazionale. 174 Seiten.

Dieses Buch zählt zu den früheren semiotischen Werken Umberto Ecos, kann aber stellvertretend für das von ihm geschaffene, umfangreiche semiotische Werk stehen, das heute neben den klassischen Schriften von Charles Sanders Peirce, Charles W. → Morris (1946) und Ferdinand de Saussure als ein eigenständiger, moderner Ansatz gesehen wird (vgl. als Überblick Nöth 2000: 125 ff.). Umberto Eco (geb. 1932), der 1971 auf den weltweit ersten, explizit der Semiotik gewidmeten Lehrstuhl an der Universität Bologna berufen wurde und zum weltweit wohl berühmesten Semiotiker avancierte, war zunächst durch Studien zur mittelalterlichen Ästhetik und 1962 mit seinem ersten Hauptwerk »Das offene Kunstwerk« (Opera aperta, 1962) hervorgetreten. Mit diesem Werk, das in stark überarbeiteter Version in Deutschland 1972 als »Einführung in die Semiotik« (Eco 1972) erschien, hatte sich der Autor in internationalen Fachkreisen längst einen hervorragen Ruf erworben, bevor er durch seinen ersten Roman »Il nome della rosa« auch einem breiten Literaturpublikum bekannt wurde. Eco hat mit *Zeichen* ein auch in Deutschland sehr erfolgreiches Einführungswerk in die Semiotik vorgelegt.

Eco beginnt damit, den Zeichenprozeß, seine Elemente und Dimensionen vorzustellen, geht ausführlich auf die Einteilung der Zeichen, d.h. auf mögliche und verschiedene Zeichentypologien ein, widmet je ein Kapitel dem sprachlichen Zeichen und einigen philosophischen Problemen des Zeichens, bevor er Umrisse einer eigenen, integrativen Zeichentheorie vorstellt. Dies wird didaktisch gut angelegt, so daß das Buch bis heute als gut lesbare und umfassende Einführung in die Zeichentheorie gelten kann.

Eco ist – wie die meisten modernen Semiotiker – Vertreter eines weiten Zeichenbegriffs. Dies bedeutet, daß auch diejenigen Phänomene, die oft als »Anzeichen« oder »natürliche Zeichen« bezeichnet werden (z.B. rote Hautflecken als Krankheitssymptome für Masern, dunkle Wolkenkonstellationen als prognostisches Anzeichen für Regenwetter, Sonnenstand als Anzeichen für die Uhrzeit etc.) von ihm als semiotische Phänomene verstanden werden. Zeichen werden als Elemente innerhalb von Designations- (Bezeichnungs-) und Kommunikationsprozessen begriffen. Wichtig ist für Eco, daß innerhalb dieser Prozesse – zumindest im menschlichen Bereich – Regeln und Regelsysteme (Kodes) eine zentrale Rolle spielen. Hier trifft sich der Ansatz von Eco mit anderen informations- und kommunikationstheoretisch fundierten Ansätzen (vgl. Bentele & Bystrina 1978). Designations- und Kommunikationsprozesse ohne Kodes sind reine Reiz-Reaktions-Prozesse, Zeichen werden zum Zeichen nur durch die Existenz von Kodes, d.h. Zuordnungsvorschriften (Regeln) für die Verbindung von zwei Elementen (z.B. Ausdrucks- und Inhaltselementen).

Eco schließt sich der klassischen Auffassung von Morris an, wenn es darum geht, herauszustellen, daß Zeichen keine Klasse von bestimmten Gegenständen sind, sondern daß es bei Zeichen um relationale Gegenstände geht: Alles kann zum Zeichen werden, wenn es von zumindest einem Interpreten als solches angesehen wird. Die Semiotik beschäftigt sich insofern mit allen Gegenständen, insoweit (und nur insoweit) sie an einer Semiose beteiligt sind. Nöth (2000: 129) bezeichnet dies als »semiotischen Perspektivismus«. Ebenfalls wird die Einteilung von semiotischen Dimensionen in Syntaktik (Beziehungen zwischen Zeichen), Semantik (Beziehungen zwischen Zeichen und ihren Signifikanten) und Pragmatik (Beziehungen zwischen Zeichen und Zeichenbenutzern) von Morris übernommen.

Je nachdem, ob als Unterscheidungskriterium die Zeichenquelle, der Grad der Zeichenspezifität, die Intentionalität des Senders, der physische Kanal bzw. das Empfangsorgan beim Menschen, die Beziehung des Zeichens zum Signifikat, die Reproduzierbarkeit des Signifikanten oder das beim Empfänger ausgelöste Verhalten herangezogen wird, können Zeichen unterschiedlich geordnet und zu Typologien systematisiert werden. Eco stellt diese Typologien systematisch vor, trägt durch die Diskussion der Unterscheidungskriterien zur Transparenz der Erstellung solcher Schemata bei und entwickelt so die semiotische Theoriebildung weiter.

Sprachliche Zeichen, eine spezielle Zeichenart, besitzen spezifische Gliederungsebenen wie die Ebene der Phoneme, der Morpheme und Lexeme. Eco diskutiert und führt in die zentrale und konsentierte Begrifflichkeit (langue, parole, semantische Merkmale etc.) ein, die aus der strukturalistischen Tradition entstammen. Bezüglich der sprachlichen Zeichen bezieht sich Eco auf das Herkömmliche, Klassische. Die von ihm behandelten philosophischen Probleme von Zeichen beziehen sich z.B. auf die Beziehungen zwischen Sprache, Denken und Wirklichkeit, universelle Grammatiken und andere allgemeine Probleme.

Obwohl das Buch – wie Eco betont – kein Buch über die Semiotik, die Zeichentheorie, sondern nur über das Zeichen selbst sei, wird im letzten Abschnitt eine Skizze zu einer Zeichentheorie (ab S. 167) vorgestellt. Hier werden die zentralen Begriffe systematisch eingeführt und aufeinander aufgebaut. Informationen, so Eco, werden von Signalen transportiert, die wiederum Element in Signalprozessen sind. »Ein Zeichen liegt dann vor, wenn durch Vereinbarung irgendein Signal von einem Kode als Signifikant eines Signifikats festgelegt wird. Ein Kommunikationsprozeß liegt dann vor, wenn ein Sender bewußt kodierte Signale mittels eines Sendegeräts überträgt, das sie über einen Kanal schickt« (S. 167). Das »Gesetz der unbegrenzten Semiose« (S. 168), d.h. die Tatsache, daß jedes Zeichen Interpretanten hervorbringt, die selbst wiederum als Zeichen interpretiert werden können, sowie andere Themen wie die relationale Natur des Zeichens (S. 169) oder die Konventionalität von Zeichen (S. 170) werden ebenso behandelt wie zentrale Begriffe (Kode; Interpretant; Semiose und Bezugnahme; Denotation; Konnotation) definiert. Der Begriff der »kulturellen Einheiten« wird als semiotischer Begriff neu eingeführt und definiert: »Jeder Interpretant eines Zeichens ist eine kulturelle oder semantische Einheit. Diese Einheiten konstituieren sich in einer Kultur autonom zu einem System von Oppositionen, dessen umfassende Interrelation als umfassendes semantisches System bezeichnet wird.« (S. 176) Sememe werden als kulturelle Einheiten (S. 182) verstanden, Kultur insgesamt wird als Zeichensystem betrachtet. Semiotik wird nicht nur als Theorie, sondern auch in ihrer praktischen Dimension reflektiert (S. 189).

Eco versteht es in diesem Buch, nicht nur die einfacheren, sondern auch komplexere theoretische Überlegungen sowie die wichtigsten semiotischen und linguistischen Grundbegriffe verständlich und eingängig dazustellen. Nachvollziehbare Beispiele und eine transparente Systematik führen dazu, daß hier eine sehr gute Einführung in die semiotische Theoriebildung entstanden ist, die auch die semiotische Praxis – verstanden als auf Zeichensystemen basierende kulturelle Praxis – rekonstruiert.

Einige Problemkomplexe werden von Eco in anderen Werken ausgeführt, so z.B. eine »Theorie der Kodes« – Kodes werden als kulturelles Regelsystem aufgefaßt – oder eine Theorie der Zeichenproduktion (vgl. z.B. Eco 1976). Ecos eigener semiotischer Theorieansatz ist kommunikationstheoretisch fundiert, was auch heißt, daß nicht nur Zeichen als relationale Phänomene, sondern Zeichenprozesse im Focus seiner Überlegungen stehen. Allerdings wird anfangs die historische Dimension und – weitergehend – die genetische Dimension etwas vernachlässigt. Konkret: Die phylogenetische Entwicklung und Analyse von Signalprozessen, von anderen Semiotikern innerhalb der »Zoosemiotik« (vgl. Sebeok 1979) oder einer »genetischen Semiotik« (vgl. Bentele 1984) behandelt, wird von Eco zwar auch dem »semiotischen Feld« zugerechnet, aber nicht für sonderlich relevant gehalten. Das semiotische Feld umfaßt für Eco »tierische Zeichensysteme, taktile, kinesische und paralinguistische Kommunikation, Sprache, Texte, Erzählstrukturen, und -konventionen, Massenkommunikation und Rhetorik, medizinische Regeln zur Interpretation von Krankheiten, Musik, visuelle Kommunikation einschließlich der Architektur und Malerei« (Nöth 2000: 128).

Die Perspektive, Semiotik als Kulturtheorie aufzufassen, hat seit den 70er Jahren einen neuen, wichtigen Impuls für die Zeichentheorie und Zeichenanalyse, aber auch für die Kommunikationswissenschaft erbracht. Die Analyse massenmedialer Zeichenprozesse und Zeichenstrukturen (vgl. Bentele 1981; Nöth 2000), von Eco selbst schon frühzeitig am Beispiel Film und den Massenmedien insgesamt vorgetragen (vgl. Eco 1972), konnte sich auch aus diesem Grund immer wieder auf den dynamischen Ansatz von Eco beziehen.

Literatur

Günter Bentele (Hrsg.) (1981): *Semiotik der Massenmedien*. München: Ölschläger.
Günter Bentele (1984): *Zeichen und Entwicklung – Vorüberlegungen zu einer genetischen Semiotik*. Tübingen: Narr.
Günter Bentele, Ivan Bystrina (1978): *Semiotik. Grundlagen und Probleme*. Stuttgart u.a.: Kohlhammer.
Umberto Eco (1972): *Einführung in die Semiotik*. Autorisierte deutsche Ausgabe von Jürgen Trabant. München: Wilhelm Fink.
Umberto Eco (1977): *A theory of semiotics*. London/Basingstoke: Macmillan. (1. Aufl. 1976: Bloomington, IN: Indiana University Press).
Umberto Eco (1980): *Il nome della rosa*. Milano: Bompiani.
Winfried Nöth (²2000): *Handbuch der Semiotik*. Stuttgart, Weimar: Metzler.
Thomas A. Sebeok (1979): *Theorie und Geschichte der Semiotik*. Aus dem Amerikanischen übersetzt von Achim Eschbach. Rowohlt. (Originaltitel 1976: Contributions to a doctrine of signs. Bloomington, IN: Indiana University Press).

Günter Bentele

Murray Edelman (1964): *The symbolic uses of politics*. Chicago, London: The University of Illinois Press. 201 Seiten.

Deutsche Ausgabe: Murray Edelman (1976): *Politik als Ritual. Die symbolische Funktion staatlicher Institutionen und politischen Handelns*. Frankfurt am Main, New York: Campus. X, 202 Seiten.

In seinem Buch *The symbolic uses of politics* entwickelt Murray Edelman einen grundlegend neuen Ansatz für die Analyse demokratischer Politik. Während sich die etablierte Politikwissenschaft auf die expliziten Funktionen politischer Institutionen (Erwerb und Erhalt von Macht, Allokation von Werten, Gewährleistung von Massenbeteiligung) konzentriert, stellt Edelman die symbolische Dimension von Politik in den Mittelpunkt seiner Untersuchung. Die zentrale These ist, dass polititische Institutionen und Prozesse nicht nur instrumentelle, sondern – kraft ihres symbolischen Gehalts – auch elementare expressive Funktionen erfüllen. Diese können unter Umständen von größerer Bedeutung für die Stabilität der politischen Ordnung sein als substantielle Politik. Edelmans Werk ist eine abstrakt-theoretische Abhandlung, angereichert durch Beispiele aus der US-amerikanischen Wirtschafts- und Kommunikationspolitik. Die Argumentation stützt sich auf Theorien aus einer großen Bandbreite sozialwissenschaftlicher Disziplinen, insbesondere Politikwissenschaft, Soziologie, Sozialpsychologie, Anthropologie und Linguistik.

In Edelmans Konzeption sind Symbole verdichtete, wenngleich weitgehend bedeutungsunbestimmte Repräsentationen von Normen und kollektiven Emotionen. Symbole vereinfachen hochkomplexe politische Sachverhalte und machen auf diese Weise Politik für die breite Masse von Bürgern zugänglich. Die zentrale Funktion von Symbolen besteht darin, das Vertrauen in die Rationalität und Gerechtigkeit politischer Entscheidungen zu stärken, auch wenn diese in Wahrheit bestimmte Partikularinteressen begünstigen. Symbole sichern also die Akzeptanz und die Integration der bestehenden Ordnung. Als Beispiel für die Differenz von instrumenteller und symbolischer Funktion von Institutionen verweist Edelman auf Wahlen. Während der Einfluß des einzelnen auf die Inhalte der Politik als äußerst gering zu veranschlagen ist, bieten Wahlen die Gelegenheit, Unzufriedenheit oder Zustimmung zu äußern. Die Bedeutung von Wahlen beruht deswegen nicht auf ihrer manifest-instrumentellen Funktion. Vielmehr stärken sie in ihrer Eigenschaft als symbolisch-expressive Politik das Zugehörigkeitsgefühl der Bürger zur politischen Gemeinschaft und verleihen den politischen Entscheidungen der Regierung Legitimität.

Die Relevanz von politischen Symbolen ergibt sich aus den ungleichen Chancen der Bürger im politischen Prozeß. Edelman unterscheidet zwei Gruppentypen. Bei Typ A handelt es sich um gut organisierte Gruppen, die über umfassende Information und effiziente Strategien zur Durchsetzung ihrer Ziele verfügen. Typ B umfaßt die Masse der Bürger. Ihre Rolle im politischen Prozeß beschränkt sich auf die des Zuschauers. Politisches Wissen ist auf Stereotype und die symbolische Oberfläche von Politik beschränkt. Entsprechend ist auch ihre Fähigkeit, Interessen zu artikulieren und Einfluß auf politische Entscheidungen zu nehmen, begrenzt. Symbolische Politik sichert nach Edelman die Zustimmung der Massen (Typ B) zu einer Politik, die vor allem der Verteilung von Ressourcen an etablierte Gruppen (Typ A) dient.

Symbolische Politik findet in unterschiedlichen Formen – oder dramaturgischen Settings – statt. Dabei handelt es sich um Inszenierungen, durch die politische Entscheidungen in einen bestimmten Kontext von Interpretationen und Bewertungen gestellt werden. Wichtige Elemente solcher Inszenierungen sind institutionalisierte Rituale, die Personifizierung von politischen Prozessen in der Figur der politischen Führungspersönlichkeit und der Gebrauch von Sprache. Die Kapitel von *The symbolic uses of politics* sind jeweils diesen unterschiedlichen Formen symbolischer Politik gewidmet.

Rituale sind institutionalisierte Verfahren, durch die Entscheidungen getroffen werden. Mehr noch als durch die substantiellen Inhalte wird Politik durch die ritualisierten Prozesse, in denen sie stattfindet, legitimiert. Ein Beispiel sind die Verhandlungsrituale in industriellen Auseinandersetzungen. Der festgefügte Ablauf von Tarifverhandlungen vermittelt den Eindruck eines rationalen Entscheidungsprozesses, dessen Ergebnisse deswegen bereitwillig akzeptiert werden.

Die Inszenierung von politischen Führungspersönlichkeiten ist ein wichtiges Instrument, um Politik für die Masse der Zuschauer faßbar und verständlich zu machen. Politische Führer signalisieren, daß Politik von einzelnen Personen »gemacht« wird und daß es klare Verantwortlichkeiten gibt. Tatsächlich wird Politik jedoch von komplexen Prozessen, oftmals von Zufällen, bestimmt, die nur bedingt beeinflußbar sind – eine Vorstellung, die für die meisten Bürger unerträglich wäre.

Der Einsatz von Sprache für symbolische Politik beruht auf der gezielten Ausnutzung der vielfältigen konnotativen Bedeutungen von Wörtern. Diese Konnotationen sprechen bestimmte Werte an, die von unterschiedlichen Gruppen in je spezifischer Weise interpretiert werden. Erfolgreiche Propaganda benutzt Formulierungen, die die Vorurteile und Erfahrungen von einem möglichst großen Anteil des Publikums integrieren. Auf diese Weise verliert Sprache ihr analytisch-beschreibendes Potential und verkommt, so Edelman, zu einer Abfolge von Pawlowschen Reflexen.

The symbolic uses of politics ist nicht das einzige Buch, in dem sich der Murray Edelman mit symbolischer Politik auseinandergesetzt hat. In einer Reihe nachfolgender Veröffentlichungen (u.a. Edelman 1975; 1990) hat er seine Thesen weiter vertieft. Edelman (geb. 1919) ist heute Professor emeritus an der University of Wisconsin-Madison, USA, wo er jahrzehntelang Politikwissenschaft am Department of Political Science gelehrt hat.

Edelmans Ansatz blieb zunächst eher ein Randphänomen in der Politikwissenschaft. Elders und Cobbs (1983) Untersuchung ist eine der wenigen Arbeiten, in denen sich Politikwissenschaftler systematisch mit der symbolischen Dimension von Politik auseinandersetzen. Diese Situation hat sich mittlerweile geändert. Die »konstruktivistische Wende« hat nun auch die Politikwissenschaft erreicht, nachdem in der Kommunikationswissenschaft seit den 80er Jahren die Repräsentation von Realität als ein kognitives und sprachliches Konstrukt diskutiert wird (Schulz 1989). Der Ansatz ist vor allem im Bereich der politischen Kommunikation außerordentlich fruchtbar. Während in *The symbolic uses of politics* die Medien nur kursorisch erwähnt werden, sind die Massenmedien heute die zentrale Bühne, auf der Politik stattfindet. Insbesondere die Allgegenwart des Fernsehens hat dazu geführt, dass symbolische Politik zu einem wesentlichen Bestandteil politischen Handelns geworden ist. Im deutschsprachigen Raum hat vor allem Ulrich Sarcinelli (1987) diesen Forschungsansatz aufgegriffen und gezeigt, daß die zunehmende Bedeutung von symbolischer Politik und die Orientierung an der Operationslogik der Medien weitreichende Rückwirkungen auf die Funktionsweise politischer Institutionen hat.

Literatur

Murray Edelman (1975): *Political language. Words that succeed and policies that fail.* New York: Academic.

Murray Edelman (1990): *Constructing the political spectacle.* Chicago: University of Chicago Press.

Charles D. Elder, Roger W. Cobb (1983): *The political uses of symbols.* New York, London: Longman.

Ulrich Sarcinelli (1987): *Symbolische Politik. Zur Bedeutung symbolischen Handelns in der Wahlkampfkommunikation der Bundesrepublik Deutschland.* Opladen: Westdeutscher Verlag.

Winfried Schulz (1989): Massenmedien und Realität. Die »ptolemäische« und die »kopernikanische« Auffassung. In: Max Kaase, Winfried Schulz (Hrsg.): *Massenkommunikation. Theorien, Methoden, Befunde.* Opladen: Westdeutscher Verlag, S. 135-149.

Katrin Voltmer

Rolf Engelsing (1966): *Massenpublikum und Journalistentum im 19. Jahrhundert in Nordwestdeutschland.* Berlin: Duncker & Humblot. 305 Seiten.

Rolf Engelsing (1930-1986) promovierte nach dem Geschichts- und Lateinstudium 1955 in Göttingen mit einer wirtschaftsgeschichtlichen Dissertation. Danach ließ er sich zum Bibliothekar ausbilden, arbeitete von 1959 bis 1963 an der Staatsbibliothek Bremen und wechselte dann an die Wirtschafts- und Sozialwissenschaftliche Fakultät der Freien Universität Berlin, wo er sich 1965 mit einer Untersuchung über Massenpublikum und Journalistentum im 19. Jahrhundert in Nordwestdeutschland habilitierte; die überarbeitete Fassung erschien ein Jahr später als Buch. Vorausgegangen waren mehrere zwischen 1961 und 1966 im ›Archiv für die Geschichte des Buchwesens‹ publizierte Einzelstudien zum Thema Lektüre und Presse in Nordwestdeutschland, mit denen sich der Autor einen Namen als Bildungs- und Medienhistoriker machte.

Das Untersuchungsgebiet der Habilitationsschrift Engelsings ist Bremen und sein Umland, teilweise auch das hannoversche Unterwesergebiet sowie Oldenburg. Der Zeitraum reicht, über die Angabe im Buchtitel hinausgehend, bis 1914. Der Untersuchungsgegenstand ist die »Zeitungsgeschichte«, und zwar nicht – wie der ein wenig altmodisch erscheinende Begriff vermuten lassen könnte – als Objekt medienzentrierter Forschung, sondern als »Sozialgeschichte« (S. 17). Engelsing grenzt sich vom traditionell-deskriptiven Verfahren der Zeitungskunde ab und stellt dem die Forderung nach der Untersuchung der gesellschaftlichen Dimension der Presse und damit nach der Einbeziehung der »Menschen« entgegen: »Dies sind in unserm Fall die Journalisten und die Leser«. (S. 26) Ihnen als den bis dahin von der Wissenschaft weithin vernachlässigten Akteuren im publizistischen Prozeß gilt Engelsings Interesse vor allem, doch kommen die Zeitungen und Zeitschriften in der untersuchten Region nicht zu kurz. Der Autor bezieht gerade die kleineren, von Forschung und Bibliotheken oft gleichermaßen vernachlässigten Blätter in die Untersuchung ein, in denen er häufig mehr »soziale Wirklichkeit« (S. 21) dokumentiert fand als in den sogenannten großen Zeitungen. Hatte, so Engelsing, das Lesen für den Bürger des 18. Jahrhunderts als Stimulans im Prozeß seiner Vergesellschaftung gewirkt, erweiterte sich in Fortsetzung dieses Prozesses im 19. Jahrhundert der Kreis der Lesenden auf die unterbürgerlichen Schichten. Für diese wurde die periodische Literatur zum wichtigsten Lesestoff, bildete den Kern der »Volkslektüre« (S. 36) und leistete einen folgenreichen Beitrag zur politischen und kulturellen Sozialisation der Menschen im Jahrhundert der Industrialisierung. Schließlich wurde die Zeitung für den Massenleser zum existenziellen Element: »Er las nicht darin, ohne auch darin zu leben.« (S. 28) Im engen Zusammenhang mit der Sozialgeschichte des Lesens stand die Sozialgeschichte des Journalismus. Engelsing wendet sich gegen die in der Wissenschaft verbreitete idealisierende Betrachtungsweise des Journalismus, in der die Berufsvertreter und -schichten, die in politischer und/oder ethischer Hinsicht einer vermeintlichen Standesnorm nicht entsprechen, ausgeklammert werden. Statt dessen fordert er »Nüchternheit« (S. 41) des Forschungsansatzes, um alle Spielarten journalistischer Tätigkeit erfassen und in ihren jeweiligen gesellschaftlichen Funktionen bestimmen zu können.

In den beiden Hauptteilen des Buches – »Die Zeitung und ihre Leser« und »Der Journalismus« – demonstriert Engelsing in ausführlichen empirischen Untersuchungen am Beispiel Nordwestdeutschlands den Strukturwandel in Journalismus und Presseleserschaft zwischen Vormärz und Erstem Weltkrieg. Die im Gefolge der Industrialisierung entstandenen, überwiegend (groß)städtischen Bevölkerungsschichten bildeten für die bestehenden Zeitungen neue Leserreservoire und regten zur Gründung neuer Zeitungen an. Besondere Aufmerksamkeit widmet der Autor der sozialdemokratischen Presse und ihrer politischen und kulturellen Bedeutung für die neuen Unterschichten: Periodika und Kolportageliteratur dienten der politischen und literarischen Bildung und förderten sowohl das Sozialprestige des einzelnen Lesers als auch das Klassen- und Gruppenbewußtsein durch Kollektivlektüre. Bemerkenswerte Veränderungen im Leseverhalten stellt Engelsing auch im ländlichen Raum fest. Spätestens in den 1880er Jahren war die Zeitung, nicht zuletzt unter dem Einfluß der Stadt, zur Volkslektüre gleichfalls auf dem Lande geworden, auch hier u.a. Bildungsmittel sowie Chance, an der zunehmend städtisch geprägten Kultur teilzuhaben. Das Ende der sozialen Exklusivität der Leserschaft periodischer Literatur im 19. Jahrhundert fiel zusammen mit der Entstehung des journalistischen Berufsstandes. Nachdem in Bremen noch in der ersten Hälfte des 19. Jahrhunderts ein Großteil der journalistischen Arbeit nebenberuflich von Personen großbürgerlich-akademischer Herkunft geleistet worden war, bildete sich aus diesem Milieu etwa um die Jahrhundertwende der Journalismus als eigenständige berufliche Tätigkeit heraus. In der zweiten Jahrhunderthälfte rekrutierten sich hauptberufliche Journalisten dann auch zunehmend aus den unteren Bevölkerungsschichten (»Volksjournalisten«; S. 230). Im Gegensatz zu den in der Öffentlichkeit umlaufenden negativ gefärbten Vorstellungen vom Berufsjournalisten und seiner Arbeit waren für den neuen Berufsstand und sein Arbeitsethos bürgerliche Tugenden wie Fleiß, Genauigkeit und Pünktlichkeit charakteristisch. Der Journalist, und besonders der Zeitungsredakteur, wurde zum weisungsabhängigen und meist anonym arbeitenden Angestellten, dessen der regelmäßigen Erscheinungsweise der Presse unterworfene Tätigkeit immer mehr den Formen industrieller Produktion ähnelte. Die Stellung des Journalisten beruhte daher im Unterschied zu der des freien, individuell arbeitenden Schriftstellers »weniger auf seiner Persönlichkeit als auf seiner Funktion« (S. 272).

Engelsing erklärt den Aufstieg und den Erfolg der periodischen Presse im 19. Jahrhundert weniger mit ihren publizistischen Eigenschaften als mit ihrer gesellschaftsorganisierenden Kraft, besonders mit ihrem Charakter als Motor breitester Volksbildung. Die Presse habe wesentlich zur Entstehung einer Gebrauchskultur beigetragen, von der sie selbst ein Teil geworden sei, und habe Wissen und Bildung aus ehedem exklusiven sozialen Kategorien zu gesamtgesellschaftlichen Triebkräften gemacht. Keine Lektüre sei gegen Ende des Jahrhunderts intensiver gewesen als das Zeitunglesen, und kein Lesestoff habe die existentiellen Interessen des Massenpublikums so befriedigt wie Zeitung und Zeitschrift. Das wiederum habe zu einer sozialintegrativen Wirkung der Presse einschließlich der sozialdemokratischen geführt aufgrund ihrer Fähigkeit, den Lesern gerade in Zeiten politischer und sozialer Umbrüche das Gefühl gesellschaftlicher Teilhabe zu vermitteln.

Das Buch Engelsings hatte wesentlichen Anteil an der Fundierung einer medienwissenschaftlichen Forschungsrichtung in Deutschland, die sich ausdrücklich als sozialgeschichtlich verstand und unternehmensgeschichtliche Aspekte der Presse zurückstellte zugunsten leser- und berufssoziologischer Fragestellungen sowie solcher nach langfristigen Wirkungen von Presse und Lektüre auf Prozesse gesellschaftlichen Wandels in der Vergangenheit. Engelsing hat den Ansatz weiterverfolgt und noch mehrere, nicht allein in der Kommunikationswissenschaft vielbeachtete Monographien zur Leser-, Berufs- und Bildungsgeschichte verfaßt (vgl. u.a. Engelsing 1973, 1974, 1976).

Literatur

Rolf Engelsing (1973): *Analphabetentum und Lektüre. Zur Sozialgeschichte des Lesens in Deutschland zwischen feudaler und industrieller Gesellschaft*. Stuttgart: J.B.Metzlersche Verlagsbuchhandlung.
Rolf Engelsing (1974): *Der Bürger als Leser. Lesergeschichte in Deutschland 1500-1800*. Stuttgart: J.B.Metzlersche Verlagsbuchhandlung.
Rolf Engelsing (1976): *Arbeit, Zeit und Werk im literarischen Beruf*. Göttingen: Vandenhoeck & Ruprecht.

Hartwig Gebhardt

Karl d'Ester (1928): *Zeitungswesen*. Breslau: Hirt. 152 Seiten.

Ein handliches Bändchen von 152 Seiten, mit einigem Aufwand gestaltet: 36 Abbildungen werden verzeichnet. Etwa zwei Drittel davon reproduzieren außeralltägliche Zeitungserscheinungen oder porträtieren Zeitungsleute. Das letzte Drittel gibt allerlei Modelle und Diagramme wieder. Der solchermaßen durchaus attraktiv aufgemachte Band erscheint in der Reihe »Jedermanns Bücherei« bei Ferdinand Hirt in Breslau. Ein anspruchsvolles Sachbuch ist das also, das bewußt alles »Problematische« ausklammert, Fußnoten und Literaturhinweise vermeidet und flüssig geschrieben ist. Alle diese Oberflächendetails sind zum Verständnis der d'Esterschen Schrift *Zeitungswesen* bedeutsam.

Orientiert man sich am Geleitwort, so verfolgt Karl d'Ester in dieser Schrift zwei Ziele, die in einem dritten verklammert sind: Zum ersten möchte er das neue, eigenständige Universitätsfach »Zeitungswissenschaft« vorstellen. Zum anderen – da liegt der unmittelbare Anlaß – will er mit dieser Schrift dazu beitragen, daß den Besuchern der Internationalen Presseausstellung von 1928 in Köln, der »Pressa«, »das dort flüchtig Geschaute dauernder Besitz wird«. Beide Ziele sind schließlich an die »Forderung der Anschaulichkeit« gebunden.

Karl d'Ester (1881-1960), durch Promotion und Habilitation als erster in Deutschland akademisch für Zeitungswissenschaft voll ausgewiesen, war 1924 auf die erste etatmäßige Professur für das neue Fach an die Universität München berufen worden (vgl. Bohrmann & Kutsch 1981). Er galt bald als dessen renommiertester Vertreter. Daher bat ihn der Kölner Oberbürgermeister, Dr. Konrad Adenauer, um seine leitende Mitarbeit bei der Konzeption der Internationalen Presseausstellung. Damit stand d'Ester vor einer Doppelaufgabe: Die Philosophische Fakultät der Universität München hatte eine zeitungskundliche Journalistenausbildung unter ihrem Dach definitiv abgelehnt und den Aufbau einer ganz bewußt als »Zeitungswissenschaft« bezeichneten Disziplin verlangt. Für die »Pressa« war ein Rückgriff auf die kulturhistorischen Wurzeln des Zeitungswesens gefordert. Die Lösung beider Aufgaben wies in dieselbe Richtung: Der wissenschaftliche Gegenstand des Faches war zu bestimmen. Die Fragmente der Lösung liegen in dem Band *Zeitungswesen* vor.

Als Aufsatzsammlung charakterisiert d'Ester diese Schrift; jedoch treten deren Einzelstücke oder Fugungen kaum hervor. Die zwei zentralen Teile sind an der Gliederungsoberfläche markiert: »Der Entwicklungsgang der deutschen Presse« zunächst und »Die deutsche Presse der Gegenwart« sodann. Das letzte der vier Kapitel des aktuellen Teils thematisiert »die Presse als Gegenstand der Forschung«. Dabei handelt es sich eher um eine konventionelle Situationsbeschreibung. D'Ester konstatiert die allgemeine Unsicherheit bezüglich des Fachgegenstandes, bezüglich der Ziele und Aufgaben der neuen Disziplin. Um Boden zu gewinnen, müsse die Zeitungswissenschaft sich von der journalistischen Berufsausbildung lösen, interdisziplinär und international vernetzt vorgehen, zunächst ihre Erkenntnisobjekte sammeln und beschreibend sichern, bevor sie an eine systematische Theorieentwicklung denken könne. Zusammen mit einer Empfehlung für den Aufbau einer zeitungswissenschaftlichen Fachbibliothek sind diese wissenschaftstheoretischen Bemerkungen fachgeschichtlich reizvoll. Ungewöhnlich sind sie nicht.

Begnügt man sich indessen nicht mit einem solchen Oberflächendurchgang, so stößt man auf einen ganzen Komplex von Merkwürdigkeiten in dieser Schrift über das *Zeitungswesen*. Sie konzentrieren sich allesamt auf ein halbes Dutzend Seiten des ersten Kapitels im ersten Abschnitt. Überschrieben ist es mit »Vorstufen des Pressewesens«. Solche werden im größeren Teil des Kapitels tatsächlich in Augenschein genommen. In dieses Unterfangen aber fügt sich weder die Begriffs- noch die Quellenarbeit der ersten Seiten, und erst recht nicht die verbal präludierte und dann doch nahezu unvermittelt hingesetzte Grafik des »Zeitungsbaumes« (S. 11). Diese Passagen sind auffällig, weil sie anders sind als die übrigen Teile der Schrift. Möglicherweise sind sie, beeinflußt durch die Vorarbeiten zur »Pressa«, als fachlicher Rahmen für die Einzelaufsätze der Schrift konzipiert. Die entscheidenden Eigentümlichkeiten dieser einführenden Rahmung lassen sich grob so zusammenfassen:

(1) Als Objekt der Zeitungswissenschaft präsentiert der sichtbare Teil des Zeitungsbaumes prinzipiell alle Medien, nicht nur die Presse. Das Radio ist explizit aufgeführt. Aus der Perspektive des Publikationsjahres fehlt nur der Film. Er kommt aber im Text vor und ist zudem Gegenstand einer eigenen Abteilung am d'Esterschen Institut.

(2) Zusammen mit den Vorformen des Zeitungswesens, die als Wurzelwerk des Zeitungsbaumes abgebildet sind, konstituiert sich der wissenschaftliche Gegenstand des Faches als der Nachrichtenverkehr aller Zeiten in all seinen Formen. Diese Festlegung geschieht mit Rückgriff auf das Werk von Wolfgang → Riepl (1913) über das »Nachrichtenwesen des Altertums«, dessen Fachrelevanz d'Ester wenig früher erst wieder »entdeckt« hatte. Mit Riepl suchte er eine enge Kooperation auch bei der Vorbereitung der »Pressa«.

(3) Für den auf diese Weise neu bestimmten Objektbereich aktiviert d'Ester die ursprüngliche Bedeutung des Wortes »Zeitung«. Wie bereits – der allerdings hier nirgends ausdrücklich zitierte – Kaspar von → Stieler 1695, spricht d'Ester in der Folge von »gesprochener Zeitung«, »geschriebener Zeitung« oder »gedruckter Zeitung«; und er modernisiert und erweitert: »getrommelte«, »gepfiffene«, »telefonierte« oder »gefunkte Zeitung«.

(4) In diesen Formulierungen hält d'Ester die gegenstandskonstitutive Differenz zwischen dem (zeitlosen) Zeitungs- bzw. Nachrichtenphänomen und dessen je zeitbedingten äußeren Ausdrucksformen oder Manifestationen fest: Der Druck ist nur eine denkbare Spielart solcher Manifestation.

(5) Als konsequente Anschlußdifferenzierung fügt d'Ester jene zwischen dem allgemeinen Begriff des Journalismus als Nachrichtenarbeit und seiner besonderen Gestalt einer an Druck und Druckerschwärze gebundenen Tagesschriftstellerei an. Dabei beruft er sich auf Erkenntnisse literaturgeschichtlicher Forschung.

(6) Für die Beschäftigung mit den Erscheinungen des Nachrichtenverkehrs unterstreicht d'Ester mehrfach und eindringlich eine funktionale Perspektive: das gesamte Funktionsbündel – Benachrichtigung, Beeinflussung, Unterhaltung und Bildung – sei wissenschaftlich zu erfassen. Zwei Folgerungen hängen an der Betonung dieser Perspektive. Zum einen dient sie der Sicherung des materialen Objektbereichs der neuen Wissenschaft: Ob irgendeine Erscheinung des Mitteilungsverkehrs zwischen Menschen »die gleiche Bedeutung« hat wie später die periodische, gedruckte Zeitung, ist für d'Ester entscheidend. Die Funktionsidentität ermöglicht die Identifizierung der wissenschaftlich relevanten Objekte. Zum anderen besteht für ihn eine Hierarchie der fraglichen Funktionen: »Die Urzelle ist die Nachricht. [...] Die Nachrichtenvermittlung ist so alt wie die Menschheit« (S. 10), schreibt er in deutlicher Parallele zu Stieler. Die zeitliche und sachliche Priorität der Nachricht vor der Beeinflussung ist ganz ohne Zweifel gegen die bereits erkennbare publizistikwissenschaftliche Tendenz gerichtet, die Beeinflussung der öffentlichen Meinung als Leitmerkmal des wissenschaftlichen Gegenstandes zu isolieren und diesen so zu verkürzen.

Nimmt man hinzu, daß in dem Analogiemodell des Zeitungsbaumes mit den Schichten des Erdreichs, aus dem der Baum wächst, auch noch die hemmend und fördernd auf die Entwicklung des Nachrichtenverkehrs einwirkenden Faktoren systematisiert sind, so wird klar, daß d'Ester mit dieser Rahmenpassage nicht einfach ein anschauliches Merkbild skizziert, sondern ein ganzes Forschungsprogramm vorgelegt hat. Insofern ist die Rahmung der Aufsätze in dem kleinen Bändchen *Zeitungswesen* zu groß geraten.

Sein Forschungsprogramm hat Karl d'Ester in den folgenden Jahren in verschiedener Form aufgenommen. Es blieb Such- und Ordnungsschema für seine Sammlungen. Zwei Kapitel über die »Gesprochene« und über die »Geschriebene Zeitung« hat er im »Handbuch der Zeitungswissenschaft« (vgl. d'Ester 1940a, 1940b) annähernd ausgeführt. Bernd M. Aswerus (1993) hat dann Anfang der 60er Jahre mit ausdrücklicher Berufung auf die d'Esterschen Vorarbeiten in der Arbeitsformel »Zeitung ist das Zeitgespräch der Gesellschaft« neu gefaßt und entfaltet, was Karl d'Ester als eigenständiges, auf eine lange Tradition gestütztes Paradigma der Zeitungswissenschaft in dem schmalen Band *Zeitungswesen* als dessen Rahmenkontur entworfen hat.

Literatur

Bernd M. Aswerus (1993): *Vom Zeitgespräch der Gesellschaft*. Zusammengestellt und eingeführt von Hans Wagner. München: Fischer.

Hans Bohrmann, Arnulf Kutsch (1981): Karl d'Ester (1881-1960). Anmerkungen aus Anlaß seines 100. Geburtstags. In: *Publizistik*, 26. Jg., S. 575-603.

Karl d'Ester (1940a): Geschriebene Zeitung. In: Walther Heide (Hrsg.): *Handbuch der Zeitungswissenschaft*. Bd. 1. Leipzig: Hiersemann, Sp. 1271-1278.
Karl d'Ester (1940b): Gesprochene Zeitung. In: Walther Heide (Hrsg.): *Handbuch der Zeitungswissenschaft*. Bd. 1. Leipzig: Hiersemann, Sp. 1288-1299.

Hans Wagner

Erich Everth (1927): *Zeitungskunde und Universität. Antrittsvorlesung gehalten am 20. November 1926*. Jena: Gustav Fischer. 29 Seiten.

1916 war es Karl Bücher mit Unterstützung des Zeitungsverlegers Edgar Herfurth gelungen, in Leipzig das erste Institut für Zeitungskunde an einer deutschen Universität zu gründen, dessen Zweck nicht zuletzt in der berufsethischen und fachlichen Qualifizierung des journalistischen Nachwuchses bestand (→ Bücher 1926). Danach setzte der betagte Nationalökonom 1921 noch die Anerkennung der Zeitungskunde als Promotionsfach und 1926 die Einrichtung des ersten zeitungswissenschaftlichen Lehrstuhls in Deutschland durch, auf den zum 1. November 1926 der 48jährige Journalist und promovierte Kunsthistoriker Erich Everth (1878-1934) berufen wurde. Everth hielt drei Wochen später seine Antrittsvorlesung, deren gedruckte Fassung hier vorzustellen ist.

Vor seiner Berufung hatte Everth lange als leitender Redakteur bedeutender Zeitungen gearbeitet, zuletzt als Wiener Korrespondent des ›Berliner Tageblatts‹. Aufgrund seiner journalistischen Berufserfahrung, die sich in der ersten Kohorte von Zeitungswissenschaftlern häufig findet, war von ihm eine praxisorientierte Prägung des Fachs zu erwarten. Everth erwies sich jedoch mehr an theoretischen Fragen interessiert, vor allem an der gesellschaftlichen Funktion oder Aufgabe des Journalismus, die er, ähnlich wie zur selben Zeit Otto Groth (→ Groth 1928-1930, → Groth 1960-1972), als »Vermittlung«, d.h. als wechselseitige Verbindung zwischen dem Individuum und seiner ferneren Umwelt bestimmte.

Als Person gereicht der Liberale Everth insofern zur Ehrenrettung seines Fachs, als er im Februar 1933 als einziger Zeitungswissenschaftler öffentlich die Einschränkungen der Pressefreiheit durch die neue Regierung Hitler kritisiert hat. Im April 1933 wurde er zwangsbeurlaubt, im Sommer 1934 machte sein krankheitsbedingter Tod den Leipziger Lehrstuhl für den Berliner Zeitungswissenschaftler Hans Amandus Münster frei, der sich den herrschenden Nationalsozialisten sofort nach der Machtübergabe angedient hatte (vgl. Bohrmann & Kutsch 1979).

Obwohl Everth sich seiner Rolle als erster offizieller Programmatiker des jungen Fachs in Deutschland bewußt war und die Zeitungskunde nicht nur »in den akademischen Unterrichtsbetrieb einfügen« (S. 3), sondern ausdrücklich auch die Frage nach ihrer Wissenschaftlichkeit beantworten wollte, verzichtete er darauf, eine für das Fach konstitutive Methode oder Perspektive zu bestimmen. »Bei der Zeitungskunde liegt es so, daß ein besonderes Stoffgebiet da ist, dessen genaue Abgrenzbarkeit günstige Chancen für eine gründliche Behandlung bietet, daß sie aber keine Methode für sich allein hat, sondern daß eine ganze Reihe von Methoden verschiedener Wissenschaften nötig sind, um dieses Gebiet erschöpfend zu bearbeiten.« (S. 6) Dementsprechend begründete Everth die Notwendigkeit der Zeitungskunde allein mit der wachsenden Bedeutung des materialen Gegenstands Presse im sozialen, wirtschaftlichen und kulturellen Leben der Moderne.

Everth geht der Reihe nach auf verschiedene Wissenschaften ein, deren Methoden und Perspektiven alle notwendig seien, um dem Erkenntnisobjekt Zeitung gerecht zu werden. Da das Leipziger Institut nach seinen Vorstellungen »nicht bloß eine Fachschule für angehende Journalisten« sein sollte, sondern vor allem eine Stätte »des Forschens und theoretischen Lehrens« (S. 7), begnügt er sich nicht damit, nach den Beiträgen der verschiedenen Disziplinen zum journalistischen Sachwissen zu fragen, sondern er sucht zu bestimmen, welche theoretischen Aspekte die Zeitungskunde von ihnen zu übernehmen hätte.

Everths erstes, für die 20er Jahre typisches Stichwort lautet: Zeitungskunde als Kulturwissenschaft. Programmatisch daran ist die Akzentuierung des »systematischen Querschnitts« (S. 10), der die Zeitung in Verbindung bringen soll mit anderen Erscheinungen der Moderne wie Hochkapitalismus, Technik, Verkehr, Welthandel, Großstadt oder auch Leistungssport. Die Presse dürfe nicht isoliert von diesen Phänomenen betrachtet werden, weil sie von ähnlichen Gefühls-, Denk- und Handlungsweisen wie sie begleitet würde, etwa dem »Habitus des Wollens« (S. 13), der »Hast und Eile« (S. 13) oder der Bevorzugung »dynamischer vor statischen Formen« (S. 14), die alle für das moderne Leben charakteristisch seien.

Auch im Abschnitt über den Beitrag der Ökonomie zur Zeitungskunde kommt es Everth vor allem auf die Parallelität menschlicher Handlungsweisen in verschiedenen gesellschaftlichen Bereichen an, hier Zeitung und Wirtschaft: »Aus der besonderen Affinität [...], die zwischen Presse und Handel besteht, erklärt sich z.B. [...] der Vorsprung, den die englische Presse zu Anfang des 19. Jahrhunderts hatte: Der britische Handel bahnte ihr die Wege und brauchte sie.« (S. 18) Daneben spricht er aber auch die Dringlichkeit von Analysen der Eigentumsverhältnisse und Finanzierungswege im Pressewesen an, wie sie in bezug auf das gesamte Mediensystem in der heutigen Forschung üblich sind. Allerdings warnt er besonders im Hinblick auf die deutsche Presse davor, über den wirtschaftlichen Zwecken »geistige Ziele der Redaktion und manchmal auch des Verlages« (S. 15) im Sinne eines ökonomistischen Basis-Überbau-Dogmas zu unterschätzen.

So wichtig Everths allgemeiner Hinweis auf die Fruchtbarkeit der Psychologie für die Zeitungs- und Kommunikationswissenschaft ist, so überholt erscheinen heute seine konkreten Thesen an dieser Stelle. Daß das schnelle Tempo der Presse die seelische Vertiefung bedrohe, darf als überwundene Kulturkritik, daß die Zeitung von der Psychologie der Reklame Beeinflussungstechniken lernen könne, als überwundene Journalismusauffassung gelten. Aktuell allerdings auch hier wieder der Hinweis auf die Affinität zwischen den Mentalitäten verschiedener Medienberufe: »man wird aus den Lebensgesetzen des Journalismus heraus, nicht bloß aus dem Interesse des Publikums für Theater, verstehen müssen, weshalb von jeher die Theaterkritik einen so unverhältnismäßigen Raum in der Zeitung einnimmt; das geschieht zum Teil deswegen, weil ein Gefühl tiefer Verwandtschaft den Journalisten mit dem Wesen der Bühne verbindet: das gleiche Verhältnis zum Wort, zur Öffentlichkeit, [...] dieselbe Vermittlerstellung zwischen den geistig Schaffenden höherer Ordnung und dem Publikum«. (S. 21)

Von Analogien zwischen dem Journalistenstand und anderen Berufen, namentlich denen des Anwalts und des Politikers, ist auch im Abschnitt über die soziologische Betrachtung der Presse die Rede, wobei Everth diese Begrifflichkeit nutzt, um kulturvergleichend Unterschiede zwischen dem Selbstverständnis französischer und deutscher Journalisten zu markieren. Außerordentlich aktuell ist die Dringlichkeitsanzeige organisationssoziologischer Analysen von Verlagen und Redaktionen sowie der Verhältnisse zwischen ihnen. Die zentrale Leistung nicht nur dieses Abschnitts besteht jedoch in der Bestimmung der Aufgabe oder Funktion, die den Journalistenberuf in einer stark differenzierten Gesellschaft notwendig macht: »Die Grundfunktion des Journalisten jeder Art ist die des Vermittlers: er stellt Verbindungen her zwischen der Welt und dem einzelnen, zwischen den Leitern des Staates und den Machern der Politik überhaupt einerseits, dem Publikum auf der anderen Seite, und zwar hin und her; und ebenso ist es auf allen anderen Gebieten journalistischer Tätigkeit, auf dem wirtschaftlichen, geistigen, lokalen.« (S. 22)

Immer noch kaum umgesetzt ist Everths abschließender Hinweis, daß sich mit Hilfe der Literaturwissenschaft und ihrer Methoden die Funktionalität der journalistischen Darstellungsformen (Nachricht, Reportage, Kommentar usw.) für die Vermittlungsleistung schärfer herausarbeiten und damit die Sensibilität der Journalisten für diese professionellen Standards erhöhen lasse.

Auch wenn Everth noch an der Vorstellung vom konstitutiven Materialobjekt Zeitung festhält, läßt sich seine Antrittsvorlesung besonders in den Abschnitten III (Zeitungskunde als systematische Kulturwissenschaft) und VI (soziologische Betrachtung der Presse) als früher Schritt in Richtung einer begrifflich-theoretischen Grundlegung des Faches als Kommunikationswissenschaft lesen. Everth favorisiert dabei eine handlungstheoretische Perspektive, die in der Tradition des ausdrücklich erwähnten Max Weber mehr nach dem subjektiven Sinn von Handlungen und deren Regelmäßigkeiten fragt als nach ihrer objektiven Bedeutung (»Funktion«) im Rahmen sozialer »Systeme«. *Zeitungskunde und Universität* belegt damit, daß diese Perspektive in der frühen deutschen Zeitungswissenschaft durchaus angelegt war. Everth hat freilich wenig getan, seinem Programm im Wissenschaftsbetrieb Geltung zu verschaffen. Auch in seinem Habitus als Hochschullehrer liberal, hat er es in den 46 von ihm betreuten Dissertationen kaum umsetzen lassen (vgl. Kutsch 1996). Hingegen wurde Everths Programm von soziologisch ausgebildeten und orientierten Vertretern der jüngeren Generation der Zeitungswissenschaft rezipiert und hatte Einfluß auf die Ansätze ihres kommunikationswissenschaftlichen Denkens (vgl. Averbeck 1999).

Literatur

Stefanie Averbeck (1999): *Kommunikation als Prozeß. Soziologische Perspektiven in der Zeitungswissenschaft 1927 bis 1934*. Münster: Lit.

Hans Bohrmann, Arnulf Kutsch (1979): Pressegeschichte und Pressetheorie. Erich Everth (1878–1934). In: *Publizistik*, 24. Jg., S. 386-403.

Arnulf Kutsch (1996): Das Fach in Leipzig – 1916 bis 1945. In: *relation leipzig*, 3. Jg., Nr. 5, S. 8-11.

Horst Pöttker

Erich Everth (1931): *Die Öffentlichkeit in der Außenpolitik von Karl V. bis Napoleon.* Jena: Verlag Gustav Fischer. VII, 500 Seiten.

Erich Everth (1878-1934) wurde 1926 zum Nachfolger von Karl Bücher als erster Ordinarius für Zeitungskunde und Direktor des Instituts für Zeitungskunde an der Universität Leipzig berufen. Im September 1933 wurde er beurlaubt, nach dem Zeugnis seines zeitgemäß nationalsozialistischen Nachfolgers Hans Amandus Münster aus gesundheitlichen Gründen, tatsächlich aber, weil er, als liberaler Anhänger der Weimarer Republik und Verteidiger der Pressefreiheit, der Gleichschaltung von Fach und Institut im Wege stand.

Everth zählt noch zu den Pionieren der Zeitungswissenschaft als einer selbständigen Disziplin, unabhängig von der Geschichtswissenschaft. Sein hier präsentiertes Hauptwerk demonstriert sein Anliegen. Anders als in der historischen Forschung soll die Publizistik nicht als Quelle für die Geschichtsschreibung untersucht und gewürdigt werden, sondern als wirkende Kraft im einstigen politischen Geschehen. Auch ästhetische und geistesgeschichtliche Gesichtspunkte (wie in der elitären Perspektive Friedrich Meineckes) können daher keine Rolle spielen: »Ein noch so wertvolles Ideensystem in noch so feiner schriftstellerischer Form bleibt hier gänzlich gleichgültig, wenn es nicht sogleich, zu seiner eigenen Zeit, allgemeiner bekannt geworden ist und politisch gewirkt hat« (S. VI). Publizistikwissenschaftlich relevant ist dagegen für Everth die Frage, welche Verbreitung historische Presseprodukte seinerzeit gefunden haben, über welche Grade der Publizität, Popularität und Aktualität sie verfügten.

Ein ausführlicher systematischer Teil der Untersuchung widmet sich der Erläuterung dieser analytischen Kategorien und skizziert im Umriß die Funktionsstruktur publizistisch vermittelter Öffentlichkeit. Wir erfahren Grundsätzliches über die »Grenzen der Öffentlichkeit«, die »Adressaten der Publizistik«, über »Nachricht und Meinung«, »private und amtliche Publizistik«, über »Unwahrheit« und über die Vielfalt politisch-publizistischer »Schlagworte«.

Im historischen Hauptteil ist die sektorale Eingrenzung des Untersuchungsfeldes methodisch neu und bemerkenswert: Im Unterschied zur älteren Publizistikhistoriographie, die »alle möglichen Gesichtspunkte zugleich und durcheinander angewendet« (S. IV) habe, beschränkt sich Everth strikt auf die Rolle der Presse im Kräftespiel der Außenpolitik. Diese perspektivische Konzentration ermöglicht andererseits einen chronologisch besonders weit gespannten Blick. Durchschritten werden drei Jahrhunderte deutscher Geschichte und Publizistik. Dabei werden die allgemeingeschichtlichen Vorgänge nur in »groben Zügen« angedeutet, allein zum besseren Verständnis des Lesers für die jeweiligen publizistischen Themen und Streitpunkte. Dennoch entsteht ein beachtlich monumentales Panorama der europäischen Neuzeit im Spiegel einer sich parallel entfaltenden modernen Presse. Everth zieht alle nacheinander entstehenden und sich zu einem arbeitsteiligen Spektrum auffächernden Pressegattungen heran, von den Flugblättern, »Newen Zeitungen« und Flugschriften der Frühdruckzeit über die ersten periodischen Zeitungen des 17. Jahrhunderts, die Zeitschriften und Staatsschriften in der Epoche der Aufklärung, bis hin zu den Manifesten und Bulletins Napoleons. Wir erhalten einen überzeugenden Eindruck von der stetig wachsenden Rolle der Publizistik im außenpolitischen Geschäft und der fortschreitenden Involvierung der lesenden Untertanen. Dem Gegenstandsbereich angemessen liegt der Schwerpunkt der Darstellung bei der immer konsequenter betriebenen staatlichen Pressepolitik, mit den markanten Entwicklungsstufen im Reichskrieg gegen Frankreich zur Zeit des Großen Kurfürsten, in der friderizianischen Epoche, in den Jahren der Französischen Revolution und in der napoleonischen Ära.

Das Fazit der Untersuchung ist, nicht nur für das Jahr 1931, von skeptischer Hellsicht. Zwar habe sich im Verlauf der zurückliegenden Jahrhunderte der öffentliche Zugang zur Politik immer mehr erweitert, doch sei entschieden davor zu warnen, »die Bedeutung der Öffentlichkeit für die Erkenntnis, die jede Gegenwart von außenpolitischen Dingen haben kann, zu überschätzen und politische Öffentlichkeit und politisches Verständnis in ein allzu einfaches Verhältnis zueinander zu setzen. Was wird, weiß niemand, auch wenn es schon im Werden ist; Gegenwart kann kaum jemals volles Verständnis dessen haben, was sich in ihr begibt.« (S. 112f.)

Everth schloß kurz vor seinem Tode einen zweiten Band mit der Fortführung der Untersuchung bis ins 20. Jahrhundert ab. Eine Drucklegung erfolgte jedoch nicht mehr, und das Manuskript ging in Leipziger Kriegswirren des Jahres 1945 verloren.

Everths Werk ist, wenngleich bloß als Torso überliefert, material und methodisch ein Meilenstein der Publizistikwissenschaft. Es sollte, zumindest passagenweise, zur Pflichtlektüre von Studenten des Fachs zählen – für die publizistikhistorische wie für die wissenschaftsgeschichtliche Grundbildung.

Literatur

Hans Bohrmann, Arnulf Kutsch (1979): Pressegeschichte und Pressetheorie. Erich Everth (1878-1934). In: *Publizistik*, 24. Jg., S. 386-403. (Mit weiterführenden Hinweisen und einer »Auswahlbibliographie Erich Everth«.)

Johannes Weber

Leon Festinger (1957): *A theory of cognitive dissonance.* Evanston, IL, White Plains, NY: Row, Peterson & Co. XI, 291 Seiten. – Letzter Reprint: Stanford, CA: Stanford University Press 1997. XI, 291 Seiten.

Deutsche Ausgabe: Leon Festinger (1978): *Theorie der kognitiven Dissonanz.* Bern u.a.: Huber. 423 Seiten.

Die Theorie der kognitiven Dissonanz gehört zu den aus der Gestaltpsychologie hervorgegangenen Konsistenztheorien. Entsprechend dem »Gesetz der guten

Gestalt« gehen die Vertreter dieser Theorien davon aus, daß Menschen nach Harmonie in ihren Kognitionen streben, also danach, daß ihr Wissen, ihre Urteile und Einstellungen über sich selbst oder die Phänomene in ihrer Umwelt zueinander passen. Bereits zwei Jahre vor Leon Festinger hatten Charles E. Osgood und Percy H. Tannenbaum (1955) ihr »Principle of congruity in the prediction of attitude change« veröffentlicht. Ein Jahr nach Festingers Buch erschien Fritz Heiders »Psychology of interpersonal relations« (→ Heider 1958).

Festingers Grundkonzept ist die »Dissonanz«, also ein spannungsgeladener Zustand der Disharmonie, der – da er nach Auffassung des Autors »psychologically uncomfortable« ist – nach Veränderung strebt. Hierzu stellte er zwei Hypothesen auf: Erstens wird das betreffende Individuum danach streben, diese Dissonanz zu verringern und Konsonanz herzustellen. Zweitens wird es aktiv Situationen und Informationen vermeiden, die die bestehende Dissonanz noch vergrößern könnten. Der Abbau der Dissonanz kann durch Hinzufügen neuer konsonanter Kognitionen, den Abbau dissonanter oder durch Substitution dissonanter durch konsonante Kognitionen geschehen.

In *A theory of cognitive dissonance* führte Festinger mehrere eigene und bereits publizierte Experimente anderer Autoren auf, die seine Theorie stützen. Auf Grund der genialen Operationalisierung berühmt geworden ist dabei sein »Kartenspiel-Experiment«, in dem er Versuchspersonen durch manipuliertes Gewinnen bzw. Verlieren in unterschiedlich starke Dissonanz-Zustände versetzte und dann ihre Bereitschaft maß, sich konsonanten bzw. dissonanten Informationen – präsentiert über eine Grafik der Gewinnerwartung – auszusetzen. Bereits mit diesem Experiment machte er deutlich, daß Dissonanz kein kategorial definierbarer Zustand ist, sondern ein kontinuierlicher, bei dem je nach Stärke ganz unterschiedliche Verhaltensweisen auftreten können. Den von ihm theoretisch vermuteten U-förmigen Verlauf – sehr schwache und sehr starke Dissonanz führen sogar zur Aufnahme weiterer dissonanter Informationen – konnte er damit bestätigen.

Festinger sah seine Theorie als ein allgemeines Gesetz der menschlichen, ja generell biologischen Informationsverarbeitung, ein Geltungsanspruch, der ihm erstens viel Kritik einbrachte und wegen der vielen Falsifikationsmöglichkeiten auch der Akzeptanz der Theorie nicht sehr förderlich war. Nach zunächst euphorischer Aufnahme in der Psychologie häuften sich dann ab Mitte der 60er Jahre kritische Beiträge und gegenläufige Befunde. Vor allem die Veröffentlichung von Jonathan L. Freedman und David O. Sears (1965) und mehrere Aufsätze im dem damaligen Standardwerk »Theories of cognitive consistency: A sourcebook« (vgl. Abelson u.a. 1968) bestritten auf der Grundlage einer Vielzahl von Experimenten den empirischen Gehalt der Theorie Festingers.

Heute wissen wir, daß die vielen sich widersprechenden Ergebnisse vor allem ein Problem unpräziser Randbedingungen waren, für die Festinger selbst einen Teil der Verantwortung trug. Bei Diskussionen über die genauen Annahmen der Theorie ging damals das geflügelte Wort um: »If you want to be sure, ask Leon«. Zu den wesentlichen Bedingungen, unter denen die Theorie gilt, gehört neben der erwähnten Dissonanzstärke unter anderem die Relevanz des Themas und – mit umgekehrtem Vorzeichen – die Nützlichkeit der Information. In vielen die

Theorie falsifizierenden Studien hatte man den Versuchspersonen beispielsweise ziemlich irrelevante Informationen präsentiert oder solche, die für sie extrem wichtig waren. In beiden Fällen kann man nicht erwarten, daß sich Individuen solchen Informationen gegenüber selektiv verhalten und Dissonantes verweigern.

Zu Recht hat man also nach den eher ernüchternden Befunden in den 60er Jahren das Kind nicht mit dem Bade ausgeschüttet und die Theorie der kognitiven Dissonanz völlig aufgegeben. Im Gegenteil: Sie erlebte ab Mitte der 70er Jahre eine Renaissance und gehört heute mit den entsprechenden Modifikationen und Einschränkungen zu den bedeutenden Theorien über die menschliche Informationsselektion. Spätere Ansätze wie Information Utility, Supportive Selection oder Information Seeking integrierten Elemente der Theorie der kognitiven Dissonanz in ihre eigene Theorie der Informationszuwendung und -verarbeitung.

In der Kommunikationswissenschaft hat Leon Festingers Theorie eine ganz eigenartige Karriere durchlaufen, die sich nur vor dem Hintergrund der Forschungsgeschichte und -politik verstehen läßt. Forschungsgeschichtlich fügte sie sich scheinbar nahtlos in einen der Befunde in »The people's choice« ein (→ Lazarsfeld, Berelson & Gaudet 1944). Dort hatten die Autoren eine selektive Zuwendung der Bürger zu Wahlkampfinformationen der jeweils bereits von ihnen bevorzugten Partei gefunden. Die Theorie der kognitiven Dissonanz schien dafür das allgemeine psychologische Gesetz nachzuliefern. Forschungspolitisch ließ sich die Theorie hervorragend für das lange Zeit geltende Paradigma der schwachen Medienwirkungen instrumentalisieren: Um kognitive Dissonanz zu vermeiden, lassen die Menschen solche Informationen links liegen, die ihre bestehenden Meinungen verändern können. Noch heute kann man diese Simplifizierung des Prozesses der Informationsverarbeitung von Laien hören und in schlechten Lehrbüchern lesen. Die meisten empirischen Belege beruhten auf einfachen Korrelationen zwischen Merkmalen der Rezipienten und der von ihnen aufgenommenen oder verweigerten Informationen. Stichhaltige Kausalnachweise waren ausgerechnet in der Kommunikationswissenschaft, wo die Theorie so weitreichende Folgen für das Verständnis von Medienwirkungen hatte, eher rar.

Paradoxerweise wurde die *Theory of cognitive dissonance* so zu einer der einflußreichsten Publikationen in der Kommunikationswissenschaft, ohne daß Festinger die Massenmedien darin überhaupt behandelte. Im Grunde beruhte ihr Einfluß auf einem Mißverständnis, nämlich der Annahme, Festinger habe Aussagen über das Rezeptionsverhalten von Medienkonsumenten gemacht. Ihn interessierte aber nur, wie sich Menschen im bereits bestehenden Zustand der Dissonanz verhalten. Über das Verhalten im Zustand der Konsonanz, den man aber wohl dem normalen Zeitungsleser am Morgen oder Zuschauer von Fernsehnachrichten am Abend unterstellen kann, machte er dagegen keine Aussagen. Festingers Theorie wurde also in der Kommunikationswissenschaft über den vom Autor behaupteten Geltungsbereich ausgedehnt.

Gleichwohl war sie auch für den Fortgang der Kommunikationswissenschaft eine überaus nützliche Theorie. Heute wissen wir, daß die Rezipienten der Massenmedien unter bestimmten Bedingungen dissonante Informationen vermeiden und sich konsonanten bevorzugt aussetzen. Zu diesen Bedingungen gehören die beiden banalen Tatsachen, daß die Medien alternative Informationen anbieten und die Rezipienten zu dem entsprechenden Thema der Berichterstattung auch tatsächlich Vor-Einstellungen besitzen. Beides ist häufig nicht gegeben. Zu den Bedingungen gehört auch, daß es sich um positive Informationen und um solche handelt, die tatsächlich oder vermeintlich eher unwichtig sind. Mit anderen Worten: Wichtigen und/oder negativen Informationen wendet man sich auch dann zu, wenn sie nicht zu den bestehenden Kognitionen passen. Ein dissonanztheoretisch begründetes Selektionsverhalten ist also in der Massenkommunikation eher untypisch und kann nicht dazu herhalten, generell schwache Medienwirkungen zu unterstellen (vgl. Donsbach 1991).

Kaum eine andere Theorie spaltete die wissenschaftliche Gemeinschaft so sehr in zwei Lager wie die Theorie der kognitiven Dissonanz. Sie war sicherlich die einflußreichste aller aus der Gestaltpsychologie hervorgegangenen kognitiven Konsistenztheorien und gleichzeitig deren umstrittenste. Leon Festinger, ein Schüler Kurt Lewins und ein strenger Verfechter messender und experimenteller Sozialforschung starb 1989 im Alter von 69 Jahren. Seine wichtigsten akademischen Jahre verbrachte er an den drei sehr unterschiedlichen, in ihrer Art aber jeweils herausragenden Universitäten: Massachusetts Institute of Technology (Cambridge, MA), Stanford University (Stanford, CA) und New School for Social Research (New York).

Literatur

Robert P. Abelson u.a. (Hrsg.) (1968): *Theories of cognitive consistency: A sourcebook.* Chicago: Rand McNally.

Wolfgang Donsbach (1991): *Medienwirkung trotz Selektion. Einflußfaktoren auf die Zuwendung zu Zeitungsinhalten.* Köln, Weimar, Wien: Böhlau.

Jonathan L. Freedman, David O. Sears (1965): Selective exposure. In: Leonard Berkowitz (Hrsg.): *Advances in experimental social psychology.* Bd. 2. New York: Academic Press, S. 58-98.

Charles E. Osgood, Percy H. Tannenbaum (1955): The principle of congruity in the prediction of attitude change. In: *Psychological Review,* 62. Jg., S. 42-55.

Wolfgang Donsbach

Heinz-Dietrich Fischer (1971): *Parteien und Presse in Deutschland seit 1945.* Bremen: Schünemann Universitätsverlag. 598 Seiten.

Schon das Quellen- und Literaturverzeichnis von 40 Druckseiten belegt eindrucksvoll den Handbuchcharakter dieser Arbeit. Das Personenregister und das Titelregister auf weiteren 15 Seiten zeigen die Dichte der Untersuchung zur politischen Publizistik, die auf der Auswertung von zehn Quellengruppen (S. 17) beruht, wobei Akten aus Partei- und Privatarchiven, staatliche Archivalien, Interviews mit Zeitzeugen und schriftliche Auskünfte vorrangige Bedeutung für die Recherchen hatten, die – so Heinz-Dietrich Fischer, Henk Prakke zitierend – »bisweilen kriminalistische Züge« annahmen. Die Einleitung »Politische Presse in der deutschen Geschichte« ist ebenso knapp wie prägnant ausgefallen.

Ausführlicher befaßt sich Fischer (geb. 1937) im ersten Teil mit den »Entwicklungslinien der politischen Presse« seit 1945. Hier geht es um die Entstehung von Parteien und Presse unter den Bedingungen des Lizenzsystems der unmittelbaren Nachkriegszeit und die weitere Entwicklung politischer Presse im »Zeitungsgefüge« von 1949 bis 1970. Von der gut ausgebauten parteinahen Presse in der Zeit der Weimarer Republik waren nach Zeitungsverboten und der Gleichschaltung früher richtungsbestimmter Titel während der Zeit des »Dritten Reiches« schon lange vor Ende des Zweiten Weltkrieges nur noch die vom Reichspropagandaministerium gelenkten Zeitungen übrig geblieben, die mit der alliierten Besatzung verschwanden.

Es entstanden neue Zeitungen, für die die Besatzungsmächte Lizenzen vergaben. Zwar sollte der völlige Neuaufbau nach den Vorgaben der Alliierten nicht an deutsche Pressetraditionen anknüpfen (→ Koszyk 1986), doch konnten die neu- oder wiedererstehenden Parteien sehr rasch wieder über eigene Stimmen auf dem Zeitungsmarkt verfügen. Lediglich in der amerikanischen Besatzungszone war die Zulassung von »Gruppenzeitungen« mit Lizenzträgern unterschiedlicher politischer Orientierung ein Versuch, innerhalb der Zeitung selbst Pluralität herzustellen (→ Hurwitz 1972). Die wirtschaftliche Basis solcher Blätter erwies sich als solide, während die Differenzen der Lizenzträger vielfach Konflikte auslösten und die Stabilität des Verlages beeinträchtigten. In den drei übrigen Besatzungszonen waren die Parteien über ihre Zeitungen unmittelbar in den publizistischen Wettbewerb eingebunden. Sehr rasch ließ die sowjetische Besatzungsmacht so gut wie ausschließlich Parteizeitungen zu; die DDR hielt später an dieser Praxis fest, die wenigen »unabhängigen« Titel hatten nur vorübergehend eine marginale Bedeutung. Die britische Besatzungsmacht, zunächst ebenfalls auf »Gruppenzeitungen« festgelegt, änderte schon in der Anfangsphase 1946 ihre Lizenzpolitik zugunsten von konkurrierenden Zeitungen aller Parteien, mit Lizenzträgern, die jeweils eine politische Richtung repräsentierten. Diesen Blättern wies man jeweils ein sehr großes Verbreitungsgebiet zu. Die Franzosen hatten zunächst 1945 nicht parteigebundene Regionalzeitungen zugelassen, gaben aber 1947 dem Druck der Parteien nach und lizenzierten zusätzlich für jedes der drei Länder ihrer Zone je eine Zeitung für jede Partei.

Die unterschiedlichen Rahmenbedingungen nach Ende des Lizenzzwanges in den drei westlichen Besatzungszonen im September 1949 hatten für die parteigebundenen Zeitungen zum Teil bittere Konsequenzen: In der US-Zone war der Marktzutritt für parteinahe Zeitungen kaum noch möglich, nachdem sich bei den »Gruppenzeitungen« eine enge Leser-Blatt-Bindung gefestigt hatte. Ähnlich war die Situation im französisch besetzten Südwesten: Die Parteizeitungen waren zu kurz am Markt, als daß sie die Schwierigkeiten nach der Währungsreform 1948 und die Konkurrenz nach der Rückkehr der Altverleger von vor oder bis 1945 erschienenen neuen Zeitungen 1949 auf Dauer hätten meistern können. In der Britischen Zone hatten die parteipolitisch gebundenen Zeitungen zu große Absatzgebiete mit überdehnten Vertriebswegen, als daß sie auf Dauer – noch dazu im Wettbewerb mit anderen Titeln, insbesondere den dort nach 1948 zugelassenen »unabhängigen« Zeitungen – sich eine solide lokale Basis hätten aufbauen können. Ihre wirtschaftliche Lage war insbesondere dann bedroht, wenn sie in nachrangiger Wettbewerbsposition in ihrem Kernverbreitungsgebiet gegen Mitbewerber standen.

Fischer nennt deshalb die Zeit von 1949 bis 1970 die »Konsolidierungs- und Konzentrationsphase«, gekennzeichnet durch einen deutlichen Rückgang parteinaher Zeitungen aller politischen Richtungen. Immerhin verfügten die Parteien zum Zeitpunkt von Fischers Untersuchung noch über eine beträchtliche Zahl ihnen verbundener Presseorgane; den zweiten Teil seines Buches »Die Entwicklung der Presse größerer Parteien« verbindet Fischer mit einer Bestandsaufnahme des damaligen Zustandes.

Die Entwicklung ist seither weitergegangen – eindeutig zu Lasten der richtungsgebundenen Presse. Die Abneigung der Bürger, durch den Bezug einer parteinahen Zeitung sich politisch zu bekennen, war schon in der Lizenzzeit ein Gefährdungspotential für solche Titel; das hat sich weiter deutlich verstärkt. Mehr noch: Für parteinahe Zeitungen sind Erstanbieterpositionen eher die Ausnahme, so daß die Regel der Anzeigen-Auflagen-Spirale vor allem über nachlassende redaktionelle Leistungen zu verringerter Akzeptanz führte. Bereits 1975 war der Bericht von Pruys und Schulze (1975) über die SPD-nahe Presse in weiten Teilen eine Darstellung publizistischer Erfolglosigkeit.

Der Zeitungsmarkt im Bundesgebiet ist heute weitgehend von der Alleinstellung oder herausragenden Erstanbieterposition »unabhängiger« Zeitungsverlage bestimmt, die quasi als »kommunale Versorgungseinrichtungen« eine politische Festlegung selbst in Wahlzeiten weitgehend vermeiden. Nur noch ein Dutzend Titel zeigt wenigstens ein grundrichtungsbestimmtes Profil, meist im bürgerlich-konservativ-christlichen Lager. Umgekehrt ist die SPD nur noch an einer einzigen Tageszeitung mehrheitlich beteiligt, während ihre sonstigen (Minderheits-)Beteiligungen an Zeitungen und Druckereien der Partei kaum publizistischen Einfluß sichern.

Selbst in der Gruppe der Wochenblätter und Monatszeitschriften finden sich wenige Sprachrohre politischer Parteien. Nichts charakterisiert den Substanz- und Bedeutungsverlust parteinaher Presse mehr als die aktuelle Diskussion um die Novellierung des Parteiengesetzes: Es wurde vorgeschlagen, Parteien den Besitz von Zeitungen zu verbieten, um ihnen die Möglichkeit publizistischer Einflußnahme zu nehmen. Deshalb sei daran erinnert: Vor Marktzutritt der Generalanzeiger in den letzten Jahrzehnten des 19. Jahrhunderts waren die Tageszeitungen auf politische Richtungen festgelegt, und in den Jahren vor dem Ersten Weltkrieg stand deutlich mehr als die Hälfte aller deutschen Zeitungen in den Lagern der Konservativen, der Liberalen, des Zentrums und der Sozialdemokraten (S. 28).

Beim Erscheinen seines Buches war der Gegenstand von Fischers akribischer Untersuchung noch ein reales Element in der Beschreibung des deutschen Zeitungsangebots. Ein so rasches Ausbluten der parteipolitisch festgelegten oder grundrichtungsbestimmten aktuellen Presse ist auch von ihm damals sicher nicht erwartet worden. Inzwischen liegt die fortdauernde Bedeutung des Buches in der Beschreibung einer nun schon historischen Situation, die sich seither durch Vorgänge der Kooperation und Konzentration zu Lasten der publizistischen Vielfalt gravierend verändert hat.

Literatur

Karl Hugo Pruys, Volker Schulze (1975): *Macht und Meinung. Aspekte der SPD-Medienpolitik.* Köln: Wissenschaft und Politik.

Walter J. Schütz

John Fiske (1987): *Television culture.* London: Methuen. 353 Seiten.

Das Buch *Television culture* bezieht sich auf dreierlei: Es zielt erstens ab auf das »Fernsehen als Teil des Alltagslebens«. Es bedeutet zweitens aber auch »Fernsehen *und* Kultur« – Kultur dabei verstanden als ein andauernder Kampf um Bedeutungen, Fernsehen als das Medium, das verschiedene Bedeutungen bereithält. Und drittens meint es auch das »Fernsehen *als* Kultur«: Fernsehen ist der Ort, wo um Bedeutungen gerungen, wo letztendlich die Sozialstruktur reproduziert oder verändert wird. Damit steht John Fiske (geb. 1939), der nach Lehraufenthalten in Großbritannien und Australien nun seit mehr als zehn Jahren in den USA (Madison, WI) arbeitet, deutlich in der Tradition der Cultural Studies. Und wie viele Vertreter der Cultural Studies bezieht er sich in seinen Analysen auf Marxismus, Semiotik, Poststrukturalismus und Feminismus; daneben läßt sich an einigen Stellen aber auch eine postmoderne Färbung finden.

In den ersten vier Kapiteln seiner Studie *Television culture* kritisiert Fiske Strömungen, die Fernsehinhalten oder, in der Terminologie der Cultural Studies, »Texten« fast uneingeschränkte Macht einräumen, die Interpretationen des »Lesers« zu bestimmen. Gemeint ist damit primär die britische *Screen*-Theorie, eine Tradition der Medienanalyse, die in den 70er Jahren zu zeigen versuchte, wie Filme und Fernsehen Menschen in der dominanten Ideologie einer Gesellschaft positionieren. Welche Bedeutungen Menschen Fernsehinhalten geben, leiteten Screen-Theoretiker ausschließlich aus der Analyse des Textes ab. Der Rezipient spielte dabei – als Produkt des Textes – keine Rolle. Erst mit David → Morleys (1980) Studie der Sendung »Nationwide« trat das Publikum in das Blickfeld der Cultural Studies. Dadurch wurde zum einen die »difference between the socially and the textually produced subjects« (S. 62) untermauert, zum anderen die Vielfältigkeit unterschiedlicher Lesarten eines Textes stärker berücksichtigt.

Fiske nimmt diese rezipientenorientierte Perspektive als Ausgangspunkt und wendet sich explizit gegen die Vorstellung von Rezipienten als »cultural dopes« (S. 309), die passiv den einlullenden Kräften der Kulturindustrie ausgesetzt sind. Ihm geht es vielmehr darum zu zeigen, wie Rezipienten sich vorgegebenen Bedeutungen widersetzen können und die mit eigenen Bedeutungen versehenen Texte in die eigene Erfahrungswelt integrieren. Dazu unterscheidet Fiske zunächst zwischen Programm und Text: »A program is produced by the industry, a text by its readers« (S. 14). Während also für die Screen-Theorie der Leser ein Produkt des Textes ist, faßt Fiske den Text als Produkt des Lesers auf. Diese Auffassung spezifizierend (aber in gewissen Maß auch zurücknehmend, s.u.), führt Fiske danach das Konzept des »producerly text« (S. 95f.) ein. Fernsehen als »producerly text« anzusehen meint, die diskursiven Kompetenzen des Lesers sowie dessen Partizipation an der Bedeutungskonstruktion als Eigenschaft eines Textes mitzudenken. Das Bedeutungspotential eines Textes erhöhen Textcharakteristika wie Ironie, Metaphern, Witze, textinterne Widersprüche und Exzeß (i.e. ideologische Übertreibungen und semiotischer Überfluß). Wichtig für die multiplen Bedeutungen eines Textes sind auch dessen intertextuelle Beziehungen: zu anderen Primärtexten (z.B. von einer Serie zu einer anderen), zu Sekundärtexten (z.B. einer Ankündigung in einer Programmzeitschrift) oder Tertiärtexten (z.B. Zuschauerbriefen).

Um das Bedeutungspotential von Fernsehtexten aufzuzeigen, analysiert Fiske Serien wie »Hart aber herzlich« oder »Miami Vice«, Quiz- und Game-Shows oder Madonna-Videos und Wrestling-Sendungen. Er bleibt allerdings nicht bei der Analyse multipler Bedeutungen stehen. Fiske will deutlich machen, welche politische Dimension es hat, wenn machtlose Leser sich den ideologisch intendierten Bedeutungen eines Textes widersetzen. Zentral für seine Argumentation ist dabei die Beziehung zwischen Vergnügen, Ideologie und Popularität. Indem ein Leser einem Text eigene Bedeutungen geben und dadurch gegen dominante ideologische Bedeutungen aufbegehren kann, erfährt er Vergnügen. Vergnügen ist also immer verbunden mit Widerstand gegen die vorherrschende Ideologie (die zur Sicherung ihrer Macht natürlich versucht, ihr förderliche Bedeutungen zu vermitteln). Das Fernsehen wird infolgedessen »populär« – nicht im Sinne von »weitverbreitet« oder »erfolgreich«, sondern als Ausdruck der Macht der Machtlosen, im Widerstand gegen dominante Bedeutungen ihre eigene Kultur zu schaffen: »[P]opular means 'of the people' and [...] popularity springs from, and serves the interests of, the people amongst whom it is popular« (S. 310). Diese »bottom up power« (S. 314) der Machtlosen basiert auf deren populärkulturellem Kapital: dem Vergnügen und den Bedeutungen, in denen gerade die Machtlosen ihre Interessen artikulieren.

Indem also das Fernsehen den Rezipienten ermöglicht, Bedeutungen und Vergnügen selbst zu schaffen, entsteht, Fiske zufolge, eine »semiotische Demokratie«. Durch die Partizipation der Rezipienten an der Produktion von Bedeutungen wird das Fernsehen zu dem Ort, wo Macht neu ausgehandelt und die Position der Mächtigen ständig bedroht wird. Fiske versucht, diese sicherlich provokanteste These seiner Studie anhand verschiedener Beispiele zu belegen: Er beschreibt Schüler, die sich mit den Gefängnisinsassen einer Serie identifizieren und die Erfahrung des Eingesperrt- und Unterdrücktseins auf ihren Schulalltag übertragen. Er rekurriert auf Frauen, die Soaps als Angriff gegen das Patriarchat lesen, und Mädchen, die in Madonnas Spiel mit Vorstellungen männlicher Sexualität gerade die Unabhängigkeit von diesen Vorstellungen sehen. Oder er sieht in der Betonung von Ungleichheit, Unfairneß und Häßlichkeit im Wrestling die Alltagserfahrung der Machtlosen. Indem die Machtlosen Wrestling auf diese Art lesen, entlarven sie, so Fiske, die von der dominanten Ideologie propagierten Werte der Chancengleichheit und Gerechtigkeit als Illusion.

Das Buch *Television culture* ist nicht zuletzt wegen seiner provokanten Thesen reichlich kritisiert worden (vgl. z.B. Bee 1989; zusammenfassend Jäckel & Peter 1997: 57f.): Erstens ist Fiske insofern nicht konsistent, als er dem Leser an einigen Stellen des Buches uneingeschränkte Möglichkeiten einräumt, seinen eigenen Fernsehtext zu schreiben (z.B. S. 14, 250-262), an anderen Stellen dies aber wieder relativiert (z.B. S. 84, 93). Dies zeigt sich am unausgereiften Konzept des

»producerly text«, von dem unklar bleibt, inwieweit er mit einem offenen, polysemen Text gleichzusetzen ist. Sollte ein »producerly text« den »Leser als Autor« implizieren, ist unverständlich, warum Fiske am Konzept der strukturierten Polysemie festhält, also einräumt, daß ein Text nicht alle denkbaren Bedeutungen zuläßt. Zweitens wird nicht deutlich, wann das Vergnügen an einem Text aufhört und Mißvergnügen beginnt. Da Menschen auch Vergnügen an der dominanten Ideologie haben können, scheint es fast, als ob ein Rezipient gar keine andere Wahl hat, als mit Vergnügen fernzusehen. Diese mangelnde analytische Präzision gilt auch für die Kategorien »populär/unpopulär« und »mächtig/machtlos«. Drittens wird Fiske vorgeworfen, eine kritische Haltung des Rezipienten als Norm zu betrachten und darüber hinaus oppositionelle Lesarten mit politischer Macht zu verwechseln – das setzte nämlich politisches Handeln voraus. Trotz Fiskes Betonung von populärkulturellem Widerstand läßt seine semiotische Demokratie eigentlich keine Möglichkeit zur Intervention, sie favorisiert vielmehr die »politics of quietism« (Bee 1989: 357).

John Fiskes Studie *Television culture* ist für die Entwicklung der Cultural Studies insofern wichtig gewesen, als es erstmals Bedeutungskonstruktionen der Rezipienten mit den Aspekten Vergnügen und Macht zusammenbrachte. Außerdem steht das Buch für einen grundlegenden Perspektivenwechsel: weg von der Herausarbeitung bevorzugter Lesarten eines Textes hin zu der Erklärung des Bedeutungspotentials eines Textes, das ihn erst »populär« macht. Und schließlich hat es die Cultural Studies in der sogenannten Revisionismus-Debatte zu einer Neuverortung provoziert.

Literatur

Jim Bee (1989): First citizen of the semiotic democracy? In: *Cultural Studies*, 3. Jg., S. 353-359.

Michael Jäckel, Jochen Peter (1997): Cultural Studies aus kommunikationswissenschaftlicher Perspektive. Grundlagen und grundlegende Probleme. In: *Rundfunk und Fernsehen*, 45. Jg., S. 46-68.

Jochen Peter

Werner Früh (1981): *Inhaltsanalyse. Theorie und Praxis.* München: Ölschläger 1981. 214 Seiten. – 2. Auflage 1989. 214 Seiten. – 3. überarbeitete Auflage 1991. 264 Seiten. – 4. überarbeitete Auflage 1998. 259 Seiten.

Die Methode der Inhaltsanalyse ist nicht von vornherein in der Publizistik/ Publizistik- und Kommunikationswissenschaft eingeführt gewesen. Sie stammt in der nunmehr durchgesetzten Form aus der Lazarsfeld-Gruppe. Bernard Berelson, Nachfolger Paul F. Lazarsfelds als Direktor des Bureau of Applied Social Research in New York, hat sie in einer Monographie eingeführt (→ Berelson 1952). Siegfried Kracauer (vgl. Kracauer 1952/1953) hat 1953 für die qualitative Inhaltsanalyse plädiert. Sein Aufsatz ist erst 1972 auf deutsch publiziert worden (vgl. Kracauer 1972). Trotzdem ist die Inhaltsanalyse auch damals noch nicht überall ernst genommen worden – von Ausnahmen abgesehen (vgl. Ritsert 1972). Insofern ist es das Verdienst Werner Frühs (geb. 1947), mit seiner Monographie 1981 erstmals auf deutsch und für den deutschsprachigen Forschungsraum die Inhaltsanalyse umfassend vorgestellt zu haben. Begünstigt durch die rasante Entwicklung bei computergestützten Analyseverfahren darf sie mittlerweile als »Kernmethode« des Faches gelten.

Frühs *Inhaltsanalyse* richtet sich dem Selbstverständnis nach, wie es im Vorwort formuliert wird, vor allem an Studierende und Forscher, die noch keine praktischen Erfahrungen mit der Methode gesammelt haben und nach Orientierung suchen. Besonderer Wert wird auf die im deutschsprachigen Raum nicht selbstverständliche Verschränkung von Theorie und Praxis gelegt. Etwas widersinnig erscheint diesem Anspruch nach zunächst die Aufsplitterung des Buches in zwei Teile: »Theorie der Inhaltsanalyse« und »Praxis der Inhaltsanalyse« – nicht gerade ein Paradebeispiel für »Verschränkung«. Früh gelingt es jedoch, auch für den theorielastigen ersten Teil eine Fülle von sinnvollen und anschaulichen Beispielen zu finden.

Nach einem Abriß der empirisch-wissenschaftlichen Vorgehensweise (Kapitel 1) folgt im zweiten Kapitel die Definition der Inhaltsanalyse als empirische Methode. Hier stößt der Leser auf einen Schwachpunkt des Werkes: die etwas beliebige Gliederung. So sind 15 Seiten für reine »Definition« zu unübersichtlich, zumal die Darstellung der verschiedenen Skalenniveaus mehr schlecht als recht in dieses Kapitel passen und im Bereich »Operationalisierung« wesentlich besser aufgehoben wären. Inhaltlich ist an den Ausführungen nichts auszusetzen, aber gerade für Neulinge der Materie sind die ersten 45 Seiten ein schwerer Einstieg in ein Lehrbuch.

Wesentlich übersichtlicher und von hohem Nutzwert ist das anschließende Kapitel »Vergleich mit anderen Textanalyseverfahren« geraten. Hier wird die Inhaltsanalyse abgegrenzt gegenüber den »klassischen« Verfahren der hermeneutischen Textinterpretation und der linguistischen Textanalyse. Beispiele, die sich einprägen, wie ein Gedicht von Bertolt Brecht oder die Berichterstattung über eine Anti-Kernkraft-Demonstration, veranschaulichen die unterschiedlichen Herangehensweisen und führen gleichfalls in die Diskussion zwischen Geistes- und Gesellschaftswissenschaften über die Methode der Inhaltsanalyse ein.

Das dritte Kapitel widmet sich ebenso anschaulich und verständlich dem eigentlichen Forschungsprozeß einer Inhaltsanalyse, besondere Bedeutung wird der Entwicklung des Kategorienschemas beigemessen, sicherlich kein schlechter Ansatz. Sehr gut werden Begriffe wie »Trennschärfe«, »Validität« oder »Reliabilität« eingeführt. Etwas geraffter hätte man sich die im vierten Kapitel folgende »Zusammenfassung« des ersten Teils gewünscht – 18 Seiten sind für einen schnellen Überblick zuviel.

Der zweite Teil »Praxis der Inhaltsanalyse« präsentiert sich mit allen Stärken und Schwächen eines fallbezogenen Lehrbuchs. Am Beispiel der Frage »Wie berichtet die deutsche Presse über das Thema ‚Kernkraft'?« wird eine Themen-Frequenzanalyse mit allen wesentlichen Stadien des Forschungsprozesses dargestellt. Für ähnlich gelagerte Studien sind die Ausführungen geeignet, eine Anpassung an eigene Fragestellungen und Bedürfnisse ist aber notwendig. Ab der dritten, erweiterten Auflage des Buches (1991) werden hier weitere, komplexe Varianten der Inhaltsanalyse vorgestellt, etwa die »Analyse impliziter Bewertungen« oder die sehr technikintensive »Semantische Struktur- und Inhaltsanalyse (SSI)«, die Bedeutungseinheiten der Texte in computerlesbare Datenstrukturen überführt. Die Ausführungen haben hier jedoch eher illustrierenden Charakter, Interessenten kommen nicht umhin, spezialisierte Literatur heranzuziehen.

Gleichwohl hat Früh ein Standardwerk geschrieben, das noch immer aktuell und vor allem inhaltlich kaum angreifbar ist. 1998 ist die vierte, überarbeitete Auflage erschienen, der Beleg dafür, daß die Monographie auch bei Studenten tatsächlich gefragt ist. Der Einstieg in das Gebiet »Inhaltsanalyse« fällt mit keinem anderen Werk leichter. Das »Konkurrenzwerk« (→ Merten 1983) ist eher für Fortgeschrittene geeignet.

Literatur

Siegfried Kracauer (1952/1953): The challenge of qualitative content analysis. In: *Public Opinion Quarterly*, 16. Jg., S. 631-642.

Siegfried Kracauer (1972): Für eine qualitative Inhaltsanalyse. In: *Ästhetik und Kommunikation*, 3. Jg., Nr. 7, S. 53-58.

Jürgen Ritsert (1972): *Inhaltsanalyse und Ideologiekritik. Ein Versuch über kritische Sozialforschung.* Frankfurt am Main: Athenäum.

Wilfried Scharf / Ralf Stockmann

Herbert J. Gans (1979): *Deciding what's news. A study of CBS Evening News, NBC Nightly News, Newsweek, and Time.* New York: Vintage Books. XVII, 393 Seiten.

Deciding what's news war am Ende der 70er Jahre die bis dato wohl umfassendste sozialwissenschaftliche Analyse der journalistischen Profession. Bereits vorher waren mit Jeremy Tunstalls Arbeiten in England (1971) rollenanalytische Beschreibungen oder mit der ersten Repräsentativbefragung amerikanischer Journalisten von John W. C. Johnstone, Edward J. Slawski und William W. Bowman (1974) größere quantitative Studien entstanden. Aber keine Studie ist gleichzeitig im Detail so minutiös und in der Thematik so umfassend wie das Buch von Herbert J. Gans. Vermutlich hat auch danach keine andere Publikation in der sich dann rapide entwickelnden und damit auch ausdifferenzierenden Kommunikatorforschung diese Universalität erreicht.

Zeitlich fällt das Erscheinen des Buches in die erste Phase einer dann immer intensiveren und kritischeren Beschäftigung mit dem Journalismus in den USA wie auch in Deutschland. In den späten 60er und vor allem den 70er Jahren wuchsen Zweifel an den Kriterien der Nachrichtenauswahl und den Folgen der Medienberichterstattung für gesellschaftliche Werte und Normen. Dabei bildeten sich im wesentlichen zwei Paradigmen heraus. Ein Teil der Forscher beklagte den wachsenden Einfluß einer überwiegend linken intellektuellen Gruppe, zu der auch die Journalisten zählen, auf den Wertewandel und sah die Gefährdung eines gesellschaftlichen Konsenses. Ein anderer Teil erkannte in den professionellen und organisatorischen Entstehungsgrundlagen von Nachrichten eine Ursache für die aus seiner Sicht ständige Reproduktion der bestehenden gesellschaftlichen Strukturen und Machtverhältnisse. Herbert Gans' Buch gehört zu der zweiten Gruppe, ohne aber wie manche andere ideologisch überfrachtet, polemisch und allzu sehr einseitig zu sein.

Vor allem die ersten Jahre der Berichterstattung über den Vietnamkrieg haben eine Umorientierung der Forschung, aber auch des Journalismus selbst verursacht. Wie Thomas Patterson schrieb, hat der Vietnamkrieg die amerikanischen Journalisten zu Kritikern und der Watergate-Skandal später zu Zynikern gemacht. Obwohl solche Wandlungsprozesse sich schleichend und über Jahre hinweg vollziehen, läßt sich behaupten, daß bis in die letzten Jahre des Krieges hinein die traditionellen Werte und Vorgehensweisen im amerikanischen Journalismus eindeutig dominierten. Dies waren unter anderem der Glaube an die überlegene Legitimität offizieller Quellen, das heißt vor allem der Regierung, und an die Objektivitätsnorm, operationalisiert als die mehr oder weniger gleichrangige und originalgetreue und unkritische Berichterstattung konfligierender Quellen. Herbert Gans, dessen Inhaltsanalysen die Vietnam-Berichterstattung noch erfassen, arbeitet die Strukturen dieses Mainstream-Journalismus heraus. Die sich vollziehenden Veränderungen auch im amerikanischen Journalismus kann oder will er dabei jedoch nicht aufgreifen.

Gans hat ein sehr klares und einfach formuliertes Ziel: »I sought to study what this society tells itself about itself through the news and why« (S. XI). Es geht ihm dabei mehr um das »why« denn um das »what«. Er will wissen, welche Faktoren am Zustandekommen von Medieninhalten beteiligt sind, welche Kräfte auf Journalisten einwirken – von innen aus der Person und deren Rollen heraus, von außen durch Ideologien und Einflußnahme der Interaktionspartner und Machtstrukturen. Gans untersucht dies beispielhaft an den Abendnachrichten der beiden Fernsehanstalten CBS und NBC sowie den Magazinen ›Time‹ und ›Newsweek‹. Das Buch hat drei Teile. Im ersten (»The news«) analysiert er, teilweise auf der Grundlage einer kleinen quantitativen Inhaltsanalyse, die wichtigsten Eigenschaften der Nachrichten in den USA in den 70er Jahren. Im zweiten, dem Hauptteil (»The journalist«), beschreibt Gans die Arbeitsabläufe, Entscheidungssituationen und -faktoren in den Redaktionen – auf der Grundlage intensiver teilnehmender Beobachtungen in den Redaktionen –, die zu diesen Inhalten geführt haben. Der dritte Teil (»News policy«) macht Vorschläge, was anders gemacht werden könnte. Nicht nur die Inhalte, auch die Methoden und die Ansprüche des Buches sind vielfältig. Seine teilnehmenden Beobachtungen in den Redaktionen erstrecken sich über zehn Jahre. Hinzu kommen viele Einzel-Interviews bis kurz vor Veröffentlichung des Buches sowie quantitative und qualitative Inhaltsanalysen. Als kritischer Sozialwissenschaftler bleibt Gans nicht bei Analysen stehen, sondern macht (überwiegend recht naive) Vorschläge, wie man mit mehr personellen Ressourcen und noch mehr Freiheit der Redaktionen die Medienberichterstattung verbessern könnte.

Nachrichtentheorien und Pseudo-Events, Arbeitssoziologie und innere Pressefreiheit, Professionalisierung und In-group-Orientierung, Selbstzensur und Publikumsbild – alle Bereiche der Kommunikatorforschung und deren angrenzenden Gebiete werden behandelt. Das wissenschaftliche Prinzip ist mehr oder weniger dasselbe: Aus einzelnen Beobachtungen und Gesprächen mit beeindruckender Sensibilität leitet der Autor verallgemeinerte Aussagen ab. Trotz der empirischen Detailarbeit und Überzeugungskraft des Autors entsteht somit aber zwangsläufig häufig eine Kluft zwischen den Beobachtungen und den Behauptungen. Seine Empirie ist nicht die der »großen Zahl«, sondern die große Zahl der Detailbeobachtungen. Selbst seinen eigenen quantitativen Inhaltsanalysen scheint er weniger zu glauben als seinen subjektiven Eindrücken als aufmerksamer Zeitungsleser. Aber der heuristische Wert von *Deciding what's news* ist vermutlich nur zu vergleichen mit Walter Lippmanns »Public opinion« (→ Lippmann 1922). Dazu gehören (von ihm nie so genannte) Modelle der Nachrichtenfaktoren und der Einflußfaktoren auf die Nachrichtenauswahl und -gestaltung. Vielleicht der für ihn wichtigste Faktor ist dabei die journalistische »Paraideologie«, die bewußten und unbewußten Werte, die diesen Entscheidungen zugrunde liegen.

Herbert J. Gans ist Soziologe. Die Einfühlsamkeit und Differenziertheit dieses Buches könnte man fast als späte Rechtfertigung von Ferdinand Tönnies' Argument auf dem Soziologentag 1930 ansehen, man brauche neben der Soziologie keine Zeitungswissenschaft, weil es ja auch in der Biologie keine Hühner- und Entenwissenschaft gebe. Aber *Deciding what's news* ist nicht so ganz im Vorbeigehen und nicht ohne eine gewisse Vorankündigung in den Arbeiten von Herbert Gans entstanden. Sein Glaube an die Erkenntniskraft der Methode der teilnehmenden Beobachtung und seine Erfahrung in deren Anwendung entstanden bereits mit seinen beiden ersten Hauptwerken, die sich mit den Lebenssituationen von normalen Menschen in normalen Umgebungen der modernen Gesellschaft befaßten. In dem Buch »Urban villagers« von 1962 beschrieb er Gruppen- und Klassenstrukturen unter den Italo-Amerikanern. Das Werk »Levittowners« von 1967 ist die »Soziologie einer Schlafstadt«, wie es im Untertitel der deutschen Ausgabe heißt. Für beide Werke hat er intensiv Feldarbeit vor Ort betrieben und im Detail beschrieben, wie die Menschen leben und wie sie durch die sie umgebenden Strukturen beeinflusst werden. In den 70er Jahren, inzwischen ist er Professor an der Columbia University New York, erscheint »Popular culture and high culture«, eine soziologische Analyse der Populärkultur, zu der ja auch die Medien gehören. Ohnehin war Gans zu diesem Zeitpunkt schon in den Redaktionen unterwegs: 14 Jahre vor der Veröffentlichung von *Deciding what's news* begannen seine Feldstudien bei den Networks und Magazinen.

Ein europäischer Sozialwissenschaftler hätte aus dem Forschungsanliegen zu erfahren, was sich die Gesellschaft über sich selbst erzählt, vermutlich eine konstruktivistische Studie gemacht und den empirischen Erkenntnissen nur das news hole zwischen den theoretischen Abhandlungen überlassen. Dieses Buch ist praktisch an seiner Oberfläche »theoriefrei« geschrieben und beschränkt sich darauf, die Wirklichkeit zu beschreiben. Nur gelegentlich nimmt Gans Rekurs auf frühere Arbeiten, vor allem der soziologischen Kommunikatorforschung. Aber es ist deutlich, daß er diese Forschung kennt, daß sie gedankliche Grundlage für seine eigenen Studien ist, ohne sie aber in einem Zitaten- und Beleg-Konvolut ständig referieren zu müssen. Natürlich geht es in dem Buch um die gesellschaftliche Konstruktion der Wirklichkeit. Aber diese ist ihm primär ein empirisches, kein theoretisches Anliegen.

Gans gehört zu den vielen herausragenden Sozialwissenschaftlern des 20. Jahrhunderts, die Deutschland an die USA verloren hat, weil sie entweder als fertige Wissenschaftler oder als junge Menschen – Gans war 13 Jahre alt (geb. 1927), als er mit seiner Familie 1940 emigrierte – vor dem Terror des Nationalsozialismus flüchten mußten. Die berühmte Chicago School der Soziologen war seine erste Ausbildungsstätte, es folgte die University of Pennsylvania, wo er einen PhD in Stadtplanung erwarb. Seine akademische und geographische Heimat wurde dann auch die Stadt der Städte: New York und die Columbia University, von deren Department of Sociology er inzwischen emeritiert ist. Ebenso breit angelegt wie seine Beschäftigung mit dem Journalismus in *Deciding what's news* ist sein gesamtes Werk, das stadtsoziologische, kultursoziologische, und sozialpolitische Schriften umfaßt. Sein vorläufig letztes Buch entstand aus sozialpolitischen Motiven und Erfahrungen mit den konservativen Regierungen unter Ronald W. Reagan sowie George H. W. Bush und analysiert die sozialen Folgen der Anti-Poverty-Politik (1995).

Literatur

Herbert J. Gans (1962): *Urban villagers. Group and class in the life of Italian-Americans.* New York u.a.: The Free Press.
Herbert J. Gans (1967): *The Levittowners: Ways of life and politics in a new suburban community.* London: Penguin.
Herbert J. Gans (1974): *Popular culture and high culture: An analysis and evaluation of taste.* New York: Basic Books.
Herbert J. Gans (1995): *The war against the poor: The underclass and antipoverty policy.* New York: Basic Books.
John W. C. Johnstone, Edward J. Slawski, William W. Bowman (1976): *The news-people. A portrait of American journalists and their work.* Urbana: University of Illinois Press.
Jeremy Tunstall (1971): *Journalists at work.* London: Constable Press.

Wolfgang Donsbach

Rainer Geißler (1973): *Massenmedien, Basiskommunikation und Demokratie. Ansätze zu einer normativ-empirischen Theorie.* Tübingen: J. C. B. Mohr. VII, 238 Seiten.

Es handelt sich um eine Dissertation, die 1971 von der Philosophisch-Historischen Fakultät der Universität Basel im Fach Soziologie angenommen wurde. Sie steht für die sozialwissenschaftlichen Bemühungen der 60er und 70er Jahre um das Thema Medienkommunikation, an denen neben Horst Reimann (→ Reimann 1968) und Schülern auch ein Kreis um den Baseler Soziologen Paul Trappe beteiligt war. Wie andere Arbeiten aus diesem Forschungszusammenhang (z.B. Pöttker 1980) stellt sich Geißlers Studie in die Tradition des nach Skandinavien emigrierten sozialwissenschaftlichen Klassikers Theodor Geiger (1891-1952). Durchaus auch Ausdruck des gesellschaftspolitischen Aufbruchs der Jahre 1968ff., folgte sie nicht dem damals kometenhaft auf- und wieder absteigenden marxistischen Paradigma, sondern setzte mit der Verarbeitung klassischer Demokratiekonzepte und sozialwissenschaftlich-empirischer Literatur auf Kontinuität.

Rainer Geißler, geboren 1939, hat seit 1981 einen Lehrstuhl für Soziologie an der Universität-Gesamthochschule Siegen inne. Er kann als kritischer Rationalist gelten, der sich von spekulativer Sozialphilosophie ebenso fernhält wie von positivistischem Datensammeln. Ziel ist eine Gesellschaftskritik, die empirisch gesättigt und über das akademische Milieu hinaus kommunizierbar ist. Obwohl hauptsächlich mit Problemen der Erziehungssoziologie und Sozialstrukturanalyse befaßt, hat Geißler das Thema öffentliche Kommunikation nie aus den Augen verloren. Charakteristisch ist, daß er Medienanalysen stets auf außermediale gesellschaftliche Probleme bezieht. Ende der 70er Jahre hat er politische Sozialisationseffekte von Filmen über den Nationalsozialismus bei Jugendlichen untersucht (vgl. Geißler 1981). Seit den 90er Jahren gilt seine Aufmerksamkeit der Darstellung ethnischer Minderheiten in den Medien, wobei er auf integrationshemmende Effekte negativer Stereotypen hinweist und aus interkulturellen Vergleichen (Deutschland / Kanada) Reformideen zu entwickeln sucht.

Das Buch umfaßt drei Hauptkapitel. Im Kapitel I wird eine Theorie über die Bedeutung der Massenmedien für die Kommunikation zwischen der Bevölkerungsbasis und den politischen Entscheidungsträgern in einer Demokratie (»Basiskommunikation«) skizziert. Es folgen in den Kapiteln II »Thesen zur Manipulation durch Massenmedien« und III ein Überblick über die Strukturen von »Massenmedien und politischer Basiskommunikation in der Bundesrepublik Deutschland«. Die Kapitel II und III beziehen sich auf die mittlerweile radikal veränderten Kommunikationsverhältnisse der 60er Jahre und sind für zeithistorische Analysen von Belang. Das erste Kapitel dagegen hat bleibenden Wert, zumal es Theorien demokratischer Medienkommunikation, die sich durch eine Bindestrich-Koppelung der Adjektive »normativ« und »empirisch« charakterisieren ließen, sonst kaum gibt.

Daß in diesem Kernkapitel einerseits demokratische Ideale wie Volkssouveränität und Freiheit, andererseits aber auch die realistische Einschätzung der begrenzten Partizipationsfähigkeiten des Durchschnittsbürgers nicht zu kurz kommen, merkt man Geißlers Formulierung an, er wolle »einige z.T. normativ übersteigerte Prinzipien demokratischer Basiskommunikation skizzieren, die von der Idee einer maximalen Selbstbestimmung und einer Minimisierung von Fremdbestimmung des Bürgers im politischen Bereich ausgeht.« (S. 50)

Ausgangspunkte der Argumentation sind das frühbürgerlich-liberale Konzept von Öffentlichkeit, das die Mündigkeit des sich aus einer freien Presse informierenden Bürgers überschätzt, und in Kontrast dazu Rousseaus kollektivistische Ideen von gesellschaftlicher Integration durch »patriotische Gesinnung« und »im spontan sich manifestierenden Konsens« (S. 25), durch die manipulative Elemente der Medienkommunikation tendenziell legitimiert werden.

Daran schließen sich Literatursynopsen von demokratischen Aufgabenzuweisungen an Medien und von vier Modellvorstellungen zu demokratischer Basiskommunikation an: 1. Wettbewerb unter Verzicht auf Rationalität (nach Joseph Schumpeter); 2. Vertrauen in die Person (nach Wilhelm Hennis); 3. Öffentliche Expertendiskussion, Zielkontrolle und Ideologiekritik (nach Theodor Geiger); 4. Allgemeine, kritisch-rationale Diskussion (nach Jürgen Habermas, → Habermas 1962).

Als kritische Synopse dieser Ansätze formuliert Geißler drei »Prinzipien einer aufklärerisch-demokratischen Massenkommunikation« (S. 47), an denen Medien und Journalismus in liberalen Demokratien gemessen werden können. Beim

»Angebot vereinfachter politischer Alternativen zu komplexen Problemen« (S. 50f.) geht es darum, die unvermeidliche Komplexitätsreduktion (→ Luhmann 1970, 1975, 1996) in der öffentlichen Diskussion nicht nur Politikern und Experten zu überlassen, sondern in diesem Prozeß auch die Interessen der Bevölkerungsbasis zu artikulieren. Dazu weist Geißler auf drei Möglichkeiten hin: organisationsinterne Willensbildungsprozesse transparent machen; auf Probleme hinweisen, die in der öffentlichen Diskussion vernachlässigt sind; und Interessen sozialer Gruppen zur Sprache bringen, die nicht durch Institutionen vertreten werden.

Beim Prinzip der »Vernunftgemäßen Transparenz der politischen Probleme und der politischen Praxis« (S. 52ff.) steht die Forderung im Mittelpunkt, daß Medien ein Optimum an Durchschaubarkeit politischer Vorgänge und Entscheidungen herstellen, damit »wenigstens ein Teil des Publikums in manchen Situationen und bei manchen Problemen das Rationalitätsniveau der Basiskommunikation hebt.« (S. 52f.) Um diese Forderung zu erfüllen, verfügten Journalisten über mindestens acht konkrete Möglichkeiten: Klarstellen der durch die politische Spitze formulierten Ziele – Durchleuchten dieser Ziele auf in ihnen waltende Partikularinteressen hin – Überprüfen der Ziele und der ihnen zugrunde liegenden Werte auf logische Geschlossenheit – Beurteilen der Tauglichkeit ins Auge gefaßter Mittel im Hinblick auf die Ziele (Expertenkritik) – Überprüfen der Ziellovalität politischer Gruppen – Diskussion der Ziele im Hinblick auf mögliche Alternativen – Durchleuchten politischer Abläufe im Hinblick auf Machtkalküle – Aufzeigen möglicher Konsequenzen politischer Entscheidungen im Hinblick auf den Alltag der Bevölkerung. Nur wenn Journalisten diese Möglichkeiten ausschöpfen, sei der Bürger »überhaupt in der Lage, einige Voraussetzungen und Konsequenzen seiner Wünsche und Entscheidungen im politischen Bereich zu erkennen.« (S. 54)

Beim »Problem der 'Richtigkeit' von Information und Kritik« (S. 55-62) schließlich wird skizziert, wie demokratische Medienkommunikation beschaffen sein müßte, um subjektive oder an partikulare Interessenlagen gebundene Realitätsverzerrungen in der Berichterstattung zu reduzieren. Es wird an das journalistische Berufsethos mit den Pflichten zu Sorgfalt, Aufrichtigkeit, Sachlichkeit und Vollständigkeit erinnert sowie an die Korrekturfunktion der Medienvielfalt. Der abschließende Hinweis gilt der »diskutanten Kritik«, also dialogischen journalistischen Formen wie Leserbrief, Studiodiskussion oder den seither aufgekommenen »Talk-in«-Sendungen, denen ebenso wie der gegenseitigen Kritik der Medien die Kraft zugetraut wird, den prinzipiell unabschließbaren Prozeß des Richtigstellens in Gang zu halten.

Auf Geißlers Buch wird gern zurückgegriffen bei normativen Überlegungen zur öffentlichen Kommunikation, die mit dem Vordringen des sytemtheoretischen Paradigmas in der Kommunikationswissenschaft allerdings selten geworden sind. Im Gespräch mit einem in der DDR sozialisierten Journalistikwissenschaftler fiel im Jahr 2000 der anerkennende Satz: »Das Äußerste an Systemkritik, was bürgerlicher Kommunikationswissenschaft möglich ist!«

Literatur

Rainer Geißler (1981): *Junge Deutsche und Hitler. Eine empirische Studie zur historisch-politischen Sozialisation*. Stuttgart: Ernst Klett.
Horst Pöttker (1980): *Zum demokratischen Niveau des Inhalts überregionaler westdeutscher Tageszeitungen. Wissenschaftstheorie und Methodologie – Normative Demokratietheorie – Quantitative Inhaltsanalyse*. Hannover: SOAK.

Horst Pöttker

Peter Glotz, Wolfgang R. Langenbucher (1969): *Der mißachtete Leser. Zur Kritik der deutschen Presse*. Köln, Berlin: Kiepenheuer & Witsch. 204 Seiten. – Neuauflage mit einem Vorwort der Autoren: München: Reinhard Fischer 1993. 217 Seiten.

Der kritische Tenor des Buches, der sich nicht zuletzt an seiner deutlichen Sprache zu erkennen gibt, ist ohne den zeitgeschichtlichen Hintergrund der Studentenbewegung Ende der 60er Jahre kaum vorstellbar. Gleichwohl handelt es sich nicht um eine auf Systemüberwindung zielende, sondern bewußt mit den marktwirtschaftlichen Strukturen der Bundesrepublik Deutschland einverstandene Kritik an der deutschen Presse, die freilich von einem demokratischen, anti-elitären Impetus bewegt wird.

Wie der Titel sagt, geht es um den Zeitungsleser und seine Bedürfnisse. Nicht um den idealen oder gebildeten, sondern um den durchschnittlichen Leser. So, wie Presseunternehmen sich mit ihren Produkten an dessen Wünschen und Unzulänglichkeiten orientieren, um sich im Markt zu behaupten, so plädieren Glotz und Langenbucher dafür, die realen, empirisch feststellbaren Leserbedürfnisse auch aus der Perspektive des publizistischen Ethos ernst zu nehmen.

Beide Autoren waren in der zweiten Hälfte der 60er Jahre wissenschaftliche Assistenten am Institut für Zeitungswissenschaft der Universität München. Peter Glotz (geb. 1939) schlug danach als Sozialdemokrat eine politische Laufbahn ein und war unter anderem Mitglied des Deutschen Bundestages, Parlamentarischer Staatssekretär beim Bundesminister für Bildung und Wissenschaft, Senator für Wissenschaft und Forschung in Berlin und bis 1987 Bundesgeschäftsführer der SPD. Seitdem wendet er sich wieder der Wissenschaft zu. Nach dem Ausscheiden aus allen politischen Ämtern im September 1996 war er als Professor für Kommunikationswissenschaft Gründungsrektor der Universität Erfurt. Seine Biographie bekundet am Anfang die Überzeugung von der Möglichkeit einer rational fundierten Politik, läßt in den 90er Jahren aber auch Skepsis gegenüber dieser Möglichkeit erkennen. Wolfgang R. Langenbucher (geb. 1938) ist ein »rocher de bronce« der Journalistik mit ungewöhnlichem Sinn für das Subjekt und den Werkcharakter der journalistischen Produktion. Seine Habilitationsschrift »Kommunikation als Beruf« (1973) kann als theoretische Begründung einer berufsbezogenen Journalistenausbildung an Universitäten betrachtet werden, wie sie im Münchner Diplom-Studiengang Journalistik seit 1979 praktiziert wird. Seit 1983 ist Langenbucher Ordinarius für Kommunikationswissenschaft an der Universität Wien.

Unter kommunikationspolitischem Aspekt ist das Buch eine Antwort auf die Frage, wie sich die Zeitung gegen das konkurrierende Medium Fernsehen behaupten kann, das im Erscheinungsjahr wegen der eben erreichten Vollversorgung der Bevölkerung mit Empfangsgeräten, aber auch wegen der Konzentration von Produktionsressourcen und Publikum auf wenige, sorgfältig gemachte öffentlich-rechtliche Programme in Deutschland den Höhepunkt seiner gesellschaftlichen Bedeutung erreicht hatte. Fachgeschichtlich betrachtet handelt es sich um eine der wenigen Arbeiten, die Otto Groths Konzept vom Journalismus und seiner Vermittlungsaufgabe (→ Groth 1960-1972) rezipiert und in Anwendung auf aktuelle Probleme weitergeführt haben.

Der erste, »Ansätze« überschriebene Teil kritisiert auf Groth gestützt zwei Varianten einer hochmütigen publizistischen Ideologie, die die Ansichten und Interessen der Kommunikatoren wichtiger nimmt als die des Publikums: Einseitigkeit und Unverständlichkeit. »Einseitigkeit meint: Es wird nur vermittelt, was dem Publizisten in den Kram paßt, was seine eigene Meinung illustriert.« (S. 34) Die Hauptaufgabe der Journalisten sei jedoch, das Zeitgespräch der Gesellschaft zu koordinieren und wo nötig anzuregen, wobei sie nicht mehr, aber auch nicht weniger Recht auf eigene Meinungsäußerungen hätten als jeder Bürger.

Was Glotz und Langenbucher mit Unverständlichkeit meinen, wird vor allem an den »Beispielen« des zweiten Teils deutlich. Die hier formulierte, nach wie vor aktuelle Kritik an der deutschen Presse ist die zentrale Leistung des Buches. Vor allem gehen die Autoren auf die Wirtschafts- und Feuilletonteile der Zeitungen ein und konkretisieren anhand der Ergebnisse von Inhaltsanalysen und Copy-Tests ihre These, diese würden »zur Selbstbefriedigung akademisch gebildeter Redakteure gemacht [...], denen die Verleger aus schwer verständlichen Gründen erlauben, an ihren Lesern vorbei-zu-theoretisieren«. (S. 69f.)

Hinsichtlich des Feuilletons weisen Glotz und Langenbucher am Beispiel der Literaturkritik auf vier Fehler hin: Die kritisierten Titel würden nur nach ihrer ästhetischen oder wissenschaftlichen Bedeutung, nicht nach dem Gesprächswert für die breite Leserschaft ausgesucht, so daß Populärliteratur unbeachtet bleibe; »Der zweite Fehler: Unsere Journalisten können sich die Auseinandersetzung mit der Literatur offensichtlich nur als literarisch-ästhetisches Fachgespräch vorstellen; das politische Argument wird fast überall ausgespart« (S. 90). Drittens beklagen sie Formenarmut, fast alle Texte auf den Literaturseiten seien Rezensionen, dagegen fehlten Buchreportagen, Autoreninterviews oder Glossen. »Der vierte Fehler: Im deutschen Feuilleton wird ganz selten klar und verständlich geschrieben.« (S. 91)

Das folgende Kapitel ist dem Lokalteil gewidmet, in dem die Autoren angesichts seiner großen Reichweite und intensiven Nutzung sowie der örtlichen Verankerung der Zeitungen den Schlüssel für die Zukunft der Presse in der Konkurrenz mit dem Fernsehen und anderen neuen Medien sehen. Daß sie dabei auch dem Klatsch eine positive Bedeutung geben, mag (Lokal-)Journalisten mit traditionellem Selbstverständnis immer noch überraschen: »Menschliches-Allzumenschliches aus der lokalen Gesellschaft. Wenn man so will, so ist das 'Klatsch'. Aber was ist daran so verachtenswert? [...] Klatsch entlastet und bringt die Menschen einander näher. Der normale Bürger verbindet mit diesem Wort keineswegs negative Vorstellungen.« (S. 119) Bis heute kaum umgesetzt ist die Idee, örtliches Geschehen auf dem Titelblatt zu berücksichtigen: »Wäre es nicht denkbar, daß man vom lokalen Bezug her in Zukunft die ganze Zeitung komponiert? Und zwar beginnend bei Seite eins [...] Und wenn von hoher Politik die Rede ist, müßte sie dann nicht in den überschaubaren Bereich der jeweiligen Gemeinde projiziert werden?« (S. 124) Solche Anregungen werden wohl noch lange aktuell bleiben.

Das gilt weniger für die im dritten Teil gezogenen kommunikationspolitischen »Konsequenzen«, besonders soweit sie die Vielfaltssicherung angesichts der in den 60er Jahren galoppierenden Pressekonzentration betreffen. Glotz und Langenbucher wandten sich damals entschieden gegen Subventionen, die das liberale Modell der Außenpluralität wenigstens in Resten erhalten sollen, weil dieses Modell wegen der massiven ökonomischen Rationalisierungszwänge ohnehin nicht zu retten sei. Statt dessen schlugen sie im Anhang ein »Pressefreiheitsgesetz« vor, um nach dem Vorbild des öffentlich-rechtlichen Rundfunks ein notwendiges Minimum an Binnenpluralität bei Redaktionen von Presseunternehmen zu sichern, »die eine marktbeherrschende Stellung auf dem Gebiet der Tageszeitungen einnehmen.« (S. 185) Dieser Vorschlag gehört in den Zusammenhang der damaligen Debatte über innere Pressefreiheit und Redaktionsstatute, die schon seit der zweiten Hälfte der 70er Jahre erloschen ist, obwohl das in ihr aufgeworfene Problem des innerredaktionellen Konformitätsdrucks aufgrund der ökonomischen Macht der Verleger nicht als gelöst gelten kann. Aktueller erscheint der Rat an die Journalisten, den redaktionellen Teil der Zeitung ebenso an den Ergebnissen der Marktforschung über Publikumsbedürfnisse zu orientieren wie die Anzeigen. »Redaktionelles Marketing« ist ja seitdem zu einem Schlüsselbegriff in Medienpolitik und -forschung geworden.

Der mißachtete Leser wurde in den 90er Jahren zu Recht als »klassischer Text über Medien und Kommunikation« nachgedruckt. Wie bei anderen Klassikern, über die viel geredet wird, liegt solchem Reden nicht immer die Kenntnis, geschweige denn das Für-wahr-Halten des Werktextes zu Grunde. »Wer vermittelt, [...] muß gleichgewichtig zwei Seiten gerecht werden: der Sache, die er vermittelt, und dem Empfänger, den sie erreichen soll. Wer diese zweiseitige Orientierung nur [...] als 'Schielen nach dem Publikum' zu begreifen vermag und diese Einstellung als 'korrumpierendes Element' empfindet, der hat von seiner Funktion nichts begriffen. Aber ist diese Haltung nicht typisch? Sie findet sich [...] wo vom Journalisten mit Leidenschaft das Primat der *Sache* (Politik, Wirtschaft, Literatur etc. – also des einen Bestandteils im Vermittlungsprozeß) verteidigt wird«. (S. 150) Diese Einsicht hat sich bis heute bei deutschen Medienkritikern, die Publikumsorientierung wie eh und je für das entscheidende Qualitätshemmnis halten, fast gar nicht, bei Journalisten nur teilweise durchgesetzt.

Horst Pöttker

Erving Goffman (1974): *Frame analysis. An essay on the organization of experience.* New York u.a.: Harper & Row. IX, 586 Seiten.

Deutsche Ausgabe: Erving Goffman (1980): *Rahmen-Analyse. Ein Versuch über die Organisation von Alltagserfahrungen.* Übersetzt von Hermann Vetter. Frankfurt am Main: Suhrkamp. 620 Seiten.

Erving Goffmans vielbeachtete Analysen sozialer Mikroprozesse gelten stets dem Ziel, menschliches Handeln zu verstehen, und im Zentrum seiner Aufmerksamkeit stehen alltägliche Interaktionen. Der aus Kanada stammende Autor (1922-1982) lehrte Soziologie und Anthropologie in Berkeley (University of California) und an der University of Pennsylvania in Philadelphia (seit 1968). In seiner *Rahmen-Analyse* fragt er nach den subjektiven Situationsdefinitionen, die es Menschen ermöglichen, ihren Erlebnissen einen Sinn zu geben und ihre Erfahrungen einzuordnen. Wahrnehmungstheoretisch beruft er sich dabei vor allem auf William James (1950) und Alfred Schütz (1945), und den Rahmen-Begriff übernimmt er von Gregory Bateson (1955), der bereits die Unterscheidbarkeit von Ernst, Ironie und Spiel problematisiert. Goffman geht es also nicht um die »wirkliche« Wirklichkeit, sondern darum, was Menschen dafür halten, warum sie dieses tun und welche Regeln sie dabei anwenden (oder metaphorisch gesprochen: Es geht ihm um die Funktion der Kamera und nicht um das, was sie abbildet).

Da eine unendliche Menge möglicher Situationen, Sequenzen *(strips)* und Perspektiven denkbar ist, ist auch die Anzahl ihrer möglichen Definitionen prinzipiell unbegrenzt. Um diese enorme Komplexität kognitiv zu bewältigen, organisieren und deuten wir unsere Wahrnehmungen laut Goffman nach Maßgabe bestimmter Kontextmerkmale und -muster, sonst könnten wir kaum entscheiden, ob etwas geplant oder zufällig geschieht, ob es sich um Absicht oder ein Versehen handelt, ob es ernstgemeint ist oder scherzhaft, ob uns eine Szene vorgespielt wird, ob Täuschungen oder Mißverständnisse vorliegen oder ob wir träumen.

Nach einer grundlegenden Unterscheidung zwischen naturgegebenen und sozial determinierten Handlungsrahmen erörtert Goffman eine Fülle konventionell kodifizierter Transformations- und Modulationsvarianten dieser primären *frames*. Er qualifiziert sie als »lively shadows of events« (S. 560), die durch ein- oder mehrseitige, erwartete oder überraschende, offene oder verdeckte Umdefinitionen entstehen (Spiel und Spaß, Übung und Experiment, Demonstration und Ritual, Traum und Phantasie etc.). Sie können allgemein erwünscht und legitim sein, aber auch zum Schaden anderer vorgenommen werden: So wird der Theaterrahmen ausdrücklich und konsensuell durch fiktionale Transkriptionen der Lebenswirklichkeit bestimmt, während Täuschungsmanöver auf einseitigen und verdeckten Transformationsprozessen beruhen. Allerdings räumt Goffman ein, daß originäre und transformative Handlungsrahmen aufgrund von Sozialisationsprozessen empirisch nicht mehr zu trennen sind. Deshalb erklärt er »gewöhnliches Alltagshandeln« zwar zum theoretischen Angelpunkt und Grundmuster seines rahmenanalytischen Konzepts, doch seine unvermeidlichen kulturellen Modifikationen erlauben allenfalls noch hypothetische Rückschlüsse auf primäre Situationsdefinitionen.

Schließlich diskutiert Goffman Handlungs- und Deutungsmöglichkeiten, die zu kollektiven Irritationen und Störungen führen können (aus-dem-Rahmen-fallen, Ausbrüche, Sabotage, Provokationen, Konflikte, wechselseitiges Mißtrauen etc.), aber auch integrative Mechanismen wie die Institutionalisierung von Handlungsregeln und die Reflexivität von Gesprächen (Verständigung). Dabei ist er sich der enormen Anforderungen durchaus bewußt, die allein die exakte Erfassung eines Gesprächs stellt, da es als »rapidly shifting stream of differently framed scripts« von hoher Variabilität und mit vielen Modulationen und Täuschungsmanövern begriffen werden müsse (S. 544).

Methodisch stützt er sich bei seinen Beobachtungen auf einen reichen Materialfundus (Zeitungsausschnitte, Erzählungen, Karikaturen, Dramen, Filme etc.), den er nach wechselnden Kriterien zusammengetragen hat und den er zur exemplarischen Illustration seiner theoretischen Überlegungen nutzt, ohne Anspruch auf Repräsentativität und Allgemeingültigkeit. Dieser intuitive und anekdotische Forschungs- und Vermittlungsstil ist für Goffman typisch und hat ihm den berechtigten Vorwurf oberflächlicher Deskriptivität eingetragen, doch andererseits ist der heuristische Gewinn seiner vielschichtigen Beobachtungen und farbigen Darstellungen keineswegs zu unterschätzen. Dabei ist sich Goffman seiner eigenen perspektivischen und sprachlichen Befangenheit wohl bewußt, die Konstruktivisten später metaphorisch den »blinden Fleck« nennen. Außerdem ist seine Nähe zur Schemaanalyse evident, die im Diskurs des Konstruktivismus eine zentrale Rolle spielt (vgl. z.B. Piaget 1966, van Dijk 1988, Schmidt & Weischenberg 1994, Willems 2000). Inkonsequent erscheint hingegen, daß Goffman bei seinen Analysen ausdrücklich soziale Makroaspekte wie die Gesellschaftsstruktur ausklammert, obwohl er sie für vorrangig hält.

Literatur

Gregory Bateson (1955): A theory of play and phantasy. In: *Psychiatric Research Reports*, 2. Jg., S. 39-51.

Teun A. van Dijk (1988): *News as discourse*. Hillsdale, NJ (u.a.): Erlbaum.

William James (1950): *Principles of psychology*. New York: Dover Publications.

N.N. (1974): [Rezension]. In: *Psychological Abstracts*, 53. Jg., Bd. 1, S. 1175 (Nr. 9476).

Jean Piaget (1966): *Psychologie der Intelligenz*. Zürich: Rascher.

Alfred Schütz (1945): On multiple realities. In: *Philosophy and Phenomenological Research*, 5. Jg., S. 533-576.

Siegfried J. Schmidt, Siegfried Weischenberg (1994): Mediengattungen, Berichterstattungsmuster, Darstellungsformen. In: Klaus Merten, Siegfried J. Schmidt, Siegfried Weischenberg (Hrsg.): *Die Wirklichkeit der Medien*. Opladen: Westdeutscher Verlag, S. 212-236.

Herbert Willems (2000): Medienproduktion, Medienprodukt und Medienrezeption: Überlegungen zu den medienanalytischen Möglichkeiten der »Rahmentheorie« und komplementärer Ansätze. In: *Medien & Kommunikationswissenschaft*, 48. Jg., S. 212-225.

Joachim Westerbarkey

Doris A. Graber (1984): *Processing the news. How people tame the information tide.* New York: Longman. XIII, 241 Seiten. – 2., überarbeitete Auflage 1988. X, 300 Seiten.

Doris Graber (University of Illinois in Chicago) gehört mit zu den Kommunikationswissenschaftlern, die durch ihre Ausbildung und ihre wissenschaftliche Ausrichtung interdisziplinär tätig sind. Sie arbeitet im Grenzbereich zwischen Politik- und Kommunikationswissenschaft. Entsprechend ist sie auch in den jeweiligen Fachgesellschaften an prominenter Stelle tätig gewesen, hat als Herausgeberin lange Jahre die Zeitschrift ›Political Communication‹ betreut und ihr zu neuem Renommee verholfen. Ihre Standardwerke sind (neben dem Werk *Processing the news*) die Bücher »Media power in politics« (2000, in der 4. Auflage) und »Mass media and American politics« (1997, in der 5. Auflage). Die wiederholten Auflagen zeigen, daß es sich um Standardwerke im Bereich der politischen Kommunikation handelt, die viele Generationen von Studierenden gelesen haben und lesen werden.

Das Buch *Processing the news* erschien zu einem Zeitpunkt, als die Erforschung der Wirkung von Fernsehnachrichten zu einem methodischen und vor allem theoretischen Stillstand gekommen war. Empirische Studien aus den 1970er Jahren waren hauptsächlich mit der Intention durchgeführt worden, die Qualität der Informationsvermittlung zu bestimmen. Dabei wurde unterstellt, daß Informationen in Nachrichten objektiv definierbar sind und von Rezipienten mehr oder weniger unverändert aufgenommen oder eben vergessen werden. Die Sozialpsychologie hat jedoch – beispielsweise mit den Arbeiten von Tversky und Kahnemann (1973; 1974) – gezeigt, daß Menschen Informationen mit Hilfe von Schemata, Scripts, Heuristiken, Frames und ähnlichen kognitiven Makrostrukturen interpretieren, rekonstruieren und elaborieren. Der Verdienst der Arbeit von Graber liegt in der konsequenten Anwendung dieser theoretischen Überlegungen auf die kommunikationswissenschaftliche Wirkungsforschung im allgemeinen und die Nachrichtenrezeption im besonderen. Dadurch rückt sie deutlich von der Vielzahl bis dahin durchgeführter Studien ab, die eine einfache, lineare Beziehung zwischen Medieninhalten und Wirkung untersuchten.

In ihrer Adaptation der Schema-Theorie hat Graber im empirischen Teil der Studie die Wirkungen politischer Medieninformation auf Wissen und Vorstellungen der Rezipienten untersucht. Mit einer relativ kleinen Stichprobe von lediglich 21 Personen hat sie über ein Jahr lang Dutzende von Interviews geführt und sehr umfangreiche Informationen über deren Mediennutzung und vor allem über die Inkorporation von neuem in vorhandenes Wissen mit Hilfe der erwähnten Schemata gesammelt. Nach Graber haben Schemata mindestens vier verschiedene Funktionen bei der Verarbeitung von Nachrichten. Sie bestimmen erstens, welche Informationen innerhalb einer Meldung aufgenommen und weiter verarbeitet werden und damit für spätere Informationsabfragen zur Verfügung stehen. Sie helfen zweitens dabei, neue Information einzuordnen und in vorhandenes Wissen zu integrieren. Sie ermöglichen es drittens, über bereitgestellte Information hinaus Inferenzen zu machen und damit Informationslücken entsprechend des im Schema eingespeicherten Vorwissens auszufüllen. Sie tragen viertens zum Lösen von Problemen bei, indem sie Szenarien und mögliche Problemlösungen bereitstellen. Graber argumentiert, daß nur mit Hilfe von Schemata Personen in der Lage sind, die Flut von Informationen sinnvoll zu reduzieren und grundlegende Bedeutungen zu extrahieren. Schematische Verarbeitung trägt nach Graber dazu bei, daß die Rezipienten nahezu alle Details und Fakten einer Nachricht vergessen und lediglich regelhafte Bedeutungen behalten. »Ich wußte es doch, alle Politiker sind bestechlich« mag das einzige sein, was Rezipienten aus einer Meldung über einen lokalen Finanzskandal mitnehmen. Die Meldung hat ihre bereits existierenden Schemata bestärkt, Einzelheiten oder gar singuläre Abweichungen von dieser generellen Regel werden nicht zur Kenntnis genommen bzw. an die generelle Leitlinie des Schemas angepaßt.

Graber sieht die Funktion von schematischer Nachrichtenverarbeitung zum großen Teil darin, daß Rezipienten sich zurücklehnen können mit der Gewißheit, »nichts Neues in den Nachrichten, alles schon mal da gewesen« (vgl. hierzu auch Winterhoff-Spurk 1983). Welche Schemata auf eine bestimmte Nachricht angewendet werden, hängt von der Entwicklungsgeschichte des Individuums ab. In ihrer eher qualitativ zu nennenden Studie konnte Graber aufgrund der intensiven Interviews in vielen Fällen Verbindungen zwischen bestehendem Vorwissen und Anwendung eines bestimmten Schemas feststellen. Da neue Informationen immer auf bereits bestehende Schemata bzw. Interpretationsraster treffen, kommt der frühen Sozialisation der Rezipienten im Kindesalter eine große Bedeutung zu. Der frühe Umgang mit den Medien schafft eine große Übereinstimmung im Denken der Rezipienten, schafft aber auch Lücken in den auszubildenden Schemata. Diese Lücken sind nach Graber dafür verantwortlich, daß Amerikaner bestimmte Klassen von Informationen in den Nachrichten, z.B. über fremde Länder, einfach nicht zur Kenntnis nehmen, weil sie keine adäquaten Schemata dafür entwickelt haben. Theoretisch bestehen hier durchaus Anknüpfungspunkte an Kultivierungstheorien oder Ansätze, die sich mit der Integrationsfunktion der Massenmedien beschäftigen.

Die Brauchbarkeit der Schema-Theorie (und man müßte aus heutiger Sicht ergänzen: der Heuristiken) zeigt sich nach Graber vor allem darin, daß sie erklären kann, warum Menschen bei der Fülle von massenmedial vermittelter Information immer noch in der Lage sind, die für sie wichtige Information zu extrahieren. Diese stimmt oft nicht mit dem überein, was Wissenschaftler in Untersuchungen durch ihre Fragen zu erfassen meinen. Die relativ dürftige Informationsvermittlung durch informierende Massenmedien stellt nach Graber ein Artefakt der Messung dar, weil hauptsächlich nach bedeutungslosen Details gefragt wird. Schematische Verarbeitung birgt aber auch ihre Gefahren, wenn nämlich Information, die nicht in existierende Schemata paßt, nicht zur Kenntnis genommen wird. Dadurch können Lücken im politischen Wissen der Rezipienten entstehen, durch die wichtige Probleme nicht zur Kenntnis genommen werden. Hier gibt Graber den Massenmedien die Schuld, die schon in der frühen Sozialisation die Kinder mit uniformen Informationsangeboten zur Entwicklung bestimmter Schemata und zur Nicht-Entwicklung anderer Schemata veranlassen.

Grabers Buch ist vor diesem Hintergrund sicherlich als ein Schlüsselwerk zu bezeichnen. Zahlreiche kommunikationswissenschaftliche Arbeiten haben in der Folgezeit die Konstruktion von Realität mit Hilfe von Schemata, Frames und/oder Heuristiken thematisiert (z.B. → Iyengar & Kinder 1987; van Dijk 1988; Iyengar 1991; Gamson 1992; Patterson 1993; Brosius 1995; Cappella & Jamieson 1997; Price, Tewksbury & Powers 1997; um nur einige zentrale zu nennen). Damit hat sich auf breiter Basis eine Abwendung von linearen und eine Hinwendung zu kognitiv vermittelten Vorstellungen von Medienwirkungen vollzogen.

Literatur

Hans-Bernd Brosius (1995): *Alltagsrationalität in der Nachrichtenrezeption. Ein Modell der Wahrnehmung und Verarbeitung von Nachrichteninhalten.* Opladen: Westdeutscher Verlag.
Joseph N. Cappella, Kathleen H. Jamieson (1997): *Spiral of cynisism. The press and the public good.* New York, Oxford: Oxford University Press.
Teun A. van Dijk (1988): *News as discourse.* Hillsdale, NJ: Erlbaum.
William A. Gamson (1992): *Talking politics.* Cambridge: Cambridge University Press.
Shanto Iyengar (1991): *Is anyone responsible? How television frames political issues.* Chicago, London: Chicago University Press.
Thomas Patterson (1993): *Out of order.* New York: Knopf
Vincent Price, David Tewksbury, Elisabeth Powers (1997): Switching trains of thought: The impact of news frames on reader's cognitive responses. In: *Communication Research,* 24. Jg., S. 481-506.
Amos Tversky, David Kahnemann (1973): Availability: A heuristic for judging frequency und probability. In: *Cognitive Psychology,* 5. Jg., S. 207-232.
Amos Tversky, David Kahnemann (1974): Judgment under uncertainty: Heuristics and biases. In: *Science,* 185. Jg., S. 1124-1131.
Peter Winterhoff-Spurk (1983): Fiktionen in der Fernsehnachrichtenforschung. Von der Text-Bild-Schere, der Überlegenheit des Fernsehens und vom ungestörten Zuschauer. In: *Media Perspektiven,* Heft 10, S. 722-727.

Hans-Bernd Brosius

Ulrich Gregor, Enno Patalas (1962): *Geschichte des Films.* Gütersloh: Mohn. 523 Seiten. – Neudruck mit einem Nachwort der Autoren: München, Gütersloh, Wien: Bertelsmann 1973. 534 Seiten. – Taschenbuchausgabe in 2 Bden. Reinbek: Rowohlt 1976. 556 Seiten.

Die Filmgeschichte war in Deutschland ein Sujet, das erst mit Friedrich von Zglinickis »Der Weg des Films« (1956), der Übersetzung von Georges Sadouls »Geschichte der Filmkunst« (1957; → auch Sadoul 1946-1954) und der *Geschichte des Films* (1962) von Ulrich Gregor (geb. 1932) und Enno Patalas (geb. 1929) Anschluß an die historiographischen Bemühungen der anderen großen Länder des Films fand. Gregor und Patalas gehörten zu dem Kreis junger Kritiker, die 1957 die Zeitschrift ›Filmkritik‹ als Forum einer politisch-ästhetischen Auseinandersetzung mit dem zeitgenössischen Film gegründet hatten. Die Autoren orientierten ihre populär gehaltene *Geschichte* nicht an ökonomischen Fragen und stellten auch keine Schauspieler in den Vordergrund der Betrachtung, sondern waren ganz dem »auteur«-Prinzip verpflichtet, das die französische Filmkritik schon seit den 50er Jahren beherrschte. Und ähnlich wie in der ›Filmkritik‹ verpflichteten sie sich einem realistisch-ästhetischen Anspruch, der Filme als künstlerische Auseinandersetzung mit den politischen und ideologischen Brüchen und Widersprüchen ihrer Zeit zu lesen sich vornahm.

Die *Geschichte des Films* prüfte den ideologischen und politischen Gehalt der Filme – das war Aufgabe und Programm. Geschichtsschreibung ist nach klarem Bekenntnis der Verfasser kein faktographisches Unternehmen, läßt sich nicht in Datensammlung und Enzyklopädie auflösen. Geschichte ist gebunden an Interpretation, ist eigentlich eine Aufgabe der Kritik (so Wilfried Berghahn und Patalas in ihrem programmatischen Artikel »Gibt es eine linke Kritik?«, 1961). Es ist eine Geschichte der Filmkunst, die zu schreiben ist, und die ästhetischen Qualitäten von Filmen, persönlichen Œuvres und Schulen und Stilrichtungen bündeln das Interesse. Geschichte wird nicht sub specie aeternitatis dargestellt, heißt es im Vorwort, sondern aus dem Blickwinkel der Gegenwart. In dem Artikel »Probleme des Filmhistorikers« in der ›Filmkritik‹ hatte Gregor (1962: 195) das Projekt in einem weiteren Horizont lokalisiert und eine »Geschichte des Films« von einer »Geschichte der Filmkunst« strikt abgehoben. Erstere müßte sich stärker mit außerkünstlerischen Phänomenen beschäftigen, sie müßte zugleich Wirtschafts- und Sozialgeschichte des Films sein, müßte seine publizistischen Auswirkungen beachten sowie die politischen Einflüsse, denen er unterliegt, und nicht zuletzt auch den breiten Strom jener Konsumware analysieren, die das durchschnittliche Kinoprogramm ausmacht. Die Geschichte der Filmkunst dagegen hätte sich in erster Linie mit künstlerisch relevanten Filmwerken zu beschäftigen, in denen sich ein Stil herauskristallisierte oder ein Zeitgefühl in ästhetisch markanter Weise niederschlug. Aufgabe der Filmgeschichtsschreibung – wie im übrigen jeder Art der Historiographie – sei es, Urteile zu fällen. Der Filmhistoriker brauche eine Parteilichkeit der Einstellung, eine Neutralität der Ansichten sei unmöglich.

Die Aufgabe des Filmhistorikers ist es, durch die Analyse der Form hindurch zur Situierung eines Werks in seiner Zeit zu gelangen. So kann die ästhetische Ambivalenz des deutschen expressionistischen Films etwa ausgemessen werden, dessen inhaltlich-politische Fragwürdigkeit zu seiner ästhetischen Faszinationskraft in einem eigenartig widersprüchlichen Verhältnis steht. Dieser Programmatik folgend, wendet sich die *Geschichte des Films* gegen den westdeutschen Film der Adenauerjahre. Noch Gregors »Geschichte des Films ab 1960« klammert explizit die Geschichte des kommerziellen Kinos aus der Darstellung aus, sie müsse einem ganz anderen Ansatz der Darstellung folgen. Die *Geschichte des Films* bezieht ihre Leitbilder aus dem italienischen Neorealismus, in dem die Autoren eine Auseinandersetzung mit den sozialen und politischen Aspekten der Gegenwart fanden, die der westdeutsche Film schuldig geblieben war. Für die theoretische und politische Ausrichtung des Unternehmens war Siegfried Kracauers damals noch unübersetztes Buch »From Caligari to Hitler« (→ Kracauer 1947) das Vorbild, in dem Filme als kollektiv verfaßter Kommentar zur Zeitgeschichte durchbuchstabiert wurden.

Eine Geschichte des Films als künstlerisches Medium, ein ästhetisches und historiographisches Unternehmen gleichzeitig: Gregors und Patalas *Geschichte des Films* hat große Verdienste und den Boden für ein viel breiteres, populäres Interesse an Filmgeschichte und an Auseinandersetzung mit Film gebahnt. Der Band wirkt heute antiquiert, viele der Fragen und auch der Urteile mögen sich so kaum mehr als evident lesen. In dem Nachwort »Zehn Jahre später«, das in der Neuauflage der *Geschichte des Films* enthalten ist, beklagte Patalas, daß das Buch den Film ebenso verfehlt habe wie die Geschichte. Man braucht die Härte dieses Urteils nicht zu teilen – aber die Begründung Patalas' wirft ein sehr scharfes Schlaglicht auf Anliegen und Methode des Buches: Die Filme wurden zurückgeführt auf die akuten Bedingungen, unter denen sie entstanden – inwiefern sie sie transzendierten, hätten sich die Autoren aber nur ausnahmsweise gefragt. Je mehr ein Film oder die Filme eines Regisseurs den Bedingungen entsprachen, die zu einer bestimmten Zeit gegeben waren, desto relevanter seien sie erschienen. Patalas' Kritik mündet in eine tiefe Problematisierung einer Auffassung von Filmästhetik, die sich aus dem realistischen Bezug der Filme zu ihrer Zeit ergebe: »Daß wir das Kino als unschuldige Reproduktion und Interpretation einer als ‚außerfilmisch' gedachten Realität gelten ließen und nicht als verändernden Eingriff sahen, als eine neue, spezifische Realität von relativer Autonomie, dass wir uns für diese Relationen nicht interessierten, das bestimmte unsere Perspektive auf die Vergangenheit des Films mehr als die orts- und zeitbedingte Unkenntnis von vielen Filmen und Regisseuren. Die Vorstellung von einem vermeintlich ‚natürlichen' Realismus des Films zieht sich durch die Kapitel des Buches, bestimmt seine Gegenstände und Urteile und ist die Ursache vieler Verdrängungen. Verkannt werden hauptsächlich die Filme, die gerade auf der Künstlichkeit des Reproduktionsvorgangs bestehen, seine Besonderheit und Materialität hervorkehren, statt sie in der scheinbaren Natürlichkeit des fotografischen Bewegungsbildes verschwinden zu lassen.«

Literatur

Wilfried Berghahn, Enno Patalas (1961): Gibt es eine linke Kritik? In: *Filmkritik*, 5. Jg., H. 3, S. 131-135.
Ulrich Gregor (1962): Probleme des Filmhistorikers. In: *Filmkritik*, 6. Jg, H. 5, S. 194-198.
Ulrich Gregor, Enno Patalas (1965): *Geschichte des modernen Films*. Gütersloh: Mohn 1965 (Neufassung und Erweiterung der zweiten Hälfte der *Geschichte des Films*). – Neudruck Gütersloh: Bertelsmann 1968.
Ulrich Gregor (1978): *Geschichte des Films ab 1960*. München: Bertelsmann.
Georges Sadoul (1957): *Geschichte der Filmkunst*. Wien: Schönbrunn.
Friedrich von Zglinicki (1956): *Der Weg des Films*. Berlin: Rembrandt. – Reprint Hildesheim: Olms 1979.

Hans Jürgen Wulff

Reinhart Greuner (1962): *Lizenzpresse. Auftrag und Ende. Der Einfluß der angloamerikanischen Besatzungspolitik auf die Wiedererrichtung eines imperialistischen Pressewesens in Westdeutschland*. Berlin: Rütten & Loening. 312 Seiten.

Diese Dissertation ist an der Leipziger Fakultät für Journalistik entstanden und mit einem Gutachten von Hermann Budzislawski 1960 verteidigt worden. Reinhart Greuner (1928–1997) war der erste Promovend im Fach Journalistik und gehörte als Betreuer des Fernstudiums auch zum wissenschaftlichen Nachwuchs der Leipziger Universität. Obwohl er verschiedene fachwissenschaftliche Aufsätze veröffentlichte und im Fernstudium lehrte, blieb er nicht in der Wissenschaft, sondern arbeitete bereits seit 1957 als Journalist für ›Die Wirtschaft‹ (Berlin). Er war langjähriger stellvertretender Chefredakteur dieser Wochenzeitung, kurzzeitig auch ihr Chefredakteur. Greuner machte sich einen Namen durch wirtschaftspolitische Analysen und zudem als Reisejournalist. Er kannte die Länder des Ostblocks, aber auch westliche Länder aus eigener Anschauung. Nach der Einstellung der ›Wirtschaft‹ (1983) arbeitete er im Buchverlag dieses Hauses.

Greuner entschied sich für den praktischen Journalismus offenbar aus Neigung, vielleicht aber auch, weil er im Fach Journalistik nach Budzislawskis Rückzug von dessen Nachfolgern weniger gefragt schien. Die Umstrukturierung der Journalistik in jenen Jahren ist bislang noch nicht mit dem notwendigen Abstand untersucht worden. Die unterschiedlichen wissenschaftlichen Linien scheinen bei weitgehend identischem politischem Ansatz, soweit erkennbar, eher mit Personen als mit wissenschaftlichen Konzepten zu tun zu haben. Anzeichen für Differenzen sind u.a. die abrupte Einstellung der ›Zeitschrift für Journalistik‹, die von der Fakultät (1960-1962) herausgegeben wurde, und das zeitgleiche Ausscheiden Budzislawskis aus der Funktion des Dekans der Fakultät, die er seit 1954 ausgeübt hatte. Eine Rolle bei den Differenzen dürfte gespielt haben, wie das Fach Journalistik verstanden wurde: Einerseits schwerpunktmäßig als akademische Berufsausbildung, in der praktische Fertigkeiten vermittelt und eingeübt werden sollten, andererseits eher als klassisches akademisches Fachstudium, das eine breite gesellschaftswissenschaftliche Grundbildung bieten sollte. In beiden Konzepten spielte die historische Bildung eine unterschiedliche Rolle; für das reine Ausbildungskonzept war sie ein Lernstoff unter anderen, für das andere Konzept herausragender Stoff, an dem sich der »gesetzmäßige« Gang der Weltgeschichte ablesen lassen sollte. Für welche Bedeutung Budzislawski stand, wird durch die Arbeit seines Schülers Greuner belegt.

Dieser bearbeitete seine Dissertation in der zweiten Hälfte der 50er Jahre, als sich die Gegensätze zwischen den beiden deutschen Staaten deutlich zuspitzten. Die Entwicklung fand mit dem Mauerbau am 13. August 1961 einen Abschluß. Im Folgejahr wurde Greuners Text als Buchveröffentlichung in einem Berliner Verlag mit altem, gutem Namen vorgelegt. Sie kann sich nicht besonders gut verkauft haben, denn in den 70er Jahren wurde die Restauflage in der Bundesrepublik im modernen Antiquariat angeboten. Dissertationen mußten in der DDR – wie auch heute noch in Österreich – nicht pflichtmäßig gedruckt werden. Wenn sie veröffentlicht wurden, geschah das nach sowjetischem Vorbild in Zusammenfassungen, die in den ›Wissenschaftlichen Zeitschriften‹ der Fakultäten der DDR-Hochschulen erschienen, welche wiederum Mittel eines eher internen Austausches bildeten. Nur in seltenen Fällen wurde eine Dissertation im Buchhandel veröffentlicht. Noch seltener geschah das bei einer Dissertation der Leipziger Journalistik.

Greuners Studie über die Lizenzpresse ist aus der Literatur erarbeitet worden. Das hatte verschiedene Gründe. Da der Autor sich mit der Presse nach 1945 in den Westzonen befaßte, bildete der Zugang zu Primärquellen ein unlösbares Problem. In bundesdeutschen Archiven waren seine Chancen angesichts der erwähnten politischen Spannungen zwischen beiden deutschen Staaten gering. Die Erlaubnis, staatliche Archive zu benutzen, wurde damals auf beiden Seiten bevorzugt renommierten Historikern erteilt; Genehmigungen wurden grundsätzlich nur für weniger sensible Themen und nur Zug um Zug in vergleichbaren Quoten gebilligt; politisch brisante Antragsteller wurden abgewiesen und Doktoranden nur berücksichtigt, wenn sie sich als Schüler von Professoren legitimieren konnten, die wissenschaftliches Gewicht besaßen oder der jeweils anderen Seite genehm waren.

Beim Thema Lizenzpresse kam hinzu, daß sich die bundesdeutschen Akten zum Teil gar nicht in staatlicher Hand befanden (Presseverlage, Verleger- und Journalistenverbände) und, soweit es sich um staatliche Akten handelte, diese wiederum teilweise noch gar nicht abgeliefert, geschweige denn erschlossen waren. Außerdem war die übliche dreißigjährige Sperrfrist noch nicht abgelaufen. Und noch wichtiger: Die bedeutenderen Akten gehörten den Alliierten, waren inzwischen fast alle außerhalb Deutschlands in Archiven aufbewahrt, und ihre Benutzung unterlag unterschiedlichen rechtlichen Bedingungen. Daher gab es keine andere Möglichkeit, als die öffentlich, d.h. auch in der DDR zugänglichen gedruckten Quellen auszuwerten. Das waren Aufsätze in Fachzeitschriften, Artikel in den Lizenzzeitungen selbst, Selbstzeugnisse von Verlegern, Journalisten, Pressepolitikern, Kontrolloffizieren usw., soweit sie Gegenstand von öffentlichen Kontroversen waren. Solches Material war quantitativ am meisten für die amerikanische Zone zugänglich. Dort waren eine Reihe derartiger Konflikte in der Presse breit dokumentiert worden. Das kam Greuners politischer Interpretation entgegen, die die amerikanische Pressepolitik in den westlichen Besatzungsgebieten Deutschlands als qualitativ dominierend auffaßte, wie es durch das politische Vorbild der DDR, die Sowjetunion, vorgegeben war. Diese Wertung der USA vergrößerte die allein schon durch das wirtschaftliche Gewicht gegebene Vormachtstellung gegenüber den beiden anderen Besatzungsmächten, Frankreich und England, deren sicher prekäre Eigenständigkeit sie noch verkleinerte.

Methodisch verfolgte Greuner einen doppelten Ansatz. Einerseits erforschte er anhand der veröffentlichten Quellen, die übrigens in einem Anhang gut dokumentiert werden (S. 257–307), die Entwicklung der Lizenzpresse von 1945/46 bis ins Jahr 1949. Dabei untersuchte er besonders Vorgänge, an denen sich Widersprüche zeigten, z.B. die Entlassung von kommunistischen und mit ihnen zusammenarbeitenden Lizenzträgern etwa aus den Panels beim ›Mannheimer Morgen‹ und der ›Frankfurter Rundschau‹ oder die Zensur bei kommunistisch lizenzierten Zeitungen. An diesen Bruchstellen, an denen das freiheitliche Pressewesen mit sich selbst in Konflikt geriet, glaubte er ein »gesetzmäßiges« Abrücken von den gemeinsamen Positionen der Anti-Hitler-Koalition, wie sie zuletzt im Potsdamer Abkommen ihren Ausdruck fanden, zu erkennen.

Zum anderen argumentierte er auf der Basis des dialektischen und historischen Materialismus, einer ›wissenschaftlichen Weltanschauung‹, die, wie sie in der DDR seinerzeit interpretiert wurde, den Schlüssel zu den historischen Gesetzmäßigkeiten besaß. Greuners Ergebnis ist plakativ: Die »Kräfte des Monopolkapitals, Großgrundbesitzes und Monopolkapitals, Großgrundbesitzes und Militarismus« (S. 253) seien durch die anglo-amerikanische Politik in Westdeutschland gestärkt worden. Dadurch sei das »restaurierte imperialistische Pressewesen« wieder erstanden. »Nachdem die Weichen einmal gestellt waren, konnten auch die Versuche liberaler Presseoffiziere und Lizenzträger, die schlimmsten ›Auswüchse‹ [...] zu verhindern, keinen Erfolg haben. Nur in dem Teil Deutschlands, in dem das Potsdamer Abkommen [...] verwirklicht und die Imperialisten und Militaristen endgültig entmachtet wurden, konnte ein neues, demokratisches Pressewesen aufgebaut werden. [...] Durch die Existenz der DDR [...] ist es den Imperialisten in Westdeutschland nicht mehr möglich, den Werktätigen die Orientierungsmöglichkeiten zu nehmen.« (S. 253).

Daß Greuners Buch in der Studentenbewegung der Bundesrepublik fachlich einflußreich wurde, ist beim heutigen Lesen, fast vier Jahrzehnte nach der Abfassung, schwer nachzuvollziehen. Sein Vorzug war es, das Thema zuerst monographisch bearbeitet zu haben. Auf der Grundlage der für die Forschung inzwischen zugänglichen Akten hat Harold → Hurwitz (1972) die amerikanische Pressepolitik rekonstruiert; Kurt → Koszyk (1986) hat zusätzlich die britische sowie französische, und Stephan Schölzel (1986) die französische Pressepolitik im Detail dargestellt. Für die sowjetisch-besetzte Zone steht eine ähnliche Untersuchung noch aus.

Literatur

Stephan Schölzel (1986): *Die französische Pressepolitik in der französischen Besatzungszone 1945–1949*. Frankfurt am Main: v. Hase & Koehler.

Hans Bohrmann

Otto Groth (1928-1930): *Die Zeitung. Ein System der Zeitungskunde (Journalistik)*. 4. Bde. Mannheim, Berlin, Leipzig: Bensheimer. – Band 1 (1928): XX, 1029 Seiten. – Band 2 (1929): VII, 620 Seiten. – Band 3 (1930): VII, 485 Seiten. – Band 4 (1930): VI, 582 Seiten.

Als »Handbuch der Zeitungswissenschaft« hatte der Verlag Bensheimer das Werk angekündigt und beworben. »Als ein großes, aufklärendes Stück der Soziographie«, begrüßte und rühmte es der Soziologe Ferdinand Tönnies (1931: 66). Der Nürnberger Vertreter der Zeitungswissenschaft, Leo Benario (1931: 67), charakterisierte es als »zeitungskundliche Inventur«. Und noch 75 Jahre später bemerkte der Wiener Kommunikationswissenschaftler Wolfgang R. Langenbucher (1998: 128): »Singulär blieb Otto Groth mit seinem vierbändigen, enzyklopädischen Werk '*Die Zeitung*', in dem ihm eine epochale Bilanz der Zeitungskunde des 19. und frühen 20. Jahrhunderts gelang.«

Ganz ohne Zweifel sind alle diese Kennzeichnungen zutreffend. Und sie decken sich mit der erklärten Absicht von Otto Groth, die er im Vorwort kundgibt: Sein Werk habe sich die »Aufgabe einer Gesamtdarstellung des wichtigsten zeitungskundlichen Materials« gestellt; entsprechend solle es nicht zuletzt »dem akademischen Unterricht als ein Hilfsmittel« dienen. »Aus der rein wissenschaftlichen Absicht« sei die Arbeit hervorgegangen, »die Zeitungskunde als selbständiges Forschungsgebiet weiter auszubauen«: »Die Bilanz der bisherigen Zeitungsforschung, die das Werk zu ziehen sucht, soll der weiteren wissenschaftlichen Arbeit Wege weisen, die Lücken, die es läßt, auszufüllen, Fragen, die es aufwirft, zu lösen.« Der Untertitel des Werkes unterstreicht all dies, faßt Absicht und Anspruch zusammen: »Ein System der Zeitungskunde (Journalistik).« (S. VII-XIV)

In diesen Erklärungen lag durchaus Provokation: ein Journalist legte mit diesem Werk über *Die Zeitung* in vier Bänden und auf mehr als 2.700 Druckseiten nicht nur vor, was das noch junge Universitätsfach zu seinem Aufbau dringend brauchte, sondern zugleich damit und eben darin das Ergebnis eines Projekts, das von den etablierten Hochschulgelehrten bis dahin noch nicht einmal in Angriff genommen worden war. Otto Groth (1875-1965) war ein Mann der Praxis. Er hatte in München Volkswirtschaft und Jura studiert und dann eine publizistische Karriere begonnen. Seit 1900 war er als Redakteur bei verschiedenen Blättern tätig gewesen, bevor er ab 1906 als Korrespondent der ›Frankfurter Zeitung‹ zunächst nach Stuttgart und ab 1922 nach München ging. 1934 wurde Groth auf Druck der Nationalsozialisten zwangspensioniert. Nach dem Zweiten Weltkrieg nahm der inzwischen 70jährige seine Arbeit im Dienst des Journalismus noch einmal auf. Er gründete den Berufsverband Bayerischer Journalisten und leitete im Auftrag der amerikanischen Besatzungsmacht journalistische Vorbildungskurse in München, aus denen mehr als 200 Redakteure hervorgingen.

Die Jahresreihen dieses Lebens- und Berufslaufes dokumentieren es: das opus magnum über *Die Zeitung* hat Otto Groth neben seiner Korrespondententätigkeit geschaffen. Die Arbeit von mehr als zwölf Jahren steckt darin, wie Groth selbst schrieb, eine aufwendige und mühselige Arbeit, die immer wieder unterbrochen und mehrfach einer Revision unterzogen wurde; denn er konnte sich nicht auf Vorarbeiten oder tragfähige Konzepte stützen. Einer seiner jungen Mitarbeiter im Münchener Korrespondentenbüro der ›Frankfurter Zeitung‹, Maxim Fackler, hat mit ein paar Erinnerungssätzen skizziert, wie Groth seine Journalistenpflicht und seine »höchstpersönliche« Leidenschaft zusammenbrachte: »Den Vormittag saß Dr. Groth schürfend in der Staatsbibliothek; zu gegebener Zeit prüfte er den Adlatus durch telefonische Kreuz- und Querfragen, ob dieser die Zeitungen gründlich gelesen habe« (Fackler 1965: 207) – während er selbst alles *über* die Zeitungen las, was er irgendwo und irgendwie erreichen konnte. Folgt man Groth, so ist Gegenstand einer wissenschaftlich-systematischen Zeitungskunde die Tageszeitung und letztlich nur sie. Die Bibliographie der dazu aufgefundenen und in den vier Bänden über *Die Zeitung* verarbeiteten Literatur umfaßt auf etwa 200 Druckseiten mehr als 4.700 Titel. Sie ist bis heute eine unverzichtbare Führerin durch die frühen Pressepublikationen geblieben.

Das Gesamtwerk ist aufgeteilt in 39 Kapitel. Einige von ihnen haben den Umfang satter Monographien, etwa jene, die sich mit dem Einfluß des Staates oder der Parteien auf die Zeitung beschäftigen, ebenso das Kapitel über das Inseratenwesen, nicht zu vergessen auch das letzte Kapitel über die Rolle des Journalisten. Unter systematischen Vorzeichen gliedert sich das Werk in zwei höchst ungleiche Teile: in die allgemeine und in die spezielle Zeitungskunde.

Im Rahmen der allgemeinen Zeitungskunde entwickelt Otto Groth die »Theorie der Journalistik«. Deren zentrale Stichworte sind: Öffentliche Meinung, Publikum, publizistische Wirkmittel, insbesondere aber Begriff und Wesen der Zeitung. Was Groth zu letzteren ausbreitet, beruht im wesentlichen auf den Einsichten der speziellen Zeitungskunde, das heißt auf der vergleichenden Beobachtung von Zeitungserscheinungen und Zeitungsstrukturen. Von daher erklärt sich mit zwingender Logik, daß und warum Groth in seinem ab 1960 erschienenen siebenbändigen Spätwerk »Die unerkannte Kulturmacht« (→ Groth 1960-1972) die Begriffs- und Wesensbestimmungen der Zeitung revidieren mußte. In seinem Spätwerk nämlich wird die wissenschaftliche Beobachtung – jedenfalls prinzipiell – auf alle Erscheinungsformen vermittelter aktueller Mitteilungen, also weit über die Tagespresse hinaus ausgedehnt. Damit ist dann in der Konsequenz auch die Entwicklung eines von den gängigen Denkmustern deutlich abweichenden Massenkommunikationsmodells verbunden.

Die unbestreitbare Stärke seines Werkes über *Die Zeitung* ist jedoch die spezielle Zeitungskunde. Generell, so zeigt Groth, müsse diese aus vergleichenden Untersuchungen zur Entwicklung und zur jeweiligen Gegenwartsstruktur des Zeitungswesens verschiedener Länder die Erkenntnisse der allgemeinen Zeitungskunde ergänzen und kontrollieren. Naturgemäß beschränkt Groth sich in der Hauptsache auf die Untersuchung und Darstellung des Zeitungswesens in Deutschland. Um den ungeheuren Stoff in eine systematische Ordnung zu bringen, wählte er ein Vorgehen, das im Gegensatz zu allen früheren Versuchen, insbesondere zu den Zeitungsdarstellungen der sogenannten Praktikerliteratur um die Jahrhundertwende steht: Das leitende Prinzip der Darstellung ist bei Groth nämlich »die Zeitung selbst«. Das bedeutet, daß seine Arbeit von den äußeren Erscheinungen zum Inhalt der Zeitung vordringt, dann die von außen auf die Zeitung und ihren Inhalt einwirkenden Kräfte analysiert, sich mit den wirtschaftlichen Grundlagen des Zeitungsunternehmens auseinandersetzt und sich schließlich den im Innenbereich der Zeitung wirkenden Kräften und tätigen Persönlichkeiten zuwendet.

Daß mit den vier Bänden über *Die Zeitung* aus der Feder eines Praktikers ein Werk von fachwissenschaftlicher Bedeutung vorlag, ist von den Zeitgenossen nicht geleugnet worden. Der angenommenen Bedeutung entsprach ein in seiner Form singulärer Respekterweis durch die Fachzeitschrift ›Zeitungswissenschaft‹. Deren Herausgeber initiierten eine »Enquete«, »um die Behandlung der großen Probleme des Zeitungswesens in diesem Werk einer Beurteilung und Wertung von sachkundiger Seite zu unterziehen«. Die auf diese Weise zusammengetragenen Stellungnahmen des Soziologen, des Zeitungswissenschaftlers, des Preßrechtlers, des Journalisten, des Verlegers sowie des Nachrichtenfachmannes bilden den thematischen Schwerpunkt der Nummer 2 des 6. Jahrgangs (1931) der ›Zeitungswissenschaft‹. Sieht man indessen genauer zu, so läßt sich der Eindruck nicht verdrängen, daß die Kritiker – den Soziologen Tönnies ausgenommen – keineswegs zur ersten Garnitur zählen, und daß die Stellungnahmen auch in der Sache nicht besonders überzeugend sind. Nahezu peinlich wirken Deklarationen, man wolle sich – im Hinblick auf nicht dingfest zu machende kritische Stimmungen anderwärts – um eine gerechte Würdigung bemühen. An einem einzigen Punkt allerdings bekommen die kritischen Stellungnahmen aus der Praktikerperspektive Substanz: Groth habe sich mit geradezu gewerkschaftlicher Gesinnung in aktuellen zeitungspolitischen Auseinandersetzungen auf die Journalistenseite geschlagen und verkenne Funktion und Bedeutung des Verlegers.

Uneingeschränkte Anerkennung und völlige Unbefangenheit dem Werk des Außenseiters gegenüber demonstriert eigentlich nur Karl d'Ester, der das Gesamtwerk noch vor Erscheinen des ersten Bandes im Oktober 1927 in der ›Zeitungswissenschaft‹ ankündigt und dabei seine vielfache Unterstützung der Grothschen Arbeit offen kundgibt. Denn eine Prüfung des bisher Geleisteten habe ihn davon überzeugt, »daß es sich hier um eine Arbeit großen Stils und grundlegender Bedeutung für die Zeitungswissenschaft handele«. Von jeglicher »individa collegialis« unbeeindruckt, stellt d'Ester (1927: 145) fest, hier sei »endlich eine Grundlage geschaffen, auf der die Forschung weiterbauen kann«.

Die Prognose d'Esters hat sich letzten Endes bewahrheitet. Das vierbändige Werk von Otto Groth über *Die Zeitung* gehört bis heute zu den am meisten zitierten Nachschlagewerken über das Zeitungswesen. Es dürfte kaum eine Frage zur Entwicklung der Tageszeitung, ihrer inhaltlichen und organisatorischen Strukturen geben, die sich aus dem reichhaltigen, enzyklopädisch aufbereiteten und durch Register zuverlässig erschlossenen Stoffangebot dieses Werkes nicht wenigstens im Ansatz beantworten ließe. Es hat als Pionierleistung einen ebenbürtigen Platz neben den beiden anderen Pionierarbeiten, die Otto Groth dem Fach hinterlassen hat: die erste systematische, quantifizierende Inhaltsanalyse mit seiner Dissertation über »Die politische Presse Württembergs« (1915), in der er Anregungen Max Webers fruchtbar gemacht hat; schließlich auch die erste und bisher einzige Theorie- und Ideengeschichte des Faches, die er später unter dem Titel »Die Geschichte der deutschen Zeitungswissenschaft« (→ Groth 1948) vorlegte.

Literatur

[Leo] Benario (1931): »Die Zeitung«. (Der Zeitungswissenschaftler). In: *Zeitungswissenschaft*, 6. Jg., Nr. 2, S. 66-68.

Karl d 'Ester (1927): Zur Systematik der Zeitungswissenschaft. In: *Zeitungswissenschaft*, 2. Jg., Nr. 10, S. 145.

Maxim Fackler (1965): München, Perusastrasse Nr. 5. In: *Publizistik*, 10. Jg., Nr. 3 (= Festschrift für Otto Groth), S. 206-208.

Otto Groth (1915): *Die politische Presse Württembergs*. Stuttgart: Scheufele.

Wolfgang R. Langenbucher (1998): Einführung – Zu Person und Werk. In: Otto Groth: *Vermittelte Mitteilung. Ein journalistisches Modell der Massenkommunikation*. Hrsg. von Wolfgang R. Langenbucher. München: Reinhard Fischer, S. 151-186.

Ferdinand Tönnies (1931): »Die Zeitung«. (Der Soziologe). In: *Zeitungswissenschaft*, 6. Jg., Nr. 2, S. 65-66.

Hans Wagner

Otto Groth (1948): *Die Geschichte der deutschen Zeitungswissenschaft. Probleme und Methoden*. München: Weinmayer 1948, 376 Seiten.

Otto Groth (1875-1965) war zugleich Journalist und Wissenschaftler. Von 1906 bis 1934, als ihn die Nationalsozialisten aus politischen wie »rassischen« Gründen vom dem Amt vertrieben, leitete er Redaktionsbüros der ›Frankfurter Zeitung‹ zuerst in Stuttgart, dann in München. Groth hatte 1913 bei Robert Wilbrandt in Tübingen promoviert, der von der Nationalökonomie zur Soziologie gegangen war. Bei Wilbrandt haben nach dem Ersten Weltkrieg auch die nachmaligen Publizistik- resp. Journalistikwissenschaftler Fritz Eberhard (Freie Universität Berlin) und Hermann Budzislawski (Universität Leipzig) ihre Doktorarbeit geschrieben. Groth orientierte sich in seiner Schrift über »Die politische Presse Württembergs« an Max Webers um 1910 entwickeltem Programm zur Erforschung der Zeitung und machte sich in der Weimarer Zeit einen Namen als Fachautor in Blättern der Journalistenverbände, Zeitungsverleger und Zeitungswissenschaft. Ende der 1920er Jahre erschien sein enzyklopädisches Werk »Die Zeitung« (→ Groth 1928-1930), in dem er in insgesamt vier Bänden ein »System der Zeitungskunde. Journalistik« anzielte, wie es im Untertitel heißt. Diese Veröffentlichung stellte ihn mit einem Schlag in die erste Reihe der Zeitungsforscher, brachte ihm aber trotz Berufungschance keine Hochschullehrerstelle ein.

Es gelang Groth, die zwölf Jahre Nationalsozialismus zu überleben. Da er zur Untätigkeit im öffentlichen Raum verurteilt war, nutzte er die Zeit, so gut es unter der Verfolgung möglich war, zu intensiven wissenschaftlichen Studien, die nach dem Zweiten Weltkrieg in zwei bedeutenden Publikationen ihren Niederschlag fanden. Ab 1960 wurde in sieben Bänden seine »Grundlegung der Zeitungswissenschaft« unter dem Titel: »Die unerkannte Kulturmacht. Periodik« veröffentlicht (→ Groth 1960-1972). Die Heraushebung der Periodik war ihm der spezifische Gesichtspunkt, unter dem ihm die Eigenständigkeit der Disziplin, aber auch die Abgrenzung gegenüber anderen Autoren wichtig war.

Bereits 1948 hatte Groth seine *Geschichte der deutschen Zeitungswissenschaft* vorausgeschickt. Hier bot er erstmalig eine Dogmengeschichte des Nachdenkens über die öffentlichen Medien. Das waren vom 16. bis zum 19. Jahrhundert die gedruckten Medien, vor allem die Zeitungen, ehe die Konkurrenz durch die optisch-akustischen Medien hinzukam. Dogmengeschichte zu treiben, bedeutet zuerst die Autoren zu ermitteln, die seit dem ersten Auftreten der periodischen Zeitung methodisch über das Medium nachgedacht haben, und ihre Werke in der zeitlichen Folge zu interpretieren, um den Erkenntnisfortschritt zu ermitteln. Ziel dieser Arbeit ist es, daraus Gesichtspunkte und Anregungen für den eigenen Ansatz zu gewinnen, denn Wissenschaft ist immer dann fortschrittlich, wenn sie Fehler der Vorgänger vermeidet und von deren Einsichten profitiert. Robert K. Merton hat den Sachverhalt in ein Bild gebracht: Wir können weiter sehen, weil wir auf den Schultern von Riesen, d.h. den voraufgegangenen Generationen von Forschern stehen (→ Merton 1949). Otto Groth hat als erster diesen Weg zurück unternommen. Er hat das vor allem im pädagogischen Denken ausgetragene Für und Wider des neuen Mediums Zeitung bis in die Aufklärung nachgezeichnet und Autorennamen, die vorher kaum bekannt waren, ins Licht der Geschichte gezogen. Er hat den Kampf um die Pressefreiheit vor allem im Vormärz nachgezeichnet und auch auf den konservativen, am staatlichen Wohl orientierten Franz Adam → Löffler (1837) aufmerksam gemacht. Ausführlich stellt er die Bedeutung des Literaturhistorikers Robert E. → Prutz (1845) und der Historiker des 19. Jahrhunderts dar. Ein weiteres Kapitel ist den Pressepolitikern nach der Märzrevolution gewidmet (u.a. Heinrich → Wuttke 1875, mit der früheren Auflage von 1866). Ausführlich widmet sich Otto Groth dann den Hochschulgelehrten der Bismarck- und der Wilhelminischen Zeit: Karl → Knies (1857), Albert E. F. → Schäffle (1875), Karl → Bücher (1926) und Max Weber. Alle kamen vom nationalökonomischen Denken her und waren auf dem Wege zur soziologischen Betrachtung.

Die Zeitung hat bei allen Autoren seit dem 17. Jahrhundert stets eine transistorische Bedeutung gehabt. Sie war ein Gegenstand unter vielen und in keinem Autorenleben spielte er die beherrschende Rolle. Oft waren der Zeitung eher Randwerke zugedacht. So hat Karl Bücher zwar der Zeitung immer wieder Aufsätze gewidmet, sich aber der Zeitungskunde erst nach seiner Emeritierung zugewandt. Und Max Weber hat viele Anregungen zur Erforschung der Zeitung gegeben. In seinem Werk spielt sie aber kaum eine Rolle.

Otto Groth hat vielen Forschern, namentlich des 17. und 18. Jahrhunderts, Namen und Gesicht wiedergegeben, die bereits vom Dunkel der Geschichte verschluckt waren. Er hat auch an bekannten Autoren unbekannte Facetten ins Licht gerückt, so bei Caspar → Stieler (1695). Es zeigte sich, daß viele Einsichten früherer Generationen für die Lösung auch unserer Fragestellungen fruchtbar gemacht werden können, und ganz nebenbei wird deutlich, daß auch die Autoren der ersten Jahrzehnte unseres Jahrhunderts durchaus aus diesen Quellen geschöpft haben, wenn sie das auch nicht durch Zitat immer anzeigten. Besonders gilt das für Emil Dovifats »Zeitungslehre«, die zumal in ihren bekannten Definitionen viele wichtige Anleihen bei anderen macht, ohne das aber aufzudecken. Grund war die heute wohl überholte Auffassung, Lehrbücher (wie die »Sammlung Göschen«) litten unter zu vielen Fußnoten.

Im letzten Kapitel der Geschichte der deutschen Zeitungswissenschaft befaßt sich Groth beinahe anhangsweise mit der »jüngsten wissenschaftlichen Literatur nach dem Einzug der Zeitungskunde in die Hochschulen«. Diese sieben Seiten werden der Weimarer Zeit und dem »Dritten Reich« nicht gerecht, auch wenn man die Quantität der neuen Veröffentlichungen nicht unbedingt mit Qualität gleichsetzen will. Groth hat offenbar seine Studien als Vorarbeiten für die Entwicklung seines eigenen Ansatzes betrieben; deshalb war es ihm weniger wichtig, die parallelen Bemühungen anderer darzustellen und zu werten. Auch das Literaturverzeichnis nennt diese Publikationen nicht. Um so wichtiger scheint es deshalb, daß das Thema Disziplingeschichte, das in den vergangenen Jahrzehnten Gegenstand vieler Aufsatzveröffentlichungen und Sammelbände war, wieder als Einheit begriffen und zusammenfassend dargestellt wird. Dann ließe sich auch Otto Groths Wunsch einer für die europäischen Länder und wohl auch Amerika vergleichenden Behandlung verwirklichen.

Literatur

Otto Groth (1931): Zur Historie der Zeitungswissenschaft. In: *Zeitungswissenschaft*, 6. Jg., S. 378-383 (= Festschrift Karl d'Ester).

Otto Groth (1998): *Vermittelte Mitteilung. Ein journalistisches Modell der Massenkommunikation*. Hg. von Wolfgang R. Langenbucher. Mit einem Beitrag: Das Fachstichwort: Massenkommunikation von Hans Wagner. München: Fischer.

Günther Kieslich, Walter J. Schütz (Red.) (1965): *Festschrift für Otto Groth [zum neunzigsten Geburtstag]*. Bremen: Heye (= Publizistik, 10. Jg. 1965, Heft 3 [S. 185-464]).

Hans Bohrmann

Otto Groth (1960-1972): *Die unerkannte Kulturmacht. Grundlegung der Zeitungswissenschaft (Periodik).* Berlin: Walter de Gruyter & Co. – Band I (1960): *Das Wesen des Werkes.* 646 Seiten. – Band II (1961): *Das Sein des Werkes.* 426 Seiten. – Band III (1961): *Das Werden des Werkes, Teil 1.* 431 Seiten. – Band IV (1962): *Das Werden des Werkes, Teil 2.* 835 Seiten. – Band V (1963): *Das Wirken des Werkes, Teil 1.* 682 Seiten. – Band VI (1966): *Das Wirken des Werkes, Teil 2.* 456 Seiten. – Band VII (1972): *Das Wirken des Werkes, Teil 3. Das Werk im Ganzen der Kulturgesellschaft.* 741 Seiten.

Die unerkannte Kulturmacht ist das Werk eines Privatgelehrten, der allerdings als solcher aus einer Tradition kam, die dem »Fach« bei seiner Entstehung gut angestanden hätte, für die es aber erst mit großer Verspätung reif war: aus der von Max Webers Soziologie des Zeitungswesens aus dem Jahre 1910. Ihr war seine Tübinger Dissertation von 1913 »Die politische Presse Württembergs« (die 1915 in Stuttgart publiziert wurde) verpflichtet und auch sein erstes großes, vierbändiges Werk »Die Zeitung« (das 1928-1930 in Mannheim herauskam; → Groth 1928-1930) – Ergebnis einer mehr als zwölfjährigen Arbeit. Als diese Bücher erschienen, war Otto Groth (1875-1965) längst ein erfolgreicher Journalist, dessen Berufsweg von 1900 an über Stuttgart, Ulm und verschiedene Korrespondentenposten bei der ›Frankfurter Zeitung‹ – zuletzt in München – führte. Nach der Machtergreifung des Nationalsozialismus mußte er 1934 die ›Frankfurter Zeitung‹ verlassen, wurde pensioniert und führte gezwungenermaßen ein zurückgezogenes Leben.

Seine wissenschaftliche Arbeit aber vermochte er fortzusetzen und – nun 70jährig – nach der Befreiung Deutschlands vom Nationalsozialismus so zu intensivieren, dass 1948 seine – bis heute ohne Nachfolge gebliebene – »Geschichte der deutschen Zeitungswissenschaft« (→ Groth 1948) und ab 1960 *Die unerkannte Kulturmacht* erscheinen konnten. Der Band VII dieser Grundlegung der Zeiungswissenschaft (Periodik) kam erst sieben Jahre nach seinem Tode heraus – aus dem handschriftlichen Nachlaß ediert von seinem Sohn Dipl. Ing. Hans Groth.

Trotz dieses monumentalen Werkes blieb Groth ein Außenseiter. Die universitäre Welt hat die seiner Person adäquaten Posten und die für Gestalten wie ihn geschaffenen akademischen Würden (z.B. Dr. h.c., Honorarprofessur) ihm bis in sein hohes Alter verweigert. Immerhin gab es in den 50er und 60er Jahren intensiveren Kontakt mit dem damaligen Institut für Zeitungswissennschaft der Universität München, insbesondere zu Heinz Starkulla. Dort wurde auch eine Festschrift zu seinem 90. Geburtstag initiiert, die als Heft 3 des 10. Jahrgangs der Zeitschrift ›Publizistik‹ und auch als Separatdruck erschien (Festschrift 1965).

Alle seine Werke waren Pioniertaten. War seine Enzyklopädie aus den 20er Jahren noch eine Zeitungskunde, eine Journalistik, so legte er mit seiner Theoriegeschichte begriffliche und analytische Grundlagen für das Monumentalwerk über Die unerkannte Kulturmacht, die ihm einen konsequent durchgehaltenen Wissenschaftsansatz und ein hohes Maß an Systematik erlaubten. Vor allem die Kategorie »Vermittlung« erfährt hier erstmals eine theoretische Würdigung ihrer eminenten praktischen Bedeutung, die so weder vor- noch nachher von anderen Wissenschaften geleistet wurde. In den heutigen Denkweisen und Begriffen rekonstruiert, läßt sich sagen, daß Otto Groth eine Theorie der »vermittelten Mitteilung« schuf und damit die Basis eines journalistischen Modells der Massenkommunikation, dessen Erklärungskraft von der Forschung bis heute nicht wirklich ausgeschöpft wurde. Dabei ist deutlich, daß Groths Fixierung auf die Medien Zeitung und Zeitschrift lediglich historisch bedingt war. Auch Radio und Fernsehen sind naturgemäß Institutionen, die den – je medienspezifischen – Regeln der Vermittlung folgen. Otto Groth war Kommunikations-, nicht Zeitungstheoretiker – auch wenn er selbst von einer älteren, an den Druckmedien abgelesenen Begriffswelt ausging.

So gälte es – in seiner Nachfolge – auch die Leistungen von Radio und Fernsehen als Kulturmächte zu identifizieren und epochale Bilanzen zu entwerfen, wie sie dieser große Privatgelehrte zweimal in seinem Leben vorlegte. Unübersehbar sind ja insbesondere die makrotheoretischen Defizite der heutigen Publizistik- und Kommunikationswissenschaft. Bei ihm ließe sich lernen, was solche auf gesamtgesellschaftliche Zusammenhänge zielenden Darstellungen ausmacht – etwa, wenn er im vierten Buch »Das Werk und die Sozialgebilde« durchdekliniert. Allein dem Zusammenhang von Presse und Staat werden so über 350 Seiten gewidmet – für sich genommen eine eigenständige Monographie. Wenn man bedenkt, wie schlecht die Forschungs- und Veröffentlichungslage damals war und wie gut sie heute ist, so bleibt bewundernswert, daß Otto Groths Werk bis heute eine Quelle intellektueller Provokation darstellt.

Groths Anspruch – im ersten Band entfaltet – ist es, der Zeitungswissenschaft die »bisher fehlenden theoretischen Grundlagen« (Bd. I, S. 7) zu geben. Sein Ansatz ist durch wenige Stichworte charakterisierbar: Es geht um eine theoretisch-empirische Einzelwissenschaft, zielend auf Gesetze mittlerer Reichweite; ihr fakultärer Ort sind die Kulturwissenschaften, zu denen auch »Solldisziplinen« wie eine Dogmatik des Journalismus gehören; prinzipiell dienen vier Kategorien (»Wesensmerkmale«) der Konstitution des zeitungswissenschaftlichen Gegenstandes: Periodizität (deshalb auch sein Benennungsvorschlag für das Fach: Periodik), Publizität, Universalität und Aktualität. Mit dieser Gegenstandsbestimmung und der aus ihr entwickelten Theorie der Vermittlung grenzt sich Groth geradezu aggressiv von der damaligen Publizistikwissenschaft ab.

Die Grothsche Darstellung ist eingeteilt in vier »Bücher«. Das erste Buch (= Band I) enthält unter dem Obertitel Das Wesen des Werkes die theoretisch-begrifflichen Grundlagen; das sind neben der Ausfaltung der vier Wesensmerkmale und ihrer gesetzmäßigen Zusammenhänge ein eigener Abschnitt (Bd. I, S. 383-511) über »Das Wesen der Zeitschrift« und eine Funktionsbestimmung des Periodikums in der neuzeitlichen Gesellschaft. Das zweite Buch (= Band II) gilt dem Sein des Werkes und enthält Beschreibungen und Deutungen der äußeren Beschaffenheit des Inhaltes und der Zwecke, die das Periodikum für den Verleger, den Herausgeber, den Journalisten, den Redakteur und den Leser erfüllt. Das dritte Buch (= Band III und Band IV) behandelt Das Werden des Werkes, also die Entstehung des Periodikums durch das Zusammenwirken von Verlag und Redaktion, von Journalismus und seinen Hilfsgewerben. Um die Ausmaße anzudeuten, sei nur erwähnt, daß allein Groths Darstellung des Journalismus in Band IV (von der journalistischen Tätigkeit im allgemeinen über die verschiedenen spezifischen Funktionen und Ausbildungsprobleme bis hin zur Erörterung der sozialen Stellung) über 500 Seiten einnimmt! Fast ebensoviel Platz widmet er in

Band III dem Zeitungs- und Zeitschriftenverlag. Das den Abschluß bildende vierte Buch (= Band V, VI und VII) geht dem Wirken des Werkes nach und beschreibt seinen Zusammenhang mit verschiedenen Sozialgebilden (wie öffentliche Meinung, Publikum, Gesellschaft und Partei) und sein Verhältnis zu den Kultursystemen (wie Staat, Wirtschaft, Technik, Wissenschaft, Kunst und Religion). Der Nachlaßband trägt den Titel Das Werk im Ganzen der Kulturgesellschaft und entfaltet auf 650 Seiten in souveränem Zugriff einen Versuch der Integration – gewissermaßen aus einer Vogelperspektive. Außerdem wurden diesem Band vom Verlag ein Personen-, Sach- und Schlagwortregister hinzugefügt.

Mit der in der *Unerkannten Kulturmacht* enthaltenen »Pressekunde« verbindet sich noch ein besonderer Umstand: In diesem Teil seines Werkes vermittelt Groth im Grunde Aspekte einer Kommunikationsgeschichte der Zeit vor 1945 bzw. 1933. Die theoretischen Darlegungen werden mit zahllosen Einzelheiten illustriert, primär aus der deutschen, gelegentlich aber auch der internationalen Pressegeschichte. Oft belegt Groth aus der Gegenwart, aber aus seiner Gegenwart als Zeitungspraktiker, also der Epoche vor 1933 (als er schon über 50 Jahre alt war!). Ereignisse aus der »Inflationszeit« (Bd. III, S. 53) werden erinnert; das System der Provinzausgaben wird an einem spanischen Beispiel aus dem Jahre 1935 erörtert (Bd. I, S. 238); von Hugenberg, statt von Springer ist die Rede, wenn es um Konzerne geht (Bd. III, S. 243f.); der Abschnitt über die Einnahmen aus den Anzeigen stützt sich auf Zahlen aus den Jahren 1915-1935; ähnliche Beispiele ließen sich dutzendweise beibringen – das ist nun alles wirklich Geschichte.

Man darf sich deshalb nicht täuschen lassen, wenn immer wieder von der »jüngsten Zeit« (z.B. Bd. IV, S. 7) von »neuestens« (z.B. Bd. IV, S. 35), »heute« oder ähnlichen zeitlichen Fixierungen die Rede ist. Nur ausnahmsweise sind damit die Jahre nach 1945 gemeint (z.B. Bd. IV, S. 101); häufiger aber wären Groths Ausführungen einfach falsch, wenn man sie auf die Gegenwart der vergangenen Jahrzehnte beziehen würde (z.B. Bd. IV, S. 109). Nicht einmal die Epoche des Nationalsozialismus wird eingehender herangezogen, obgleich das die Forschungslage erlaubt hätte. Groth zeichnet eine Zeitungslandschaft, in der das Fernsehen kaum am Horizont sichtbar geworden ist (vgl. Bd. I, S. 176). So ist dieses Werk u.a. auch – nicht zuletzt für den jüngeren Leser – eine eminente historische Quelle.

Elisabeth Noelle-Neumann nannte es einmal tragisch, wenn »leidenschaftliche, mühevolle Arbeit großer Wissenschaftler [...] vergeblich bleibt«. Ganz so wird man die Wirkungsgeschichte dieses Werkes und dieser Person vielleicht nicht einschätzen müssen. Aber eine jede Umfrage im Fach würde wohl zeigen, wie schlecht und diskontinuierlich es um seine Rezeption steht. Denn immerhin wird dieser Wissenschaftler im Umkreis von Hans Wagner in München immer wieder aufgegriffen. Zuletzt erschien – herausgegeben vom Verfasser dieses Beitrages – ein kleiner Auswahlband, der jüngeren Wissenschaflerinnen und Wissenschaftlern die Auseinandersetzung mit Otto Groth erleichtert (Groth 1998). Spätestens die Kommunikationshistoriker der ersten Hälfte des 20. Jahrhunderts werden ihn als Quelle entdecken, wenn sie sich einmal an Gesamtdarstellungen versuchen, die es mit dem Werk *Die unerkannte Kulturmacht* aufnehmen wollen.

Literatur

Otto Groth (1998): *Vermittelte Mitteilung. Ein journalistisches Modell der Massenkommunikation.* Hg. von Wolfgang R. Langenbucher. Mit einem Beitrag: Das Fachstichwort: Massenkommunikation von Hans Wagner. München: Fischer.

Wolfgang R. Langenbucher

Wilmont Haacke (1968-1982): *Die politische Zeitschrift.* 2 Bde. Stuttgart: Köhler. – Band 1: X, 292 Seiten. – Band 2: XIV, 560 Seiten.

Wilmont Haacke (geb. 1911) arbeitete zunächst journalistisch. 1942 habilitierte er sich mit einer Geschichte des Feuilletons an der Universität Prag. Nach 1945 führte er verschiedene Tätigkeiten aus. Schließlich ging er 1953 nach Wilhelmshaven, wo er 1955 außerplanmäßiger Professor an der »Hochschule für Arbeit, Politik und Wirtschaft« wurde. Als diese 1962 in der Universität Göttingen aufging, erhielt Haacke dort 1963 den Lehrstuhl für Publizistik. 1956 hatte er mit Walter Hagemann und Emil Dovifat die Fachzeitschrift ›Publizistik‹ ins Leben gerufen.

In Haackes Œuvre kommt der *Politischen Zeitschrift* die Rolle des Hauptwerkes zu, weil in ihm die Essenz seiner Forschungen zu Feuilleton und Zeitschrift zu finden ist. Die früheren Arbeiten von Haacke, auf denen die *Politische Zeitschrift* aufbaut, sind sehr umstritten. Seine Promotion über den jüdischen Publizisten Julius Rodenberg wäre 1936 beinahe gescheitert und konnte erst nach dem Ende der NS-Zeit erscheinen (vgl. Haacke 1950). Die beiden Auflagen der »Feuilletonkunde« (nach dem Zweiten Weltkrieg als »Handbuch des Feuilletons« publiziert) enthalten in vielen Teilen diametral entgegengesetzte Bewertungen insbesondere jüdischer Journalisten (vgl. Haacke 1943-1944; ^{2}1951-1953).

Das Werk Die *politische Zeitschrift* ist in zwei Bände unterteilt, die jeweils in einen darstellenden und einen dokumentierenden Teil gegliedert sind. Band 1 ist den klassischen Zeitschriften des 18. Jahrhunderts bis hin zum Rundschautyp des 20. Jahrhunderts gewidmet, das letzte Porträt gilt Karl Kraus' ›Fackel‹. Band 2 behandelt die Wochenblätter und kulturpolitischen Zeitschriften seit dem späten 19. Jahrhundert. Die wechselseitige Abgrenzung ist nicht ganz klar.

Die Methode der Darstellung läßt sich als systematische Herleitung charakterisieren. Haacke unternimmt eine begriffsgeschichtliche Klärung des Wortes Zeitschrift. Er stellt eine Fülle von Definitionen der »Zeitschrift« vor, um schließlich eine eigene zur politischen Zeitschrift vorzuschlagen, die sich über zwei Drittel einer Seite erstreckt und mit den Sätzen beginnt: »Die politische Zeitschrift ist eine periodische Publikation, deren Tendenz sich aus dem von ihr verkündeten Programm ergibt. In deren Sinn behandelt sie fortwirkend staatliche, gesellschaftliche, soziale und kulturelle Erscheinungen aus Vergangenheit, Gegenwart und Zukunft.« (Bd. 1, S. 207f.) Im zweiten Band behandelt er in ähnlicher Weise die Wochenblätter und stellt 14 bundesrepublikanische in monographischen Skizzen vor.

Der dokumentarische Teil bedient sich der exemplarischen Methode. Schlüsseltexte wichtiger Zeitschriften werden gedruckt und mit einer kurzen Einleitung zu den Journalisten und Herausgebern, Zeitumständen und zur Biographie der Zeitschrift versehen. Hier finden sich angefangen mit der ›Europäischen Fama‹ Sinold von Schützens (1702) bis hin zu Zeitschriften, Wochenzeitungen und Magazinen – u.a. ›Die Zeit‹ und ›Der Spiegel‹ – viele wichtige Blätter versammelt. Nicht alle Zitate halten der Überprüfung stand. Die von Haacke als Ausgangspunkt der deutschen politischen Zeitschrift gesehene ›Europäische Fama‹ kann seit Johannes Webers luzider Darstellung des Felseckerschen ›Mercurius‹ nicht mehr als älteste politische Zeitschrift gelten (vgl. Weber 1994). Auf der anderen Seite regt die Sammlung methodisch und inhaltlich weiterhin an. Jürgen Wilke (1978) hat in ähnlicher Weise die literarischen Zeitschriften behandelt. Haackes Darstellung ist klar geschrieben und gibt indirekt gute Hinweise, wie man sich über empirische Arbeit einem definitorischen Problem nähern kann. Dabei muß man nicht in jedem Fall Haackes Ableitungen zustimmen. Doch bietet die Auswahl der Texte eine interessante geistesgeschichtliche Lektüre und kann immer noch als Ausgangspunkt für die historische Zeitschriftenforschung genommen werden, und sei es, um sich daran abzuarbeiten.

Literatur

Wilmont Haacke (1943-1944): *Feuilletonkunde: Das Feuilleton als literarische und journalistische Gattung*. 2 Bde. Leipzig: Hiersemann.

Wilmont Haacke (1950): *Julius Rodenberg und die Deutsche Rundschau: Eine Studie zur Publizistik des deutschen Liberalismus (1870 - 1918)*. Heidelberg: Vowinckel (zugleich Diss. Univ. Berlin).

Wilmont Haacke ([2]1951-1953): *Handbuch des Feuilletons*. 3 Bde. Emsdetten: Lechte.

Johannes Weber (1994): *Götter-Both Mercurius. Die Urgeschichte der politischen Zeitschrift in Deutschland*. Bremen: Edition Temmen.

Jürgen Wilke (1978): *Literarische Zeitschriften des 18. Jahrhunderts (1688-1789). Teil I: Grundlegung. Teil II: Repertorium*. Stuttgart: Metzler.

Rudolf Stöber

Jürgen Habermas (1962): *Strukturwandel der Öffentlichkeit. Untersuchungen zu einer Kategorie der bürgerlichen Gesellschaft*. Neuwied: Luchterhand. 291 Seiten (17 Auflagen). – Um ein neues Vorwort ergänzte Neuausgabe. Frankfurt am Main: Suhrkamp 1990. 391 Seiten (bisher 3 Auflagen).

Die Arbeit ist im sozialen und inhaltlichen Kontext der »Frankfurter Schule« entstanden – als Beitrag zur Kritischen Theorie der Gesellschaft. Allerdings führte die Ablehnung durch Max Horkheimer dazu, daß Jürgen Habermas (geb. 1929) mit dem als Habilitationsschrift konzipierten Werk nach Marburg zu Wolfgang Abendroth ausweichen mußte – dem sie auch gewidmet ist. Noch nicht einmal in der Schriftenreihe des Instituts für Sozialforschung (IfS) an der Universität Frankfurt am Main konnte sie erscheinen (zum Werdegang von Habermas und zur Geschichte des Werks siehe Wiggershaus 1986: 597ff.).

Habermas weist Öffentlichkeit als eine zentrale Kategorie der bürgerlichen Gesellschaft aus. Er kritisiert radikal ihre gegenwärtige Struktur und Funktion, und zwar nicht nur aus einer utopischen Perspektive, sondern auch durch den diachronen Kontrast mit den frühbürgerlichen Formen öffentlicher Kommunikation. Aus der historischen Entwicklung der sozialen Strukturen und der politischen Funktionen von Öffentlichkeit heraus (Kap. II und III) entfaltet er den Begriff der bürgerlichen Öffentlichkeit als »Idee und Ideologie« (Kap. IV), um dann ihren Wandel als einen Zerfallsprozeß zu beschreiben (Kap. V und VI). Aus der gesellschaftlichen Praxis entwickelt sich also die Idee der Öffentlichkeit, die in der weiteren Entwicklung in einen immer tieferen Gegensatz zur veränderten publizistischen Praxis gerät.

Im einzelnen entfaltet Habermas in einem ganz eigenen, geschliffenen Stil folgende Argumentation:

Von anderen historischen Formen wie der hellenischen, der repräsentativen und der plebejischen wird das liberale Modell bürgerlicher Öffentlichkeit abgesetzt, illustriert vor allem am Beispiel der englischen Entwicklung ab 1650. Auf der sozialen Grundlage von rechtlich gesichertem Privateigentum und Tauschbeziehungen bildet sich in Abgrenzung zur Sphäre der öffentlichen (staatlichen) Gewalt und der Privatsphäre (zu der neben Haushalt, Familie und Arbeit auch der Markt gerechnet wird) eine eigene Sphäre, ein Forum, auf dem sich die räsonnierenden Privatleute zum Publikum versammeln. Hier entsteht die öffentliche Meinung, vor der sich die öffentliche Gewalt zu legitimieren hat, wenn sie verbindliche Regeln für gesellschaftliche Verhältnisse setzt: keine Eingriffe in die Privatsphäre, ohne daß dies im Räsonnement geprüft worden wäre. Grundlage und Ergebnis sind kommunikative Normen wie der »Takt der Ebenbürtigkeit« (1990, S. 97), die »prinzipielle Unabgeschlossenheit« und die »Offenheit für Themen und Beiträge«. Es entstehen spezifische Versammlungsorte (Kaffeehäuser, Salons, Clubs, Theater) und damit verbundene Medien: die Presse löst sich aus der Instrumentierung durch die Obrigkeit. Aus dem Publikum entwickeln sich institutionalisierte Formen der politischen Auseinandersetzung, vor allem das Parlament, in dem sich durch öffentliches Abwägen von Argumenten ein vernünftiger »Konsensus über das im allgemeinen Interesse praktisch Notwendige herstellt.«

Vor diesem historischen Hintergrund zeichnet er die Wandlungen der Begriffe Öffentliche Meinung, Öffentlichkeit und Publizität in der politischen Philosophie von Hobbes bis Mill nach. Diese Einbettung soll deutlich machen, daß die in Klassen strukturierte soziale Basis der bürgerlichen Gesellschaft zugleich Voraussetzung und Negation der Idee eines vernünftigen allgemeinen Konsenses ist; eine Verständigung, die im öffentlichen Wettstreit der Argumente gefunden wird und mit der Herrschaft rationalisiert, ja Herrschaft selbst in Frage gestellt und aufgehoben wird.

Die bürgerliche Öffentlichkeit sieht er seit der Mitte des 19. Jahrhunderts im »Zerfall« (1990, S. 57; 224) – einem dialektischen Prozeß von Ausdehnung und Funktionsverlust. Begründet wird dies aus dem veränderten Verhältnis von Gesellschaft und Staat im postliberalen Kapitalismus, gekennzeichnet durch Kapitalkonzentration und Staatsinterventionismus. Es bildet sich ein nach »öffentlich« und »privat« nicht mehr zu trennender Funktionszusammenhang. In die Neu-Formierung der politischen Konstellationen und der sozialen Institutionen wird auch die Öffentlichkeit hineingezogen und durchläuft einen umfassenden Funktions- und Strukturwandel. Bürgerliche Öffentlichkeit verliert zum einen ihre *kulturellen* Funktionen: An die Stelle des Kulturräsonnements tritt der massenhafte Kulturkonsum. Der Markt dringt ein in die öffentliche Kommunikation, deren Zusammenhang in Rezeptionsakte zerfällt; die Aneignung privatisiert sich, »gewinnt Warenform« (1990, S. 252). Massenkultur entsteht durch Anpassung an Massengeschmack, statt das »erweiterte Publikum« an Hochkultur »heranzubilden« (1990, S. 254). Der Kommerzialisierung der öffentlichen Kommunikation werden emanzipatorische Züge nicht gänzlich abgesprochen, aber es überwiegt die Negation von Massenkultur, Massenpresse und »neuen Medien«, die dem Publikum die »Distanz der 'Mündigkeit'« nehmen (1990, S. 261). Die Öffentlichkeit verliert zum anderen ihre *politische* Funktion der Vermittlung von Staat und Gesellschaft, in deren wechselseitiger Durchdringung sich statt dessen andere Formen der Verschränkung herausbilden (Korporatismus, Parteienherrschaft, Bürokratie). Die neuen Herren bedienen sich der erweiterten und zugleich geschwächten Öffentlichkeit: Die kritische Publizität wird durch manipulative verdrängt, an die Stelle von öffentlich ermittelten Konsensen tritt die Propagierung von nicht-öffentlich ausgehandelten Kompromissen zwischen den Organisationen, die damit politische Funktionen übernehmen (»Refeudalisierung« – 1990, S. 292). Das Publikum ist in höherem Ausmaß als je zuvor in die Politik eingebunden, aber zugleich hat es die politische Kraft zur Rationalisierung von Macht verloren. Werbung der Anbieter und Public Relations der Interessenten prägen nunmehr die öffentliche Kommunikation. An die Stelle der Publizität tritt publicity – eine Ressource im »Bargaining« der pluralistisch um Einfluß ringenden Interessenorganisationen. Aus dem Publikum der Privatleute in den bürgerlichen Rechtsstaaten ist das Wählerpublikum in den sozialstaatlichen Massendemokratien geworden – zu einem großen Teil ausgeliefert der »manipulativ hergestellten Öffentlichkeit der Wahlveranstalter.« An die Stelle von Aufklärung tritt »Anpassung an die unpolitische Verbraucherhaltung«, es wird statt einer öffentlichen Meinung eine »akklamationsbereite Stimmung« erzeugt. Statt »Willen und Bewußtsein« wird das »Unterbewußtsein« der »Subjekte« angesprochen, statt »objektiver Interessen« die »Motive«. Die Wahlentscheidungen bilden sich weder »rational« (in bewußter Auseinandersetzung mit Sachverhalten) noch »diskutant« (im »Für und Wider eines öffentlich geführten Gesprächs«) (1990, S. 321f.).

Habermas kontrastiert frühbürgerliche und spätkapitalistische Öffentlichkeit am Beispiel der Medienentwicklung. Die Bruchstelle setzt er in der Mitte des 19. Jahrhunderts. Hatte sich zuvor die Publikumskommunikation der Medien bedient, so sind es nun Organisationen, die sich der Presse bedienen, um ökonomische Nachfrage und politische Unterstützung zu erzeugen. Der Wandel wird dann im 20. Jahrhundert durch Reichweite, Wirksamkeit, Finanzierungsart und Organisationsform der audio-visuellen Medien noch akzentuiert: »Während die Presse das Räsonnement der zum Publikum versammelten Privatleute bloß vermitteln und verstärken konnte, wird dieses nun umgekehrt durch die Massenmedien erst geprägt.« Dieser Satz hat seinerseits die zentralen Wirkungsvermutungen in Rundfunkrecht und -politik nicht nur zum Ausdruck gebracht – er hat sie nachhaltig geprägt.

Die »einst« aus dem räsonnierenden Publikum hervorgegangene öffentliche Meinung ist in zwei unterschiedliche Formen zerfallen: informelle persönliche Meinungen (das sind »kulturelle Selbstverständlichkeiten«, »persönliche Grunderfahrungen«, Resultate der »kulturindustriellen Dauerberieselung«) einerseits und formelle »quasi-öffentliche« massenmedial verbreitete Meinungen andererseits. Politische Organisationen – Träger der formellen Kommunikation – bemühen sich um Folgebereitschaft beim »mediatisierten Publikum« durch »öffentlich manifestierte Meinung«. Lediglich über die »organisationsinternen Öffentlichkeiten« (1990, S. 357) besteht für die »organisierten Privatleute« die Möglichkeit, politische Entscheidungen zu beeinflussen. Hierin sieht Habermas die verbliebenen Möglichkeiten kritischer Publizität – innerhalb des kommunikativen Rahmens der Organisationen und ihrer medial vermittelten Einflußnahme auf die informellen Meinungen. Den Streit zwischen der kritischen und der manipulativen Publizität als Vermittlung zwischen formeller und informeller Kommunikation sieht er als nicht entschieden, es bleiben Möglichkeiten, an die Stelle von erzeugten Stimmungen rationale Konsense als Ergebnis von Konflikten zu setzen und damit Herrschaft, Macht und Gewalt zu verändern, insbesondere um die soziale Ordnung bis in ihren ökonomischen Kern hinein politisch und rechtlich zu gestalten – ein Konzept, von dem er in struktureller und funktionaler Hinsicht abgerückt ist (siehe 1990, S. 35 u. 43; zu den zeitgenössischen Versuchen unter Beteiligung von Habermas, im sozialdemokratischen Rahmen organisationsinterne Publizität zu entfalten, siehe Wiggershaus 1988: 623).

In der eigenen kritischen Rückschau hat er zum einen unter dem Stichwort »Zivilgesellschaft« den Eigensinn von lebensweltlichen Deutungsmustern (den vormals »informellen Meinungen«) stärker gewürdigt; dann hat er unter dem Eindruck der osteuropäischen Revolutionen die Rolle der Massenmedien in der Entwicklung einer globalen Öffentlichkeit differenzierter eingeschätzt (1990, S. 45f.). Vor allem hat er den politischen Stellenwert von Diskursen, ihre »kommunikative Macht« durch »Beschaffung und [...] Entzug von Legitimation« präziser bestimmt (1990, S. 44). Dabei rückt der *Prozeß* der politischen Kommunikation, die Deliberation und ihre prozeduralen Bedingungen, stärker in den Vordergrund (vgl. vor allem Habermas 1992). Aber der Kern bleibt ein rationalistisches Konzept von öffentlicher Meinung: »Öffentliche Meinung bildet sich im Streit der Argumente um eine Sache« (1990, S. 133). In Rede und Gegenrede raffiniert sich aus den Neigungen und Gesinnungen die vernünftige konsensfähige Position. Dem Pluralismuskonzept stellt er die Möglichkeit gegenüber, im Medium öffentlicher Diskussion ein »objektives Zusammenstimmen« der konkurrierenden Interessen nach allgemein verbindlichen Kriterien zu erreichen. Diese Möglichkeit wird von den Beteiligten immer schon unterstellt. Damit hat er am Beispiel der Öffentlichkeit bereits 1962 das Grundprinzip von Kommunikation entworfen, das er später in der »Theorie des kommunikativen Handelns« (→ Habermas 1981) verallgemeinert und grundiert: Das im alltäglichen kommunikativen Handeln immer schon vorausgesetzte Normengerüst kann rekonstruiert und daraus eine über strategisches Handeln hinausweisende »Diskursethik« entwickelt werden.

Das Werk ist vielfach rezensiert worden – in der Soziologie ausgesprochen positiv (siehe die Zusammenstellung bei Görtzen 1982 24; 1991: 157), in der Publizistikwissenschaft eher spät und zurückhaltend (vgl. ›Rundfunk und Fernsehen‹, 12. Jg. 1964, S. 221-222 und ›Publizistik‹, 12. Jg. 1967, S. 190-191). In der Kritik wurde vor allem das Verhältnis von soziologischer Idealtypenbildung und historischer Beschreibung thematisiert. Habermas wurde vorgeworfen, um des Kontrastes der Konzepte willen die Entwicklung der frühbürgerlichen öffentlichen Kommunikation idealisiert zu haben (siehe z.B. Jäger 1973: 29ff.; Verstraeten 1996 mit weiteren Nennungen sowie die zusammenfassende Entgegnung in der Neuausgabe 1990, S. 13-21). Ein weniger vom Konzept gefangener Blick hätte die Differenzierungen in der öffentlicher Kommunikation z.B. entlang von Geschlechter- und von Klassengrenzen stärker betont und ein facettiertes Bild mit komplementären und substitutiven Öffentlichkeiten zugelassen (z.B. → Negt & Kluge 1972) und andererseits die Gegenwart nicht derart negativiert, sondern das »obstinate audience« (Raymond Bauer) in seiner vielfältigen Differenzierung gesehen, wie es dann u.a. im Rahmen des kulturalistischen Ansatzes geschah (vgl. Fiske 1989).

Ein Blick in den »Social Science Citation Index« zeigt, daß das Werk nach wie vor intensiv zur Kenntnis genommen wird, durch die englischsprachige Ausgabe auch international. Darüber hinaus hat es in mehrerer Hinsicht musterbildend gewirkt, wobei ich mich auf die Wirkung in der Kommunikationswissenschaft beschränke. Zum einen war es in *methodischer* Hinsicht paradigmatisch, als Habermas seine Herangehensweise an den Gegenstand explizit als »Integration soziologischer und ökonomischer, staatsrechtlicher und politologischer, sozial- und ideengeschichtlicher Aspekte« verstand (1990, S. 51). Damit wurde ein Vorbild für die Integrationswissenschaft geschaffen. Vorrangig wurde die Bildung von Idealtypen betrieben, an denen man die historischen Verläufe oder die Daten ausrichtete – illustratives Material, das sich dem ordnenden Griff zu fügen hatte. Zum anderen war es in *substantieller* Hinsicht paradigmatisch. Auf Bestandteile seiner Argumentation stößt man allenthalben, so z.B. auf die Annahmen einer weitgehend homogenen und manipulativ instrumentalisierbaren Öffentlichkeit; oder auf den Ausschluß des Marktes aus dem Öffentlichkeitsbegriff (siehe das Schema 1990, S. 89). Damit war öffentliche Kommunikation auf politisch-kulturelle Kommunikation reduziert – mehr noch, dem Markt wurde die Rolle des Barbaren zugeschrieben; »Kommerzialisierung« in Form der »Kulturindustrie« galt als eine verheerende Kraft. Der wichtigste Beitrag zur Musterbildung aber ist das Bild des Zerfalls: Es werden erstens zwei Typen von Öffentlichkeit gegenübergestellt; zweitens wird angenommen, daß der eine Typ zu einem bestimmten Zeitpunkt real dominiert hat und zu einem anderen Zeitpunkt der andere; es wird drittens der frühere positiv bewertet und der spätere negativ. Auf diese Weise ergibt sich ein Bild des Niedergangs: Der *Strukturwandel* ist trotz einiger Lichtblicke ein düsteres Buch, das vom Verfall kündet, ein Endzeitbuch. Melancholisch werden Erinnerungen an ein goldenes Zeitalter wachgerufen, von dessen Kraft und Schönheit nur Ruinen zeugen. Entsprechend fällt die Sicht der weiteren Entwicklung aus: Die Möglichkeiten von Bildung, Urbanisierung, Medienzugang, Anstieg der Kaufkraft und der Lebenserwartung usw. für die Veränderung von politischem Interesse, politischer Beteiligung und politischem Wissen gehen in einem pessimistischen Grundton unter. Es kann nur schlechter werden. Mit dieser Sichtweise hat der *Strukturwandel der Öffentlichkeit* die sozialwissenschaftliche Sicht von öffentlicher Kommunikation durch alle Einzeldisziplinen hindurch stark geprägt; mehr noch: Nicht zuletzt über Lehr- und Schulbücher ist das spezielle Argumentationsmuster von Habermas in das allgemeine Wissen diffundiert, so daß man auch außerhalb der Wissenschaft immer wieder auf Versatzstücke seiner Argumentation stößt – von der Terminologie (z.B. die »zum Publikum versammelten Privatleute« oder »politisches Marketing«) bis zum Öffentlichkeitskonzept im Medienrecht: Daß das Gemeinwohl aus Rede und Gegenrede entsteht, dieser kontrafaktischen Unterstellung hat Habermas ein theoretisches und historisches Gerüst geliefert – mit erheblichen praktischen Konsequenzen.

Literatur

John Fiske (1989): *Understanding popular culture*. Boston: Unwin Hyman.

René Görtzen (1982): *Jürgen Habermas – eine Bibliographie seiner Schriften und der Sekundärliteratur 1952 – 1981*. Frankfurt am Main: Suhrkamp.

René Görtzen (1991): Habermas – Werk und internationale Wirkung. In: Detlev Horster: *Jürgen Habermas*. Stuttgart: Metzler, S. 130-163.

Jürgen Habermas (1992): *Faktizität und Geltung. Beiträge zur Diskurstheorie des Rechts und des demokratischen Rechtsstaats*. Frankfurt am Main: Suhrkamp.

Wolfgang Jäger (1973): *Öffentlichkeit und Parlamentarismus. Eine Kritik an Jürgen Habermas*. Stuttgart u.a.: Kohlhammer.

Hans Verstraeten (1996): The media and the transformation of the public sphere. In: *European Journal of Communication*, 11. Jg., S. 347-370.

Rolf Wiggershaus (1986): *Die Frankfurter Schule. Geschichte, theoretische Entwicklung, politische Bedeutung*. München: dtv.

Gerhard Vowe

Jürgen Habermas (1981): *Theorie des kommunikativen Handelns*. Frankfurt am Main: Suhrkamp – Band 1: *Handlungsrationalität und gesellschaftliche Rationalisierung*. 534 Seiten. – Band 2: *Zur Kritik der funktionalistischen Vernunft*. 633 Seiten.

Die zweibändige *Theorie des kommunikativen Handelns* (TdkH) von Jürgen Habermas (geb. 1929) ist, obwohl sie sich in Titel und Untertitel auf Kommunikation bezieht, kein kommunikationswissenschaftliches Werk im Sinne der Fachdisziplin, und auch sein Autor versteht sich nicht als Vertreter dieses Faches. Seine Bedeutung für die Kommunikationswissenschaft gewann das zweibändige Werk vielmehr aufgrund der interdisziplinären Orientierung des Faches. Immer dann, wenn sich Fachvertreter mit den philosophischen und soziologischen Grundlagen von Kommunikation oder der Rolle von Kommunikation bei der Konstitution von Gesellschaft befassen, kommen sie an der TdkH kaum vorbei. Hinzu kommt, daß trotz oben genannter Einschränkung dieses Werk im Ausland vielfach als das Hauptwerk deutscher Kommunikationswissenschaft angesehen wird und – besonders in den USA – intensiv rezipiert wurde.

Die Theorie des kommunikativen Handelns stellt Habermas' gesellschaftstheoretisches Opus magnum dar (vergleichbares Gewicht hat in seinem Werk wohl nur das spätere, stärker rechtsphilosophisch ausgerichtete »Faktizität und Geltung«, vgl. Habermas 1992). Aufgrund seines Umfangs kann das Werk hier nicht einmal in Grundzügen angemessen vorgestellt werden, ich beschränke mich deshalb auf die beiden wesentlichen Bezugspunkte für kommunikationswissenschaftliche Fragestellungen: die Konzepte des kommunikativen Handelns und der kommunikativen Rationalität.

Habermas folgt einem doppelten Paradigma von System und Lebenswelt: Gesellschaft kann nach seiner Auffassung nur dann hinreichend begriffen werden, wenn sie einerseits aus der Beobachterperspektive als ein System von Handlungen, andererseits aus der Teilnehmerperspektive als Lebenswelt einer sozialen Gruppe analysiert wird. Daraus resultiert auch Habermas' jahrzehntelange (und für beide Seiten fruchtbare) Kontroverse mit seinem Antipoden Niklas Luhmann und dessen rein systemtheoretischer Perspektive.

Kommunikatives Handeln bezeichnet bei Habermas jene Formen des Handelns, in denen Akteure in sozialen Zusammenhängen verständigungsorientiert handeln. In Abgrenzung dazu ist strategisches Handeln zwar ebenfalls sozial, orientiert sich aber an der Einflußnahme auf Interaktionspartner im Interesse eigener Zwecke. Instrumentelles Handeln schließlich bezeichnet ebenfalls erfolgsorientierte, aber nicht-soziale Eingriffe in die Außenwelt. Erfolgsorientiertes Handeln zielt primär auf die Durchsetzung eigener Ziele, verständigungsorientiertes Handeln dagegen auf eine »Einigung unter sprach- und handlungsfähigen Subjekten« (Bd. 1, S. 386). Dabei geht es nicht um eine diffuse Gleichgestimmtheit, sondern um ein Einverständnis über propositionale Geltungsansprüche. Mit jeder sprachlichen Äußerung wird notwendig mindestens einer, meist mehrere von vier Geltungsansprüchen erhoben: Wahrheit von konstativen Aussagen über die Außenwelt, Richtigkeit normativer Aussagen über praktisches Handeln, Wahrhaftigkeit von Aussagen über die subjektive Innenwelt (etwa Expressionen von Emotionen) und schließlich Verständlichkeit der verwendeten sprachlichen Mittel. Dieser Bezug auf Geltungsansprüche in jedem kommunikativen Akt ist keine kontingente Option von Sprechern, sondern ist der Sprache immanent. Daraus ergibt sich die Frage, wie Kommunikationsteilnehmer damit umgehen, wenn ein solcher Geltungsanspruch kritisiert wird, womit das Konzept der kommunikativen Rationalität ins Spiel kommt. Habermas' Rationalitätsbegriff steht in der Tradition des abendländischen Vernunftkonzepts, das zentral an Begründungen orientiert ist: Kommunikativ rational verhalten wir uns, wenn wir bei Bedarf (also im Falle der Zurückweisung durch einen Opponenten) unsere Geltungsansprüche einlösen, also für Wahrheitsansprüche Beweise liefern, für Richtigkeitsansprüche Begründungen, für Verständlichkeitsansprüche Explikationen und für Wahrhaftigkeitsansprüche z.B. Konsistenznachweise (etwa zwischen emotionaler Expression und Handlungen). Da solche Versuche der Einlösung von Geltungsansprüchen wiederum kommunikative Akte darstellen, erheben sie wiederum Geltungsansprüche usw. Idealiter nimmt Kommunikation dann die Form des Diskurses an, welcher das wohl am häufigsten mißverstandene und kritisierte Konzept in Habermas' Theorie darstellt. Besonders die Wendung vom »herrschaftsfreien Diskurs« hat Habermas immer wieder den Vorwurf des Konsensutopismus eingetragen, der angesichts realiter kaum jemals herrschaftsfreier Kommunikationsverhältnisse realitätsfremd erscheine. Daß herrschaftsfreie Diskurse allenfalls »Inseln im Meer der Praxis« sind, gibt Habermas jederzeit zu, aber: Kommunikative Rationalität wird nicht als Ideal gesetzt, sondern wird im Rahmen einer transzendentalpragmatischen Argumentation als sprachimmanenter, normativer Anspruch von Kommunikation aufgedeckt: Wenn die Primärfunktion von Sprache in ihrer Verständigungsorientierung liegt, dann verweist jede sprachliche Äußerung auf die Möglichkeit, die erhobenen Geltungsansprüche auch einzulösen. Damit erweisen sich nicht verständigungsorientierte Kommunikationsakte gewissermaßen als »Schmarotzer« der Sprache: So können wir etwa nur erfolgreich lügen, wenn unser Opponent selbstverständlich davon ausgeht, daß wir eben dies nicht tun.

Die Wirkungsgeschichte der TdkH ist kaum zu überblicken. Normative Konzepte politischer Kommunikation, die den Anspruch auf Rationalität in und durch Kommunikation nicht aufgeben (und mit Habermas kann man diesen Anspruch gar nicht aufgeben, wollte man nicht Demokratie als solche in Frage stellen), beziehen sich regelmäßig auf sie. Daß insbesondere amerikanische Forscher die TdkH inzwischen intensiver rezipieren als die deutsche Kommunikationswissenschaft, liegt auch in der starken empirischen Ausrichtung der Disziplin in Deutschland begründet. In der Tradition der Frankfurter Schule stehend ist Habermas' Begrifflichkeit nicht auf empirische Operationalisierung ausgerichtet, was die Umsetzung in die Forschung erschwert. Dennoch gibt es auch in Deutschland eine Reihe von Arbeiten, die die TdkH für praktische Forschungsprobleme furchtbar zu machen versuchen, so etwa für die PR (vgl. Burkart 1993) oder die Analyse der Rationalität politischer Kommunikation (vgl. Kuhlmann 1999).

Literatur

Roland Burkart (1993): *Public Relations als Konfliktmanagement. Ein Konzept für verständigungsorientierte Öffentlichkeitsarbeit. Untersucht am Beispiel der Planung von Sonderabfalldeponien in Niederösterreich.* Hrsg. v. Anton Pelinka & Christian Haerpfer. Unter Mitarbeit v. Sabine Probst u.a. Wien: Braumüller.

Jürgen Habermas (1992): *Faktizität und Geltung. Beiträge zur Diskurstheorie des Rechts und des demokratischen Rechtsstaats.* Frankfurt am Main: Suhrkamp.

Christoph Kuhlmann (1999): *Die öffentliche Begründung politischen Handelns. Zur Argumentationsrationalität in der politischen Massenkommunikation.* Opladen, Wiesbaden: Westdeutscher Verlag.

Christoph Kuhlmann

Walter Hagemann (1947): *Grundzüge der Publizistik.* Münster/W.: Regensberg. 235 Seiten.

Walter Hagemanns wissenschaftliches »opus 1« verfolgte drei Hauptzwecke; es sollte (a) den zwar schon in den 1920er Jahren in die zeitungswissenschaftliche Diskussion eingebrachten Begriff »Publizistik« als Dachbezeichnung für das Gesamtfach etablieren, (b) den Fundus der zeitungswissenschaftlichen Kenntnisse sowie die bisherigen Ansätze zur Erfassung des Gegenstandsfeldes systematisieren und (c) den sich wiedereinfindenden Studenten und bald auch Studentinnen ein erstes Lehrbuch sein. Übergeordnetes Ziel war zweifellos, ein allgemein wie hochschul- und wissenschaftspolitisches Zeichen zu setzen, im wörtlichen Sinne ein Überlebenszeichen, denn die durch relativ enge Zusammenarbeit mit Institutionen des »Dritten Reiches« kompromittierte Zeitungswissenschaft war in ihrem Bestand in Deutschland und Österreich gefährdet.

Insofern läßt sich das Buch nicht in eine Arbeits-, Forschungs- oder Lehrtradition stellen und – trotz der Widmung (»Emil Dovifat in Verehrung gewidmet«) – nicht einmal einer Schule zuordnen, denn es ist, im Unterschied zu den weit zurückliegenden Ansätzen Karl Jaegers (→ Jaeger 1926), nicht mehr nur ein Programm, sondern die Dokumentation eines Anspruchs, der für die nächsten 30 Jahre tatsächlich als Status Geltung erlangen sollte. Er lautete: Alle Phänomene der gesellschaftlichen Kommunikation gehören unter einen Sammelbegriff; er lautet: Publizistik.

In der Einleitung erweist Hagemann zwar zwei Fachvertretern seine Reverenz, die der Umbenennung der Zeitungswissenschaft geneigt waren, jedoch eher dem konventionellen Denkansatz folgten, nämlich Emil Dovifat und August Hinderer. Wirklichen Respekt aber erweist er dem politisch verstrickten Hans (bei Hagemann S. 8 irrig: Ernst) A. Münster: »Der Leiter des Leipziger zeitungswissenschaftlichen Instituts [...] war es, der sämtliche Mittel öffentlicher Aussage als ‚Zeichenträger' unter dem Sammelbegriff ‚Publizistik' zusammenfaßte und die Erforschung ihrer gemeinsamen Grundlagen programmatisch in Angriff nehmen ließ« (S. 8). In Wirklichkeit liest es sich bei Münster, worauf Merten (1999: 438) richtig hinweist, umgekehrt: »Die Publizistik ist eine Teilerscheinung [!] jenes großen Bereichs der Zeichengebung von Mensch zu Mensch zum Zwecke der Verständigung, Aussprache und Mitteilung; und zwar ist unter Publizistik diejenige Zeichengebung zu verstehen, die Wirkungen erzielt, welche die politische Meinungsbildung und Meinungspflege der Menschen beeinflussen.« (→ Münster 1939: 66). Letzteres kam Hagemann gelegen, bedurfte aber der politischen Säuberung: Man werde sich bei der Definition von Publizistik »nicht auf eine einseitige Deutung im Sinne eines politischen oder publizistischen ‚Führungsmittels' festlegen« (S. 9). Ohne Hinweis auf Wirkung und Beeinflussung (Münster) bzw. »Unterrichtung und Leitung« (Dovifat) sollte Publizistik definiert werden, und damit sind wir bei Hagemanns griffiger Formel »Publizistik ist die Lehre von der öffentlichen Aussage aktueller Bewußtseinsinhalte.« (S. 20)

Wir finden diese Definition am Ende des Kapitels A des I. Teils: Die publizistische Aussage.

Das Buch als ganzes ist in vier römisch gezählte Teile gegliedert, wobei von der Gliederungslogik her I (s.o.!) und II (Der publizistische Prozeß) eine Einheit bilden, die cum grano salis mit *Theorie* überschrieben werden könnte, während ein zweiter Block mit den Teilen III (Die publizistische Erscheinung [vertikal]) und IV (Die publizistische Erscheinung [horizontal]) eine *Phänomenologie* der »publizistischen Mittel« unter historischen bzw. geographisch-typologischen Aspekten bieten.

Ausgangspunkt der Hagemannschen Systematik ist die »Aussage«; sie stehe »als Verständigungsmittel zwischen Mensch und Mensch« »im Mittelpunkt der publizistischen Forschung und Lehre«. Diese Akzentsetzung unterscheidet Hagemanns Lehrgebäude deutlich von Lasswells gleichzeitig entstandener Formel (vgl. Lasswell 1948: 37). Deren Elemente (Who, What, Channel, To whom, Effect; bei Lasswell sämtlich als Fragen) finden wir bei Hagemann, ohne daß dieser Lasswell gekannt hätte, unter zwei Gesichtspunkten behandelt: einerseits systematisch (im Teil I) und andererseits prozeßanalytisch (im Teil II). *Who* ist der »Träger« der Aussage, *What* findet eine Entsprechung im »Ereignis«, denn nur (primäre oder sekundäre) Ereignisse können Gegenstand einer Aussage und damit Auslöser des publizistischen Prozesses sein; dem *Channel* entsprechen die »Mittel der Aussage«, die sich in körperliche (Sehen, Hören), geistige (Wort und Schrift) und technische (Presse, Film, Rundfunk) gliedern. Den »Empfänger« (*To whom*) treffen wir ausschließlich im publizistischen Prozeß (II.B) an, er steht aus Hagemanns Sicht quasi außerhalb der Aussage, die ihm von den Aussageträgern, die innerhalb des Prozesses mit der Erfassung, Verarbeitung und Weitergabe des aus dem Ereignis hervorgehenden Inhalts beschäftigt sind (II.A), zugetragen wird. Endstation des Prozesses ist die Wirkung (II.C). Die Wirkung wird – im Unterschied zu Lasswells *Effect*-Frage – wie eine naturgesetzliche Gegebenheit hingenommen; nach ihrer Verursachung wird nur rhetorisch gefragt: »Wie steht es nun in Wahrheit um die publizistische Wirkung, die von den einen verkleinert und von den anderen maßlos übertrieben wird? Die Frage entzieht sich der exakten Beantwortung« (S. 91). So ist das ganze Kapitel II.C, obwohl es zahlreiche Variablen der späteren Wirkungsforschung anschaulich beschreibt, als (teilweise) spekulative Deskription anzusehen. Aus Hagemanns Gesamtschau – hier müßte man seine folgenden Arbeiten mit heranziehen – ist das verständlich: In *seinem* publizistischen Prozeß spielt der Aussageträger (erst viel später Kommunikator genannt) eindeutig die Hauptrolle. Es ist für ihn selbstverständlich und deshalb allenfalls einer rhetorischen Frage wert, daß die Aussage »nach der Absicht ihrer Träger auch Wirkungen auslösen« soll (S. 91).

Der historische Teil III, der sich im großen ganzen an den Epochen der europäischen Geschichte orientiert, bemerkenswerterweise aber das 16. Jahrhundert als kommunikationshistorischen Sonderfall behandelt, verdient Beachtung, weil hier im Kapitel C die Massenmedien differenzierter herausgearbeitet werden. Die geographisch-typologische Darstellung der »publizistischen Erscheinung« (= Teil IV) versucht, einen »insularen« (Großbritannien, USA) und einen »kontinentalen« Typ (Frankreich, Deutschland) von Kommunikationslandschaften herauszuarbeiten. Er ähnelt im Stil Hagemanns journalistischen Arbeiten und ist nicht frei von Stereotypen. Eine Art Resümee (Die Publizistik als Lehre), zugleich auch Aufruf und Ermutigung, sieht die Publizistik als Universalwissenschaft und »zugleich und vor allem [als] Spezialwissenschaft«. Wie bei Nationalökonomie, Soziologie und Psychologie werde es viele Jahre dauern bis zur »Anerkennung der Publizistik durch Wissenschaft und Praxis« (S. 191).

Wer Hagemanns *Grundzüge* von der ersten Seite an liest, als handele es sich um eine Neuerscheinung, kann glauben, das Buch sei zur Gänze ein Produkt der Kreativität des Autors. Er trifft, vielleicht überrascht, ab Seite 195 auf »Anmerkungen«, die ohne formale Bezugnahmen (also keine Durch-Numerierung) dem Gang der Darstellung folgen, sie mit Hagemanns Literatur-Recherchen unterfüttern, die neu eingeführten Begriffe und Positionen diskutieren und eine Fülle von Belegen liefern, und zwar kapitelweise geordnet. Dingfest gemacht werden diese in einem nach Sachgebieten geordneten Literaturverzeichnis (S. 220-233), das nicht weniger als 293 sorgfältig bibliographierte Titel enthält.

Hagemann hat also in Münster, soweit es um die Bibliothek ging, 1946 nicht bei null anfangen müssen. Andererseits hat er durch diese seine wissenschaftliche Publikationspremiere wesentlich dazu beigetragen, das als Ort (Rosenstraße 9) bestehende Institut für Zeitungswissenschaft bzw. später Publizistik trotz dessen politischer Belastung zu erhalten bzw. wiederzuerrichten (vgl. Hackforth 1982).

Walter Hagemann (1900-1964) war von der wissenschaftlichen Ausbildung her Historiker (Dissertation bei Friedrich Meinecke, 1922) und von Beruf Journalist, als solcher meistens der ›Germania‹, der überregionalen Tageszeitung der Deutschen Zentrumspartei, verbunden, zuletzt (1935-1938) als Chefredakteur. Das »Dritte Reich« überstand er unbelastet. Nach Kriegsende zunächst wieder Journalist (›Neue Zeitung‹ München, 1945 bis März 1946), wechselte er unmittelbar vom Redaktionsschreibtisch auf den Professorensessel in Münster (April 1946), dafür offenbar durch nichts als eine reflektierte journalistische Praxis vorgebildet. Es ist m.W. bis heute nicht erforscht, wie er innerhalb eines Jahres – ohne Assistenten, mitten in hochschulpolitischen Querelen – die in den *Grundzügen* nachgewiesene fachspezifische Belesenheit erwerben konnte. Es ist nicht übertrieben festzustellen, daß Hagemann, als er sich an den Schreibtisch setzte, um dieses Buch zu schaffen, als Wissenschaftler noch nicht existierte und als solcher auch nicht hätte beschrieben oder eingeordnet werden können. Ab August 1947 (Druckmonat) war er es (zu Hagemanns Lebens- und Berufsweg vgl. Hachmeister 1987 und Pasquay 1986).

Die Wirkungsgeschichte seines Buches, am Anfang eingeengt durch Zonengrenzen, verlief auf den von Münster ausgehenden Pfaden. 1954 war das Buch im Buchhandel noch erhältlich, aber das Kaufen von Büchern war für Studenten keineswegs so selbstverständlich wie die Nutzung der *Grundzüge* in sämtlichen Proseminaren und Seminaren des Münsteraner Instituts. Seine Inhalte paßten offenbar auch, wie ich anhand der Literaturverzeichnisse stichprobenweise überprüft habe, zu fast allen von Hagemann betreuten oder initiierten Dissertationen, bis weit in die Prakke-Zeit (1960-1969) hinein. Von den drei Habilitationsschriften des Jahres 1969 (Dröge, Lerg, Schmolke) verzichtete lediglich Dröge auf die *Grundzüge*. Als Fortsetzer dieser Literaturnutzungstradition erwies sich offensichtlich noch Günter Kieslich in seiner Salzburger Zeit (1967-1971); Salzburger Absolventen aus jenen Jahren waren mit dem Lehrbuch vertraut, und in Heinz Fabris' Habilitationsschrift (1979) treffen wir die *Grundzüge* ebenso an, wie sie (seit 1978) in allen Auflagen von Heinz Pürers »Einführung in die Publizistikwissenschaft« als Basiswerk der »systematischen Publizistik« referiert werden.

Henk Prakke, Haupt- oder mindestens Mitverursacher der Rezeption der amerikanischen Kommunikationswissenschaft und der terminologischen Wende in der Sprache der Lehre (Aussageträger → Kommunikator, Aussageempfänger → Rezipient usw.) widmete nicht nur seine eigene »Inleiding tot de publicistiek« Walter Hagemann, »de grondlegger van de moderne publicistische theorie«; die *Grundzüge der Publizistik* hätten ihn bei der Erarbeitung seiner eigenen Einführung inspirierend beeinflußt (vgl. Prakke 1957: [5]). Er knüpfte darüber hinaus bei seinem Amtsantritt in Münster ganz bewußt und mit wohldurchdachten Gründen stets an den »Publizistikwissenschafter« Hagemann an (vgl. dazu Schmolke 2000) und setzte ihm mit der Neuauflage der *Grundzüge* im Jahr 1966 ein Denkmal (Hagemann 1966).

Diese »überarbeitete und ergänzte Auflage« wurde im Untertitel »als eine Einführung in die Lehre von der sozialen Kommunikation« präzisiert. Sie bietet den Text des Buches in der Fassung von 1947, den Hagemannschen Anmerkungsteil jedoch in einer überarbeiteten und ergänzten, d.h. auf den Wissensstand der (internationalen) Publizistik- und Kommunikationswissenschaft von 1965/66 gebrachten Version. Die Anmerkungen Hagemanns sind als »Verweise« unmittelbar zu den Buchabschnitten gestellt, auf welche sie sich beziehen. Ergänzende Abschnitte in den Verweisen sind durch ein vorangestelltes Sternchen (*), ganz neu geschriebene Verweise durch ein Sternchen vor dem Wort Verweise gekennzeichnet. Weggelassen wurde Hagemanns gänzlich überholtes Literaturverzeichnis. Hinzugefügt wurden Hagemanns Sicht der Dinge auf dem Stand von 1956 in Gestalt eines Aufsatzes aus der Fachzeitschrift ›Publizistik‹ (Hagemann 1956), eine Hagemann-Bibliographie, eine Bibliographie der Bibliographien zum Fach (u.d.T. Bibliographie und Dokumentation), ein Abkürzungsverzeichnis und ein Register.

Ungeachtet des unversehrt erhaltenen Urtextes stieß die Überarbeitung nicht auf ungeteilte Zustimmung. Zu groß sei die Kluft zwischen dem »state of the art« 1947 bzw. 1966, vor allem aber zwischen dem wissenschaftlichen Habitus einst und jetzt geworden, urteilt Kurt Reumann (1969) in seiner Rezension. Deshalb sei die Neuauflage »auf keinen Fall den jüngeren, umso mehr aber den älteren, an der Entwicklung des Faches Publizistikwissenschaft besonders interessierten Semestern zu empfehlen«. Eines dieser älteren Semester, Klaus Merten, hat diese Anregung befolgt; er ist der vorerst letzte, der den *Grundzügen* kritische Aufmerksamkeit hat zuteil werden lassen (Merten 1999: 145-148 und 438 ff.).

Überraschenderweise sind die *Grundzüge* im Jahr 2000 ein drittes Mal aufgelegt worden, und zwar von Dietrich Oppenberg und Heinz-Dietrich Fischer in den Bochumer Studien zur Publizistik- und Kommunikationswissenschaft. Die Herausgeber haben Hagemanns Buch und Henk Prakkes »Kommunikation der Gesellschaft« in Gestalt von Facsimile-Nachdrucken in einem Band unter dem neugeprägten Titel »Grundzüge der Publizistik und Kommunikation der Gesellschaft« zusammengefaßt als »Neuauflage zweier Pionierarbeiten der Publizistik und Kommunikationswissenschaft« (Hagemann/Prakke 2000). Leider haben sie dem 460 Seiten starken Band eine neue (durchgehende) Seitenzählung verpaßt. Den Abschluß bilden die Hagemann- bzw. Prakke-Nachrufe von Enseling, Hellack und Schütz sowie von Lerg aus der ›Publizistik‹ der Jahre 1964 und 1993.

Literatur

Alf Enseling, Georg Hellack, Walter J. Schütz (1964): Walter Hagemann †. In: *Publizistik*, 9. Jg., S. 148-150.

Josef Hackforth (1982): Von der Publizistik zur Kommunikationswissenschaft. In: Josef Hackforth, Arnulf Kutsch (1982) (Hrsg.): *Kommunikationswissenschaft in Münster 1919-1982*. Münster/W.: Institut für Publizistik, S. 34-62.

Lutz Hachmeister (1987): *Theoretische Publizistik. Studien zur Geschichte der Kommunikationswissenschaft in Deutschland.* Berlin: Wissenschaftsverlag Volker Spiess.

Walter Hagemann (1956): Begriffe und Methoden publizistischer Forschung. In: *Publizistik,* 1. Jg., S. 11-25.

Walter Hagemann (1966): *Grundzüge der Publizistik. Als eine Einführung in die Lehre von der sozialen Kommunikation neu herausgegeben von Henk Prakke unter Mitarbeit von Winfried B. Lerg und Michael Schmolke.* Münster/W.

Walter Hagemann, Henk Prakke (2000): *Grundzüge der Publizistik und Kommunikation der Gesellschaft. Neuauflage zweier Pionierarbeiten der Publizistik- und Kommunikationswissenschaft in einem Band.* Herausgegeben von Dietrich Oppenberg und Heinz-Dietrich Fischer. Hagen: ISL-Verlag.

Petra Klein (2000): Zur Ideengeschichte der publizistischen Lehre Henk Prakkes. In: Joan Hemels, Arnulf Kutsch, Michael Schmolke (Hrsg.): *Entgrenzungen. Erinnerungen an Henk Prakke.* Assen: Van Gorcum, S. 43-56.

Harold D. Lasswell (1948): The structure and function of communication in society. In: Lyman Bryson (Hrsg.): *The communication of ideas.* New York: Harper, S. 37-52.

Winfried B. Lerg (1993): Henk Prakke 1900-1992. In: *Publizistik,* 38. Jg., S. 96-99.

Klaus Merten (1999): *Einführung in die Kommunikationswissenschaft. Bd. 1/1: Grundlagen der Kommunikationswissenschaft.* Münster/W.: Lit.

Hans A. Münster (1939): *Publizistik. Menschen – Mittel – Methoden.* Leipzig: Bibliographisches Institut.

Anja Pasquay (1986): Zwischen Tradition und Neubeginn. Walter Hagemann in Münster 1946-1959. In: Rüdiger vom Bruch, Otto B. Roegele (Hrsg.): *Von der Zeitungskunde zur Publizistik.* Frankfurt am Main: Haag + Herchen Verlag, S. 249-273.

H. J. Prakke (1957): *De samenspraak in onze samenleving. Inleiding tot de publicistiek.* Assen: Van Gorcum.

Heinz Pürer ([1]1978, [6]1998): *Einführung in die Publizistikwissenschaft.* München: Verlag Ölschläger.

Karl Reumann (1969): [Rezension von Hagemann (1966)]. In: *Publizistik,* 14. Jg., S. 235-237.

Michael Schmolke (2000): Henk Prakke als Publizistikwissenschaftler an der Universität Münster. In: Joan Hemels, Arnulf Kutsch, Michael Schmolke (Hrsg.): *Entgrenzungen. Erinnerungen an Henk Prakke.* Assen: Van Gorcum, S. 14-26.

Michael Schmolke

Walter Hagemann (1948): *Publizistik im Dritten Reich. Ein Beitrag zur Methodik der Massenführung.* Hamburg: Hansischer Gildenverlag. 516 Seiten.

Walter Hagemann (1900-1964) hat in der Zeit des Nationalsozialismus als Journalist gearbeitet. Er stand in der Weimarer Zeit dem Zentrum nahe, war letzter Chefredakteur der katholischen Zeitung ›Germania‹, und leitete nach deren Einstellung 1938 einen Presseinformationsdienst. Er ist einer der Gründungsväter der Publizistikwissenschaft nach dem Zweiten Weltkrieg, seit 1948 lehrte er an der Universität Münster, 1961 flüchtete er in die DDR, wo er 1964 verstarb. Die aus eigener Anschauung geschöpfte Studie *Publizistik im Dritten Reich* gehört zu den frühesten Gesamtdarstellungen des nationalsozialistischen Propagandaapparats.

Publizistik wird von Hagemann in einem sehr weit gefaßten Begriff verwendet. Nicht nur die Massenmedien Presse, Rundfunk und Film, sondern auch Theater, öffentliche Rede, Kulturpolitik, bildende Kunst und Musik finden Berücksichtigung. Dieses weitgefaßte Verständnis findet auch in der von Hagemann mitinitiierten Gründung der Fachzeitschrift ›Publizistik‹ 1956 ihren Ausdruck.

Hagemanns Studie steht am Anfang einer langen deutschen Forschungstradition, die über Karl-Dietrich Abel (1968) bis zu jüngsten Arbeiten von Norbert Frei und Johannes Schmitz (^{3}1999), Hans Bohrmann und Gabriele Toepser-Ziegert (1984ff.) oder Bernd Sösemann (^{2}1999) reicht.

Die Monographie *Publizistik im Dritten Reich* zerfällt in einen allgemeinen und einen besonderen Teil. Der allgemeine Teil analysiert den Lenkungsapparat, die nationalsozialistische Lehre, die Technik der Massenbeeinflussung und untersucht die Strategie und Taktik der NS-Propaganda gegenüber ausländischen Nationen und im Kriege. Der besondere Teil ist einzelnen publizistisch-thematischen Komplexen gewidmet. Hier werden zum einen der sogenannte Röhmputsch, der Kirchenkampf, die Sudetenkrise und weitere politische und militärische Themen behandelt, zum anderen werden zwei Reden von Adolf Hitler und Joseph Goebbels sowie Wehrmachtsbericht und Presselenkung dargestellt.

Hagemanns Studie ist ein heute noch mit Gewinn zu lesender Wurf, selbst wenn Details der Korrektur bedürfen. Manche Fehler sind sicherlich auf die rasche Niederschrift zurückzuführen: Wenn z.B. behauptet wird, die männlichen deutschen Juden hätten als Namenszusatz »Jude« (statt Israel) tragen müssen (S. 185). Andere Kleinigkeiten perpetuieren ungewollt die NS-Propaganda, z.B. wenn Hitler als Urheber des Autobahnbaus Erwähnung findet (S. 66). Doch gravierende Fehleinschätzungen sind selten: Der Rundfunk sei erst 1933 unter die politische Kuratel des Staates gestellt geworden (S. 46). Das besorgte jedoch schon Reichskanzler Franz von Papen 1932. Eine andere Fehlinterpretation: Die NS-Propaganda habe wegen der gut funktionierenden Presselenkung auf Verbote verzichten können (S. 204). Wurden doch selbst die überzeugt nationalsozialistischen Blätter ›Stürmer‹ und ›Schwarzes Korps‹ wiederholt verboten.

Die Perspektive, die der Studie zugrunde liegt, ist nur aus der unmittelbaren Nachkriegszeit heraus verständlich. Auffallend wenige Personen agieren in Hagemanns Studie. Vor allem Hitler und Goebbels werden in den Vordergrund gerückt. Von der Vielzahl der Mittäter tauchen nur Otto Dietrich und Alfred Rosenberg öfter auf. Zumeist werden die NS-Publizisten anonymisiert. Hagemann exkulpiert damit die Masse der Mittäter und Mitläufer und erleichtert zugleich die Annahme seines Werkes, weil er darauf verzichtet, zur rundum anklagenden Streitschrift auszuholen.

Ein weiteres Charakteristikum ist Hagemanns durchgehender Bezug auf die »Psychologie der Massen« Gustave → Le Bons (1895). Damit sitzt Hagemann einem Zirkelschluß auf: Er erklärt Hitlers Wirksamkeit mit den Ergebnissen von Le Bon, ohne zu berücksichtigen, daß Hitlers Propagandakonzept selbst auf Le Bons »Psychologie« – wenngleich in vulgarisierter Form – basierte.

Ein dritter Grundzug der Studie ist ihr Totalitarismuskonzept. Das NS-Regime wird als totalitäres Gebilde interpretiert, das jedoch war eher Theorie als Wirklichkeit. Als vierter roter Faden ziehen sich normative Urteile durch das Buch, die ebenfalls zeittypisch sind. Wiederholt fallen Formulierungen wie »unschöpferisch im eigentlichen Sinne« etc. (u.a. S. 31). Und zuletzt sei erwähnt, daß Hagemann seine Untersuchung besonders auf die überlieferten NS-Presseanweisungen (Sammlung Sänger) stützte, aus denen er immer wieder zitiert.

Diese Grundzüge schmälern den Wert der Untersuchung nicht, denn bei jedem Aspekt hat Hagemanns Vorgehen auch heute noch Argumente für sich. Hitler und Goebbels waren nun einmal die treibenden Propagandisten des NS-Regimes. Gustave Le Bon, das hat unlängst noch Brigitte Hamanns Untersuchung »Hitlers Wien« (1996) gezeigt, ist von Hitler in seiner Wiener Zeit, wenngleich in vulgarisierter Form, zur Kenntnis genommen worden. Totalität beanspruchte das »Dritte Reich«. Und sich angesichts des Terrors der Werturteile zu enthalten, ist sicherlich nicht möglich bzw. kommt, selbst oder gerade wenn sie unter dem Stichwort der »Historisierung« segelt, einer Verharmlosung nahe.

Vor allem ist die *Publizistik im Dritten Reich* immer noch eine grundlegende Propagandastudie, weil sie umfassend deren Techniken herausarbeitet: Lüge, Gewalt, Schweigen, Verzerrung, Vereinfachung, Superlative etc.

Literatur

Karl-Dietrich Abel (1968): *Presselenkung im NS-Staat*. Berlin: Colloquium Verlag.

Norbert Frei, Johannes Schmitz ([3]1999): *Journalismus im Dritten Reich*. München: C.H.Beck.

Brigitte Hamann (1996): *Hitlers Wien. Lehrjahre eines Diktators*. München: Piper.

Bernd Sösemann ([2]1999): Nationalsozialismus. In: Severin Corsten, Stephan Füssel, Günther Pflug (Hrsg.): *Lexikon des gesamten Buchwesens*. Stuttgart: Anton Hiersemann, Bd. 5, S. 307-319.

Gabriele Toepser-Ziegert, Hans Bohrmann (Hrsg.) (1984-[1999]): *NS-Presseanweisungen der Vorkriegszeit. Edition und Dokumentation*. 8 Bde. (6 bislang erschienen). München, Oxford, London, Paris: Saur.

Rudolf Stöber

Oron J. Hale (1964): *The captive press in the Third Reich*. Princeton, NJ: Princeton University Press. XII, 353 Seiten.

Deutsche Ausgabe: Oron J. Hale (1965): *Presse in der Zwangsjacke. 1933-1945*. Aus dem Amerikanischen übertragen von Wilhelm und Modeste Pferdekamp. Düsseldorf: Droste. 345 Seiten.

Presse im »Dritten Reich« bezeichnet einen verwickelten Gegenstand, der in Verbindung mit der Pressepolitik des Propagandaministers Joseph Goebbels zudem einen leicht sensationellen Anstrich erhält. Hinzu kommt das große subjektive Interesse, das die beteiligten Verlage und Verleger, wenn sie sich nach dem Ende des »Dritten Reiches« wieder auf den Zeitungsmarkt begeben wollten, und die Journalisten, die ihren ausgeübten Beruf weiter ausüben wollten, an den öffentlich gemachten oder gelegentlich auch unter Verschluß gehaltenen Ergebnissen besaßen. So nimmt es kaum Wunder, daß die Forschung relativ lange brauchte, bis sie solide Darstellungen vorlegen konnte, die den Kriterien wissenschaftlicher Untersuchungen gerecht wurden und die auf der Heranziehung einer für den Aussagezweck relevanten und nach Qualität und Quantität breiten Quellengrundlage beruhten.

Das war nicht einfach, denn zu Beginn des »Dritten Reichs« gab es viel mehr als 3.000 Zeitungen in weit mehr als einem halben Tausend Verlagen und mit sicher über 10.000 hauptberuflichen Journalisten, die auch noch in Pressenebengewerben (Reklamewesen, Nachrichtenagenturen und Korrespondenzbüros usw.), aber auch bei anderen Printmedien wie den Zeitschriften und in der aktuellen Berichterstattung im Film (Wochenschau/Dokumentarfilm) und beim Rundfunk, ab 1936 auch beim Fernsehen tätig waren. Am Film hatte das Reich schon zu demokratischeren Zeiten Interesse gezeigt und bedeutenden Einfluß durch Erwerb von Eigentum erhalten; der Rundfunk war bereits unter dem Reichskanzler von Papen praktisch in Reichsverfügung gekommen. Das Fernsehen wurde gleich staatlich errichtet. Die Universalnachrichtenagentur (Deutsches Nachrichtenbüro, DNB) wurde auch als nachgeordnete Dienststelle des Reichsministeriums für Volksaufklärung und Propaganda geführt.

Angesichts der Fülle der Erscheinungen war die Übernahme der Zeitungen nicht so einfach. In der ersten Phase der sogenannten Machtergreifung wurden die kommunistischen, die meisten sozialdemokratischen und weiteren linksorientierten Zeitungen entweder verboten oder in nationalsozialistische Regie übernommen. In der Reichskulturkammer, deren Vorsitz Goebbels gleich selbst übernahm, wurde eine Reichpressekammer geschaffen, die die verschiedenen publizistischen Berufe zwangsweise organisierte und damit auch die Erlaubnis zur Berufsausübung verband. Durch das Schriftleitergesetz, das das seit Bismarcks Zeiten geltende Reichspressegesetz überlagerte, wurden die Pressejournalisten aus der Weisungsbefugnis der Verleger herausgenommen, um sie nur um so fester an die Kandare des Staates zu binden. Die Koordination der Berichterstattung und Kommentierung der Presse – neben der Nachrichtenpolitik des DNB – sollte durch eine werktägliche Pressekonferenz im Propagandaministerium geleistet werden, in der Vertreter der großen Blätter und alle Berliner Zeitungen vertreten waren. Für die Anleitung der kleinen Provinzpresse waren die Reichspropagandaämter als regionale Dienststellen des Propagandaministeriums zuständig. Der Parteiverlag Eher Nachf., München, machte sich erfolgreich daran, die deutsche Presse wirtschaftlich zu erobern und einen NS-Pressekonzern zu schaffen, der seinesgleichen suchte. Das war eine komplizierte Apparatur, in der viele zum Teil auch gegenläufige sachliche und persönliche Interessen wirksam waren. Der Apparat wuchs noch erheblich durch die nationalsozialistischen Eroberungen vor dem Zweiten Weltkrieg (Österreich, Tschechoslowakei, Memelland) und besonders im Krieg selbst.

Die Akten aus der Zeit des »Dritten Reichs« gehörten zunächst als Beutegut den alliierten Truppen. Sie waren allerdings in hohem Maße durch Kriegshandlungen zerstört oder in der unmittelbaren Nachkriegszeit Zerstörungen ausgesetzt, soweit sie nicht beschlagnahmt waren. Hinzu kam, daß sie stark überlieferungsgestört waren, insbesondere durch Verlagerungen wegen der Bombengefahren aus Berlin und den größeren Städten vor allem in den Alpenraum und nach Ostdeutschland. Die überlieferten Akten waren nach ihrer schrittweisen Rückgabe an die Bundesrepublik Deutschland frei von Sperrfristen und für die wissenschaftliche Nutzung zugänglich, auch wenn in der Realität gelegentlich Schranken vorhanden waren. Die Überlieferungen auf dem Territorium der DDR waren weder vollständig bekannt, noch konnten sie dann, wenn ihre Existenz unstrittig war, durchgängig benutzt werden. Die Zulassungen wurden sehr restriktiv gehandhabt. Noch anders lag das bei den Akten, die privaten Verlagen gehörten. Kriegsverluste prägten auch hier das Bild, aber den Zugang zu den Beständen konnten natürlich die Verleger selber regeln. Dasselbe gilt selbstverständlich auch für die inzwischen über eine Reihe von Nachlässen zugänglichen privaten Akten von Journalisten.

Die erste umfassende Monographie zur Presse unter dem Nationalsozialismus schrieb der amerikanische Historiker Oron J. Hale (geb. 1902), während des 2. Weltkriegs Chef der Auslandspresseabteilung des US-Kriegsministeriums, dann in der amerikanischen Militärverwaltung in Deutschland (Bayern) tätig. Zur Zeit der Publikation seines Buches arbeitete er am Institute for Advanced Studies der Princeton University, New Jersey, und später an der University of Virgina in Charlottesville. Hale beherrschte die deutsche Sprache fließend. Er war mit den Verhältnissen in Deutschland gut vertraut, als er als Army Historical Officer die Gelegenheit hatte, eine Reihe von prominenten Vertretern des Pressewesens unmittelbar 1945 zu interviewen. Über seine Quellengrundlage gibt er detailliert Auskunft. Das Literaturverzeichnis zeigt seine hohe Vertrautheit mit der damaligen Sekundärliteratur. Seine Darstellung legt das Schwergewicht auf die wirtschaftliche Presselenkung durch den Eher Verlagskonzern, der sich – je länger, je mehr – Zeitungen und deren Verlage – meist von außen nicht erkennbar – einverleibt hatte und auch die drei Stillegungsaktionen zur Unterstützung der totalen Kriegführung in einen Machtzuwachs ummünzen konnte. Insofern spricht Hale von der Presse in der Zwangsjacke und der Presse in Gefangenschaft. Daß im Grundsatz eine totale Kontrolle der Presse durch den NS-Staat und seine Organe vorlag, überzeichnet die Wirklichkeit allerdings in Richtung auf das Goebbels'sche Propagandakonzept. Die Handlungsspielräume, die nicht zuletzt auch aus unterschiedlichen, wenn auch nicht antagonistischen, Konzepten verschiedener Funktionsträger beruhten, ließen ein geschlossenes System ohne Abweichungen nicht zu. Hales Interpretation widerspricht allerdings ausdrücklich der apologetischen These Fritz Schmidts – den Hale übrigens überzeugend als Autor der anonym erschienenen Schrift »Presse in Fesseln« identifizierte (Anonymus/Schmidt 1947) –, der zeitweise Geschäftsführer der Arbeitsgemeinschaft privateigener Zeitungen war und der den ökonomischen Selbstbehauptungswillen der privaten Verlage als Regimekritik ausgibt. Hales 1964 in englischer Sprache erschienenes Buch wurde im Folgejahr ins Deutsche übersetzt, wobei – worauf Winfried B. Lerg (1967) hinwies – nicht alle berechtigen Wünsche fachwissenschaftlicher Genauigkeit beachtet worden sind.

Literatur

Anonymus [Fritz Schmidt] (1947): *Presse in Fesseln. Eine Schilderung des NS-Pressetrusts.* Berlin: Verlag für Archiv und Kartei.
Wilmont Haacke (1965): [Rezension]. In: *Neue Gesellschaft*, 12. Jg., S. 985-987.
L. J. Hortin (1965): [Rezension]. In: *Journalism Quarterly*, 42. Jg. S. 125-126.
Kurt Koszyk (1972): *Deutsche Presse.* 1914-1945. Berlin: Colloquium.
Kurt Koszyk (1964): [Rezension]. In: *Publizistik*, 9. Jg., S. 186-187.
Cedric A. Larson (1965): [Rezension]. In: *Public Opinion Quarterly*, 29. Jg., S. 346-348.
Winfried B. Lerg (1967): [Rezension]. In: *Publizistik*, 12. Jg. 1967, S. 60-62.

Hans Bohrmann

James D. Halloran, Philip Elliott, Graham Murdock (1970): *Demonstrations and communication. A case study*. Harmondsworth: Penguin. 329 Seiten.

Die Monographie *Demonstrations and Communication* stellt einen der frühen empirischen Beiträge der europäischen Kommunikationsforschung dar. In der Fallstudie wird die Medienberichterstattung über die erste große Anti-Vietnam-Demonstration in London im Jahre 1968 analysiert. Die Bedeutung dieser Studie, die James D. Halloran (geb. 1927) und seine beiden Mitarbeiter von der University of Leicester 1970 veröffentlichten, resultierte erstens aus dem gewählten Mehr-Methoden-Ansatz sowie zweitens aus der Kombination der angewandten analytischen Konzepte und weniger aus deren Originalität.

Die Studie stellte die bis zu diesem Zeitpunkt etablierte Annahme in Frage, daß die Medien, sozusagen in verkleinertem Maßstab, ein »Abbild« der Realität widerspiegeln. Die Analyse durch teilnehmende Beobachtung und Expertenbefragungen ergab, daß die Demonstration, an der etwa 60.000 Menschen teilnahmen, weitgehend friedlich verlief (»event as event«). Die Medien konzentrierten jedoch, wie die Autoren mit einer breit angelegten Inhaltsanalyse zeigten, ihre Berichte auf die wenigen gewaltsamen Vorgänge vor der amerikanischen Botschaft und stellten die Demonstration dadurch insgesamt als eine gewaltsame Konfrontation zwischen Polizei und Demonstranten dar (»event as news«). Durch die Gegenüberstellung von sogenannten Extra-Mediadaten (d.h. Daten, die außerhalb der Medieninhalte gewonnen wurden) und Intra-Mediadaten (d.h. Medieninhalten) konnten die Autoren eindrucksvoll die Diskrepanz zwischen der Realität des tatsächlichen Geschehens und der »Medienrealität« zeigen. Mit diesem Ergebnis wurde ein Ergebnis bestätigt, das Lang und Lang schon Anfang der 50er Jahre in den USA bei der Analyse der Berichterstattung über den McArthur-Day ermittelten (vgl. Lang & Lang 1953). In der Folgezeit wurde der systematische Vergleich zwischen der Realität des tatsächlichen Geschehens und der Medienrealität in den 70er Jahren u.a. von G. Ray Funkhouser (1973) und Hans Mathias Kepplinger (z.B. Kepplinger/Roth 1978) aufgegriffen. Dabei wurde das Untersuchungsdesign dahingehend erweitert, daß nicht einzelne Ereignisse, sondern strukturelle Entwicklungen in der Gesellschaft und ihre Widerspiegelung in den Medien analysiert wurden, wobei sich in der Regel keine bzw. nur lose Beziehungen zwischen diesen beiden Varianten der Realität zeigten.

Wie kam diese einseitige, selektiv auf die Darstellung des Gewaltaspekts konzentrierte Medienberichterstattung zustande? Halloran, Elliott und Murdock zeigten in ihrer Studie, wie einzelne Medien in ihrer Vorberichterstattung einen Bezugsrahmen aufbauten, dem andere Medien dann wie in einer Kettenreaktion sukzessive folgten. Die Autoren griffen hier auf das bereits von → Lazarsfeld, Berelson und Gaudet 1944 entwickelte Opinion-Leader-Konzept zurück und wandten es auf die internen Meinungsbildungsprozesse im Mediensystem an. Medienmeinungsführer werden dabei als solche Medien mit hohem Prestige verstanden, die andere Journalisten als Informationsquelle und als Bezugsrahmen für ihre Berichterstattung benutzen. Sie haben eine trendsettende Funktion, indem sie bestimmte Themen, Aspekte und Interpretationen vorgeben, die dann häufig von anderen Journalisten und Medien übernommen werden. Die Diffusionsprozesse und der »Multi-Step-Flow of Communication« im Mediensystem wurden in der Folgezeit von vielen Studien aufgegriffen und als tragfähiges Erklärungskonzept bestätigt (z.B. Mathes & Pfetsch 1991).

Für die Medienwirkungsforschung arbeiteten die Autoren einen weiteren wichtigen Befund heraus: Sie zeigten, daß in dem vorliegenden Fall die Medien aufgrund ihrer inhaltlichen Übereinstimmung (»Konsonanz«) gerade nicht die Voraussetzung für eine selektive Wahrnehmung der Rezipienten boten. Dadurch wurde der bislang dominierende Erklärungsansatz der selektiven Wahrnehmung für die These von den »begrenzten Medienwirkung« in seinen Grenzen aufgezeigt.

Konsonanz ist jedoch, wie später Elisabeth Noelle-Neumann (1973) zeigte, eine der wichtigen Voraussetzungen für starke Medienwirkungen. Konsonante Berichterstattung über längere Zeiträume und verschiedene Mediengattungen hinweg setzt bei Rezipienten den Schutzmechanismus der selektiven Wahrnehmung außer Kraft. Die Rezipienten können diesen Inhalten, die sich gegenseitig zu bestätigen scheinen, nicht ausweichen und beeinflussen somit ihre Wahrnehmung und ihr Bewertungsraster sowie in der Konsequenz auch ihre Urteile und Einstellungen.

Literatur

G. Ray Funkhouser (1973): The issues of the sixties: An exploratory study in the dynamics of public opinion. In: *Public Opinion Quarterly*, 37. Jg., S. 62-75.

Hans Mathias Kepplinger, Herbert Roth (1978): Kommunikation in der Ölkrise des Winters 1973/74. Ein Paradigma für Wirkungsstudien. In: *Publizistik*, 23. Jg., S. 337-356.

Kurt Lang, Gladys Engel Lang (1953): The unique perspective of television and its effect: A pilot study. In: *American Sociological Review*, 18. Jg., S. 3-12.

Rainer Mathes, Barbara Pfetsch (1991): The role of the alternative press in the agenda building process: Spill-over effects and media opinion leadership. In: *European Journal of Communication*, 6. Jg., S. 33-62.

Elisabeth Noelle-Neumann (1973): Kumulation, Konsonanz und Öffentlichkeitseffekt. Ein neuer Ansatz zur Analyse der Wirkung der Massenmedien. In: *Publizistik*, 18. Jg., S. 26-55.

Rainer Mathes

Hanno Hardt (1979): *Social theories of the press. Early German & American perspectives.* Beverly Hills, London: Sage. 239 Seiten. – 2. durchgesehene und ergänzte Aufl.: Lanham, MD: Rowman & Littlefield 2001. 244 Seiten.

Das Buch des deutsch-amerikanischen Kommunikationswissenschaftlers Hanno Hardt analysiert in Studien über Albert Schäffle (1831-1903), Karl Knies (1821-1898), Karl Bücher (1847-1930), Ferdinand Tönnies (1855-1936), Max Weber (1864-1920) und – in der jüngst erschienenen ergänzten zweiten Auflage – Karl Marx (1818-1883) Werke jener deutschen Soziologen und Nationalökonomen, die sich vor der Akademisierung der Zeitungskunde zu Beginn der 1920er Jahre mit der Presse und ihren sozialen Dimensionen befaßten. Weniger ausführlich untersucht er Werke der amerikanischen Soziologen Albion W. Small (1854-1926), Edward A. Ross (1866-1951) und William G. Sumner (1840-1910) und beschäftigt sich mit deren Bezügen zum Denken der deutschen Nationalökonomie und Soziologie. Die Studien von Hardt bilden einen ersten indirekten Beitrag zum Vergleich der frühen Fachentwicklung in Deutschland und in den USA, wie er zehn Jahre nach dem Erscheinen des Buches als erkenntnistheoretisch lohnender Ansatz der Disziplingeschichte systematisch herausgearbeitet wurde (vgl. Reimann 1989).

Hardt, 1934 in Stettin geboren, wanderte 1960 in die USA aus, studierte dort Kommunikationswissenschaft und lehrt das Fach seit 1968 an der University of Iowa in Iowa City. Seit Beginn der 1970er Jahre nahm er mehrere Gastprofessuren u.a. in Deutschland und Österreich wahr, und hier erforschte er die Quellen für seine Studien. »This book reflects my encouter with the German tradition of Publizistikwissenschaft and my interest of cultural communication and the ensuing questions of domination and power of communication in international settings« (S. 15), schreibt er über sein Erkenntnisinteresse. Daraus wird auch die zentrale Frage des Buches ersichtlich: Haben deutsche Nationalökonomen und die frühen Soziologen das Problem von »domination and power«, ihrem kulturellen und dogmatischen Kontext entsprechend, anders gelöst, erörtert und beurteilt als ihre amerikanischen Kollegen?

War der Ausgangspunkt, die Presse und die soziale Kommunikation zu erforschen, in Deutschland eher philosophisch und gesellschaftstheoretisch begründet (auch durch die Auseinandersetzung mit der marxistischen Gesellschaftstheorie, wie sie sich etwa in der Marx-Lektüre von Tönnies dokumentiert), so orientierten sich pressesoziologische Denkrichtungen in den USA pragmatisch an einer Verbesserung der bestehenden Verhältnisse. Gleichwohl richtete sich in beiden Ländern die Fragestellung doch schließlich auf den sozialen Vermittlungsprozess: »One of the strongest suggestions that emerges from the work of these early social scientists is that a theory of society, or any attempt to explain the coming of the modern age, must be based upon some understanding of communication as a basic social process involving individuals.« (S. 19) Kommunikation wurde als Grundproblem von Gesellschaftstheorie erkannt, wobei sich sprachphilosophische Wurzeln insbesondere für die deutschen Tradition als bedeutsam erwiesen. Sprache und darüber hinaus jegliche Symbolproduktion wurden schon in diesen Werken als Grundmodus von Sozialisierung und Integration erkannt. (S. 19ff.)

Zentrale Themen, die Hardt aus den Werken der deutschen Wissenschaftler hervorhebt, bilden die Ökonomie der Presse und anderer, durch mediale oder interpersonale Kommunikation symbolisch oder sprachlich vermittelter Güter (etwa in Schäffles »Güter der Darstellung und Mittheilung«, in Knies' »Der Telegraph als Verkehrsmittel« und bei Tönnies als »soziale Zeichen«), ferner die Öffentlichkeit und die öffentliche Meinung sowie deren theoretische Fundierung und ethische Normierung (insbesondere im Werk von Tönnies), und schließlich die Reflexion der (medien-) technologischen Entwicklung sowie die pressereformerischen Ansätze (vor allem bei Weber und Bücher). Keiner der behandelten Wissenschaftler hatte eine stringente Kommunikationstheorie entwickelt, wohl aber Ansätze zu einer solchen. Wie Hardt darstellt, greifen diese in zahlreiche Felder der modernen Kommunikationswissenschaft, keineswegs also nur in den Bereich der persuasiven Kommunikation, die heute verkürzt als das klassische

Feld der frühen Kommunikationsforschung eingestuft wird (vgl. Brosius & Esser 1998).

Aus den Werken der von ihm behandelten Wissenschaftler leitet Hardt generelle Perspektiven der Kommunikationsforschung ab, die bis heute noch nicht systematisch erforscht sind: »An understanding of social communication must be based upon an investigation of symbolic behavior and the uses of language as they are affected by technological-economic developments and the rise of complex and sophisticated systems of public communication«. (S. 227)

Neben der »Geschichte der deutschen Zeitungswissenschaft« (→ Groth 1948) gilt Hardts Buch als Standardwerk über die im 19. und zu Beginn des 20. Jahrhunderts in Deutschland und den USA entwickelte Pressetheorie. Seine Erkenntnisperspektive und Befunde erwiesen sich als fruchtbar für neuere wissenschaftshistorische Darstellungen (u.a. Lang 1989; Rühl 1999) und zahlreiche Einzelstudien über die von ihm behandelten Forscherpersönlichkeiten (u.a. Fischer & Minte 1981; Schmidt-Fischbach 1988; Kutsch 1988; Wagner 1996; Andert 1999).

Literatur

Frank Andert (1999): *Die Nerven der Gesellschaft. Albert Schäffle als Praktiker und Theoretiker der öffentlichen Kommunikation.* Kommunikationswiss. Magister-Arbeit Univ. Leipzig

Hans Bernd Brosius, Frank Esser (1998): Mythen in der Wirkungsforschung. Auf der Suche nach dem Stimulus-Response-Modell. In: *Publizistik*, 43. Jg., S. 341-361.

Heinz Dietrich Fischer, Horst Minte (Hrsg.) (1981): *Karl Bücher. Auswahl der publizistikwissenschaftlichen Schriften.* Bochum: Brockmeyer.

Arnulf Kutsch (1988): Max Webers Anregung zur empirischen Journalismusforschung. Die »Zeitungs-Enquête« und eine Redakteurs-Umfrage. In: *Publizistik*, 33. Jg., S. 5–31.

Kurt Lang (1989): Communications research: origins and development. In: Erik Barnow u.a. (Hrsg.): *International Encyclopedia of Communications.* New York, Oxford: Oxford University Press. Bd. 1, S. 369–374.

Horst Reimann (1989): Die Anfänge der Kommunikationsforschung. Entstehungsbedingungen und gemeinsame europäisch-amerikanische Entwicklungslinien im Spannungsfeld von Soziologie und Zeitungswissenschaft. In: Max Kaase, Winfried Schulz (Hrsg.): *Massenkommunikation. Theorien, Methoden, Befunde.* Opaden: Westdeutscher Verlag, S. 28-45.

Manfred Rühl (1999): *Publizieren. Eine Sinngeschichte der öffentlichen Kommunikation.* Opladen: Westdeutscher Verlag.

Patricia Schmidt-Fischbach (1988): Karl Knies und die Fundamental-Kategorien des Nachrichtenverkehrs. In: Hans Wagner (Hrsg.): *Idee und Wirklichkeit des Journalismus. Festschrift für Heinz Starkulla.* München: Olzog, S. 151–164.

Hans Wagner (1996): Karl Knies – Person und Werk. In: Karl Knies: *Der Telegraph als Verkehrsmittel. Über den Nachrichtenverkehr überhaupt.* Faksimile-Nachdruck der Original-Ausgabe. München: Fischer, S. 7*–25*.

Stefanie Averbeck / Arnulf Kutsch

Fritz Heider (1958): *The psychology of interpersonal relations*. New York: John Wiley. IX, 332 Seiten. – 5. Auflage 1967.

Deutsche Ausgabe: Fritz Heider (1977): *Psychologie der interpersonalen Beziehungen*. Übersetzt von Gerhard Deffner. Stuttgart: Klett. 370 Seiten.

Das Buch ist der Ertrag eines vieljährigen Forschungsprojekts Fritz Heiders (1896-1988), das seit 1947 von der Guggenheim Memorial Foundation und der Ford Foundation unterstützt wurde. Inspiriert von Kurt Lewin lehrte Heider am Department of Psychology der University of Kansas in Lawrence. Heider gilt als einer der bedeutendsten Vertreter der Balancehypothese, die unterstellt, daß Menschen stets versuchen, ihre Vorstellungen, Motive und Handlungen möglichst widerspruchsfrei (consistent) aufeinander abzustimmen. Außerdem gilt er als Begründer der Attribuierungstheorie, mit deren Hilfe er die Sozialpsychologie kognitionspsychologisch akzentuiert und weiterentwickelt hat. Sie problematisiert die »naive« Konstruktion von Verhaltensmodellen, die wir einander wechselseitig zuschreiben, und damit die Muster interaktiver Alltagskonzepte, mit denen wir versuchen, eigene und fremde Handlungen zu verstehen.

Heider fragt im Detail danach, wie eine Person eine andere wahrnimmt, wie sie über sie denkt und fühlt, was sie von ihr erwartet und wie sie mit ihr umgeht. Dabei beschränkt er sich ausdrücklich auf die Beobachtung bewußter Konzepte und Verhaltensweisen (was er selbstkritisch »intellectualism« nennt: S. 298), besonders auf die wechselseitigen Unterstellungen psychischer Zustände und Vorgänge als Charakteristikum zwischenmenschlicher Beziehungen, denn wir reagieren bekanntlich nicht nur auf die Handlungen anderer, sondern auch auf die ihnen zugeschriebenen (attributed) Wahrnehmungen, Gedanken, Gefühle und Motive. Um als Wissenschaftler solche Alltagsprozesse angemessen erfassen und beschreiben zu können, empfiehlt Heider, zunächst die Common-sense-Fähigkeit der Intuition zu nutzen, mit deren Hilfe er systematisch vortheoretische Spekulationen, Vermutungen und Vorschläge für eine spätere Theorie zwischenmenschlicher Beziehungen sammeln will (S. 295f.). Deshalb nennt er seine Befunde bescheiden »work notes towards a pretheory of interpersonal relations« (S. 296).

Als bekennender »Arm-chair-Forscher« erhebt er folglich keine empirischen Daten, sondern arbeitet an einem Begriffssystem zur theoretischen Modellierung interpersonaler Beziehungen, das er durch die Transformation und Explikation umgangssprachlicher Bezeichnungen in wissenschaftliche Kategorien gewinnt. Das klingt weniger anspruchsvoll, als es gemeint ist, denn Heider versucht sogar, die dabei entdeckten Grundmuster in quasimathematischen Notationen auszudrücken (deren Symbole er im Anhang erläutert). Der heuristische Nutzen solcher abstrakten Zeichensysteme sei dahingestellt, auch wenn sie sich zur Veranschaulichung von Kommunikationsprozessen durchaus eignen können.

Um die wesentlichen Aspekte elementarer Interaktionen beschreiben zu können, verwendet Heider eine Liste von zehn konventionellen Dimensionen, die er im Laufe seiner Darstellung sukzessive erläutert und die seines Ermessens bestimmen, welche Rolle andere für uns spielen und wie wir auf sie reagieren (life space, perceiving, experiencing, causing, can, trying, wanting, sentiments, belonging, ought). Kommunikationswissenschaftlich bedeutsam sind dabei seine

Hinweise auf die individuelle Repräsentation von Objekten in kognitiven Schemata, auf Steuerungsmöglichkeiten fremder Wahrnehmungen, auf die Zuschreibung von Absichten, Reaktionen und persönlicher Verantwortung, auf die Motivation fremder Handlungen durch Bitten und Befehle, auf die soziale Reflexivität von Macht (wer kann, sollte auch), auf die Wichtigkeit emotionalen Engagements, auf harmoniebildende Faktoren (in Korrespondenz mit Osgood & Tannenbaum 1955) und auf Chancen intersubjektiver Konsensbildung.

Allerdings befaßt sich Heider selten ausdrücklich mit Fragen der Kommunikation, sondern zumeist nur implizit oder randseitig (im Sachregister findet sich nur ein einziger Eintrag), und er beschränkt sich durchweg auf dyadische und triadische Konstellationen, was den Wert seines Ansatzes für die Erklärung publizistischer Prozesse mindert. Gleichwohl finden sich Parallelen zum Konzept parasozialer Interaktion (vgl. Horton & Wohl 1956), zur Attraktivitätsforschung (vgl. Byrne 1969) oder zur Rahmenanalyse (→ Goffman 1974), und sein Modell subjektiver Wirklichkeitserzeugung durch kognitive Attribuierung trägt deutliche Züge konstruktivistischen Denkens (vgl. S. 296: »we find ourselves in a certain situation, and something happens which has to be fitted into the situation«), wobei er davon ausgeht, daß Menschen aufgrund von Bedürfnissen, Vorlieben und Denkgewohnheiten recht genaue Vorstellungen davon haben, was jeweils zusammenpaßt, weil die kognitive Matrix ihrer Interpretationen und Steuerungsversuche habituell verinnerlicht wird.

Literatur

Anonymus (1960): [Rezension]. In: *Public Opinion Quarterly*, 24. Jg., S. 550.

Donn Byrne (1969): Attitudes and attraction. In: Leonard Berkowitz (Hrsg.): *Advances in experimental social psychology*. Bd. 4. New York, London: Academic Press, S. 35-89.

Donald Horton, Richard L. Wohl (1956): Mass communication and para-social interaction. In: *Psychiatry*, 19. Jg., S. 215-229.

Charles E. Osgood, Percy H. Tannenbaum (1955): The principle of congruity in the prediction of attitude change. In: *Psychological Review*, 62. Jg., S. 42-55.

Joachim Westerbarkey

E.M. Herrmann (1963): *Zur Theorie und Praxis der Presse in der Sowjetischen Besatzungszone Deutschlands*. Berichte und Dokumente. Berlin: Colloquium Verlag, 158 Seiten.

Publikationsdatum, Publikationsort und Titel des vorliegenden Werkes verweisen auf einen Abschnitt deutsch-deutscher Kommunikations- und Mediengeschichte: Es erschien zwei Jahre nach dem Bau der Berliner Mauer und es trägt die Bezeichnung »Sowjetische Besatzungszone« (SBZ) zu einem Zeitpunkt, als die DDR bereits seit 14 Jahren offiziell bestand. Von dieser Sprachregelung dürfte die Bezuschussung der Veröffentlichung abhängig gewesen sein (vgl. Bohrmann 1988: 29), denn sie war Ausdruck der Nichtanerkennung der DDR seitens der Bundesrepublik. E.M. Herrmanns Darstellung des DDR-Mediensystems erschien zudem in Westberlin, einem Teil der Stadt, die damals als Ort des Kalten Krieges schlechthin galt. In Berlin schnitten sich die Gesellschaftsordnungen von

West und Ost, konnte niemand der provozierenden Wahrnehmung der anderen Seite entkommen. Die Blicke aufeinander waren entsprechend geschärft und ideologisch beeinflußt. Von Westberlin aus wurde an der DDR manches wahrgenommen, was in der übrigen Bundesrepublik nicht interessierte, im negativ-verzerrenden wie positiv-aufmerksamen Sinn.

So dürfte es auch kaum ein Zufall gewesen sein, daß die wissenschaftliche Auseinandersetzung mit den Massenmedien und dem Journalismus der DDR ausgerechnet an einem Institut der Freien Universität Berlin stattfand. E.M. Herrmann (1929-1985) arbeitete zur Zeit des Erscheinens von Theorie und Praxis der Presse in der SBZ seit längerem am Institut für Publizistik der FU, wo sie später, nach ihrer Habilitation 1972, auch zur Professorin ernannt wurde und bis zu ihrem frühen Tod vorwiegend in der Lehre und universitären Selbstverwaltung tätig war. Auf der Basis dreier, bereits in der Zeitschrift ›Publizistik‹ 1960 und 1961 erschienener Aufsätze zur marxistisch-leninistischen Pressetheorie und zur Journalistenausbildung in Leipzig sowie einer 1957 für das Bundesministerium für gesamtdeutsche Fragen verfaßten Studie »Die Presse in der Sowjetischen Besatzungszone Deutschlands« schloß die Autorin im Frühjahr 1962 das hier besprochene Werk ab. Zu erwähnen ist, daß ihre beiden Vornamen, Elisabeth Maria, nach Maßgabe des Verlags nirgendwo genannt wurden und daß im Vorwort wie in der Einleitung konsequent von einem männlichen »Verfasser« die Rede ist. Herrmann trug 1962 im übrigen bereits den Namen Löckenhoff. Die wenigen nachfolgenden Publikationen erschienen unter dem Namen Elisabeth Löckenhoff, es waren keine Bücher mehr darunter.

Zur Theorie und Praxis der Presse in der SBZ ist mit dem Untertitel Berichte und Dokumente versehen, er betont das Bemühen um Sachlichkeit und Objektivität. Die Autorin behandelt ihren politisch prekären Gegenstand in der Tat sachlich, was meint: aus den Quellen. »Dabei war es ihr eherner wissenschaftlicher Grundsatz, daß man zunächst einmal wissen mußte, was in der Publizistik der DDR wirklich geschah, um es zu verstehen, zu beurteilen und, falls erforderlich, auch verurteilen zu können. Es genügte ihr nicht, alles falsch zu finden, alles besser zu wissen, nur aus dem einen Grund, daß man sich ja auf der richtigen politischen Seite befand« (Bohrmann 1988: 23). Es war dies eine der DDR-Thematik gegenüber damals außerordentliche und seltene Erkenntnishaltung.

Neben den Texten der sogenannten Klassiker des Marxismus-Leninismus, Texten also von Marx und Lenin, aber auch von Stalin (Löckenhoff vernachlässigt den XX. Parteitag der KPdSU 1956 in diesem Zusammenhang), bestehen die verwendeten Quellen aus Texten von DDR-Wissenschaftlern, DDR-Journalisten und Parteifunktionären. Es werden die Funktionen der Presse im Rahmen der Klassenauseinandersetzungen herausgearbeitet, die seit Lenin instrumentell zu verstehen sind: Die Presse gilt »als Waffe im Klassenkampf«. Nach Stalin verfügt die Presse, wie andere gesellschaftliche Institutionen, zusätzlich über besondere Eigenschaften, da sie Teil der »aktiven Rolle des Überbaus« ist, d.h. relativ selbständig gegenüber ihren ökonomischen Determinanten fungieren kann. In Gesellschaftsformen mit sozialistisch-kommunistischer Ausrichtung wird sie maßgeblich von der herrschenden Partei eingesetzt, um die Bevölkerung im Sinne eines entsprechenden Klassenbewußtseins zu erziehen. Diese Partei versteht sich als »Avantgarde« und ihre Herrschaftsform als »Diktatur des Proletariats«.

Problemfelder wie die öffentliche Meinung einer Gesellschaft oder die Pressefreiheit erhalten einen anderen Stellenwert als in nichtsozialistischen Gesellschaften. Pressefreiheit z.B. wird immer mit der Frage »für wen?« verbunden, also parteilich relativiert. Die auch in der sozialistischen Gesellschaft nicht beendeten Klassenauseinandersetzungen erfordern einen Einsatz der Presse durch die Partei, die sie, analog den Bedingungen des bolschewistischen Kampfes um die Macht in Rußland vor der Oktoberrevolution, als Mittel der systematischen wie aktuellen Verbreitung marxistisch-leninistischen Denkens begreift, das der Festigung der Parteiorganisation dient. Das meint die oft formelhaft verwendete Bezeichnung der Presse als »kollektiver Propagandist, Agitator und Organisator«. Zugleich ist die marxistisch-leninistische Parteipresse einigen Grundprinzipien der Berichterstattung verpflichtet, nämlich der »Parteilichkeit, Wissenschaftlichkeit, Kritik und Selbstkritik« und der »Massenverbundenheit«, eine unter anderem in der sogenannten Volkskorrespondentenbewegung zum Ausdruck kommende Art der Berichterstattung.

Die Autorin rekonstruiert die skizzierten Zusammenhänge genauestens aus den Quellen und bezeichnet sie, sine ira et studio, als marxistisch-leninistische Pressetheorie – was eine Akzeptanz des darin enthaltenen Systemischen ausdrückt. Eine Abgrenzung vom Begriff Ideologie findet statt, erfolgt jedoch in der Form, daß Ideologie als Teilbereich marxistisch-leninistischer Theorie aufgefaßt wird. Der Ansatz, den Marxismus-Leninismus aus sich selbst heraus darzustellen, d.h. seine eigenen Textdokumente ernstzunehmen und lediglich auf ihre innere Stimmigkeit oder Widersprüchlichkeit hin zu analysieren, war 1963 ganz neu. Die Autorin gehörte damit zu den Ersten, die öffentlich eine Abkehr vom damals vorherrschenden Forschungsparadigma des Totalitarismus-Ansatzes propagierten, welcher sozialistisch-kommunistische und nationalsozialistisch-faschistische Gesellschaftssysteme als identisch auffaßte. Es ist dies das historische Verdienst der Studie und es ist ihr bleibender Wert – wenngleich nach dem Zusammenbruch der sozialistischen Gesellschaftssysteme 1989/90 und dem nun möglichen Zugriff auf neues Quellenmaterial heute noch andere Wege beschritten werden könnten. Es ist zu vermuten, daß die beiden vergleichsweise sehr kurzen Abschnitte von Löckenhoffs Studie zur Struktur der DDR-Presse und zur Journalistenausbildung in Leipzig heute z.B., auf Grund der veränderten Quellenlage, viel ausführlicher und realitätsnäher beschrieben werden könnten. Zu erwähnen bleibt, daß der dokumentierende Anhang etwa die Hälfte des gesamten Buchumfangs ausmacht. Er enthält Beschlüsse der SED zur Pressepolitik sowie u.a. ein Verzeichnis der Tageszeitungen der DDR und des Lehrangebots der Fakultät für Journalistik im Studienjahr 1960/61.

Bis heute ist die Studie von Elisabeth Löckenhoff (Herrmann) nicht nur als Dokument ihrer Entstehungszeit, sondern auch als Beispiel für einen zuverlässigen und wissenschaftlich integren Umgang mit politisch schwierigem Untersuchungsmaterial anzusehen.

Literatur

Hans Bohrmann (1988): Elisabeth Löckenhoff im Institut für Publizistik der Freien Universität Berlin (1952-1985). In: Rolf Geserick, Arnulf Kutsch (Hrsg.): *Publizistik und Journalismus in der DDR*. München, New York, London, Paris: K. G. Saur, S. 17-35.

E.M. Herrmann (1957): *Die Presse in der Sowjetischen Besatzungszone Deutschlands.* Bonn: Deutscher Bundes-Verlag.

Verena Blaum

Hilde T. Himmelweit, Abraham N. Oppenheim, Pamela Vince, in collaboration with D. Blumenthal, E.W. Croft-White, A.G. Maclaine, M. Newell, N.A. Standen, J. Wheldon (1958): *Television and the child. An empirical study of the effect of television on the young.* London: Oxford University Press. XV, 522 Seiten. – Zweite Auflage 1979. XIX, 522 Seiten.

Wie verändert der Einzug des Fernsehens das Leben von Heranwachsenden, ihre Aktivitäten, ihr Wissen, ihre Schulleistungen, ihre Wertorientierungen, ihre Gefühle und familiären Beziehungen? Diese Frage wurde weltweit erstmals in der englischen Studie *Television and the child* beantwortet. 1954, als nur drei Millionen Haushalte in Großbritannien einen Fernsehapparat besaßen, befürchtete man in der englischen Öffentlichkeit, daß sich das damals neue Medium vor allem auf jüngere Kinder verheerend auswirken würde. Nur wenige Briten konnten sich positive Effekte vorstellen. Deshalb und aus Gründen der Planungssicherheit schlug die Abteilung für Zuschauerforschung der British Broadcasting Corporation (BBC) der renommierten Nuffield Foundation vor, die ungewöhnlich komplexe Untersuchung mit Beobachtungen, Befragungen und Inhaltsanalysen zu finanzieren.

Die Untersuchung fand in vier Städten statt und stand wegen der rapiden Verbreitung des Fernsehens unter einem enormen Zeitdruck. Von den 4.500 Kindern, die erfaßt und getestet wurden, wählte man für die Hauptstudie 1.854 aus und unterteilte sie in Seher- und Nichtseher-Gruppen. Die »Untersuchungszwillinge« stimmten in ihren soziodemographischen Merkmalen überein. Das Ausmaß des Fernsehkonsums (Novizen, Erfahrene, »Veteranen« sowie Nicht-, Selten-, Durchschnitts- und Vielseher) variierte jedoch. Durch das »Zwillingsdesign« war es möglich, den Einfluß einer Variablen (z.B. Alter) auf die TV-Nutzung und -Wirkung unter Konstanthaltung anderer Variablen zu überprüfen. Einmalig war die Situation in der Gemeinde Norwich mit ihren quasi-experimentellen Vorher-Nachher-Testmöglichkeiten. In der Norwich-Studie, die 1954 begann, wurden 2.200 Kinder getestet, bevor sie Fernsehprogramme empfangen konnten. Davon wurden 1955 370 fernsehende und nicht-fernsehende Kinder ausgewählt. Sowohl in der Hauptstudie als auch in der Norwich-Studie wurden zwei Altersgruppen unterteilt, eine mit 10- bis 11-Jährigen und eine mit 13- bis 14-Jährigen. Diese Differenzierung war zum einen methodisch motiviert (Verstehen der schriftlichen Fragen) und zum anderen entwicklungspsychologisch (deutliche Interessens-, Kognitions-, Emotions- und Verhaltensunterschiede zwischen den beiden Gruppen). Als problematisch erwies sich, daß in den fünfziger Jahren nur wenig systematische Forschung zum fernsehunabhängigen Alltagsverhalten von Kindern vorlag und daß man zudem wegen der »weißen Flecke« in der Fernsehwirkungsforschung nicht wußte, welche der unzähligen Effektmöglichkeiten man überhaupt untersuchen sollte.

Hauptverantwortlich für die Untersuchung, bei der mehr als einhundert Hilfskräfte mitwirkten, war die Sozialpsychologin Hilde Himmelweit (1918-1989), die zusammen mit den Psychologen Abraham N. Oppenheim und Pamela Vince an der London School of Economics and Political Science lehrte und forschte. Dort wurde Hilde Himmelweit 1964 zur ersten Professorin für Sozialpsychologie in Großbritannien ernannt. Im selben Jahr begann sie mit dem Aufbau des Departments für Sozialpsychologie. Vor allem ihr erstes Buch *Television and the child,* aber auch ihre späteren Publikationen aus dem Gebiet der Politischen Psychologie (z.B. über das Wahlverhalten Jugendlicher) begründeten ihren legendären Ruf in Europa und in den USA.

Generell konnte das Ergebnismosaik weder die übertriebenen Ängste noch die Hoffnungen der Öffentlichkeit bestätigen. Das Fernsehen veränderte die Kinder nicht radikal. Beide Altersgruppen sahen lediglich elf bis dreizehn Stunden in der Woche fern. Aus der anfänglichen Faszination wurde rasch Gewohnheit. Das wichtigste Resultat war der enge Zusammenhang zwischen Fernsehkonsum und Intelligenz. Je intelligenter, aktiver und sozial interessierter die Kinder waren, desto seltener saßen sie vor dem Bildschirm. Bei gleicher Intelligenz hatte die Schichtzugehörigkeit nur einen geringen Einfluß. Obwohl sich der TV-Konsum von Jungen und Mädchen nicht unterschied, reagierten Mädchen generell stärker auf das Gezeigte. Die Inhalte, die Kinder bei anderen Medien, z.B. beim Radio oder Kino, mochten, schätzten sie auch beim Fernsehen. Generelle Interessen bestimmten die Programmwahl. Durch das Fernsehen hörten die Kinder nicht seltener Radio oder lasen weniger. Während jüngere Fernsehkinder seltener ins Kino gingen, war es für die Älteren eine Möglichkeit, Freunde außer Haus zu treffen.

Die sozialen Kontakte wurden kaum beeinträchtigt, allenfalls die unverbindlichen. Sportliche Aktivitäten, Hobbys und die Schlafzeit wurden nicht reduziert. Das Fernsehen weckte nur wenig Interessen. Sein Einfluß auf Wissen und Schulleistungen war minimal und nur bei den jüngeren und weniger intelligenten Kindern zu beobachten, die vom Fernsehen sogar leicht profitierten. Das in den TV-Programmen sehr häufig gezeigte Milieu der oberen Mittelschicht beeinflußte die Wertorientierung insofern, als Fernsehkinder ambitionierter waren. Emotionale Effekte waren wesentlich stärker als kognitive. Grausame TV-Szenen störten den Schlaf der Kinder. Verbale Aggressionen wie etwa das Lächerlichmachen von Identifikationsobjekten verunsicherten sie zumeist mehr als körperliche. Obwohl die Familienmitglieder seit Einzug des Fernsehens mehr Zeit zu Hause verbrachten, tauschten sie sich seltener aus. Vor allem ältere Kinder schauten schweigend zu. Oft war ihre Zeit vor dem Bildschirm Anlaß für Konflikte. Insgesamt gab es jedoch nicht *die* Effekte. Das Ausmaß und die Qualität der Fernsehwirkungen hingen vom Programm, vom TV-Konsum, dem Kind und dem Kontext, in dem geschaut wurde, ab.

Television and the child war das Vorbild für eine Reihe weiterer Forschungsarbeiten. Ende der fünfziger und Anfang der sechziger Jahre folgten vier in Fragestellung, Untersuchungsdesign und Methoden vergleichbare Untersuchungen, eine US-amerikanische (vgl. Schramm, Lyle & Parker 1961) und zwei japanische (vgl. Furu 1962; Tsuji 1964), und in den siebziger Jahren die ebenfalls sehr komplexe Studie »The impact of television. A natural experiment in three communities« (vgl. Williams 1986), die analysierte, wie sich die Einführung des Fernsehens in einer kanadischen Gemeinde sozial und psychologisch auswirkte. Die Himmelweit-Untersuchung ist ein Opus magnum, weil sie in der knappen Zeitspanne von nur vier Jahren eine Vielzahl zentraler Fragen der Fernsehforschung mit Kindern theoretisch klar und methodisch akribisch beantwortete. Außerdem gab sie der Öffentlichkeit, Eltern, Verantwortlichen von Jugendvereinen, Lehrern, Fernsehproduzenten und Wissenschaftlern eine Reihe von Empfehlungen. Die meisten sind heute noch brauchbar.

Literatur

Takeo Furu (1962): *Television and children's life. A before-after study.* Tokyo: Radio and Television Culture Research Institute, Nippon Hoso Kyokai.

Wilbur Schramm, Jack Lyle, Edwin B. Parker (1961): *Television in the lives of our children.* Stanford, CA: Stanford University Press.

Isao Tsuji (1964): *Effect of tv broadcast on children in isolated villages.* Tokyo: Radio and Television Culture Research Institute, Nippon Hoso Kyokai.

Tannis MacBeth Williams (Hrsg.) (1986): *The impact of television. A natural experiment in three communities.* Orlando, FL: Academic Press.

Karin Böhme-Dürr

Peter R. Hofstätter (1949): *Die Psychologie der öffentlichen Meinung.* Wien: Braumüller. XI, 184 Seiten. – 2. Aufl. 1960. XI, 184 Seiten.

Die *Psychologie der öffentlichen Meinung* von Peter R. Hofstätter (1913-1994) stellt keine Fortführung der »Psychologie der Massen« (→ Le Bon 1895) dar, wie mitunter angenommen wird (vgl. vom Bruch 1980), wenn auch der Titel des Werks ein Verständnis von öffentlicher Meinung als Entität im Sinne des von der Massenpsychologie beschriebenen kollektiven Wesens nahezulegen scheint. Vielmehr knüpft das Werk des Sozialpsychologen Hofstätter, der als führender Vertreter der quantitativen Methodik seines Faches galt, an die amerikanische Forschung der dreißiger und vierziger Jahre des vergangenen Jahrhunderts an, die sich intensiv um eine Begriffsklärung öffentlicher Meinung im Zusammenhang mit der neuentwickelten Methode der repräsentativen Bevölkerungsumfrage bemühte. Dieser Hintergrund kommt am deutlichsten in dem Eröffnungsbeitrag von Floyd H. Allport für die erste Ausgabe der Zeitschrift ›Public Opinion Quarterly‹ zum Ausdruck, der gleichsam das Programm für die von Hofstätter entwickelte psychologische Theorie der öffentlichen Meinung umreißt. Unter der Überschrift »Defining the 'public opinion situation'« heißt es dort: »When we try to find an object corresponding to the term public opinion, that is, when we regard it as an entity or a content to be discovered and then studied or analyzed, our efforts will meet with scant success. But when we distinguish by this term a multi-individual situation, or some of the relationships in such a situation, and then enter this situation and begin to study the explicit materials which it affords, some valuable results may be gained.« (Allport 1937).

In diesem Sinne beschreibt Hofstätter die öffentliche Meinung als dynamisches Austauschsystem geprägter Formeln (Stereotype), die sich der einzelne im zwischenmenschlichen Kontakt und durch die Massenmedien vermittelt aneignet und die ihm eine schnelle Orientierung in der Umwelt ermöglichen. Da insbesondere der moderne Mensch nur zu einem geringen Bruchteil eine auf Erfahrung und eigenes Nachdenken gegründete Meinung zu den alltäglich an ihn herangetragenen Fragen haben könne, lebe er in einem beständigen Spannungszustand der Ungewißheit. Dieser Spannungszustand stellt Hofstätter zufolge die Wurzel der öffentlichen Meinung dar, denn kaum etwas sei den Menschen so peinlich, als einzugestehen, daß sie etwas nicht wissen. Andere Autoren sprechen in diesem Zusammenhang gar von einer Verpflichtung des Bürgers, sich auf dem Laufenden zu halten (vgl. McCombs & Poindexter 1983). Nach Hofstätter bleibt dem Individuum mithin keine andere Wahl, als entweder im Zustand peinlichster Ungewißheit zu verharren oder sich typischen Formeln anzuvertrauen. Dies geschehe weder bewußt und mit klarer Überlegung, noch sei es dem einzelnen überhaupt möglich, zwischen eigenen Erfahrungen und übernommenen Meinungen zu unterscheiden.

Die Adoption geprägter Formeln insbesondere in jenen Fällen, »wo relativ lebensnahe Fragen eine Stellungnahme erfordern, für deren Begründung eigene Erfahrungen und Einsichten nur in ungenügender Weise zu Gebote stehen«, geht Hofstätter zufolge einher mit einem undeutlichen, möglicherweise sogar falschen Wissen um die Meinungen der anderen. Jeder Stellungnahme zu einer Frage hafte zugleich eine Ordnungsvorstellung über das Verteilungsbild der vertretenen Standpunkte an, wobei die Anzahl der eigenen Meinungsgenossen in der Regel jedoch über- oder unterschätzt werde. Hofstätter thematisiert damit als einer der ersten das Phänomen der sozialoptischen Täuschung (vgl. Brosius & Lamp 1999), das von Merton im gleichen Jahr als pluralistic ignorance beschrieben wird: »There are two patterns of pluralistic ignorance – the unfounded assumption that one's own attitudes and expectations are unshared and the unfounded assumption that they are uniformly shared.« (→ Merton 1949). Beiden Aspekten wird in der Forschung heute zumeist unter den Bezeichnungen false uniqueness effect bzw. false consensus effect nachgegangen.

Aus der Verzahnung der statistischen Ordnungsvorstellungen der Individuen mit hierauf abgestimmten öffentlichen Äußerungen ergibt sich nach Hofstätter eine wachsende Häufigkeit bestimmter Stellungnahmen, die wiederum die Voraussetzung darstellen für eine weitere Zunahme (Verbreitung) eben dieser Stellungnahmen. Das jeweils Gebildete übernehme hierbei unverzüglich die Funktion des wirkenden Agens, das ein weiteres Wachstum begünstige. In diesem Kreisprozeß erkennt Hofstätter die Eigenheit der öffentlichen Meinung, die sie zu einem so bedeutungsvollen Faktor im Leben der Gesellschaft mache: Dem Individuum dient sie zur Verhaltensorientierung, der Gesellschaft zur Integration. »Es scheint mir nötig, darauf hinzuweisen«, faßt Hofstätter seine Überlegungen zur *Psychologie der öffentlichen Meinung* zusammen, »daß der Besitz einer Anzahl von Meinungen, die mit dem Merkmal der Öffentlichkeit [d.i. einer ungefähren Vorstellung ihres Verteilungsbildes] ausgestattet sind, für den Zusammenhalt eines sozialen Gebildes höchst bedeutungsvoll ist.«

Die Konzeption Hofstätters ähnelt damit in wichtigen Punkten der von Elisabeth Noelle-Neumann entwickelten Theorie öffentlicher Meinung als soziale Kontrolle, die unter dem Begriff »Schweigespirale« bekannt geworden ist (→ Noelle-

Neumann 1980; hier Neuausgabe 1996) und die ebenfalls die Integrationsfunktion öffentlicher Meinung betont. Die bis heute nachwirkende normative Bedeutungsverschiebung, die der Begriff öffentliche Meinung zur Zeit der Aufklärung als Korrelat zur Herrschaft erfuhr und die maßgeblich beigetragen hat zu der verwirrenden Vielzahl unterschiedlicher Definitionsversuche (→ Childs 1965), wird von Hofstätter ebenfalls als nicht begriffsadäquat abgelehnt.

Literatur

Floyd H. Allport (1937): Toward a science of public opinion. In: *Public Opinion Quarterly*, 1. Jg., S. 7-23.

Hans-Bernd Brosius, Erich Lamp (1999): Öffentliche Meinung. In: Lutz von Rosenstiel, Curd Michael Hockel, Walter Molt (Hrsg.): *Handbuch der Angewandten Psychologie. Grundlagen, Methoden, Praxis*. Landsberg/Lech: ecomed (Loseblattausgabe), VII-1.1, S. 1-9.

Rüdiger vom Bruch (1980): *Wissenschaft, Politik und öffentliche Meinung: Gelehrtenpolitik im Wilhelminischen Deutschland (1890-1914)*. Husum: Matthiesen.

Maxwell McCombs, Pamela Poindexter (1983): The duty to keep informed: News exposure and civic obligation. In: *Journal of Communication*, 33. Jg., S. 88-96.

Erich Lamp

Horst Holzer (1971): *Gescheiterte Aufklärung? Politik, Ökonomie und Kommunikation in der Bundesrepublik Deutschland*. München: R. Piper. 268 Seiten.

Gescheiterte Aufklärung ist die wohl erste kommunikationswissenschaftliche Untersuchung des Mediensystems der Bundesrepublik Deutschland der Nachkriegszeit, die zwar nicht durchgehend, aber doch in Teilen einen »orthodox« marxistischen Ansatz verfolgt. Im Zentrum der Arbeit steht die Frage nach der demokratiesichernden Relevanz der politischen Kommunikation. Das Buch geht auf Horst Holzers Münchener Habilitationsschrift von 1970 zurück. Dort war er von 1964 bis 1970 am soziologischen Institut in dem für die gegenwärtige deutsche Soziologie so ungemein fruchtbar gewordenen Kreis der Ungleichheitsforscher um Karl Martin Bolte und seit 1971 als Wissenschaftlicher Rat und Professor tätig. Bevor das hier anzuzeigende Werk in die wissenschaftliche Rezeption Eingang fand, wurde sein Autor republikweit als erster Berufsverbotsfall nach dem Ministerpräsidentenbeschluß von 1971 bekannt. Er war in Bremen im selben Jahr berufen, aber nicht ernannt, in Oldenburg und Berlin 1972 und 1973 vorgeschlagen, aber nicht berufen worden. Der Grund war seine (passive) Mitgliedschaft in der Deutschen Kommunistischen Partei (vgl. auch Langenbucher 2000). Es bleibt die Frage, ob dieser Sachverhalt seine Rezeption in der Publizistik- und Kommunikationswissenschaft nicht negativ beeinflußt hat.

Holzer (1935-2000) knüpft in seiner Analyse einerseits an eine Tradition an, wie sie insbesondere in der ehemaligen Deutschen Demokratischen Republik in der Behandlung der bundesdeutschen Medien mit einem immanenten (in den trivialeren Fällen: expliziten) Manipulationsverdacht gepflegt bzw. – hier freilich doch theoretisch etwas differenzierter – am Leipziger Zentralinstitut für Jugendforschung von Lothar Bisky und Mitarbeitern verfolgt wurde. Andererseits nimmt er einen politisch-kritischen Traditionsfaden auf, der den Soll-Zustand der Freiheitsrechte der Verfassung mit dem Ist-Zustand ihrer Verwirklichung in der Gesellschaft der damaligen Bundesrepublik abgleicht. Hier stützt er sich, wohl um seine Argumente gut durchzuhärten, in seiner Verfassungsinterpretation auf durchaus »konservative« Staatsrechtler wie Ernst Forsthoff, Gerhard Leibholz oder Theodor Maunz und in der Interpretation der Pressefreiheit als institutionelle Garantie – zwangsläufig – auf Carl Schmitt. Er geht also von einer normativen Verfassungslehre aus, in die eine doch wohl fingierte politische Anthropologie vom »mündigen Bürger« als demokratietheoretischem Subjekt eingelassen ist, auf dessen Ausbildung der Art. 5 GG mit seinen Rechtsgarantien bezogen ist. Das ist – durchaus unmarxistisch – eine herrschende Lehre und wirkt heute etwas statisch, weil der Zusammenhang von Verfassungsrecht und -wirklichkeit nicht als historischer Prozeß begriffen wird, an dem verschiedene Kräfte in der Gesellschaft wirken.

Als zentrale, immanent verstandene Demokratieprobleme arbeitet Holzer eine stabilitätsgarantierende Balance zwischen Konsens und Konflikt, die Sicherung des Pluralismus und die Entfaltung des o.a. demokratischen Subjekts heraus. Diese Probleme sollen dem Systemverständnis nach durch massenmediale Sozialisation, Interaktion, Kritik und Kontrolle gelöst und die Lösung im Mediensystem auf Dauer gestellt werden. Diese Aufgabenerfüllung der Medien stellt also ebenfalls ein Demokratieproblem dar. Holzer prüft in einer »soziologische Analytik« genannten Betrachtung funktionalistischer Theorien der medialen Kommunikation die wissenschaftliche Konzeptualisierung dieser Systemansprüche. Die normative Grundlegung wird mit der »staatsmonopolistischen« Transformation des Kapitalismus der Nachkriegszeit mit ihrem veränderten Verhältnis von Politik und Ökonomie konfrontiert, welche die Vorgaben für das demokratische Funktionieren der Massenmedien nach Darstellung des Verfassers stark restringiert. Eine empirische Analyse des Mediensystems mit den verfügbaren Daten der Werbeindustrie, der Mediaanalyse etc. zeigt demgemäß auf, daß das Mediensystem gemessen an den demokratietheoretischen Ansprüchen in allen angesprochenen Kernproblemen stark defizitär, partiell sogar insuffizient ist.

Die Rezeption des Buches war seinerzeit relativ schwach und überdies gespalten. In der deutschen Schulpublizistik wurde es garnicht rezipiert: So ist die Arbeit – im Unterschied zu Holzers erstem Buch von 1967 (vgl. Dröge 1969), einer Illustrierten-Inhaltsanalyse im Stile der Kritischen Theorie der Frankfurter Schule – in der Fachzeitschrift ›Publizistik‹ nicht rezensiert worden, sorgte gleichwohl für teils sehr kritische Diskussionen in den mit Medien befaßten Sozialwissenschaften. Positiv bezieht sich die von Hegel und Marx inspirierte, philosophische Medientheorie von Gabriele Hübner-Voss (1980) auf Holzer, ebenso wie er in dem materialreichen Studienbuch von Dieter Prokop (1979) seinen Niederschlag findet. Immanent kritisch setzt sich Franz → Dröge (1972: 123f.) mit ihm auseinander, der die basierende, auf Lenin zurückgehende sogenannte Theorie vom staatsmonopolistischen Kapitalismus als nicht analytisch tragfähig ansieht – die außerdem zwingend in eine Manipulationstheorie mündet, von daher fragwürdig ist –, der andererseits aber auch triftige Befunde übernimmt. Die Wirkungsgeschichte der *Gescheiterten Aufklärung* hat sich nicht zuletzt auch deshalb nicht entfaltet, weil Holzer bald darauf an prominenter Stelle in der Reihe »rororo Studium« eine »Kommunikationssoziologie« (Holzer 1973) veröffentlicht hat, die – wiederum weitgehend außerhalb der Publizistikwissenschaft – auch als Lehrbuch eine große Verbreitung und beachtliche Resonanz gefunden hat. Gerade in dieser Funktion ist sie vermutlich von seiner »Medienkommunikation« (Holzer 1994) abgelöst worden. Es ist für diese Bücher charakteristisch, daß er sowohl den normativen politikwissenschaftlichen Ansatz wie auch die Theorie des staatsmonopolistischen Kapitalismus aufgegeben hat. Sie beziehen sich nicht nur auf politische Kommunikation, sondern auf das Gesamtfeld einer Soziologie der Massenkommunikation.

Literatur

Franz Dröge (1969): [Rezension]. In: *Publizistik*, 14. Jg., S. 239-241.
Horst Holzer (1973): *Kommunikationssoziologie*. Reinbek bei Hamburg: Rowohlt.
Horst Holzer (1994): *Medienkommunikation. Einführung in handlungs- und gesellschaftstheoretische Konzeptionen*. Opladen: Westdeutscher Verlag.
Gabriele Hübner-Voss (1980): *Die Kunst, die Welt zu zeigen. Theoretische Grundlagen für den Umgang mit Medien*. Frankfurt am Main, New York: Campus.
Wolfgang R. Langenbucher (2000): Im Gedenken an Horst Holzer. In: *Publizistik*, 45. Jg., S. 500-501.
Dieter Prokop (1979): *Faszination und Langeweile. Die populären Medien*. Stuttgart: Ferdinand Enke.

Franz Dröge

Carl I. Hovland, Irving L. Janis, Harold H. Kelley (1953): *Communication and persuasion. Psychological studies of opinion change*. New Haven, CO, London: Yale University Press. XII, 315 Seiten.

Das Thema Persuasion war in den 40er und 50er Jahren politisch und pädagogisch hochaktuell, bestand doch im »kalten Krieg« ein großes Interesse daran herauszufinden, welche kommunikativen Strategien und Faktoren eigene Erfolge erleichtern und fremde erschweren. Aber auch für die PR- und Werbebranche konnten solche Untersuchungen sehr aufschlußreich sein. Dieses Buch ist ein umfassender Bericht über die zentralen Fragestellungen, empirischen Ergebnisse und theoretischen Diskussionen des legendären Yale Communication Research Program, das von der Rockefeller Foundation unterstützt wurde und an dem etwa 30 Mitarbeiter beteiligt waren, überwiegend Psychologen, aber auch Soziologen und Anthropologen. Stab- und federführend war der Lerntheoretiker Carl Iver Hovland (1912-1961), der seit 1936 an der Yale University in New Haven (Connecticut) lehrte und im Zweiten Weltkrieg als Chefpsychologe beim Generalstab im US-Kriegsministerium gedient hatte. Seine Kollegen Irving L. Janis (geb. 1918) und Harold H. Kelley (geb. 1921) vertraten die Schwerpunkte Persönlichkeitsforschung (Janis) und Gruppendynamik (Kelley).

Die Autoren haben nur die Einleitung und den Schluß des Berichts gemeinsam verfaßt; für die übrigen Kapitel zeichnet jeweils einer allein verantwortlich. Um sprachliche, kognitive, motivationale und soziale Einflüsse auf die Veränderung von Einstellungen und Überzeugungen durch empfohlene Meinungen (recommended opinions) zu erkunden, haben die Forscher in kontrollierten Experimenten potentielle persuasive Faktoren systematisch variiert. Konzeptionell orientieren sie sich an der Lerntheorie (vgl. Hull 1943) und an der Bezugsgruppentheorie (vgl. Lewin 1951). Sie wollen Entwicklungslinien zu einer Theorie persuasiver Kommunikation aufzeigen, aber selbst noch keine solche vorlegen, und auch hinsichtlich ihres methodischen Vorgehens (Laborsituation, captive audience) und der Reichweite ihrer Ergebnisse (mangelnde Repräsentativität) äußern sie sich eher selbstkritisch und bescheiden. Damit nehmen sie einen Großteil der Monita späterer Kritiker bereits vorweg, in denen der ausdrücklich hypothetische Anspruch der Autoren oft übersehen wird.

Die Gliederung der untersuchten Faktoren folgt dem Muster der Lasswell-Formel: Es geht um Quellen (Kommunikatoren und Medien), Mitteilungen (Appelle und Argumente), Publikumsdispositionen (Persönlichkeitsmerkmale und Gruppenzugehörigkeit) und Reaktionen (offener und verdeckter Meinungswandel). Die Vorstellung der diversen Studien dazu ergibt dementsprechend kein geschlossenes Gesamtbild, sondern ein vorläufiges und fragmentarisches »patchwork«. Doch immerhin werden die ermittelten Daten in 35 Diagrammen und Tabellen veranschaulicht, und ein umfangreicher Index im Anhang hilft dabei, speziellen Fragen gezielt nachzugehen. Weniger leserfreundlich ist dagegen, daß die Literatur kapitelweise aufgeführt wird.

Trotz besagter Vorbehalte finden sich die wichtigsten Ergebnisse heute in fast jedem kommunikationswissenschaftlichen Lehrbuch, namentlich der starke Einfluß von Glaubwürdigkeitskomponenten (Prestige, Kompetenz, Vertrauenswürdigkeit), die Fraglichkeit nachhaltiger Kommunikatorwirkungen (sleeper-effect), die taktische Optimierung von Argumenten (Ein- oder Mehrseitigkeit, Reihenfolge, Schlußfolgerungen), die kontraproduktive Funktion angsterzeugender Appelle (z.B. Drohungen oder Greuelpropaganda), Varianten individueller Persuabilität (allgemein wie themenspezifisch), Faktoren gruppenspezifischer Resistenz (Bindungsgrad, Status), die Bedeutung aktiver sozialer Partizipation (Rollenengagement) und kognitive Mechanismen der Reversion von Meinungsänderungen (Verdrängen, Vergessen).

Mehr als an allgemeinen Erkenntnissen waren die Verfasser freilich daran interessiert, neue Forschungsfragen zu entdecken, um auf dem Weg zu einer Persuasionstheorie weiterzukommen. Deshalb bekennen sie im Summary freimütig, wichtige Aspekte vernachlässigt zu haben, nämlich die Internalisierung von Normen, die Bedeutung von Konfliktsituationen (Dissonanzen, cross-pressures) und die unterschiedlichen Bezugsrahmen individueller Wahrnehmungen (frames of reference). Außerdem weisen sie auf einige ungelöste Theorieprobleme hin wie etwa die Trennung von Aufmerksamkeit, Verstehen und Akzeptanz, das Verhältnis von Instruktion und Persuasion oder die Folgen von negativen Erwartungen an Kommunikatoren. Daher postulieren sie abschließend Analysen rezeptiver Prozesse (beispielsweise der Einflüsse von Antizipationen und Unterstellungen auf Meinungsänderungen) und nehmen damit spätere funktionalistische Ansätze vorweg, auch wenn diese mit den projektspezifischen Kausalitätsannahmen der Yale-Gruppe nicht mehr kompatibel sind.

Literatur
Clark L. Hull (1943): *Principles of behavior*. New York: Appleton-Century.
Kurt Lewin (1951): *Field theory in social science*. New York: Harper.
Diedrich Osmer (1955): [Rezension]. In: *Rundfunk und Fernsehen*, 3. Jg., S. 420-421.
Bruce Westley (1953): [Rezension]. In: *Journalism Quarterly*, 31. Jg., S. 240-242.

Joachim Westerbarkey

Carl I. Hovland, Arthur A. Lumsdaine, Fred D. Sheffield (1949): *Experiments on mass communication*. Princeton, NJ: Princeton University Press. X, 345 Seiten.

Es handelt sich um den dritten von vier Bänden einer Reihe von »Studies in social psychology in World War II«, welche nachträglich die empirische Forschungsarbeit des Research Branch of the Army's Information and Education Division zusammenfassen. Dokumentiert werden in diesem dritten Band zur Hauptsache die auf experimenteller Basis durchgeführten Evaluationen von vier »Why we fight«-Filmen. Diese dokumentarisch aufgemachten erzieherischen Propagandafilme – beispielsweise zum Thema »The battle of Britain« – wurden amerikanischen Rekruten im Rahmen ihrer militärischen Ausbildung vorgeführt, und zwar mit dem Zweck, ihnen zu zeigen, wieso die USA damals gegen Hitler-Deutschland Krieg führten; erhofft wurde neben einem besseren Informationsstand nicht zuletzt auch die Stärkung der persönlichen Moral der jungen Männer.

Carl I. Hovland (1912-1961) und seine Mitarbeiter betonen, dass die Publikation dieser sozialpsychologischen Studien von allgemeinem Interesse für Personen sein müßte, die sich mit Wirksamkeit von Medien beschäftigen, obwohl einschränkend festgehalten wird, daß sie ursprünglich einen vorab praktischen Zweck verfolgten und nicht als systematisches Forschungsprogramm konzipiert waren. Trotzdem gelten diese Studien rückblickend als »Meilenstein« der Medienwirkungsforschung (Lowery & DeFleur ^{2}1988) und als Ausgangspunkt des Bemühens um eine »wissenschaftliche Rhetorik«, und zwar sowohl in methodischer als auch in theoretischer Hinsicht. Zum einen wurden hier erstmals auf einer breiten empirischen Basis und unter Einsatz von kontrollierten experimentellen Methoden die Wirkungen des Mediums Film untersucht; zum anderen formulieren die Autoren zukunftsorientiert den Anspruch, daß die Resultate ihrer Studien zu einem Gesamt von Beeinflussungsprinzipien durch Lernen integriert werden sollten, wobei sie drei Ebenen unterscheiden: Prinzipien des basalen Lernens (Repetition, Motivation, Interferenz), der Massenkommunikation (Partizipation, Interesse, Aufmerksamkeit, Prädispositionen) und speziell des Films (dramatische Präsentation, Animation, Voice-over etc.).

In methodischer Hinsicht bestechen die Experimente durch ihre sorgfältige Durchführung, sowohl was die Untersuchungsanlagen (»before-after« und Experimental- vs. Kontrollgruppen-Designs) und die Stichprobengrößen (pro Experiment z.T. 1.500 Probanden) sowie Stichprobenbildung (Parallelisierung von Experimental- und Kontrollgruppen) als auch die studierten Effekte anbelangt. Unterschieden wurde dabei zwischen Wissenserwerb (1) und Wirkungen auf

Meinungen (2) – engl.: opinions – sowie generalisiertere Einstellungen (3) – engl.: attitudes. Zudem wurde erwartet, daß sich eine bessere Informiertheit bis zu einem gewissen Grad auch in eine verstärkte Motivation (4) der Rekruten umsetzen würde. Einschränkend wird festgehalten, daß sich Wirkungen des Films nur als Veränderungen in den Reaktionen auf die Fragebogen-Items äußern, d.h. daß sich bestimmte Effekte unter Umständen erst zu einem späteren Zeitpunkt oder in Abhängigkeit weiterer nichtmedialer Faktoren zeigten.

Im ersten Teil des Bandes werden vor allem die Reaktionen auf einen Film – »The battle of Britain« – detailliert dargestellt und vor dem Hintergrund von Befunden zu weiteren Filmen Generalisierungen formuliert. Es konnte nachgewiesen werden, dass die Propagandafilme den Wissensstand der Rezipienten deutlich erhöhen. Sie waren auch recht erfolgreich in der Beeinflussung von Meinungen, allerdings nur in gewissen Bereichen. Hingegen konnten kaum Veränderungen auf der Ebene von Einstellungen oder Motivationen festgestellt werden. Die Darstellung spezifischer Fakten in den Filmen löste also keinen Transfer aus und beeinflußte weder die generelleren Haltungen noch die persönliche Bereitschaft, dem Vaterland im Krieg zu dienen; allenfalls wurden bestehende Einstellungen verstärkt. Die Autoren diskutieren deshalb verschiedene Erklärungen wie schon vorhandene und mit den abgefragten Haltungen übereinstimmende Prädispositionen (= Deckeneffekt), widersprüchliche Motivationen, Unwirksamkeit einer einzelnen 50-Minuten Präsentation, zu wenig spezifische Filminhalte oder Fehlen einer längeren Verarbeitungsphase. – Hinterfragt wurde dabei speziell das den Filmen unterliegende Menschenbild, das auf der Prämisse basierte, daß Einstellungen und Motivationen sich quasi direkt aus der rationalen Einsicht in das notwendige Engagement der USA heraus entwickeln sollten.

Neben diesen generellen Aussagen zu den Unterschieden bezüglich verschiedener Effekttypen wurden weitere Experimente zu verschiedensten Einflußfaktoren wie Präsentationsformen, Kurz- vs. Langfristeffekte, ein- vs. zweiseitige Argumentation, Intelligenz oder aktive Partizipation der Versuchspersonen durchgeführt.

Grundsätzlich äußerten sich eher geringe Unterschiede bezüglich der Wirksamkeit von alternativen Präsentationsformen, jedoch beeinflusste die Verwendung eines strukturierenden Vorspanns oder einer Zusammenfassung am Ende die Behaltensleistung positiv. Bezüglich der Persistenz von Medieneffekten über Zeit äußerten sich im Wissen deutliche Vergessenseffekte, während bei den Meinungen umgekehrt teilweise auch ein Anstieg im Zeitverlauf beobachtet und dafür der Begriff »Sleeper Effekt« verwendet wurde. Während sich hinsichtlich der Verwendung von ein- oder zweiseitiger Argumentation auf den ersten Blick keine Unterschiede äußerten, deckte die differenzierte Auswertung unter Miteinbezug weiterer Faktoren wie Intelligenz und Prädispositionen auf, daß je nach Zusammensetzung des Publikums die eine oder andere Präsentationsform durchaus wirksamer sein kann.

Auf der Ebene der untersuchten Personmerkmale waren die Befunde außer bezüglich Intelligenz inkonsistent. Intelligentere oder besser gebildete Rekruten verfügten einerseits über ein höheres Vorwissen und lernten andererseits auch mehr. Schon zu Beginn der 50er Jahre finden sich also hier Hinweise auf die erst 1970 formulierte Wissenskluft-Hypothese, wobei als Erklärung auf die höhere Lernmotivation der besser Gebildeten auf deren überlegene Lerntechniken und umfangreichere Kontexte verwandter Informationen – heute würde man den Begriff »Schemata« verwenden – verwiesen wurde.

Zusammenfassend betrachtet liefern die *Experiments on mass communication* eine beindruckende Fülle vom experimentell sorgfältig abgesicherten Befunden zur Wirkung von propagandistischen Instruktionsfilmen aus einer psychologischen Perspektive, wobei die Forscher vor dem Hintergrund eines impliziten Stimulus-Response-Modells sich etwas enttäuscht dahingehend äußern, daß es ihnen nur beschränkt gelungen sei, Generalisierungen aufzustellen hinsichtlich der Frage: »what kind of presentation devices would be most effecitive for various kinds of material.« (S. 257) Nach dem Krieg etablierte Hovland ein »Communication Research Programm« an der Yale University, wo er sich weiterhin mit dem Einfluß von Kommunikator-, Inhalts- und Rezipientenfaktoren im Wirkungsprozeß befaßte. Seinen Niederschlag gefunden hat dies u.a. 1953 in der Publikation »Communication and persuasion« (→ Hovland, Janis & Kelley 1953).

Literatur

Shearon A. Lowery, Melvin L. De Fleur (^{2}1988): *Milestones in mass communication research: media effects*. New York u.a.: Longman.

Heinz Bonfadelli

Harold Hurwitz (1972): *Die Stunde Null der deutschen Presse. Die amerikanische Pressepolitik in Deutschland.* Köln: Verlag Wissenschaft und Politik. 455 Seiten.

Eine größere Zahl von Publikationen, in denen deutsche Journalisten und Verleger auf den Wiederaufbau der Presse in der Nachkriegszeit zurückblicken, gibt inzwischen einen guten Einblick in die Schwierigkeiten, die dabei zu meistern waren. Demgegenüber sind Beiträge von den und über die damals primär Verantwortlichen, nämlich die mit der Lizenzvergabe an Deutsche betrauten Institutionen und Personen der Besatzungsmächte, eher selten. Der Bericht über die Arbeit der Psychological Warfare Division PWD (1945) konnte sich im Pressebereich nur auf die Heeresgruppenzeitungen beziehen; ebenfalls offiziellen Charakter hat die von der Historical Division der US-Hochkommission in Bonn initiierte, eher knappe Darstellung von Henry H. Pilgert (1953). Auch die Veröffentlichungen von vier Beteiligten liefern nur unzureichende Informationen zu Facetten der Pressepolitik der Militärregierung. Hans Habe (1966) ist zu stark ichbezogen und in Einzelheiten nicht zuverlässig, Cedric Belfrage (1954) wurde wegen seiner kommunistischen Einstellung aus der amerikanischen Nachrichtenkontrolle verdrängt, und Peter de Mendelssohn (1959), die »Lizenzen streuende Glücksgöttin« (Leithäuser 1960), streift in seiner Pressegeschichte Berlins nur kurz die Lizenzzeit; Georges Ferber (1984) schließlich beschränkt sich auf die Vorgänge um den französisch lizenzierten Konstanzer ›Südkurier‹.

Deshalb kommt der Monographie von Harold Hurwitz (geb. 1924) eine herausragende Bedeutung zu. Sie ist aus seiner an der New Yorker Columbia University 1954 abgeschlossenen Magisterarbeit hervorgegangen. Ihr Wert liegt zunächst in der Person des Autors: Hurwitz ist Zeitzeuge, da er seit 1945 als Zivilangestellter in Berlin bei amerikanischen Dienststellen und später am Zentralinstitut für sozialwissenschaftliche Forschung an der Freien Universität Berlin arbeitete. Als amerikanischer Bürger hatte er die Möglichkeit, 1952 die Akten der für die Pressepolitik verantwortlichen Institutionen PWD bzw. ICD (Information Control Division) auszuwerten.

Er hat sie auch intensiv genutzt und eine Fülle weiterer gedruckter und ungedruckter Quellen herangezogen; sie geben einen hervorragenden Einblick in die damaligen Entscheidungsabläufe. Nach außen hin schien das medienpolitische Handeln am wenigsten von Veränderungen in der amerikanischen Deutschlandpolitik betroffen zu sein – im Gegensatz zu den mehrfach wechselnden Grundlagen der französischen und britischen Besatzungsmacht. Doch in der nuancenreichen Darstellung behandelt Hurwitz zugleich und durchgehend »Spontaneität und Rigidität in der Bürokratie« auch der amerikanischen Dienststellen als Problem der Lenkung bei der »fremden Förderung einer demokratischen Entwicklung« (S. 11).

Ob es eine »Stunde Null der deutschen Presse« gegeben hat, wie es der Titel des Buches suggeriert, kann dahingestellt bleiben. Ausführlich informiert Hurwitz über die seit Herbst 1944 laufenden Vorbereitungen zur Herausgabe alliierter Nachrichtenblätter für die deutsche Zivilbevölkerung, zunächst unter dem Titel »Mitteilungen«, dann über die Planung der ersten lokalen Zeitung im amerikanisch besetzten Aachen und ihren Start am 24. Januar 1945. Zu den ›Aachener Nachrichten‹ erschienen noch vor der deutschen Kapitulation im Mai 1945 weitere regionale Zeitungen an den vier inzwischen besetzten Orten Köln, Frankfurt am Main, Kassel und Braunschweig. Andererseits kamen die letzten Zeitungen des »Dritten Reiches« im bis dahin noch unbesetzten Reichsgebiet in Dresden am 8. Mai und in Flensburg am 9. Mai 1945 heraus.

Zwischen Juni und September 1949 gab die US-Militärregierung zu unterschiedlichen Terminen in den Ländern ihrer Besatzungszone den Lizenzzwang auf. Die Rückkehr der vor und bis 1945 tätigen (Alt)Verleger auf den ihnen bis dahin verschlossenen Pressemarkt und die Neugründung von Zeitungen wurden damit möglich. Hurwitz richtet seinen Blick über das Ende der Lizenzzeit auf den dann beginnenden intensiven publizistischen und wirtschaftlichen Wettbewerb zwischen alten und neuen Anbietern und seine Folgen. Die Einbindung der lizenzierten Zeitungen in den »ideologischen Kampf um Deutschland« ist das Thema des Schlußkapitels »Von der Vier-Mächte-Herrschaft zum kalten Krieg«, das nicht nur von publizistischem, sondern auch von politischem Verständnis zeugt.

Monographien über die Pressepolitik der drei anderen Besatzungsmächte, die in ihrer Gründlichkeit und Genauigkeit mit Hurwitz' Buch vergleichbar wären, sind zunächst nicht entstanden. Sie waren dann nach der alle vier Zonen abdeckenden Untersuchung von → Koszyk (1986) auch nicht mehr zu erwarten, doch mit der Arbeit von Schölzel (1986) liegen nun auch für den Wiederaufbau des Zeitungswesens in der französischen Zone bessere Erkenntnisse vor.

Literatur

Cedric Belfrage (1954): *Seeds of destruction*. New York: Cameron & Kahn.
Georges Ferber (1984): Der Neubeginn der Presse in Konstanz nach dem Zweiten Weltkrieg. In: Jérôme Vaillant: *Französische Kulturpolitik in Deutschland*. Konstanz: UVK, S. 71-106.
Hans Habe (1966): *Im Jahre Null. Ein Beitrag zur Geschichte der deutschen Presse*. München: Desch.
Joachim G. Leithäuser (1960): *Journalisten zwischen zwei Welten. Die Nachkriegsjahre der Berliner Presse*. Berlin: Colloquium Verlag.
Peter de Mendelssohn (1959): *Zeitungsstadt Berlin. Menschen und Mächte in der Geschichte der deutschen Presse*. Berlin: Ullstein.
Henry H. Pilgert (1953): *Press, radio and film in Western Germany*. Bad Godesberg-Mehlem: HICOG.
The Psychological Warfare Division Supreme Headquarters Allied Expeditionary Force (1945): *An account of its operations in the Western European campaign 1944-1945*. Bad Homburg.
Stephan Schölzel (1986): *Die Pressepolitik in der französischen Besatzungszone 1945-1949*. Mainz: v. Hase & Koehler.

Walter J. Schütz

Harold A. Innis (1950): *Empire & communications*. New York: Oxford University Press. 230 Seiten. – Erweiterte Neuauflage mit einem Vorwort von Marshall McLuhan: Toronto u.a.: University of Toronto Press 1972. XII, 184 Seiten.

Empire & communications ist ein früher Beitrag des kanadischen Ökonomie-Professors Harold A. Innis (1894-1952) zur Geschichte der Kommunikation. Innis war zuletzt Professor und Leiter des Instituts für Politische Ökonomie und Dekan der School of Graduate Studies an der Universität Toronto. Er ist Autor mehrerer Bücher zur Geschichte der kanadischen Wirtschaft sowie eines weiteren Beitrages zur Kommunikationsgeschichte, »The bias of communication« (1951). Sein Werk basiert auf einer umfassenden Kenntnis der westlichen Kulturgeschichte und ist ein grundlegender Beitrag zum historischen Verständnis der Kommunikation im sozialen, politischen und wirtschaftlichen Leben eines Staates. Als Beitrag zur Sozialgeschichte der Medien in der westlichen Zivilisation – und in seiner Beschreibung der Medieneinflüsse auf die Entwicklung einer Kultur – ist das Buch auch eine Bereicherung der traditionellen Literatur der Wirkungsforschung. Das heißt, der Autor benutzt die Idee des Reichs (empire), um mit Hilfe historischer Methoden die Wirkung und Effizienz der Medien zusammenhängend und über einen langen Zeitraum kultureller, politischer und wirtschaftlicher Entwicklungen zu demonstrieren und damit auf den Einfluß der Medien auf gesellschaftliche Strukturen hinzuweisen.

Mit diesem Buch vertritt Innis den technologischen Determinismus in der kommunikationstheoretischen Literatur. Seine Theorie zu Entwicklung und Niedergang von Kulturen stellt Kommunikation und Kommunikationsstrukturen in den Mittelpunkt einer Geschichte des Altertums. Anhand von soziologischen, anthropologischen und psychologischen Daten untersucht Innis in verschiedenen Kapiteln den Aufstieg der Kulturen in Ägypten, Babylon, Griechenland,

Rom und Europa. Dabei spielt der Einfluß neuer Technologien – wie zum Beispiel Papier oder Buchdruck – eine zentrale Rolle in der Zweiteilung der westlichen Zivilisationsgeschichte: vor und nach Gutenberg.

Innis nutzt Konzeptionen wie Zeit und Raum zur Darstellung der Medien und ihrer Bedeutung unter gegebenen historischen Bedingungen. Er entwickelt den Typus der zeitbetonten Medien – wie Pergament, Ton und Stein mit ihren dauerhaften Produkten, wie Architektur oder Skulpturen – und der raumbetonten Medien wie Papyrus oder Papier, die leichter und weniger haltbar sind. Materialien mit zeitlichen oder räumlichen Charakteristiken bevorzugen hierarchische Strukturen sowie Dezentralisierung, beziehungsweise Zentralisierung und offene Regierungsysteme. Innis beschreibt die Entwicklung politischer Organisationen unter dem Einfluß eines oder zweier in der Auseinandersetzung begriffener Mediensysteme innerhalb einer Kulturepoche und hinterfragt die Bedeutung eines Mediums für die Entwicklung einer Zivilisation. So löst ein Zeitalter des Papiers mit Hilfe eines flexiblen Alphabets und seiner Anpassungsfähigkeit an die Mechanisierung ein älteres Zeitalter des Pergaments ab. Das gesprochene Wort findet sich auf den Seiten des Pamphlets oder der Zeitung wieder und fördert nicht nur Flexibilität, sondern vor allem die Nutzung der Landessprache und führt zu einer Blüte der westlichen Literatur.

Wissensmonopole etablieren sich und existieren auf der Basis bestimmter Medienvorherrschaften, während ihre Schwerpunkte sich mit dem Wechsel der Medien zwischen Zeit und Raum, Dezentralisierung und Zentralisierung sowie Religion oder sekulärer Macht verschieben. So haben die Erfindung des Buchdruckes, der Zeitungspresse und die Demokratisierung der Kommunikation Wissensmonopole favorisiert und dabei gleichzeitig den Nationalismus gefördert. Die Konzentration auf ein bestimmtes Medium schafft Vorurteile in der kulturellen Entwicklung einer Gesellschaft, die nur durch die Einführung eines zweiten Mediums gemildert oder entschärft werden können. Die Einführung des Rundfunks und ihre Folgen auf die bestehende Printkultur zum Beispiel werden von Innis ergänzend als Endpunkt dieser Medienentwicklung erwähnt.

Innis lieferte einen wichtigen Beitrag zum Verständnis der Kommunikationsgeschichte in einem spezifischen theoretischen Rahmen, in dem die Entwicklung der Medientechnologie einen entscheidenden Einfluß auf Form und Struktur der Gesellschaft hat. Seinem Beispiel folgten der Kanadier Marshall → McLuhan (1962; 1964) sowie der US-Amerikaner James W. → Carey (1988; vgl. auch Carey 1975) als prominenteste Vertreter eines technologischen Determinismus im englisch-sprachigen Raum.

Literatur

James W. Carey (1975): A cultural approach to communication. In: *Communication*, 1. Jg., Nr. 2, S. 1-2.
Harold A. Innis (1951): *The bias of communication.* Toronto: University of Toronto Press.

Hanno Hardt

Shanto Iyengar, Donald R. Kinder (1987): *News that matters. Television and American opinion.* Chicago, London: The University of Chicago Press. VIII, 187 Seiten.

Der Agenda-Setting-Ansatz blickt auf eine beispiellose Karriere zurück: Mit weit über 200 empirischen Studien, die seit der Formulierung der Ausgangshypothese veröffentlicht wurden, dürfte er intensiver bearbeitet sein als die meisten kommunikationswissenschaftlichen Forschungsfelder. Vielleicht, so lautete die dem Ansatz zugrundeliegende Vermutung von Maxwell McCombs und Donald Shaw (1972), liegt eine zentrale Wirkung der Massenmedien nicht darin, die Einstellungen der Menschen zu beeinflussen, worauf sich die Analysen in der Disziplin lange Zeit konzentrierten. Wesentlich effektiver könnte vielmehr die Fähigkeit der Massenmedien sein, Themen durch ihre Berichterstattung Bedeutung zu verleihen, sie auf die Tagesordnung der diskussions- und lösungsbedürftigen Probleme der Gesellschaft zu setzen. Trotz seiner immensen Popularität im Fach gibt es kaum Monographien zum Agenda-Setting-Ansatz; viele Studien entstanden auf Ad-hoc-Basis als Sekundäranalysen bestehender Datensätze (vgl. zur Forschungstradition Rössler 1997).

News that matters stellt nicht nur in dieser Hinsicht eine Ausnahme dar: Dank ihres aufwendigen und durchdachten Forschungsdesigns beruht die Studie auf überzeugenden empirischen Primärerhebungen – und gleichzeitig wurde hier zum ersten Male aufgezeigt, welche Konsequenzen sich aus der Agenda-Setting-Funktion der Massenmedien und der daraus resultierenden Themenwahrnehmung des Publikums ergeben könnten (»Priming«). Damit ist dieses Schlüsselwerk freilich nicht repräsentativ für die Literatur zum Thema, denn sein methodisches Konzept weicht von dem der übrigen Studien ab: Diese konfrontieren normalerweise die Ergebnisse einer Medieninhaltsanalyse mit einer Publikumsagenda, wie sie sich aus Bevölkerungsumfragen nach den wichtigsten Themen der Zeit ergibt. Der Vergleich dieser hochaggregierten Themenreihen dient als Indikator für die Thematisierungsleistung der Medienberichterstattung, obwohl bei dieser Vorgehensweise die Gefahr eines »ökologischen Fehlschlusses« (Selvin 1958) auf individuelle Medienwirkungen besteht.

Diesen Unsicherheitsfaktor eliminierten der Politikwissenschaftler Shanto Iyengar (*1947), Professor an der Stanford University, und der Politologe und Psychologe Donald R. Kinder (geb. 1947), Professor an der Michigan University in Ann Arbor. In ihrer 1979 an der Yale University gegründeten Arbeitsgruppe verfolgten sie eine andere Strategie: Um valide kausale Wirkungsaussagen treffen zu können, führten sie zwischen 1980 und 1983 eine Reihe von 14 Experimenten durch. Ihre Gesamtdarstellung unter dem Titel *News that matters* gliedert sich in zwei Teile. Zunächst weisen die Autoren mit zwei verschiedenen Untersuchungsanlagen ganz grundlegende Agenda-Setting-Effekte der Massenmedien nach – Versuchspersonen, die manipuliertem Nachrichtenmaterial ausgesetzt waren, halten jeweils diejenigen Themen für wichtiger, die in den betreffenden Sendungen besonders häufig angesprochen wurden. Diesen Befund stützen Iyengar und Kinder durch zusätzliche Zeitreihenuntersuchungen zu ausgewählten Themen nach der klassischen Forschungslogik des Agenda Setting. Medienseitig sind ihre Effekte stärker für die »lead stories« am Anfang der Nachrichtensendungen, während personalisierte Beiträge die Themenwahrnehmung nicht beeinflussen. Rezipientenseitig erweist sich persönliche Betroffenheit als zentraler Prädiktor für die vermuteten Wirkungen: »Agenda-setting effects will be greatest among those whose personal lives are directly affected« (S. 53). Außerdem sind den Experimenten zufolge gerade solche Rezipienten empfänglicher für die Medienagenda, die über ein begrenztes politisches Wissen verfügen und sich nur wenig am politischen Leben beteiligen.

Im zweiten Teil des Buches entwickeln Iyengar und Kinder eine Hypothese, die die zunächst rein kognitiv modellierten Agenda-Setting-Effekte um eine Einstellungskomponente erweitert. Basierend auf psychologischen Untersuchungen zum Einfluß von Verfügbarkeitsheuristiken auf die Urteilsbildung vermuten die Autoren, die von den Medien ins Bewußtsein der Öffentlichkeit gerückten Themen bildeten eine Art Bewertungsmaßstab, der dann zum Tragen kommt, wenn Rezipienten politische Entscheidungen (wie beispielsweise in einer Wahlsituation) treffen sollen: »By calling attention to some matters while ignoring others, television news influences the standards by which governments, presidents, policies, and candidates for public offices are judged« (S. 63). Diese von ihnen »Priming« getaufte Hypothese überprüfen sie anhand einer Experimentalreihe zur Einschätzung des amerikanischen Präsidenten. Auch hier finden sich durchweg substantielle Belege für die Priming-Wirkung der Medien, die nicht auf Projektionseffekte (als eine mögliche Alternativerklärung) zurückführbar sind. Die Leistungen ebenso wie der Charakter des Präsidenten werden dieser Studie zufolge unterschiedlich beurteilt, je nachdem, welche Themen die Massenmedien zuvor auf die öffentliche Agenda setzten. Besonders ausgeprägt zeigen sich diese Zusammenhänge für politisch nicht gebundene Personen. In ihrem Resümee betonen Iyengar und Kinder, daß die Massenmedien keinen unbegrenzten, aber zumindest einen erheblichen Einfluß sowohl auf die Fokussierung öffentlicher Aufmerksamkeit als auch auf die Definition von Beurteilungskriterien der Rezipienten ausüben, was der lange Zeit vertretenen Annahme minimaler Medienwirkungen widerspräche.

Natürlich gelten die üblichen methodischen Vorbehalte gegenüber Experimentaldesigns auch für die in *News that matters* dokumentierten Forschungsarbeiten: Aufgrund der Laborsituation und der Abfragesituation kann die externe Validität der Ergebnisse bezweifelt werden. Allerdings gelang es einer Forschungsgruppe an der Northwestern University in Evanston, einige der Ergebnisse von Iyengar und Kinder in einem Feldexperiment zu bestätigen, das durch die Zusammenarbeit mit einer lokalen Fernsehstation ermöglicht wurde (vgl. Protess u.a. 1991). Trotz dieser insgesamt überzeugenden Befunde blieben experimentelle Untersuchungen des Agenda-Setting-Effekts weiterhin die Ausnahme – so folgte bislang auch lediglich eine deutsche Studie einem ähnlichen Konzept (vgl. Wolling, Wünsch & Gehrau 1998). Dagegen hat sich die Vorstellung, die Thematisierungsfunktion der Massenmedien könnte auch weitreichendere Auswirkungen auf die Einstellungsbildung der Menschen besitzen, in der Agenda-Setting-Forschung inzwischen durchgesetzt: Als »Second-Level Agenda-Setting« konzipierten Maxwell McCombs u.a. (1997) Medieneffekte auf die Wahrnehmung von Kandidatenimages. So begrüßenswert die Verortung des Agenda-Setting-Ansatzes in einem übergreifenden Verständnis von Medienwirkungen erscheint, so sorgfältig müssen die einschlägigen Ansätze jedoch differenziert werden: Insbesondere bedarf die von Iyengar und Kinder entwickelte Priming-Hypothese der Unterscheidung von dem Framing-Ansatz als ihrem Pendant auf Medienseite (vgl. Iyengar 1991).

Literatur

Shanto Iyengar (1991): *Is anyone responsible? How television frames political issues*. Chicago, London: University of Chicago Press.

Maxwell E. McCombs, Juan Pablo Llamas, Esteban Lopez-Escobar, Federico Rey (1997): Candidate images in Spanish elections: Second level agenda-setting effects. In: *Journalism & Mass Communication Quarterly*, 74. Jg., S. 703-717.

Maxwell E. McCombs, Donald L. Shaw (1972): The agenda-setting function of the mass media. In: *Public Opinion Quarterly*, 36. Jg., S. 176-187.

David L. Protess, Fay L. Cook, Jack C. Doppelt, James S. Ettema, Margaret T. Gordon, Donna R. Leff, Maxwell E. McCombs, Peter Miller (1991): *The journalism of outrage. Investigative reporting and agenda building in America*. New York, London: Guilford Press.

Patrick Rössler (1997): *Agenda-Setting. Theoretische Annahmen und empirische Evidenzen einer Medienwirkungshypothese*. Opladen: Westdeutscher Verlag 1997.

Hanan C. Selvin (1958): Durkheim's suicide and problems of empirical research. In: *American Journal of Sociology*, 63. Jg., S. 607-619.

Jens Wolling, Carsten Wünsch, Volker Gehrau (1998): Was ich nicht weiß, macht mich nicht heiß? Eine Agenda-Setting-Untersuchung aus schematheoretischer Perspektive. In: *Rundfunk und Fernsehen*, 46. Jg., S. 447-462.

Patrick Rössler

Karl Jaeger (1926): *Von der Zeitungskunde zur publizistischen Wissenschaft*. Jena: Gustav Fischer. 126 Seiten. – Reprint. Mit einem Nachwort von Bodo Rollka. Berlin: Volker Spiess 1996. 128 Seiten.

Obschon man den Begriff »Publizistik« als Bezeichnung von zeitungskundlichen Einrichtungen an den Universitäten Freiburg im Breisgau und Berlin bereits vor dem Erscheinen des Buches *Von der Zeitungskungskunde zur publizistischen Wissenschaft* verwendete, führte sich die Publizistikwissenschaft, die Vorläuferdisziplin der heutigen Kommunikationswissenschaft, auf Karl Jaegers Programmschrift zurück. Doch nicht so sehr wegen der Namenspatenschaft wurde das schmale Bändchen zum Meilenstein in der Fachentwicklung, sondern vor allem durch die von Jaeger skizzierte mitteilungsorientierte Erkenntnisperspektive. Sie erwies sich für die publizistikwissenschaftliche und darüber hinaus für die Anfänge der kommunikationswissenschaftlichen Theoriebildung in Deutschland als folgenreich.

Karl Jaeger (1897-1927) war Schüler, zeitweise auch Famulus des Nationalökonomen und Zeitungskundlers Karl Bücher, bei welchem er 1921 mit einer Arbeit über »Die Presse des Deutschtums im Ausland« promovierte. Nach kürzeren Berufsstationen bei Provinzzeitungen in Löbau, Melle und Köthen wurde er 1924 stellvertretender Chefredakteur der in Essen erschienenen, dem Bergbau und der rheinischen Schwerindustrie nahestehenden ›Rheinisch Westfälischen Zeitung‹. Seit Mitte 1925 beabsichtigte Jaeger, der zuvor schon zeitungskundliche Lehrveranstaltungen im Rahmen der Erwachsenenbildung abgehalten hatte, vom Journalismus in die Zeitungswissenschaft zu wechseln. Dazu wollte er sich mit seiner programmatischen Schrift bei dem Neuzeithistoriker und Zeitungskundler Martin Spahn an der Universität Köln habilitieren. Wenige Monate nach dem Erscheinen seines Buches, noch ehe aber sein Habilitationsverfahren eröffnet wurde, starb Jaeger plötzlich im Alter von gerade 30 Jahren.

Die Schrift *Von der Zeitungskunde zur publizistischen Wissenschaft* ist eine Antwort auf die Auffassungsunterschiede über die Erkenntnisperspektive und Ausbildungsziele der neuen akademischen Spezialität Zeitungskunde, die damals unter den Fachvertretern vorherrschten, aber auch in Verleger- und Journalistenkreisen, deren Standesorganisationen verschiedene zeitungskundliche Institute finanziell förderten und ihre Entwicklung zu beeinflussen suchten.

Jaeger postulierte als Formalobjekt die gesellschaftliche Rolle der Presse, deren »hervorstechen[d]ste und letzte Bedeutung« er in ihrer »Funktion als Organ der menschlichen Gemeinschaft« erkannte. (S. 66) Inspiriert durch den Danziger Journalisten und Zeitungskundler Wilhelm Brönner, der in seinem 1918 veröffentlichten »Grundriß einer konstruktiven Zeitungslehre« die Lehre von der Zeitung als Aspekt einer übergreifenden Lehre von den Mitteilungen bezeichnete (Brönner 1918), gelangte Jaeger zu der Überzeugung, daß die »Urzelle« der Zeitung wie auch aller übrigen medialen und nicht-medialen Ausdrucksmittel die »Mitteilung« sei und hier die genuine publizistikwissenschaftliche Erkenntnisperspektive anzusetzen habe: »Man muß deshalb die Untersuchung auf jegliche Form, die die Mitteilung annehmen kann, ausdehnen: Gespräch, Brief, Akten, Plakat, Flugblatt, Zeitung, Zeitschrift, Kalender, Buch. Das Erkenntnisziel rückt damit von der Zeitung als Ausdrucksmittel des gesellschaftlichen Bewußtseins zur Mitteilung als Ausdrucksmittel des gesellschaftlichen Bewußtseins, weil wir erst in diesem Ziele die Möglichkeit haben, die Problemlösung einwandfrei durchzuführen.« (S. 67)

An dieser neuartigen Erkenntnisperspektive waren zwei Dimensionen bemerkenswert. Sie war nicht mehr pressezentriert und auch nicht mehr auf das Medium fixiert, sondern hob ab auf Beziehungen zwischen medialer Aussage, Leserschaft und Gesellschaft. Freilich hat Jaeger die damals neuen Medien Film und Hörfunk noch nicht explizit als Materialobjekte einer »publizistischen Wissenschaft« thematisiert. Zum anderen beinhaltete sein Fachverständnis eine Entgrenzung der medialen auch auf menschliche Mitteilungsformen (Gespräch). In der Fokussierung auf die Mitteilung – heute würde man sagen: Kommunikation – und ihrer Entkoppelung vom Kriterium der Öffentlichkeit lag Jaegers innovative Idee.

Jaeger war kein Theoretiker. In seiner Habilitationsschrift wie auch in seinen übrigen fachlichen Veröffentlichungen – darunter der erste Studienführer des Faches (vgl. Jaeger 1926a) – hat er seine Perspektive erkenntnistheoretisch nicht weiter vertieft. Er war Programmatiker. In dieser Hinsicht waren auch seine Empfehlungen für die methodische Entwicklung im Fach wegweisend. Über die in der zeitgenössischen Zeitungskunde vornehmlich angewandten historisch-deskriptiven Verfahren hinausgehend, schlug er ein Mehrmethodenschema vor, das aus Verfahren der Nationalökonomie (Statistik), Soziologie und Psychologie zu gewinnen sei. (S. 68) Als erster Fachvertreter erörterte er Verfahren der Psychotechnik (Befragung; wahrnehmungs- und erinnerungspsychologische Experimente) und empfahl, diese vor allem für die empirische Analyse der von ihm als zentrales Forschungsfeld verstandenen Pressewirkungen auf den Leser anzuwenden (vgl. Jaeger 1926b).

Jaegers Programmatik, wonach die Mitteilung das Formalobjekt einer künftigen Publizistikwissenschaft darstellen sollte, wurde bald nach der Veröffentlichung seiner Schrift *Von der Zeitungskunde zur publizistischen Wissenschaft* von namhaften Fachvertretern als wegweisend gewürdigt. Aufgegriffen und erkenntnistheoretisch fundiert wurde seine Erkenntnisperspektive aber erst durch Vertreter der zweiten Generation der Zeitungswissenschaft, meist Doktoranden, welche am Ende der 20er Jahre des letzten Jahrhunderts die Grundlagen eines mitteilungstheoretischen, prozeßorientierten Kommunikationsverständnisses in der deutschen Zeitungswissenschaft erarbeiteten (vgl. Averbeck 1999). Darüber hinaus läßt sich Jaegers Erkenntnisperspektive bis in die publizistikwissenschaftliche Basisliteratur der frühen 50er Jahre verfolgen. Seine Forderung nach einer Erweiterung des fachlichen Objektfeldes auf die menschliche Kommunikation hat in Deutschland indes erst die durch Henk Prakke begründete »funktionale Publizistik« in den 60er Jahren systematisch vollzogen. Die Bedeutung der Schrift *Von der Zeitungskunde zur publizistischen Wissenschaft* für die Formierung der Publizistikwissenschaft wurde in zahlreichen wissenschaftshistorischen Darstellungen hervorgehoben (vgl. u.a. Hachmeister 1987; Haas 1988; Boguschewsky-Kube 1990). Ein Reprint der Schrift wurde 1996 herausgegeben, eine kritische Edition von Jaegers Veröffentlichungen und eine theoriegeschichtliche Einordnung seiner Programmatik (vgl. Kutsch & Averbeck 2000) sind jüngst erschienen.

Literatur

Stefanie Averbeck (1999): *Kommunikation als Prozeß. Soziologische Perspektiven in der Zeitungswissenschaft 1927–1934*. Münster: Lit.

Sigrid Boguschewsky-Kube (1990): *Der Theorienstreit zwischen Publizistik und Zeitungswissenschaft. Ein Paradigmenproblem*. München: tuduv.

Wilhelm Brönner (1918): *Grundriß einer konstruktiven Zeitungslehre*. Königsberg i. Pr.: Hartungsche Verlagsdruckerei.

Hannes Haas (1988): Zeitungswissenschaft und Communications Research 1918 bis 1945. Ein methodologischer, theoretischer und paradigmatischer Vergleich. In: Oliver Rathkolb u.a. (Hrsg.): *Die veruntreute Wahrheit. Hitlers Propagandisten in Österreichs Medien*. Salzburg: Otto Müller, S. 252–272.

Lutz Hachmeister (1987): *Theoretische Publizistik. Studien zur Geschichte der Kommunikationswissenschaft in Deutschland*. Berlin: Volker Spiess.

Karl Jaeger (1926a): *Zeitungswissenschaft (Journalistik)*. Dessau: C. Dünnhaupt.

Karl Jaeger (1926b): Die empirische Methode in der Zeitungsforschung. In: *Mitteilungen des Instituts für Zeitungswesen und öffentliche Meinung an der Universität Köln*, 1. Jg., Nr. 2, S. 1–3.

Arnulf Kutsch, Stefanie Averbeck (Hrsg.) (2000): *Karl Jaeger. Mitteilung statt Medium. Probleme, Methoden und Gegenstände der publizistischen Wissenschaft*. München: Reinhard Fischer.

Stefanie Averbeck / Arnulf Kutsch

Elihu Katz, Paul F. Lazarsfeld (1955): *Personal influence. The part played by people in the flow of mass communications*. New York: The Free Press, London: Collier-Macmillan. XX, 400 Seiten. – 2. Auflage 1965. XX, 400 Seiten.

Personal influence stellt eine von mehreren Studien dar, die unter der Regie von Paul F. Lazarsfeld (1901-1976) an der Columbia University in New York durchgeführt wurde. Die Untersuchung steht somit in der Tradition der Columbia-Schule, die mit der Studie »The people's choice« (→ Lazarsfeld, Berelson & Gaudet 1944) in der Wahlverhaltensforschung einen Startpunkt setzte. In dieser Studie war man u.a. darauf gestoßen, daß sogenannte Meinungsbildner (Opinion Leader) die Wahlentscheidung anderer Personen im Alltag beeinflussen können. Die Entdeckung der Meinungsführer gehört mit zu den wichtigsten Erkenntnissen in der Kommunikationswissenschaft. Meinungsführer stehen an der Schnittstelle zwischen Massenkommunikation und interpersonaler Kommunikation. Meinungsführer geben vielfach Informationen, die sie aus den Massenmedien aufgenommen haben, an ihre nähere soziale Umgebung weiter (Relaisfunktion), tragen aber auch zu einer Bewertung der Medieninformationen bei und wirken entscheidungsunterstützend (Bestätigungsfunktion).

Die Studie *Personal influence* sollte genauere Aufschlüsse über die Wirkungsweise der interpersonalen Beeinflussungsprozesse geben. Insbesondere ging es darum, die Beziehung zwischen den »influentials«, also den Meinungsführern, und den »influencees«, den Meinungsempfängern, eingehender zu analysieren. Dazu wurde in der Stadt Decatur, die im Mittleren Westen der USA liegt, im Jahre 1945 eine Panelbefragung unter 800 Personen durchgeführt. Um die persönlichen Einflüsse zwischen Meinungsführern und Meinungsempfängern eingehender zu analysieren und auch einer Validitätsüberprüfung zu unterziehen, wurden die Befragten gebeten, Namen und Adressen der Einflußpersonen bzw. beinflußten Personen anzugeben. Von 1.549 im Erstinterview genannten Personen konnten schließlich in einem Follow-Up-Interview 634 Personen interviewt werden.

Paul F. Lazarsfeld (1901-1976) war 1935 von Österreich in die USA emigriert und Direktor des an der Columbia-University angesiedelten Bureau of Applied Social Research. Elihu Katz (geb. 1926) war Mitarbeiter Lazarsfelds und lehrt heute an der Hebrew University in Jerusalem sowie an der Annenberg School of Communication, University of Pennsylvania. Für die statistischen Arbeiten in der Studie *Personal influence,* insbesondere die Stichprobenziehung, war Bernard R. Berelson zuständig; die Organisation der Feldarbeit oblag C. Wright Mills.

Mit *Personal influence* wird der Wirkungsforschung eine neue Blickrichtung gegeben. Die soziale Gruppe wird in den Vordergrund der Massenkommunikationsforschung gerückt. Die Studie untersucht den Einfluß, den Meinungsführer auf die Entscheidungen anderer Personen in ihrer näheren sozialen Umgebung in ganz unterschiedlichen Bereichen nehmen: Kaufverhalten und Marketing, Mode, Politik und Kinobesuch. Die einzelne Person, ob sie nun andere beeinflußt oder selbst durch andere beeinflußt wird, ist dabei im Kontext der Primärgruppe, in der sie lebt, zu untersuchen. Dieser Grundannahme folgend, stellen Katz und Lazarsfeld einen umfangreichen Theorieteil der eigentlichen empirischen Untersuchung voran, in dem der damalige Stand der sozialpsychologischen Kleingruppenforschung detailliert wiedergegeben wird. Demgegenüber befaßt sich die eigentliche empirische Untersuchung mit dem Einfluß, den Meinungsführer auf andere Personen in ihrer unmittelbaren Umgebung ausüben. Die Verbindung zwischen dem theoretischen Teil der Arbeit und der empirischen Meinungsführerforschung bleibt, wie die Autoren selbst bemerken (S. 12), allerdings noch offen. Erst in späteren Untersuchungen, in denen das aus der Soziometrie entstandene Konzept des sozialen Netzwerkes mit der Meinungsführerrolle integriert wird, gelingt die Verknüpfung (vgl. Coleman, Katz & Menzel 1966). *Personal influence* bringt wesentliche Erkenntnisse über die zwischen Meinungsführern und Meinungsempfängern stattfindenden Beeinflussungsprozesse. So zeigt sich u.a., daß der Einfluß von Meinungsbildern bereichsspezifisch erfolgt, also monomorph ist. Meinungsführer konzentrieren sich also auf einen bestimmten Bereich oder Gegenstand ihres Einflusses, sind z.B. entweder Marketingleader oder Meinungsbildner in politischen Angelegenheiten. Meinungsführer sind gewissermaßen Experten im Alltag, die von anderen in ihrer sozialen Umgebung in bestimmten Dingen um Rat gefragt werden. Sie zeichnen sich durch besondere Geselligkeit aus, haben viele Kontakte zu anderen Menschen. Sie sind in allen sozialen Schichten zu finden, ihr Einfluß verläuft daher eher horizontal, im schichtenspezifisch homogenen Milieu, mit Ausnahme des politischen Bereiches, wo auch vertikale Einflüsse auftreten. Meinungsbildner ziehen zur Unterstützung ihrer Kompetenz auch die Massenmedien zu Rate, nutzen entsprechende massenmediale Angebote häufiger und intensiver als die Personen, die von ihnen beeinflußt werden. Insofern findet die Hypothese des Two-Step-Flow of Communication Unterstützung.

In methodischer Hinsicht beschreitet *Personal influence* durch die angewandte Schneeballtechnik der Follow-Up-Interviews Neuland. Viele Jahre später wird diese Schneeballtechnik in Untersuchungen zur Analyse sozialer Netzwerke wieder aufgegriffen, um Auskünfte von Befragten über ihre sozialen Netzwerke der Validitäts-und Reliabilitätsprüfung zu unterziehen. Die in *Personal influence* vorgelegten Überprüfungen selbsteingestufter Meinungsführerschaft lassen, abgesehen von interviewtechnischen Problemen, gewisse Zweifel am Meßkonzept von Meinungsführerschaft auftreten (vgl. Schenk 1995).

Die aus der Decatur-Studie gewonnene Erkenntnis, daß persönliche Einflüsse im Geflecht der sozialen Gruppen und Netze wirksamer als die Massenmedien sind, wenn es um individuelle Entscheidungen (in ganz unterschiedlichen Bereichen) geht, hat der Massenkommunikationsforschung eine neue Perspektive eröffnet; bei der Erforschung von Medienwirkungen fand forthin der soziale Kontext verstärkt Berücksichtigung.

Literatur

James S. Coleman, Elihu Katz, Herbert Menzel (1966): *Medical innovation. A diffusion study*. New York: The Free Press.

Michael Schenk (1995): *Soziale Netzwerke und Massenmedien*. Tübingen: J.C.B. Mohr.

Michael Schenk

Klaus Kiefer (1967): *Die Diffusion von Neuerungen. Kultursoziologische und kommunikationswissenschaftliche Aspekte der kultursoziologischen Diffusionsforschung*. Tübingen: J.C.B. Mohr. 98 Seiten.

Die Arbeit, eine Dissertation, die 1965 der Philosophischen Fakultät der Ruprecht-Karl-Universität Heidelberg vorlag, setzt sich mit der agrarsoziologischen Diffusionsforschung auseinander. Diese war vornehmlich in den USA seit längerem eingeführt und durch Everett Rogers (→ Rogers 1962) bereits in einer umfassenden Literatursynopse systematisch behandelt worden. In Deutschland hat, u.a. neben H. Albrecht, der sich an der damaligen Landwirtschaftlichen Hochschule Hohenheim intensiv mit der agrarsoziologischen Diffusionsforschung befaßte, Klaus Kiefer den Ansatz bekannt gemacht.

Klaus Kiefer (geb. 1930) hatte in Heidelberg neben Soziologie u.a. auch Agrarpolitik und Agrarsoziologie sowie Wirtschaftsgeschichte studiert. Die Dissertation über die Diffusion von Neuerungen wurde von dem Kulturanthropologen und -soziologen Wilhelm E. Mühlmann betreut, Ernst Topitsch war Mitberichterstatter. In den 70er Jahren wechselte Klaus Kiefer als Akademischer Rat an die neugegründete Universität Augsburg, wo er am Sozioökonomischen Institut bzw. am Lehrstuhl von Horst Reimann Soziologie lehrte.

Klaus Kiefer importiert die Ergebnisse der Diffusionsforschung amerikanischer Provenienz. Ähnlich wie schon bei Everett → Rogers (1962) wird den Modellen der Diffusionsforschung breiter Raum eingeräumt. Detailliert werden der Adoptionsprozeß, die Übernehmer-Typologie und die Merkmale von Innovationen behandelt. Unter dem Einfluß seiner soziologischen Lehrer ist Kiefer dabei stets bemüht, die Quellen auf ihre theoretischen und methodischen Grundlagen zu überprüfen. In besonderer Weise gelingt es Kiefer, die Diffusionsforschung mit Theorien des sozialen Wandels zu verbinden und die kultur- bzw. religionssoziologischen Implikationen herauszuarbeiten.

Schließlich werden die Erkenntnisse der Diffusionsforschung in eine allgemeine Theorie des Einflusses eingebettet, wobei auf einschlägige Arbeiten aus der Soziologie, Sozialpsychologie und der empirischen Kommunikationsforschung zurückgegriffen wird.

Anders als Arbeiten, die eher die informellen Beeinflussungsprozesse in den Vordergrund rückten (z.B. → Luthe 1968, → Katz & Lazarsfeld 1955), arbeitet Kiefer im Hinblick auf den durch Neuerungen initiierten sozialen Wandel auch die Funktion von Prestige-Hierarchien und (hierarchischen) Einflußketten heraus. Er zeigt, daß Einflüsse nicht nur horizontal, also innerhalb sozialer Schichten, sondern auch vertikal, von Schicht zu Schicht, fließen können. In historischer Sicht gelte dies insbesondere für tiefgreifende soziale Wandlungsprozesse, wie die Verbreitung okzidentaler Denk- und Verhaltensmuster oder den Wandel von der ruralen zur modernen Gesellschaft.

Michael Schenk

Joachim Kirchner (1928-1931): *Die Grundlagen des deutschen Zeitschriftenwesens. Mit einer Gesamtbibliographie der deutschen Zeitschriften bis zum Jahre 1790.* Erster Teil: Bibliographische und buchhandelsgeschichtliche Untersuchungen. Leipzig: Karl W. Hiersemann 1928. XII, 144 Seiten. Zweiter Teil: Die Bibliographie der deutschen Zeitschriften bis zur Französischen Revolution. Statistische Ergebnisse. Leipzig: Karl W. Hiersemann 1931. XV, 347 Seiten.

Joachim Kirchner (1890-1978) kann als Wegbereiter für die Geschichte des deutschen Zeitschriftenwesens angesehen werden. Nach dem Studium der Germanistik und Kunstgeschichte in Berlin, Heidelberg, München und Greifswald erfolgte die Promotion mit einer literaturhistorischen Dissertation, der sich eine bibliothekarische Ausbildung anschloß. Er habilitierte sich sodann in Berlin bei Erich Schmidt mit dem ersten Teil des hier vorgestellten Werkes. Anregungen zur Befassung mit der Pressegeschichte erhielt Kirchner durch ein Oberseminar bei dem Nationalökonomen Hermann Schumacher. 1933 wurde Kirchner, nachdem er bereits 1928 Mitglied des »Kampfbundes für deutsche Kultur« geworden war, mit der nationalsozialistischen Gleichschaltung des Frankfurter Instituts für Sozialforschung beauftragt. Diese Aufgabe löste er über Denunziation von Institutsangehörigen und Studenten sowie Bibliothekssäuberungen so erfolgreich, daß er ab 1938 mit einer außerordentlichen Professur für Bibliothekswissenschaft und Zeitschriftenkunde und der Leitung verschiedener Bibliotheken betraut wurde (vgl. Schmid Noerr 1995). Seine akademische Karriere endete 1945.

Das Werk Kirchners stellt gemeinsam mit seinen in den darauf folgenden Jahrzehnten erschienenen darstellenden und bibliographischen Schriften, insbesondere mit der »Bibliographie der Zeitschriften des deutschen Sprachgebietes bis 1900«, die Grundlage der wissenschaftlichen Befassung mit der Zeitschrift in Deutschland dar. Es fehle ebenso wie eine Gesamtübersicht über das vorhandene Quellenmaterial, so konstatierte Kirchner 1928 zu Recht, noch ganz die »kulturgeschichtliche Durchdringung des Stoffgebietes, die Aufhellung buchhandelsgeschichtlicher, statistischer, bibliographischer und philologischer Einzelfragen«. Diesen Aufgaben stellt sich Kirchner 1928 zunächst, weiter ausgearbeitet dann in seinem Werk »Das deutsche Zeitschriftenwesen, seine Geschichte und seine Probleme« (vgl. Kirchner 1942-1962).

Erstmals wird mit Nachdruck auf die kultur- und sozialhistorische Bedeutung der Zeitschrift als Kind des aufgeklärten Säkulums und als Medium der Aufklärung aufmerksam gemacht, erstmals werden auf breiter Quellenbasis wesentliche Entwicklungslinien der Gattung vom Ende des 17. Jahrhunderts bis zur Französischen Revolution nachgezeichnet. Im Versuch einer Gattungsdefinition wird vor allem auf die Periodizität und auf das Charakteristikum der tendenziell unbegrenzten Dauer des Zeitschriftenunternehmens hingewiesen. Weiter seien die Absicht der Publizität, die »Verschiedenartigkeit und Mannigfaltigkeit des Inhalts« sowie der einheitliche Charakter ausschlaggebend, der die Gesamtheit der Stücke einer Zeitschrift auszeichne. Träfen alle diese Merkmale auch auf die Zeitung zu, so unterschiede die Zeitschrift sich doch von den Gazetten, deren Aufgabe die Verbreitung von Tagesneuigkeiten sei, durch »mangelnde Aktualität«. Auch die »Allgemeinheit des Interesses« sei kein das gesamte Zeitschriftenwesen umfassendes Merkmal, so daß Kirchner seine Überlegungen mit der Definition abschließt: »Die Zeitschrift des 17. und 18. Jahrhunderts ist eine mit der Absicht der unbegrenzten Dauer begründete, in mehr oder weniger regelmäßigen Zeitabschnitten erscheinende und für einen im allgemeinen begrenzten Interessentenkreis durch mechanische Vervielfältigung hergestellte Publikation, deren einzelne Stücke als die (periodisch) wiederkehrenden Teile eines einheitlich geleiteten Ganzen erkennbar sind, und die innerhalb ihres besonderen Fach- oder Wissensgebietes eine Mannigfaltigkeit des Inhalts anstrebt.« Anzumerken bleibt hier, daß bis heute eine gültige, allgemein anerkannte Definition des Zeitschriftenbegriffes nicht gefunden wurde.

Bemerkenswert ist, welche Bedeutung Kirchner den wirtschaftlichen Zusammenhängen für das Zeitschriftenwesen zumißt. Detailliert spricht er über Produktionskosten und Rentabilität, über Setzer- und Druckerlöhne, Honorare, Papierkosten, Auflagenhöhe und Absatz, Unternehmergewinne und Verlagsformen. Ein weiteres Kapitel gilt schließlich den Benennungen der Zeitschriften und dem Bedeutungswandel des Zeitschriftenbegriffes.

Bereits in seinem zeitschriftengeschichtlichen Erstlingswerk maß Kirchner der Bibliographie der Zeitschriften hohe Bedeutung bei. Erst durch sie sei das Blickfeld wesentlich zu erweitern, erkenne man, welche deutschen Regionen und Städte in der literarischen Produktion führend gewesen seien, erfahre man die Namen der Gelehrten, die in verschiedenen Wissenschaftsdisziplinen als Herausgeber und Beiträger gelehrter Journale gewirkt und welche Dichter sich der Zeitschrift als der lange Zeit beliebtesten Publikationsform zur Verbreitung ihrer Arbeiten bedient hätten. Entsprechend legte Kirchner 1931 im zweiten Teil seines Werkes eine erste Bibliographie der deutschen Zeitschriften bis zur Französischen Revolution vor, mit der er Bausteine für eine Wissenschaftsgeschichte jener Epoche liefern wollte. Ebenso ging es ihm um einen »Einblick in die geistige Struktur des 18. Jahrhunderts, die sich wohl nirgends besser als gerade in der beliebtesten literarischen Produktionsform jenes Zeitalters, der Zeitschrift, widerspiegelt.« Die Bibliographie verzeichnet 3.494 Titel und bietet auf dieser Grundlage erstmals statistische Auswertungen nach Erscheinungsjahrzehnten, nach Verlags- und Druckorten und nach Zeitschriftengattungen, die in ihren wichtigsten Grundtendenzen bis heute Gültigkeit haben. Für das dargebotene Quellenmaterial gilt als erstes Ordnungsprinzip das Erscheinungsjahrzehnt, als zweites der Verlags- bzw. Druckort. Diese Verzeichnungsprinzipien hat Kirchner in seinem späteren großen bibliographischen Werk zugunsten einer Anordnung nach Zeitschriftengattungen aufgegeben.

So beachtlich die Erschließung und bibliographische Beschreibung des Zeitschriftenwesens als wissenschaftliches Werk eines Einzelnen ist, so hat insbesondere die bis heute unentbehrliche Zeitschriftenbibliographie Kirchners auch harsche Kritik erfahren. Diese bezieht sich zunächst auf mangelnde Exaktheit der Titelaufnahmen, da die Verzeichnung ohne Autopsie erfolgte, zahlreiche Fehler älterer Nachschlagewerke also notwendig fortgeschrieben wurden. Sodann wurde insbesondere an der Aufteilung der Titelmasse in 23 inhaltlich gliedernde Gruppen Anstoß genommen, was angesichts der inhaltlichen Heterogenität vieler historischer Zeitschriften zu zahlreichen Problemen führt und bei fehlender Autopsie vollends fragwürdig ist. Gleichwohl ist zu betonen, daß von Kirchners

Werk die entscheidenden Anregungen für aktuelle bibliographische Projekte zur Erschließung periodischer Schriften ausgingen (vgl. Böning 1996-1997). Bis heute stellt der »Kirchner« bei allen Diskrepanzen zwischen Anspruch und Realisierung ein zentrales, unverzichtbares Informationsmittel für Wissenschaftler und Bibliothekare dar.

Literatur

Holger Böning (Hrsg.) (1996-1997): *Deutsche Presse. Biobibliographische Handbücher zur Geschichte der deutschsprachigen periodischen Presse von den Anfängen bis 1815.* Kommentierte Bibliographie der Zeitungen, Zeitschriften, Intelligenzblätter, Kalender und Almanache sowie biographische Hinweise zu Herausgebern, Verlegern und Druckern periodischer Schriften. Bd. 1.1, 1.2, 1.3: Holger Böning, Emmy Moepps (Bearb.): Hamburg. Stuttgart-Bad Cannstatt: Frommann-Holzboog 1996; Bd. 2: Holger Böning, Emmy Moepps (Bearb.): Altona, Bergedorf, Harburg, Schiffbek, Wandsbek. Stuttgart-Bad Cannstatt: Frommann-Holzboog 1997.

Joachim Kirchner (1942-1962): *Das deutsche Zeitschriftenwesen, seine Geschichte und seine Probleme.* Teil 1. Leipzig: Harassowitz 1942 (2. neu bearbeitete und erweiterte Aufl. Wiesbaden: Harassowitz 1958). Teil 2. Wiesbaden 1962.

Joachim Kirchner (Hrsg.) (1969-1989): *Bibliographie der Zeitschriften des deutschen Sprachgebietes bis 1900.* Bd. 1: Die Zeitschriften des deutschen Sprachgebietes von den Anfängen bis 1830. Bearbeitet von Joachim Kirchner. Stuttgart: Hiersemann 1969. Bd. 2: Die Zeitschriften des deutschen Sprachgebietes von 1831 bis 1870. Bearbeitet von Joachim Kirchner. Stuttgart: Hiersemann 1977. Bd. 3: Die Zeitschriften des deutschen Sprachgebietes von 1871 bis 1900. Bearbeitet von Hans Jessen. Stuttgart: Hiersemann 1977. Bd. 4,1: Register zur Bibliographie der Zeitschriften des deutschen Sprachgebiets von den Anfängen bis 1900; Teil 1. Alphabetisches Titelregister bearbeitet von Edith Chorherr. Stuttgart: Hiersemann 1989.

Gunzelin Schmid Noerr (1995): Frankfurter Geschichten 1933 – aus den Akten eines Gleichschalters. In: *Leviathan*, 23. Jg., S. 13-26.

Holger Böning

Klaus Peter Kisker, Manfred Knoche, Axel Zerdick unter Mitarbeit von Klaus Dieter Büttner, Antonius Engberding, Monika Lindgens (1979): *Wirtschaftskonjunktur und Pressekonzentration in der Bundesrepublik Deutschland.* München, New York, London, Paris: K.G. Saur. 230 Seiten.

Die originäre Bedeutung dieses seitens der damaligen SPD-FDP-Bundesregierung in Auftrag gegebenen Gutachtens liegt darin, daß die Karriere dieses Themas durch die Veröffentlichung beendet wurde. Konkret hatten die Verfasser mittels einer empirisch und methodisch bedeutsamen Untersuchung zwei – bis dahin seitens der Betroffenen mit Erfolg kultivierten – Mythen den argumentativen Boden entzogen: 1) Daß es Zeitungsverlagen im Vergleich zu anderen Wirtschaftszweigen ökonomisch wesentlich »schlechter« gehe und dies eine zentrale Ursache für die zunehmende Pressekonzentration sei sowie 2) daß dies insbesondere durch die spezifische Erlössituation, d.h. durch die Abhängigkeit von Werbe- und Anzeigeneinnahmen bedingt wäre, die besonders konjunkturempfindlich reagierten. Mit der öffentlichkeitswirksamen Pflege dieser »Mythen« sowie den diese öffentliche Einschätzung nährenden Daten, die sämtlich vom Bundesverband Deutscher Zeitungsverleger (BDZV) stamm(t)en, setzt sich die Konzentrationsstudie kritisch auseinander. Die relevante Frage- bzw. Problemstellung erklärt sich dabei im Zusammenhang mit ihrer Vorgeschichte.

Aus der Lobbyismus- und Demokratieforschung ist die uralte Unternehmertradition bekannt, »lerne klagen, ohne zu leiden«, nach der wirtschaftspolitische Forderungen spezifische Ziele von Interessensverbänden darstellen. Aufgrund der unterschiedlichen Artikulationsfähigkeit, Organisierbarkeit und des Durchsetzungsvermögens von Interessen seitens Produzenten versus Konsumenten gilt die politische Einflußnahme von Medienunternehmen als wesentlich einfacher als jene durch Rezipienten. Die »öffentliche Aufgabe«, die die Medien, insbesondere auch die Zeitungsverlage, wahrnehmen, ermöglicht diesen nicht nur ein flächendeckendes Öffentlichkeitsforum, sondern verleiht interessenspolitischen Äußerungen auch in der öffentlichen und politischen Wahrnehmung ein besonderes Gewicht. Entsprechend »mediengerecht« vorgebrachte Klagen des BDZV hatten beispielsweise ein Jahrzehnt zuvor auf politischer Ebene nicht nur zur Einsetzung von zwei Untersuchungskommissionen (»Michel-Kommission«: »Wettbewerbsgleichheit von Presse, Funk/Fernsehen und Film«, 1967; »Günther-Kommission«: »Gefährdung der wirtschaftlichen Existenz von Presseunternehmen und [...] Folgen der Konzentration für die Meinungsfreiheit«, 1968) geführt und konnten nicht nur erfolgreich von den damals medienpolitisch aktuellen Fragen ablenken (Presserechtsrahmengesetz, Fusionskontrolle, Pressestatistik, Mitbestimmung bzw. Redaktionsstatuten), sondern vermochten 1968 auch alle Parteien im Deutschen Bundestag zu einem quasi einstimmigen Gesetzesentscheid veranlassen (1 Gegenstimme, 1 Enthaltung), demzufolge alle Zeitungsunternehmen eine einmalige Subvention erhielten.

Nachdem der BDZV 1974 erneut versucht hatte, sein »Memorandum zur wirtschaftlichen Lage der deutschen Tageszeitungen« von 1972 in konkrete Subventionsforderungen (ca. 200 Mill. DM) umzumünzen, schalteten sich die Medienkonzentrationsforscher Manfred Knoche und Axel Zerdick in die Diskussion ein, die auf politischer Ebene einsam der damalige Bundestagsabgeordnete und Medienexperte der SPD, Peter Glotz, mit dem BDZV ausfocht. Während die Fachzeitschrift ›Media Perspektiven‹ den Beitrag »Zur wirtschaftlichen Situation der Tageszeitungen in der BRD: Kosten, Erlöse und Gewinne im langfristigen Vergleich« veröffentlichte, in dem die beiden Konzentrationsforscher 1973 vor allem auf die völlig unzufriedenstellende Datenlage hinwiesen, lehnte sie dies für die detaillierte Auseinandersetzung »Subventionsforderungen ohne Grundlage. Zur Repräsentatitivität und Validität der vom Bundesverband Deutscher Zeitungsverleger zur Erlangung staatlicher Hilfen vorgelegten Daten« ab (Knoche & Zerdick 1974). In dieser Untersuchung, die daher nur als maschinenschriftlich veröffentlichtes Manuskript existiert und eine Art Vorläuferstudie darstellt, setzen sich die Autoren mit den »schwerwiegenden methodischen Mängeln« der vom BDZV präsentierten Daten und Prognosen auseinander. Mittels des unbearbeiteten Originaldatensatzes (»Betriebsvergleich«) des Verlegerverbandes, an den die Autoren gelangten, aber auch schon mit den vom BDZV selbst bearbeiteten und veröffentlichten Zahlen wiesen Knoche und Zerdick in ergänzenden bzw. alternativen Rechnungen die »Unbrauchbarkeit« und »Irrelevanz« der interessensgefärbten Informationen im allgemeinen bzw. im speziellen das genaue Gegenteil dessen nach, was nach außen hin behauptet und prognostiziert wurde: hohe Gewinne anstatt nachlassender Gewinnmargen bzw. Verluste.

Die Präzision der Argumentation sowie die überzeugenden Fakten hatten Folgen: Die Bundesregierung rückte von ihrem bereits in Arbeit befindlichen Subventionsgesetz ab und brachte statt dessen das »Gesetz über eine Pressestatistik« auf den Weg, das 1975 in Kraft trat und von den Verlegern periodischer Printmedien seither ein regelmäßiges Minimum an statistischen Erhebungen über die Erlös- und Kostensituation forderte – »zur Feststellung des strukturellen Wandels und der wirtschaftlichen Entwicklung«.

Nach weiteren, teilweise spektakulären Übernahmefällen von kleineren durch größere Zeitungsunternehmen in den 70er Jahren (WAZ-Gruppe: ›Westfalenpost‹, ›Westfälische Rundschau‹, ›Neue Rhein/Neue Ruhr Zeitung‹; ›Stuttgarter Zeitung‹/›Stuttgarter Nachrichten‹; ›Weser Kurier‹/›Bremer Nachrichten‹ u.a.m.) wurde 1976 mit der 3. Novelle des Gesetzes gegen Wettbewerbsbeschränkungen (GWB) eine pressespezifische Fusionskontrolle installiert, in deren Gefolge die Monopolkommission mit einem Sondergutachten (Wettbewerbs- und Verflechtungsstrukturen) und das interdisziplinär arbeitende Berliner Forschungsteam (Institut für Konzentrationsforschung, Institut für Publizistik, Fachhochschule für Wirtschaft) mit der empirischen Evaluation von Konzentrationsdeterminanten beauftragt wurde.

Die Bedeutung der Studie liegt vor allem darin, daß sie zum einen die bisher vorrangig ökonomisch definierten Konzentrationsmaße um die publizistische Dimension erweitert, zum anderen theoretisch wie empirisch potentiell konjunkturelle Wirkungen auf die Konzentration herausarbeitet, um letztlich die Ursachen in unterschiedlichen »Realtypen von Pressekonzentration« zu finden: danach liegen relevante Einflußgrößen mehr in strukturellen (z.B. Markt- und Wettbewerbssituation, Interessenslage der jeweiligen Verleger etc.) denn konjunkturellen Faktoren. Im Gegensatz zu anderen Wirtschaftsbranchen sind die Verlagshäuser imstande, etwaige temporäre Rückgänge im Anzeigengeschäft durch – seitens der Rezipienten unmerkliche – Reduzierung des Produktumfangs ökonomisch auszugleichen.

Mit den ersten Ergebnissen der »Pressestatistik« konnten die Forscher noch nicht arbeiten. Zwanzig Jahre danach, 1994, erschien diese Erhebung zum letzten Mal – die CDU/FDP-Bundesregierung hatte dieses Informationswerk im Rahmen ihrer »angebotsorientierten« Wirtschaftspolitik als Instrument der Kostenreduktion für Unternehmen abgeschafft. Somit verbleiben als Datengrundlage etwa im Bereich der Zeitungsbranche nach wie vor die mit »schwerwiegenden methodischen Mängeln« behafteten, letztlich »unbrauchbaren« Zahlen des BDZV, mit denen Kommunikationswissenschaftler arbeiten (müssen).

Literatur

BDZV – Bundesverband Deutscher Zeitungsverleger (1972): *Memorandum zur wirtschaftlichen Lage der deutschen Tageszeitungen*. Bonn-Bad Godesberg: BDZV.

»Günther-Kommission« (1968): *Schlußbericht der Kommission zur Untersuchung der Gefährdung der wirtschaftlichen Existenz von Presseunternehmen und der Folgen der Konzentration für die Meinungsfreiheit in der Bundesrepublik*. BT-Drucksache V/3122 v. 3.7.1968.

Manfred Knoche, Axel Zerdick (1973): Zur wirtschaftlichen Situation der Tageszeitungen in der Bundesrepublik. In: *Media Perspektiven*, Nr. 4, S. 141-151.

Manfred Knoche, Axel Zerdick (1974): *Subventionsforderungen ohne Grundlage. Zur Repräsentativität und Validität der vom Bundesverband Deutscher Zeitungsverleger zur Erlangung staatlicher Hilfen vorgelegten Daten*. Berlin: maschinenschriftlich vervielfältigtes Manuskript.
»Michel-Kommission« (1967): *Bericht der Kommission zur Untersuchung der Wettbewerbsgleichheit von Presse, Funk/Fernsehen und Film*. BT-Drucksache V/2120 v. 28.9.1967.

Johannes Ludwig

Joseph T. Klapper (1960): *The effects of mass communication*. New York: The Free Press. 302 Seiten.

Die viel zitierte Monographie markiert den Übergang zwischen dem Stimulus-Response-Paradigma und dem »hypodermic needle«-Modell von allmächtigen Medien zum Stimulus-Organismus-Response-Modell der klassischen Phase der Medienwirkungsforschung, in welcher der Massenkommunikation vorab eine bekräftigende oder verstärkende – engl.: reinforcement – Funktion zugesprochen wird.

Joseph T. Klapper formuliert diese Auffassung nicht als Fazit einer eigenen empirischen Untersuchung, sondern aufgrund einer ersten systematischen Sichtung der damals schon vorhandenen über 1.000 Publikationen zum Problem der Medienwirkungen, wobei in seiner Synopse der Forschung mehr als 270 relevante Veröffentlichungen zitiert werden. Es handelt sich dabei um Studien, die sich mit den Wirkungen der Massenkommunikation in verschiedensten Bereichen befassen, hingegen klammert Klapper ausdrücklich sowohl den erzieherischen als auch den Bereich der Werbebewirkungen aus.

Die Monographie ist so aufgebaut, daß im ersten Teil die grundlegenden Überlegungen zu seinem sogenannten situationalen oder phenomenistischen Ansatz formuliert werden; der zweite Teil befaßt sich sodann mit den Befunden von einzelnen spezifizierenden Faktoren wie Quellen, Medium, Inhalte und Meinungsklima, während der abschließende dritte Teil die empirischen Befunde zu einzelnen spezifischen Wirkungsphänomenen wie Kriminalität und Gewalt in den Medien, Eskapismus, Fernsehwirkungen auf Kinder und Passivität zusammenfaßt und diskutiert.

In Abgrenzung zu einer sogenannten pessimistischen Sichtweise, welche vorab die disparate, inkonsistente oder gar widersprüchliche Forschungslage betone, streicht Klapper heraus, daß es Grund zu Hoffnung gebe. Es brauche jedoch eine Abkehr von der traditionellen Auffassung, daß die Massenkommunikation eine notwendige und hinreichende Ursache von Wirkungen sei. Medien seien vielmehr Einflußfaktoren, die zusammen mit anderen Faktoren in einer Gesamtkonstellation operierten. Als Beispiele für diese neue Sichtweise zitiert er die Wahlstudien von Lazarsfeld, welche versuchten, die ausschlaggebenden Faktoren in unterschiedlichen Entscheidungssituationen zu bestimmen oder Untersuchungen des Ehepaars Riley bzw. von Maccoby, in welchen die unterschiedlichen Medienfunktionen für verschiedene Typen von Kindern herausgearbeitet würden. Als gute Beispiele erwähnt er auch die experimentellen Untersuchungen von Hovland, in denen nicht-kommunikative Faktoren kontrolliert variiert wurden. Das neue, von Klapper formulierte Paradigma geht also davon aus, daß die Wirkungen der Massenkommunikation beispielsweise »are likely to differ, depending upon whether the communication is or is not in accord with the norms of groups to which the audience member belong«. (S. 6)

Im einzelnen formuliert er fünf Generalisierungen (S. 8-9), ohne jedoch eine eigentliche Theorie der Medienwirkungen auszuformulieren:

1) Massenkommunikation ist normalerweise weder eine notwendige noch eine hinreichende Ursache für Wirkungen, vielmehr funktioniert sie als einer von mehreren oder zusammen mit weiteren mediatisierenden Einflußfaktoren. 2) Diese mediatisierenden Faktoren haben zur Folge, daß die Massenmedien nicht zur Veränderung, sondern zur Bekräftigung und Verstärkung der bestehenden Bedingungen tendieren. 3) Veränderung oder Wandel ist nur unter zwei Bedingungen zu erwarten: a) Die mediatisierenden Faktoren sind nicht vorhanden, und die Wirkungen der Medien darum direkt oder b) die mediatisierenden Faktoren selbst arbeiten in Richtung Veränderung. 4) Es gibt allerdings vereinzelt Situationen, in denen die Medien direkt zu wirken vermögen. 5) Die Wirksamkeit der Massenkommunikation ist beeinflußt durch verschiedenste Drittfaktoren wie die Art der Quelle, des Mediums, der bestehenden öffentlichen Meinung und anderes mehr.

Daß die Hauptwirkungen der Medien nicht im Wandel von bestehenden Meinungen und Einstellungen besteht, illustriert Klapper nicht zuletzt unter Bezugnahme auf die verschiedenen Forschungen von → Lazarsfeld, Berelson und Gaudet (1944), wo nur zwischen 5 und 8 Prozent der Wählerinnen und Wähler ihre Meinungen tatsächlich wechselten. Begründet wird dies durch Bezugnahme auf die Funktionsweise von fünf mediatisierenden Faktoren, die allesamt in Richtung Bestätigung und Verstärkungen operieren: 1) Die bestehenden Meinungen und Interessen der Rezipienten und deren Prädispositionen haben zur Folge, daß Menschen dazu tendieren, sich vorab jenen Medienbotschaften auszusetzen, die in Übereinstimmung mit ihren Einstellungen sind. Bewußt oder unbewußt werden darum auch abweichende Botschaften vermieden. Neben der selektiven Medienwahl (engl.: selective exposure) gibt es zudem die selektive Interpretation und das selektive Behalten und Vergessen von Medieninhalten. 2) Soziale Gruppen und deren Normen: Viele vermeintlich individuelle Meinungen und Einstellungen haben eine soziale Basis, insofern sie mit Normen verknüpft sind, die von Gruppen vertreten werden, zu denen der Rezipient gehört oder gehören möchte. 3) Durch interpersonale Kommunikation werden oft Medieninhalte vermittelt, die man unter Umständen verpaßt hat. 4) Und dabei spielen die »Opinion Leader« eine wichtige Rolle, welche die Medien intensiver als der Rest der Bevölkerung nutzen. 5) Schließlich tendieren die Medien in westlichen kapitalistischen Gesellschaften auch aus kommerziellen Gründen dazu, die bestehenden kulturellen Normen und Werte zu verstärken und nicht in Frage zu stellen.

Wie schon erwähnt, gibt es allerdings auch Situationen, wo die Massenmedien tatsächlich starke Wirkungen ausüben können: 1) Massenmedien und deren Information oder Propaganda können wirksam sein, wenn es sich um neue Themen handelt, zu denen auf Seiten der Rezipienten noch keine Prädispositionen bestehen. 2) Und in eher seltenen Fällen können die mediatisierenden Faktoren und Prozesse sogar selbst in Richtung Meinungswandel arbeiten. Dies ist beispielsweise dann der Fall, wenn Menschen ihre Referenzgruppen wechseln oder wenn sie unter dem Einfluß von gegensätzlichem sozialem Druck – engl. cross pressure – stehen.

Zusammenfassend betrachtet handelt es sich bei der Monographie von Joseph T. Klapper (1917-1984), der übrigens ein Schüler von Lazarsfeld war und mit der ersten Fassung von *The effects of mass communication* an der Columbia University promovierte, um eine der einflußreichsten und meistzitierten Arbeiten der sogenannten klassischen Phase der Medienwirkungsforschung. Schon ab Mitte der 60er Jahre wurde deren Ertrag auch im deutschen Sprachbereich rezipiert, wie dies die Übersetzung von Wilbur Schramms Reader »Grundfragen der Kommunikationsforschung« von 1964 dokumentiert. Obwohl auf dieser empirischen Basis später die sogenannten Konsistenztheorien systematischer und theorieorientierter sich mit den Prozessen des Medieneinflusses befaßten und ab den 70er Jahren neue Perspektiven der Wirkungsforschung sich stärker auf die kognitiven Phänomene des Medieneinflusses konzentrierten, ist die von ihm formulierte generelle Verstärkerfunktion der Medien nach wie vor gültig geblieben.

Heinz Bonfadelli

Karl Knies (1857): *Der Telegraph als Verkehrsmittel. Mit Erörterungen über den Nachrichtenverkehr überhaupt.* Tübingen: Laupp'sche Buchhandlung. VIII, 273 Seiten. – Ungekürzter Faksimile-Nachdruck der Originalausgabe. München: Fischer 1996. 59, VIII, 273 Seiten.

Der elektrische Telegraph werde »die Macht der räumlichen Abstände für den Nachrichtenverkehr geradezu wirkungslos« werden lassen; und wenn der Anlaß wichtig genug sowie das Interesse der Kenntnisnahme einer Nachricht allgemein sei, werde die durch den Telegraphen eröffnete Möglichkeit auch Realität werden: »Die Menschen und Völker zeigen sich uns wie in einer riesigen Sprechhalle vereinigt. Trotz der ungemessenen Abstände sind sich die Einzelnen unmittelbar vernehmbar, sie sind sich in die gegenseitige Hörweite gebracht, der Nachrichtenverkehr ist in eine mündliche Unterhaltung, in ein Wechselgespräch verwandelt.« (S. 242)

Nur wenige Jahre nach den ersten erfolgreichen Versuchen mit dem Morse-Telegraphen (von 1844) skizzierte Karl Gustav Adolf Knies diese Vision einer globalen, technisch ermöglichten, also virtuellen Versammlung. Sie entspringt nicht euphorischen Zukunftsträumen, sondern ist disziplinierte Extrapolation eines Nationalökonomen, die er aus der Analyse des Nachrichtenverkehrs und der dafür verwendeten Mittel gewonnen hat. Ausgeführt hat er diese Analyse in dem 1857 erschienenen Buch mit dem Titel *Der Telegraph als Verkehrsmittel. Mit Erörterungen über den Nachrichtenverkehr überhaupt.*

Der Verfasser Karl Knies war zu dieser Zeit Professor für Kameralwissenschaften in Freiburg im Breisgau. Aus bitterer Armut heraus sowie gegen Widerstände aus Politik und Wissenschaft hatte sich der 1821 in Marburg geborene Knies diese Position hart erarbeiten müssen. Er nutzte sie zeitlebens auch für ein kompromißloses politisches Engagement als liberaler Schul- und Sozialreformer. 1865 nahm er einen Ruf nach Heidelberg auf den Lehrstuhl für Staatswissenschaften an, den er mit großem, auch internationalem Erfolg mehr als 30 Jahre innehatte. Er starb 1898. Mit Bruno Hildebrand und Wilhelm Roscher repräsentiert Karl Knies die (ältere) Historische Schule der Nationalökonomie, als deren »intellektuell stärkster Kopf« (Nipperdey ^{5}1991: 520) er gilt.

Die Beobachtung der »Grundwellen in den wirtschaftlichen Strömungen« der Zeit, die vom »weltgeschichtlichen Umschwung in den Verkehrsmitteln« bestimmt waren, hatte Knies' wissenschaftliche Neugier am Telegraphen geweckt. Schon einige Jahre zuvor, zwischen 1853 und 1855, hatte er sich in einem Buch (vgl. Knies 1853) und in mehreren umfangreichen Aufsätzen mit der Eisenbahn beschäftigt, dem »großen Transportinstitut der Neuzeit für den Personen- und Sachgüterverkehr«. Seitdem trug er sich mit dem Gedanken, diese Überlegungen zu ergänzen durch Untersuchungen über den Nachrichtenverkehr und dessen »merkwürdigen neuesten Träger«, den elektrischen Telegraphen. Denn es war für ihn eine »Sache von großer praktischer Bedeutung«, daß der Nachrichtenverkehr seinen Möglichkeiten solange hinterherhinken mußte, solange Nachrichten mit Vehikeln transportiert wurden, die auch der Sachgüter- und Personenbeförderung dienten. Denn die Nachricht ist laut Knies eine »Gedanken-Mittheilung« und als solche schwerelos. Allerdings muß sie sich, damit sie die Interessenten erreicht, an einen Körper binden. Von solcher »Emballage«, also der »Verpackung«, hängen Entwicklung und Ausprägung ihres Transportes ab.

Die Hauptteile des Werkes über den Telegraphen behandeln Akzeptanz und Nutzung der neuen Medientechnik, die Kosten- und Erlösrelationen sowie das Preis-Leistungs-Verhältnis im telegraphischen Verkehr. Hier entwickelt und exemplifiziert Knies auch seine Vorstellungen von einer relevanten Preistheorie. Nicht ganz ein Drittel des Buches widmet Knies den »Erscheinungskreisen des Nachrichtenverkehrs«, wie sie durch Briefpost, Zeitung und Annonce dargestellt werden. Dabei geht er von einem weiten Begriff des Verkehrs aus, der alles umfassen soll, »was sich in der Lebensweise des Menschen im Gegensatz zu den Zuständen vollständiger Isolierung der einzelnen herausbildet«. Im Verkehr hebt der Mensch seine Isolierung auf, wobei er jeweils die Schranken der Zeit und des Raumes überwinden muß. Entsprechend unterscheidet Knies streng zwischen einem Nachrichtenverkehr über die Zeiten hinweg, nämlich der Tradition und ihrer Verwirklichung in Lehre und Unterricht, auf der einen Seite und auf der anderen dem Verkehr »zwischen räumlich getrennten Zeitgenossen« zum Zwecke der Verbreitung ephemerer, rasch veraltender Nachrichten, die sich an die laufenden Vorkommnisse des Tages anschließen und selbst zum »Laufenden« gehören.

Die Geschichte dieses Nachrichtenverkehrs entwickelt Knies in einer Folge von sechs Schritten. Sie reichen von der »uranfänglichen« Verknüpfung von Mitteilung und Selbstübermittlung dessen, der etwas erfahren oder beobachtet hat, bis hin eben zur Nutzung des Telegraphen. Dessen Besonderheit liegt nach Knies in dem Vermögen, »daß er aus verschieden weit entfernten Orten nach demselben Platz hin, sowie von demselben Platz her nach verschieden weit entfernten Orten hin einen gleichzeitigen Nachrichtenverkehr bewerkstelligen läßt«. Zum ersten Mal macht der Telegraph es möglich, daß die Zeiträume zur Überwindung aller Entfernungen auf Null gehen. So wird das »Parallelitätsprinzip« der Versammlungskommunikation (wie Wolfgang → Riepl 1913 formulieren wird) technisch wieder zurückgewonnen. Solche Gleichzeitigkeit der Nachrichtenmitteilung vermag in der Folge dann »die Gleichzeitigkeit der Action weit verstreuter Menschenmassen« nach sich zu ziehen und formt diese »wirklich zu einem Staatskörper«.

Was dem Telegraphen vorausging, betrachtet Knies danach, wie sich die Funktionen der Nachrichtenvermittlung und die Nachrichten(-Transport)-Mittel selbst allmählich lösen von der berichtenden Gedanken-Mitteilung und deren Träger. Diese Entwicklung verfolgt er anhand verschiedener Varianten von Botensystemen, des Einsatzes akustischer und optischer Signaltechniken sowie des Nutzens der Schrift für den Nachrichtenverkehr. Den bis dahin größten Fortschritt sieht Knies in der Ablösung des geschriebenen durch das gedruckte Wort. Erst dadurch nämlich konnten Nachrichten ohne besondere Mühe an sehr viele und an alle gelangen. Unter dieser Bedingung habe sich das Zeitungswesen als besondere Gattung des Nachrichtenverkehrs erst bilden und zu »wucherischem Wachsthum« entfalten können. Damit legt Knies zum ersten Mal eine systematische Theorie der Geschichte des Nachrichtenverkehrs vor, die er als einen Prozeß der Rationalisierung der Nachrichtenkommunikation über räumliche Distanzen auf dem Weg der »Arbeitsteilung« betrachtet. Als »Episode«, wie er selbst sagt, ist in diese Analyse des Nachrichtenverkehrs eingelassen die erste bekannte Theorie der Zeitungsannonce, die er als öffentliche Nachricht »von dem Angebot oder der Nachfrage Jemandes« versteht.

Mit seiner Theorie des Nachrichtenverkehrs steht Knies erkennbar in einer ideengeschichtlichen Tradition. Zwanzig Jahre vor ihm hat Franz Adam → Löffler 1837 den »Gebärungsprozeß der Presse« als einen öffentlichen »Gedankenhandel« auf ähnliche Weise, aber von einem völlig anderen wissenschaftstheoretischen Zugang her beschrieben. Von besonderer Bedeutung jedoch sind in diesem Zusammenhang die durchgehend originären Ergebnisse, die Wolfgang Riepl knapp sechzig Jahre später bei seinen Untersuchungen über das Nachrichtenwesen des Altertums erzielen konnte: im einzelnen reicher ausdifferenziert, reichen die Erkenntnisparallelen bei Riepl teilweise bis in die Fachtermini der Vorarbeiten von Knies hinein. Riepl allerdings geht von den nämlichen Basiskriterien aus, die auch Knies zugrunde legt: der Überwindung von Raum und Zeit im Nachrichtenverkehr sowie von der Notwendigkeit der »Arbeitsteilung«, um seine Effektivität zu steigern.

Die Erkenntnisse, die Knies in seinem Buch über den Telegraphen zum Nachrichtenverkehr allgemein ausbreitet, sind erst von Otto → Groth (1948) wieder entdeckt worden. Für die Ideengeschichte eines kommunikationswissenschaftlichen Ansatzes, der seinen Gegenstand nicht in bestimmten (Massen-)Medien und erst recht nicht allein in den Pressemanifestationen aktueller gesellschaftlicher Kommunikation suchte, sondern ihn im Nachrichtenverkehr der Zeitgenossen zu den gleichzeitigen Vorkommnissen, das heißt: in der gesellschaftlichen

Zeitkommunikation fand, war und ist Knies' Werk grundlegend (vgl. Schmid-Fischbach 1996). Mit seinem Versuch, die mit dem Einsatz der Elektrizität für den Nachrichtenverkehr eröffneten Möglichkeiten gedanklich stringent in alle Konsequenzen hinein auszuloten, hat Knies jedoch auch Ideen entwickelt und vorweggenommen, die erst in der zweiten Hälfte des 20. Jahrhunderts etwa bei Marshall McLuhan oder bei den sogenannten »Medium«-Theoretikern wieder auftauchen. Daher verwundert es nicht, daß die Präsentation von Knies-Texten und Knies-Interpretationen in der amerikanischen Kommunikationsforschung zu Beginn der 70er Jahre ein lebhaftes Echo fand (→ auch Hardt 1979).

Literatur

Karl Knies (1853): *Die Eisenbahnen und ihre Wirkungen*. Braunschweig: Schwetschke.

Thomas Nipperdey ([5]1991): *Deutsche Geschichte. 1860-1866. Bürgerwelt und starker Staat*. München: C. H. Beck.

Patricia Schmidt-Fischbach (1996): Fundamental-Kategorien des Nachrichtenverkehrs. In: Karl Knies: *Der Telegraph als Verkehrsmittel. Ungekürzter Faksimile-Nachdruck der Originalausgabe*. München: Fischer, S. 27*-59*.

Hans Wagner

Kurt Koszyk (1966): *Deutsche Presse im 19. Jahrhundert. Geschichte der deutschen Presse Teil II*. Berlin: Colloquium Verlag. 372 Seiten.

Weil Otto Groths vierbändiges Standardwerk »Die Zeitung« (→ Groth 1928-1930) seit mehr als 30 Jahren auf dem Markt, Ludwig Salomons Darstellung gar 60 Jahre alt war (→ Salomon 1900-1906), bat Fritz Eberhard Anfang der 1960er Jahre Kurt Koszyk (geb. 1929), einen adäquaten Ersatz zu schreiben (vgl. Koszyk 1997: 245). Kurt Koszyk unternahm, um den Anspruch an eine moderne Pressegeschichte einzulösen, umfangreiche Quellen- und Archivstudien, so daß seine Arbeit wohl zu den meistzitierten kommunikationshistorischen Arbeiten des deutschen Sprachraums gehören dürfte. Es ist eine Ironie der Entstehungsgeschichte, daß Koszyk sein Standardwerk zu schreiben begann, als sich die Publizistikwissenschaft von den historisch-geisteswissenschaftlichen Traditionen zu lösen begann und den Sozialwissenschaften zuwandte.

In seiner klar verfaßten und gegliederten Darstellung des 19. Jahrhunderts beschreibt Kurt Koszyk im wesentlichen die Geschichte der politischen Presse. Die Betonung des Politischen macht auch Vorwürfe, wie sie Martin Welke am Werk von Margot Lindemann geäußert hat, diese habe sich in ihrer Gliederung an der politischen Geschichte orientiert, für Koszyks Band gegenstandslos (vgl. Welke 1974). Koszyks Terminierung des 19. Jahrhunderts auf dessen lange Version – von der Epoche der Französischen Revolution bis zum Ausbruch des Ersten Weltkriegs – ist jedoch nicht nur aus politischen, sondern auch aus engeren pressehistorischen Überlegungen immer noch richtig. Denn zu Beginn des 19. Jahrhunderts kommt die medientechnische (Lithographie, Telegrafie, Schnellpresse) und die kommunikationspolitische Entwicklung (Pressegesetzgebung) in Bewegung, nach dem Ersten Weltkrieg erwuchs der Presse im Rundfunk eine neue mediale Konkurrenz, und der Erste Weltkrieg ist – bei allen Unterschieden im Detail – auch in kommunikationspolitischer und propagandistischer Hinsicht nicht von der NS-Zeit zu trennen.

Die Geschichte der politischen Presse ist eine doppelte, einerseits diejenige der Blätter, daneben die der politischen Strömungen, in der die Presse trieb bzw. die sie antrieben. Gerade die Pressegeschichte des 19. Jahrhunderts ist eine politische Geschichte. Das 19. Jahrhundert lebte von dem Kampf um die Pressefreiheit und entwickelte die lange beherrschende Form der Parteipresse. Beiden Phänomenen widmet sich die Darstellung von Koszyk in aller Ausführlichkeit. Daher sind Vorwürfe, Koszyk habe leichtfertig wichtige Stränge der Presse, z.B. der Unterhaltungspresse, zu stiefmütterlich behandelt, zwar nachvollziehbar, doch gerade in der Beschränkung auf diesen Gegenstand liegt die Stärke seines Auftaktbandes (vgl. Schneider 1975).

Das hielt schon der erste Rezensent, der Historiker Rudolf Morsey, in der ›Publizistik‹ fest, dessen Kritik aber nach mehr als 30 Jahren nur noch bedingt geteilt werden kann: »Bei allen berechtigten Einwänden gegenüber dieser Arbeit muß eingangs hervorgehoben werden, daß angesichts des derzeitigen Forschungsstandes beträchtlicher Mut dazu gehörte, eine handliche Gesamtdarstellung der deutschen Pressegeschichte des 19. und 20. Jahrhunderts in Angriff zu nehmen«. Wenn z.B. Morsey das Verdikt Koszyks, der Welfenfonds stelle eine »unkontrollierbare Machtquelle« Bismarcks dar, kritisierte und sein Urteil als »unhaltbar« einstufte, so wird man aus heutiger Sicht der Forschungslage wohl wieder eher Koszyk zustimmen (Morsey 1964; vgl. Stöber 1996).

Kurt Koszyk schrieb mit der *Geschichte der deutschen Presse im 19. Jahrhundert* eine Synthese des Forschungsstandes seiner Zeit, die noch heute als Ausgangspunkt wichtig ist. Zwar ist heute die Forschung in vielerlei Hinsicht weiter: Seit 1966 sind zahlreiche Zeitungsmonographien erschienen, die Geschichte der Professionalisierung der Journalisten hat wichtige Impulse erhalten (vgl. Requate 1995), die Geschichte der kommunikationspolitischen und presserechtlichen Bemühungen ist fortgeschrieben worden (vgl. Kohnen 1995), zur Geschichte der Pressepolitik und Propaganda liegen heute erheblich detailliertere Kenntnisse vor (vgl. Stöber 1996; Stöber 2000), die Koszyk immer wieder in Details korrigieren. Das ändert aber nichts an dem Wert der in den großen Zügen immer noch zutreffenden Darstellung. Kurt Koszyk hat im weiteren Verlauf seiner Forschungen immer deutlicher darauf hingewiesen, daß Presse- und Kommunikationsgeschichte eine Form der Sozial- und Gesellschaftsgeschichte ist (vgl. Koszyk 1989). Für das 19. Jahrhundert hat er sie in die politische Geschichte gewendet beschrieben.

Literatur

Richard Kohnen (1995): *Pressepolitik des Deutschen Bundes. Methoden staatlicher Pressepolitik nach der Revolution von 1848.* Tübingen: Max Niemeyer.

Kurt Koszyk (1989): Kommunikationsgeschichte als Sozialgeschichte. In: Max Kaase, Winfried Schulz (Hrsg.): *Massenkommunikation. Theorien, Methoden, Befunde.* Opladen: Westdeutscher Verlag, S. 46-56.

Kurt Koszyk (1997): Wie man Kommunikationshistoriker wird. In: Arnulf Kutsch, Horst Pöttker (Hrsg.): *Kommunikationswissenschaft – autobiographisch. Zur Entwicklung einer Wissenschaft in Deutschland.* Opladen: Westdeutscher Verlag, S. 243-250.

Rudolf Morsey (1964): [Rezension]. In: *Publizistik,* 12. Jg., S. 189-190.

Jörg Requate (1995): *Journalismus als Beruf. Entstehung und Entwicklung des Journalistenberufs im 19. Jahrhundert im internationalen Vergleich.* Göttingen: Vandenhoeck & Ruprecht.
Franz Schneider (1975): Presse, Pressefreiheit, Zensur. In: Otto Brunner, Werner Conze, Reinhart Koselleck (Hrsg.): *Geschichtliche Grundbegriffe.* Stuttgart: Ernst Klett. Bd. 5, S. 899-927.
Gunda Stöber (2000): *Pressepolitik als Notwendigkeit. Zum Verhältnis von Staat und Öffentlichkeit im wilhelminischen Deutschland 1890-1914.* Stuttgart: Franz Steiner.
Rudolf Stöber (1996): Bismarcks geheime Presseorganisation von 1882. In: *Historische Zeitschrift,* Bd. 262, Nr. 2, S. 423-451.
Martin Welke (1974): Die Geschichte der Zeitung in den ersten Jahrhunderten ihres Bestehens. Kritische Bemerkungen zu Margot Lindemanns »Deutsche Presse bis 1815«. In: *Daphnis,* 3. Jg., Nr. 1, S. 92-106.

Rudolf Stöber

Kurt Koszyk (1968): *Deutsche Pressepolitik im Ersten Weltkrieg.* Düsseldorf: Droste. 288 Seiten.

Es war gleichsam ein »Nebenprodukt«, das Kurt Koszyk (geb. 1929) hier 1968 vorlegte. Seit 1966 mit der Arbeit am dritten Band der »Geschichte der deutschen Presse« befaßt (→ Koszyk 1972), beschloß er aufgrund überaus umfangreicher Materialfunde, die Ausführungen über den Ersten Weltkrieg »auszukoppeln« und als eigenständiges Werk zu verfassen. In seiner Vita als Wissenschaftler wurde es zu einem Hauptwerk: 1967 reichte er es, angeregt durch Gerhard Ritter, an der Freien Universität Berlin als Habilitationsschrift ein und erhielt damit schließlich die Venia legendi für Kommunikationswissenschaft.

Zentrales Quellenmaterial, das er hier erstmals erschloß, waren die Aufzeichnungen aus den Berliner Pressekonferenzen, dem wichtigsten Lenkungsinstrument »positiver« Pressepolitik in den Kriegsjahren. Zu ihnen – wie zu vielen anderen bedeutenden Quellen – hatte Koszyk Zugang erhalten im damaligen Deutschen Zentralarchiv in Potsdam (dem heutigen Bundesarchiv). Sie auszuwerten war allerdings sehr kompliziert – vor allem auch aufgrund der äußeren Gegebenheiten. Schon die Nutzungsgenehmigung zu bekommen war 1966, in Zeiten des noch andauernden Kalten Krieges, nicht einfach; so durfte Koszyk zunächst nur zwei Wochen in Potsdam bleiben, schloß später aber noch mehrere Archivbesuche an. Und die inhaltliche Aufarbeitung der umfangreichen Aktenbestände erwies sich als sehr aufwendig, existierten doch keine Findbücher. Nicht frei von Komplikationen war schließlich auch die Verteidigung des Werks im Habilitationsverfahren am 30. Januar 1968. Weniger die prominent besetzte Kommission mit u.a. Ernst Fraenkel, Emil Dovifat und Thomas Nipperdey bereitete Koszyk allerdings Schwierigkeiten als vielmehr die Begleitumstände: Gleichzeitig fand nämlich im Audimax der FU eine Studentenvollversammlung statt; Hochschulboykott wurde beschlossen, die Hörsäle besetzt, die Lichter ausgedreht. Allein Koszyks Habilitationsverfahren konnte noch durchgeführt werden.

In seiner Monographie beackerte er ein noch wenig bestelltes wissenschaftliches Feld; trotz der durch Fritz Fischers Studie »Griff nach der Weltmacht« (Fischer 1961) ausgelösten Kriegsschuld-Debatte Anfang der 60er Jahre mußte Koszyk eine »fast völlige Abstinenz unserer Geschichts- und Publizistikwissenschaft für den Ersten Weltkrieg« zumindest im Hinblick auf die Presse der Zeit feststellen (S. 8). So lag es dann an ihm, hier Pionierarbeit zu leisten. Detailliert und anschaulich zeichnet er – sich fast ausschließlich auf Akten in den Archiven stützend – die Entwicklung des politisch-publizistischen Kontrollapparats nach. Ausgehend von der Rechtslage beschreibt er zunächst den Aufbau des amtlichen Presseapparats, seine Aufgaben und deren sich im Kriegsverlauf wandelnde, vielfach chaotische Ausgestaltung. Nicht nur der Aufbau der Zensurstellen und die Zensurbestimmungen werden eingehend beschrieben, sondern auch die – z.T. daraus resultierende – Berichterstattung wesentlicher Blätter etwa im Hinblick auf die Darstellung der Kriegsgegner (S. 84-94) wird analysiert. Weitere umfangreiche Kapitel sind z.B. den Zensurdebatten im Reichstag, der Auslandspropaganda und eben Ablauf und Inhalten der Berliner Pressekonferenzen eingeräumt.

Von einer klar durchdachten und systematisch umgesetzten Pressepolitik, von einer einheitlichen und immer effektiven Presselenkung konnte, so zeigt Koszyk vielfach auf, trotz aller Schärfe der Zensur im Weltkrieg keine Rede sein. Zu groß war der Zuständigkeitswirrwarr, zu ausgeprägt auch die Rivalität zwischen politischen und militärischen Lenkungsstellen. Dennoch kam es zu einer weitreichenden Uniformierung der deutschen Presse; dies zum einen aufgrund der großen (gleichfalls genau dargestellten) Abhängigkeit vom Wolffschen Telegraphischen Bureau als wesentlichem Nachrichtenlieferanten u.a. mit der Monopolstellung für die Übermittlung des Heeresberichtes, zum anderen aber auch wegen der zunächst weithin freiwilligen Anpassung der deutschen Presse an vorgebliche oder vermeintlich Anforderungen der »großen Zeit« aus der anfänglichen Stimmung nationaler Begeisterung heraus. »Später«, so Koszyk, gab es kein Ausweichen mehr.« (S. 260) Er konstatiert dann auch insgesamt ein »Versagen der Meinungsführung« (S. 11, S. 131ff.). Das Beschönigen der Kriegslage, das Verschweigen etwa der genauen Gefallenenzahlen hätten schließlich »verheerende Folgen« (S. 11) gehabt. Belastungsfaktoren für die nachfolgende Republik wie die Dolchstoßlegende wurden dadurch erst ermöglicht, und das Vertrauen in die Presse wurde insgesamt nachhaltig erschüttert. Und noch in einer anderen Hinsicht hat das Beispiel der Pressepolitik im Ersten Weltkrieg, wie Koszyk resümierend aufzeigt, verhängnisvoll gewirkt: Zwar waren die Repressalien »milde im Vergleich zur totalen Unterdrückungspraxis im Nationalsozialismus«, aber sie stellten das »Vorbild«, war Hitler doch überzeugt, daß hier »Erfolg nur durch rigorose Anwendung der im Ersten Weltkrieg entwickelten Methoden erreicht werden« könne (S. 260).

Diesem Zusammenhang wurde bis heute nicht systematisch nachgegangen, wie überhaupt in den gut dreißig Jahren seit dem Erscheinen von Koszyks Monographie nur relativ wenig Studien zur Presse im Ersten Weltkrieg erschienen sind – zu erwähnen sind hier etwa Jürgen Wilke (1997), Bernhard Rosenberger (1998) und insbesondere Martin Creutz, der 1996 eine kritische »Fortschreibung« Koszyks, auf den er sich mehrfach explizit bezieht (vgl. Creutz: insbes. 2-5), unter Heranziehung neu erschlossener Quellen vorlegte. Trotz dieser neueren Befunde bleibt Koszyks Monographie ein Standardwerk der Pressegeschichtsschreibung, beeindruckend insbesondere durch ihre immer noch unerreichte Materialfülle. Eine Neuauflage hat sie allerdings bislang nicht erlebt; längere

Passagen daraus wurden aber fünf Jahre nach dem Ersterscheinen in einer Edition von Heinz-Dietrich Fischer nachgedruckt (vgl. Fischer 1973: 152-193).

Literatur

Martin Creutz (1996): *Die Pressepolitik der kaiserlichen Regierung während des Ersten Weltkriegs*. Frankfurt am Main u.a.: Peter Lang.

Fritz Fischer (1961): *Griff nach der Weltmacht. Die Kriegszielpolitik des kaiserlichen Deutschland 1914/18*. Düsseldorf: Droste.

Heinz-Dietrich Fischer (Hrsg.) (1973): *Pressekonzentration und Zensurpraxis im Ersten Weltkrieg. Texte und Quellen*. Berlin: Volker Spiess.

Bernhard Rosenberger (1998): *Zeitungen als Kriegstreiber? Die Rolle der Presse im Vorfeld des Ersten Weltkrieges*. Köln, Weimar, Wien: Böhlau.

Jürgen Wilke (1997): Deutsche Auslandspropaganda im Ersten Weltkrieg: Die Zentralstelle für Auslandsdienst. In: Jürgen Wilke (Hrsg.): *Pressepolitik und Propaganda. Historische Studien vom Vormärz bis zum Kalten Krieg*. Köln, Weimar, Wien: Böhlau, S. 79-125.

Markus Behmer

Kurt Koszyk (1972): *Deutsche Presse 1914-1945. Geschichte der deutschen Presse Teil III*. Berlin: Colloquium. 588 Seiten.

Sechs Jahre nach dem zweiten (→ Koszyk 1966) und drei Jahre nach dem ersten Band (→ Lindemann 1969) der Reihe »Geschichte der deutschen Presse« erschien 1972 Band 3: *Deutsche Presse 1914-1945*, mit dem die Gesamtpublikation ihrer ursprünglichen Konzeption nach abgeschlossen sein sollte; freilich folgte ihr dann weitere 14 Jahre später noch Band 4: »Pressepolitik für Deutsche 1945-1949« (→ Koszyk 1986). »Wie Parzifal« sei er, so erinnert sich Kurt Koszyk heute, in das Projekt »hineingestolpert«. Angeregt worden war es 1960 bei einer Fachkonferenz in Münster (aus der schließlich auch 1963 die Deutsche Gesellschaft für Publizistik- und Zeitungswissenschaft, heute DGPuK, hervorgehen sollte). Henk Prakke hatte dort vorgeschlagen, daß eine neue Gesamtdarstellung der deutschen Presseentwicklung verfaßt werden sollte, um die Werke von Ludwig → Salomon (1900-1906) und Otto → Groth (1928-1930) zu aktualisieren und zu ergänzen (vgl. Koszyk 1997: 245). Kurt Koszyk, seit 1957 Leiter des Instituts für Zeitungsforschung der Stadt Dortmund und – obgleich gerade erst Anfang dreißig (geb. 1929) – schon damals ausgewiesener Fachmann für Pressegeschichte, wurde die Ausarbeitung angetragen. »Hätte ich gewußt, was auf mich zukam,« meint er 40 Jahre später im Gespräch, »ich hätte nein gesagt.« In weiten Bereichen konnte er sich nämlich nicht darauf beschränken, einen zusammenfassenden Überblick über vorliegende Forschungsergebnisse zu geben, sondern mußte zunächst selbst Grundlagenforschung betreiben. So wurde jahrelange intensive Quellenrecherche in vielfältigen Archiven nötig.

Eine politische Pressegeschichte ist es, die Koszyk vorlegte. Im Mittelpunkt stehen staatliche Presselenkung, Presserecht und ökonomische Rahmenbedingungen; Medieninhalte, technische Entwicklungen, die Presse als Kulturfaktor oder auch das Zeitschriftenwesen sind hingegen nur eher beiläufig thematisiert. Drei Zeitabschnitte sind im dritten Band behandelt, und die Form ihrer Darstellung ist – abhängig von der Literatur- und Quellenlage – sehr unterschiedlich. Für den Ersten Weltkrieg konnte sich Koszyk mit einem prägnanten pressepolitischen Überblick auf elf Seiten beschränken, hatte er doch selbst vier Jahre zuvor eine umfangreiche Monographie dazu vorgelegt (→ Koszyk 1968), und für das »Dritte Reich« konnte er sich auf die Werke z.B. von Walter → Hagemann (1948), Oron J. → Hale (1964) und Karl-Dietrich Abel (1968) stützen und daher – auf knapp hundert Seiten – eher referierend vorgehen. Für die Presse in den 14 Jahren der Weimarer Republik gab es hingegen bislang keine Überblicksdarstellungen und nur relativ wenig Spezialstudien. Ihr ist daher auch der bei weitem größte Teil des Buches, gut 300 Seiten, gewidmet.

Riesige Aktenbestände in staatlichen und privaten Archiven hat Koszyk dafür ausgewertet, um z.B. – exemplarisch für die Verwicklung von Staat, Wirtschaft und Presse – Rolle und Entwicklung der ›Deutschen Allgemeinen Zeitung‹ ausführlich nachzeichnen zu können. Schwerpunkte der Darstellung sind die amtliche Pressearbeit, die Einflußnahmen der Wirtschaft auf die Presse und der sehr bedeutsame Bereich der Partei- und Gesinnungspresse. Insgesamt sind diese Ausführungen eine Fundgrube für Titel, Namen und Details, wobei sich allerdings der Zusammenhang nicht immer leicht erschließt, hoch komplex war das Beziehungsgeflecht zwischen Presse, Kabinetten, Parteien und Interessengruppen, das hier »aufgedröselt« wird, zu groß ist teilweise die Materialfülle – und groß waren Anfang der 70er Jahre auch noch die Forschungslücken, die naturgemäß Koszyk hier nicht alle füllen konnte, die aufzuzeigen aber auch eine der wichtigen Leistungen seines Werks war und ist.

Verdienstvoll ist nicht zuletzt die Schlußbemerkung, in der Koszyk acht »Thesen zur deutschen Pressegeschichte« präsentiert, durch die er insbesondere auch die sozialwissenschaftliche »Neuorientierung der Publizistikwissenschaft« befördern wollte. Zentral ist dabei die Erkenntnis, daß »die ökonomischen Grundlagen als Ausdruck der gesellschaftlichen Verhältnisse die Struktur der Presse im 19. und 20. Jahrhundert entscheidend disponiert haben« (S. 446). Aus der Analyse der administrativen wie vor allem auch ökonomischen Abhängigkeiten der Presse gerade in der Weimarer Republik mit ihren für die Leser kaum durchschaubaren Besitzverhältnissen folgert er – explizit auch auf die Situation der Presse in der Bundesrepublik mit anhaltender Pressekonzentration bezogen –, daß zur »politischen, in der Verfassung gesicherten Freiheit [...] stets die wirtschaftliche Freiheit der Presse kommen« muß (S. 453), damit sie ihre für die Demokratie konstituierende Aufgabe erfüllen kann.

Daß Koszyks Buch zum Standardwerk geworden ist, läßt sich schon daran ablesen, daß es in vielen wissenschaftlichen Bibliotheken zu den abgegriffensten, zerlesensten Exemplaren gehört, immer noch auf kaum einer kommunikationswissenschaftlichen Prüfungsliteraturliste fehlt und in besseren Fachbuchhandlungen noch heute vorrätig ist – ein echter Longseller. Ein Bestseller war es allerdings nie: Weiter wird die erste Auflage ausgeliefert, obgleich der Verlag nicht mehr existiert; wie viele Exemplare bisher abgesetzt wurden, vermag Koszyk selbst nicht zu sagen.

Mit seiner Pressegeschichte wollte Koszyk auch »Anregung zu intensiverer Forschung« (S. 446) geben. Dies ist ihm zweifellos gelungen – und weit mehr als das. So wird in der jüngsten, 2000 erschienenen »Deutschen Pressegeschichte« von Rudolf Stöber zu Recht konstatiert, er habe (in diesem wie in seinen anderen Büchern und Aufsätzen) »viele Grundlagen gelegt, auf die noch heute pressehistorisch und publizistikwissenschaftlich nicht verzichtet werden kann« (Stöber 2000: 12). Und so bezieht sich auch Jürgen Wilke in seiner fast zeitgleich publizierten umfassenden Darstellung der »Grundzüge der Medien- und Kommunikationsgeschichte« ebenfalls mehrfach auf die wegweisenden Studien Kurt Koszyks (vgl. Wilke 2000).

Literatur

Karl-Dietrich Abel (1968): *Presselenkung im NS-Staat.* Berlin: Colloquium.
Kurt Koszyk (1997): Wie man Kommunikationshistoriker wird. In: Arnulf Kutsch, Horst Pöttker (Hrsg.): *Kommunikationswissenschaft – autobiographisch. Zur Entwicklung einer Wissenschaft in Deutschland.* Opladen: Westdeutscher Verlag, S. 243-250.
Rudolf Stöber (2000): *Deutsche Pressegeschichte. Einführung, Systematik, Glossar.* Konstanz: UVK Medien.
Jürgen Wilke (2000): *Grundzüge der Medien- und Kommunikationsgeschichte. Von den Anfängen bis ins 20. Jahrhundert.* Köln, Weimar, Wien: Böhlau.

Markus Behmer

Kurt Koszyk (1986): *Pressepolitik für Deutsche 1945-1949. Geschichte der deutschen Presse Teil IV.* Berlin: Colloquium Verlag. 522 Seiten.

Auf 1.841 Seiten behandeln Margot Lindemann bzw. Kurt Koszyk in ihrer vierbändigen Darstellung (→ Lindemann 1969; → Koszyk 1966, 1972) insgesamt über 350 Jahre deutscher Pressegeschichte; dabei ist der knapp ein Drittel des Gesamtwerkes umfassende letzte Band einem Zeitraum von kaum fünf Jahren gewidmet. Es ist die Zeitspanne, in der nach dem Ende des Zweiten Weltkrieges unter alliierter Besatzung Deutschen jede publizistische Tätigkeit untersagt war – außer, wenn ihnen die Militärbehörden dazu eine Lizenz verliehen hatten. In dieser Lizenzzeit wurden die Grundlagen für das Mediensystem sowohl der späteren Bundesrepublik Deutschland als auch der Deutschen Demokratischen Republik gelegt. Es waren Entscheidungen alliierter Presseoffiziere, die bis heute das Angebot auf dem deutschen Pressemarkt nachhaltig bestimmen. *Pressepolitik für Deutsche* – und nicht von Deutschen: Mit dem treffend gewählten Titel seiner akribischen Darstellung macht Koszyk (geb. 1929) deutlich, wer primär für den »publizistischen Wiederaufbau« die Verantwortung trug. Es war zunächst und vor allem ein Bruch mit deutschen Zeitungstraditionen, die zugleich die Chance eines Neuanfanges einschloß. Aus heutiger Sicht – mehr als ein halbes Jahrhundert später – läßt sich sagen: Das Experiment, von außen und unter zeitbedingten widrigen Umständen Deutschland eine neue, demokratische Presse zu geben, ist gelungen. Dies läßt sich belegen, wenn man die bei Koszyk im Anhang (S. 471-491) abgedruckte (nicht ganz vollständige) Liste der Lizenzzeitungen mit dem heutigen Zeitungsangebot in Deutschland vergleicht: Von den 135 »Publizistischen Einheiten« (Vollredaktionen) im Bundesgebiet gehören im Jahre 2000 einhundert (= 74 %) zu Verlagsunternehmen, deren Ursprünge zwischen 1945 und dem 21. September 1949 liegen, dem Tag, an dem in Westdeutschland der Lizenzzwang endete. Noch deutlicher wird die fortwährende Wirkung dieser Lizenzpolitik, wenn man zusätzlich die Auflagenanteile berücksichtigt: die 100 hier relevanten Publizistischen Einheiten liefern den »Zeitungmantel« für 91 % der deutschen Zeitungsgesamtauflage.

Die Darstellung Koszyks folgt – nach einem einleitenden Kapitel »Grundlagen und Schwierigkeiten« über die allgemeinen Voraussetzungen der alliierten Presseplanungen – nicht einem zeitlichen Ablauf, sondern gibt einer Gliederung nach Besatzungszonen den Vorzug. Das ist deshalb konsequent, weil trotz aller gemeinsamen Grundlagen für das Besatzungsregime im besiegten Deutschland, etwa in den Beschlüssen der Potsdamer Konferenz und den Direktiven des Alliierten Kontrollrates, von Anfang an die Praxis der Lizenzvergabe von deutlichen Unterschieden zwischen den vier Zonen bestimmt war.

Was Koszyk detailliert beschreibt (wobei er neben deutschen Archivbeständen auch französische und britische Akten benutzen konnte; das Verzeichnis der benutzten Literatur umfaßt knapp 800 Titel), läßt sich so zusammenfassen: Die »Heeresgruppenzeitungen« (Matz 1970), die nach der Besetzung durch die alliierten Truppen die deutsche Bevölkerung mit Nachrichten versorgt hatten, wurden mehr oder weniger rasch von Lizenzblättern abgelöst, für die Deutsche, zunächst noch unter Militärzensur, die publizistische und wirtschaftliche Verantwortung trugen.

In ihrer Zone haben die Amerikaner schon Ende 1945 die ersten Zeitungen lizenziert, und zwar jeweils als »Gruppenzeitung«, in der Lizenzträger unterschiedlicher politischer Richtung zusammenwirken sollten. Die ihnen exklusiv zugewiesenen Verbreitungsgebiete waren zwar größer, als es deutscher Pressetradition entsprach, aber doch nicht überdehnt. Zeitungswettbewerb blieb auf fünf größere Städte der US-Zone beschränkt, als man dort 1946/47 jeweils eine zweite Zeitung lizenzierte. Nach Verabschiedung entsprechender Landespressegesetze hob die US-Militärregierung zu unterschiedlichen Terminen schon im Sommer 1949 die Lizenzvorschriften auf, nachdem sie sich in der Endphase der Lizenzzeit mit der Genehmigung lokaler Zeitungen und konfessionell geprägter Titel bereits von ihren ursprünglichen Prinzipien entfernt hatte.

Die französische Pressepolitik war 1945 durch spontane Lizenzerteilungen geprägt. Rücknahmen erfolgten im sogenannten 1. Revirement 1946; im 2. Revirement von 1947 wurde die Gründung von parteinahen jeweils landesweit verbreiteten Zeitungen ermöglicht, die damit in Wettbewerb zu den schon bestehenden regionalen Zeitungen traten.

Die britischen Besatzungsbehörden haben in ihrer Zone erst 1946 Zeitungen lizenziert: zunächst in Teilen Niedersachsens wenige nicht parteigebundene Titel mit Alleinstellung im Verbreitungsgebiet. Weitere Lizenzerteilungen erfolgten dann aber nur noch für parteigebundene Zeitungen, so daß in weiten Teilen der britischen Zone jeweils mehrere Zeitungen mit landesweiter Verbreitung miteinander konkurrierten (→ Fischer 1971). Mit der Verordnung 108 vom 18. Oktober 1947 übertrug die Besatzungsmacht die Lizenzvergabe an deutsche Landespresseausschüsse; für Zeitungen war der Zonenpresserat die zuständige Instanz, der in der Folgezeit noch vier nicht parteigebundene Zeitungen in Hamburg, Niedersachsen und Nordrhein-Westfalen zuließ.

Koszyk beschreibt auch die Lizenzpolitik in der sowjetischen Besatzungszone – unter Hinweis auf die bei der Arbeit am Manuskript bestehende unbefriedigende Quellenlage. Parteizeitungen erhielten dort schon im Sommer und Herbst 1945 eine Lizenz; 1946 wurden die Titel der KPD und SPD zu Organen der SED vereinigt, die wenigen »unabhängigen« Blätter blieben eine kurzlebige Episode (vgl. Baerns 1988).

Für die drei westlichen Besatzungszonen endete die Lizenzzeit mit Erlaß des Gesetzes Nr. 5 der Alliierten Hohen Kommission am 21. September 1949. Die bis dahin von einer Lizenzerteilung ausgeschlossenen Verleger früher erschienener Zeitungen (»Altverleger«) versuchten auf den von den Lizenzzeitungen besetzten Markt zurückzukehren. Welche Erfolge oder – häufiger – Mißerfolge solchen Bemühungen beschieden waren und wie sich die ehemaligen Lizenzblätter dem neuen Wettbewerb stellten, ist Gegenstand eines eigenen Kapitels bei Koszyk.

Erst 1955 endete die Lizenzzeit in Berlin (West) und im Saarland. Die DDR behielt das System der Presselenkung durch Lizenzvergabe bis zum 5. Februar 1990 bei. Nach der Wiedervereinigung machte man dort die gleiche Erfahrung wie schon 1949 im Westen: Die in der Lizenzzeit entstandene Leser-Blatt-Bindung macht den Marktzutritt für neue Titel schwer oder unmöglich.

Kurt Koszyk (1997) hat selbst beschrieben, welche Herausforderung es bedeutet, eine mehrbändige deutsche Pressegeschichte zu konzipieren und zu verfassen. Solche umfassend angelegten Werke können viele Details nur streifen oder müssen sie sogar unberücksichtigt lassen, um statt dessen die großen Linien vielfach ineinander verwobener Entwicklungen deutlich werden zu lassen. Koszyk aber gelang es, in dem letzten Band der Reihe beides zu leisten: einen umfassenden Überblick mit Handbuchcharakter zu geben und dabei – wenn auch nur für einen engen Zeitraum – akribisch bis in einzelne Vorgänge hineinzuleuchten. Weitere Detailstudien werden seine Forschungen in der einen oder anderen Weise zwar ergänzen, seine Erkenntnisse aber kaum noch verändern können.

Literatur

Barbara Baerns (1988): Deutsch-deutsche Gedächtnislücken. Zur Medienforschung über die Besatzungszeit. In: Rolf Geserick, Arnulf Kutsch (Hrsg.): *Publizistik und Journalistik in der DDR*. München: K. G. Saur, S. 61-114.

Kurt Koszyk (1997): Wie man Kommunikationshistoriker wird. In: Arnulf Kutsch, Horst Pöttker (Hrsg.): *Kommunikationswissenschaft – autobiographisch. Zur Entwicklung einer Wissenschaft in Deutschland*. Opladen: Westdeutscher Verlag, S. 243-250.

Elisabeth Matz (1969): *Die Zeitungen der US-Armee für die deutsche Bevölkerung 1944-1946*. Münster: C. J. Fahle.

Walter J. Schütz

Siegfried Kracauer (1947): *From Caligari to Hitler. A psychological history of the German film.* Princeton, NJ: Princeton University Press/London: Dobson. XII, 361 Seiten.

Deutsche Fassungen: Stark gekürzt: Siegfried Kracauer (1958): *Von Caligari bis Hitler. Ein Beitrag zur Geschichte des deutschen Films.* Autorisierte Übertragung von Friedrich Walter. Reinbek: Rowohlt. 200 Seiten. – Vollständige Neuausgabe: *Von Caligari zu Hitler. Eine psychologische Geschichte des deutschen Films.* Übersetzung von Ruth Baumgarten und Karsten Witte. Frankfurt am Main: Suhrkamp 1979. 632 Seiten. – Reprint 1984.

Siegfried Kracauer wurde 1889 in Frankfurt am Main geboren. Nach einem Studium der Architektur, Philosophie und Soziologie promovierte er 1915 zum Dr.-Ing. und nahm eine mehrjährige Praxis als Architekt auf. 1921 trat er der Redaktion des Feuilletons der ›Frankfurter Zeitung‹ bei, für die er bis zum Beginn des »Dritten Reichs« Filmkritiken und soziologisch orientierte Kritiken schrieb. Daneben entstanden zwei Romane. Er heiratete 1930 Elisabeth Ehrenreich, die als Bibliothekarin am Frankfurter Institut für Sozialforschung arbeitete. 1933 emigrierte er zunächst nach Frankreich, 1941 weiter in die USA. Dort war er Mitarbeiter der Filmbibliothek des Museum of Modern Art, wurde vor allem aber durch eine ganze Reihe von Stipendien für die Arbeit an seinen Studien freigestellt. Von 1952 bis 1958 war er Research Director am Bureau of Applied Social Research der Columbia University. Er starb 1966 in New York. Kracauer war einer der berühmtesten Filmkritiker der Weimarer Republik und nahm bereits hier die thematischen Fäden auf, die seine buchlangen Studien zum Film bestimmen. Sein Ausgangspunkt war ein soziologischer Zugang zum Kino, und man kann die 1922 erschienene Studie »Soziologie als Wissenschaft: Eine erkenntnistheoretische Untersuchung« durchaus als Leitlinie seiner Schriften zum Kino lesen. Besonderes Interesse genossen die Angestellten – Mitglieder einer Schicht, die sich selbst als die Besseren dünkten und sich mit allen Mitteln vom Arbeitermilieu abzuheben suchten –, in deren Freizeit- und Zerstreuungskultur er den Ausdruck fundamentaler Widersprüche sah und die er selbst als reaktionär betitelte. Kracauers Schrift »Die Angestellten« erschien 1930. Die Implikationen für eine Filmkritik sind enorm: In seinem berühmten Essai »Die kleinen Ladenmädchen gehen ins Kino« (1927) machte Kracauer das Kino z.B. als einen Ort aus, an dem sich die Phantasien und Wunschvorstellungen der kleinen Leute formulierten.

Wie kein zweiter markiert Kracauer einen soziologisch begründeten Zugang zum Film. Vor allem die Feuilleton-Beiträge übten Filmkritik als Gesellschaftskritik, indem sie vom baren Inhalt der Filme absahen und das Interesse auf Gestalt-, Form- und Genrecharakteristiken lenkten, die wiederum Hinweise auf die soziale Psyche des Publikums enthielten. Filmgeschichte – und gerade die Geschichte populärer Filme – erlaubt es darum, einen Blick auf die psychosozialen Gestimmtheiten, Mentalitäten und Dispositionen des Publikums zu werfen, sie ist ein Indikator für Gesellschafts- und Ideologiegeschichte. In einem Brief an Hermann Hesse schreibt Kracauer: »Ich analysiere die deutschen Filme von 1918 bis 1933 so, daß sie mir präzise Angaben über die während jener Epoche vorherrschenden psychologischen Dispositionen der Deutschen gestatten. Das Ganze ist ein Versuch, der entscheidenden seelischen Vorgänge habhaft zu werden, die sich damals tief unter der Oberfläche divergierender Ideologien in Deutschland abspielten« (1979: S. 606f.). Es geht nicht um Ideologiekritik, sondern um das Aufspüren kollektiver Mentalitäten, die mehr oder weniger unterhalb der Bewußtseinsschwelle bleiben.

Kracauer unterteilt das Material in vier historische Abschnitte – Frühzeit (1895-1918), Nachkriegszeit (1918-1924), Stabilisierungszeit (1924-1929) und präfaschistische Zeit (1930-1933). Insgesamt 21 Kapitel nennen das Motiv, das sie untersuchen, im Titel – »Aufmarsch der Tyrannen«, »Schicksal«, »Mörder unter uns«, »kleinlaute Ketzer« und dergleichen mehr. Motive komprimieren kollektive Dispositionen, sie geben symbolischen Ausdruck für Realitätshaltungen, sie verbinden psychische Energie mit ästhetischer Form. Immer wieder bestätigt sich die Annahme, daß der Aufstieg der Nationalsozialisten zur Macht nur denkbar ist vor dem Hintergrund der schwachen Verankerung von demokratischen Idealen im Bewußtsein der breiten Bevölkerungsschicht der Angestellten. So versucht das Buch in den Kapiteln »Stummes Chaos« und »Von der Auflehnung zur Unterwerfung« zu zeigen, daß die zunächst gehemmte und gebremste Energie der Rebellion, die nach der Kaiserzeit zunächst Filmschaffen und Rezeptionsmotive dominiert hatte, schon in der Nachkriegszeit versiegte und daß nach einer kurzen Phase eines angstbesetzten Chaos die Unterwerfung unter eine autoritäre Leitfigur zum neuen Fluchtpunkt der Filme wird. Beispiel sind ihm Filme über Friedrich den Großen, der bis in die Nazizeit Idol- und Projektionsfigur einer autoritären Phantasie geblieben ist. Bis in ikonographische Details hinein läßt sich die Tendenz der Unterwerfung nachweisen – so deutet Kracauer schon 1927 die Massendarstellung als ornamentale Ordnung, alle Strukturelemente fügen sich dem graphischen Ordnungsmuster der Gesamtgestalt unter, und es entsteht eine Symbolik, die die Auflösung des erkennbaren Subjekts und seinen Übergang in eine gesichtslose Masse thematisiert (in dem berühmten Essay »Das Ornament der Masse«).

Insbesondere die Filme aus der Hochphase der Weimarer Republik (unter solchen Titeln wie »Verfall« oder »gefrorener Boden« gekennzeichnet) zeichnen sich durch »Lähmung« aus – die Demokratisierung ist nach der gescheiterten Revolution Oberflächenphänomen geblieben, wurde von breiteren Bevölkerungsschichten politisch, kognitiv und einstellungsmäßig kaum vollzogen. Gerade die Filme der Neuen Sachlichkeit nimmt Kracauer als Hinweise darauf, daß eine einseitige Technikgläubigkeit, kunstgewerblicher Psychologismus und selbstverliebter Umgang mit den ästhetischen Möglichkeiten des Films eine allgemeine Regression des Publikums anzeigten –, und die Nazizeit bringt in die Realität, was bis dahin nur auf der Leinwand zu besichtigen war: »Da Deutschland so verwirklichte, was in seinem Film von Anfang an bereits angelegt war, nahmen die Leinwandgestalten tatsächlich Leben an. Als personifizierte Tagträume, die Köpfen entsprangen, denen Freiheit ein tödlicher Schock und Jungsein ständige Versuchung bedeutete, füllten diese Figuren die Arena im Deutschland der Nazis« (1979: S. 287).

Obgleich Kracauers Buch bis heute zu den Klassikern der Filmliteratur zählt, ist es intensiv diskutiert worden (vgl. Barnouw 1994; Kessler & Levin 1990; Koch 1996; Levin 1989; Volk 1996). 1958 erschien es in Deutschland in einer verstümmelten und moderierten Fassung. Erst 1979 lag es in einer vollständig überarbeiteten Neuausgabe vor, die zudem die Arbeiten Kracauers zur Nazi-Filmproduktion enthielt, die während des Krieges entstanden. Es ist zum einen die Rigorosität der Annahme einer Präformation des Politischen durch das Kino, die sich aus Kracauers These ableiten läßt, die ebenso Faszination wie aber auch Widerspruch auf sich gezogen hat: Denn die Nachhaltigkeit einer Wirkung, die der Autor implizit dem Film immer wieder unterstellt, darf sicher angezweifelt werden wie die schlußendliche Annahme, daß das Naziregime an Figuren-, Verhaltens- und Inszenierungsmodellen des Vor-Nazi-Films bemessen werden könnte. Einspruch hat die Tatsache auf sich gezogen, dass das Buch erst nach dem Krieg geschrieben wurde und darum einen teleologischen Blick auf den Zusammenhang von Filmkorpus und historischem Geschehen ermöglichte – so daß das Werk einen hermeneutischen Kurzschluß enthält, der thematisiert werden sollte. Und auch die Bedeutungstheorie des Films ist nicht unwidersprochen geblieben, die das Buch illustriert – Kracauer arbeitet formale Muster heraus, die er als kulturelle Symbole im Sinne von Deutungs- und Verhaltensmustern ansieht, die weitestgehend dem Unbewußten zugehören. Daß hier ein bildungstheoretischer Impuls angelegt ist, ist evident: Wenn das Kino Botschaften auf einer Ebene vermittelt, die weitestgehend der Kontrolle durch das Bewußtsein entzogen ist, ist Propaganda ein übermächtiger Zugang zur Psyche von Zuschauern, und es bleibt Aufgabe von Aufklärung und ästhetischer Reflexion, sich gegen die Überwältigung durch das Kino zur Wehr zu setzen.

Literatur

Dagmar Barnouw (1994): *Critical realism. History, photography and the world of Siegfried Kracauer.* Baltimore, London: John Hopkins University Press.

Michael Kessler, Thomas Y. Levin (Hrsg.) (1990): *Siegfried Kracauer. Neue Interpretationen.* Tübingen: Stauffenberg.

Gertrud Koch (1996): *Kracauer zur Einführung.* Hamburg: Junius.

Thomas Y. Levin (1989): *Siegfried Kracauer. Eine Bibliographie seiner Schriften.* Marbach: Deutsche Schillergesellschaft.

Andreas Volk (Hrsg.) (1996): *Siegfried Kracauer. Zum Werk des Romanciers, Feuilletonisten, Architekten, Filmwissenschaftlers und Soziologen.* Zürich: Seismo.

Hans Jürgen Wulff

Siegfried Kracauer (1960): *Theory of film. The redemption of physical reality.* New York: Oxford University Press. 364 Seiten.

Deutsche Ausgabe: Siegfried Kracauer (1964): *Theorie des Films. Die Errettung der äußeren Wirklichkeit.* Vom Verfasser revidiert. Übersetzung von Friedrich Walter und Ruth Zellschan. Frankfurt am Main: Suhrkamp. 454 Seiten. – 1973 unter gleichem Titel als Bd. 3 der »Schriften« Kracauers erschienen. Hrsg. von Karsten Witte. Frankfurt am Main: Suhrkamp. 456 Seiten. – Reprint 1985.

Die *Theorie des Films* ist eine mehr als 400 Seiten umfassende Poetik des Films und erschien 1960 – wie alle Arbeiten, die Siegfried Kracauer (1889-1966) im amerikanischen Exil nach 1941 schrieb – zuerst auf Englisch und wurde 1964 auf

Deutsch vorgelegt. Das Buch trägt den programmatischen Untertitel *Die Errettung der äußeren Wirklichkeit* – Film ist eine Erweiterung der Photographie. Beide haben eine besondere Affinität zur physischen Realität, sind wie kein anderes Medium dazu geeignet, physische Realität abzubilden. Damit unterscheiden sie sich von allen anderen Kunstgattungen, die nicht an die sichtbare Existenz der Dinge gebunden sind. Malerei kann z.B. nach Kracauer die Natur formen, Elemente weglassen etc. Photographie und Film sind dagegen wesenhaft an die realen Erscheinungen und ihre äußere Gestalt gebunden. Mit der besonderen Affinität zur sichtbaren Welt ergeben sich für Kracauer auch die ästhetischen Aufgaben beider Medien. Sie sind dazu prädestiniert, physische Realität abzubilden. Neben der registrierenden Funktion haben sie die Aufgabe, Realität zu enthüllen, wo sie sich der normalen Wahrnehmung entziehe (anknüpfend an die ältere Frage, ob man »Krupp fotografieren« könne – eine Debatte, die mit der Gründung der ›Illustrierten Arbeiter-Zeitung‹ beendet wurde). Dabei geht der Film über die Photographie hinaus: Erstens stellt er Realität in der Zeit dar, zweitens bedient er sich filmtechnischer Verfahren und Tricks. Wirklichkeitstreue und Formgebung wohnen beiden technischen Verfahren inne. Nun fächert die Affinität zur physischen Realität in mehrere Gestaltungstendenzen auf, die das Photographisch-Filmische von anderen Künsten unterscheiden: in die Affinität zur ungestellten Realität, zur Akzentuierung des Zufälligen, zur »Endlosigkeit«, zum »Unbestimmbaren« und zum »Fluß des Lebens«.

Die Lehre der Affinitäten begründet einen grundlegenden Realismus des Films. Affinität zum Zufälligen, weil sich die Realität durch das Zufällige auszeichne. Auf eine Photographie und auch auf Filmbildern werden neben den anvisierten Objekten auch vorher nicht bemerkte Dinge aufgezeichnet. Am besten manifestiere sich das Zufällige in Straßenszenen und den Erweiterungen der Straße – an Orten, an denen viele unterschiedliche Ereignisse mit größtmöglicher Unvorherbestimmtheit stattfinden. Affinität zur Unbestimmbarkeit, weil sich die materielle Welt mit all ihren Elementen als unbestimmbar erweist. Der Film hat bei Kracauer die Aufgabe, die Unbestimmbarkeit der »Natur im Rohzustand« darzustellen und gleichzeitig zu reduzieren, indem er z.B. Filmbilder so kombiniert, daß Bedeutungsträger hervorgehoben werden. Affinität zur Endlosigkeit: Der Film bildet diejenigen Phänomene und Prozesse ab, die er fassen kann, und erstellt darum ein Protokoll, dem das Kontinuum physischer Existenz unterstellt ist. Da die Realität ebenfalls ein Kontinuum physischer Wirklichkeit sei, allerdings wesentlich größer und umfassender als der Film, weist der Film über die Grenzen seines Kontinuums hinaus auf die Endlosigkeit der Welt. Entsprechend weist im übrigen auch die Photographie über die Grenzen des Bildrahmens in die Wirklichkeit hinein. Affinität zum Fluß des Lebens schließlich: Indem der Film zur Unbestimmbarkeit tendiere, enthalte er Elemente, die dem Leben entstammen und die sich auf der Oberfläche der Dinge abzeichnen. Darunter versteht Kracauer u.a. psychophysische Korrespondenzen, auf die der Film hinweist.

Nach den Überlegungen zur Affinität stellt die Theorie des Films zunächst die filmischen Mittel – Schauspieler, Sprache und Ton, Musik, Zuschauer – vor. Im dritten Schritt wird eine Gattungslehre des Films entworfen, die Experimentalfilm, Tatsachenfilm und Spielfilm unterscheidet, wobei Tatsachenfilm und Experimentalfilm Gattungen ohne Spielhandlung sind. Das mehrfach ausgerichtete realistische Grundmoment des Films dient im folgenden als normative Vorgabe: Ähnlich wie beim Dokumentarfilm können auch Spielfilme dem Medium in unterschiedlichem Grade gerecht werden. Dabei kommt es auf das Verhältnis von Form und Inhalt an, von dem ein Aspekt die Story-Form sei. Eine unfilmische Gattung ist danach die theatralische Story, deren Prototyp ein Theaterstück ist. Wegen ihrer gestellten, abgeschlossenen Form werde sie dem Medium nicht gerecht (was bei Kracauer immer bedeutet: entspricht nicht den Affinitäten des Mediums). Sie sei zu sehr darauf bedacht, Charaktere und ihre Beziehungen untereinander darzustellen und die Handlung weiterzutreiben, so daß sie weder die Affinität zum Unbestimmbaren noch derjenigen zur Endlosigkeit noch derjenigen zum Fluß des Lebens entspreche. Zwar könne ein Film mit einer theatralischen Story durch filmische Erweiterungen im Sinne der Affinitäten dem Medium gerechter gestaltet werden, aber im Grunde seien theatralische Stories der filmischen Form immer abträglich. Zwei andere Formen von Geschichten seien dagegen günstiger, kämen der filmischen Form viel mehr entgegen: die gefundene Story und die Episode. Erstere entspringe dem Material selbst und damit dem Abbilden der Natur im Rohzustand, sei also weder geplant noch konstruiert. Die Episode hingegen sei deshalb eine filmische Story-Form, weil sie sich nicht als abgeschlossene Handlung definieren lasse und damit den Eindruck hervorrufe, sie entstamme dem Fluß des Lebens, sei Teil eines größeren Universums.

Die Theorie des Films stellt sich als ein normativer Realismus des Films dar – und zwar auf zwei Ebenen: Erstens darin, daß die sichtbare, materielle Realität die nicht hintergehbare oder auflösbare Referenzebene für den Film darstellt; zweitens darin, daß es für den Film eine »Kamera-Realität« gibt, die auf die Phänomene der sichtbaren Welt rekurriert, aber im Sinne eines Erkenntnisinstruments über die normale Wahrnehmung hinausgeht. Dabei fallen alle diejenigen Elemente der Realität aus dem genuinen Wirkungsbereich des Films heraus, die sich in der materiellen, sichtbaren Welt nicht abzeichnen. Die Theorie könnte als eine phänomenologische Material-Ästhetik beschrieben werden. Gerade die normativen Ansprüche der Theorie sind immer wieder scharf kritisiert worden. Es geht Kracauer aber um mehr als das: Wie im Epilog des Buches deutlich wird, geht es ihm um die Erfassung einer Epoche, in der Film sowohl soziale, politische und intellektuelle Realität widerspiegele als auch den Menschen paradoxerweise zur konkreten Erfahrung zurückweise. Der Film sei also dazu imstande, den Menschen zur konkreten, materiellen Existenz zurückzuführen, da er sowohl physische Existenz abbilden wie enthüllen sowie innere Welten durch psycho-physische Entsprechungen anrühren könne.

Diese Haltung entspringt einem kulturphilosophischen Pessimismus, der schon durch Nietzsche, Comte, Freud, Spengler und Toynbee vorgezeichnet war und der symptomatisch für das Unbehagen an der Massengesellschaft auch in den 60er Jahren wurde. Die Thematik von Massenphänomenen durchzieht Kracauers Gesamtwerk, sie ist bis in das letzte Buch »Geschichte vor den letzten Dingen« (postum 1969 erschienen) präsent.

Hans Jürgen Wulff

Christian Kristen (1972): *Nachrichtenangebot und Nachrichtenverwendung. Eine Studie zum gate-keeper-Problem.* Düsseldorf: Bertelsmann Universitätsverlag. 130 Seiten.

Kurt Lewin (1947) hat die Metapher des Gatekeepers für Personen eingeführt, die Entscheidungsprozesse beeinflussen, indem sie den Durchlaß in ein soziales System kontrollieren. David M. White (1950) übernahm das Modell, um die journalistische Aussagenproduktion zu untersuchen. Christian Kristen knüpft an die Tradition der empirischen Gate-Keeper-Forschung an, erhebt nach ihrem Vorbild den Nachrichten-Input und -Output von Zeitungsredaktionen inhaltsanalytisch, um daraus auf Faktoren im Prozeß der Nachrichtenproduktion zu schließen.

Hatte sich die US-amerikanische Gatekeeper-Forschung anfangs auf den Gatekeeper-Einfluß einzelner Redakteure konzentriert, so waren in den zwanzig Jahren nach Whites bahnbrechender Untersuchung zunehmend organisatorische und außerredaktionelle Faktoren ins Blickfeld geraten. Aus den individualistischen Ansätzen entwickelte sich eine kybernetische Perspektive (vgl. Robinson 1973). Kristen beruft sich auf die funktional-strukturelle Systemtheorie und greift damit eine Perspektive auf, die → Rühl (1969) mit seiner Dissertation in der Journalismusforschung gerade zu popularisieren begonnen hat. Ein Gatekeeper ist für Kristen keine Person, sondern jedes »Input-Output-Subsystem« bei der Massenkommunikation (S. 25). Das Erkenntnisziel lautet, »die weitgehend vom Journalisten unabhängigen strukturellen Einflüsse« aufzudecken (S. 35). Dies ist für die deutschsprachige Kommunikationswissenschaft damals genauso neu, wie die mehrstufige empirische Betrachtung und Agenturdienste als Untersuchungsgegenstand.

Die Arbeit wird zur ersten Dissertation am gerade gegründeten Salzburger Institut für »Publizistik und Kommunikationstheorie«. Kristen (geb. 1946) ist von Wien dorthin gekommen. Gegenstand der Analyse ist die politische Auslandsberichterstattung in Österreich durch zwei Dienste von Nachrichtenagenturen und drei Tageszeitungen zwischen dem 6. und 12. Februar 1969. »Austria Presse Agentur« (APA) und »United Press International« (UPI) mit ihrem deutschen Dienst sind die Agenturen. Die Zeitungen erscheinen alle in Wien und sind partei- oder regierungsnah: die ›AZ – Arbeiter-Zeitung‹, Parteiorgan der Sozialistischen Partei Österreichs, das der Österreichischen Volkspartei nahestehende ›Volksblatt‹ und die offizielle Regierungs- und Staatszeitung, die ›Wiener Zeitung‹. Kristen unterzieht die Berichterstattung einer quantitativen Inhaltsanalyse und mißt Übereinstimmungen im Wortlaut zwischen Agenturmeldungen und Zeitungsnachrichten.

Vor allem dieser Textvergleich bestätigt Kristens Ausgangsvermutung, das Agenturangebot präge die Zeitungsinhalte stark: Von rund tausend angebotenen Meldungen wählten die drei Zeitungen zusammengenommen ein knappes Drittel aus (S. 81) – fast ausschließlich Meldungen vom Vortag. Ein Drittel der übernommenen Meldungen wurde komplett als eigenständiger Zeitungsbeitrag veröffentlicht. Auch die gekürzten Übernahmen wurden größtenteils nicht mit anderen Texten kombiniert. In allen Zeitungen beruhten mindestens zwei Drittel der untersuchten Beiträge auf nur einer Quelle (S. 88). Die Auslandsredakteure erscheinen Kristen daher als wahre Gatekeeper, als reine Textselektoren: »Bis auf geringe Unterschiede in der Satzkonstruktion, die auf die Mischung von Agenturtexten zurückzuführen sind, ist strukturell keinerlei Niederschlag der journalistischen Eigenarbeit ersichtlich« (S. 114). Dabei werden einfach strukturierte und leicht kombinierbare Texte bevorzugt verwendet. Die diskretionäre Macht der Agenturen sieht Kristen noch dadurch betont, daß beide untersuchten Dienste sich, etwa thematisch, erheblich unterscheiden. Dies kann er vor allem mit unterschiedlichen Zielgruppen und dem Sitz der Agenturen erklären. (S. 64)

Bei der Generalisierung von Kristens Ergebnissen scheint allerdings Vorsicht geboten – nicht nur wegen des speziellen Mediensamples: Das untersuchte Material bestand, soweit man das ersehen kann, ausschließlich aus reinen Auslandsmeldungen in der Stilform der reinen Nachricht. Dazu Kristen: »Jene Eigenarbeiten hingegen, die eindeutig der Feder des Journalisten entstammen, sind im Rahmen dieser Arbeit nicht in Betracht gezogen worden, da sie nicht direkt zum Thema der gate-keeper-Aktivitäten gehören« (S. 81). Vermutlich sind damit kommentierende Stücke gemeint. Irritierend ist auch, daß Kristen systemtheoretisch argumentiert, aber eine unidirektionale, lineare Selektionskaskade zum Ausgangsmodell seiner Untersuchung macht. Bei der Analyse klammert er reziproke und externe Einflüsse allerdings nicht aus. So stellt er »Adaption« der Agenturen an die Kunden fest. APA etwa richtet ihre Aktivität im Tagesverlauf stark am Bedarf des Österreichischen Rundfunks (ORF) aus (S. 65-67). Auch betont Kristen einen »Eigenzwang der Themen« (S. 110/111): Agenturen wie Zeitungen könnten bestimmte Themen bzw. Anschlußkommunikationen nicht ignorieren, was sich in einem Kern gemeinsamer »Hauptthemen« äußert (S. 77/78). Dies entspricht der holistischen Sicht der systemtheoretisch interpretierbaren europäischen Nachrichtenwerttheorie, die Kristen offensichtlich nicht kannte und die auch erst in den folgenden Jahren Einzug in die deutschsprachige Kommunikationswissenschaft halten sollte (→ Schulz 1976).

In der Folgezeit avancierte Kristen zum Fußnoten-Heros und seine Arbeit zum methodischen Vorbild etlicher Untersuchungen. Am bekanntesten dürfte die Analyse der Verarbeitung von Pressemeldungen in der nordrhein-westfälischen Regionalpresse von → Baerns (1985) sein. Ihr Ergebnis ist die populäre »Determinationshypothese«, wonach Öffentlichkeitsarbeit die Inhalte der Medien bestimmt.

Auch Kristens theoretischer Ansatz war richtungweisend. Der Boom der kommunikator- und einstellungsorientierten Journalistenforschung stand zwar noch bevor (zum Überblick vgl. Donsbach 1982; Kepplinger 1989). Doch eine systemtheoretische Perspektive, die technologische und ökonomische Imperative betont, läßt sich heute durchaus als herrschendes Paradigma der deutschen Journalismusforschung bezeichen, wie es wohl am einflußreichsten in den Arbeiten von Weischenberg (1998) gepflegt wird.

Der deutschsprachigen Kommunikationswissenschaft ging Kristen bald verloren. Weitere einschlägige Publikationen sind unbekannt. Bereits im Jahr der Veröffentlichung seiner Arbeit wanderte er nach Kanada aus, wo er an der Université de Montreal eine Professur für Kommunikationswissenschaft erhielt. Im

Jahr 1980 wechselte er als Professor für Soziologie an die Bishop's University in Lennoxville, wo er bis 1988 blieb. Danach verliert sich seine Spur.

Literatur

Wolfgang Donsbach (Hrsg.) (1982): *Legitimationsprobleme des Journalismus. Gesellschaftliche Rolle der Massenmedien und berufliche Einstellung von Journalisten*. Freiburg im Breisgau: Alber.

Hans Mathias Kepplinger (1989): Theorien der Nachrichtenauswahl als Theorien der Realität. In: *Aus Politik und Zeitgeschichte: Beilage 15 zur Wochenzeitung ›Das Parlament‹*, S. 3-16.

Kurt Lewin (1947): Frontiers in group dynamics, part II: Channels of group life, social planning and action. In: *Human Relations*, 1. Jg., S. 143-153.

Gertrude Joch Robinson (1973): Fünfundzwanzig Jahre »Gatekeeper«-Forschung. In: Jörg Aufermann, Hans Bohrmann, Rolf Sülzer (Hrsg.): *Gesellschaftliche Kommunikation und Information: Forschungsrichtungen und Problemstellungen. Ein Arbeitsbuch zur Massenkommunikation*. Frankfurt am Main: Athenäum Verlag, S. 344-355.

Siegfried Weischenberg (1998): *Journalistik: Theorie und Praxis aktueller Medienkommunikation. Band 1: Mediensysteme, Medienethik, Medieninstitutionen*. Opladen, Wiesbaden: Westdeutscher Verlag. 2., überarbeitete und aktualisierte Auflage.

David Manning White (1950): The »gatekeeper«: A case study in the selection of news. In: *Journalism Quarterly*, 27. Jg., S. 383-390.

Lutz Hagen

Wolfgang R. Langenbucher (1964): *Der aktuelle Unterhaltungsroman. Beiträge zur Geschichte und Theorie der massenhaft verbreiteten Literatur*. Bonn: Bouvier. 292 Seiten.

Die populäre Literatur ist in Deutschland zu keiner Zeit ein begehrtes Objekt wissenschaftlicher Begierde gewesen. Mit Ausnahme einer stärkeren theoretischen Beschäftigung mit Unterhaltungsliteratur in den 1970er Jahren (u.a. Anderegg & Hienger 1976; Kühnel 1977), den verdienstvollen Arbeiten von Nutz (1999) über den Heftroman und der von ihrem Initiator Faulstich (1983) sogenannten, multimedial angelegten »Bestseller-Forschung« ist die massenhaft verbreitete Literatur bis heute ein Stiefkind der Forschung geblieben.

Vor über dreieinhalb Jahrzehnten hatte Wolfgang R. Langenbucher (geb. 1938) sich des aktuellen Unterhaltungsromans in einer zeitungswissenschaftlichen Dissertation angenommen. Das Unternehmen bedurfte der Rechtfertigung vor den in Literaturdingen traditionell zuständigen Literaturwissenschaftlern: Nicht um ästhetische Urteile sollte es dem Autor gehen, sondern um den Beitrag populärer Literatur zum Zeitgespräch, zur gesellschaftlichen Kommunikation.

Wie wenig veraltet Langenbuchers weit ausholende, material- und ideenreiche Arbeit auch heute noch wirkt, zeigt bereits der Abschnitt »Zur Geschichte der massenhaften Verbreitung von (Roman-) Literatur«, die er als Geschichte einer Popularisierung des gedruckten Worts beschreibt. Da tritt Martin Luther als Bestseller-Autor des 16. Jahrhunderts auf. Religiös erbauliches Schrifttum beherrscht das Angebot, bevor nach 1700 auch häufiger Romane wie »Robinson Crusoe« erscheinen. Erst zu Beginn des 19. Jahrhunderts macht die Kategorie »Poesie« etwa ein Drittel der Titelproduktion aus. Anschaulich beschreibt der

Autor den Prozeß des Übergangs eines wachsenden Leserpublikums »von der Erbauungsliteratur zur weltlichen Literatur« (S. 60).

Den wahren Siegeszug der Unterhaltungsliteratur bringt dann das 19. Jahrhundert mit Fortsetzungsromanen in Zeitungen und preiswerten, teilweise bis heute existierenden Buchreihen wie Reclams Universalbibliothek. Das 20. Jahrhundert setzt diese populäre Publikationstradition fort mit der Einführung des Taschenbuchs 1950 und der Erschließung neuer Käuferschichten durch die Buchgemeinschaften. Eindrücklich führt der Autor den kulturellen Prozeß vor Augen, in dem sich das Buch vom Medium einer kleinen, elitären Minderheit zum Massenmedium par excellence entwickelt hat.

Langenbucher hat eine erstaunliche Fülle an statistischem Material zu Buchproduktion und -verbreitung zusammengetragen. Seine Listen massenhaft verbreiteter Romane aus den 50er Jahren lesen sich wie ein Vademecum der Unterhaltungsliteratur – von Erich Maria Remarques »Im Westen nichts Neues« bis Boris Leonidowitsch Pasternaks »Doktor Schiwago«.

Paradigmatische »inhaltsanalytische Untersuchungen des Romans als Gegenwelt« und zu »'Zeitungs-' funktionen des Romans« runden – neben einer ausführlichen Bibliographie – die Arbeit ab. Wer hier nicht Lösungen erwartet, sondern überlegt angesetzte Lösungsversuche zu schätzen weiß, wird auch diese Passagen heute noch mit Gewinn lesen.

Literatur als Gespräch aufzufassen, dem beizutreten der Leser aufgefordert ist, dürfte auch heute noch eine tragfähige Basis für literarische Kommunikationsprozesse abgeben – und Sigmund Freuds vom Autor zitierte Beobachtung, »daß uns die Dichter in den Stand setzen, unsere eigenen Phantasien zu genießen« (S. 243), ein guter Rat für ihr Verständnis.

Literatur

Johannes Anderegg, Jörg Hienger (1976): *Unterhaltungsliteratur. Zu ihrer Theorie und Verteidigung*. Göttingen: Vandenhoeck & Ruprecht.
Werner Faulstich (1983): *Bestandsaufnahme Bestseller-Forschung*. Wiesbaden: Harassowitz.
Walter Kühnel (1977): Die Entdeckung des Lesers. Wege der Literatur- und Kommunikationswissenschaft zu einer Buchwirkungsforschung. In: *Bertelsmann Briefe*, Nr. 91, S. 13-21.
Walter Nutz unter Mitarbeit von Katharina Genau und Volker Schlögell (1999) *Trivialliteratur und Popularkultur*. Opladen: Westdeutscher Verlag.

Bodo Franzmann

Harold Dwight Lasswell (1927): *Propaganda technique in the world war*. London: Kegan Paul, Trench, Trubner & Co/New York: Knopf. 233 Seiten.

Der vorliegende Titel stellt nicht nur die Dissertation von Harold D. Lasswell dar, die er nach seinen ersten Europastudien in London, Genf, Paris und Berlin verfaßt hat, sondern sicherlich die erste systematische Arbeit zur weltweiten Analyse von theoretischen Ansätzen und methodischer Umsetzung von Propaganda.

Harold Dwight Lasswell (1902-1978) gilt neben Kurt Lewin (1890-1947), Carl Iver Hovland (1912-1961) und Paul F. Lazarsfeld (1901-1976) als einer der vier Väter der Kommunikationsforschung. Während Lewin seinen Schwerpunkt in der Entwicklung einer Systemtheorie (Feldtheorie) sah, während Hovland sich um die experimentelle Analyse von Wirkungen verdient gemacht hatte, hat Lasswell, ähnlich wie Lazarsfeld, sowohl der Theorie politischer Kommunikation als auch den dazu korrespondierenden Methoden seine Aufmerksamkeit gewidmet, hier hat er im wahrsten Sinne fruchtbarste Pionierarbeit geleistet.

Lasswell begann sein Studium im Alter von 16 Jahren in Chicago bei Merriam, Mead und Park, erwarb dort (1922) den Bachelor of Science und wurde Assistent bei Merriam, bei dem er später auch promovierte. Zuvor bereiste er Europa, um sich bei den ehemaligen Kriegsgegnern vor Ort aus erster Hand zu informieren, und es ist kennzeichnend für den jungen Feuerkopf, daß er daneben Zeit und Energie fand, um die Wahl von Bertrand Russell ins englische Parlament zu managen.

Lasswell interessierte sich von Anfang an für das Maß an Aufmerksamkeit, das Personen, Massen, Gruppen oder Organisationen bestimmten Symbolen entgegenbringen. Schwerpunktmäßig betrieb Lasswell damit das, was wir heute Rezeptions- oder Publikumsforschung nennen würden, und folgerichtig interessierten ihn die Möglichkeiten von Propaganda, die er als Technik zur Verbreitung von Stimuli, die die erwünschte Reaktion erzeugen, bzw. als Technik der Verhinderung von Stimuli, die unerwünschte Reaktionen erzeugen, versteht (vgl. Lasswell 1927a: 630).

Das Forschungsfeld der Propaganda, das Lasswell mit seiner Dissertation erstmals aufgefaltet hatte, sollte ihn ein Leben lang nicht mehr loslassen: 1928-29 bereiste er ein zweites Mal Europa und machte sich mit der Psychoanalyse Freuds, mit der Dialektik von Karl Marx und der Soziologie von Max Weber intensiv vertraut. Der Ertrag dieser und anderer Bemühungen findet sich dann in der ersten großen Bibliographie zur Propaganda (Lasswell, Casey & Smith 1935) sowie in den Bemühungen Lasswells zur Erforschung des von Kommunikation, Propaganda und öffentlicher Meinung aufgespannten Forschungsfeldes, die konsequent zur Gründung der Zeitschrift ›Public Opinion Quarterly‹ (1937ff.) führte, zu deren Herausgebern Lasswell von Anfang an zählte.

1939 wurde Lasswell Direktor der Abteilung Wartime Propaganda und konnte seine Interessen in der Library of Congress entfalten. In dieser Zeit entstand seine Theorie der Propaganda (vgl. Lasswell & Blumenstock 1939) und in diese Zeit fielen auch die spektakulären Prozesse vor dem Obersten Gerichtshof, bei denen faschistische bzw. kommunistische Texte, basierend auf einem von Lasswell entwickelten inhaltsanalytischen Verfahren, indiziert wurden. Seine inhaltsanalytische Forschung publizierte er nach dem Krieg (vgl. Lasswell 1949).

Sein Interesse an der Inhaltsanalyse hat auch später nicht nachgelassen. Noch 1966 verfaßte er das Vorwort zur Einführung in den »General Inquirer«, die erste Einführung in die elektronische Inhaltsanalyse, und noch 1970 veröffentlichte er eine groß angelegte Studie über den amerikanischen Wertewandel (Namenwirth & Lasswell 1970).

Lasswells analytische Fähigkeiten und sein Vermögen, wissenschaftliche Probleme brillant darzustellen, haben seinen Ruf ebenso begründet wie seine unglaubliche wissenschaftliche Kreativität. Zu seinen Schülern gehören u.a. anderem Bruce Lannes Smith, Herbert A. Simon, Gabriel Almond, V.C. Key und David Truman.

In seiner Festschrift ist sein Wirken inhaltsanalytisch aufgelistet (vgl. Rogow 1969): 41 Bücher, 225 Aufsätze und 110 Rezensionen. Bruce Lannes Smith bemerkt dazu: »Auf jeden Fall wird dieser eigenartige Herr Lasswell Verwirrung unter späteren Biographen und Historikern stiften. Einge werden versuchen, dieses Problem wie den Shakespeare- und Bacon-Mythos zu lösen und behaupten, daß es mehrere Lasswells gegeben habe [...]. Vielleicht werden die Experten aber auch die These vertreten, daß diese Flut akademischer Publikationen von einer großen computerisierten Firma in New Haven stammt, die den Namen Lasswell & Lasswell & Lasswell, Yale & Mc Dougal führt.«

Jemand schreibt eine Dissertation über politische Propaganda, erkennt, daß er damit ein riesiges, politisch hoch relevantes Forschungsfeld aufgestoßen hat, und besitzt Weitsicht und Energie genug, um damit sein ganzes Leben auszufüllen. Dieser Jemand war kein Geringerer als Harold D. Lasswell.

Literatur

Harold D. Lasswell (1927a): The theory of political propaganda. In: *Political Science Review*, 21. Jg., S. 627-631.

Harold D. Lasswell (1949): *Language of politics. Studies in quantitative semantics.* Princeton, NJ: Princeton University Press.

Harold D. Lasswell, Dorothy Blumenstock (1939): *World revolutionary propaganda.* New York: Knopf.

Harold D. Lasswell, Ralph D. Casey, Bruce Lannes Smith (1935): *Propaganda and promotional activities.* Minneapolis: University of Minnesota Press.

Klaus Merten (2000): Struktur und Funktion von Propaganda. In: *Publizistik*, 45. Jg., S. 143-162.

Zvi Namenwirth, Harold D. Lasswell (1970): *The changing language of American values. A computer study of selected party platforms.* Beverly Hills, CA: Sage.

Arnold A. Rogow (Hrsg.) (1969): *Politics, personality and social science in the twentieth century: Essays in honor of Harold D. Lasswell.* Chicago u.a.: University of Chicago Press.

Klaus Merten

Paul F. Lazarsfeld (1940): *Radio and the printed page. An introduction to the study of radio and its role in the communication of ideas.* New York: Duell, Sloan and Pearce. XXII, 354 Seiten.

Das Buch ist ein Ergebnis früherer Studien zum Rundfunk, die 1937 von der Rockefeller Foundation finanziell unterstützt wurden und unter anderem zu Fragen über die Wechselwirkungen von Printmedien (besonders Zeitungen) und Rundfunk führten. Es ist ein Produkt kooperativer Forschung unter Mitwirkung von Samuel Stouffer sowie mehrerer Mitglieder des Office of Radio Research (z. B. Herta Herzog und Hazel Gaudet) und basiert auch auf zusätzlich erhobenen Daten aus unabhängigen Quellen.

Paul F. Lazarsfeld (1901-1976) kombiniert in diesem Werk eigene Untersuchungen mit Forschungsberichten verschiedener Autoren zur Lage der Printmedien im Zeitalter des Rundfunks in der amerikanischen Gesellschaft; dabei bleibt der Schwerpunkt die Rundfunkforschung. So sind die drei ersten Kapitel eine Einführung in die Hörerforschung (»The importance of being earnest«, »Why do people like a program«, »The future of serious listening«); sie schaffen eine allgemeine Grundlage für den Einstieg in die amerikanische Kommunikationsforschung der 1940er Jahre; das vierte und fünfte Kapitel beschäftigen sich mit den sozialen Bedingungen des Rundfunkhörens oder Zeitungslesens (»To read or not to read«, »Radio and the printed page as sources of news«); während das letzte Kapitel die Wirkungen des Rundfunkhörens auf das Lesen von Zeitungen und Büchern erörtert (»For further details ...«). Darüber hinaus wendet sich Lazarsfeld mit praktischen Anleitungen zur Erhöhung von Marktanteilen direkt an Medienpraktiker.

Lazarsfeld stellt die von ihm mitgegründete und praktizierte angewandte Hörfunkforschung vor, die neben den rein inhaltlichen Ergebnissen auch methodologische Anstöße vermittelt und als Aufforderung an die Kommunikationswissenschaft der 1940er Jahre gesehen werden kann, sich intensiver mit Mediennutzung, d.h. angewandter Forschung, zu beschäftigen.

Gleichzeitig ist sich Lazarsfeld bewußt, daß in einem Klima zunehmender Umfrageforschung mehr und mehr Allgemeinwissen produziert wird, und stellt sein Buchprojekt unter das Motto »Knowledge for what?« Er legimitiert angewandte Rundfunkforschung mit Hinweisen auf das demokratische Potential des neuen Mediums und schafft einen entsprechenden Einblick in die durch den Rundfunk enstandenen Möglichkeiten der gesellschaftlichen Kommunikation. Lazarsfeld kommt zu dem Ergebnis, daß die Einführung des Rundfunks als Massenmedium keinen negativen Einfluß auf die Lesegewohnheiten der Amerikaner hat; im Gegenteil, entsprechende Rundfunkprogramme können zum Lesen anregen, da sich auch die sozialen Rahmenbedingungen zu diesem Zeitpunkt geändert hatten: Mehr Freizeit und insbesondere eine verbesserte Schulbildung tragen dazu bei, Lesen zu einer vom Rundfunk unbeeinflußten Gewohnheit zu machen, die unter Umständen sogar durch entsprechende Radioprogramme gestärkt werden kann. Diese Ergebnisse sind im Konkurrenzkampf zwischen kommerziellem Rundfunk und Printmedien wichtige Beweise einer gemeinsamen, existenzfähigen Zukunft; sie vermitteln das Bild einer aktiven (und ausbaufähigen) Medienlandschaft und sind aus diesem Grund eine positive Aussage und Bestätigung der kommerziellen Interessen – insbesondere der Zeitungsverleger – an der Ausweitung des Rundfunks auf lokaler und regionaler Ebene sowie des kommerziellen Medienmodells im allgemeinen.

Lazarsfeld benutzt großangelegte Erhebungen, wie Massenumfragen (unter Mithilfe von Institutionen, u.a. American Institute of Public Opinion, Book-of-the-Month Club oder Rundfunkorganisationen) sowie individuelle, von seinen Kollegen erarbeitete, spezifische Fallstudien und deutet mit diesen, sich ergänzenden Methoden auch die vielseitigen Möglichkeiten seiner empirischen Kommunikationsforschung an, die sich besonders durch Kreativität und methodologische Brillanz auszeichnet.

Das Buch ist in Ansatz und Ausführung eine aussagekräftige primäre Quelle der Geschichte der Kommunikationsforschung in den USA – und beschreibt Lazarsfelds Rolle in der Entwicklung der Rundfunkforschung –, aus der sich inhaltliche und methodologische Präferenzen der frühen Rundfunkforschung sowie die spezifische Tendenz zur Auftragsforschung ablesen lassen. Das Werk erschien kurz vor Amerikas Eintritt in den Zweiten Weltkrieg mit kurzen Hinweisen Lazarsfelds auf die Rolle des Rundfunks in der (zu erwartenden) Propagandakampagne der Alliierten.

Literatur

Paul F. Lazarsfeld (1975): Eine Episode in der Geschichte der empirischen Sozialforschung: Erinnerungen. In: Talcott Parsons, Edward Shils, Paul F. Lazarsfeld: *Soziologie – autobiographisch. Drei kritische Berichte zur Entwicklung einer Wissenschaft*. Stuttgart: Ferdinand Enke, S. 147-225.

Winfried B. Lerg (1977): Paul Felix Lazarsfeld und die Kommunikationsforschung. Ein biobibliographisches Epitaph. In: *Publizistik*, 22. Jg., S. 72-88.

Hanno Hardt

Paul F. Lazarsfeld, Bernard Berelson, Hazel Gaudet (1944): *The people's choice. How the voter makes up his mind in a presidential campaign*. New York: Duell, Sloan and Pearce. 178 Seiten. – Mehrere weitere Auflagen.

Deutsche Ausgabe: Paul F. Lazarsfeld, Bernard Berelson, Hazel Gaudet (1969): *Wahlen und Wähler. Soziologie des Wahlverhaltens*. Neuwied, Berlin: Luchterhand. 291 Seiten.

The people's choice beeinflußt bis heute die wissenschaftliche Diskussion – nicht nur in der Kommunikationswissenschaft. Dafür sind der substantielle Gehalt und die methodische Anlage verantwortlich, aber auch ihr organisatorischer Entstehungszusammenhang. Denn mit *The people's choice* konnte Lazarsfeld zeigen, wozu ein neuer Typ von Forschung in der Lage ist: die anwendungsorientierte interdisziplinäre methodisch kontrollierte Sozialforschung.

Paul Felix Lazarsfeld (1901-1976) hatte an der Universität Wien mit einem astronomischen Thema promoviert und sich in der sozialistischen Jugendarbeit engagiert. 1929 gründete er die »Österreichische Wirtschaftspsychologische Forschungsstelle«, die Auftragsforschung betrieb, u.a. empirische Hörerforschung. Zusammen mit Marie Jahoda und Hans Zeisel entstand 1930/32 die Marienthal-Studie mit einer bahnbrechenden Integration von quantitativen und qualitativen Verfahren. 1933 ging er in die USA, zunächst als Stipendiat, dann als Immigrant. 1937 wurde er Direktor des von der Rockefeller Foundation finanzierten Office of Radio Research an der Princeton University, das 1938/39 an die Columbia University in New York verlegt und 1944 zum Bureau of Applied Social Research umbenannt wurde. Lazarsfeld lehrte und forschte immer auch an den genannten Universitäten und übernahm zentrale Funktionen in mehreren amerikanischen Fachgesellschaften. Nach 1945 sorgte er maßgeblich für den Transfer seiner amerikanischen Wissenschaftserfahrungen nach Europa und damit für einen Re-Import. Lazarsfeld hat höchst erfolgreich europäische Tradition mit amerikanischen Gegebenheiten verknüpft, Theorie mit Empirie, Empathie mit Statistik, Kommunikationswissenschaft mit Politologie und Soziologie, Unternehmen mit Universität. Man kann ihn deshalb mit Fug und Recht als einen »system builder« (Thomas Hughes) kennzeichnen. Es gelang ihm, im Rahmen der Hörfunkforschung mit so völlig unterschiedlichen Personen wie Frank Stanton (später Präsident der CBS), Robert K. Merton und Theodor W. Adorno eng zusammenzuarbeiten (siehe die Beiträge von Merton und Adorno in: Lepenies 1981 sowie Wiggershaus 1988: 266ff.). Mit der Elmira-Studie zum Wahlkampf 1948 (→ Berelson, Lazarsfeld & McPhee 1954) und mit »Personal influence« (→ Katz & Lazarsfeld 1955) hat er sich von der Kommunikationsforschung im engeren Sinne ab- und der methodologischen Forschung zugewandt. Wie nachhaltig sein Einfluß auch auf die Medienpraxis ist, kann man z.B. daran ablesen, daß Mitte der 80er Jahre in allen drei großen US-amerikanischen Networks die Publikumsforschung von jemandem geleitet wurde, der bei ihm studiert hatte (vgl. Sills 1989).

The people's choice hat er zusammen mit Bernard Berelson und Hazel Gaudet verfaßt. Letztere hatte zuvor an »Invasion from Mars« (→ Cantril 1940) mitgearbeitet. Berelson (1912-1979) hat Arbeiten u.a. zur Inhaltsanalyse und zur Zeitungsrezeption vorgelegt und war später im Wissenschaftsmanagement tätig, ab 1951 als Direktor des Programms für Verhaltenswissenschaft der Ford-Foundation.

Lazarsfeld entwickelte für *The people's choice* das ihm aus der Hörerforschung vertraute Instrument der deskriptiven Befragung weiter, um Einstellungen, ihre Veränderung und deren mögliche Erklärungen zu untersuchen. Das von ihm konzipierte Forschungsdesign nannte er »Panel technique«. Aus der Wählerschaft der Gemeinde Erie County (Ohio) wurde eine repräsentative Stichprobe gezogen, aus der vier gleich zusammengesetzte Gruppen von je 600 Personen gebildet wurden. Eine davon – das eigentliche Panel – wurde während des Wahlkampfes zwischen Franklin D. Roosevelt und Wendell L. Willkie 1940 über sieben Monate hinweg einmal pro Monat befragt, so daß individuelle Entwicklungen nachvollziehbar wurden. Die anderen drei Gruppen dienten als Kontrollgruppen mit einmaliger, aber zeitlich versetzter Befragung. Diese »dynamische Analyse« war methodisch bahnbrechend und beeindruckt doppelt, da sie ohne Computerunterstützung und ohne Statistikprogramme durchgeführt wurde.

Der substantielle Ertrag der Studie läßt sich in drei Thesen festhalten:

1. »Political Predispositions«: Wahlentscheidungen sind aus der Sozialstruktur zu erklären. Die Grundannahme der Studie ist, daß sich Wahlentscheidungen aus der Sozialstruktur erklären lassen, die hier lediglich durch drei voneinander unabhängige Konfliktlinien erfaßt wird: Stadt-Land, sozioökonomischer Status, Religion. »Social characteristics determine political preference.« (S. 27). Die Befragten wurden mit einem »Index of political predisposition« in Klassen eingeteilt, die Voraussagen über ihre Wahlentscheidungen erlauben. Wenn jemand Merkmale auf sich vereinigt, die mit unterschiedlichen Einstellungen korrespondieren, ist er »cross-pressures« ausgesetzt; dies hat Unentschlossenheit, Instabilitäten im Verhalten und Rückzug zur Folge. Im Wahlkampf polarisiert sich die Wählerschaft – und zwar in dem Sinne, daß die Menschen sich

weitgehend entlang der sozialen Scheidelinien ordnen und die entsprechenden politischen Positionen einnehmen. Die drei wichtigsten Wirkungsvarianten des Wahlkampfes sind (S. 102):

- Mehr als die Hälfte der Befragten wird im und durch den Wahlkampf in der vorab eingenommenen politischen Orientierung bestärkt (»Reinforcement Effect«).

- Bei 14 Prozent kristallisiert sich erst im Wahlkampf eine politische Orientierung heraus, aber die kann mit hoher Wahrscheinlichkeit aus ihrer Position in der Sozialstruktur vorausgesagt werden (»Activation Effect«);

- Nur ein kleiner Anteil (8 Prozent) verändert im Wahlkampf eine vorher geäußerte Parteipräferenz – das sind die eher Gleichgültigen, die politisch wenig Interessierten (»Conversion Effect«).

Den Wahlkampf vergleichen die Autoren mit einem Entwickler, der die Information auf einem belichteten Negativ – den Wählern mit ihren politischen Prädispositionen – hervortreten läßt: nicht mehr, aber auch nicht weniger (S. 75).

2. »Opinion-Leadership«: Die politischen Präferenzen werden durch Kommunikation in homogenen Gruppen vermittelt. Die soziale Struktur bildet voneinander getrennte Kommunikationsnetze aus. Für die Wahlentscheidungen ist die Kommunikation in diesen sozial homogenen Gruppen von entscheidender Bedeutung. Innerhalb der Gruppen finden die Autoren eine hohe Homogenität der politischen Auffassungen. Dies ergibt sich aber erst im Verlauf des Wahlkampfes, und zwar vor allem durch die Interaktion zwischen den intensiv am Wahlkampf teilnehmenden Opinion Leaders und den Opinion Followers in dem jeweiligen Netz. Die beiden Typen werden durch psychologische und durch kommunikative Variablen unterschieden (z.B. Artikulationsbereitschaft, Beeinflußbarkeit, Akzeptanz als Ratgeber); das bedeutet, in allen sozialen Gruppen finden sich Opinion Leaders. Sie geben ihrer jeweiligen Gefolgschaft Orientierung, d.h. sie vermitteln Deutungsmuster (»interpretations« – S. 148) und üben sozialen Druck aus, z.B. in Familien oder am Arbeitsplatz. Dadurch verstärken sich die gruppenspezifisch geteilten Auffassungen – darunter auch die Erwartungen, wer die Wahl gewinnen wird (»Bandwagon Effect« – S. 105ff.).

3. »Two-Step Flow«: Mediale Botschaften haben begrenzte Bedeutung – vermittelt über die Opinion Leaders. Durch die Gruppenkommunikation werden bei den Bürgern die latenten politischen Prädispositionen manifest. Sie bilden das Selektionsraster, mit dem die medialen Botschaften mehrstufig gefiltert werden (»protective screen«). Vergleichsweise intensiv verfolgen die Meinungsführer die Medien, ordnen die mediale Information (hier die Wahlpropaganda) in die Deutungsmuster ein und geben dies dann weiter. Die Autoren können zeigen: Diejenigen, die in den Medien Politik besonders intensiv verfolgen, ändern ihre Einstellungen besonders wenig, sie wurden auch durch völlig entgegengesetzt intendierte Botschaften in ihren Positionen bestärkt; und umgekehrt: Je anfälliger jemand für Änderungen ist, desto weniger wird er erreicht. Die Autoren machen detailliert und durch Interpretation von freien Äußerungen der Befragten deutlich, um wieviel leistungsfähiger sie die interpersonelle Kommunikation im Vergleich zur Medienkommunikation einschätzen, und begründen dies durch Vorteile wie Flexibilität, Vertrauen, Verbindlichkeit: »more than any-

thing else people can move other people.« (S. 158). Im Vergleich zu Zeitung und Zeitschrift wird dem Hörfunk eine etwas größere Bedeutung zugeschrieben und dies mit dessen Spezifika begründet.

Alle drei Befunde haben das Verständnis von Öffentlicher Meinung nachhaltig geprägt. Die Konzepte und Ansätze wurden in der Folge anhand von Studien in verschiedenen Bereichen weiterentwickelt.

Mit der Erklärung der Wahlentscheidung aus der Sozialstruktur wurden die Grundlagen für die Wahlprognosemodelle gelegt. Gegenüber konkurrierenden Ansätzen hat die sozialstrukturelle Erklärung in dem Maße an Boden verloren, wie sich die tradierten sozialen Bindungen auflösen und damit die Stammwählerschaft ab- und das volatile Wählerpotential zunimmt.

Die These von der Relevanz der Gruppenkommunikation wurde vielfach geprüft und zum Netzwerkansatz weiterentwickelt (zusammenfassend vgl. Schenk 1987: 263).

Die These des zweifach relativierten Medieneinflusses (durch Sozialstruktur und durch interpersonelle Kommunikation) hat die Diskussion beherrscht, bis in den 70er Jahren langfristige und spezifische – z.B. kognitive – Medienwirkungen in den Mittelpunkt der empirischen Forschung rückten. Dabei spielte das Fernsehen eine zentrale Rolle, dem man vergleichsweise große Glaubwürdigkeit und Suggestivkraft und deshalb einen höheren Einfluß auf Wahlentscheidungen als Presse und Hörfunk zurechnete (vgl. Chaffee & Hochheimer 1983; Noelle-Neumann 1990).

Auch unter methodischem Aspekt ist die Studie folgenreich gewesen – durch Verbesserung im Detail (z.B. im Hinblick auf die Ermittlung der Meinungsführer durch Selbsteinschätzung – vgl. Schenk 1987: 246) und durch Verallgemeinerung zur »Latent structure analysis« (Lazarsfeld & Henry 1968).

In der Soziologie gilt die Studie als methodologische Pionierleistung; in der Politikwissenschaft als erste systematische Erklärung für Wahlverhalten und in der Kommunikationswissenschaft als der Beginn der empirischen Medienwirkungsforschung – sie ist damit für jede dieser Disziplinen ein Meilenstein.

Literatur

Steven H. Chaffee, John L. Hochheimer (1983): Mass communication in national election campaigns. In: Winfried Schulz, Klaus Schönbach (Hrsg.): *Massenmedien und Wahlen*. München: Ölschläger, S. 65-103.

Dirk Käsler (1985): Lazarsfeld, Paul Felix. In: *Neue Deutsche Biographie*. Berlin: Duncker & Humblot. Bd. 14, S. 10-11.

Paul F. Lazarsfeld, Neil W. Henry (1968): *Latent structure analysis*. New York: Houghton Mifflin.

Paul F. Lazarsfeld, Marie Jahoda, Hans Zeisel (1932): *Die Arbeitslosen von Marienthal. Ein soziographischer Versuch über die Wirkungen langandauernder Arbeitslosigkeit. Mit einem Anhang zur Geschichte der Soziographie*. Bearb. und hrsg. von der Österreichischen wirtschaftspsychologischen Forschungsstelle. Leipzig: S. Hirzel.

Wolf Lepenies (Hrsg.) (1981): *Geschichte der Soziologie. Studien zur kognitiven, sozialen und historischen Identität einer Disziplin*. Frankfurt am Main: Suhrkamp.

Elisabeth Noelle-Neumann (1990): The people´s choice – revisited. In: Wolfgang R. Langenbucher (Hrsg.): *Paul F. Lazarsfeld. Die Wiener Tradition der empirischen Sozial- und Kommunikationsforschung*. München: Ölschläger, S. 147-155.

Michael Schenk (1987): *Medienwirkungsforschung*. Tübingen: Mohr.

David L. Sills (1989): Lazarsfeld. In: *International Encyclopedia of Communications*. New York u.a.: Oxford University Press u.a. Bd. 2, S. 411-412.
Rolf Wiggershaus (1988): *Die Frankfurter Schule. Geschichte, theoretische Entwicklung, politische Bedeutung*. München: dtv.

Gerhard Vowe

Gustave Le Bon (1895): *La psychologie des foules*. Paris: Felix Alcan. VII, 200 Seiten.
Deutsche Ausgabe: Gustave Le Bon: *Psychologie der Massen*. Mit einer Einführung von Peter R. Hofstätter. Stuttgart: Kröner [15]1982. XLII, 156 Seiten.

Psychologie der Massen ist zweifellos das populärste Buch des auf verschiedenen Wissenschaftsgebieten tätigen Mediziners Gustave Le Bon (1841-1931), mit dem der Verfasser, so Peter R. Hofstätter in der Einführung zur deutschen Ausgabe, selbst »zum Begriff geworden« ist. Keine zwei Jahrzehnte nach Erscheinen der *Psychologie* 1895 lag das Werk bereits in der 19. französischen Auflage vor (1913) sowie in zahlreichen Übersetzungen, darunter in Deutsch (zuerst 1908), Englisch, Spanisch, Russisch, Schwedisch, Polnisch, Türkisch, Arabisch, Japanisch. Das Buch wurde zum »Manifest der neuen Wissenschaft« (Moscovici 1986) und begründete, wie ein Kritiker 1920 anmerkt, die »absolute Herrschaft von Le Bon« (zitiert nach Nye 1975). Zahllose Abhandlungen über die Bedingungen und Umstände kollektiven Verhaltens bezogen sich in der Folgezeit auf Le Bon, und in der kaum überschaubaren Flut von Arbeiten zur Massenpsychologie hat sich so gut wie alleine sein Name erhalten (vgl. Barrows 1981).

Das von Le Bon formulierte und popularisierte »psychologische Gesetz der seelischen Einheit der Massen« war bereits vor 1895 Gegenstand deutscher (vgl. Fresenius 1866), französischer (vgl. Tarde 1979, zuerst 1890) und italienischer (vgl. Sighele 1897, zuerst 1891) Untersuchungen zu Massenpsyche und Massenverhalten. In diesen und in den auf Le Bon folgenden Abhandlungen, die im großen und ganzen unerhebliche Variationen derselben zentralen Grundthematik darstellen (vgl. Sodhi 1958), wird Masse im psychologischen Sinn begriffen als eine unbestimmte Anzahl von Personen, die zu einer bestimmten Zeit an einem bestimmten Ort in körperlicher Nähe beisammen sind und sich für einen flüchtigen Moment in wechselseitiger Gefühlsansteckung in einen Erregungszustand steigern, der sie unter Fortfall aller Hemmungen in der Orientierung auf ein gemeinsames Ziel zu Handlungen fortreißt, die sie als einzelne kaum begehen würden. Als charakteristischstes Wesensmerkmal der »psychologischen Masse« hebt Le Bon die Aufhebung des Verschiedenartigen und das Aufgehen im Gleichartigen hervor: »welcher Art auch die einzelnen sein mögen, die sie bilden, wie ähnlich oder unähnlich ihre Lebensweise, Beschäftigungen, ihr Charakter oder ihre Intelligenz ist, durch den bloßen Umstand ihrer Umformung zu Masse besitzen sie eine Art Gemeinschaftsseele, vermöge deren sie in ganz andrer Weise fühlen, denken und handeln, als jedes von ihnen für sich fühlen, denken und handeln würde.«

Die Veränderungen, die das Individuum in der Massensituation erfährt, führt Le Bon auf drei Faktoren zurück: Das namenlose Aufgehen in der Masse vermittelt dem einzelnen durch die in der Anonymität erlebte Unverantwortlichkeit und Straffreiheit erstens ein Gefühl unüberwindlicher Macht. Die Masse befindet sich zweitens in einem Zustand gespannter Erwartung, in dem sich die zum Ausdruck gebrachte Haltung der einzelnen sogleich auf alle überträgt und die Gefühlsrichtung angibt. Mit dieser Ansteckung unmittelbar verbunden ist drittens eine gesteigerte Suggestibilität, da die emotional-affektiven Haltungen sich auch gegenseitig übertragen und in ihrer Wechselseitigkeit verstärken. Der Zustand des einzelnen als Glied einer Masse kommt, so Le Bon in Anlehnung an das von Tarde (1979, zuerst 1890) formulierte Gesetz der suggestiven Imitation, der Verzauberung nahe, die den Hypnotisierten unter dem Einfluß des Hypnotiseurs überkommt: »Die bewußte Persönlichkeit ist völlig ausgelöscht, Wille und Unterscheidungsvermögen fehlen, alle Gefühle und Gedanken sind in die Sinne verlegt, die durch den Hypnotiseur beeinflußt werden.« In diesem Sinne spricht auch Freud (1970, zuerst 1921) von der hypnotischen Beziehung als einer »Massenbildung zu zweien«. Nicht zuletzt aufgrund des Einflusses der Führerpersönlichkeit, dessen suggestive Kraft durch die wechselseitige Ansteckung der Massenglieder noch verstärkt wird, bezeichnet Le Bon die Masse als »Spielball aller äußeren Reize« und »Sklavin der empfangenen Anregungen«.

Indessen nimmt Le Bon bei der Beschreibung von Massenpsyche und Massenverhalten keine klare Trennung vor zwischen der Entität Masse und den in der Masse aufgegangenen Individuen. Die in der »psychologischen Masse« zur Vorherrschaft gelangenden unbewußten Eigenschaften der regredierten Individuen, zu denen er neben anderen vor allem Triebhaftigkeit, Reizbarkeit, Verantwortungslosigkeit und Wankelmütigkeit zählt, gelten ebenfalls für die Masse als solche. Zudem erweitert er den Begriffsumfang der »psychologischen Masse« zu einem auch Volk und Gesellschaft umfassenden Massenbegriff, der seine Prägung durch kollektive Minderwertigkeit und eine allgemeine Nivellierung nach unten erhält. Düster kommen die Implikationen dieses ausgedehnten Massenbegriffs schon in der Einleitung der *Psychologie der Massen* zum Ausdruck: »Das Zeitalter, in das wir eintreten, wird in Wahrheit das Zeitalter der Massen sein.«

Die Wende vom 19. zum 20. Jahrhundert stellt sich Le Bon zufolge als Zeit des Übergangs dar. Aus der Sicht eines »elitären Konservatismus« (McClelland 1989) zeichnet er ein Bild des gesellschaftlichen Umbruchs, in dem die Forderungen der Massen »auf nichts Geringeres hinaus[laufen] als auf den gänzlichen Umsturz der gegenwärtigen Gesellschaft«. Das Aufkommen der sozialistischen Arbeiterbewegung und der durch Partei und Gewerkschaft organisierte politische und wirtschaftliche Klassenkampf in der zweiten Hälfte des 19. Jahrhunderts, die Le Bon hierbei im Blick hatte und in seiner »Psychologie des Sozialismus« (Le Bon 1898) anprangerte, galten ihm als einziges Schreckgespenst. Seine pessimistische Zeichnung dieser »Periode des Übergangs und der Anarchie« wird daher heute allgemein als system-apologetische Haltung gesehen (Kroner 1972). Nach Le Bons Überzeugung war die »Kenntnis der Psychologie der Massen [...] das letzte Hilfsmittel für den Staatsmann, der diese nicht etwa beherrschen – das ist zu schwierig geworden –, aber wenigstens nicht allzusehr von ihnen beherrscht werden will.« Moscovici (1986) zufolge sieht sich Le Bon selbst »in der Rolle eines Machiavelli der Massengesellschaften«. Mit seiner Hilfe, so Nye (1975), bekamen die demokratischen Eliten »einen Satz von Regeln an die Hand«, mit denen sie »das Gewaltpotential dieser Massen manipulieren und meistern konnten.« Die Ausführungen zur *Psychologie der Massen* können so durchaus in der Tradition der Fürstenspiegel vergangener Jahrhunderte gesehen werden.

In der Folge wurde Le Bons Kultur- und Massenkritik zugleich zu einem elitär begründeten Kulturpessimismus stilisiert (vgl. Kroner 1972). Hierbei findet die in der Massenpsychologie bedeutsame Gegenüberstellung von Masse und Individuum ihre Entsprechung in der Gegenüberstellung von Masse und Elite, wobei die geistig-moralische Depersonalisation in der Masse hier als entpersönlichende Kollektivierung durch die Masse dort beschrieben wird. Wenngleich die Darstellungen (vgl. Ortega y Gasset 1958, zuerst 1930; Jaspers 1960, zuerst 1931; de Man 1952; Röpke 1957) unterschiedlichen Perspektiven und Intentionen entstammen, laufen ihre normativ-werthaften Implikationen doch gleichermaßen auf eine Geringschätzung der Vielen und Wertschätzung der Wenigen hinaus. Stets werden die Wesensmerkmale des vermassten Individuums ins Negative verzerrt, während die autonome Persönlichkeit positiv überhöht dargestellt wird. Zurückgeführt wird der Prozeß der Vermassung in der »Massengesellschaft« im wesentlichen auf die demographische, die wirtschaftlich-technologische, die soziokulturelle und die politische Entwicklung des 19. und beginnenden 20. Jahrhunderts, der Begriffe wie Entwurzelung, Anonymisierung, Entfremdung usw. ihr Gepräge verleihen. Vor diesem Hintergrund wird auch eine zunehmende Abhängigkeit des einzelnen von omnipotenten Massenmedien angenommen, deren Stimuli die atomisierten Individuen schutzlos ausgeliefert sind. In der frühen Massenkommunikationsforschung (ca. 1900 bis 1940) fand dieses Gesellschafts- und Menschenbild seinen Ausdruck in einem einfachen Stimulus-Response-Modell der Medienwirkung, dessen mechanistisch-deterministisches Reiz-Reaktions-Schema verschiedentlich auch als »hypodermic-needle concept«, »magic bullet theory« oder »transmission belt theory« bezeichnet wird (vgl. Lowery & DeFleur 1995; Brosius & Esser 1998).

Neben der in gerader Linie auf Le Bon zurückgehenden kulturphilosophischen Massenkritik entwickelte sich aus der Massenpsychologie der Le Bon-Schule in den 20er Jahren des 20. Jahrhunderts in den USA die empirisch ausgerichtete Theorie kollektiven Verhaltens, die zur Erklärung kollektiver Episoden und sozialer Bewegungen auf psychologische und soziologische Hypothesen zurückgreift (vgl. Heinz 1980). Das Fortbestehen von Hauptthemen der Massenpsychologie in der Sozialpsychologie läßt sich Graumann (1996) zufolge unter dem Titel »Soziale Beeinflussung« erkennen, die zuvor unter den Bezeichnungen Suggestion, Ansteckung und Imitation untersucht worden war. Nahezu unverfälscht hat sich die Begriffssprache Le Bons bis heute vor allem im Journalismus erhalten (vgl. Kroner 1972).

Literatur

Susanna Barrows (1981): *Distorting mirrors. Visions of the crowd in late nineteenth-century France.* New Haven, London: Yale University Press.

Hans-Bernd Brosius, Frank Esser (1998): Mythen in der Wirkungsforschung: Auf der Suche nach dem Stimulus-Response-Modell. In: *Publizistik*, 43. Jg., S. 341-361.

Hendrik de Man (1952): *Vermassung und Kulturverfall. Eine Diagnose unserer Zeit.* München: Lehnen.

F. C. Fresenius (1866): Die Natur der Masse. In: *Deutsche Vierteljahresschrift*, 65. Jg., S. 112-178.
Sigmund Freud (1970): *Massenpsychologie und Ich-Analyse*. Frankfurt am Main, Hamburg: Fischer (zuerst 1921).
Carl F. Graumann (1996): Einführung in eine Geschichte der Sozialpsychologie. In: W. Stroebe, M. Hewstone, G.M. Stephenson (Hrsg.): *Sozialpsychologie. Eine Einführung*. Berlin, Heidelberg, New York: Springer, S. 3-22.
Walter R. Heinz (1980): Kollektives Verhalten. In: Roland Asanger, Gerd Wenninger (Hrsg.): *Handwörterbuch der Psychologie*. Weinheim, Basel: Beltz, S. 235-238.
Karl Jaspers (1960): *Die geistige Situation der Zeit*. Berlin: de Gruyter (zuerst 1931).
Bernhard Kroner (1972): Massenpsychologie und kollektives Verhalten. In: *Handbuch der Psychologie*, Bd. 7, 2. Halb-Bd. Göttingen: Hogrefe, S. 1433-1510.
Gustave Le Bon (1898): *Psychologie du Socialisme*. Paris: Alcan.
Shearon A. Lowery, Melvin L. DeFleur (1995): *Milestones in mass communication research: Media effects*. White Plains, NY: Longman.
John S. McClelland (1989): *The crowd and the mob. From Plato to Canetti*. Boston: Unwin Hyman.
Serge Moscovici (1986): *Das Zeitalter der Massen. Eine historische Abhandlung über die Massenpsychologie*. Frankfurt am Main: Fischer.
Robert A. Nye (1975): *The origins of crowd psychology. Gustave Le Bon and the crisis of mass democracy in the Third Republic*. London, Beverly Hills: Sage.
José Ortega y Gasset (1958): *Der Aufstand der Massen*. Hamburg: Rowohlt (zuerst 1930).
Wilhelm Röpke (1957): Die Massengesellschaft und ihre Probleme. In: Albert Hunold (Hrsg.): *Masse und Demokratie*. Erlenbach-Zürich, Stuttgart: Rentsch, S. 13-38.
Scipio Sighele (1897): *Psychologie des Auflaufs und der Massenverbrechen*. Dresden, Leipzig: Carl Reissner (zuerst 1891).
Kripal Singh Sodhi (1958): Zur Problematik der Massenpsychologie. In: *Kölner Zeitschrift für Soziologie und Sozialpsychologie*, 10. Jg., S. 209-221.
Gabriel Tarde (1979): *Le lois de l'imitation. Etude sociologique*. Paris, Genève: Slatkin (zuerst 1890).

Erich Lamp

Winfried B. Lerg (1965): *Die Entstehung des Rundfunks in Deutschland. Herkunft und Entwicklung eines publizistischen Mittels*. Frankfurt am Main: Joseph Knecht. 404 Seiten. – 2. Auflage 1970. 403 Seiten.

Nach den Darstellungen von Hans → Bausch (1956) und Heinz → Pohle (1955) ist die Dissertation von Winfried B. Lerg die umfassendste Auseinandersetzung mit der Entstehungsgeschichte des Rundfunks in Deutschland. Im Kern behandelt sie die Zeit vom Ende des Ersten Weltkrieges bis in das Jahr 1926, in dem der organisatorische und rechtliche Aufbau des deutschen Rundfunks abgeschlossen war.

Neue Fragestellungen für seine Behandlung des Themas entwickelt Lerg nicht. Vielmehr will er schlicht »die erste Phase eines publizistischen Mittels« bearbeiten und sich »auf eine sorgfältige Erforschung der Herkunft und der ersten Entwicklung des deutschen Rundfunks« beschränken. Dabei wertet er auch durch Bausch und Pohle noch nicht benutzbare Akten der obersten Reichsbehörden aus, die die Besatzungsmächte an die Bundesrepublik zurückgegeben hatten. Dem »historischen Teil«, der in fünf Kapiteln auf etwa 270 Seiten »die politischen Ursprünge« des Rundfunks beschreibt, fügt er einen »systematischen Teil« an, in dem auf 20 Seiten der »geschichtliche […] Befund […] mit publizistischen Begriffen und Methoden« analysiert und beurteilt wird (S. 15).

Im historischen Teil wendet sich Lerg nach begriffsgeschichtlichen Hinweisen dem Verhältnis von Funk und Politik bzw. staatlicher Administration vor 1918 zu. Während dieser Zeit unterstand das sich entwickelnde Funkwesen der Reichstelegrafenverwaltung. Als nach dem Ersten Weltkrieg der im Umfang wie in den Anwendungsbereichen erheblich ausgebaute drahtlose Nachrichtenverkehr nach neuer Verwendung drängte, geriet das Monopol der Reichspost für kurze Zeit in Gefahr. Im dritten Kapitel wird erstmals von Lerg ausführlich dargestellt, wie – motiviert vom Schwung der Novemberrevolution – deaktivierte Funker vorübergehend der Reichspost die alleinige Kompetenz über die weitere Entwicklung des Funkwesens streitig zu machen versuchten. Das scheiterte wie auch das Ansinnen, anderen gesellschaftlichen Kräften Mitwirkungsrechte beim Ausbau des Funkwesens einzuräumen: Nach einem knappen halben Jahr waren Mitte 1919 alle diesbezüglichen Vorhaben abgewehrt. Der frühere Telefunken-Direktor Hans Bredow hielt nun als Leiter der Funkabteilung des Reichspostministeriums alle Fäden in der Hand.

Eine lediglich für »Verkehrsleistungen« zuständige Behörde war damit für die weitere Entwicklung des Funkwesens die entscheidende Kraft. Nicht allein vor dem Hintergrund der Erfahrungen 1918/19 zog es die Reichspost auch bei der zivilen Nutzung zuerst vor, die Kontrolle über die Empfangsgeräte zu behalten und neue Funkdienste in Analogie etwa zur drahtgebundenen Nachrichtenvermittlung an wenige vorzusehen. 1922 wurde ein solcher Dienst nach fruchtlosen Diskussionen mit der etablierten Presse eingerichtet, ein kurzlebiger Wirtschaftsrundspruch, den der »Eildienst für amtliche und private Handelsnachrichten« betrieb. Auch das Konzept eines »Saalfunks« kam den Kontrollbedürfnissen der Post entgegen, wie er Mitte 1922 in einem der beiden ersten Konzessionsgesuche für einen Programmdienst noch vorgesehen war. Doch die Industrie wollte Apparate verkaufen, und so wandelte sich auch unter dem Eindruck der Entwicklung im Ausland die Haltung der Post und steuerte auf einen von allen empfangbaren »Rundspruch an alle« zu, wie Lerg am Ende des dritten Kapitels feststellt.

Daß ein regulärer Programmdienst für alle nach der ersten Rundfunksendung am 30. Oktober 1923 in Berlin im übrigen Deutschland noch bis zum ersten Halbjahr 1924 auf sich warten ließ, hatte mit der Lösung von drei Problemkomplexen zu tun. Der föderale Aufbau des Reichs erforderte aus politischen Gründen – technische kamen hinzu – eine dezentrale Organisation, für die seit Ende 1922 eine Einteilung in acht Sendebezirke entwickelt wurde. Das wirtschaftliche Konzept bestand darin, die »Anschubfinanzierung« durch private Anteilseigner für die acht Programmgesellschaften aufbringen zu lassen, wobei die Reichspost jedoch durch entsprechende stimmrechtliche Vorkehrungen ihre Vormachtstellung behielt.

Am langwierigsten war – und das ist der Kern des fünften Kapitels – die Auseinandersetzung der Reichspost mit dem Reichsinnenministerium, das eingeschaltet werden mußte, da bei einem allen öffentlich zugänglichen Programmdienst die publizistische Funktion des neuen Dienstes sichtbar zu werden schien. Das Konzept der Reichspost als Verkehrsverwaltungsbehörde beschränkte sich jedoch auf ein Kultur- und Unterhaltungsangebot im neuen Medium, das sie nach längerem Hin und Her auch weitgehend durchsetzen konnte. Um dieses abzusichern, wurden Programm-Richtlinien formuliert und Kontrollorgane eingerichtet. Der »historische« Teil des hier besprochenen Buches endet mit der Darstellung, wie die durch die regionalen Rundfunkgesellschaften eingetretene Programmvielfalt und begrenzte Selbständigkeit durch die Gründung einer zentralen Dachgesellschaft, der Reichs-Rundfunk-Gesellschaft (RGG), wieder eingeschränkt wurde, in der ebenfalls die Reichspost der bestimmende Faktor war.

Lergs Buch ist eine auf breitester Quellenbasis erarbeitete, klassische politik- bzw. bürokratiegeschichtliche Darstellung, die allen Verästelungen bei der Entstehung des Rundfunks bis ins einzelne nachgeht. Über Pohle und Bausch hinaus (die Arbeit des letzteren ist ähnlich strukturiert, betrachtet die Entstehung des Rundfunks – vordergründiger – als Folge politischer Interessengegensätze) interpretiert Lerg den deutschen Weg bei der Entstehung des Rundfunks aus den vorgeprägten Denkmustern der handelnden Personen, die sowohl von historischen Traditionen und dem »Zeitgeist« geprägt waren, womit mehr als nur parteipolitische Positionen markiert sind. Die argumentative Substruktur des Buches ist von – nach heutigem Verständnis – diskursgeschichtlichen Ansätzen getragen, Diskursen über das Verhältnis von Staat und staatlicher Administration der Kommunikationswege – auch der technischen –, den wirtschaftlichen Interessen und eben den publizistischen Intentionen. Das diskursanalytische Instrumentarium wird jedoch nicht konsequent und systematisch entfaltet, mit der Folge, daß es nur bedingt dazu beiträgt, die Fülle der präsentierten Fakten und Einsichten durchschaubarer zu strukturieren. Es wird induktiv entwickelt und kompakt erst am Schluß präsentiert, wo es doch auch der Gesamtdarstellung hätte zu gute kommen sollen. Auch aus diesem Grund ist das Buch keine leichte Lektüre, verliert der Leser gelegentlich den argumentativen Faden.

Mit seiner Dissertation, die von der Kritik einhellig als faktenorientierte, Legendenbildung vermeidende bzw. auflösende Darstellung begrüßt wurde, begründete Winfried B. Lerg (1932-1995) seinen Ruf als Publizistikwissenschaftler mit hohen kommunikationsgeschichtlichen Interessen, wobei er immer wieder auch in systematisch orientierten Überlegungen auf historisch untermauerte Begriffsbildungen – und vice versa – zurückgriff (vgl. Lerg 1977, 1983). Für die Rundfunkgeschichte engagierte sich der Lehrstuhlinhaber am Institut für Publizistik in Münster (1971-1995) in Lehre und Forschung. Zahlreiche Dissertationen, besonders über den Weimarer Rundfunk, brachte er auf den Weg (etwa Bauer 1993, Bierbach 1983, Elfert 1985, Schiller-Lerg 1984), als Vorstandsmitglied des »Studienkreises Rundfunk und Geschichte« beeinflußte er maßgeblich dessen Tätigkeit. 1980 verfaßte er in der fünfbändigen von Hans Bausch herausgegebenen »Geschichte des Rundfunks in Deutschland« eine weitere Monographie über den Rundfunk in der ersten deutschen Republik, die er bis zu dessen völliger Auslieferung an den Staat durch die sogenannte Papensche Rundfunkreform 1932 und den Beginn der nationalsozialistischen Diktatur fortführte (vgl. Lerg 1980). Grundlegend in der Begriffsbildung und faktenreich ist auch seine Abhandlung über die »Entstehung der deutschen Rundfunktopographie« (Lerg 1984).

Literatur

Thomas Bauer (1993): *Deutsche Programmpresse 1923-1941*. München u.a.: K.G. Saur.
Wolf Bierbach (1983): *Rundfunk zwischen Wirtschaftsinteressen und Politik. Der Weimarer Rundfunk unter besonderer Berücksichtigung des Westdeutschen Rundfunk Münster/Köln und der alliierten Rundfunkpolitik nach dem I. Weltkrieg*. Frankfurt am Main u.a.: Peter Lang.
Brunhild Elfert (1985): *Die Entstehung und Entwicklung des Jugend- und Kinderfunks in Deutschland von 1924 bis 1933 am Beispiel der Funk-Stunde AG*. Frankfurt am Main u.a.: Peter Lang.
Arnulf Kutsch (1995): Winfried B. Lerg †. In: *Publizistik*, 40. Jg., S. 361-364.
Winfried B. Lerg (1977): Pressegeschichte oder Kommunikationsgeschichte? In: *Presse und Geschichte. Beiträge zur historischen Kommunikationsforschung*. München: Verlag Dokumentation, S. 9-24.
Winfried B. Lerg (1980): *Rundfunkpolitik in der Weimarer Republik*. München: dtv.
Winfried B. Lerg (1983): Theorie der Kommunikationsgeschichte. In: Roland Burkart, Walter Hömberg (Hrsg.): *Kommunikationstheorien: ein Textbuch zur Einführung*. Wien: Brandmüller, S. 204-234.
Winfried B. Lerg (1984): Über die Entstehung der deutschen Rundfunktopographie. In: Walter Först (Hrsg.): *Rundfunk in der Region. Probleme und Möglichkeiten der Regionalität*. Köln u.a.: Kohlhammer – Grote 1984, S. 13-50.
Sabine Schiller-Lerg (1984): *Walter Benjamin und der Rundfunk: Programmarbeit zwischen Theorie und Praxis*. München: K. G. Saur.

Edgar Lersch

Winfried B. Lerg (1970): *Das Gespräch. Theorie und Praxis der unvermittelten Kommunikation*. Düsseldorf: Bertelsmann Universitätsverlag. 376 Seiten.

»... jedes soziale System [muß sich] als Kommunikationsystem darstellen lassen, als ein Netz publizistischer Interaktionen zwischen Dialogpartnern mit einem adäquaten Thema.« Die Ausgangsthese dieser Münsteraner Habilitationsschrift versammelte bereits entscheidende kommunikationswissenschaftliche Grundbegriffe und Basisannahmen, vor allem die Dynamik wechselseitig bewirkender Austauschbeziehungen. Winfried B. Lerg (1932-1995) geht theoriehistorisch vor, wenn er für die Untersuchung der »unvermittelten Kommunikation«, für »die Gespräche von Angesicht zu Angesicht unter mindestens zwei Personen« also, die Einsichten und Erkenntnisse aus einer geistes- und sozialwissenschaftlichen Theorienpluralität bezieht. Als Kerngebilde der Humankommunikation wird dem Gespräch in seiner Vor- und Frühgeschichte bis zum gegenwärtigen Stand des Wissens nachgespürt. Zwischen Publizistik, Kommunikation und Massenkommunikation zu unterscheiden, dazu sieht Lerg keinen handlungs- und verhaltenstheoretischen Anlaß. Er hält die Begriffe für gleichbedeutend. War traditionell die vermittelte Kommunikation durch organisierte publizistische Einrichtungen (Presse, Film und Funk) Gegenstand der Publizistikwissenschaft im deutschen Sprachraum, dann beabsichtigte man in Münster Ende der 60er Jahre, die unvermittelte Kommunikation aus ihrer publizistikwissenschaftlichen Nebenrolle herauszuheben. So bearbeitet neben Winfried B. Lerg sein Assistentenkollege Franz W. Dröge das Habilitationsthema »Gerücht im Zweiten Weltkrieg« (Dröge 1970). Stimmten Lerg und Dröge in ihrem Verständnis von Kommunikation als Systemvollzug weitgehend überein, so befreundete sich Lerg zudem mit den Systemvorstellungen der Kybernetik aus Horst Reimanns »Kommunikations-Systeme«, einer Heidelberger Habilitationsschrift (→ Reimann 1968).

Winfried B. Lerg erschloß eine breitstreuende Literatur zu den Themen Rede, Rhetorik und alphabetisch verschriftete Sprache, orale und visuelle Kommunikation, Publizistik und Massenkommunikation, auditive und visuelle Gedächtnisse sowie Hör- und Sehsinn im soziokulturellen Wandel. Er studierte die menschliche Kommunikation in ihrer zeitlichen, sachlichen und nicht zuletzt in ihrer sozialen Evolution, wie sie bereits in den Theorien der spekulativen Philosophie der Antike vorkam, weit weniger in den methodologisch neo-behavioristisch praktizierten empirischen Kommunikationsforschungen seiner Zeit. Lassen amerikanische Autoren noch heute das Erforschen von Kommunikation, Journalismus, Massenkommunikation, Public Relations und/oder politischer Kommunikation im Nordamerika des 20. Jahrhunderts beginnen (vgl. Rogers 1994; Rogers & Chaffee 1994), dann schürften Dröge und Lerg bereits 1965 in ihrem Aufsatz »Kritik der Kommunikationswissenschaft« weit tiefer. In dem hier besprochenen »integrierenden Forschungsbericht« *Das Gespräch* unternahm es Winfried B. Lerg, »vorderhand Grundlinien zu zeichnen, einmal mit knappen, das andere Mal mit kräftigeren und ausholenden Strichen, je nach dem Gewicht der Beiträge zum publizistischen Denken«. Dies geschah im Sinne Prakkes (1961) als »Entgrenzung« (in Georg Simmels Sprachgebrauch: »Differenzierung«). Lerg verfolgte die wirtschaftlich-technische Ausdifferenzierung der Presse als Organisationen in Netzwerken der Freiheit und des Wettbewerbs, ausgehend vom Kontext »interurbaner Städteorganisationen«, zusammen mit der industriellen Entwicklung, etwa den zur Presseproduktion zuliefernden Nachrichtenagenturen und Annoncen-Expeditionen. Er problematisierte die Verberuflichung publizistischer Teilnehmer und begriff die Emergenz der Gesamtpublizistik in der »Aufkunft der drei audiovisuellen Kommunikationsmittel« Film, Hörfunk und Fernsehen seit der ersten Hälfte des 20. Jahrhunderts und darüber hinaus.

»This is an astoundingly comprehensive review, source book, and history of ideas of the literature on ... on what?« Mit dieser Frage eröffnete Herbert Menzel seine Rezension des Lerg-Buches (Menzel 1971), und er beantwortete sie selbst: »An over-all thread is, indeed, provided by his vision of bringing all social communication (throught media or otherwise) under one theoretical roof. This, he correctly insists, will require that investigators no longer define their subject matter along narrow lines of particular groups, or particular social situations and institutions, but rather in terms of such overarching concepts as communication, interaction, diffusion, and exchange.« Die deutschsprachige Kommunikationswissenschaft ist zögernd dabei, Lergs historisch und sozial nicht überzeugende Gleichsetzungen von Kommunikation, Publizistik und Massenkommunikation sachlich, sozial und zeitlich aufzuschlüsseln. Dazu kann sie immer noch in Lergs »Quellenbuch« fündig werden. Bislang beläßt sie es weithin dabei, innovative Forschungsleistungen erst einmal für Jahre auf Eis zu legen. *Das Gespräch* hätte eine Paradigmenwende werden können, wäre die den dinghaften Medien verhaftete Kommunikationswissenschaft bereit gewesen, den Kommunikationsbegriff, der ihr die Bezeichnung als Disziplin verschafft, als Elementarbegriff ernst zu nehmen.

Literatur

Franz Dröge (1970): *Der zerredete Widerstand: Zur Soziologie und Publizistik des Gerüchts im 2. Weltkrieg*. Düsseldorf: Bertelsmann Universitätsverlag.

Franz W. Dröge; Winfried B. Lerg (1965): Kritik der Kommunikationswissenschaft. In: *Publizistik*, 10. Jg., S. 251-284.

Herbert Menzel (1971): [Rezension]. In: *Public Opinion Quarterly*, 35. Jg., S. 661-663.

Henk Prakke (1961): *Über die Entgrenzung der Publizistik und die Rückblende als publizistisches Moment im Kulturwandel*. Assen: Van Gorcum.

Everett M. Rogers (1994): *A history of communication study. A biographical approach*. New York: Free Press; Oxford, Singapore, Sidney: Maxwell Macmillan.

Everett M. Rogers, Steven H. Chaffee (1994): *Communication and journalism from »Daddy« Bleyer to Wilbur Schramm. A palimpsest*. Columbia, SC: AEJMC.

Manfred Rühl

Daniel Lerner (with the assistance of Lucille W. Pevsner) (1958): *The passing of traditional society. Modernizing the Middle East*. New York: The Free Press, London: Collier-Macmillan. XIII, 466 Seiten.

Der Forschungsbereich »Massenmedien und Entwicklung« erlebte vor dem Hintergrund des beginnenden Kalten Krieges Anfang der 50er Jahre einen großen Aufschwung. Entwicklungshilfe wurde von den USA als präventive Maßnahme gegen eine Ausbreitung des Kommunismus und als Investition in den Weltfrieden verstanden. Die Logik der amerikanischen Entwicklungspolitik bestand darin, durch die Einführung modernisierender Institutionen (z.B. Schulen und Massenmedien) moderne Persönlichkeiten herauszubilden, die in der Lage sein würden, in modernen Institutionen (z.B. Fabriken) zu arbeiten. Dadurch sollte es zu wirtschaftlichem Wachstum kommen, von dem man wiederum eine größere politische Stabilität und eine Entwicklung hin zur Demokratie erwartete. In diesem Zusammenhang wurde den Medien als Förderern sozialen Fortschritts eine wichtige Rolle beigemessen.

Daniel Lerner (1917-1980), als Soziologe in Stanford und am Massachussetts Institute of Technology tätig, legte die erste große und ohne Zweifel einflußreichste Studie zur Modernisierung traditionaler Gesellschaften durch Massenmedien vor. Dieses Standardwerk hat die internationale Medienpolitik (z.B. der UNESCO) bis Mitte der 80er Jahre entscheidend beeinflußt. Die Studie von Lerner wurde ab September 1950 im Nahen und Mittleren Osten (Türkei, Libanon, Syrien, Ägypten, Jordanien und Iran) durchgeführt. Sie gehörte zu einem groß angelegten Hörerforschungsprogramm, das für die Voice of America durchgeführt wurde und Teil des globalen Kampfes gegen den Kommunismus war (vgl. Servaes 1999: 18).

Lerner sah lokale oder nationale Kulturen als Hindernisse an, die auf dem Weg zur modernen Gesellschaft überwunden werden müßten. Dazu sei es notwendig, daß ein Wandel der Persönlichkeitsstruktur erfolge. Entscheidend dafür sei Empathie, die Fähigkeit, sich selbst in die Position eines anderen bzw. in eine neue Situation hineinzuversetzen. Empathie ist nach Lerner Voraussetzung für die Übernahme neuer Rollen sowie die Anpassung an neue Verhältnisse. Die

Herausbildung empathischer Persönlichkeiten werde in traditionalen Gesellschaften durch die Einführung der Massenkommunikation begünstigt, die den Horizont der Menschen über die lokalen Angelegenheiten hinaus erweitere und durch das Zeigen attraktiver Alternativen zum bisherigen Zustand den Wunsch nach Veränderung hervorrufe. Auf diese Weise komme es zunächst zu einer »mobile sensibility«, d.h. einer »psychischen Mobilität« bzw. der Bereitschaft, einen neuen Lebensstil auszuprobieren. Die Massenmedien würden so zum Mobilitätsmultiplikator.

Neben Empathie betont Lerner die Bedeutung von »Rationalität«. Der moderne, rationale Mensch halte die Welt für gestaltbar und glaube, die Zukunft durch eigene Leistung beeinflussen zu können. Lerner versteht Modernisierung primär als Kommunikationsprozeß und geht davon aus, daß Kommunikationssysteme sowohl Indikator als auch Träger sozialen Wandels sind. Der Wandel vollziehe sich vom mündlichen (oralen) zum medialen Kommunikationssystem, wobei das orale System traditionalen und das mediale System modernen Gesellschaften adäquat sei. Der Übergangsprozeß von oraler zu medialer Kommunikation geht nach Lerner mit einem Wandel in anderen Schlüsselbereichen einher. Die zentralen Variablen des Modernisierungsprozesses sind dabei: Urbanisierung (Anteil der Bevölkerung in Städten mit über 50.000 Einwohnern), Anstieg des Bildungsniveaus (Anteil der Bevölkerung, der eine Sprache lesen kann), Anstieg des Medienkonsums (Tageszeitungszirkulation, Anzahl von Radiogeräten, Anzahl der Kinositze) und Anstieg der Partizipation, aufgeteilt in wirtschaftliche (indiziert durch Urbanisierung sowie Pro-Kopf-Einkommen) und politische Partizipation (Wahlbeteiligung).

Für den Zusammenhang zwischen diesen Faktoren bzw. für deren Reihenfolge im Entwicklungsprozeß sieht Lerner zwei Möglichkeiten:

1. Urbanisierung führt überall zu einer Verringerung des Analphabetentums. Dies bewirkt einen höheren Medienkonsum, und dieser ist mit größerer ökonomischer und politischer Partizipation verbunden.

2. Urbanisierung führt zur Alphabetisierung. Zwischen Medienkonsum und Bildung besteht eine Wechselbeziehung, wobei die Partizipation von diesen beiden Variablen abhängt.

Empirische Überprüfungen stützen das Lerner-Modell allerdings nicht (vgl. Kunczik [2]1991: 112ff.), was u.a. an dem zu globalen Anspruch, der begrifflichen Unklarheit einiger Konzepte sowie an Problemen bei der Operationalisierung der Variablen liegt. So wird die ökonomische Partizipation mittels des Pro-Kopf-Einkommens bestimmt, ohne den Aspekt der Einkommensdistribution zu berücksichtigen. Die Verwendung der Wahlbeteiligung als Index politischer Partizipation setzt reine Akklamationen in totalitären Staaten mit demokratischen Wahlen gleich. Hinsichtlich der Urbanisierung wird behauptet, der Übergang von der ruralen zur urbanen Gesellschaftsform führe immer zu einer Abnahme des Analphabetentums. Dies trifft aber nicht für Gesellschaften zu, in denen Städte den Charakter von Verwaltungs- und Garnisonsstädten tragen.

Lerner hat in späteren Publikationen (1968) seine Ansicht revidiert und u.a. auf das Problem der Über-Urbanisierung verwiesen. Die großen Städte seien keine produktiven Zentren der Modernisierung, sondern massive Hindernisse für planmäßigen sozialen Wandel. Auch die optimistische Position bezüglich der durch Medienkonsum verbreiteten Empathie ist revidiert worden. Durch die Medien seien nicht produktivitätsorientierte Werte, sondern konsumeristische Orientierungen verbreitet worden (vgl. Lerner 1976). Das Wecken großer Erwartungen, die jedoch nicht eingelöst worden seien, habe bei der Mehrheit der Bevölkerung zu einer »Revolution der gestiegenen Erwartungen« geführt. Lerner (1976) diagnostizierte nunmehr folgende Entwicklungsphasen: 1. Gestiegene Erwartungen; 2. Gestiegene Frustrationen; 3. Machtübernahme durch das Militär. Damit erklärte Lerner, weshalb es in Afrika, Asien und Lateinamerika seinerzeit so viele Militärregimes gab.

Literatur

Michael Kunczik ([2]1991): *Communication and social change.* Bonn: Friedrich-Ebert-Stiftung.

Daniel Lerner (1968): Modernization: I. Social aspects. In: David L. Sills (Hrsg.): *International Encyclopedia of the Social Sciences.* Bd. 10. New York: Macmillan (u.a.), S. 386-395.

Daniel Lerner (1976): Technology, communication, and change. In: Wilbur Schramm, Daniel Lerner (Hrsg.): *Communication and change. The last ten years – and the next.* Honolulu: University Press of Hawaii, S. 287-301.

Jan Servaes (1999): *Communication for development. One world, multiple cultures.* Cresskill, NJ: Hampton Press.

Michael Kunczik / Astrid Zipfel

Kurt Lewin (1936): *Principles of topological psychology.* New York: McGraw-Hill. XV, 231 Seiten.

Deutsche Ausgabe: Kurt Lewin (1969): *Grundzüge der topologischen Psychologie.* Übertragen und herausgegeben von Raymund Falk und Friedrich Winnefeld, unter Mitarbeit von Hans Ahrbeck jun. Stuttgart, Wien: Huber. 240 Seiten.

In seinen *Grundzügen der topologischen Psychologie* versucht Kurt Lewin, die Psychologie, insbesondere aber deren sozialpsychologischen Zweig, unter Anwendung der mathematischen Begriffssprache weiterzuentwickeln. Lewin entwickelt ein Konzept für die ganzheitliche Beschreibung von Wille, Affekt und Handlung einer Person, das er entgegen den damals dominierenden Vorstellungen vom Psychischen nicht an die Zeitdimension koppelt, sondern räumlich verortet.

Zentral für die Lewinsche Handlungstheorie ist die Annahme eines psychologischen Lebensraumes, der von einer Person in einer Umgebung ausgeht (Lewin 1969, S. 61). Bei der Abgrenzung, was im Einzelfall zur Person und was zur Umgebung gehört, geht Lewin formal von einer Lagebeziehung aus. Diese ergibt sich über die Relation Person versus Umwelt sowie den Begriff der Zugehörigkeit. Daneben befinden sich im psychologischen Lebensraum aber auch andere Bereiche, die Lewin als quasi-sozial, quasi-physikalisch und quasi-begrifflich beschreibt. Diese stehen ebenfalls in einer Lagebeziehung und sind gegeneinander abgegrenzt.

Auf diese Begriffe des Bereichs, der Lagebeziehung im Lebensraum, des Zusammenhangs und Getrenntseins, der Zugehörigkeit etc. wendet Lewin den Raumbegriff aus der Mathematik an. Topologische Räume bezeichnen Beziehungen zwischen Elementen in einem System. Beziehungen werden hierbei als Beziehungen des Teilseins aufgefaßt und als Grundrelation benutzt. So läßt sich für je zwei Elemente eines Systems, beispielweise U und V prüfen, ob die Beziehung »U ist Teil von V« gilt oder nicht gilt. Über monoton abnehmende Folgen des Enthaltenseins kann damit aufgrund einer Vielzahl von Elementen (oder Faktoren) bestimmt werden, was Punkt (Person) ist und was Umgebung. Trotz dieser mathematischen Konzeption darf der topologische Raum in der topologischen Psychologie Lewins nicht als metrischer Raum aufgefaßt werden. Topologische Räume sind frei von Maßbegriffen. Entfernungen, wie sie sich für metrische Räume über euklidische Metriken berechnen lassen (beispielweise in der Clusteranalyse), sind im topologischen Raum nicht definiert: »Ein Wassertropfen und die Erdkugel sind topologisch völlig gleichwertig« (Lewin 1969, S. 72).

Der Versuch Lewins, Abläufe von Handlungen und Richtungen des Geschehens über die Kräfte dieses psychologischen (topologischen) Feldes zu bestimmen, hat sich für die Kommunikationsforschung als fruchtbar erwiesen. So lassen sich mit der Annahme des Raumkonzeptes Einzelbeobachtungen vom Einzelfall ablösen und durch die Zuordnung zu einem übergeordneten Ganzen sinnhaft bestimmen. Der Verweis darauf, daß auch in der Mathematik mit Räumen gearbeitet wird, die mehrdimensional sind und nicht mehr anschaulich gemacht werden können, hat zudem dazu beitragen, Widerstände abzubauen gegen die Sichtweise, komplexe psychische Vorgänge räumlich zu nehmen und mit mathematischen Raumdarstellungen zu beschreiben. Ohne die topologische und Vektorpsychologie Lewins als problemgeschichtliche Vorläufer sind heutige Anwendungen der Graphentheorie auf Probleme der Psychologie kaum denkbar (vgl. Vorwort der Herausgeber in Lewin 1969). Viele Arbeiten hierzu sind noch unerledigt oder befinden sich gerade im Anfangsstadium.

Neben diesen theoretischen Entwürfen gilt Lewin als Schöpfer wesentlicher Begriffe in der empirischen Forschung. Valenz, Anspruchsniveau, Sättigung, psychologischer Lebensraum und psychologisches Feld sind heute selbstverständliche Begriffe innerhalb der Psychologie und damit auch in Teilen der empirischen Kommunikationsforschung. Zudem war Lewin – und diese Tatsache fand bisher nur geringe Aufmerksamkeit (vgl. Vorwort der Herausgeber in Lewin 1969) – auch auf dem Gebiet der empirischen Forschung sehr produktiv. Experimentelles Arbeiten erschien ihm für die Untersuchung psychischer Phänomene ebenso fundamental wie deren theoretische Erfassung. In allen Arbeiten Lewins – und später auch bei vielen seiner Schüler – findet die doppelte Abhängigkeitsbeziehung von Theorie und Empirie grundlegende Beachtung. Spekulatives Theoretisieren ohne empirische Prüfung, aber auch »reinen«, theorielosen Empirismus lehnte er ab (vgl. Lewin 1938). Die wissenschaftliche Nachwelt schätzt seine Fähigkeit, anspruchsvolle theoretische Arbeit mit hervorragender Experimentierkunst verbunden zu haben.

Lewin (1890-1947) begann seine wissenschaftliche Laufbahn mit dem Studium der Medizin, dem neun Semester Philosophie folgten. Nach Promotion (1916) und Habilitation (1922) übernahm er die Assistentenstelle (1921-1933) in der von

Hans Rupp geleiteten Angewandten Abteilung am Berliner Psychologischen Institut und wurde 1927 zum außerordentlichen Professor der Philosophie und Psychologie ernannt. Im Herbst 1933 – seine Eingaben an das Ministerium blieben erfolglos und er verlor wegen seiner jüdischen Herkunft die Stellung an der Berliner Universität – verließ Lewin Deutschland als politischer Flüchtling. In den USA konnte er seine Karriere erfolgreich fortsetzen: Nach Tätigkeiten an der Cornell University und an der Iowa State University übernahm er 1944 die Leitung des Forschungszentrums für Gruppendynamik am angesehenen Massachusetts Institute of Technology (MIT) (vgl. Schönpflug 1992).

Was Lewin auszeichnete, war seine allseitige und offene Denkhaltung: Er interessierte sich für viele Aspekte des sozialen Verhaltens. Anregungen hierfür fand er nicht nur bei den Kollegen seines Faches: Obwohl die Psychoanalyse unter den akademischen Psychologen verpönt war, zeigte er hierfür Interesse (vgl. Lück & Rechtien 1989). Sergej Eisenstein, den russischen Filmregisseur, kannte er von persönlichen Begegnungen. Dieser Kontakt machte nicht nur die Gestaltpsychologie für die Filmtheorie fruchtbar: Lewin selbst interessierte sich für die Filmästhetik und drehte Filme. Seine vielseitigen Interessen kamen dabei auch immer seiner wissenschaftlichen Arbeit zugute: Mit seinen Filmen, in denen er die Kamera als Hilfsmittel psychologischer Forschung einsetzte, untersuchte er beispielweise Ausdruck, Affekt, Handlungen und Bewegungsverläufe bei Kindern (vgl. Lewin 1931, 1932). Lewin war einer der ersten Psychologen, die das Medium Film als Forschungsmittel benutzten (vgl. Bulgakowa 1992) und ist damit ein Wegbereiter moderner Beobachtungskonzepte in der Kommunikationsforschung.

Vielleicht ist der Psychologe Lewin gerade deshalb für das Fach Kommunikationswissenschaft, in dem zunehmend unterschiedlichste Forschungsperspektiven zusammendrängen, ein Vorbild für interdisziplinäres Arbeiten.

Literatur

Oksana Bulgakowa (1992): Sergej Eisenstein und Kurt Lewin. In: Wolfgang Schönpflug (Hrsg.): *Kurt Lewin – Person, Werk, Umfeld*. Frankfurt am Main: Peter Lang, S. 161-171.

Kurt Lewin (1931): *Der Lebensraum des Kindes*. Hagen: Fernuniversität Hagen. Zentrum für Fernstudienentwicklung (Videokopie 1988).

Kurt Lewin (1932): Filmaufnahmen über Trieb- und Affektäußerungen psychopathischer Kinder (verglichen mit Normalen und Schwachsinnigen). In: *Zeitschrift für Kinderforschung*, XX. Jg., S. 414-447.

Kurt Lewin (1938): *The conceptual representation and the measurement of psychological forces*. Durham: Duke University Press.

Helmut E. Lück, Wolfgang Rechtien (1989): Freud und Lewin. Historische Methode und »Hier-und-Jetzt«. In: Bernd Nitschke (Hrsg.): *Freud und die akademische Psychologie. Beiträge zu einer kritischen Kontroverse*. München: Psychologie-Verlags-Union, S. 137-159.

Wolfgang Schönpflug (1992): Kurt Lewin – eine biographische Skizze. In: Wolfgang Schönpflug (Hrsg.): *Kurt Lewin – Person, Werk, Umfeld*. Frankfurt am Main: Peter Lang, S. 13-28.

Jens Woelke

Margot Lindemann (1969): *Deutsche Presse bis 1815. Geschichte der deutschen Presse Teil I.* Berlin: Colloquium Verlag. 357 Seiten.

Die Mitarbeiterin des Dortmunder Instituts für Zeitungsforschung Margot Lindemann (1926-1981) legte 1969 den ersten Band einer »Geschichte der deutschen Presse« vor, deren übrige drei Bände von Kurt Koszyk verfaßt wurden (→ Koszyk 1966, 1972, 1986). Das ehrgeizige Unternehmen war wissenschaftsgeschichtlich längst überfällig. Die letzte kompakte »Geschichte des deutschen Zeitungswesens« aus der Feder Ludwig Salomons datierte immerhin aus den Jahren 1900 bis 1906 (→ Salomon 1900-1906); Otto Groths materialreiche Ergänzungen zur deutschen Zeitungsgeschichte in seinem systematischen Werk »Die Zeitung« stammten aus den Jahren 1928 bis 1930 (→ Groth 1928-1930). Die Detailforschung war indessen durch die Jahrzehnte fortgeschritten, und es galt nun, die neueren Ergebnisse zu sichten, systematisch zu bündeln und in verständlichem Überblick vorzutragen.

Lindemann entledigte sich der Aufgabe in narrativem, weitgehend begriffsfreiem Stil. In sechs Kapiteln beschrieb sie die Vorläufer der gedruckten Presse, die drucktechnischen, wirtschaftlichen und infrastrukturellen Voraussetzungen neuzeitlicher Printmedien, die Frühformen der Presse von 1500 bis 1700, die Presseentwicklung im Zeitalter der Absolutismus, das Anzeigen- und Intelligenzwesen und schließlich die Presse in der Zeit der Französischen Revolution und Napoleons.

Die ersten drei Kapitel über die Frühgeschichte der Presse bis 1700 machen kaum ein Drittel der Gesamtdarstellung aus. Mag man es noch akzeptabel finden, daß die historischen Bedingungen der neuzeitlichen Presse, handschriftliches Nachrichtenwesen, Buchdruck und Verlagswesen, sowie die Nachrichtenübermittlung durch das Postsystem, außerordentlich knapp skizziert werden, so geraten die schmalen Ausführungen über die frühen gedruckten Pressegattungen in jedem Betracht zu dürftig. Das betrifft das weite Feld der nichtperiodischen »Newen Zeitungen« ebenso wie die frühe Bildpublizistik (»illustrierte Flugblätter«). Die Äußerungen über die Entstehung und Entwicklung der periodischen politischen Zeitungen im 17. Jahrhundert sind im wesentlichen den Forschungsergebnissen verpflichtet, die seinerzeit in der Abteilung »Deutsche Presseforschung« an der Staatsbibliothek Bremen erzielt worden waren. Die Bremer Dokumentation hätte jedoch weitaus intensiver genutzt werden müssen, um ein historisch zuverlässiges Bild der Vorläufer der modernen Zeitung zu zeichnen. Nicht erkannt wird die kommunikationsgeschichtlich revolutionäre Bedeutung des frühen periodischen Zeitungswesens, das erstmals einen öffentlichen kontinuierlichen Zugang zur Sphäre politischen Herrschaftshandelns schuf und die notwendige Informationsbasis für die später entstehende »politisch räsonierende Öffentlichkeit« bereitstellte. Lindemann weiß dementsprechend auch nichts anzufangen mit der damals schon seit einigen Jahren vorliegenden und immerhin im Literaturverzeichnis genannten Studie von Jürgen Habermas über den »Strukturwandel der Öffentlichkeit« (→ Habermas 1962). Dieser begriffsgeschichtlichen Untersuchung wären die empirischen Befunde der historischen Zeitungsforschung gegenüberzustellen gewesen – mit der Aussicht auf ein differenziertes Verständnis der geschichtlichen Medienlandschaft.

Der Anstrengung des Begriffs geht Lindemann auch in den umfangreichen Abschnitten über die Presse der Aufklärung und der napoleonischen Zeit aus dem Wege. Die allgemeingeschichtliche Situierung des Gegenstandes bleibt feuilletonistisch. Dem Definitionsproblem einer historischen Gattungsdifferenzierung von Zeitung und Zeitschrift mag sich die Autorin nicht ernsthaft stellen. Stattdessen präsentiert sie in lockerer Folge Profile wichtiger Zeitungen und Zeitschriften des 18. Jahrhunderts. Die Gliederung des Zeitschriftenwesens folgt der Sachgruppierung, die Joachim Kirchner in seinem bibliographischen Grundlagenwerk vorgenommen hatte (→ Kirchner 1928-1931).

Die Darstellung ist daten- und zitatenreich, doch durchgängig aphoristisch; das Resümee bleibt blaß: Im Verlauf von 300 Jahren Pressegeschichte seien große Fortschritte in der Entwicklung der Zeitung zu einem technisch und journalistisch komplexen Gebilde erfolgt. Dem stünde zu Beginn des 19. Jahrhunderts »ein deutlicher Rückschritt in den Möglichkeiten zur ungehinderten Berichterstattung und zur Meinungsbildung gegenüber«. Es versteht sich, daß eine bedeutende gesellschaftliche Institution wie das neuzeitliche Nachrichtenwesen damit nicht zureichend auf einen kulturgeschichtlichen Begriff gebracht ist.

Trotz dieser Defizite war Lindemanns Darstellung in den vergangenen 30 Jahren das vielgenannte und oft zitierte Standardwerk zur älteren deutschen Pressegeschichte. Denn erstaunlicherweise gab es bis in die jüngste Vergangenheit keinen Versuch, den Gegenstand in angemessenerer Weise zu präsentieren. Diesem Defizit ist erst im Jahr 2000 abgeholfen worden. Rudolf Stöbers »Deutsche Pressegeschichte« und Jürgen Wilkes »Grundzüge der Medien- und Kommunikationsgeschichte von den Anfängen bis ins 20. Jahrhundert« präsentieren auch die ältere Pressegeschichte auf dem aktuellen Stand der Forschung. Lindemanns Werk kann also nunmehr getrost in den Limbus verlaufener Wissenschaft eintreten.

Literatur

Rudolf Stöber (2000): *Deutsche Pressegeschichte. Einführung, Systematik, Glossar*. Konstanz: UVK.

Martin Welke (1974): Die Geschichte der Zeitung in den ersten Jahrhunderten ihres Bestehens. Kritische Bemerkungen zu Margot Lindemanns »Deutsche Presse bis 1815«. In: *Daphnis. Zeitschrift für Mittlere Deutsche Literatur*, Bd. 3, Heft 1, S. 92-106.

Jürgen Wilke (2000): *Grundzüge der Medien- und Kommunikationsgeschichte. Von den Anfängen bis ins 20. Jahrhundert*. Köln u.a.: Böhlau.

Johannes Weber

Walter Lippmann (1922): *Public opinion*. New York: Macmillan. 272 Seiten. – Neuauflage New York: u.a. Free Press 1997. XVI, 272 Seiten.

Deutsche Ausgabe: Walter Lippmann (1964): *Die öffentliche Meinung*. München: Rütten & Loening. 285 Seiten.

»For the most part we do not first see, and then define, we define first and then see.« (S. 54f.) Dieser erstaunliche Satz, 1921 von dem amerikanischen Journalisten und Pulitzer-Preisträger Walter Lippmann (1889-1974), geschrieben, legt nahe: Unsere Perspektiven auf die Welt entstehen über Sozialisationsprozesse. Wir filtern Weltwahrnehmung durch unsere jeweiligen Schemata (»schemes«) kognitiver und emotionaler Art. Sie sind internalisierte Abbilder kultureller Vermittlung, die nicht nur den einzelnen in seiner Wahrnehmung lenken, sondern gruppengebunden sind und ausgeweitet werden können auf größere Sozialgebilde, bis hin zu Nationen und ihren gegenseitigen Vorurteilen, die Lippmann selbst im Ersten Weltkrieg beobachtete. Die Fokussierung solcher Schemata auf eine Art kleinsten gemeinsamen Nenner ist das Stereotyp (»stereotype«). Lippmanns Buch enthält sowohl sozialpsychologisch als auch wahrnehmungspsychologisch treffende Beobachtungen. Aber noch weit mehr, nämlich eine Ethik, die die kritische Selbstvergewisserung einer Gesellschaft über ihre Stereotypen eröffnet und fordert.

Ende der 1990er Jahre legte der New Yorker Verlag Simon & Schuster diesen Klassiker erneut auf. Eine deutschsprachige Übersetzung ist seit 1964 zur Hand. Rezipiert wurde Walter Lippmanns Studie über den Einfluß der »pictures in our heads« auf die Wahrnehmung von Realität indes schon weit früher. Der Zeitungswissenschaftler Ernst Roselius (1901-1941) knüpfte Mitte der 30er Jahre wesentlich an Lippmanns Stereotypenlehre an – damals quasi »neben« der depravierten Zeitungswissenschaft des »Dritten Reiches«, weitgehend unbemerkt und bald vergessen (vgl. Averbeck & Kutsch 2000). Andere Zeitungswissenschaftler und Soziologen kannten die Originalversion von Lippmanns *Public opinion* schon um 1930 (vgl. Willems 1930) und lasen sie parallel zu Ferdinand Tönnies Buch »Kritik der öffentlichen Meinung« (→ Tönnies 1922), das ebenfalls Klassikerstatus erlangte. Von Lippmann wie Tönnies konnten sie die sozialen Mechanismen der Meinungsbildung lernen, die gruppengebundene, eingeschränkte Sicht der »Einstellungen«. Von Lippmann aber darüber hinaus: Meinungen sind nicht nur an Gruppenkontexte, damit soziale Bedingungen, gebunden, Meinungen sind per se nicht objektiv, da sie permanent Verzerrungen unterliegen. Die »pictures in our heads« dienen elementar der Ökonomie der Wahrnehmung, der Strukturierung von Realität. Ein anderer Umgang mit Realität ist nicht möglich, aber – dieser kann durchaus bewußt gemacht werden und bewirkt dann einen anderen Umgang des Urteilenden oder Meinenden mit dem eigenen Urteil.

Die Irrationalität der öffentlichen Meinungen, ihre Konformierung durch Stereotype ist das, was auch Elisabeth Noelle-Neumann in ihrer Lesart Lippmanns betont: »Unentbehrlich sind Stereotype, um einen Konformitätsprozeß in Gang zu setzen« (Noelle-Neumann 1990: 299). Genau das propagierte Lippmann nicht. Zwar beschrieb er, wie Stereotype Konformität erzeugen, aber dies entsprach seiner Analyse des Bestehenden, nicht seinem eigenen aufklärerischen Anspruch. Soziale Kontrolle bedeutete ihm gerade nicht Konformitätsdruck, sondern die kritische Beobachtung von Konformitäten aller Art, eingeschlossen der Mechanismen ihrer Erzeugung, vor allem durch die Schaffung von Symbolwelten, auch in der Presse. Sein Buch hat einen hohen Erziehungsanspruch: Sowohl Politiker als auch Wähler müßten lernen, sich ihre jeweiligen Sterotype bewußt zu machen, um ihnen weitgehend zu entkommen. Ganz gelinge das nie, da das menschliche Gehirn und seine Verarbeitungsmechanismen auf die verkürzte Abbildung angewiesen blieben, aber: Das Wissen um diese Verkürzungen könne zu einem Abwägen, Abgleichen der Standpunkte, einer Diskussionsbereitschaft führen und damit schließlich zu angemessenen Urteilen. Auf der Basis dieser Forderung entwickelte Lippmann ein ganzes Gebäude einer politischen Theorie: Den idealtypischen Entwurf eines von Experten kontrollierten demokratisch-föderalen Staatswesens, in dem Wissen und Macht weitgehend geteilt sein sollten, sich gegenseitig ergänzend und beobachtend. Dies kann hier nicht weiter ausgeführt werden. Nur so viel: Lippmann läßt sich gerade nicht einordnen in eine starre Differenzierung der »sozialpsychologischen« versus der »rationalistischen« Auffassung öffentlicher Meinung (vgl. Noelle-Neumann 1992). Er betrieb vielmehr eine Rationalisierung des rationalistischen Paradigmas selbst: Den Bürger, in dessen Herz das Gute wohnt, der Informationen eigenständig und sinnvoll gewichtet, der die Besten unter sich als seine Repräsentanten wählt, den Citoyen Jean-Jacques Rousseaus und der Aufklärung, den gebe es nicht. Aber, den Bürger, der weiß, wie man mit divergierenden Informationen umzugehen hat, der beurteilen kann, ob er transparente oder manipulierte Informationen bekommt, den sollte es geben. Und hier müsse die Selbstkritik der Eliten, auch der Journalisten, ansetzen. Lippmann verstand sein Buch als Beitrag zur politischen Wissenschaft und zugleich als Anregung für praktische Politik.

Seine Instrumentalisierung der sozialwissenschaftlichen Eliten in einem optimierten Staatsgebilde – nämlich als unbestechliche Kontrolleure und Sammler riesiger Datenmengen zu allen sozialen Bereichen, die dann miteinander verglichen werden könnten, um Vorurteile durch Urteile zu ersetzen und faktenreiche Argumentationen auch über das »unseen environment« zuzulassen, erinnert in ihrer utopischen Qualität an Karl Mannheims »freischwebende Intelligenz« (vgl. Mannheim 1929). Auf die ideologische Anfälligkeit dieses Gedankengebäudes Lippmanns hat sein Biograph Ronald Steel aufmerksam gemacht (vgl. Steel 1980, 1997). Dieser politik-utopische Hintergrund sollte nicht vergessen werden, wenn man, wie Noelle-Neumann dies zu Recht tut, auf Walter Lippmann als klarsichtigen Vordenker der modernen Sozialwissenschaft, insbesondere der Gatekeeper-Forschung, der Nachrichtenwerttheorie und selektiven Wahrnehmung rekurriert. Dann aber sollte man auch auf Lippmanns Quellen verweisen, die gerade nicht auf ein ausschließlich sozialpsychologisches Gesellschaftsverständnis verweisen, sondern stark individuenzentriert argumentieren. Vor allem die Psychologie von William James und die Psychoanalyse Sigmund Freuds haben ihn inspiriert. Ähnlich Kurt → Baschwitz (1932) erkannte Lippmann auf der Basis psychoanalytischer Literatur die Mechanismen der Realitätsvereinfachung, so Verdrängung und Projektion. Wie Baschwitz nannte er als Beispielphänomen Entlastungsbedürfnisse im Zuge des »Hexenwahns« im Spätmittelalter (vgl. S. 4). Lippmanns Stärke – beruhend wohl gerade auf seinen Exkursen in die Individualpsychologie – bestand gerade darin, zu erkennen, daß es sich beim Stereotyp nicht um ein ausschließlich kognitives Phänomen handelt, sondern um eines, das affektive und emotionale Momente in hohem Maße bindet. Die Gefühlsbindung der Produktion und Rezeption von (Medien)inhalten, emotionale Wirkung, ist bis heute ein unterbelichtetes Phänomen. Folgt man Lippmann, ist Rezeption immer interpretativ. Obwohl er auch Mechanismen von Propaganda, vor allem die Antizipation und Ausnutzung bestehender Stereotype durch die Propagandisten beschreibt, kann ein einfaches Reiz-Reaktions-Modell an seinen Text nicht angelegt werden.

Literatur

Stefanie Averbeck, Arnulf Kutsch (2000): Blick nach Amerika im »Dritten Reich«. Ein disziplinhistorischer Hinweis auf Ernst Roselius (1904-1941) und seine kommunikationswissenschaftliche Erkenntnisperspektive. In: Markus Behmer (Hrsg.): *Deutsche Publizistik im Exil 1933-1945. Personen – Positionen – Perspektiven*. Festschrift für Ursula E. Koch. Münster: Lit, S. 282-306.

Karl Mannheim (1929): *Ideologie und Utopie*. Frankfurt am Main: Schulte-Bulmke.

Elisabeth Noelle-Neumann (1990): Nachwort. Das Stereotyp als Verkehrsmittel der öffentlichen Meinung: Walter Lippmann. In: Walter Lippmann: *Die öffentliche Meinung*. Reprint des Publizistik-Klassikers. Bochum: Studienverlag Dr. N. Brockmeyer, S. 286-299.

Elisabeth Noelle-Neumann (1992): Manifeste und latente Funktion öffentlicher Meinung. In: *Publizistik*, 37. Jg., S. 283-296.

Ronald Steel (1980): *Walter Lippmann and the American century*. Boston, Toronto: Little Brown and Company.

Ronald Steel (1997): Foreword. In: Walter Lippmann: *Public opinion*. Reprint. New York u.a., S. I-XVI.

Emil Willems (1930): *Presse und Kollektivmeinung in Zusammenhängen*. Köln: Pilgram.

Stefanie Averbeck

Emil Löbl (1903): *Kultur und Presse*. Leipzig: Duncker & Humblot. VIII, 291 Seiten.

Emil Löbl (1863-1942), Absolvent der juristischen Fakultät der Universität Wien, mehrere Jahre im Preßdepartement des k.k. Ministerratspräsidiums tätig, 1909 zum Chefredakteur der amtlichen ›Wiener Zeitung‹ und 1917 des ›Neuen Wiener Tagblatts‹ berufen, 1938 dieses Postens enthoben, war ein geistreicher Kulturjournalist und fesselnder Erzähler und unternahm mit seinem Buch *Kultur und Presse* den ersten Versuch einer systematischen und kritischen Darstellung des modernen Zeitungswesens (vgl. Schmolke 1992: 182). Sein Anliegen bestand darin, die Zeitung im Kulturleben der Gegenwart als eigenes Phänomen zu definieren und die Zeitungskunde zu einer eigenständigen Disziplin zu entwickeln, sie also von ihrem bisherigen Dasein als Appendix der Rechts- und Staatswissenschaft sowie der Geschichtswissenschaft und der Literaturgeschichte zu befreien.

Kultur und Presse ist in vier Teile gegliedert. Der erste Teil liefert eine Theorie der Zeitung sowie der journalistischen Praxis, unterteilt in vier Kapitel. Das erste Kapitel erklärt unter dem Titel »Begriffsbestimmung« die für Löbl konstituierenden Elemente eines Pressebetriebs: Periodizität, Einheitlichkeit des Unternehmens, Allgemeinheit des Interesses, Aktualität, Kollektivität des Inhalts und Absicht der Publizität. Die Zeitung definiert Löbl demnach als »eine in regelmäßigen Zeitintervallen erscheinende, durch mechanische Vervielfältigung allgemein zugänglich gemachte Publikation von kollektivem, mannigfaltigem Inhalt, der durch Allgemeinheit des Interesses gekennzeichnet, sowie aus den Ereignissen und Zuständen der unmittelbaren Gegenwart geschöpft ist« (S. 21f.). Diese

Definition nimmt im wesentlichen die Begriffsbestimmung der Zeitung in der Lehre der Zeitungswissenschaft vorweg. Das zweite Kapitel bemüht sich um eine Klassifikation der politischen und nichtpolitischen Presse. Im Kontext mit Fragen der journalistischen Ethik geht es im dritten Kapitel um Inhalte der Presse, deren Veränderungen seit dem 18. Jahrhundert und deren Gliederung. Die innere Gliederung differenziert zwischen der referierenden, räsonierenden, schöngeistigen sowie der publizitäts- und geschäftsvermittelnden Funktion. Unter äußerer Gliederung versteht Löbl die Unterteilung in journalistische Darstellungsformen. Im vierten Kapitel handelt Löbl neben »äußeren Momenten«, zu denen er die »kapitalistische Natur des Zeitungsunternehmens« zählt, Grundregeln der journalistischen Praxis und Fragen der Stilistik ab.

Im zweiten Teil wendet er sich dem Journalismus als produzierendem Element zu, strukturiert nach drei Themen: Berufsjournalismus und seine gesellschaftliche Position, Probleme der Anonymität und journalistische Ausbildung. Kollegs an Universitäten weist er den Vorzug vor privaten Journalistenschulen zu. Der dritte Teil durchleuchtet die Beziehung zwischen Journalismus und Gesellschaft. Insbesondere fragt er nach der Bedeutung der Tagespresse für das geistige, politische und wirtschaftliche Leben des modernen Menschen sowie nach dem Verhältnis von Presse und öffentlicher Meinung. Der vierte Teil stellt das Verhältnis zwischen Staatsgewalt und Presse dar, wobei das Hauptgewicht auf der Theorie und dem Wert der Pressefreiheit liegt.

Die Frage nach dem Einfluß der Zeitung auf die Leserschaft weitet sich für Löbl im Kapitel »Die Presse und das geistige Leben« zur Frage nach dem Grad und System der Volksbildung aus. Für die Lektüre der Zeitung benötige der Mensch zwar eine sachkundige Führung, den Journalisten eben, als Einzelwesen sollte er aber gemäß seiner allgemeinen Vorbildung sicher sein, kritisch lesen zu können. Ebenso idealistisch ist die Auffassung Löbls von der kulturellen Mission der Presse: Mit ihrem ständigen Informationskontakt schlinge sie ein starkes Band der Kulturgemeinschaft um die Völker des Globus, und daher werden tradierte Gegensätze ausgeglichen. Undenkbar sei daher, daß es in Zukunft Vorurteile und Abneigungen zwischen einzelnen Nationen gibt.

Bei seinen Befunden über Lesegewohnheiten beschreibt er eine Situation, die den Ergebnissen der modernen Leseforschung zumindest teilweise entspricht. Das Lesepublikum belletristischer Bücher setzt sich aus Frauen und männlichen Jugendlichen ohne Beruf zusammen, während der berufstätige Mann beinahe ausschließlich Zeitungen liest. Erscheint das Monopol der Zeitungslektüre für ein Mitglied der »gebildeten Volksklassen« unerfreulich, so würde die große Mehrheit der Bevölkerung ohne die Existenz von Zeitungen überhaupt nicht lesen, nach der Schulzeit jede Fortbildung vernachlässigen und sich bestenfalls der niedrigsten Sorte von Romanliteratur hingeben. In dieser Hinsicht nehme die Presse eine erzieherische Mission wahr. Für die Mehrheit der Bevölkerung sei ihre Gewohnheit wie ihr Bedürfnis, täglich Zeitung zu lesen, gleichbedeutend mit einer ständigen Übung ihrer geistigen Kräfte (vgl. S. 235f.). Im Vergleich zu anderen zeitungskundigen Autoren im Wien seiner Zeit dominiert hier die Kulturtechnik »Lesen« die Interpretation der Zeitung als »Erwachsenenschule« (Duchkowitsch 1997: 47-52).

Im Vergleich zu Arbeiten dieser Autoren hat *Kultur und Presse* in der »Wiener Schule« der Zeitungswissenschaft nicht jene Beachtung erfahren, wie sie ihr Journalisten in den 30er Jahren und später Otto → Groth (1960-1972) zukommen ließen. Die Umstände, weshalb die Wiener Zeitungswissenschaft auf Löbl kaum Bezug nahm, mag mit ihrer starken Orientierung an Daten und Fakten zu tun gehabt haben. Keine Rolle kann gespielt haben, daß er als Vizepräsident der »Österreichischen Gesellschaft für Zeitungskunde« 1937 die Meinung vertreten hat, mehrere Faktoren hätten es notwendig gemacht, der Presse der Gegenwart mancherlei Beengungen aufzuerlegen.

Literatur

Wolfgang Duchkowitsch (1997): Verstellte oder hellsichtige Blicke? Zeitungskunde und Zeitungskultur. In: Sigurd P. Scheichl, Wolfgang Duchkowitsch: *Zeitungen im Wiener Fin de siècle*. Wien: Verlag für Geschichte und Politik; München: Oldenburg, S. 21-58.

Michael Schmolke (Hrsg.) (1992): *Wegbereiter der Publizistik in Österreich. Autoren mit ihren Arbeiten von Joseph Alexander von Helfert bis Wilhelm Bauer 1848 bis 1938*. Wien, St. Johann/Pongau: Österreichischer Kunst- und Kulturverlag, S. 182-186.

Wolfgang Duchkowitsch

Franz Adam Löffler (1837): *Ueber die Gesetzgebung der Presse. Ein Versuch zur Lösung ihrer Aufgabe auf wissenschaftlichem Wege*. Leipzig: Brockhaus. LXII, 558 Seiten.

Franz Adam Löffler (1808-1880) war Publizist, Jurist, Dichter und in den 1830er Jahren zeitweiliger Referent – damals »Hilfsarbeiter« genannt – im preußischen Kultus- bzw. Innenministerium. Seine Schrift ist für die Kommunikationswissenschaft von einiger Bedeutung, weil sie zum einen eine interessante Quelle für die pressepolitische Diskussion im Vormärz darstellt, zum anderen durch das Gewicht, das ihr Otto Groth und nach ihm andere bedeutende Kommunikationswissenschaftler zugewiesen haben. Die Gesetzgebung steht ideengeschichtlich zwischen dem 18. und dem 19. Jahrhundert und argumentiert aus heutiger Sicht in weiten Teilen unverständlich: Sie ist normativ, sie vergöttlicht den Staat, sie wendet sich gegen die Idee der Menschenrechte und Volkssouveränität, die als »der politische Atheismus ihrer Zeit« gewertet wird (S. 33). Sie polemisiert gegen politische Gegner, allen voran den liberalen Freiburger Politiker und Staatsrechtler Carl Theodor Welcker. Aber auch andere Gelehrte, wie zum Beispiel Leopold von Ranke, werden kritisiert. Die Arbeit könnte im Auftrag des preußischen Innenministeriums entstanden sein (→ Groth 1948: 121f.; Rühl 1999: 157). Der liberale Gegenentwurf zu Löfflers Schrift wurde ein knappes Jahrzehnt später von Robert → Prutz (1845) vorgelegt.

Löffler schreibt eine genaue Beobachtung der Wesens- und Wirkungsbedingungen der Presse seiner Zeit nieder. Er fürchtet die Presse, »Gewohnheit und Sitte [seien] bereits merklich geschwächt« (S. XII), und begreift sie als ein Instrument, das nur im Staat existieren kann. Daraus folgert er, die Presse dürfe nicht gegen den Staat Position beziehen. Für ihn ist selbstverständlich, in der Presse einen Marktplatz der Ideen und Meinungen zu sehen, welcher der Individualität

Vorschub leiste und die Obrigkeiten um ihre Autorität bringe. Diese Wirkung ist eine tief in der damaligen Zeit wurzelnde Anschauung, die sich seither als eines der Grundmuster gehalten hat und die noch heute der kulturkritischen Betrachtung neuer Medien sowie neuer medialer Inhalte zugrunde liegt. Dabei wirft Löffler die immer noch aktuelle Frage auf, ob die Presseberichterstattung eher als Ursache oder Folge und Begleiterscheinung des gesellschaftlichen Wandels anzusehen sei? (S. XXXI)

Die Sprache des Werks ist – der Zeit entsprechend – recht weitschweifig, die Gliederung des Stoffes hingegen klar. Das Buch ist in fünf Kapitel unterteilt. Das erste behandelt die »Production des presslichen Inhalts«, das zweite »Verlag und Buchhandel«, das dritte die »Classification des Inhalts«, das vierte die Staats- und das letzte die Volkspresse. Jedem Kapitel und Unterabschnitt sind begriffliche Definitionen vorangestellt, jedes behandelt abschließend die Gesetzgebung. Löfflers Verdienst ist es, als einer der ersten sich an einer Systematik der Presse versucht zu haben (vgl. S. 410-426). Es gelingen ihm einige treffende Pointierungen, beispielsweise wenn er die »Presse als öffentliche[n] allgemeine[n] Gedankenhandel« (S. 196) charakterisiert. Die Behauptung, daß Löffler die Lasswell-Formel vorformuliert habe, beruht auf einem grotesken Mißverständnis einer zusammenfassenden Paraphrase Groths, der schrieb, immer frage Löffler, »'Was, von wem, für wen gedruckt wurde'« (→ Groth 1948: 151; vgl. Eberhard 1963: 436f.).

Interessanter erscheint eine Idee, die eher beiläufig Erwähnung findet: Nicht nur die Presse wirke, wenn sie Inhalte verbreite, sondern auch ihre Abwesenheit könne Wirkung entfalten. Auf diese Interpretation kann man nur in Zeiten wie dem Vormärz kommen (vgl. S. 40 und 50), in der die Nichtexistenz der Pressefreiheit zu den wichtigsten revolutionsvorbereitenden Momenten gehörte. Löfflers Sicht nimmt sich aus wie eine Vorwegnahme der Erkenntnis der Soziologen Robert K. Merton und Paul F. Lazarsfeld, die darauf hinwiesen, die erste Wirkung der Medien sei ihre Existenz (Lazarsfeld & Merton 1957).

Literatur

Fritz Eberhard (1963): Franz Adam Löffler und Max Weber. Zwei Pioniere der Publizistikwissenschaft. In: *Publizistik*, 8. Jg., S. 436-442.

Paul F. Lazarsfeld, Robert K. Merton (1957): Mass communication, popular taste and organized action. In: Bernhard Rosenberg, David Manning White (Hrsg.): *Mass culture: The popular art in America*. Glencoe, IL: Free Press, S. 457-473.

Manfred Rühl (1999): *Publizieren. Eine Sinngeschichte der öffentlichen Kommunikation*. Opladen, Wiesbaden: Westdeutscher Verlag.

Rudolf Stöber

Leo Löwenthal (1961): *Literature, popular culture and society*. Englewood Cliffs, NJ: Prentice-Hall. XXIV, 169 Seiten.

Deutsche Ausgabe: Leo Löwenthal (1964): *Literatur und Gesellschaft. Das Buch in der Massenkultur*. Neuwied, Berlin: Luchterhand. 281 Seiten – Mit veränderter

Textanordnung und weiteren Texten auch in: Leo Löwenthal (1980): Schriften. Bd. 1. Frankfurt am Main: Suhrkamp.

Löwenthals Buch *Literature, popular culture and society* versammelt seine in den vierziger und fünfziger Jahren an unterschiedlichen Orten erschienenen Arbeiten zur Literatur und Massenkultur. Es handelt sich neben seinem programmatischen Aufsatz »The sociology of literature« (deutsch: »Die Aufgaben der Literatursoziologie«) aus dem Jahr 1948 um seine historischen Studien zur Massenkulturentwicklung sowie seinen Aufsatz zur »biographischen Mode« in populären Magazinen.

Mit diesem Buch hat er sein in den Jahren des amerikanischen Exils entwickeltes Forschungsprogramm einer historisch-kritischen Kommunikationsforschung im Zusammenhang vorgelegt. Das Ziel dieser Arbeiten liegt in der Entwicklung einer sozialen Theorie der Massenkultur. Gegenüber der Beachtung und Bedeutung, die die Kulturindustriekritik Theodor W. Adornos und Max Horkheimers erfahren hat, sind Löwenthals Arbeiten zur Massenkultur, die im Kontext der frühen amerikanischen Kommunikationsforschung entstanden sind, hierzulande jedoch kaum bekannt. Sie werden in der jüngeren Rezeption erst wieder entdeckt (vgl. Kausch 1988; Göttlich 1996).

Das Buch *Literature, popular culture and society* stellt die zweite eigenständige Buchpublikation Löwenthals in Amerika dar. Bereits 1957 erschien das Werk »Literature and the image of man. Studies of the European drama and novel, 1600-1900«, mit dem er dem amerikanischen akademischen Publikum sein literatursoziologisches Forschungsprogramm vorgestellt hat. Während es Löwenthal in seiner Massenkulturkritik um die Frage der sozialen Kontrolle durch mediale Angebote geht, handelt das zuletzt genannte Buch von der davon untrennbaren Frage nach dem Schicksal des Individuums.

Leo Löwenthal (1900-1993), Kultur- und Literatursoziologe, gehört zusammen mit Max Horkheimer, Herbert Marcuse und Erich Fromm zu den frühen Mitgliedern des Frankfurter Instituts für Sozialforschung. In Frankfurt am Main geboren, studierte er in Gießen, Heidelberg und Frankfurt Philosophie, Germanistik und Soziologie. Seit 1926 stand er zunächst als Stipendiat in Kontakt mit dem Institut für Sozialforschung, zu dessen festem Mitarbeiter er 1930 wurde. 1933 zur Emigration, zunächst in die Schweiz und 1934 in die Vereinigten Staaten – zusammen mit den anderen Institutsmitgliedern – gezwungen, betreute er als verantwortlicher Mitherausgeber die ›Zeitschrift für Sozialforschung‹. Nach der Rückkehr des Instituts für Sozialforschung nach Deutschland blieb Löwenthal in Amerika und wurde dort 1956 Professor für Soziologie an der University of California in Berkeley, wo er bis zu seinem Tod wohnte und lehrte.

Insbesondere seine Tätigkeit in den Diensten der amerikanischen Administration seit Mitte der vierziger Jahre führte ihn zu einer intensiven Auseinandersetzung mit den theoretischen und methodischen Besonderheiten der frühen amerikanischen Massenkommunikationsforschung. Wie Paul F. Lazarsfeld betont, kommt den in den verschiedenen Abteilungen und Projekten des »Office of War Information« erarbeiteten Kommunikationsanalysen – in dessen Diensten Löwenthal vor seiner Arbeit bei der Voice of America stand – ein wesentlicher Anteil an der Weiterentwicklung der Methoden und Theorien in der amerikanischen Massenkommunikationsforschung zu (vgl. Lazarsfeld & Stanton 1944: V). Daß Löwenthal in den fünfziger Jahren einen gewissen Einfluß auf die amerikanische Kommunikationsforschung und die entscheidende »Debatte um die Massenkultur« hatte, darf nicht zuletzt aus seiner Tätigkeit im »Committee on International Communications Research« (CCIR), einer Unterabteilung der »American Association for Public Opinion Research« (AAPOR), geschlossen werden, die er auf Aufforderung Lazarsfelds, des Direktors der AAPOR, aufbauen sollte. Einblick in seine dortige Arbeit geben seine Beiträge für die Fachzeitschrift ›Public Opinion Quarterly‹ in den frühen fünfziger Jahren.

Die Intention von Löwenthals Buch war es, die sich entwickelnde empirische Kommunikationsforschung mit historischen und kultursoziologischen Problemen zu konfrontieren – eine Aufgabe, die bis heute nichts von ihrer Relevanz verloren hat. Wie aber sah das von Löwenthal zur Realisierung dieser Vermittlungsaufgabe vorgesehene Forschungsprogramm konkret aus und welche Wirkungsgeschichte konnte es verzeichnen?

In dem im hier besprochenen Buch in erweiterter Form wieder abgedruckten zentralen Aufsatz »Die Aufgaben der Literatursoziologie« aus dem Jahre 1948 heißt es zu dieser Aufgabe: »Wenn der Literatursoziologe erreichen will, daß er in der modernen Forschung auf dem Gebiet der Massenkommunikationsmittel berücksichtigt werde, muß er zumindest ein Forschungsprogramm vorlegen können, dessen Aufgabenstellung sich auf Problemkreise bezieht, die diesem Gebiet entstammen, und das zugleich die für die anderen Massenmedien bereits erarbeiteten wissenschaftlichen Erkenntnisse berücksichtigt.« (1964, S. 267)

Diese Vermittlungsstrategie wird inhaltlich im wesentlichen von den in das hier besprochene Buch aufgenommenen historischen Studien mitgetragen. Ihr Gegenstand sind die unterschiedlichen Phasen der Massenkulturentwicklung vom 16. bis zum 18. Jahrhundert, die er anhand von Äußerungen von Schriftstellern, Theaterleitern, Publizisten und Philosophen verfolgt. Die Perspektive einer Geschichtsschreibung der Massenkultur zielt auf die Klärung der mit dem Kulturwandel zusammenhängenden Fragen, die sich um den Begründungszusammenhang kultureller Werte und Standards gruppieren. Die Behandlung literarischer und massenliterarischer Fragen, d.h. die Kritik der Rolle und Bedeutung von Kunst und Massenkultur, ist in Löwenthals Werk nicht getrennt zu sehen von zentralen Prinzipien, die in den mit Kunst, Erfahrung und Kommunikation verbundenen Maßstäben verankert sind. Die damit verknüpften Fragestellungen sah er in den empirischen, vorwiegend quantitativ ausgerichteten Forschungsprogrammen der frühen amerikanischen Kommunikationsforschung der vierziger und fünfziger Jahre jedoch nicht umgesetzt.

Sein empirisch-analytischer Zugang und seine historisch-systematische Perspektive, die er im Kontext der amerikanischen Massenkulturdebatte (Dwight Mcdonald, Edward A. Shils, Daniel Bell) vorgestellt hat, trugen vor diesem Hintergrund zu einer entscheidenden Differenzierung der amerikanischen Massenkulturkritik bei. Die Rolle und Bedeutung der Populärkultur ist für Löwenthal nur sinnvoll zu beantworten, wenn die gesellschaftliche Rolle und Funktion der Medien intensiv analysiert wird. Das entsprechende Forschungsprogramm, welches er in dem Aufsatz »Die Aufgabe der Literatursoziologie« beschreibt, konzentriert sich dazu neben der bereits genannten (a) Funktionsanalyse des Inhalts auf (b) eine Analyse der Haltung des Schriftstellers und Künstlers, (c) eine Analyse der Vermittlung und Bedeutung des Kulturerbes in massenkulturellen Erzeugnissen und schließlich (d) die Frage nach der Rolle und Einflußnahme der gesellschaftlichen Situation auf die Kultur und Kulturprodukte.

Das leitende Erkenntnisinteresse Löwenthals, die Verbindung der Sozialtheorie mit der Literatur- und in heutiger Lesart Medienanalyse, stellt dabei die größte Herausforderung dar: Es verweist nicht nur auf die Notwendigkeit einer interdisziplinären Erforschung der gegenwärtigen Gesellschaftsentwicklung und Kultur, sondern stellt auch eine Aufforderung an die Medien- und Kommunikationsforschung dar – sei es die Medienwissenschaft, die Publizistik- und Kommunikationswissenschaft oder die Mediensoziologie –, ihrer sozial- und kulturtheoretischen Relevanz mit kritischen Stellungnahmen nachzukommen.

Literatur

Udo Göttlich (1996): *Kritik der Medien. Reflexionsstufen kritisch-materialisitischer Medientheorien am Beispiel von Leo Löwenthal und Raymond Williams.* Opladen: Westdeutscher Verlag.

Michael Kausch (1988): *Kulturindustrie und Populärkultur. Kritische Theorie der Massenmedien.* Frankfurt am Main: Fischer.

Paul F. Lazarsfeld, Frank Stanton (Hrsg.) (1944): *Radio Research (1942-1943).* New York: Duell, Sloan & Pearce.

Udo Göttlich

Niklas Luhmann (1970): *Soziologische Aufklärung 1. Aufsätze zur Theorie sozialer Systeme.* Köln-Opladen: Westdeutscher Verlag. 268 Seiten. – 4. Aufl. 1974.

Niklas Luhmann (1975): *Soziologische Aufklärung, Bd. 2: Aufsätze zur Theorie der Gesellschaft.* Opladen: Westdeutscher Verlag. 221 Seiten. – 2. Aufl. 1982.

Niklas Luhmann (1927-1998) gilt heute als einer der bedeutendsten Soziologen des 20. Jahrhunderts. Sein monumentales Gesamtwerk strahlt auf viele Nachbarwissenschaften aus, neben Wirtschafts- und Rechtswissenschaft, Erziehungs-, Literatur- und Religionswissenschaft nicht zuletzt auf die Publizistik- und Kommunikationswissenschaft. Zu einem Hauptwerk der Kommunikationswissenschaft wird Luhmanns Theorie durch die Radikalität, mit der Gesellschaft in all ihren Verästelungen als Kommunikation beobachtet und beschrieben wird, unter konsequenter Aussparung der biologischen und neurophysiologischen Umweltbedingungen, die an ihr »beteiligt« sein mögen.

Soziologische Aufklärung 1 ist keine Monographie im eigentlichen Sinne, sondern eine Textsammlung, die zehn bereits veröffentlichte und zwei bis dahin nicht publizierte Beiträge des Autors versammelt, deren erste bis in die frühen 60er Jahre zurückreichen. Die Textsammlung liegt auch auf Italienisch sowie in Auswahl in japanischer und spanischer Übersetzung vor. In der Selbsteinschätzung Luhmanns bildet der Band zusammen mit einer kaum überschaubaren Anzahl weiterer Arbeiten den Versuch, die erklärtermaßen angestrebte facheinheitliche Theorie zunächst einmal »ins Unreine zu schreiben«, bevor sie nach einer zwei Jahrzehnte dauernden Anstrengung in seinen Augen reif für die zusammenfassende Darstellung war. In diesem Sinne hat Luhmann sein 1984 erschienenes Opus magnum einer allgemeinen soziologischen Systemtheorie, »Soziale Systeme. Grundriß einer allgemeinen Theorie«, als sein »erstes Werk« bezeichnet. Alles andere seien Vorarbeiten gewesen, die er wörtlich als »Null-Serie der Theorieproduktion« deklarierte. Den »Sozialen Systemen« folgten umfangreiche Monographien zu den zentralen Funktionsbereichen der Gesellschaft, Wirtschaft (1988), Wissenschaft (1990), Recht (1993), Kunst (1995) und Politik (posthum veröffentlicht: 2000), bevor der Autor schließlich den Grundriß einer allgemeinen Theorie der Gesellschaft (1997) vorlegte (in deren Vorwort er die »Sozialen Systeme« ihrerseits zu einem »Einleitungskapitel« degradierte) und damit ein erstaunlich konsequent komponiertes gesellschaftstheoretisches Werk abschloß.

Neben rund 50 weiteren Buchpublikationen zu Themen der Rechts-, Religions-, Risiko- und Wissenssoziologie, zur Verwaltungswissenschaft, Politologie und Organisationstheorie hat Luhmann zeitlebens an der Form des Zeitschriftenaufsatzes festgehalten, um der interessierten Leserschaft Zwischenresultate der reichhaltigen Theorieproduktion mitzuteilen. Der Anzahl (!) und verstreuten Publikation solcher Aufsätze, die es Verlag und Autor gelegentlich angeraten erscheinen ließen, sie in kompakter Form zugänglich zu machen, verdanken sich insgesamt sechs Sammelbände »Soziologische Aufklärung« (1970 bis 1996). *Soziologische Aufklärung 1* ist mit Recht als ein frühes Hauptwerk Niklas Luhmanns bezeichnet worden, weil hierin die am Ende der 60er Jahre erreichten grundbegrifflichen Klärungen erstmals im Überblick sichtbar wurden. Da sich die Struktur der Gegenwartsgesellschaft in seinen Augen grundlegend von ihren vormodernen Vorläuferformen unterscheidet, verbot sich der Rückgriff auf die analytischen Kategorien der soziologischen Klassiker. Das führte zur Abkehr vom soziologischen Normalbetrieb, der als das Umfüllen alten Weins in neue Schläuche beschrieben wird. Statt dessen werden bei Luhmann alle theoretischen Grundbegriffe der Soziologie, System, Handlung, Funktion, Struktur, Kommunikation usw., unter systemtheoretischen Vorzeichen einer gründlichen Revision unterzogen und anschließend mit Bezug aufeinander neu komponiert.

Titelgebend für die Reihe wurde Luhmanns Münsteraner Antrittsvorlesung vom Januar 1967, die er unter das programmatische Motto »Soziologische Aufklärung« gestellt hatte. Darin verabschiedet er sich von den Idealen der »naiven Aufklärung« (1970, S. 67), von Vernunftgläubigkeit, Machbarkeitsillusion sowie normativer Belehrung und beschränkt seine Soziologie zugleich auf die Entwicklung verbesserter Instrumente zur Beschreibung der Gesellschaft, die ihrerseits immer als eine Beschreibungsmöglichkeit unter vielen sichtbar bleiben soll. Einen weiteren Schwerpunkt dieses ersten Bandes bilden methodische Fragen funktionaler Analyse. Dabei präsentiert der Verfasser seinen Zugang als Äquivalenzfunktionalismus, der sich sowohl vom klassischen Kausalitätsprinzip absetzt, weil er nicht nach Ursache-Wirkungs-Konstellationen fragt, als auch vom hergebrachten Strukturfunktionalismus unterscheidet, weil er nicht nach notwendigen Beiträgen zur Bestandserhaltung von Sozialsystemen sucht. Funktional-strukturelle Systemanalyse ist vielmehr darauf ausgerichtet, bereits realisierte Lösungen für das zentrale Bezugsproblem der Komplexität zu identifizieren und im Hinblick auf Alternativen mit anderen Systemkonstruktionen zu vergleichen. Damit ist auch die inhaltliche Schwerpunktsetzung des »vorautopoietischen« Luhmann benannt, nämlich die Frage nach dem gesellschaftlichen Umgang mit überbordender Komplexität. Die Antwort heißt Systembildung und wird in der berühmt gewordenen Formel von der »Erfassung und Reduktion von Weltkomplexität« (1970, S. 75) zum Ausdruck gebracht. Das heißt, funktional-strukturelle Systemtheorie geht von Komplexität aus und beschreibt soziale Ordnung als Netzwerk von Sozialsystemen, die aufgrund der Wirksamkeit von Einschränkungen funktionieren, die von den Systemen selbst hervorgebracht werden, aber auch anders möglich wären. Soziologische Aufklärung meint folglich Aufklärung über Komplexität und über funktional-äquivalente Möglichkeiten des Umgangs mit ihr.

Der insoweit zentrale Aufsatz, »Soziologie als Theorie sozialer Systeme« bietet die Möglichkeit, diese Grundidee in kompakter Form nachzulesen. Der argumentative Ausgangspunkt des Beitrags unterscheidet sich vom klassischen Strukturfunktionalismus dadurch, daß Luhmann keine fixierte Systemstruktur voraussetzt, nach deren Funktion zu fragen wäre, sondern seine Analyse mit der Frage nach dem Sinn von Systembildung überhaupt beginnt. Die Antwort findet er im Phänomen der Komplexität von Welt und deren unmittelbarer Folge, nämlich Kontingenz. Gemeint ist damit die Summe aller Möglichkeiten, bereichert um die Ahnung, daß jede realisierte Möglichkeit des Erlebens und Handelns auch anders möglich wäre. In einer Welt, in der aber grundsätzlich alles möglich ist, muß zunächst als unwahrscheinlich gelten, daß soziale Koordinierung überhaupt funktioniert. Wenn in der Gesellschaft folglich soziale Ordnungsleistungen beobachtet werden können, kann es sich dabei nur um Inseln reduzierter Komplexität handeln, eben um soziale Systeme, die spezifische Relationierungsmöglichkeiten von Elementen durch strukturelle Selektivität bereits ausgeschlossen haben. Dem eingebauten Strukturkonservativismus des Funktionalismus entgeht Luhmann mit dem Argument, daß soziale Systeme Komplexität zwar verringern, sie aber nicht dauerhaft vernichten (»Erfassung und Reduktion«). Theoretisch wird auf dieses Problem der Sinnbegriff angesetzt, definiert als eine Form der Erlebnisverarbeitung, die die Simultanpräsenz von Aktualität des Erlebens und ihrer Potentialität leistet, also bei allem Wirklichen auf andere Möglichkeiten verweist und so Operationsfähigkeit trotz Kontingenz gewährleistet. Soziale Systeme sind sinnverarbeitende Systeme, genauer, sie sind Sinnzusammenhänge sozialer Handlungen, die durch spezifische Systemstrukturen soweit stabilisiert sind, daß im System Handeln regelmäßig erwartbar wird, während in der Umwelt nichts sicher ausgeschlossen werden kann. Systemtheoretischer Analyse geht es darum, solche Differenzverhältnisse von Komplexität zwischen System und Umwelt in der Gesellschaft aufzuspüren und nachfolgend herauszufinden, wie sie sich in der Welt erhalten. Dabei werden unterschiedlichste Strukturen, Kausalität, Zeit, Vertrauen, Macht usw. als funktional äquivalent erkennbar. Fallbezogene Beispiele für solche Analysen werden in den weiteren Beiträgen des Bandes für die Gesellschaft und einige ihrer wichtigsten Teilsysteme (Politik, Recht, Wissenschaft, Wirtschaft) durchgespielt.

Der zweite Band der Reihe (1975) – in Auswahl liegt er auch in japanischer Übersetzung vor – bietet bei sonst unveränderter Ausgangslage eine Reihe zusätzlicher Anknüpfungspunkte, die unter kommunikationswissenschaftlichen Gesichtspunkten besonders erwähnenswert sind. Zunächst wird die dreistellige Systemtypologie vorgestellt, deren organisationstheoretische Implikationen den Hintergrund von Analysen der Zeitungsredaktion als organisiertem Sozialsystem bilden (vgl. Rühl [2]1969). Unter der Überschrift »Interaktion, Organisation, Gesellschaft – Anwendungen der Systemtheorie« beschreibt Luhmann die Welt des Sozialen als Differenzierung unterschiedlicher Typen sozialer Systeme, die sich anhand ihrer Konstitutionsbedingungen identifizieren lassen. Einfache soziale Systeme, nämlich Interaktionssysteme, beruhen auf der Anwesenheit/Abwesenheit von Beteiligten. Alle Kommunikationen von Abwesenden liegen außerhalb der Systemgrenzen. Sinn wird durch gemeinsame thematische Bezugspunkte der Kommunikation gestiftet, wobei bewußt bleibt, daß ein Themenwechsel grundsätzlich möglich wäre (Kontingenz), gegebenenfalls aber zum Abbruch der Kommunikation führt. Die Komplexität von Interaktion ist gering, ebenso wie die Bestandsfähigkeit in der Zeit. Organisation als soziales System grenzt sich durch Mitgliedschaftsregeln von seiner Umwelt ab. Die Bedingungen der Mitgliedschaft regeln, wer an organisationsinterner Kommunikation teilnehmen kann und wer nicht. Gleichwohl bestehen Organisationssysteme nicht aus Menschen, die ihrerseits nur als Personen, also Zurechnungsadressen für Entscheidungen relevant sind. Organisation ermöglicht höheren Komplexitätsaufbau, weil kommunizierbare Themen über Entscheidungsprogramme und damit unabhängig von Anwesenheit fixiert werden können. Die Gesellschaft ist schließlich das umfassendste Sozialsystem, definiert als die Menge aller Kommunikationen, die prinzipiell füreinander erreichbar sind. Aufgrund der auch technisch bedingten Verflechtung und Verbreitung von Kommunikation in der modernen Welt ist gemäß diesem Verständnis (in der Theorie, nicht unbedingt im Verständnis der Staatengemeinschaft) letztendlich von einer Weltgesellschaft auszugehen.

Was hier schon angedeutet ist, daß nämlich alle sozialen Systeme auf (sinnkonstituierender und -verarbeitender) Kommunikation beruhen, wird in dem Beitrag »Systemtheorie, Evolutionstheorie und Kommunikationstheorie« weiter vertieft. Hier wird der unauflösliche Zusammenhang von System- und Kommunikationstheorie in der Gesellschaftstheorie postuliert, der schließlich dazu führt, Kommunikationen als Letztelemente von Gesellschaft aufzufassen, die allenfalls von Handlungen »interpunktiert« werden, weil Handlung leichter zu identifizieren und anzusprechen ist als Kommunikation. Kommunikation selbst wird dabei als Synthese von drei Auswahlprozessen definiert, die ihrerseits sorgsam »entpersönlicht« werden: nämlich Information als die Verwendung einer Unterscheidung, die auch anders angesetzt werden könnte, Mitteilung, die schon deshalb eine Wahl voraussetzt, weil man auch hätte schweigen können, und die darüber hinaus unter verschiedensten Mitteilungsformen wählt, sowie schließlich Verstehen, die Selektion einer von vielen möglichen Bedeutungen der Information, verbunden mit einem kommunikativen Anschluß, der die Annahme signalisiert. Erst wenn diese drei Selektionen operativ zur Übereinstimmung gebracht werden, findet im Luhmannschen Verständnis Kommunikation statt.

Ein weiterer Zentralbegriff der Kommunikationswissenschaft wird in den »Einführenden Bemerkungen zu einer Theorie symbolisch generalisierter Kommunikationsmedien« aufgegriffen, die erstmals im Kontext der sogenannten Habermas/Luhmann-Kontroverse (vgl. Habermas & Luhmann 1971) publiziert worden waren. Erwartungsgemäß verbietet sich auch hier ein einfacher Anschluß durch die Publizistikwissenschaft. Symbolische generalisierte Kommunikationsmedien werden nämlich bei Luhmann alle Einrichtungen in der Gesellschaft genannt, die darauf ausgerichtet sind, an und für sich unwahrscheinliche Kommunikationen dennoch wahrscheinlich zu machen: Macht, Geld, Liebe, Wahrheit u.a. Genauer geht es nicht nur um das Verstehen, dem die Existenz eines fixierten Zeichenvorrats (Sprache) schon in gewissem Maße Vorschub leistet, sondern um die Übernahme der kommunizierten Selektion als Prämisse des eigenen Kommunizierens. Allerdings nicht durch psychologische Motivation, sondern durch Vereinfachung (Symbolisierung) und Entkopplung von der konkreten Kommunikationssituation (Generalisierung). Diese Überlegungen werden mehr als eineinhalb Jahrzehnte später für alternative Möglichkeiten der Theoretisierung von Öffentlichkeit benutzt (zunächst Marcinkowski 1993).

Einer als empirische Sozialwissenschaft verstandenen Kommunikationswissenschaft, die traditionell stark an den gesellschaftlichen Auswirkungen medienvermittelter Kommunikation interessiert war, schienen Luhmanns Ideen auf den ersten Blick entgegenzukommen. Bei näherem Hinsehen zeigte sich aber, welche Schwierigkeiten die spezielle Verwendung der Begriffe »Kommunikation« und »Medien« bereitet, die als exakt eingepaßter Teil des komplexen Begriffsuniversums der Systemtheorie für fachfremde Zwecke nicht ohne weiteres herausgebrochen werden konnten. Gerade der Kommunikationsbegriff, der ausdrücklich nicht als Verständigung zwischen Individuen oder als Übermittlung einer Botschaft verstanden wird, sperrt sich gegen hergebrachte Konzepte kommunikationswissenschaftlicher Wirkungs- und Inhaltsforschung. Als Soziologen interessiert Luhmann gerade nicht, wie Kommunikation im menschlichen Bewußtsein weiterwirkt, daß vielmehr in die Umwelt von Kommunikationssystemen verwiesen wird (dort allerdings, entgegen mancherlei Interpretationen, immer vorausgesetzt ist), er fragt, wie Kommunikation in der Kommunikation weiterwirkt. Die meisten Humanwissenschaften tun sich verständlicherweise schwer, diesen Schritt mitzuvollziehen, was der Luhmann-Rezeption bei aller Faszination auch in der Kommunikationswissenschaft enge Grenzen gesetzt hat. Eine der wenigen expliziten Spuren, die der frühe Luhmann in der Kommunikationswissenschaft hinterlassen hat, führt denn auch nicht zum Empfänger von Kommunikation, sondern auf die Kommunikatorseite. In Auseinandersetzung mit älteren Vorstellungen von journalistischer Aussagenentstehung als schöpferischer Akt einer publizistischen Persönlichkeit entwickelte Manfred Rühl bereits 1969 seine Konzeption der Zeitungsredaktion als organisiertem sozialem System, mit der er an das System/Umwelt-Paradigma der Systemtheorie anschloß (→ Rühl 1969). Mit Bezug auf die Systemreferenz Organisation fragt der Autor nach der Ausformung von Mitgliedschaftsrollen, nach der Institutionalisierung von systemischen Entscheidungsprämissen und nach den Umweltbeziehungen der Redaktion. Dieser Ansatz wurde in Redaktionsuntersuchungen der siebziger Jahre adaptiert und weitergeführt (vgl. u.a. Dygutsch-Lorenz 1971, 1973), wobei die wissenschaftliche Aufmerksamkeit von den persönlichen Eigenschaften der publizistisch Tätigen weg und auf die handlungsprägenden Eigenschaften der

Systemstrukturen hingelenkt wurde. Rund zehn Jahre nach seiner ersten Studie siedelte erneut Manfred Rühl die Analyse eine Systemebene höher an und baute seinen Ansatz zu einer Theorie des Journalismus in der Gesellschaft aus (→ Rühl 1980). Journalismus wird hier über seine Leistung für die Gesellschaft definiert, die der Autor auf die Formel von der »Herstellung und Bereitstellung von Themen zur öffentlichen Kommunikation« (→ Rühl 1980: 322) bringt. Darin klingen auch Luhmanns vielzitierte Ausführungen zur »Öffentlichen Meinung« (Luhmann 1971) an, die ebenfalls in den späten sechziger Jahren entstanden sind, aber nicht in den hier angezeigten Bänden publiziert wurden.

Alle genannten Ansätze, funktional-strukturelle Theorieelemente für die Journalismusforschung fruchtbar zu machen, mußten sich von kommunikationswissenschaftlicher Seite mit harter Kritik auseinandersetzen, die sich zum Teil mit den generellen Anfeindungen der Luhmannschen Theorie deckt und insoweit vor allem die Entpersönlichungen der Sozialwissenschaften und die vermeintliche Ausrichtung auf den Bestand des Bestehenden angreift. Ähnlichen Vorwürfen sahen sich auch Bemühungen Anfang der neunziger Jahre ausgesetzt, Luhmanns weiterentwickelte Theoriedisposition für die Publizistik- und Kommunikationswissenschaft fruchtbar zu machen. Zwar ist gerade der »autopoietische« Luhmann am Beginn des 21. Jahrhunderts in der Publizistik- und Kommunikationswissenschaft so präsent wie nie zuvor. Die systemtheoretische Interpretation gesellschaftlicher Kommunikation und ihrer Medien ist freilich weit davon entfernt, den Mainstream im Fach zu verkörpern. Daran wird sich aus den obengenannten Gründen absehbar wenig ändern, zumal Niklas Luhmann mit seinem Werk auch in der Soziologie nie über den Status eines Außenseiters hinausgekommen ist.

Literatur

Ilse Dygutsch-Lorenz (1971): *Die Rundfunkanstalt als Organisationsproblem.* Düsseldorf: Bertelsmann Universitätsverlag.

Ilse Dygutsch-Lorenz (1973): *Journalisten und Rundfunk. Empirische Kommunikatorforschung am Beispiel einer Rundfunkanstalt.* Düsseldorf: Bertelsmann Universitätsverlag.

Jürgen Habermas, Niklas Luhmann (1971): *Theorie der Gesellschaft oder Sozialtechnologie – Was leistet die Systemforschung?* Frankfurt am Main: Suhrkamp.

Niklas Luhmann (1971): Öffentliche Meinung. In: Niklas Luhmann: *Politische Planung. Aufsätze zur Soziologie von Politik und Verwaltung.* Opladen: Westdeutscher Verlag, S. 9-34.

Niklas Luhmann (1984): *Soziale Systeme. Grundriß einer allgemeinen Theorie.* Frankfurt am Main: Suhrkamp.

Niklas Luhmann (1988): *Die Wirtschaft der Gesellschaft.* Frankfurt am Main: Suhrkamp.

Niklas Luhmann (1990): *Die Wissenschaft der Gesellschaft.* Frankfurt am Main: Suhrkamp.

Niklas Luhmann (1993): *Das Recht der Gesellschaft.* Frankfurt am Main: Suhrkamp.

Niklas Luhmann (1995): *Die Kunst der Gesellschaft.* Frankfurt am Main: Suhrkamp.

Niklas Luhmann (1997): *Die Gesellschaft der Gesellschaft.* 2 Bde. Frankfurt am Main: Suhrkamp.

Niklas Luhmann (2000): *Die Politik der Gesellschaft.* Frankfurt am Main: Suhrlamp

Frank Marcinkowski (1993): *Publizistik als autopoietisches System. Politik und Medien. Eine systemtheoretische Analyse.* Opladen: Westdeutscher Verlag.

Frank Marcinkowski

Heinz Otto Luthe (1968): *Interpersonale Kommunikation und Beeinflussung. Beitrag zu einer soziologischen Theorie der Kommunikation*. Stuttgart: Ferdinand Enke Verlag. VIII, 127 Seiten.

Interpersonale Kommunikation und Beeinflussung gehört zu denjenigen sozialwissenschaftlichen Arbeiten, die sich in den 60er Jahren um eine theoretische Grundlegung von Kommunikationsprozessen bemüht haben. Heinz Otto Luthe (geb. 1939), der an der Katholischen Universität Eichstätt Soziologie lehrt, versucht aus der Perspektive der Soziologie, die Funktion der sich in der menschlichen Gruppe vollziehenden interpersonalen Kommunikation im Zusammenhang mit Massenkommunikation zu analysieren. Luthe knüpft an Erkenntnisse der amerikanischen Kommunikationsforschung, insbesondere der Columbia-Schule (→ Katz & Lazarsfeld 1955), ebenso an wie an Erkenntnisse der Kleingruppenforschung, die in den USA in den 40er und 50er Jahren einen Höhepunkt erfuhr. Mit einer Zeitverzögerung wird daher die soziale Gruppe in ihrer Funktion für jegliche Sozial- und Beeinflussungsstrategien, welche sich der Massenkommunikationsmittel bedienen, durch die Arbeit von Luthe auch im deutschen Sprachraum erhellt.

Luthe beschränkt sich hierbei jedoch nicht auf eine Literatursynopse entsprechender Hypothesen und Befunde, sondern arbeitet im Rückgriff auf die System- und Handlungstheorie von Talcott Parsons den Beitrag der interpersonalen Kommunikation für das Entstehen und die Regelung des personalen Systems und des sozial-kulturellen Systems heraus. Dabei wird deutlich, daß interpersonale Kommunikation sowohl eine notwendige Bedingung für Entstehen und Regelung des personalen Systems als auch des sozialen wie des kulturellen Systems ist. Interpersonale Kommunikation ist darüber hinaus eine notwendige Bedingung auch für die Integration von personalem, sozialem und kulturellem System. Mit anderen Worten, ohne interpersonale Kommunikation ist eine solche Integration gar nicht möglich (S. 43-44).

Aufgrund der herausragenden Bedeutung, die der interpersonalen Kommunikation im Prozeß des sekundären, durch Massenkommunikationsmittel eingeleiteten, sozial-kulturellen Wandels zukommt, wird schließlich gezeigt, wie die soziale Gruppe in ihrer Funktion und Wirkungsweise für Sozial- und Beeinflussungsstrategien praktisch eingesetzt werden kann. Am Beispiel des organisierten Rundfunk- und Fernsehempfanges, den verschiedenen Radio- und Teleclubs in Afrika, Indien, Kanada und Frankreich, wird gezeigt, wie Prozesse des sozialen Wandels durch interpersonale Kommunikation unterstützt bzw. sogar beschleunigt werden können. Die soziale Gruppe gerät damit zu einem Instrument der Beeinflussung im Prozeß des sozialen Wandels. Der Wandel von Verhalten, Einstellungen und Wertvorstellungen hängt maßgeblich von interpersonaler Kommunikation in sozialen Gruppen ab. Eine der Hypothesen von Luthe ist z.B.: »Je mehr durch Kommunikation eine Neuerung zu einem von einer Gruppe akzeptierten Wert wird, um so größer ist die Chance, daß diese Neuerung als solche akzeptiert und praktiziert wird«. (S. 104)

Es wird aber auch deutlich, daß mit dem Institutionalisierungsgrad des Massenkommunikationssystems in modernen Gesellschaften die Inhalte der Massenkommunikation »kreative Dissonanzen« schaffen und Reaktionspotentiale mobilisieren, das heißt auch Wandlungsprozesse einleiten können. Allerdings, so Luthe, spielen sich beeinflussungsdynamische Prozesse letztlich stets im intra- und interpersonalen Bereich ab. Die Inhalte der Massenkommunikationsmedien bestimmen freilich die Dimension dieser beeinflussungsdynamischen Prozesse (S. 109). Das Verhältnis von interpersonaler Kommunikation und Massenkommunikation wird damit im deutschen Sprachraum erstmals geklärt, und auch in späteren Arbeiten der deutschen Kommunikationswissenschaft (z.B. → Merten 1977) wird das Verhältnis von interpersonaler Kommunikation und Massenkommunikation ähnlich charakterisiert. Die Botschaften der Massenmedien wecken die Aufmerksamheit der Rezipienten für bestimmte Gegenstände, während interpersonale Kommunikation sich im Sinne der »Anschlußkommunikation« darauf bezieht und der Bewertung des Gesehenen, Gelesenen und Gehörten dient.

Michael Schenk

Gerhard Maletzke (1963): *Psychologie der Massenkommunikation. Theorie und Systematik.* Hamburg: Hans-Bredow-Institut. 311 Seiten. – Neudr. 1972/78. 329 Seiten.

In Deutschland befand sich die Kommunikationswissenschaft am Anfang der 60er Jahre in einer Krise. Während man in dem dünn besetzten Fach – teils wegen des durch das NS-Regime hervorgerufenen Traditionsbruchs, vor allem aber wegen personeller Kontinuitäten mit der nationalsozialistischen Zwischenepoche – noch einer an Gesinnungsfragen interessierten Publizistik verhaftet war, hatte sich in den USA und in Skandinavien bereits eine beachtliche Kommunikations- und Medienforschung entwickelt, die nicht zuletzt emigrierte Europäer wie Paul F. Lazarsfeld, Theodor W. Adorno oder Theodor Geiger angestoßen hatten. Maletzkes *Psychologie der Massenkommunikation* knüpfte, ermöglicht durch einen Forschungsaufenthalt an der Universität von Südkalifornien im Jahre 1961, an die amerikanische Entwicklung an, indem sie deren Ergebnisse auswertete und im deutschen Sprachgebiet bekanntmachte. Das Buch ist in der wissenschaftlichen Atmosphäre des Hamburger Hans-Bredow-Instituts entstanden. Das Vorhaben des Autors, damit an der Universität Hamburg zu habilitieren, scheiterte allerdings am Gutachter Peter R. Hofstätter. Auch in der Kommunikationswissenschaft können Werke, die später zu Klassikern avancieren, in akademischen Verfahren verkannt werden.

Gerhard Maletzke, geboren 1922, studierte nach Kriegsdienst und Verwundung in Rußland ab 1945 Psychologie, Germanistik und Philosophie in Hamburg und promovierte dort 1950 mit einer Dissertation »Der Rundfunk in der Erlebniswelt des heutigen Menschen«. An die Zeit der Mitarbeit im Hans-Bredow-Institut von 1952 bis 1964 schlossen sich Tätigkeiten als entwicklungspolitischer Medien- und Bildungsexperte in zahlreichen Ländern der Dritten Welt an. 1978 holte ihn Hans Bausch in den Süddeutschen Rundfunk, wo er die Publikumsforschung leitete. 1983 in Stuttgart-Hohenheim zum Professor berufen, beteiligte er sich in der ersten Hälfte der 90er Jahre maßgeblich am Neuaufbau des Instituts für Kommunikations- und Medienwissenschaft der Universität Leipzig (vgl. Maletzke 1997). Maletzke ist eine außerordentlich produktiver Buchautor. Seine zahlreichen kommunikationswissenschaftlichen Werke, meist Grundlagenliteratur, bestechen durch ihre Systematik und klare Sprache.

Mit der *Psychologie der Massenkommunikation* scheint ihr Autor auf den ersten Blick keine zentrale These zu verfolgen. Vielmehr entwirft er ein Schema zur Strukturierung des Forschungsfeldes Massenkommunikation und ihrer psychologischen Komponenten, in das die Ergebnisse amerikanischer, aber auch europäischer Studien eingepaßt und auf diese Weise übersichtlich präsentiert werden. Für ein Vorhaben solcher Art ist Maletzkes Methode vorbildlich. Zunächst klärt er die Grundbegriffe Kommunikation (recht allgemein als »Bedeutungsvermittlung zwischen Lebewesen«), Masse (schon weniger allgemein als »disperses Publikum«) und schließlich Massenkommunikation (»Form der Kommunikation, bei der Aussagen öffentlich durch technische Verbreitungsmittel indirekt und einseitig an ein disperses Publikum vermittelt werden.«) (S. 32), um dann für den Prozeß der Massenkommunikation ein relativ komplexes Feldschema (S. 41) zu skizzieren. Dabei orientiert sich Maletzke an der damals in Deutschland noch innovativen Lasswell-Formel: »Who says what in which channel, to whom, with what effect?« (S. 34), die er um den Faktor Wirkung reduziert. Damit kommt er auf die vier Feldfaktoren Kommunikator, Aussage, Medium und Rezipient, die er der Reihe nach darstellt und dann in den möglichen sechs Kombinationspaaren miteinander, »Feldrelationen« genannt, analysiert (vgl. auch Burkart & Hömberg 1997).

Am ausführlichsten werden die Relationen zwischen Kommunikator und Rezipient sowie zwischen Rezipient und Aussage behandelt. Besonders in diesen Abschnitten wird der damals erreichte Forschungsstand nach wie vor lehrreich wiedergegeben. Bei der Relation »Kommunikator und Rezipient« beispielsweise die Einsicht, daß das Bild, das sich Journalisten vom Publikum machen, ihre Arbeit erheblich beeinflußt; bei der Relation »Rezipient und Aussage« u.a. der zu jener Zeit in Deutschland noch nicht selbstverständliche Hinweis auf das Grundproblem selektive Wahrnehmung: »Der Mensch beachtet im Rahmen des Wahrnehmungsprozesses vor allem Objekte, die seinen Bedürfnissen, Einstellungen und Werthaltungen entgegenkommen und diese präexistenten Dispositionen stärken und stützen, ferner alles, was er wahrzunehmen gewöhnt ist oder was er wahrzunehmen erwartet, und schließlich das, was ihm in irgendeiner Form physischen oder sozialen Lustgewinn verspricht. [...] Mit einer solchen selektiven Wahrnehmung müssen wir [...] in der Massenkommunikation immer rechnen.« (S. 154)

In einem besonderen Schlußkapitel geht Maletzke auf das Forschungsproblem der Medienwirkungen ein und vertritt dazu die damals wie heute wegweisende Position, die Frage sei nicht, ob Massenkommunikation überhaupt Wirkungen habe und welche das seien, sondern es gelte, die Bedingungen zu untersuchen, die auf Richtung, Stärke oder Dauer von Medienwirkungen Einfluß nehmen.

Maletzke spricht von einem komplexen Feld interdependenter Faktoren, das in der Wirkungsforschung und auch in der politischen Debatte über Medienwirkungen stets präsent zu halten sei. Die Akzentuierung von Relationen und Interdependenzen zwischen Faktoren, die mit dem Begriff Feld zusammengefaßt werden, ist charakteristisch für das ganze Buch. Betrachtet man es im Überblick, gewinnt deshalb doch so etwas wie eine zentrale These Kontur: Die Forschung kann dem Prozeß der Massenkommunikation nicht gerecht werden, wenn sie seine Elemente isoliert voneinander betrachtet, sondern nur, wenn sie nach ihren wechselseitigen Zusammenhängen, Abhängigkeiten und Einflüssen fragt. Maletzke wird nicht müde zu bemerken, daß die Kommunikationsforschung damit zu einer aufwendigen und komplizierten Angelegenheit werde. Jedenfalls hat sich seine methodologische Prämisse in der Kommunikations- und Medienwissenschaft seitdem durchgesetzt. Auch in dieser Hinsicht ist das Buch zu den Initialzündungen für die Erneuerung des Fachs in den 60er Jahren zu zählen.

Nicht nur die Übersetzungen in mehrere Sprachen (ins Japanische, Spanische und Portugiesische) zeigen, daß die *Psychologie der Massenkommunikation* ein weltweit beachtetes, außerordentlich einflußreiches Werk ist. Die Präsentation des internationalen Forschungsstands von Anfang der 60er Jahre hat mittlerweile fachhistorischen Wert. Wichtiger erscheint Maletzkes Argumentationsweise mit ihren präzisen Begriffsbestimmungen, die gerade wegen ihrer Eindeutigkeit auch angreifbar sind, und dem systematischen, gelegentlich fast mathematisch anmutenden Aufbau. Dies Vorbild hat auf kommunikationswissenschaftliches Argumentieren seither prägenden Einfluß genommen.

Literatur

Roland Burkart, Walter Hömberg (1997): Massenkommunikation und Publizistik. Eine Herausforderung für die kommunikationswissenschaftliche Modellbildung. In: Hermann Fünfgeld, Claudia Mast (Hrsg.): *Massenkommunikation. Ergebnisse und Perspektiven. Gerhard Maletzke zum 75. Geburtstag.* Opladen: Westdeutscher Verlag, S. 71-88.

Gerhard Maletzke (1997): Erlebte Kommunikationswissenschaft im Rückblick. In: Arnulf Kutsch, Horst Pöttker (Hrsg.): *Kommunikationswissenschaft – autobiographisch. Zur Entwicklung einer Wissenschaft in Deutschland.* Opladen: Westdeutscher Verlag, S. 110-119.

Horst Pöttker

Ernst Manheim (1933): *Die Träger der öffentlichen Meinung. Studien zur Soziologie der Öffentlichkeit.* Brünn, Prag, Leipzig: Rudolf M. Rohrer. 135 Seiten.

Ernst Manheim (geb. 1900) hatte 1933 zunächst vor, seine Studien über die »Träger der öffentlichen Meinung« als soziologische Habilitationsschrift an der Universität Leipzig einzureichen. Dazu kam es nicht: Er wurde als Jude der Universität verwiesen und mußte emigrieren. Sein Buch konnte er in dem kleinen, auf sudetendeutsche Literatur spezialisierten Verlag Rohrer noch publizieren. Eine englische Übersetzung liegt nicht vor, obwohl Manheim mehr als 40 Jahre als Soziologe in den USA tätig war, lediglich eine kurze Zusammenfassung (vgl. Manheim 1964) und eine spanischsprachige Ausgabe (vgl. Manheim 1936).

Sowohl die Soziologie als auch die Zeitungswissenschaft nahmen das Buch mit großem Beifall zur Kenntnis (vgl. Marcuse 1934; Kapp 1934). Dennoch wurden Manheims »Studien zur Soziologie der Öffentlichkeit«, wie das Buch im Untertitel heißt, nach 1933 nicht mehr rezipiert – und blieben auch nach 1945 vergessen.

Manheim entwickelte im ersten Teil seiner Monographie die historische Genese der bürgerlichen Öffentlichkeit, in einem zweiten Typologien zur Bestimmung »pluralistischer« und »qualitativer Öffentlichkeit«. Letztere verstand er a) als einen Konsens innerhalb relativ homogener sozialer Gemeinschaften – oder aber b) als deren depravierte totalitär-dirigistische Erscheinungen. Mit der propagandakundlichen, politisierten Zeitungswissenschaft im »Dritten Reich« hatten solche Analysen, die die Strukturen öffentlicher Kommunikation des NS-Staates nur demaskieren konnten, nichts gemein. Winfried B. Lerg wies entsprechend darauf hin, daß Manheims Buch unter anderen politischen Umständen für die deutsche Kommunikationssoziologie hätte zukunftsweisend werden können (→ Lerg 1970: 187f.).

Manheims erkenntnistheoretische Grundlagen kamen aus zwei Richtungen: zunächst aus der Wissenssoziologie seines Cousins Karl Mannheim. Mit ihr ging Ernst Manheim davon aus, daß jedes Wissen und jede Mitteilung sozial vermittelt wird und auch Öffentlichkeit und öffentliche Meinung Phänomene sind, die innerhalb sozialer Vermittlungskontexte entstehen. Bezogen auf die frühbürgerliche Öffentlichkeit waren dies für ihn die Sprachgesellschaften und andere bündische Vereinigungen, die die Bausteine eines Humanismus entwickelten, der eine Diskurskultur bereits einschloß. Auf dieser Basis konnte sich bürgerliches Selbstbewußtsein entwickeln und schließlich politisieren. Jürgen Habermas hat in seinem Buch »Strukturwandel der Öffentlichkeit« entsprechende Passagen Ernst Manheims zitiert (→ Habermas 1962; hier 1990: 371). Norbert Schindler (1979) hat diese Nähe zu den Erkenntnismotiven Habermas' benannt und Manheims detailgetreue, empirisch gut gestützte Darstellung der Entwicklung der bürgerlichen Öffentlichkeit in Sozietäten besonders betont.

Für den Kommunikationstheoretiker ist die erkenntnistheoretische Ebene ebenso interessant wie die empirische für den Kommunikationshistoriker: Auf der Basis wissenssoziologischer Überlegungen schritt Manheim zu kommunikationssoziologischen fort und beschrieb Kommunikation als »viergliedrigen Prozeß«, einen Selektionsprozeß, der sich aus den Elementen 1. Kommunikatorintention und kommunikatorspezifische Wahrnehmung, 2. von anderen wahrnehmbarer Inhalt der formulierten Mitteilung, 3. Medium (»Kanal«) und 4. Adressat und dessen wiederum spezifische Wahrnehmung, ergibt (vgl. Manheim 1979: 18). Diese Elemente dachte er interdependent und sprach von »publizistischer Wechselwirkung« (S. 17; S. 23). Zeittypisch qualifizierte man Kommunikation als Reiz-Reaktions-Geschehen. Manheim wich davon ab und formulierte Ansätze zu einem konstruktiven Verständnis von interpersonaler ebenso wie öffentlicher Kommunikation: Der Charakter von Mitteilungen jedweder Art besteht darin, daß sie kommuniziert und damit interpretiert und antizipiert werden. Da Manheim Sprache als Grundlage von Bewußtsein (in Anlehnung an Ernst Cassirer und Theodor Litt) begriff und ihre Vermittlung, Kommunikation, als Grundlage von Gesellschaft, als »Vergesellschaftung durch Mitteilung« (S. 17), wird verständlich, warum er seinen eigenen Ansatz eine »publizistische Soziologie« (S. 14ff.) nannte: Soziologie darf Kommunikationsphänomene nicht ausschließen, weil erst sie Gesellschaftsprozesse und vor allem Einstellungswandel erhellen.

Wissen ist sozial bedingt, das lehrte Karl Mannheim. Diese soziale Bedingung aber ist elementar Kommunikation innerhalb spezifischer Kontexte und Situationen, vor allem innerhalb von Gruppenkontexten. Über dieses Forschungsfeld Ernst Manheims schrieb Karl Mannheim: »His self-selected problem is concerned to elicit a question which had been very largely neglected [...] the significance of small groups for the formation of public opinion and for the integration of society« (Mannheim 1934).

Ernst Manheims komplexe Verbindung von Wissens- und Kommunikationssoziologie (später integrierte er sozialpsychologische Ansätze) ist bis heute eine Herausforderung. Er hat sie 1972 zusammengefaßt (vgl. Manheim 1998).

Die Genese der bürgerlichen Öffentlichkeit zum Typus »pluralistische Öffentlichkeit«, mit dem Manheims Buch schließt, führte er maßgeblich auf den Einfluß der Kant'schen Freiheitsphilosophie zurück, in der Gerechtigkeit nur als öffentlich kundgebbare gedacht werden könne (S. 43). Wiederum trifft sich Habermas im denkerischen Motiv mit Manheim. Öffentlichkeit in einem modernen Verständnis hat spezifische normative Grundlagen: Publizität bedeutet Transparenz als Grundlage des öffentlichen Urteils eines Publikums, die Verlautbarungspublizistik feudaler und diktatorischer Herrschaft ist illegitim (zur Genese dieses werthaften Verständnisses von Publizität vgl. Hartmann 2000: 52ff.).

Forschungen über Manheims Werk wurden in den letzten Jahren aufgenommen (vgl. Bahmeie 1997; Averbeck 1998; Reitz 2000), und auch eine umfassende Biographie über den Soziologen, der im Januar 2001 seinen 101. Geburtstag feierte, liegt vor (vgl. Welzig 1997).

Literatur

Stefanie Averbeck (1998): Ernst Manheims publizistische Soziologie. Eine vergessene Kommunikationstheorie und ihre Aktualität. In: *Medien & Zeit*, 13. Jg., Nr. 2, S. 4-14.

Stefanie Averbeck (1999): *Kommunikation als Prozeß. Soziologische Perspektiven in der Zeitungswissenschaft 1927-1934*. Münster: Lit.

Ernst Manheim (1936): *La opinión pública. Traducción de Francisco Ayala*. Madrid: Editorial Revista de Derecho Privado [Übersetzung von: Ernst Manheim (1933): Die Träger der öffentlichen Meinung].

Hossein Bahmeie (1997): Sicherheit, Autorität und Gesellschaft. Ernst Manheims Londoner Dissertation. In: Elisabeth Welzig: *Die Bewältigung der Mitte. Ernst Manheim. Soziologe und Anthropologe*. Wien: Böhlau, S. 257-272.

Frank Hartmann (2000): *Medienphilosophie*. Wien: UTB.

Wilhelm Kapp (1934): [Rezension]. In: *Zeitungswissenschaft*, 9. Jg., S. 189-192.

Ernst Manheim (1964): The communicator and his audience: Liberals and traditionalists in eighteenth-century Germany. In: Werner J. Cahnmann, Alvin Boskoff (Hrsg.): *Sociology and history. Theory and research*. London: Free Press.

Ernst Manheim (1979): Vorwort zur Neuausgabe. In: Ernst Manheim: *Aufklärung und öffentliche Meinung. Studien zur Soziologie der Öffentlichkeit im 18. Jahrhundert*. Hrsg. und eingeleitet von Norbert Schindler. Stuttgart-Bad Cannstatt: Frommann-Holzboog, S. 18-19 [Neudruck von: Ernst Manheim (1933): Die Träger der öffentlichen Meinung].

Ernst Manheim (1998): The sociology of knowledge reconsidered. In: *Medien & Zeit*, 13. Jg., S. 14-17.

Karl Mannheim (1934): *Empfehlungsschreiben für Ernst Mannheim.* In: Universität Kansas City Missouri / Archiv [ohne Signatur].

Herbert Marcuse (1934): [Rezension]. In: *Zeitschrift für Sozialforschung,* 3. Jg., S. 96-99.

Charles Reitz (2000): *Ernest Manheim's »Zur Logik des konkreten Begriffs«. A call to concrete thinking.* Vortrag beim Ernest Manheim-Symposion Universität Kansas / Lawrence, 28.1.2000 [Manuskript].

Norbert Schindler (1979): Einführung des Herausgebers. In: Ernst Manheim: *Aufklärung und öffentliche Meinung. Studien zur Soziologie der Öffentlichkeit im 18. Jahrhundert.* Stuttgart-Bad Cannstatt: Frommann-Holzboog [Neudruck von Ernst Manheim (1933): Die Träger der öffentlichen Meinung], S. 9-17.

Elisabeth Welzig (1997): *Die Bewältigung der Mitte. Ernst Manheim. Soziologe und Anthropologe.* Wien: Böhlau.

Stefanie Averbeck

Wolfgang Martens (1968): *Die Botschaft der Tugend. Die Aufklärung im Spiegel der deutschen Moralischen Wochenschriften.* Stuttgart: Metzler. XVI, 592 Seiten. – Unveränderte Studienausgabe Stuttgart: Metzler 1971.

Wolfgang Martens (1924-2000) hat mit seinem Werk über die Moralischen Wochenschriften, einer germanistischen Habilitationsschrift an der Freien Universität Berlin, nicht nur eine bedeutende Gattung der europäischen periodischen Literatur erschlossen, sondern darüber hinaus unser Bild von der deutschen Frühaufklärung verändert. Seine große Studie ist ein Beispiel für wichtige Anstöße, die eine moderne Kommunikationsgeschichte seit dem Ende der sechziger Jahre gerade auch von literaturhistorischer Seite erhielt. Galt bis dahin die allgemein verbreitete Ansicht von einer langweiligen und belanglosen, gar von einer minderwertigen Literaturform, so konnte Martens unter nahezu vollständiger Einbeziehung des Quellenmaterials diese Auffassung nicht nur entkräften, sondern darüber hinaus zeigen, welch entscheidende Bedeutung die Moralische Wochenschrift bei der Entstehung einer weltlich orientierten, sich mit publizistischen Mitteln verständigenden bürgerlichen Gesellschaft des frühen 18. Jahrhunderts hatte und wie wichtig diese Zeitschriftengattung als weit ausstrahlende Bildungseinrichtung und als zentraler Diskussionsort für ein bürgerliches Lesepublikum war. Die Quellennähe, verbunden mit einer dem Leser eigene Urteile ermöglichenden Materialdarbietung, war mitverantwortlich dafür, daß Nachfolgearbeiten zu den Moralischen Wochenschriften das von Wolfgang Martens gemalte Bild zwar quantitativ erweitern und Details hinzufügen konnten, zur Beschreibung der grundlegenden Züge der Gattung aber nichts Wesentliches mehr zu ergänzen hatten. Die Studie wurde so zu einer Grundlage künftiger Aufklärungsforschung und ist nach wie vor Standardwerk für jede kommunikationshistorische Forschung. Große Bedeutung hatte sie für eine Literaturwissenschaft, der traditionell die Literatur der Gottsched-Ära als seicht, platt, vordergründig, gelehrt-trocken und unschöpferisch galt und die daher die praktische oder pragmatische Literatur dieser Zeit ihrer Betrachtung nicht für wert hielt. Martens Arbeit trug so mit zu einer Aufwertung der verschiedenen Gattungen der Gebrauchsliteratur nicht nur des 18. Jahrhunderts bei und zeigte, wie wichtig für das Verständnis historischen literarischen Lebens und gesellschaftlicher Entwicklungen gerade die Zeitschriftenliteratur ist.

Waren die Zeitschriften der ersten Hälfte des 18. Jahrhunderts insgesamt zu Foren der weltlichen Debatte und damit zu den sichtbarsten Kennzeichen des Säkularisierungsprozesses geworden, so sind unter ihnen zuerst die Moralischen Wochenschriften zu nennen, die der Selbstaufklärung und Selbstverständigung eines neuen Lesepublikums dienten. Die Herausgeber der Moralischen Wochenschriften begriffen ihre Leser als zur Vernunft und Tugend befähigte Wesen, so daß die Gattung und ihre Autoren – beispielsweise in Hamburg, das auch in Martens Arbeit eine wichtige Rolle spielt – schon in der ersten Hälfte des 18. Jahrhunderts zu einer Instanz des städtischen Lebens wurden. Sie sind wesentlicher Teil einer sich zu dieser Zeit herausbildenden politischen Öffentlichkeit. Bereits 1745 bezeichnet ein Zeitschriftenherausgeber sie als »das allernothwendigste und nützlichste Inspections-Collegium«, »welches, ob es gleich dazu von niemanden, als der Vernunfft und dem Gesetze der Natur, authorisiret ist, dennoch zu des Landes wahrem Besten mehr ausrichten kan, als die Glieder eines andern privilegirten Collegii, und mit ihren, wiewohl dem ersten Ansehen nach nur schlechten Waffen, besser im Stande ist, der Tugend einen freyen Lauff und Fortgang zu verschaffen, als die Spanische Inquisition Vermögen hat, die Römische Religion zu befordern, ungeachtet sie sich dazu Feuers und Schwerdtes bedienet«. Insgesamt läßt sich für die Gattung sagen, daß sie mit zahlreichen der von ihr aufgegriffenen Themen zentrale Dokumente der deutschen Frühaufklärung darstellen, in denen sich oft Gedanken und Vorschläge insbesondere auch der praktischen Aufklärung finden, die wegweisend für die Entwicklung der deutschen Aufklärung insgesamt wurden. Dies geschah vor allem durch ein praktisch engagiertes Eintreten für die Verbesserung des Gemeinwesens, durch das sich eine ausgeprägte Diesseitsorientierung ergab, die kombiniert war mit Weltfrömmigkeit.

Im ersten Teil seiner Arbeit behandelt Martens die wichtigsten Kriterien der Gattung wie zum Beispiel die Erscheinungsweise, die fiktive Verfasserschaft in der Form eines vorgegebenen Charakters, die spielerische Elemente im fiktiven Wesen einschließt, die Abhängigkeit von den englischen Wochenschriften und die Abgrenzung gegenüber anderen Zeitschriftengattungen wie insbesondere den literarisch-satirischen Blättern barocken Charakters, den literarischen Zeitschriften und den allgemein belehrenden und unterhaltenden Blättern. Auch die Auflösung der Gattung wird detailliert beschrieben. Der zweite Teil untersucht das äußere Bild, Format und Umfang der Zeitschriften, Ausgabe im Buchhandel, den Vertrieb allgemein, die Auflagenhöhen, Preise und Neuauflagen. Weiter befaßt Martens sich mit den Verfassern und ihrer Arbeitsweise, der Verbreitung sowie dem Publikum der Moralischen Wochenschriften, das beim gehobenen Bürgertum, weniger beim Adel oder beim Kleinbürgertum zu finden war. In Hamburg beispielsweise waren die wichtigsten Autoren ebenso wie die Leser Theologen, Philologen, Ratsherren, Syndici, Gelehrte und Schriftsteller. Die weiteren drei Hauptteile der Arbeit sind der umfassenden Erschließung der Inhalte der Moralischen Wochenschriften gewidmet. Sie zeigen die in der Gattung vorherrschende Weltanschauung eines »vernünftigen«, auf Tugend ausgerichteten Christentums und einer damit verbundenen weltlichen Sittenlehre, wie überhaupt Sittenerziehung und Erbauung so wichtig sind wie Selbstaufklärung und Selbstverständigung des neuen Lesepublikums. Besonders deutlich wird die Genesis bürgerlicher moralischer Werte und eines Tugendkataloges, der in seinen wichtigsten Grundzügen bis heute Geltung beansprucht. Dies gilt vielleicht weniger für ein Gesellschaftsbild, das den patriotisch engagierten Bürger in der Pflicht zu gemeinnütziger Tätigkeit und zum Eintreten für das »gemeine Beste« sah. Besondere Aufmerksamkeit wendet Martens darüber hinaus dem Verhältnis der Moralischen Wochenschriften zur Literatur zu, das sich in der Propagierung einer reinen deutschen Sprache, der Verteidigung des Theaters und in einer positiveren Sichtweise des Romans oder beispielsweise auch der weiblichen Bildung und Lektüre äußert. Das Buch ist zu einem erstaunlich vollständigen Kompendium der Sichtweisen und Auffassungen eines bürgerlichen Publikums in der frühen deutschen Aufklärung geworden, ob dies nun das Verhältnis zur Sphäre der Politik, zur höfischen Welt, zum Adel und zum galanten Wesen, zu den »nützlichen Wissenschaften« oder zu den niederen Ständen betrifft.

Abgeschlossen wird dieses Maßstäbe setzende Werk durch ein umfangreiches Quellenverzeichnis mit Standortangaben, das noch immer die vollständigste Bibliographie zur Gattung der Moralischen Wochenschriften darstellt. Ebenso werden auch deutschsprachige Wochenschriften, die den Typus der Moralischen Wochenschriften nicht vollkommen repräsentieren, sowie fremdsprachige Moralische Wochenschriften einschließlich deutscher Übersetzungen aufgeführt.

Holger Böning

Viktor Mataja (1910): *Die Reklame. Eine Untersuchung über Ankündigungswesen und Werbetätigkeit im Geschäftsleben*. München, Leipzig: Duncker & Humblot. VI, 489 Seiten. – 2. Aufl. 1916. – 3. Aufl. 1920. – 4. Aufl. 1926. VIII, 391 Seiten.

Die erste Auflage des Buchs fiel in eine Zeit, in der sich Markenartikel entwickelten und die Steigerung des Massenbedarfs durch eine neue Absatz- und Handelsmethode erreicht wurde, in der Kleinanzeigen lokaler Händler angesichts der Werbekampagnen großer Handelshäuser zurückwichen. Zielte die alte Absatz- und Handelsmethode darauf ab, den Geschmack zu erkunden, so trachtete die neue danach, ihn zu beeinflussen. Zur schlichten Anzeige kam die Kunst der »Umwerbung«.

Das Buch stellt die erste systematische Einzelstudie über die Reklame dar (vgl. Lamberty 2000: 382), den ersten großen Versuch, die Grundlagen, die Organisation sowie die Wirkung der Reklame abzubilden. Es mutet auch aus heutiger Sicht modern an (vgl. Schmolke 1992). Viktor Mataja (1857-1934), führender Werbetheoretiker seiner Zeit (vgl. Reinhardt 1993: 93, 127), Gründer der modernen Marktwirtschaft in Österreich, gelernter Kaufmann, der sich nach dem Studium der Rechts- und Sozialwissenschaften 1884 für politische Ökonomie habilitierte und nach einer Professur in Innsbruck als Präsident der Statistischen Zentralkommission in Wien tätig war, trat für die Reklame aus volkswirtschaftlicher Sicht ein. Neben dem Buch *Die Reklame* publizierte er nationalökonomische, soziologische, sozialpolitische und wirtschaftsstatistische Arbeiten.

Folgende Kapitel gliedern die Monographie, die als wichtiger Beitrag zur »Standesbewegung der Reklamefachleute« betrachtet wurde (Austerlitz 1917: 146): 1. Vertriebs- und Einkaufstätigkeit, 2. Wesen und Wirkungsprinzip der Reklame, 3. Übersicht der Reklametitel, 4. Die volkswirtschaftliche Bedeutung der Reklame im allgemeinen, 5. Vertriebsförderung, 6. Die Organisation des Reklamewesens, 7. Zeitungswesen, 8. Weiteres zur Reklametechnik, 9. Die Zunahme des Reklamewesens und 10. Staat und Reklamewesen. Der zentrale Ansatz Matajas lautete: Die Reklame ist eine soziale Macht. Als solche bewährt sie sich auf geschäftlichem, politischem, literarischem und künstlerischem Gebiet. Sie vermag auf die Anschauungen und Handlungen der Menschen Einfluß zu üben, vermag herbeizuführen, daß die Menschen gewisse Dinge begehren, die sie früher unbeachtet ließen, und andere zurückweisen, die sie bisher hochhielten. Die Macht der Reklame wird nicht geringer, wenn man ihrer nicht gewahr wird.

Das Buch bot Handreichungen für den Reklamefachmann und Tips für die Anhebung des Reklamegeschäfts. Es offerierte Argumente für die Nützlichkeit und Rentabilität der Reklame. Außerdem bot es eine theoretische Fundierung der Reklameorganisation und -wirkung, etwa mit den Ausführungen über den »cumulative effect« sowie über das »Gesetz des abnehmenden Ertrages« im Abschnitt »Umfang und Nachhaltigkeit der Propaganda«. Theoretische Bezüge stellte insbesondere der Abschnitt »Wissenschaft und Reklametechnik« her. Darin ging es v.a. um die Entwicklung einer allgemeinen Propagandatechnik sowie um die Anwendbarkeit von Lehren der Psychologie und deren Wissen aus Laborversuchen sowie von Lehren der Pädagogik und Ästhetik für die Reklame. Im Kapitel »Zeitungswesen« bekundete Mataja tief fundiertes Wissen über die Entwicklung des Anzeigengeschäfts in Europa ab der Herstellung von »Intelligenzblättern« im 17. und 18. Jahrhundert. In seiner Literaturanalyse ging er auch auf solche Autoren ein, die dem Anzeigengeschäft wenig abgewinnen konnten, wie etwa Karl Bücher. Dagegen richtete er folgendes Argument: Der für ein großes Zeitungsunternehmen erforderliche Apparat ist selbst nur möglich durch die finanzielle Stütze, die der Anzeigenteil gewährt, erst dieser ist es, der die Schöpfung lohnend und für das große Kapital anziehend macht.

Viele seiner Argumente für die Nützlichkeit und Rentabilität der Reklame untermauerte er mit Fallbeispielen aus dem amerikanischen Geschäftsleben. Noch deutlicher zeigt seine Auswertung von Büchern und Fachzeitschriften, daß es ihm um den Transfer von »business«-Denken in den deutschsprachigen Raum ging. Demnach empfahl er die in England sowie in den USA gängige Unternehmensform der Werbeagentur zu übernehmen. Werbeagenturen wurden in Deutschland trotzdem erst nach 1925 gegründet. Allerdings näherten sich Annoncenexpeditionen und Werbeberatungsunternehmen diesem Unternehmenstyp durch Funktionserweiterungen an.

Die Bedarfsweckung bewertete Mataja in erster Linie als Beseitigung eines Informationsdefizits. Die Produktivität der Reklame bestünde darin, neue Bedürfnisse zu wecken und eine erweiterte Produktion entstehen zu lassen. Insbesondere bei technischen Innovationen wohne der Reklame darüber hinaus eine essentiell erzieherische Funktion für die Vermittlung des Fortschritts inne. Sie baue Vorurteile ab, sie sei Teil eines kulturfördernden Prozesses, der Reklamefachmann werde zum Erzieher. Dieser Auffassung schloß sich Karl Bücher (1917: 478) an.

Literatur

Robert Austerlitz (1917): Victor Mataja. (Ein Lebensbild). In: *Mitteilungen des VDR*, Nr. 10/12, S. 145-147.

Karl Bücher (1917): Die wirtschaftliche Reklame. In: *Zeitschrift für die gesamte Staatswissenschaft*, 73. Jg., Nr. 4, S. 461-483.

Christiane Lamberty (2000): *Reklame in Deutschland 1890-1914. Wahrnehmung, Professionalisierung und Kritik der Wirtschaftswerbung*. Berlin: Duncker & Humblot 2000.

Dirk Reinhardt (1993): *Von der Reklame zum Marketing. Geschichte der Wirtschaftswerbung in Deutschland*. Berlin: Akademie Verlag.

Michael Schmolke (Hrsg.) (1992): *Wegbereiter der Publizistik in Österreich. Autoren mit ihren Arbeiten von Joseph Alexander von Helfert bis Wilhelm Bauer 1848 bis 1938*. Wien, St. Johann/Pongau: Österreichischer Kunst- und Kulturverlag, S. 182-186.

Wolfgang Duchkowitsch

Marshall McLuhan (1962): *The Gutenberg galaxy. The making of typographic man*. Toronto: University Press. 293 Seiten.

Deutsche Ausgabe: Marshall McLuhan (1968): *Die Gutenberg-Galaxis. Das Ende des Buchzeitalters*. Düsseldorf u.a.: Econ 1968. 402 Seiten. – Neuauflage: Bonn u.a.: Addison-Wesley 1995. 375 Seiten.

Herbert Marshall McLuhan (1911-1980), ab 1946 Professor für englische Literatur am St. Michael's College der Toronto University, hatte seit seiner ersten Buchveröffentlichung »The mechanical bride« (1951) den Zusammenhang von kulturellen Artefakten, sozialen und mentalen Entwicklungen ins Zentrum seines Interesses gestellt. Im Vergleich zu dieser ersten Veröffentlichung, die bei ihrem Erscheinen nur geringe Aufmerksamkeit fand, veränderte er mit der *Gutenberg-Galaxis* die Perspektive der Betrachtung. In der »Mechanischen Braut« dominierte noch ein kulturkritischer Blick, der sich vor allem als Kritik an den »mechanischen Einwirkungen von Presse, Radio, Kino und Werbung« ausdrückte. Die *Gutenberg-Galaxis* dagegen versammelt eine Fülle von Material, das mit der Leitfrage konfrontiert wird, welche Prozesse der Veränderung durch den Buchdruck ausgelöst worden sind. McLuhans Prämisse lautet, daß es weniger die Produktionsmittel als die Kommunikationsmedien sind, durch die gesellschaftliche Veränderungen zustande kommen.

Von entscheidender Bedeutung war, wie McLuhan selbst wiederholt betont hat, seine seit 1949/1950 bestehende Bekanntschaft mit Harold A. Innis, der Professor für politische Ökonomie in Toronto war. McLuhan bezeichnet die *Gutenberg-Galaxis* als eine »Fußnote« zu Innis' Werk. 1950 hatte Innis seine breitangelegte Untersuchung »Empire and communication« (→ Innis 1950) vorgelegt, in der er die jeweils prägenden Kommunikationsformen der Weltreiche, wie sie sich seit dem alten Ägypten nachzeichnen lassen, untersuchte. 1951 erschien seine Essaysammlung »The bias of communication«, in der Innis die Frage behandelt, wie sich die Kommunikationsmedien auf die charakteristischen Formen des Wissens auswirken. Wichtige Unterscheidungen, die McLuhan aufgreifen und ausbauen wird, sind in diesen Essays bereits formuliert, so z.B. die Unterscheidung zwischen solchen Medien, die eine räumliche Ausdehnung ermöglichen, und solchen, die eine zeitliche Kontinuität gewährleisten. Gebrannte Tontafeln bilden ein Beispiel für jene Medien, die aufgrund ihrer Haltbarkeit den auf ihnen eingeprägten Botschaften den Charakter von Zeitlosigkeit verleihen, während Papyrus und Papier zwar vergänglicher sind, sich aber leichter weit transportieren lassen.

Eine gewichtige Rolle spielen in der *Gutenberg-Galaxis* auch die Ergebnisse, die Walter Ong in seiner Dissertation »Ramus: method and the decay of dialogue« (1958) zusammengetragen hatte. Ong formuliert in seiner mittlerweile vielzitierten Studie zum ersten Mal die grundlegende Einsicht, daß sich die Realitätswahrnehmung in der westlichen Kultur seit der Renaissance von einer primär auditiv orientierten zu einer primär visuell ausgerichteten Wahrnehmung verändert hat und daß das Buch das Medium dieses Wandels darstellt.

Während »Die mechanische Braut« noch stark in den Kontext jener Studien gehört, die allgemein den Auswirkungen und Folgen der Mechanisierung nachgehen, konzentriert sich *Die Gutenberg-Galaxis* vor allem auf den Wandel von Realitätserfahrungen durch Medienentwicklungen. Im Zentrum stehen Überlegungen zu den Folgen des Alphabetismus' und der Druckmedien. McLuhan verfolgt diese Auswirkungen nicht historisch-chronologisch, sondern er befragt ganz unterschiedliche Autoren danach, wie sich in ihren Schriften die Auswirkungen der Buchkultur manifestieren. Die Studie beginnt mit einer eigenwilligen Interpretation von William Shakespeares »King Lear« und endet mit Reflexionen über Alexander Popes Literatursatire »The Dunciad«. Eine Rhetorik der Übertreibung kennzeichnet den Duktus der Argumentation ebenso wie die Artikulation von Beobachtungen in prägnanten Formeln. Zu den bekanntesten aus der *Gutenberg-Galaxis* gehört die vom »globalen Dorf« (»global village«), in das die Welt durch die »neue elektronische Interdependenz« (S. 47) verwandelt wird.

Diese Entwicklung hat nach McLuhan ihren Ursprung im 18. Jahrhundert, »in dem sich eine erste heftige Abscheu vor der Buchdruckkultur und der Maschinenindustrie zeigte.« (S. 47) Diese Bewegung hat, so seine Vermutung, die Entdeckung der elektromagnetischen Wellen beschleunigt. »Sicherlich aber haben die elektromagnetischen Entdeckungen das simultane 'Feld' in allen menschlichen Bereichen wieder erstehen lassen, so daß die Menschenfamilie jetzt unter den Bedingungen eines 'globalen Dorfes' lebt. Wir leben in einem einzigen komprimierten Raum, der von Urwaldtrommeln widerhallt.« (S. 47) Für McLuhan haben seit dem frühen 20. Jahrhundert die charakteristischen Eigenschaften der Buchdruckkultur wie Linearität, Individualismus, Nationalismus ihre Gültigkeit verloren. Das mechanische Zeitalter, für das das Buch das dominante Medium und der Sehsinn der privilegierte Sinn war, ist abgelöst durch das elektronische Zeitalter, das einen Ausgleich der Sinne ermöglicht.

Einen solchen Ausgleich der Sinne faßt McLuhan in die Kategorie der Taktilität. Ganz im Zentrum stehen in der *Gutenberg Galaxis* die Fragen nach den Auswirkungen des Alphabetismus' und des Buchdrucks auf die Organisationsformen von Gesellschaften und auf die Mentalitäten und Denksysteme der Menschen. Die vielen Aspekte, die McLuhan zusammenträgt, lesen sich viel stärker als Anregungen für weitere Forschung denn als Ergebnisse. McLuhan gibt mit seinem

Buch einen Einblick in seine eigenen Lektüren – das Buch enthält außergewöhnlich viele und lange Zitate – und Denkprozesse. Es steht am Anfang einer Phase, in der zuerst das Medium der Schrift und dann auch die Entwicklung des Buchdrucks verstärkt wissenschaftliche Aufmerksamkeit erfahren. Es hat eine Fülle von Impulsen vermittelt, Kulturgeschichte neu zu konzeptualisieren und dabei zu beachten, daß es sich immer auch um eine Geschichte der Medien handelt. Am 23. Juni 2000 wurden 12.417 Webseiten über Suchmaschinen gefunden, die mit Marshall McLuhan befasst waren.

Im deutschsprachigen Raum hat Friedrich Kittler mit seinen Untersuchungen zur Geschichte der »Aufschreibesysteme 1800-1900« (1995) und mit seiner Studie »Grammophon, Film, Typewriter« (1986) am konsequentesten diesen Ansatz aufgegriffen und ausgebaut. McLuhans These vom Ende der Gutenberg-Galaxis ist in den letzten Jahrzehnten international wie national außerordentlich breit rezipiert und kontrovers diskutiert worden (siehe Auswahlbibliographie). Kritisch befragt wurde und wird vor allem seine These, daß die elektronischen Medien das Zeitalter des Buchdrucks abgelöst hätten.

Literatur und Auswahlbibliographie

J. Herbert Altschull (1990): *From Milton to McLuhan: the ideas behind Amarican journalism*. New York [u.a.]: Longman.

Paul Benedetti (1997): *Forward through the rearview mirror: reflections on and by Marshall McLuhan*. Cambridge, MA: MIT Press.

Norbert Bolz (1993): *Am Ende der Gutenberg-Galaxis. Die neuen Kommunikationsverhältnisse*. München: Fink.

Harry H. Crosby (Hrsg.) (1968): *The (Herbert Marshall) McLuhan explosion. A casebook on Marshall McLuhan*. New York: American Book Comp.

Barry Day (1967): *The message of Marshall McLuhan*. London: Lintas.

Dennis Duffy (1969): *Marshall McLuhan*. Toronto: McClelland and Steward.

John Fekete (1978): *The critical twilight: explorations in the ideology of Anglo-American literary theory from Eliot to McLuhan*. London: Routledge & Kegan Paul.

Sydney Finkelstein (1968): *Sense and nonsense of McLuhan*. New York: International Publishers.

Gary Genosko (1999): *McLuhan and Baudrillard: the masters of implosion*. London u.a.: Routledge.

William Terrence Gordon (1997): *Marshall McLuhan: escape into understanding; a biography*. New York: Basic Books.

Harold A. Innis (1951): *The bias of communication*. Toronto: University Press.

Derrick van de Kerckhove (Hrsg.) (1988): *The alphabet and the brain: the lateralization of writing*. Berlin u.a.: Springer 1988.

Friedrich Kittler (1986): *Grammophon, Film, Typewriter*. Berlin: Brinkmann & Bose.

Friedrich Kittler (1995): *Aufschreibesysteme 1800-1900*. München: Fink.

Maria Klaner (1989): *Medien und Kulturgesellschaft: Ansätze zu einer Kulturtheorie nach Marshall McLuhan*. Diss. Hochschule für Philosophie München.

Jacques Languirand (1982): *De McLuhan à Pythagore*. Boucherville: Ed. de Mortagne.

Paul Levison (1999): *Digital McLuhan: a guide to the information millennium*. London u.a.: Routledge.

Jean Marabini (1973): *Marcuse & McLuhan et la nouvelle révolution mondiale*. Paris: Mame.

Philip Marchand (1998): *Marshall McLuhan: the medium and the messenger; a biography*. Cambridge, MA: MIT Press.

François Mariet (1978): *(Herbert) Marshall McLuhan et le macluhanisme. Recherche bibliographique*. Saint-Cloud: Ecole Normale Supérieure, Centre Audio-Visuel.

Marshall McLuhan (1951): *The mechanical bride: folklore of industrial man*. New York: Vanguard Press.

Jonathan Miller (1972): *Marshall McLuhan*. München: dtv.
Samuel D. Neill (1993): *Clarifying McLuhan: an assessment of process and product*. Westport, CO: Greenwood Press.
David Richard Olson (Hrsg.) (1991): *Literacy and orality*. Cambridge, MA, u.a.: University Press.
Walter J. Ong (1958): *Ramus: method and the decay of dialogue; from the art of discourse to the art of reason*. Cambridge, MA: Harvard University Press.
Graeme Patterson (1990): *History and communications: Harold Innis, Marshall McLuhan, the interpretation of history*. Toronto [u.a.]: University of Toronto Press.
Arthur Porter (1969): *Cybernetics simplified*. London: English University Press.
Raymond B. Rosenthal (Hrsg.) (1968): *McLuhan: pro and con*. New York: Funk, Wagnalls.
George Sanderson (1989): *Marshall McLuhan. The man and his message*. Goldon, CT: Fulcrum.
Judith Stamps (1995): *Unthinking modernity: Innis, McLuhan and the Frankfurt School*. Montreal [u.a.]: McGill-Queen's University Press.
Gerald Emanuel Stearn (1967): *McLuhan: hot and cool. A primer for the understanding of a critical symposium with a rebuttal by McLuhan*. New York: Dial Press.
Donald F. Theall (1971): *The medium is the rear view mirror: understanding McLuhan*. Montreal: McGill-Queen's University Press.
Frederic Underhill (1964): *Post-literate man and film editing. An application of the theories of Marshall McLuhan*. Boston, MA: School of Public Communication.
Glenn Alan Willmott (1996): *McLuhan, or modernism in reverse*. Toronto [u.a.]: University of Toronto Press.

Irmela Schneider

Marshall McLuhan (1964): *Understanding media: The extensions of man*. New York: McGraw-Hill. 365 Seiten. – Zahlreiche Reprints. Zuletzt mit einer Einleitung von Lewis H. Lapham. London: Routledge 2001. 392 Seiten.

Deutsche Ausgabe: Marshall McLuhan (1968): *Die magischen Kanäle. Understanding Media*. Düsseldorf, Wien: Econ. 389 Seiten. – Neuauflage 1992. 407 Seiten. – Lizenzausgabe: Dresden u.a.: Verlag der Kunst 1994. 540 Seiten.

Während Herbert Marshall McLuhans Studie über die »Gutenberg-Galaxis« (→ McLuhan 1962) bei ihrem Erscheinen eine eher verhaltene Reaktion auslöste, fällt das Erscheinen von *Understanding media* in die Phase des anschwellenden McLuhan-Kults, des »macluhanisme«, der allerdings im deutschsprachigen Raum erst sehr viel später und auch in weniger extensiver Weise einsetzte. Mit dem Ende der 50er Jahre hatte sich McLuhan einen Ruf als origineller Denker erworben, der weit über den akademischen Kreis hinausreichte. 1960 verfaßte er im Auftrag der National Association of Educational Broadcasters (NAEB) einen »Report on project in understanding new media«. 1958 wurde er als Hauptredner zur Jahresversammlung dieser einflußreichen Organisation eingeladen. In seinem Vortrag verwendete McLuhan (1911-1980) zum ersten Mal die Formulierung, daß das Medium die Botschaft sei. Seit 1960 gab er, gemeinsam mit Edmund S. Carpenter, die Zeitschrift ›Explorations in Communication‹ heraus, und 1963 wurde das Centre for Culture and Technology von der Universität Toronto als Forschungszentrum für McLuhan eingerichtet.

Understanding media ist im wesentlichen eine Überarbeitung und Erweiterung des Reports für die NAEB. Im Unterschied zur »Gutenberg-Galaxis« weist die Studie eine Gliederung auf, die als kabbalistisch bezeichnet worden ist: Nach einer Einleitung folgt ein erster Teil mit sieben Kapiteln über die Natur der Medien allgemein. Der zweite Teil ist in 26 Kapitel untergliedert, in denen es um ganz unterschiedliche Einzelmedien geht – u.a. gesprochenes und geschriebenes Wort, Straßen und Nachrichtenwege, Zahl, Kleidung, Wohnen, Geld, Fotografie, Presse, Auto, Schreibmaschine, Telefon, Radio, Fernsehen, Waffen, Automation. Die Zahl der Kapitel, die der Zahl der Buchstaben des Alphabets entspricht, kann als eine Illustration von McLuhans These gesehen werden, daß das phonetische Alphabet der eigentliche Motor aller nachfolgenden westlichen Technologien sei. Im ersten Kapitel des ersten Teils zeigt die Überschrift eine zentrale These der Studie an: »Das Medium ist die Botschaft«. Im Laufe der Studie wird diese Kernthese an immer wieder neuen Beispielen erläutert.

Ein zweiter zentraler Aspekt ist die »extension theory«, d.h. die Auffassung, daß die Medien Ausweitungen des Menschen seien. Während die mechanischen Medien Ausweitungen der mechanischen Fähigkeiten des Menschen darstellen – das Rad ist eine Ausweitung des Fußes und der Stuhl eine des Gesäßes –, begreift McLuhan die elektronischen Medien als Ausweitungen des menschlichen Nervensystems. Die Veräußerlichung des Zentralnervensystems setzt mit der Telegrafie ein und geht für McLuhan mit der Funkübertragung mittels Satelliten einer Ausweitung des Bewußtseins entgegen. Während die Vorstellung, daß die Technik als eine Ausdehnung des menschlichen Körpers zu begreifen sei, bereits aus der Anthropologie und Technikgeschichtsschreibung bekannt war, führt McLuhan diese Konzeption in Neuland weiter, wenn er von einem weltweiten Paradigmenwechsel von Ausdehnung und Explosion zur Implosion spricht, der mit dem Übergang vom mechanischen ins elektronische Zeitalter verbunden sei.

Insgesamt unterscheidet McLuhan vier Stadien der Kulturgeschichte, die jeweils durch eine spezifische Medienkonstellation und eine damit verbundene Sinnesaktivität definiert sind. Diese Unterscheidung nach Medien und Sinnesaktivitäten verknüpft er mit der Unterteilung der Medien in heiße und kalte Medien. Die Grundlage für diese Unterscheidung soll die Frage bilden, wie stark die Sinne durch ein Medium beansprucht werden. Allerdings zeigen die jeweiligen Zuordnungen, die McLuhan vornimmt, oftmals Widersprüche auf. Auffällig sind exzentrische Gedankenbewegungen.

Den Anfang der Kulturgeschichte bildet die Zeit der Stammesgesellschaften, die durch Oralität, durch eine kühle Hör-Kultur, gekennzeichnet sind. Auf der zweiten Stufe steht die literale Gesellschaft, die als heiße visuelle Kultur bezeichnet wird. Sie wird abgelöst durch die Gutenberg-Galaxis, die aufgrund der Drucktechnik als eine noch heißere Kultur beschrieben wird. Sie wiederum führt zur Dominanz des Sehsinns und ist, wie McLuhan bereits in seiner »Gutenberg-Galaxis« betont hatte, gekennzeichnet durch Linearität, Individualität, Distanz und eine Verkümmerung der anderen Sinne. Die vierte und letzte Kulturstufe beginnt mit den elektronischen Medien und wird als Rückkehr zu einer kühlen Kultur charakterisiert, in der mit den elektronischen Techniken des Fernsehens und Computers ein neuer Ausgleich der Sinne erreicht wird.

Für McLuhan ist vor allem das damals noch relativ junge Medium Fernsehen Garant einer audio-taktilen, post-visuellen Kultur, die die Trennungen und Abstraktionen, zu denen die Druckkultur geführt hat, aufbricht und zu einer integrierenden Kultur führt, zum »globalen Dorf«. Eine solche Periodisierung, die in ihrer Perspektive ständig zwischen dem Technischen und Gesellschaftlichen oszilliert und auf diesem Wege zahlreiche Widersprüche und Ungereimtheiten produziert, erinnert an ein mythisches Muster von Sündenfall und Erlösung. Wenn man die literale und die durch den Buchdruck gekennzeichnete Kulturstufe zu einer des Alphabetismus zusammenfaßt, dann ergibt sich eine Dreiheit von Tribalismus (kühl), Detribalisierung (heiß) und Retribalisierung (kühl).

Seit den ersten Kritiken zur »Gutenberg-Galaxis« und dann insbesondere mit der Studie *Understanding media* wird regelmäßig auf den Katholizismus McLuhans verwiesen, der maßgeblich sein Denken geprägt habe und den disparaten Überlegungen ein Zentrum gebe. Unübersehbar ist, daß McLuhan theologische Begriffe medienanalytisch wendet. Was er völlig aus seinen Überlegungen ausblendet, sind Fragen nach dem Zusammenspiel zwischen Medienentwicklungen und Differenzierungen der Gesellschaft. Für ihn sind die Medien ein Gesellschaften determinierender Faktor.

Wie bereits die »Gutenberg-Galaxis« so hat auch *Understanding media* in den folgenden Jahrzehnten zahlreiche Medientheoretiker inspiriert und Versuche angeregt, die Thesen von McLuhan zu differenzieren und fortzuschreiben.

Literatur

→ McLuhan 1962

Irmela Schneider

Denis McQuail (1983): *Mass communication theory. An introduction.* London, Beverly Hills, New Delhi: Sage. 246 Seiten.

Mass communication theory läßt sich als ein früher Klassiker der in den 80er Jahren entwickelten europäischen Mediensoziologie bezeichnen. Dies gilt sowohl für die Definition des Begriffes »Massenkommunikation« als auch für die Charakterisierung verschiedener analytischer wie normativer theoretischer Konzepte. Insbesondere wenn es um Fragen der Medienpolitik sowie um Ebenen von Medienproduktion, -inhalten und -publikum sowie um Fragen der Medienwirkung geht.

Denis McQuail (geb. 1935) erhielt seinen ersten akademischen Abschluß in Geschichte und Soziale Studien an der Oxford University. Nach dem Studium arbeitete er zunächst an der University of Leeds am neu gegründeten Centre for Television Research. Mit dessen erstem Direktor, Joseph Trenaman, führte er zu den britischen Wahlen des Jahres 1959 die Studie »Television and the political image« (Trenaman & McQuail 1961) durch, mit Jay G. Blumler die Nachfolgestudie »Television in politics« (→ Blumler & McQuail 1968). Seit 1965 lehrte McQuail an der University of Southampton Soziologie mit dem Schwerpunkt Massenkommunikation und Öffentliche Meinung.

Ziel des Buches *Mass communication theory* ist es, einen theoretischen Rahmen für die Kommunikationsforschung zu schaffen. Allerdings – auch dies wird hinreichend deutlich – unterscheidet der Mediensoziologe McQuail mehrere Wissensformen, die mit jeweils eigenen Theorien korrespondieren, welche wiederum einzelne Beobachtungsgegenstände unterschiedlich definieren.

Anhand eines als »mediation of social experience« bezeichneten Schemas ordnet McQuail den Ebenen der Kommunikatoren, der Inhalte und der Rezipienten jeweils schlüssige Theorien und Untersuchungsmethoden zu. Zur Analyse von Kommunikatoren und Institutionen eignen sich normative und organisationssoziologische Konzepte. Form und Gehalt medialer Aussage indes lassen sich durch theoriegestützte Inhaltsanalysen erheben. Schließlich erweisen sich die Publikumsforschung, die Medienwirkungsforschung, aber auch das Paradigma des Symbolischen Interaktionismus für die Rezipientenforschung als besonders brauchbar. Diesem Thema hat McQuail 1997 eine eigene Studie mit dem Titel »Audience analysis« gewidmet.

McQuail entwickelt Modelle und Schaubilder zum Medienimage, zur Medienkultur sowie zur Topo- und Typologisierung von Medientheorien. Systematisiert werden mediale Produktionsprozesse, Berufsrollen im Journalismus in bezug auf die gesellschaftliche Umwelt sowie Medienwirkungen, -kampagnen und -folgen. Die Einzelerörterung diverser theoretischer Ansätze behandelt u.a. Konzepte zum sozialen Wandel, zum »Materialismus«, zur »kritischen Theorie« sowie zu neueren soziologischen und ökonomischen Fragen.

McQuail, der sich dem struktur-funktionalistischen Ansatz besonders verpflichtet weiß, behandelt vor allem die klassischen Medienleistungen wie Information (Nachrichtengebung), Integration oder Unterhaltung. Dabei handelt es sich um Fragen, die aus der Sicht des öffentlich-rechtlichen Fernsehsystems sowie für eine darauf orientierte Rechtsprechung relevant bleiben.

Als interessantes übergreifendes Forschungsproblem bei Produktions-, Inhalts- und Publikumsanalysen können Fragestellungen hinsichtlich der Wirkungen von politischen Kampagnen in bezug auf Nachrichten sowie Werbefeldzüge gelten: Die aktuelle Medienwirkungsforschung wird am Modell des »well institutionalized behavior« diskutiert und problematisiert. Sichtbar wird dabei immer wieder die Dominanz angelsächsischer Forschungstraditionen.

Das Buch wendet sich Aspekten der »Media policy« zu, die jedoch offensichtlich (noch) wenig erforscht sind. Zweifellos unterliegt gerade die Medientheorie nicht nur wissenschaftlichen Kriterien, sondern sie wird bisweilen auch von politischen Interessen und Zwängen geprägt. Angesichts einer fortschreitenden Differenzierung kommunikationswissenschaftlicher Teildisziplinen war die hier besprochene »Einführung« durchaus in der Lage, ihrem Leser diese Vielfalt anspruchsvoll und didaktisch zu vermitteln.

Die Untersuchung steht in einer Tradition früherer medien-soziologischer Arbeiten des Autors, insbesondere »Towards a sociology of mass communication« (1969) und »The audience for television plays« (1970). Anregungen hierzu erhielt er aufgrund einer Gastprofessur an der Annenberg School of Communication an der University of Pennsylvania Ende der 60er Jahre.

McQuails Veröffenlichungen seit der Übernahme des Lehrstuhls für »Mass Communication« an der Universität von Amsterdam im Jahre 1977 lassen sich als Beiträge für die Disziplin »communication science« lesen. Gerade sie hatte an der Universität von Amsterdam um ihre akademische Reputation zu kämpfen, nicht zuletzt weil der niederländische Erziehungsminister im Jahr 1983 für sein Land nur ein Department für Kommunikationswissenschaft vorgesehen hatte, und zwar an der Katholischen Universität in Nijmwegen.

McQuails Verdienst ist es, bereits Anfang der 80er Jahre das Interesse an der Dynamik des Medienwandels im Wechselspiel mit ökonomischen, technologischen, politischen und sozialen Faktoren zu reflektiert zu haben. Das Buch diente – nicht zuletzt gerade mangels geeigneter Alternativen – mehreren Studierendengenerationen als kompakte Einführung in die internationale Kommunikationswissenschaft. Es erschien 1994 in dritter Auflage. Der Name des Autors ist mit diesem Bestseller zur Marke geworden, und so erscheint das Buch seit der vierten Auflage, die im Jahr 2000 auf den Markt kam, unter dem Titel »McQuail's mass communication theory«.

Literatur

Denis McQuail (1969): *Towards a sociology of mass communication*. London: Macmillan.
Denis McQuail (1970): The audience for television plays. In: Jeremy Tunstall (Hrsg.): *Media sociology. A reader*. London: Constable, S. 335-350.
Denis McQuail (1992): *Media performance: Mass communication and the public interest*. London, Newbury Park: Sage.
Denis McQuail (1997): *Audience analysis*. London, Newbury Park: Sage.
The Denis McQuail Scrapbook. A biographical note. Elektronische Publikation: URL: http://www.xs4all.nl/~giotto/mcq/bib.html
Joseph Trenaman, Denis McQuail (1961): *Television and the political image. A study of the impact of television on the 1959 general election*. London: Methuen.

Georg Ruhrmann

George Herbert Mead (1934): *Mind, self and society. From the standpoint of a social behaviorist*. Chicago, IL: The University of Chicago Press. XXXVII, 400 Seiten.

Deutsche Ausgabe: George Herbert Mead (1973): *Geist, Identität und Gesellschaft aus der Sicht des Sozialbehaviorismus*. Mit einer Einleitung von Charles W. Morris. Frankfurt am Main: Suhrkamp. 455 Seiten.

George Herbert Mead wurde 1863 in South Hadley, Massachusetts in einem streng religiösen Elternhaus geboren. Sein Vater war ein kongregationalistischer Geistlicher, der später am Oberlin College in Ohio lehrte. Dort verbrachte Mead seine Jugend und erhielt auch seine ersten akademischen Weihen. Nach einigen beruflichen Zwischenschritten und einem einjährigen Deutschlandaufenthalt, während dessen er in Leipzig bei Wilhelm Wundt studierte und in Berlin Doktorand bei Wilhelm Dilthey war, ohne diese Dissertation jedoch abzuschließen, lehrte von 1897 bis zu seinem Tod 1931 als Professor an der Universität von Chicago.

Mead verstand sich in erster Linie als Philosoph, der sich mit der damals noch nicht aus der Philosophie ausdifferenzierten Psychologie auseinandersetzte. Er engagierte sich aber auch als Sozialreformer in der Sozial- und Wohnungspolitik von Chicago. Ausweislich seiner Bibliographie (vgl. Wenzel 1990) gibt es 71 Publikationen von ihm, wobei viele und darunter auch die wichtigsten wie das hier vorgestellte Buch posthum von Schülern und Kollegen veröffentlicht wurden. Ein wenig spektakuläres Leben auf den ersten Blick – dennoch aber gilt Mead als einer der grundlegenden Theoretiker der Soziologie und Sozialpsychologie, gelegentlich sogar als Klassiker. Seine Bedeutung auch für die Kommunikationswissenschaft vor allem im Zeitalter des sogenannten Cultural Turn wird erst allmählich erkannt.

Mind, self and society ist Meads wichtigstes Werk und zählt zu den grundlegenden Schriften des sozialwissenschaftlichen Paradigmas des Symbolischen Interaktionismus. Der Text geht auf die stenographische Mitschrift einer seit der Jahrhundertwende mehrfach von Mead gehaltenen und immer weiter ausgearbeiteten Vorlesung zurück, in der er seine Vorstellungen von menschlichem Handeln, Identität, Bewußtsein der Menschen und der von ihnen erzeugten Gesellschaft entwickelte. Der Text wurde posthum von Meads Kollegen Charles W. Morris herausgegeben. Um die Bedeutung dieses Werkes zu verstehen, muß man für den heutigen Sprachgebrauch zunächst die im Buchtitel behauptete Attribution Meads als Behaviorist relativieren. Als Mead sich Anfang des 20. Jahrhunderts mit der Psychologie und ihren wissenschaftstheoretischen Grundlagen auseinanderzusetzen begann, war in der US-amerikanischen Wissenschaft ein biologisch/individualistisch ausgerichteter Behaviorismus vorherrschend. In der Betonung eines *Sozial*behaviorismus versucht Mead einerseits mit seinen Überlegungen anschlußfähig zu sein, andererseits eine notwendige ergänzende oder zusätzliche Perspektive einzuführen, indem er die soziale Bedingtheit menschlichen Handelns begründet. Die Betonung liegt also auf dem Sozialen des Sozialbehaviorismus. In dieser Auseinandersetzung entwickelt Mead dann aber auf der Basis des amerikanischen Pragmatismus und damit in bezug auf James (1994) und Dewey (1923), Thomas, Whitehead und andere die Grundlagen einer eigenständigen sozialwissenschaftlichen Theorie, die in der Folge von seinem Schüler Herbert Blumer Symbolischer Interaktionismus (Symbolic Interactionsm [→ Blumer 1969]) genannt wurde.

Meads Ausgangsfrage ist dabei die danach, wie Menschen ihr Handeln aufeinander beziehen und wie soziale Wirklichkeit möglich wird. Dabei stellt er das Konzept der Interaktion zwischen Menschen in den Vordergrund, wobei er darunter nicht wie bei den Tieren direkte, unvermittelte und materiale Beziehungen versteht. Vielmehr konzipiert er Interaktion als etwas typisch Menschliches, als wechselseitiges, aufeinander bezogenes Handeln, das mit Hilfe von Symbolen und Symbolisierungen stattfindet: Ein Symbol wie etwa eine warnende Geste ist keine reale Gefahr, sondern ein Verweis auf eine Gefahr, die dem etwas bedeutet, der die Geste ausführt und dem sie etwas bedeuten soll, dem sie zugedacht ist. Menschen interagieren also über Symbole, insbesondere über ihre Sprache miteinander, und diese Symbole tragen Bedeutungen, sind Zeichen für etwas, hängen mit Normen und Werten, mit kulturellen und gesellschaftlichen Kontexten zusammen und sind obendrein situativ. Nur über die Vereinbarung der Bedeutung von Symbolen und durch darüber stattfindende Verständigung entsteht eine gemeinsame soziale und nur hierüber dann auch eine psychische und individuelle Wirklichkeit, werden Gesellschaft und Kultur, Identität, Erfahrung und Reflexion überhaupt möglich. Damit entwirft Mead ein Bild des

Menschen als ein symbolisch vermitteltes Wesen, das nicht in der Natur, sondern in einem vielfältigen kulturellen und gesellschaftlichen symbolischen Raum lebt und dessen Bewußtsein und Handlungsfähigkeit nur durch seine sozialen Beziehungen zustande kommen. Darüber entstehen und reproduzieren sich auch Gesellschaft und Kultur.

Aus diesen Bedingungen sozialen Handelns entwickelt Mead in der Folge in Ansätzen eine ganze Sozialpsychologie, die dem nahesteht, was heute die Semiotiker und darauf gestützte Theorien wie die Cultural Studies diskutieren. Während semiotische Ansätze aber strukturell argumentieren und am Charakter von Zeichensystemen anknüpfen, geht Mead von einem sozialen Handlungsbegriff aus. Kommunikatives Handeln und Kommunikation überhaupt werden damit zur Grundtatsache menschlichen Lebens und aller sozialen und kulturellen Phänomene. Mead weist so implizit der Kommunikationswissenschaft eine grundlegende Rolle (nicht nur für die sogenannte Informationsgesellschaft, sondern für jede Gesellschaft) zu und entwickelt in diesem Zusammenhang auch eine eigenständige Theorie von Kommunikation, die eine der wenigen Alternativen zum Modell der Kommunikation als Informationstransport ist (vgl. auch Krotz 2001).

In Meads Hauptwerk werden seine Ideen oft nur angedeutet. Sie werden auch für heutige Lesegewohnheiten nicht immer systematisch entwickelt (für eine knappe Einführung und eine Einordnung in die interpretative Soziolgie vgl. Abels 1998). Auch deshalb ist Meads Theorie bisher nur in einzelnen Punkten und in der Kommunikationswissenschaft fast überhaupt noch nicht weiter elaboriert worden. In der Soziologie muß man den Symbolischen Interaktionismus deshalb als eine Minderheitentheorie sehen, deren Potential bis heute nicht ausgelotet ist. Immerhin hat diese Wissenschaftsrichtung durch Autoren wie Goffman oder Strauss wichtige Beiträge zur Theoriebildung und zur Entwicklung hermeneutischer und heuristischer Methoden geleistet. In der deutschen Kommunikationswissenschaft kursiert eine Reihe von symbolisch-interaktionistischen Grundideen, die vor allem auf die Aufsätze von Teichert (1972, 1973; vgl. auch Renckstorff 1973) zurückgehen. Zu den bekanntesten Konzepten dieser Art im Hinblick auf Medien gehören die Begriffe der parasozialen Interaktion und der parasozialen Beziehung von Horton und Wohl (1956) bzw. Horton und Strauss (1957). Sie entwickeln eigentlich ein Konzept medienbezogenen Handelns und darauf aufbauender sozialer Beziehungen (vgl. auch Vorderer 1996), das aber vor allem im Rahmen des Uses-and-Gratifications-Ansatzes auf eine Reihe abfragbarer Variablen reduziert wurde, wobei auch der eigentlich wesentliche Unterschied zwischen Interaktion und Beziehung verschwand. Gerade zum Rezeptionsprozeß ließen sich die Überlegungen Meads aber hervorragend weiterentwickeln (vgl. Krotz 2001). Im Rahmen des sogenannten Cultural Turn der Sozialwissenschaften und der sich ausbreitenden semiotisch basierten Theorien der Cultural Studies sind hier weiterführende Entwicklungen zu erwarten.

Literatur

Heinz Abels (1998): *Interaktion, Identität, Präsentation*. Opladen: Westdeutscher Verlag.

John Dewey (1923): *Human nature and conduct. An introduction to social psychology*. New York: Henry Holt and Company.

Donald Horton, Anselm Strauss (1957): Interaction in audience-participation shows. In: *American Journal of Sociology*, 62. Jg., S. 579-587.

Donald Horton, R. R. Wohl (1956): Mass communication and para-social interaction. In: *Psychiatry*, 19. Jg., S. 215-229.
William James (1994): *Was ist Pragmatismus? Mit einer Vorbemerkung von Rolf-Peter Horstmann.* Weinheim: Beltz Athenäum.
Friedrich Krotz (2001): *Die Mediatisierung kommunikativen Handelns.* Opladen: Westdeutscher Verlag (im Druck).
Karsten Renckstorf (1973): Alternative Ansätze der Massenkommunikationsforschung. In: *Rundfunk und Fernsehen*, 21. Jg., S. 183-197.
Will Teichert (1972): »Fernsehen« als soziales Handeln. In: *Rundfunk und Fernsehen*, 20. Jg., S. 421-439.
Will Teichert (1973): »Fernsehen« als soziales Handeln (2). In: *Rundfunk und Fernsehen*, 21. Jg. , S. 356-382.
Peter Vorderer (Hrsg.) (1996): *Fernsehen als Beziehungskiste.* Opladen: Westdeutscher Verlag.
Harald Wenzel (1990): *George Herbert Mead zur Einführung.* Hamburg: Junius Verlag.

Friedrich Krotz

Harold Mendelsohn (1966): *Mass entertainment.* New Haven, CT: College & University Press. 203 Seiten.

Mass entertainment ist der eigentliche Wegbereiter der akademischen Unterhaltungsforschung. Nachdem mit einem Wiederabdruck von »The seven lively arts« (Seldes 1924, ²1957) und dem Sammelband »Mass culture. The popular arts in America« (Rosenberg & White 1957) das allgemeine Interesse für marktfähige und massenwirksame Medienprodukte geweckt war, hat sich Harold Mendelsohn mit einer Monographie des Themas Unterhaltung angenommen. Weil die Einstellung zu diesem Thema zu jener Zeit noch sehr negativ war und die universitäre Forschung von Desinteresse strahlte, hat sich der Autor sehr vorsichtig an die Thematik herangemacht. Fazit: »Our ignorance of just what makes for the enjoyment of mass entertainment by individuals is simply monumental.« (S. 170).

Harold Mendelsohn (geb. 1923) ist ausgebildeter Sozialpsychologe. Er hat an der Columbia University als Schüler von Paul F. Lazarsfeld studiert (M.A.) und dann an der New School for Social Research in Soziologie und Psychologie promoviert. Seine Forschungsinteressen galten neben der Unterhaltung Informations- und Präventions-Kampagnen sowie der politischen Kommunikation und der politischen Meinungsbildung.

Das grundlegende Konzept zur Studie *Mass entertainment* ist im Ansatz einfach und daher dauerhaft: »We shall define entertainment derived from the mass media as simply the experiencing of pleasure from the mass media of communication.« (S. 15) In den beiden Hauptkapiteln zu den sozialen und psychologischen Funktionen der Unterhaltung arbeitet der Autor die geselligen und die privaten Aspekte medienvermittelter Unterhaltungsstimuli heraus. Er sieht Unterhaltung als Sozialisations- und Integrationsinstanzen, die Verhaltensmodelle, Rituale und Gesprächsstoffe anbieten. Aus der Sicht des Nutzen- und Belohnungsansatzes ist Unterhaltung ein gesellschaftliches Kitt- und Schmiermittel.

Für den einzelnen Nutzer bietet Unterhaltung nach Mendelsohn vorab Vergnügen, Lustgewinn, Spannungsreduktion, Möglichkeiten der para-sozialen Interaktion sowie Fantasie- und Spielerlebnisse an. Es taucht bereits hier die Vorstellung von Unterhaltung als Regelung des Gefühlshaushaltes (mood-management) und als Beitrag zur »mental health« (wellness) (S. 136) auf.

In einem weiteren Kapitel beschäftigt sich der Autor mit dem Spannungsfeld von ästhetisch-kulturellen Ansprüchen und den Präferenzen von Massenpublika. Mendelsohn entzieht sich einem abschließenden Werturteil mit dem Hinweis, daß Unterhaltung primär menschliche Bedürfnisse befriedigt. Er legt also ein engagiertes Plädoyer für Medienunterhaltung vor, das er mit Argumenten des Funktionalismus untermauert.

Zwar hat noch Jahre später Percy H. Tannenbaum sein einleitendes Kapitel zur Textsammlung »The entertainment functions of televison« (1980) »An unstructured introduction to an amorphous area« genannt. In Wirklichkeit hat aber Harold Mendelsohn, der zusammen mit H.T. Spetnagel das Kapitel »Entertainment as a sociological enterprise« zur Sammlung von Tannenbaum beigetragen hat, das Feld der Medienunterhaltung nachhaltig geprägt und strukturiert. Er hat auch die Wichtigkeit von Unterhaltung in der öffentlichen Kommunikation erkannt, bevor Heinz-Dietrich Fischer sein Kapitel »Entertainment – an underestimated central function of communication« schrieb (1979). Beides läßt sich aus der Rezeption und der Wirkungsgeschichte seines Buches herauslesen. Im deutschsprachigen Raum rekurrieren die wichtigsten Unterhaltungsmonographien (vgl. Hofer 1978; Bosshart 1979; → Dehm 1984; Stumm 1996) mit verläßlicher Konstanz auf den historischen Aspekt und die strukturellen Vorgaben der Arbeit von Mendelsohn. Und auch die führende US-Unterhaltungsforschung bezieht sich weiterhin auf ihn (Zillmann & Bryant 1994; Zillmann 2000). Die von Mendelsohn angesprochene »arousal-theory« ist zum Allgemeingut der psychologischen Unterhaltungsforschung geworden.

Literatur

Louis Bosshart (1979): *Dynamik der Fernseh-Unterhaltung. Eine kommunikationswissenschaftliche Analyse und Synthese.* Fribourg-Freiburg: Universitätsverlag.

Heinz-Dietrich Fischer, Stefan Reinhard Melnik (Hrsg.) (1979): *Entertainment: A cross cultural examination.* New York: Hastings House.

Arthur Hofer (1978): *Unterhaltung im Hörfunk. Ein Beitrag zum Herstellungsprozeß publizistischer Aussagen.* Nürnberg: Nürnberger Forschungsberichte.

Bernard Rosenberg, David Manning White (Hrsg.) (1957): *Mass culture. The popular arts in America.* New York: Collier Macmillan [mit Beiträgen u.a. von Leo Löwenthal, Dwight MacDonald, Gilbert Seldes, Leo Bogart, Bernard Berelson, Hortense Powdermaker, Herbert J. Gans, Kurt Lang, David Riesman, Paul F. Lazarsfeld, Robert Merton, Marshall McLuhan].

Gilbert Seldes (1924, [2]1957): *The seven lively arts.* New York: McCleland and Stewart.

Mascha-Maria Stumm (1996): *Unterhaltungstheoreme bei Platon und Aristoteles.* Berlin: Vistas.

Percy H. Tannenbaum (Hrsg.) (1980): *The entertainment functions of television.* Hillsdale, NJ: Lawrence Erlbaum.

Dolf Zillmann (2000): The coming of entertainment. In: Dolf Zillmann, Peter Vorderer (Hrsg.): *Media entertainment. The psychology of its appeal.* Mahwah, NJ: Lawrence Erlbaum, S. 1-20.

Dolf Zillmann, Jennings Bryant (1994): Entertainment as media effect. In: Jennings Bryant, Dolf Zillmann (Hrsg.): *Media effects. Advances in theory and research.* Hillsdale, NJ: Lawrence Erlbaum, S. 437-461.

Louis Bosshart

Klaus Merten (1977): *Kommunikation. Eine Begriffs- und Prozeßanalyse.* Opladen: Westdeutscher Verlag. 240 Seiten.

In der kommunikationswissenschaftlichen Literatur ist die Untersuchung von Klaus Merten (geb. 1940) im wörtlichen Sinne grundlegend. Merten unternimmt es, den Begriff der Kommunikation, über den sich die ganze Disziplin konstituiert, zu klären, was auch angesichts der 160 verschiedenen Kommunikationsbegriffe, die er in der Literatur findet, eine lohnende Aufgabe ist.

Im ersten Teil der Arbeit untersucht Merten zunächst verschiedene Dimensionen, die Kommunikation in den 160 Definitionen zugeschrieben werden. In der kritischen Diskussion erweist sich eine ganze Reihe von begrifflichen Modellen als unbrauchbar, so Kommunikation als Transmission, als Reiz-Reaktions-Handlung, als Interpretation, Verständigung, Austausch, Teilhabe, Beziehung oder als soziales Verhalten. Lediglich das Modell der Interaktion kann bestehen, eröffnet dann allerdings die Frage, welcher von beiden Begriffen – Kommunikation oder Interaktion – der weitere ist, da sich jeder zur Definition des jeweils anderen verwenden läßt. In einem weiteren Schritt analysiert Merten deshalb die einzelnen Definitionskriterien, die im Rahmen der Metaanalyse der Definitionen auftauchten. Es sind dies Reziprozität, Intentionalität, Anwesenheit (der Kommunikationspartner), Sprachlichkeit, Wirkung und Reflexivität. Bis auf Reflexivität und Reziprozität (wobei letztere in ersterer aufgeht) kann Merten für alle Kriterien Ausnahmen nachweisen, in denen sinnvoll von Kommunikation gesprochen werden kann, ohne daß das jeweilige Kriterium erfüllt wäre.

Da durch Mehrheitsentscheidungen keine Wahrheit gewonnen werden kann, steht dieser Teil der Studie vor einem (allerdings unausweichlichen) Dilemma. Merten kann zwischen den unzähligen Dimensionen, die Kommunikation in den verschiedenen Definitionen zugeschrieben werden, nur dann eine inhaltlich begründete Entscheidung herbeiführen, indem er viele Dimensionen als unzureichend kritisiert. Eine solche Kritik setzt aber bereits einen »richtigen« Begriff von Kommunikation voraus, den Merten auch konsequent verwendet, der aber ja erst das Ziel der Analyse sein soll. Damit reduziert sich zwar seine umfangreiche Materialsammlung (so hilfreich sie als Nachschlagewerk ist) zur Folie für seine eigene Begriffsentwicklung – eine Alternative ist aber auch nicht zu sehen, wollte man nicht Kommunikation als das definieren, was die Mehrheit darunter versteht.

Der zweite Teil der Untersuchung ist einer »Prozeßanalyse von Kommunikation« gewidmet, in der zunächst das Verhältnis von Interaktion und Reflexivität geklärt werden soll, in deren Rahmen Merten aber auch weit darüber hinausgehende kommunikationstheoretische Überlegungen anstellt, die systemtheoretisch inspiriert sind. Merten führt die Analyse auf den Ebenen der subanimalischen, der animalischen, der humanen und der technischen Kommunikation durch. Dabei leitet ihn die Fragestellung, inwieweit Interaktion als Definition von Kommunikation bzw. Reflexivität als Kriterium von Kommunikation brauchbar ist. Im Laufe der komplexen Untersuchungen, die auch eine Vielzahl von Modellbildungen beinhalten, differenziert Merten wiederum drei Dimensionen von Reflexivität: Zeitdimension, Sachdimension und Sozialdimension. In der Zeitdimension stellt sich Kommunikation als selbstreferentieller Prozeß dar in dem Sinne, daß die Folgen von Kommunikation auf den Kommunikationsprozeß selbst zurückwirken. Aus dieser Perspektive stellt der Autor umfangreiche Überlegungen an zur Evolution von Kommunikation, in denen er die spezifischen Leistungen etwa von Sprache, Schrift und technischen Medien für die Weiterentwicklung von Kommunikation analysiert. In der Sachdimension bezeichnet Reflexivität die parallele, aufeinander bezogene Verwendung verschiedener Kommunikationskanäle, die es ermöglicht, auf einem Kanal Aussagen (etwa bewertender Art) über andere Kanäle zu machen (so bei der nonverbalen Kommentierung verbaler Äußerungen). Reflexivität in der Sozialdimension meint Strukturen des Wahrnehmens von Wahrnehmungen, des Erwartens von Erwartungen und der Behandlung von Handlungen zwischen den beteiligten Individuen.

Dies faßt Merten schließlich in einer neuen Definition von Kommunikation zusammen: »Kommunikation ist das kleinste soziale System mit zeitlich-sachlich-sozialer Reflexivität, das durch Interaktion der Kommunikanden Behandlung von Handlungen erlaubt und soziale Strukturen ausdifferenziert« (S. 163). Darin zeigt sich nun auch, daß Interaktion als Definiens von Kommunikation allein nicht ausreicht, beschränkt sie Kommunikation doch auf die Sozialdimension.

Merten sieht abschließend selbst, daß seine Analyse mehr Probleme aufwirft, als sie löst. Dies läßt sich aber auch als Indiz für die Fruchtbarkeit des Unternehmens verstehen. In der Tiefe der Auseinandersetzung mit dem zentralen Begriff der Kommunikation ist die Studie bis heute einzigartig, und als Materialsammlung ist sie nach wie vor eine vielgenutzte Quelle.

Christoph Kuhlmann

Klaus Merten (1983): *Inhaltsanalyse. Einführung in Theorie, Methode und Praxis.* Opladen: Westdeutscher Verlag. 385 Seiten. – 2., verbesserte Aufl. 1995. 406 Seiten.

Ein Fach definiert sich nicht nur durch seine Theorien, sondern auch durch die verwendeten Methoden. Während die Inhaltsanalyse in anderen sozialwissenschaftlichen Fächern eher eine Randstellung besitzt, ist die Analyse manifester Texte *die* Methode der Kommunikationsforschung. Beschreibungen, wie der Königsweg beschritten werden kann, gibt es einige. Bernard Berelsons »Content analysis in communication research« (→ Berelson 1952) ist ein Klassiker geworden, während Jürgen Ritsert zur Zeit der großen theoretischen Auseinandersetzungen in den Sozialwissenschaften sein Lehrbuch zur Inhaltsanalyse nur getarnt unter dem Titel »Inhaltsanalyse und Ideologiekritik« (vgl. Ritsert 1972) veröffentlichte. Ende der 70er Jahre war der Weg frei, die Ideologiekritik trat in den Hintergrund, die Anwendung der Inhaltsanalyse in den Vordergrund. Die zunehmende Bedeutung der Massenmedien sowie die verbesserte Computertechnik und Software führten zu einem breiten Einsatz der Inhaltsanalyse in unserem Fach. Damit einher ging eine erhöhte Nachfrage an entsprechenden Lehrangeboten und – last but not least – an Lehrbüchern.

Bezeichnenderweise haben zwei Kommunikationswissenschaftler in den frühen 80er Jahren diese Lücke schließen können, beide Bücher sind zu sich ergänzenden Standardwerken geworden. Während Werner Frühs »Inhaltsanalyse: Theorie und Praxis« (→ Früh 1981) anschaulich und praxisorientiert in die Durchführung von Inhaltsanalysen einführt, bietet Klaus Merten ein vertiefendes Handbuch, das 1995 in einer zweiten, verbesserten Auflage erschienen ist. Merten (geb. 1940) schrieb das Kompendium über die Inhaltsanalyse, nachdem er 1979 Professor für empirische Sozialforschung an der Universität Gießen geworden war, also noch vor seiner Berufung zum Professor für empirische Kommunikationsforschung in Münster. Anfang der 80er Jahre war die Inhaltsanalyse bereits eine theoretisch fundierte Methode und zählte gerade in der Kommunikationswissenschaft schon zum Standardrepertoire. So fokussiert Merten ihre Ziele ganz im Sinne der Kommunikationstheorien auf die Inferenz vom Text auf den Kontext, auf den Schluß vom Inhalt auf den Kommunikator, Rezipienten oder die Situation und definiert die Inhaltsanalyse als »eine Methode zur Erhebung sozialer Wirklichkeit, bei der von Merkmalen eines manifesten Textes auf Merkmale eines nichtmanifesten Kontextes geschlossen wird« (1983, S. 57).

Mertens umfassend informierendes Lehrbuch ist in fünf Teile gegliedert. Nach einer Einführung in den Gegenstand, die Geschichte und die Definitionsprobleme der Inhaltsanalyse skizziert er in einem theoretischen Teil die Grundlagen der Semiotik, Kommunikationsmodelle und die Inhaltsanalyse als eigenständiges Erhebungsinstrument.

Der Methode selbst ist der mit Abstand größte Teil gewidmet. Hier will Merten die recht unterschiedlichen theoretischen und vor allem methodischen Konzepte integrieren. Seine Typologie differenziert nach Mitteln der Analyse (syntaktische, semantische und pragmatische Ebene) einerseits und dem Ziel der Analyse (Schluß auf den Kommunikator, den Rezipienten oder die Situation) andererseits. Nach einheitlichem Schema (Entwicklung des Verfahrens, Logik des Schlusses auf den Kontext, Vorgehensweise, Kritik, Variationen und Weiterentwicklungen sowie Anwendungen) werden eine Vielzahl von Verfahren präsentiert. Gerade die Typologie der Verfahren macht dem Anfänger den Einstieg in die Inhaltsanalyse jedoch schwer und wirkt auch etwas deplaziert, denn vorab erfolgt eine Einleitung in Probleme des Messens und Schließens und zum Abschluß des methodischen Teils werden die Auswahl von Textstichproben sowie die Gültigkeit und Zuverlässigkeit erläutert.

Die Praxis der Inhaltsanalyse stellt Merten anschließend kurz und überwiegend abstrakt vor. Anstelle der versprochenen Demonstration einer »praktischen Durchführung einer inhaltsanalytischen Untersuchung [...] an einem konkreten Beispiel« (1983, S. 312) werden die konkreten Schritte teilweise ohne Beispiele oder anhand unterschiedlicher Anwendungen vorgestellt. Der Ausblick auf die zukünftige Entwicklung der Inhaltsanalyse schließt die Publikation ab.

Das Buch liefert also zweierlei: Eine vertiefende, mit vielen verschiedenen Beispielen gespickte Einführung und eine Systematisierung der Verfahren. Mertens erklärtes Ziel war zu verhindern, »daß diese Darstellung mit einem Methodenkochbuch verwechselt werden kann, dessen man sich, von keinerlei Vorwissen getrübt, nach Gutdünken bedienen kann.« (1983, S. 12) Es ist Merten gelungen, kein vereinfachendes und beschönigendes Lehrbuch anzubieten, sondern Probleme, Alternativen und Widersprüche offenkundig zu machen. Dies, so resümiert Deichsel (1984: 146) in seiner Rezension, »ist das Verdienst dieses empfehlenswerten Buches, das seine beharrlichen Leser sicherlich finden wird.«

Merten hat unter dem schlichten Titel *Inhaltsanalyse* nicht nur eine Einführung in die Methode vorgelegt, sondern auch die Vielfältigkeit der Verfahren dargestellt, diskutiert und vor allem systematisiert. Zusammen mit Früh, der eben der Praxis der Inhaltsanalyse Priorität gibt, hat er damit maßgeblichen Anteil daran, dass sich die Anwendung der Inhaltsanalyse in der deutschen Kommunikationswissenschaft etabliert hat, mehr und mehr Inhaltsanalysen unternommen werden. Mertens Lehrbuch ist ein Standardliteraturverweis zum Thema Inhaltsanalyse geworden. Wurde es deshalb aber auch – mehr als nur ausschrittsweise – gelesen und gar verstanden, zumal es keine leichte Kost ist? Und ist nicht vielleicht gerade durch die Etablierung der Inhaltsanalyse in Form von breiten Anwendungen in der Kommunikationswissenschaft die Auseinandersetzung mit der Inhaltsanalyse als Methode etwas auf der Strecke geblieben? Merten verneint diese Frage indirekt, wenn er in der zweiten Auflage schreibt: »Das methodische Niveau inhaltsanalytischer Arbeiten steigt [...] erfreulich an.« (²1995, S. 351)

Literatur

Alexander Deichsel (1984): [Rezension]. In: *Rundfunk und Fernsehen*, 32. Jg., S. 145-146.
Jürgen Ritsert (1972): *Inhaltanalyse und Ideologiekritik. Ein Versuch über kritische Sozialforschung*. Fankfurt am Main: Athenäum.

Edmund Lauf

Robert K. Merton (1946): *Mass persuasion: the social psychology of a war bond drive.* New York, London: Harper & Brothers. XIII, 210 Seiten. – First Greenwood Reprinting 1971. XIII, 210 Seiten.

In den 40er Jahren wurden in den USA zahlreiche Untersuchungen zur (Kriegs-) Propaganda durchgeführt, besonders im »Bureau of Applied Social Research« der Columbia Universität (New York). Robert King Merton (geb. 1910) arbeitete dort von 1942 bis 1971 eng mit Paul F. Lazarsfeld zusammen, der als Institutsdirektor die Anregung zu der vorliegenden Studie gab. Im Gegensatz zu den meisten anderen Studien geht es hier weniger um Propagandatechniken, sondern um die Erklärung von Wirkungen. Anlaß der Untersuchung war ein außergewöhnliches und erstaunliches Ereignis, nämlich der »War Bond Day« des Radiosenders CBS (Columbia Broadcasting System) am 21. September 1943, an dem die Sängerin Kate Smith in einem Marathonprogramm von 18 Stunden insgesamt 65 mal für den Kauf von Kriegsanleihen warb. Dieses war ihr dritter Einsatz im Rahmen einer bundesweiten Kampagne, die Bürger zu motivieren, finanziell zum Kriegserfolg beizutragen, und das Ergebnis übertraf mit 39 Millionen Dollar die ersten beiden bei weitem (beim vierten Mal wurden sogar 110 Millionen erzielt).

Anhand dieser »minor episode of mass persuasion« (S. 175) suchte Merton nach allgemeinen Mechanismen und Zusammenhängen massenmedial vermittelter Persuasion, und zwar nicht wie damals üblich experimentell (vgl. z.B. → Hovland, Janis & Kelley 1953), sondern anhand einer »real-life situation«, vergleichbar mit der legendären Fallstudie »The invasion from mars« (→ Cantril 1940). Zu diesem Zweck organisierte er ein Mehrmethoden-Design mit Analysen des Programmablaufs und der Aussagen der Sprecherin, explorativen Intensivinterviews von 100 (der über 20 Millionen) Hörern und einer anschließenden Befragung von 978 angeblich repräsentativ ausgewählten New Yorkern. Mit den Responseanalysen wollte er ermitteln, warum bestimmte Hörer zum Kauf überredet werden konnten, andere aber nicht. Und da der Autor um die Problematik einfacher Kausalitätsschlüsse wußte (S. 6), stellte er einen Katalog verschiedener Persuasionsfaktoren zusammen, die eine Rolle gespielt haben könnten (Marathonstruktur der Sendung, Attribute und Image der Sprecherin, rhetorische Strategien und emotionale Appelle, Hörermerkmale und -prädispositionen, Rezeptionsmuster und soziokultureller Kontext).

Im Zentrum seines Interesses stand allerdings die Frage, ob der enorme Popularitäts- und Vertrauensbonus von Kate Smith ausschlaggebend war. Durch eine Verknüpfung der drei Datensätze kann er dieses zwar tendenziell bestätigen, doch nur unter Berücksichtigung diverser intervenierender Variablen erklären (kontinuierliche Fokussierung von Aufmerksamkeit, Testimonial-Technik, altruistische Appelle an Schuldgefühle und Opferbereitschaft, variantenreiche Wieerolungen, Spannungserzeugung durch komparative Erfolgsmeldungen, hohe Einschaltfrequenzen, ego involvement von Hörern etc.). Der massive Einsatz eines Unterhaltungsstars für politische Propaganda veranlaßte Merton im übrigen zur Erörterung des damals noch jungen Kulturphänomens »Imagetransfer«, wobei er einige theoretisch weiterführende Gründe für die besondere persuasive Eignung jener Sprecherin und ihre Funktion als Identifikationsfigur und patriotisches Vorbild findet.

Abschließend diskutiert er ethische Fragen medialer Persuasion, bekennt sich zur besonderen gesellschaftlichen Verantwortung des Propagandaforschers und kritisiert die Ausklammerung wichtiger Aspekte in der Radiokampagne, namentlich ökonomischer. Der Wert seiner Untersuchung krankt zwar etwas darunter, daß fast die Hälfte der Intensivinterviews erst eine Woche nach der Sendung geführt wurden und daß die Stichprobe der »polling interviews« weder repräsentativ für die CBS-Hörer ist (was damals freilich auch noch nicht zu bewerkstelligen war), noch die New Yorker Bevölkerung maßstabgetreu abbilden dürfte (71% waren Frauen; vgl. S. 198); aber erfreulich ist, daß die Erhebungsinstrumente dargestellt, die erhobenen Daten in zahlreichen Tabellen und Diagrammen dokumentiert werden und daß es einen Index gibt. Mertons prägnante Definition von Propaganda (S. XI: »a concentrated process of spreading values and ideas, attitudes and beliefs«, »a powerful instrument for either good or evil«) ist übrigens in der deutschsprachigen Kommunikationswissenschaft kaum zur Kenntnis genommen worden und wird hier von einigen Autoren geteilt (z.B. Maletzke 1972), von anderen jedoch nicht (z.B. Merten 2000).

Literatur

George L. Bird (1946): [Rezension]. In: *Journalism Quarterly*, 24. Jg., S. 51-52.
Gerhard Maletzke (1972): Propaganda. Eine begriffskritische Analyse. In: *Publizisrik*, 17. Jg., S. 153-164.
Donald V. McGranahan (1947): [Rezension]. In: *Public Opinion Quarterly*, 11. Jg., S. 266-268.
Klaus Merten (2000): Struktur und Funktion von Propaganda. In: *Publizistik*, 45. Jg., S. 143-162.

Joachim Westerbarkey

Robert K. Merton (1949): *Social theory and social structure. Toward the codification of theory and research.* Glencoe, IL: The Free Press. 423 Seiten. – Erweiterte Ausgabe 1968, New York: The Free Press. XXIII, 702 Seiten.

Deutsche Ausgabe: Robert K. Merton (1995): *Soziologische Theorie und soziale Struktur.*[Teilausgabe.] Berlin: de Gruyter. XXXVII, 431 Seiten.

Dieses Buch ist ein Klassiker der Soziologie. Da diese aber auch als Basisdisziplin der Kommunikationswissenschaft herangezogen wird, muß dieser Aspekt bei der Würdigung dieses Werks im Vordergrund stehen. Der Überblick über die darin behandelten Themen zeigt allerdings sofort, daß fast alle der 15 Kapitel kommunikationswissenschaftlich meist sehr relevante Informationen bieten, die auch von der Kommunikationswissenschaft immer noch beherzigt werden müssen. Immerhin sind manche Konzepte, die Robert K. Merton (geb. 1910) entwickelt, so etwas wie kommunikationswissenschaftliches Allgemeingut geworden, etwa dasjenige der »theories of the middle range« oder auch dasjenige der »self-fulfilling prophecy«. Das Buch verdankt ja seine Entstehung einer doppelten Motivation: Der Autor wollte damit zum einen das Zusammenspiel von Sozialtheorie und -forschung dartun, zum anderen vor allem auch qualitativen Analysen zu mehr Beachtung verhelfen. Diese Intentionen haben natürlich gerade auch in der gegenwärtigen Entwicklungsphase der Kommunikationswissenschaft Gültigkeit, die wieder vermehrt die Ergiebigkeit qualitativer Verfahren zu würdigen weiß.

Seiner wissenschaftlichen Perspektive nach wird Merton dem Funktionalismus zugerechnet, und tatsächlich handelt der erste der hier gebündelten Aufsätze von manifesten und latenten Funktionen. Darin versucht der Autor eine »Codification of functional analysis«, der Heterogenität der funktionalen Analyse schmerzlich bewußt, aber, wie in den anderen Kapiteln auch, undogmatisch, differenziert und auf der Grundlage größter allgemeiner Theoriekenntnisse und mit historischer Tiefenschärfe. Vom Autor könnten diesbezüglich viele Kommunikationswissenschaftler noch einiges lernen, die z.B. »Funktion« mit »Zweck« verwechseln. Implizit oder explizit funktionalistische Deutungsmodelle spielen ja in der Kommunikationswissenschaft eine große Rolle, entsprechend dem Interesse für die vielfältigen sozialen Konsequenzen von Medienkommunikation. Die zum Teil überschwengliche Rezeption der funktionalstrukturellen Systemtheorie von Niklas Luhmann durch die scientific community bezeugt dies deutlich genug.

Diese undogmatische Grundausrichtung Mertons bewahrt ihn davor, monistischen Theorien anzuhängen oder nach Allerklärungen zu suchen. Das erwähnte Konzept der »theories of the middle range«, das an den beschränkten Geltungsbereich und die bescheidene zeitliche Haltbarkeit sozialwissenschaftlicher Theorien erinnert, muß von der Kommunikationswissenschaft, die schon von mehreren Ideologisierungsschüben mit entsprechenden totalen Erklärungsmodellen und Einbußen an Glaubwürdigkeit erfaßt worden ist, besonders aufmerksam wahrgenommen werden. Und dasjenige von der »self-fulfilling prophecy« muß jedem geläufig sein, der je die »poverty of prediction« der Kommunikationswissenschaft, die ständig wiederkehrende Ideologisierung der Kommunikationsprognostik analysiert hat.

Überall bekundet sich in diesem Werk der offene Horizont des Autors, der sich in der Ausgabe von 1968 noch mehr weitet, und zugleich werden die erwähnten und andere Konzepte darin vertieft. Handle es sich um wissenschaftssoziologische Analysen – in der Kommunikationswissenschaft wenig thematisiert – oder um wissenssoziologische, die Merton in einen Zusammenhang mit »Studies in radio and film propaganda« (Kapitel 19) bringt, die soziale und soziologische Determination der Wissensproduktion und -artikulation müssen eine sozial so vielfältig eingebundene Wissenschaft wie diejenige von der Kommunikation besonders interessieren. Merton, auch mit der deutschen wissenssoziologischen Tradition gut vertraut, hielte hier noch etliche Anregungen bereit.

Der Autor hat nicht nur mit diesem Werk einen entscheidenden Beitrag zur sozialwissenschaftlichen Grundlegung der Kommunikationswissenschaft geliefert. Robert K. Merton, der von 1934 bis 1940 Soziologie an der Harvard University lehrte, wo er auch 1936 den PhD erhielt, ging 1941 an die Columbia University in New York. Hier traf er mit Paul F. Lazarsfeld zusammen, und er wurde Associate Director am Bureau of Applied Social Research. In diesem Umfeld entstand 1946 Mertons Werk »Mass persuasion« (mit Fiske und Curtis; → Merton 1946), eine berühmte Studie über eine Kampagne für Kriegsanleihen im Radio. In diesem Zusammenhang war Merton auch entscheidend beteiligt an der Entwicklung der Methode des fokussierten Interviews. 1948 publizierten Merton und Lazarsfeld gemeinsam den klassischen Aufsatz »Mass communication, popular taste, and organized social action«, in dem von der narkotisierenden Dysfunktion der Medien die Rede war und die statuszuweisende Funktion der Medien beschrieben wurde. Ende der 40er Jahre beteiligte sich Merton an der Erforschung der Rolle von Meinungsführern (1949).

Literatur

Paul F. Lazarsfeld, Robert K. Merton (1948): Mass communication, popular taste, and organized social action. In: Lyman Bryson (Hrsg.): *The communication of ideas.* New York: Harper, S. 95-118 (deutsch: Paul F. Lazarsfeld, Robert K. Merton [1973]: Massenkommunikation, Publikumsgeschmack und organisiertes Sozialverhalten. In: Jörg Aufermann, Hans Bohrmann, Rolf Sülzer [Hrsg.]: *Gesellschaftliche Kommunikation und Information.* Bd. 2. Frankfurt am Main: Fischer Athenäum, S. 447-470).

Merton, Robert K. (1949): Patterns of influence. A study of interpersonal influence and of communications behavior in a local community. In: Paul F. Lazarsfeld, Frank N. Stanton (Hrsg.): *Communications research 1948-1949.* New York: Harper, S. 180-219.

Ulrich Saxer

Martin Mohr (1919): *Zeitung und neue Zeit. Vorschläge und Forderungen zur wissenschaftlichen Lösung eines sozialen Grundproblems.* München, Leipzig: Duncker & Humblot. 96 Seiten.

Der Erste Weltkrieg war von allen Seiten auch ein Propagandakrieg. Der Einsatz der Medien, allen voran der Zeitungen, war beim Kampf um die öffentliche Meinung bei den Deutschen und Österreichern sowie ihren Verbündeten ebenso wichtig wie bei der Entente und den neutralen Staaten. Daß zu Beginn des Krieges die Überseekabel für Deutschland gesperrt wurden, war deutliches Anzeichen für die Wichtigkeit, die der Propaganda eingeräumt wurde. Die Kontroversen über Pressefreiheit und Zensur verdeutlichen den Stellenwert im innenpolitischen Raum.

Schon während des Krieges begann eine Diskussion über die Verantwortung für Fehler und Fehlplanungen. Immer wieder wurde auch die mangelnde Durchsetzbarkeit deutscher Interessen in der internationalen Publizistik mit mangelnder Qualifikation deutscher Journalisten erklärt (vgl. u.a. → Bücher 1926). Das gab den Bestrebungen Auftrieb, die Journalistenausbildung durch Anbindung an die Universitäten zu verbessern.

Nach der Novemberrevolution, die den Einstieg in die Demokratisierung Deutschlands bewirkte, glaubten viele, die Zeit sei gekommen, den Modernisierungsrückstand auch der deutschen Gesellschaft abzubauen. Deshalb gewannen Vorschläge, die in langen Debatten in der Vorkriegszeit unentschieden geblieben waren, nun Realisierungschancen. Deshalb legte Martin Mohr seine Denkschrift *Zeitung und neue Zeit,* in der er eine Bilanz der Debatte über die verbesserte Ausbildung der Journalisten aus mehr als einem Jahrzehnt zog, gerade jetzt vor. Und er hatte sich nicht getäuscht. Diese Schrift erschien zur richtigen Zeit, um wirksam zu werden. Mohr faßte zwar nur einprägsam die eigenen Vorschläge in Abwägung mit anderen Argumenten zusammen, aber die preußische Regierung, die sich bislang gegenüber der Zeitungskunde spröde gezeigt hatte – etwa bei der Etatisierung einer zeitungskundlichen Dozentur in Münster –, einte nun Reich und Länder in dem Beschluß, an der Berliner Friedrich Wilhelms Universität das Deutsche Institut für Zeitungskunde als sogenanntes An-Institut (finanziert durch Drittmittel, aber durch seine Leitung im Lehrkörper der Hochschule verankert) zu gründen. Zum ersten Leiter wurde Dr. Martin Mohr berufen (vgl. Heuser 1994; Heuser & Szyszka 1998).

Martin Mohr (1867-1927) studierte zunächst in Breslau und Bonn Geschichte und Philologie. Mit dem Wechsel an die Universität Marburg kombinierte er Geschichte und Nationalökonomie. In diesen Fächern promovierte er dort 1891 bei dem Historiker Karl Lamprecht, der – im gleichen Jahr nach Leipzig berufen – ein origineller Gelehrter war. Er forderte einen Teil seiner Fachkollegen durch seine kulturhistorisch angelegte deutsche Geschichte heraus, die die herkömmliche politische Geschichtsschreibung – ob groß- oder kleindeutsch – beiseite legte. Sein Versuch, die Redaktion des klassischen Organs seines Fachs, der ›Historischen Zeitschrift‹, zu erobern – natürlich um seiner methodischen Orientierung zum Durchbruch zu verhelfen –, scheiterte allerdings. Dieser Fehlschlag leitete den Abstieg seines Prestiges ein. Mohr spürte wohl etwas Lamprecht Verwandtes in sich, wie sein Kampf für die Journalistenausbildung zeigt.

Er ging zunächst in den Journalismus. Als Chefredakteur der ›Allgemeinen Zeitung‹ (München), später der ›Münchener Neuesten Nachrichten‹, griff er bereits im Jahrzehnt vor dem Ersten Weltkrieg in die heftige Diskussion ein, die Vorschläge für eine Journalistenausbildung an Hochschulen auslösten. Eine Gruppe wollte überhaupt keine formale Ausbildung, die vielleicht sogar Prüfungen beinhalten könnte, sondern setzte auf die journalistische Begabung und deren spontane Selbstverwirklichung. Der Journalist wurde eher als Künstler gesehen, für dessen Lebensweg jede formalisierte Ausbildung ein Hindernis darstelle. Andere wollten eine Ausbildung als Orientierungshilfe für Berufseinsteiger. Nicht Ausbildung, sondern Vorbildung war ihre These. Auch wurden Kurse der Fort- und Weiterbildung empfohlen, die die Qualifikation bereits im Beruf stehender Journalisten verbessern sollten (vgl. Mohm 1962/1963). Damit reagierte die Fachwelt auf die Tatsache, daß sich seit der zweiten Hälfte des 19. Jahrhunderts die Zeitung für alle Schichten der Bevölkerung entwickelt hatte. Sie war nicht mehr das Reflexionsorgan der höher Gebildeten, sondern leistete Hilfestellung in allen Lebenslagen gerade für die Ein- und Aufsteiger der industriellen Welt. Die Fülle neuer Zeitungen finanzierte sich durch Anzeigen. Die Zeitung war eine kapitalistische Geldmaschine. Diese Lage erzeugte einen Zeitungsboom, der einen ganz neuen Typus von Journalisten, in der Regel als Berufswechsler, anzog (vgl. Requate 1996). Bismarck sprach in einer Mischung von Abscheu und Achtung – er nutzte diesen Menschenschlag ja selbst gern – von Leuten, die ihren Beruf verfehlt hätten.

Mohr leitete vor 1914 eine Kommission des Verbandes deutscher Zeitungsverleger für die Ausbildung für Presseberufe. Deren Vorschläge setzten sich aber nicht durch. 1919 versuchte er einen neuen Anlauf als Leiter einer zeitungswissenschaftlichen Kommission des »Reichsverbandes der deutschen Presse«, des Journalistenverbandes. Ankerpunkte der Argumentation waren die Bedeutung der Presse für den Leser und die Gesellschaft sowie der Schaden, der durch schlechte Berichterstattung herbeigeführt werden könne. Weiter setzte Mohr auf die Lehrbarkeit von journalistischen Fertigkeiten durch die Förderung vorhandener Anlagen. Er berief sich u.a. auf curriculare Vorbilder in der Schweiz. Sein Vorschlag beinhaltete ein Institut, das Berufsberatung, theoretische und praktische Berufsanleitung, Mitwirkung an Vorlesungen und Übungen einer Hochschule, Fortbildungskurse und Erziehung zur Ethik des journalistischen Berufs vereinen sollte.

Martin Mohrs Denkschrift markierte den Durchbruch zur Institutionalisierung der Zeitungskunde an den deutschen Universitäten, wo auch seine Konzeption des Faches nachhaltigen Einfluß gewann. Wegen seines frühen Todes konnte er aber die Früchte dieser Saat selbst nicht mehr ernten. Erst sein Nachfolger als Institutsleiter, Dr. Emil Dovifat, wurde zum ao. Prof. für Zeitungskunde an der Berliner Universität ernannt.

Literatur

Joachim Heuser (1994): *Zeitungswissenschaft als Standespolitik. Martin Mohr und das »Deutsche Institut für Zeitungskunde« in Berlin.* Münster, Hamburg: Lit.

Joachim Heuser, Peter Szyszyka (1998): Das ›Deutsche Institut für Zeitungskunde‹ in Berlin. Martin Mohr als unfreiwilliger Wegbereiter Emil Dovifats. In: Bernd Sösemann (Hrsg.): *Emil Dovifat. Studien und Dokumente zu Leben und Werk.* Berlin, New York: de Gruyter, S. 33-68.

Siegfried H. Mohm (1962/1963): *Die Ausbildung des Journistennachwuchses in Deutschland. Problematik und historische Entwicklung der Ausbildungsmöglichkeiten für Journalisten in Deutschland.* Diss. rer. pol. Universität Erlangen-Nürnberg.
Jörg Requate (1995): *Journalismus als Beruf. Entstehung und Entwicklung des Journalistenberufs im 19. Jahrhundert. Deutschland im internationalen Vergleich.* Göttingen: Vandenhoeck & Ruprecht.

Hans Bohrmann

David Morley (1980): *The* Nationwide *audience: Structure and decoding.* London: British Film Institute. 167 Seiten. – Wiederabgedruckt in: David Morley, Charlotte Brunsdon (1999): *The* Nationwide *television studies.* London: Routledge, S. 111-291.

David Morleys empirische Studie zur Rezeption der Soft-News-Sendung »Nationwide« steht in enger Verbindung mit der Untersuchung »Everyday Television: *Nationwide*«, die Charlotte Brunsdon und Morley 1978 veröffentlicht hatten. Allerdings lag der Schwerpunkt der »Everyday Television«-Studie auf der textuellen Analyse der Sendung, also der Auswahl und vor allem der spezifischen Gestaltung – dem Encodieren – der Inhalte. Morley ging es in der »*Nationwide* audience«-Studie hingegen darum, wie verschiedene Gruppen diese Inhalte »lesen«, wie sie sie interpretieren und in ihre Erfahrungswelt einbinden, kurz: wie sie sie decodieren.

Die britischen Medien- und Kommunikationswissenschaften der 70er Jahre lassen sich durch vier Merkmale charakterisieren, die den Hintergrund für Morleys Studie bilden. Erstens: die Dominanz der textuellen Analyse. Da der »Text« der Screen-Theorie zufolge unbeschränkte Macht hatte, dem »Leser« die dominante Ideologie einzuimpfen, war es irrelevant, ob und wie Leser die Texte tatsächlich verstanden und interpretierten – das konnte ohnehin aus der textuellen Analyse bestimmt werden. Zweitens: der ökonomische Determinismus der »political economists«, nach deren Auffassung aus der Kenntnis von Besitz- und Produktionsverhältnissen die Texte und deren Wirkung vorhergesagt werden konnten, Decodierungsleistungen damit nicht mehr gesondert untersucht werden mußten. Drittens: ein weitverbreiteter Anti-Empirismus, der der Erklärungskraft umfassender Theorien die scheinbar unnütze Banalität empirischen Arbeitens entgegenhielt. Und viertens: die ausschließliche Analyse von ernsten Nachrichtenformaten, nicht zuletzt auch als Reaktion auf die weitreichende wirtschaftlich-industrielle Krise der Jahre 1972 und 1974. Das Alltägliche als Medieninhalt, Soft News und Human Interest waren dadurch kaum ins Blickfeld der Forschung getreten. Vor diesem Hintergrund also untersuchte Morley empirisch, wie verschiedene Publika Beiträge einer Soft-News-Sendung decodieren.

Wie bei vielen damaligen Mitarbeitern des Centre for Contemporary Cultural Studies in Birmingham besteht auch bei Morley (geb. 1949), der nun am Goldsmith College in London lehrt, das theoretisches Fundament einerseits aus einer von Louis Althusser und Antonio Gramsci beeinflußten Variante des Marxismus; andererseits finden sich Einflüsse der Semiotik Roland Barthes, Umberto Ecos und Guy Gauthiers. Es verwundert daher nicht, daß sich Morley in den beiden Anfangskapiteln gegen den ökonomischen Determinismus orthodoxmarxistischer Medientheorien wendet, den Funktionalismus der amerikanischen »Mainstream«-Soziologie angreift und die Polysemieversessenheit und den mangelnden soziologischen Charakter der Uses-and-Gratifications-Tradition kritisiert.

Morleys Ziel in der »*Nationwide* audience«-Studie ist zum einen eine Untersuchung der von Frank Parkin entwickelten Idealtypen eines dominanten, verhandelten oder oppositionellen Bedeutungssystems (worauf auch Stuart Halls Encoding/Decoding-Modell basiert). Zum anderen geht es ihm um den Einfluß extratextueller Faktoren, insbesondere der Schichtzugehörigkeit, auf das Decodieren, also um »the nature of the 'fit' between class, socio-economic or educational position and cultural or interpretative competencies/discourses/codes« (S. 23). Anhand von 26 Gruppen analysiert Morley dazu die im Anschluß an die Rezeption einer »Nationwide«-Sendung geführten Diskussionen. Gruppenmitglieder (n=203) waren dabei zumeist Auszubildende oder Studenten, aber auch Schüler, Gewerkschaftsmitglieder und Angestellte, die entweder die in der »Everyday Television«-Studie analysierte »Nationwide«-Sendung oder eine »Nationwide«-Sondersendung zum britischen Staatshaushalt sahen.

Die wichtigsten Befunde der Studie sind: Die soziale Position der Gruppenmitglieder beeinflußte nicht direkt die Decodierung der gesehenen Medieninhalte; so neigten z.B. Mitglieder der Arbeiterschicht sowohl zu dominanten, verhandelten als auch oppositionellen Lesarten von »Nationwide«. Vielmehr ist es die soziale Position von Menschen verbunden mit dem Zugang zu spezifischen Diskursen, der bestimmte Lesarten erst ermöglicht, z.B. im Fall von Gewerkschaftsaktivisten ihre Bekanntschaft mit eher wirtschaftskritischem Gedankengut. Außerdem stellte Morley fest, daß die bewußte Wahrnehmung einer bevorzugten Lesart nicht notwendig eine oppositionelle Decodierung hervorruft. Dazu paßt auch, daß bestimmte Gruppen der Präsentationsform von »Nationwide« äußerst kritisch gegenüberstanden, aber die dominante Lesart akzeptierten, während andere Gruppen trotz oppositioneller Decodierung die Form der Präsentation nicht kritisierten. Insgesamt sieht Morley seine Ergebnisse als Bestätigung dafür, daß die Decodierung eines Textes weder vom Text selbst noch von der sozialen Position des Lesers völlig bestimmt ist – umgekehrt der Leser aber auch nicht die absolute interpretative Freiheit hat, einen Text selbst zu »schreiben«.

Die Kritik an Morleys Studie konzentrierte sich unter anderem auf methodische Schwächen (zusammenfassend: Turner [2]1996: 126): Erstens könnten gruppendynamische Prozesse die Decodierung beeinflußt haben; zweitens war die Rezeption der Sendung erzwungen (einige der Gruppenmitglieder hätten nach eigenen Aussagen die Sendung niemals freiwillig angeschaut); drittens fand die Rezeption in einem unnatürlichen Umfeld statt; und viertens wurden Aussagen der Gruppenmitglieder teilweise interpretiert, teilweise nur beschrieben, also inkonsistent behandelt. Morley (1992) selbst hat auf die mangelnde Repräsentativität seiner Gruppen hingewiesen und die unzureichende Ausarbeitung des Schlüsselkonzepts Klasse/Schichtzugehörigkeit wie auch die bloße Ad-hoc-Analyse des Einflusses von Geschlecht, Alter und ethnischer Zugehörigkeit kritisiert. In theoretischer Hinsicht betont er unter anderem, daß die Studie einer widersprüchlichen Decodierung desselben Textes nicht gerecht werde und daß das

Decodierungskonzept zu viele unterschiedliche Prozesse umfasse (z.B. Aufmerksamkeit, Verstehen, Interpretation). Weiterhin sei nicht klar, ob das Konzept des »preferred reading a property of the text, the analyst or the audience« ist (Morley 1992: 122), wie es auch fraglich sei, ob das auf Zeichenebene entwickelte Polysemiekonzept überhaupt auf Textebene übertragbar ist. Schließlich bemängelt Morley, daß die Studie durch die Analyse isolierter Aussagen und Botschaften die Idee eines strukturierten Diskurssystems vernachlässige.

Trotz dieser Schwächen war die »*Nationwide* Audience«-Studie für die Entwicklung der Cultural Studies wichtig, weil sie zum ersten Mal den Blick auf die Decodierungsleistungen von alltäglichen Medieninhalten lenkte und empirisch untersuchte. Viele Studien zur Decodierung von populärkulturellen Inhalten wären ohne Morleys Studie nicht entstanden (z.B. Ang 1985; Hobson 1982; → Radway 1984, hier 1987). In theoretischer Hinsicht nimmt Morley mit seiner Ablehnung einer deterministischen Konzeption des Encoding/Decoding-Prozesses wie auch der Romantisierung der Decodierungsfreiheiten des Publikums wichtige Kontroversen innerhalb der Cultural Studies bereits vorweg. Von theoretischer Weitsicht ist auch, daß Morley insbesondere in den letzten beiden Kapiteln den Zugang zu bestimmten Diskursen und damit die Bedeutung von sozial vermittelten kulturellen Kompetenzen als wichtigen Einfluß auf Decodierungen anspricht – ein Gedanke, der die weitere Entwicklung der Cultural Studies nachhaltig bestimmen sollte. 1981 schrieb John Corner: »Morley's monograph [...] directs the cultural analysis of television into a new and potentially most productive phase« (Corner 1981: 200). Was damals eine gewagte Prognose war, kann heute als gesichertes Urteil gelten.

Literatur

Ien Ang (1985): *Watching Dallas: Soap opera and the melodramatic imagination*. London: Methuen.
Charlotte Brunsdon, David Morley (1978): *Everyday television: Nationwide*. London: British Film Institute.
John Corner (1981): [Rezension]. In: *Media, Culture & Society*, 3. Jg., S. 197-200.
Dorothy Hobson (1982): *Crossroads: The drama of a soap opera*. London: Methuen.
David Morley (1992): *The »Nationwide« audience: a critical postscript*. In: David Morley: Television, audiences and cultural studies. London: Routledge, S. 119-130 (zuerst 1981).
Graeme Turner ([2]1996): *British cultural studies. An introduction*. London: Routledge.

Jochen Peter

Charles W. Morris (1946): *Signs, language, and behavior*. New York: George Braziller. 365 Seiten.

Deutsche Ausgabe: Charles W. Morris (1973): *Zeichen, Sprache und Verhalten*. Mit einer Einleitung von Karl-Otto Apel. Düsseldorf: Schwann. 431 Seiten.

Zusammen mit Charles Sanders Peirce gehört Charles W. Morris (1901-1974) zu den amerikanischen Gründervätern der (angelsächsischen) Zeichentheorie (Semiotik) und wird heute übereinstimmend als Klassiker der Semiotik betrachtet. Seine Bedeutung wird allerdings durchaus unterschiedlich beurteilt: Viele halten die von ihm entwickelte behavioristische Semiotik für ein überholtes Paradigma der 30er und 40er Jahre, andere halten ihn für den größten Semiotiker des 20. Jahrhunderts.

Ausgehend von semiotischen Ansätzen bei Charles S. Peirce und unter Einfluß von George H. Meads Interaktionismus entwickelt Morris in seinem 1938 erschienenen, Epoche machenden Werk »Foundations of the theory of signs« den Begriff des Zeichenprozesses bzw. ein »Rahmenmodell der *Semiose*« (Nöth ²2000: 89ff.). Etwas (Zeichenträger) fungiert als Zeichen, indem es sich auf etwas anderes (Designat oder Denotat) bezieht, von einem Organismus (Interpret) interpretiert wird und Beziehungen zu anderen Zeichen besitzt. Im Interpreten entsteht durch die Interpretation eine Wirkung, ein Effekt, der als Interpretant (Teil des Interpreten) bezeichnet wird. Der Zeichenträger bezeichnet (designiert) das Designat. Dieses Bezeichnete kann irreal (z.B. Engel) oder real existieren. Im letzteren Fall wird es Denotat genannt.

Ausgehend von dem Begriff des Zeichenprozesses werden die drei jeweils dyadischen Relationen zwischen unterschiedlichen Zeichenträgern (syntaktische Dimension), zwischen Zeichenträger und Designat oder Denotat (semantische Dimension) und die Relation zwischen Zeichenträger und Interpretant als pragmatische Dimension der Semiose unterschieden. Basierend auf den Überlegungen und Schriften von Charles S. Peirce entwickelt Morris damit ein grundlegendes Begriffsgerüst, das auch heute noch Gültigkeit besitzt.

In seinem Hauptwerk *Signs, language, und behavior* präzisiert Morris diese Konzeption und entwickelt die Grundlagen einer behavioristisch fundierten Zeichentheorie. Der Behaviorismus von Morris unterscheidet sich allerdings durchaus von dem älteren Behaviorismus Watson'scher Prägung. Morris will die Fundierung der Semiotik auf beobachtbare Tatsachen zurückführen. Semiotik als Wissenschaft der Zeichen wird im Rahmen einer Verhaltenswissenschaft (= Behavioristik) konzipiert, einer Wissenschaft, deren letzter Bezugspunkt immer die Kategorien der Erfahrung und des Verhaltens zu sein hatten. Im Gegensatz zur linguistischen Syntaktik und zur Syntax-Theorie umfaßt Morris' Syntaktik mehr: Er bezieht diese Dimension auch auf ästhetische Zeichen und den praktischen Zeichengebrauch. Zeichen werden in *Signs, language, und behavior* als »vorbereitende Reize« verstanden, die auch bei Abwesenheit von Reizobjekten, die normalerweise Reaktionsfolgen einer bestimmten Verhaltensfamilie in bzw. bei einem Organismus initiieren, eine Disposition in diesen Organismen verursachen, und die unter bestimmten Bedingungen zu Reaktionsfolgen eben dieser Verhaltensfamilie führen.

»Wenn irgendetwas, a ein vorbereitender Reiz ist, der bei Abwesenheit von Reizobjekten, welche Reaktionsfolgen einer bestimmten Verhaltensfamilie zu initiieren pflegen, eine Disposition in einem Organismus verursacht, unter bestimmten Bedingungen durch Reaktionsfolgen dieser Verhaltensfamilie zu reagieren, dann ist a ein Zeichen.« (S. 84) Mit dieser Zeichenbestimmung überwindet Morris einen naiven Zeichenbegriff des frühen Behaviorismus, der noch davon ausgegangen war, daß Zeichen unmittelbare Reize seien, auf die man ebenso oder ähnlich reagiert wie auf das Objekt selbst, das das Zeichen vertritt. Problematisch an dieser Definition sind aber gewisse Schwierigkeiten, die damit verbunden sind: Man kann, um ein Zeichen als solches bestimmen zu wollen, häufig nicht durch Beobachtung feststellen, ob ein beobachteter Sachverhalt ein »vorbereitender Reiz« ist oder nicht. Ebenso ist es schwierig, zu entscheiden, ob bestimmte Reaktionsfolgen nun derselben Verhaltensfamilie zuzuordnen sind oder nicht.

Morris differenziert in seinem Hauptwerk zwischen vier grundlegenden Formen von Bezeichnungs- oder Signifikationsmodi: Dem designativen, dem apraisiven, dem präskriptiven und dem formativen Signifikationsmodus. Der Satz »Ist ein Haus« designiert einen bestimmten Sachverhalt, der Satz »Wie schön das doch ist!« appraisiert bzw. bewertet einen bestimmten Sachverhalt, während der Satz »Geh doch endlich weg!« den Interpreten zu etwas auffordert, etwas präskribiert. Die Zeichen und, oder, nicht oder solche Sätze wie »Es wird regnen oder nicht« bezeichnet Morris als formativ. Er geht davon aus, daß auf Basis dieser Konzeption nicht nur sinnvoll eine Zeichentypologie, sondern auch eine Diskurstypologie entwickelt werden kann.

Was unterschiedliche Zeichentypen anbelangt, so unterscheidet er zwischen personalen und interpersonalen Zeichen, Comzeichen sind beispielsweise Zeichen, die für Organismen, die sie produzieren, dieselbe Signifikation haben wie für andere Organismen. Sprache wird als Gruppe plurisituationaler Comzeichen definiert, die in ihren Kombinationsmöglichkeiten eingeschränkt sind. Nach semantischen Kriterien unterscheidet Morris vage eindeutige Zeichen von singulären und von synonymen Zeichen. Teilweise im Gegensatz, teilweise in Anlehnung an Charles S. Peirce unterscheidet er weitere Zeichentypen: Icon, Index und Symbol. Die Diskurstypologie von Morris geht davon aus, daß es möglich ist, auf Basis der vier genannten unterschiedlichen Bezeichnungsmodi und auf der anderen Seite ebenfalls vier Gebrauchsdimensionen (informativ, valuativ, inzetiv und systemisch) die wichtigsten Diskurstypen zu unterscheiden.

Morris hat als semiotischer Klassiker gleichzeitig Einflüsse auf die Kommunikationswissenschaft und grundlegende Werke der Kommunikationswissenschaft ausgeübt. Obwohl seine behavioristische Grundlegung der Semiotik heute als veraltet und überwunden gilt, ist seine Position einer »pragmatisch integrierten Semiotik« (Apel 1973) immer noch weitgehend Konsens. Die Zeichenklassifikation zwischen Icon, Index und Symbol ist heute Allgemeingut, und mit der Diskursklassifikation von Morris werden Unterscheidungen in vielen Zeichenprozessen angesprochen, die sich auch in der Kommunikationswissenschaft zeigen, etwa in der journalismus-praktischen und kommunikationswissenschaftlichen Unterscheidung zwischen Nachricht und Kommentar.

Unterschiedliche kommunikationswissenschaftliche Denkansätze schätzen die Semiotik in unterschiedlichem Grad: Während z.B. Manfred → Rühl (1980) den Beitrag der Semiotik von Morris für die kommunikationswissenschaftliche Theoriebildung als eher fragwürdig einschätzt, fundiert Klaus → Merten (1983) die inhaltsanalytische Methode vor allem semiotisch. Eine allgemeine Kommunikationstheorie wird kaum ohne begrifflich-semiotische Anleihen auskommen: Die Unterscheidung von Dimensionen des Zeichenprozesses und Zeichentypologien ergänzen informationstheoretisch inspirierte Kommunikationsmodelle. Darüber hinaus hat sich eine kommunikationswissenschaftliche Teildisziplin der Mediensemiotik (vgl. Bentele 1981; Nöth ^{2}2000), die sich mit strukturell-semiotischen und ästhetischen Aspekten öffentlicher und massenmedial vermittelter Kommunikation beschäftigt (z.B. journalistische Sprache, Sprache des Films, des Fernsehens, der Online-Kommunikation etc.) allerdings erst in Ansätzen entwickelt.

Literatur

Karl-Otto Apel (1973): Charles W. Morris und das Programm einer pragmatisch integrierten Semiotik. In: Charles W. Morris: *Zeichen, Sprache und Verhalten*. Düsseldorf: Schwann, S. 9-16.

Günter Bentele (Hrsg.) (1981): *Semiotik der Massenmedien*. München: Ölschläger.

Charles W. Morris (1938): *Foundations of the theory of signs*. Chicago, IL: University of Chicago Press. (Deutsch 1972: Grundlagen der Zeichentheorie. München: Hanser.)

Winfried Nöth ([2]2000): *Handbuch der Semiotik*. Stuttgart, Weimar: Metzler.

Günter Bentele

Gerhard Muser (1918): *Statistische Untersuchung über die Zeitungen Deutschlands 1885-1914*. Leipzig: Emmanuel Reinicke. (IV), 173 Seiten.

Parallel zum raschen wirtschaftlichen Aufschwung im Deutschen Reich seit den 80er Jahren des 19. Jahrhunderts vollzog sich eine stürmische Ausweitung des Pressemarktes: In Deutschland kamen im Jahre 1881 1.963 Tageszeitungen (mit mindestens zweimal wöchentlichem Erscheinen) heraus; bis 1908 war ihre Zahl bereits auf 3.554 gestiegen. Es überrascht daher nicht, daß die statistische Dimension dieser Entwicklung in das Blickfeld der sich damals formierenden Zeitungskunde trat. In Karl Büchers Seminar empfing Hjalmar Schacht (später 1924-1930 und 1933-1939 Reichsbankpräsident) die Anregungen, 1897 eine Bestandsaufnahme der Zeitungen für das Deutsche Reich vorzunehmen, die auch sofort von einem namhaften Fachorgan publiziert wurde. Schachts Untersuchung (1898) setzte den Standard für eine wissenschaftliche Zeitungsstatistik, der sich über Jahrzehnte kaum bewegte. Auf die Namen von Karl Bücher und Hjalmar Schacht stößt man daher schon auf der ersten Seite der Dissertation von Gerhard Muser (geb. 1891), und wiederum ist bezeichnend, daß Karl Bücher seine Arbeit als ersten Band der »Abhandlungen aus dem Institut für Zeitungskunde an der Universität Leipzig« herausgegeben hat.

Auf dem Internationalen Statistischen Kongreß in Kopenhagen im August 1907 hatte Karl Bücher (1908) einen Plan für eine Statistik des Zeitungswesens vorgelegt, dessen wichtige Erhebungsziele auch heute noch unverändert gültig sind: 1. Zahl der Zeitungen in regionaler Aufgliederung (»territoriale Dichte«), 2. Zahl der in den Gemeinden erscheinenden Zeitungen (»lokale Dichte«), 3. Höhe der Auflage (»soziale Intensität der Zeitungswirkung«), auch unter Bezug auf die Bevölkerungszahl, 4. Erscheinenshäufigkeit (»zeitliche Intensität der Zeitungswirkung«). Außerdem ging es Bücher um die Erhebung von Daten über die Bezugs- und Anzeigenpreise. Als Beleg für die Praktikabilität legte er dem Kongreß Schachts Statistik von 1897 und eine Fortschreibung auf das Jahr 1906 vor.

Diese Daten stellte Bücher dann seinem Schüler Gerhard Muser zur Verfügung, der retrospektiv für 1885 und aktuell für 1914 die Veränderungen auf dem deutschen Zeitungsmarkt gegenüber 1906 in den Mittelpunkt seiner Arbeit rückte.

Grundlage seiner Erhebungen waren die Zeitungskataloge der damals bedeutenden Annoncen-Expeditionen Mosse und Haasenstein & Vogler unter Beiziehung der Postzeitungslisten.

Muser folgte bei der Präsentation und Interpretation seiner Daten konsequent dem von Karl Bücher vorgestellten Leitgedanken. Doch schon bei der Ermittlung der »sozialen Intensität« stieß er an enge Grenzen: Wegen unzuverlässiger oder fehlender Auflagezahlen blieb dieser Bereich unbehandelt. Nur die Zahl der Zeitungen ließ sich auf die jeweilige Bevölkerungszahl der deutschen Territorialstaaten und preußischen Provinzen beziehen. Erst 1934 wurde den deutschen Zeitungen die Veröffentlichung von Auflagen zur Pflicht gemacht (und bei Kriegsbeginn 1939 wieder aufgehoben). Seit 1950 besteht die Informationsgemeinschaft zur Feststellung der Verbreitung von Werbeträgern (IVW), die vierteljährlich die Auflagenmeldungen aller deutschen Zeitungen veröffentlicht und in zweijährigem Turnus auch deren Verbreitung in den Gebietskörperschaften darstellt. Damit liegt nun verläßliches Material vor, um die Auflagendichte (Zahl der Zeitungsexemplare auf 1.000 Einwohner) auch für einzelne Regionen zu berechnen (vgl. Schütz 2000).

Ein weiteres Problem, das Muser gleich zu Beginn anspricht, war ebenfalls nicht zu lösen: die Abgrenzung zwischen Zeitungen und Zeitschriften. Er sieht die Schwierigkeiten, entschließt sich dann aber zu einer Entscheidung von Fall zu Fall. Dabei zitiert er (S. 3) ausdrücklich den richtigen Ansatz von Wrede (1902): »Zeitung ist eine wöchentlich mindestens zweimal regelmäßig erscheinende, gewerbsmäßig hergestellte Druckschrift, die für einen individuell unbeschränkten Leserkreis bestimmt ist.« Obwohl bereits Schacht (1898: 513) festgestellt hatte: »Die einmal wöchentlich erscheinenden Zeitungen sind zum weitaus größten Teile Amtsblätter«, nimmt Muser nicht nur die Wochenblätter, sondern auch noch seltener erscheinende Titel in die Kategorie »Zeitung« hinein. Durch Musers Buch zieht sich daher – ungelöst – das Problem der »Fachzeitungen«, deren Zeitungscharakter er in Frage stellt, ohne statistisch daraus Konsequenzen zu ziehen.

In die Phase der Drucklegung von Musers Arbeit (Rigorosum 1915) fiel das Erscheinen der ersten »amtlichen« Zeitungsstatistik in Deutschland, bearbeitet von Oskar Michel (1917), der Muser einen eigenen »Nachtrag« widmet. Hier schließt sich der Bogen: Die Diskrepanz der Gesamtzahlen für 1914 von Muser (4.221 Zeitungen) und Michel (etwa 3.500) ließ sich leicht erklären: Das Kriegspresseamt hatte nur »wichtigere« Zeitungen gezählt (für 1917 2.938 in das Handbuch aufgenommen). Muser (S. 166) muß deshalb auch die selbst gestellte Frage nun positiv beantworten, ob nämlich die Beschränkung auf die »wichtigeren« Zeitungen, nämlich die »politischen Tagesblätter«, nicht doch das Richtige trifft: »Ein Blick in das Verzeichnis […] zeigt, daß man […] von der Anführung der vielen Fachzeitungen, welche ja auch in der vorliegenden Abhandlung immer eine besondere Rolle gespielt haben, abgesehen hat.« Sein Wunsch, das »Handbuch« möge in Zukunft regelmäßig erscheinen, damit »auch die letzten Vorurteile der Verleger gegen die Veröffentlichung einzelner Daten über die Zeitungen« fallen, blieb jedoch zunächst unerfüllt.

Der bleibende Wert von Musers Arbeit liegt in der präzisen, vorwiegend statistischen Beschreibung der Entwicklung des Zeitungsmarktes im Deutschen Reich bis in die Zeit des Ersten Weltkriegs. Seine Publikation lieferte zudem den Anstoß, die Zeitungsstatistik weiterzuführen – auch und gerade, weil Muser zugleich deutlich gemacht hatte, an welche Grenzen der Informationsbeschaffung sie damals stieß und welche methodischen Probleme theoretisch und praktisch noch zu lösen waren.

Pressestatistik war auch in der darauffolgenden Zeit auf der wissenschaftlichen Agenda: Etwa zeitgleich mit dem Erscheinen der Dissertation von Berthold Günsche (1928) haben die fachlichen Institute heftig gestritten, wie Kopfblätter, Nebenausgaben und Maternbezieher statistisch zu behandeln seien (vgl. Schütz 1969). In den vom Berliner Institut für Zeitungskunde betreuten Zeitungshandbüchern, erschienen 1932, 1934, 1937, 1944, 1954, 1956 und 1961, wurde eine der Hoffnungen Musers Realität. Die dort getroffene Unterscheidung von Haupt- und Nebenausgaben war zwar ein Schritt in die richtige Richtung, doch blieb die Frage nach Art und Umfang redaktioneller Leistungen weiter unbeantwortet. Dabei hatte schon Günther Ost (1932) in der Diskussion den entscheidenden Vorschlag gemacht, nämlich über eine Stichtagssammlung die zur Bildung eindeutiger Kategorien notwendige Bewertung aller fraglichen Objekte vorzunehmen und damit die Phase der Auszählung aus Katalogen endgültig zu überwinden. Osts Anregung wurde erst 1954 realisiert; die seither mehrfach wiederholten Stichtagserhebungen (vgl. Schütz 1998) haben der Zeitungsstatistik weiterführende Impulse gegeben.

Literatur

Karl Bücher (1908): [Ergebnisse einer Zeitungsstatistik für das Deutsche Reich im Jahre 1885 und 1906]. In: *Bulletin de l'Institut International de Statistique*, XVII. Tome 1908, S. 176-181.

Berthold Günsche (1928): *Theorie und Geschichte der Pressestatistik*. Greifswald: Hartmann.

Oskar Michel (1917): *Handbuch deutscher Zeitungen 1917*. Bearbeitet im Kriegspresseamt. Berlin: Otto Elsner (mit Nachtrag 1918). Reprint Düsseldorf u.a.: Econ 1992.

Günther Ost (1932): Die deutsche Tagespresse 1932. In: *Zeitungswissenschaft*, 7. Jg., Nr. 6, S. 349-358.

Hjalmar Schacht (1898): Statistische Untersuchung über die Presse Deutschlands. In: *Jahrbücher für Nationalökonomie und Statistik*. 3. Folge, 15. Bd., S. 503-525.

Walter J. Schütz (1969): Zeitungsstatistik. In: Emil Dovifat (Hrsg.): *Handbuch der Publizistik*. Bd. 3. Berlin: de Gruyter, S. 348-369.

Walter J. Schütz (1998): Zeitungsstichtagssammlungen. In: Hans Bohrmann, Wilbert Ubbens (Hrsg.): *Zeitungen verzeichnen und nutzen*. Berlin: Deutsches Bibliotheksinstitut, S. 153-160.

Walter J. Schütz (2000): Auflagendichte im deutschen Zeitungsmarkt. In: Bundesverband Deutscher Zeitungsverleger (Hrsg.): *Zeitungen 2000*. Berlin: ZV Zeitungs-Verlag Service, S. 251-265.

Richard Wrede (1902): *Handbuch der Journalistik*. Berlin: Richard Wrede.

Walter J. Schütz

Eberhard Naujoks (1968): *Bismarcks auswärtige Pressepolitik und die Reichsgründung (1865-1871)*. Wiesbaden: Franz Steiner. 464 Seiten.

Neben Kurt → Koszyk (1966, 1968, 1972, 1986) und Elger Blühm (vgl. Bogel & Blühm 1971-1985) zählt Eberhard Naujoks (geb. 1915) zu den einflußreichsten deutschen Pressehistorikern der zweiten Hälfte des 20. Jahrhunderts. Als er seine Studien für sein Buch *Bismarcks auswärtige Pressepolitik* aufnahm, bestand die Literatur zum Thema im wesentlichen aus Arbeiten, die sich auf Memoiren und andere publizierte Quellen bezogen. Die Briten hatten nach dem Zweiten Weltkrieg die wichtigen Aktenbestände des Auswärtigen Amtes beschlagnahmt und erst 1959 restituiert. Seit Anfang der 1960er Jahre waren sie der bundesdeutschen Forschung wieder zugänglich. Eberhard Naujoks war der erste, der sich der Mühe unterzog, die ungedruckten Akten zu Bismarcks Pressepolitik auszuwerten.

Seine Studie behandelt einen kommunikationsgeschichtlich interessanten Zeitpunkt, die Jahre der Reichseinigung. Vordergründig scheint die Studie nur noch politikgeschichtlich von Interesse. Doch bei genauem Lesen zeigt sich, wie modern die Verhältnisse im 19. Jahrhundert schon waren, so daß sich durchaus Parallelen zur außenpolitischen PR heutiger Staaten aufdrängen. Zugleich aber sind noch die geheimdiplomatischen Traditionen des 18. Jahrhundert präsent, und die Politik ist noch viel offensichtlicher Machtpolitik, als daß man diese auswärtige Pressepolitik ohne genaueste Einzelfallprüfung in eine Kontinuität zu heutigen Gepflogenheiten der Öffentlichkeitsarbeit stellen könnte.

Naujoks kommt zu dem Ergebnis, daß Bismarck Pressepolitik vor allem schwerpunktmäßig einsetzte: in Fällen der Krise und in den Ländern, die für seine Außenpolitik besonders wichtig waren. Insofern nimmt es nicht wunder, daß vor allem die Pressepolitik in Frankreich und der Habsburgermonarchie, in zweiter Linie die Politik gegenüber den süddeutschen Staaten und mit abnehmender Wichtigkeit dann die Politik gegenüber England, Italien, dem zaristischen Rußland und anderen europäischen Staaten behandelt wird. Es kam Bismarck nicht primär darauf an, Wahlen zu gewinnen, sondern es ging ihm um die öffentliche Absicherung seiner eigenen Politik. Ob er, wie Naujoks in Einführung und Zusammenfassung pointiert, »Pressepolitiker wider Willen« blieb, sei dahingestellt. Die gekonnte Schwerpunktsetzung ließe sich auch anders interpretieren.

Im Unterschied zu Koszyk und Blühm hatte Naujoks seine wissenschaftliche Karriere als Historiker aufgenommen und ist dies immer geblieben, seine Beziehungen zur sozialwissenschaftlichen Kommunikationsforschung blieben lokker. Das verdeutlicht auch die Rezension seiner Untersuchung in der ›Publizistik‹. Kurt Koszyk urteilte: »Obwohl der Verfasser in manchen seiner Schlußfolgerungen sich traditionellen Wertungen verpflichtet zeigt, darf seine Darstellung den Anspruch erheben, als Standardwerk für Bismarcks auswärtige Pressepolitik in der Phase der Reichsgründungszeit zu gelten.« (Koszyk 1969: 111) Koszyk lobte die Beschränkung auf die Reichsgründungszeit und die Arbeit aus den Akten. Er kritisierte die mangelnde Berücksichtigung der Zeitungen selbst und den unzureichenden Rekurs auf die öffentlichen Reaktionen. Diesem Urteil ist – zumindest im positiven Teil – immer noch zuzustimmen. Die Kritik an der mangelnden Auswertung der Zeitungen selbst sollte aber eingeschränkt werden: Zur Untersuchung der Bismarckschen Pressepolitik selbst ist sie weniger wichtig als für die Beleuchtung derjenigen seiner Gegner. Denn Bismarcks Pressepolitik reagierte – wenn sie nicht agierte – auf unfreundliche und kritische Stellungnahmen der ausländischen Publizistik gegenüber der eigenen Außenpolitik. Da aber keineswegs alle Belegexemplare dieser Presseagitation in die Akten eingebunden sind, wäre die Kontrolle anhand der Zeitungen selbst in diesem Falle nötig gewesen. Das aber ist der einzige Kritikpunkt, den man an der inzwischen mehr als drei Jahrzehnte alten Arbeit anbringen kann.

Naujoks selbst hat sich in seinem Resümee eine analoge Bearbeitung der Pressepolitik von Bismarcks österreichischem Gegenspieler Friedrich Ferdinand Graf von Beust, derjenigen des französischen Kaisers Napoleon III. und derjenigen anderer politischer Gegner Preußens gewünscht. Diese stehen in gleicher Gründlichkeit leider immer noch aus. Gerade das macht Naujoks Studie, die sich durch die klare Fragestellung »Wie hat Bismarck die auswärtige Tagespresse für seine Politik der Reichsgründung eingesetzt?« auszeichnet, zu einer auch methodisch immer noch wichtigen pressepolitischen Arbeit. Ihr methodischer Wert ist sogar in den letzten Jahrzehnten noch deutlich gestiegen, weil sie den Erkenntnisgewinn durch historisch-quellenkritische Interpretation mustergültig vorexerziert. Ähnlich tief grabende Studien liegen inzwischen insbesondere für die wilhelminische Zeit z.B. in den Arbeiten von Wilhelm Deist (1976) und Gunda Stöber (2000) vor.

Literatur

Else Bogel, Elger Blühm (Hrsg.) (1971-1985): *Die deutschen Zeitungen des 17. Jahrhunderts.* Bremen: Schünemann & Saur.

Wilhelm Deist (1976): *Flottenpolitik und Flottenpropaganda. Das Nachrichtenbureau des Reichsmarineamtes 1897-1914.* Stuttgart: Deutsche Verlagsanstalt.

Kurt Koszyk (1969): [Rezension]. In: *Publizistik,* 14. Jg., S. 108-111.

Gunda Stöber (2000): *Pressepolitik als Notwendigkeit. Zum Verhältnis von Staat und Öffentlichkeit im wilhelminischen Deutschland 1890-1914.* Stuttgart: Franz Steiner.

Rudolf Stöber

Oskar Negt, Alexander Kluge (1972): *Öffentlichkeit und Erfahrung. Zur Organisationsanalyse von bürgerlicher und proletarischer Öffentlichkeit.* Frankfurt am Main: Suhrkamp. 489 Seiten.

Im Sommer 1972 tobte in Deutschland ein gefühlsgeladener Bundestagswahlkampf, den Willy Brandt schließlich triumphal gewann. Die »Kulturrevolution« von 1968 war schon Geschichte. Aber ein Teil der Studenten hatte sich auf den »langen Marsch durch die Institutionen« (Rudi Dutschke) begeben, eine Minderheit zerfaserte gerade in quasi militanten Organisationen, eine winzige Truppe tropfte in den Terrorismus. In diesem Sommer saßen sich zwei deutsche Intellektuelle gegenüber und formulierten Satz für Satz gemeinsam eine marxistische Kommunikationstheorie: der Hannoveraner Soziologe Oskar Negt (geb. 1934) und der Filmemacher, Schriftsteller sowie Rechtsanwalt Alexander Kluge (geb.

1932) aus München. Das Buch, natürlich erschienen in der Edition Suhrkamp, erhielt den Titel *Öffentlichkeit und Erfahrung*.

Ein gründlich vorgehendes Werk. Nach einem programmatischen Vorwort wird der Terminus »Öffentlichkeit« zuerst einmal als »Organisationsform kollektiver gesellschaftlicher Erfahrung« analysiert, rechtswissenschaftlich, psychologisch, sozialhistorisch. Dann wird der Grundbegriff »proletarische Öffentlichkeit« als historischer Gegenbegriff zur »bürgerlichen Öffentlichkeit« erläutert. Der bürgerlichen Öffentlichkeit wird die »Scheinsynthese« bescheinigt. Nach solcher Begriffsarbeit wenden sich die Autoren mit Liebe zum Detail dem System der Massenmedien in der Bundesrepublik Deutschland, vor allem dem – realistisch gewürdigten, aber im Endeffekt doch skeptisch beurteilten – öffentlich-rechtlichen Fernsehen zu. Die dem Spätkapitalismus adäquate Organisationsform der »Bewußtseinsindustrie« (dieser Begriff Hans Magnus Enzensbergers wird übernommen) sei der »Medienverbund«. Schließlich wird in einem großen, auf der Habilitationsschrift von Jürgen Habermas (»Strukturwandel der Öffentlichkeit«; → Habermas 1962) aufbauenden sechsten Kapitel die (fortwährende) »kapitalistische Kulturrevolution« der proletarischen Kulturrevolution gegenübergestellt. Proletarische Öffentlichkeit wird als Widerstandsform gegen die »reelle Subsumtion unter das Kapital« beschrieben. Diesem Hauptteil folgen dann noch rund 150 Seiten »Kommentare zum Begriff der proletarischen Öffentlichkeit«, also Miszellen zu Wladimir Iljitsch Lenin, György Lukács, Friedrich Engels, dem Austromarxismus oder der Hindenburgwahl.

Natürlich ist das Buch vom neomarxistischen Zeitgeist der frühen 70er Jahre durchdrungen. Man muß den Autoren aber bescheinigen, daß sie der damals populären Manipulationstheorie ganz und gar nicht anheim gefallen sind. »Der Mensch ist gewiß kein Pawlow'scher Hund«, formulieren Kluge und Negt, »der nur auf die Reize einer Bewußtseinsindustrie hin Reaktionen produziert; vielmehr vermag er ihr Widerstand zu leisten« (S. 256). Noch direkter: »Daß die repressive Rückführung des Menschen 'bis zum Lurch' möglich wäre, ist eine Ideologie« (S. 307). Obwohl im ganzen Buch in keinem Halbsatz zu erkennen wäre, daß die Autoren sich mit der empirischen Kommunikationswissenschaft, z.B. der Wirkungsforschung auseinandergesetzt hätten, haben sie sich die Überwindung der frühen Stimulus-Response-Hypothesen zu eigen gemacht.

Kluge und Negt fehlt der genialische Nonkonformismus Hans Magnus Enzensbergers, der 1970 mit seinen »Bausteinen zu einer Theorie der Medien« die Linke »unsolidarisch« durcheinandergewirbelt hatte. Enzensberger hatte die dezentralisierende Kraft der neueren Medientechnologie erahnt, und zwar ein Jahrzehnt vor der mikroelektronischen Wende. So verspottete er die an George Orwell orientierten worst-case-szenarios seiner damaligen linken Kombattanten. Kluge und Negt dagegen entwickelten eine Theorie vom »Medienverbund«, die noch von marxistischen Monopoltheorien (z.B. Baran & Sweezy 1970) geprägt war. Zwar sehen sie – zwölf Jahre vor der Privatisierung des Fernsehens in Deutschland – das Zusammenwachsen bisher getrennter Märkte (z.B. Telekommunikation, Medien, Entertainment) klug voraus. Daß eine »fortgeschrittene Massenkommunikation« aber »Kapitalinvestitionen fordere, die sich nur in der Form des Monopols realisieren lassen« (S. 252), ist bestenfalls halbrichtig. Ein moderner Schnittplatz ist im Zeitalter der Digitalisierung für einen Bruchteil des

Geldes zu haben, den er vor zwei Jahrzehnten gekostet hat. Die Elektronik ermöglicht die Bewaffnung von Hunderttausenden mit digitalen Kameras. Das ist keine »Befreiung« von der Macht der Produzenten, wohl aber die Konstituierung nicht-klassischer, neuer Öffentlichkeiten (z.B. über das Internet), die einer Gleichrichtung der (zerfallenden) Publica entgegenwirkt.

Die zentrale Auseinandersetzung mit Kluge und Negt muß bei ihrer Theorie der Aufmerksamkeit ansetzen. Das »Mischangebot der Nachrichten« bewirke, so behaupten sie, eine »Umlenkung«, eine »Zerfaserung« der Aufmerksamkeit, die eine realistische Erfassung der Wirklichkeit unmöglich mache (S. 208). Damit nehmen sie einen Konstruktivismus vorweg, der als Theorie erst später zur Mode wurde. Im Kern kommen sie zu ähnlichen Ergebnissen wie die Postmodernisten, z.B. Norbert Bolz: Die Tagesschau sei keine Benachrichtigung von der Außenwelt, sondern eine Versammlung um das flackernde Lagerfeuer. Bei Negt und Kluge ist das eine Begründung für die peinliche Tatsache, daß die »empirische Arbeiter-Öffentlichkeit« zu ganz anderen politischen Schlußfolgerungen kam und kommt als die Interpreten der »proletarischen Öffentlichkeit« in der revolutionären Intelligenz. Kernbegriff ist Theodor W. Adornos verhängnisvolles Konzept des »Verblendungszusammenhangs«. Der einzelne Arbeiter »müßte Philosoph sein, um die Produktion seiner Erfahrung, die vororganisiert und umorganisiert in einem ist und sein empirisches Leben prägt und zugleich lediglich begleitet, zu verstehen«. Schlimmer: »Dadurch, daß sie (z.B. die Gewerkschaften) die Mechanismen der bürgerlichen Öffentlichkeit für ihre Ziele nutzen, werden sie objektiv zu Verrätern an der Sache, die sie vertreten« (S. 24). Das ist die Entmündigung der empirischen Arbeiter und ihrer Organisationen per Erkenntnis- und Kommunikationstheorie. Das Buch ist denn auch einem Anonymus gewidmet. Die Widmung lautet: 11. September 1903 bis 6. August 1969. Es sind die Lebensdaten Theodor Wiesengrund Adornos.

Literatur

Paul A. Baran, Paul M. Sweezy (1970): *Monopoly capital: An essay on the American economic and social order*. New York: Monthly Review Press.

Nobert Bolz (1994): *Das kontrollierte Chaos*. Düsseldorf: Econ.

Hans Magnus Enzensberger (1962): *Einzelheiten I. Bewußtseins-Industrie*. Frankfurt am Main: Suhrkamp.

Hans Magnus Enzensberger (1970): Baukasten zu einer Theorie der Medien. In: *Kursbuch*, Bd. 20, S. 159-186.

Peter Glotz

Irene Neverla, Gerda Kanzleiter (1984): *Journalistinnen. Frauen in einem Männerberuf.* Frankfurt am Main, New York: Campus. 218 Seiten.

Die Befragung *Journalistinnen* ist die erste kommunikationswissenschaftliche und berufssoziologische Untersuchung über Journalistinnen in Deutschland. Die theoretische und methodische Anlage der Befragung wie auch die Interpretation der Befunde profitieren von der interdisziplinären Zusammenarbeit der österreichischen Kommunikationswissenschaftlerin Irene Neverla (geb. 1952), damals Wissenschaftliche Mitarbeiterin am Institut für Kommunikationswissenschaft der Universität München und heute Professorin am Institut für Journalistik der Universität Hamburg, und der Soziologin Gerda Kanzleiter (geb. 1946), seinerzeit tätig in der gewerkschaftlichen Frauen- und Bildungsarbeit und heute Tarifsekretärin bei der ÖTV-Hauptverwaltung. Bei der Untersuchung handelt es sich um ein von der Deutschen Forschungsgemeinschaft (DFG) gefördertes Projekt, als dessen Antragsteller Wolfgang R. Langenbucher – damals Professor für Kommunikationswissenschaft an der Universität München – verantwortlich zeichnete.

Ende der 70er Jahre lagen zwar erste Daten und Fakten über die berufliche Situation und das Selbstverständnis deutscher Journalisten vor (vgl. z.B. Weiß u.a. 1977, 1978; Wiesand 1977). In diesen Journalismusstudien spielte die Variable Geschlecht aber nur eine untergeordnete Rolle; zum Teil waren aber auch die Zahlen weiblicher Befragter bei den repräsentativ angelegten frühen Journalistenumfragen zu gering. Die Studie von Neverla und Kanzleiter schloß die Forschungslücke und ermöglichte erstmals einen detaillierten Blick auf die Hintergründe und Bedingungen der Berufstätigkeit von Frauen in diesem Männerberuf. Die Autorinnen entwickelten für ihre Untersuchung ein mehrstufiges Forschungsdesign. Zunächst führten sie eine Gesamterhebung zur Beschäftigung von Journalistinnen bei Tageszeitungen, Zeitschriften, Hörfunk und Fernsehen durch. Hierzu wurden neben eigenen Erhebungen auch bereits vorliegende berufsstatistische Daten aus unterschiedlichen Quellen gesammelt, systematisiert und kritisch bewertet. An diese quantitative Phase schloß sich eine qualitative Befragung an: Auf Basis einer Vollerhebung der Redakteurinnen und freien Mitarbeiterinnen bei einer überregionalen Tageszeitung und einer mittelgroßen öffentlich-rechtlichen Rundfunkanstalt führten die Autorinnen Ende 1978 und Anfang 1979 etwa 100 Intensivinterviews mit Journalistinnen sowie mit deren Vorgesetzten und männlichen Kollegen (Teilerhebung in denselben Redaktionen) durch. Ergänzt wurden diese Interviews durch Expertengespräche z.B. mit leitenden Redakteuren und Vertretern der Personal- bzw. Betriebsräte. Ziel war es, »über die Genesis der Verhältnisse im Wechselspiel zwischen biographischen Abläufen der Journalistinnen und Journalisten einerseits und den gesellschaftlichen, beruflichen und betrieblichen Gegebenheiten andererseits« (S. 9) erste Aufschlüsse geben zu können.

Bereits in einem dem Forschungsbericht vorausgehenden Aufsatz stellt Neverla 1983 das in der Soziologie entwickelte Konzept der Arbeitsmarktsegmentation vor, das die Autorinnen auf den Journalismus übertrugen und zur theoretischen Basis ihrer Untersuchung machten. Ihre Befunde legten für den (damaligen) Journalismus eine nahezu unüberwindliche Grenze offen zwischen einem privilegierten primären Arbeitsmarkt, dem vor allem männliche Journalisten angehören, und einem unterprivilegierten sekundären Arbeitsmarkt, dessen Majorität Journalistinnen bilden. Diese übliche Arbeitsmarktsegmentation manifestiert sich auch im Journalismus durch hierarchisch bedingte Status-, Prestige- und Einkommensunterschiede sowie durch die Tatsache, daß Journalistinnen eher als ihre männlichen Kollegen »in solchen Bereichen des journalistischen Arbeitsmarktes tätig sind, die man als Ecken und Nischen, sicher nicht als Zentren des Berufes ausmachen kann«, wie es Irene Neverla (1986: 129) in einem späteren Aufsatz zum Thema beschreibt. Die Untersuchung identifiziert sogar eine weitere für den Journalismus typische Segmentationslinie – nämlich die zwischen festen und freien Journalisten: Im Arbeitsmarkt der freien Journalisten mit seinen eher schlechten und wenig kontinuierlichen Verdienstmöglichkeiten sowie der mangelhaften sozialen Absicherung ist der Frauenanteil auffallend hoch. Neverla und Kanzleiter waren darüber hinaus die ersten, die belegen konnten, daß die Ungleichheiten zwischen »männlichem« und »weiblichem« Arbeitsmarktsegment nicht hinreichend erklärt werden mit dem geringeren Alter von Frauen, mit ihrer vermeintlich kürzeren Berufszugehörigkeit zum Journalismus, ihrer vermeintlich anderen oder gar schlechteren formalen (Aus)Bildung oder der immer wieder unterstellten geringeren Bindung von Frauen an ihre Berufstätigkeit im allgemeinen oder an den journalistischen Beruf im besonderen – ein Befund, der von repräsentativen Journalismusstudien Anfang der 90er Jahre weiter bestätigt wurde.

Die Studie räumte außerdem schon damals gründlich mit der auch heute noch existierenden Vorstellung auf, der Journalismus sei ein idealer »Frauenberuf«, weil er die Vereinbarkeit von Mutterschaft und Berufstätigkeit ermögliche. Und auch für die aktuell wieder neu gestellte Frage, ob aufgrund der mittlerweile hohen bis sehr hohen Frauenanteile im Bereich der journalistischen Ausbildung (vgl. Fröhlich 1995) und eines steigenden Arbeitsplatzangebotes in Zukunft mit einem höheren Frauenanteil im Journalismus gerechnet werden kann, lieferten Neverla und Kanzleiter schon damals eine erste Antwort: Die im Rahmen der *Journalistinnen*-Studie entstandene Examensarbeit von Hannerl Neumann (1981) zur Entwicklung des weiblichen Personalanteils im deutschen Rundfunk zwischen 1949 und 1979 förderte für die zurückliegende dreißigjährige Zeitspanne »bestenfalls« ein Bild der Stagnation zutage (S. 208). Schon damals hat die Vergrößerung des Arbeitsplatzangebotes nicht zu einer Erhöhung des Frauenanteils im Journalismus geführt – obwohl qualifizierte Journalistinnen zur Verfügung standen. Dieser interessante frühe Befund kommt in der bisherigen Rezeption der Studie zu kurz und wird von neueren Untersuchungen kaum aufgegriffen. Gleiches gilt im übrigen auch für die Zahlen zum Frauenanteil im deutschen Journalismus, die Neverla und Kanzleiter auf Grundlage eigener Erhebungen und anderer, zum Teil erheblich unterschiedlicher statistischer Quellen errechnet hatten. Sie werden allerdings von den Autorinnen auch widersprüchlich und unübersichtlich präsentiert: z.B.: 12% bei »Printmedien« nach Zahlen des Presseversorgungswerkes (S. 28); 13% »bei Tageszeitungen, Funk und Fernsehen« (S. 205); 13% (Quelle Bühnenjahrbuch) bzw. 16% (Erhebung Neverla & Kanzleiter) beim »Rundfunk« (S. 32); 19% bei »Rundfunkredakteuren« (S. 33); 17% »im tagesaktuellen Journalismus« (Neverla 1986: 129); »[m]it einem Durchschnitt von

10 bis 20% je nach Medium« (S. 52). Dies mag die Ursache für die in der Folgezeit auffallend uneinheitliche Rezeption der quantitativen Befunde dieser Studie sein (vgl. z.B. die Angabe eines Frauenanteils von 29% für 1970 unter Berufung auf die Neverla-Kanzleiter-Studie in Weischenberg u.a 1994: 45). Andere spätere Journalismusstudien unternehmen erst gar nicht den Versuch, ihre neuen Befunde zum Frauenanteil im deutschen Journalismus mit den spezifizierten Befunden von Neverla und Kanzleiter zu vergleichen (vgl. z.B. Schneider, Schönbach & Stürzebecher 1993a, 1993b). Das ist um so erstaunlicher, als *Journalistinnen* insgesamt eine Fülle von Einzelergebnissen bietet, die zur Interpretation sowohl der Entwicklung als auch der heutigen Situation von Frauen im Journalismus immer noch sehr viel beitragen.

Literatur

Romy Fröhlich (1995): Ausbildung für Kommunikationsberufe. In: Romy Fröhlich, Christina Holtz-Bacha: *Frauen und Medien. Eine Synopse der Deutschen Forschung*. Opladen: Westdeutscher Verlag, S. 92-135.

Hannerl Neumann (1981): *Die Journalisten im Rundfunk. Zur Geschichte der geschlechtsspezifischen Personalanteile seit 1949*. Magisterarbeit Universität München.

Irene Neverla (1983): Arbeitsmarktsegmentation im journalistischen Beruf. In: *Publizistik*, 28. Jg., S. 343-362.

Irene Neverla (1986): Balanceakt zwischen Angleichung und Abweichung im Journalismus. Aspekte beruflicher Sozialisation von Journalistinnen. In: *Publizistik*, 31. Jg., S. 129-137.

Beate Schneider, Klaus Schönbach, Dieter Stürzebecher (1993a): Westdeutsche Journalisten im Vergleich: jung, professionell und mit Spaß an der Arbeit. In: *Publizistik*, 38. Jg., S. 6-30.

Beate Schneider, Klaus Schönbach, Dieter Stürzebecher (1993b): Journalisten im vereinigten Deutschland. Strukturen, Arbeitsweisen und Einstellungen im Ost-West-Vergleich. In: *Publizistik*, 38. Jg., S. 553-382.

Siegfried Weischenberg, Susanne Keuneke, Martin Löffelholz, Armin Scholl (1994): *Frauen im Journalismus. Gutachten über die Geschlechterverhältnisse bei den Medien in Deutschland* (Im Auftrag der Industriegewerkschaft Medien). Stuttgart: IG Medien, Fachgruppe Journalismus (dju/SWJV).

Hans-Jürgen Weiß u.a. (1977): *Synopse. Journalismus als Beruf* (Schlußbericht der Arbeitsgemeinschaft für Kommunikationsforschung an das Presse- und Informationsamt der Bundesregierung). Hektographiertes Manuskript. München.

Hans-Jürgen Weiß u.a. (1978): *Journalisten in der Bundesrepublik Deutschland. Eine Übersicht über die Ergebnisse der empirischen Journalismus-Forschung in der Bundesrepublik Deutschland (1971-1976)*. (Vorlage). München.

Andreas Johannes Wiesand (1977): *Journalistenbericht. Berufssituation – Mobilität – publizistische »Vielfalt«*. Berlin: Spiess.

Romy Fröhlich

Elisabeth Noelle (1963): *Umfragen in der Massengesellschaft. Einführung in die Methoden der Demoskopie*. Reinbek bei Hamburg: Rowohlt Taschenbuch Verlag GmbH. 332 Seiten.

Umfragen in der Massengesellschaft war eine der ersten Einführungen in Theorie und Praxis der Umfrageforschung (Demoskopie). Die heute allgegenwärtigen Meinungs-Umfragen und Marktanalysen waren in den frühen 60er Jahren noch weitgehend unbekanntes Terrain, die neuen Verfahren wurden eher skeptisch, teilweise auch ablehnend beurteilt. Ein Grundanliegen der Autorin ist es daher, mit ihrem Werk Aufklärungsarbeit und Vertrauensbildung zu leisten – der Ton des Buches ist entsprechend vorsichtig und zurückhaltend.

Elisabeth Noelle (geb. 1916) kann ohne Einschränkungen als wohl einflußreichste Wissenschaftlerin im Bereich der deutschen Kommunikationswissenschaft bezeichnet werden. Seit ihrem Studienjahr 1937/38 in den USA machte sie Meinungsforschung zu ihrem zentralen Thema, stark beeinflußt durch die amerikanische Columbia-Schule um Paul F. Lazarsfeld. Durch redaktionelle Arbeit bei Zeitungen in Deutschland während der 40er Jahre (›Deutsche Allgemeine Zeitung‹, ›Das Reich‹, ›Frankfurter Zeitung‹) schulte sie ihren flüssigen, immer verständlichen und vor allem anschaulichen Sprachstil – bis heute eher eine Ausnahme in der deutschen Wissenschaftspublizistik. 1947 gründete sie das Institut für Demoskopie Allenbach als erstes seiner Art, das noch immer zu den bedeutendsten deutschen Meinungsforschungsinstituten neben etwa Emnid und Forsa zählt. In die Kritik geraten ist sie seit den 70er Jahren wegen ihrer eher konservativen politischen Ausrichtung – ihre Nähe zur CDU und Dr. Helmut Kohl brachten ihr den Vorwurf der »Auftragsforscherin der Konservativen« ein. Ungeachtet dessen gilt ihre Theorie der »Schweigespirale«, die Einstellungen der Menschen als Ergebnis von Isolationsfurcht sieht, als eine der meistdiskutierten in Deutschland.

Umfragen in der Massengesellschaft erhebt den Anspruch, alle relevanten Phasen der Umfrageforschung darzustellen und richtet sich als wie oben beschriebenes »Pionierwerk« konsequenterweise vor allem an Interessierte ohne fundierte Vorkenntnisse. Die Gliederung in die Themen »Einleitung«, »Das demoskopische Interview«, »Der Fragebogen«, »Der repräsentative Querschnitt«, »Interview-Organisation und Feldarbeit«, »Aufbereitung«, »Auswertung, Analyse« sowie »Berichterstattung« erscheint schlüssig, die Übersicht leidet jedoch unter der Vielzahl den Themen nachfolgenden Zwischenüberschriften (allein im Abschnitt »Auswertung, Analyse« über 40), die jedoch nicht durch eine Zuordnung zu einer zweiten Gliederungsebene strukturiert sind.

Die Einleitung überzeugt bis heute als nahezu unerschöpflicher Quell von Informationen über Geschichte und Einordnung der Demoskopie und ist als Zitatenschatz unübertroffen. Die Fußnoten mit weiterführenden Informationen nehmen gelegentlich zwei Drittel der Seite ein. Tenor der Einleitung ist, die Seriosität und moralische Unbedenklichkeit der jungen Disziplin »Umfrageforschung« darzustellen – heutzutage eher unnötig, aber als Lektüre ungemein empfehlenswert.

Das erste Kapitel »Das demoskopische Interview« entwirft mit plastischen Negativbeispielen den Grundgedanken einer seriösen Umfrageforschung und fordert insbesondere die strikte Trennung von Forscher und Interviewer. Anhand etlicher Beispiele wird im zweiten Kapitel »Der Fragebogen« auf Problemfelder und Möglichkeiten bei der Konzeption von Fragebögen hingewiesen. Die Autorin kommt zu dem etwas unbefriedigenden Fazit, daß man die »Kunst der Fragebogentechnik« nur in der Praxis lernt, zumindest Grundsätze seien jedoch schulisch vermittelbar. Das anschließende Kapitel »der repräsentative Querschnitt« erläutert zunächst die mathematischen Grundlagen der Umfrageforschung (Gesetz der Großen Zahl), um dann auf die verschiedenen Auswahlverfahren (Zufallsauswahl und Quotenauswahl) und die Panelanalyse einzugehen. Aus heutiger Sicht unangemessen kurz und gliederungstechnisch inkonsequent wird abschließend auf telefonische und schriftliche Befragungen eingegangen – im Umfang von zwei Seiten. Ein bedeutender Mangel, der selbst in der Neuauflage von 1996 nicht behoben wurde (s.u.).

Das vierte Kapitel »Interviewer-Organisation und Feldarbeit« erläutert die Rolle des Interviewers und die Notwendigkeit einer sorgfältigen Schulung. Eher knapp wird im fünften Kapitel »Aufbereitung« auf die Kategorienbildung und die Verschlüsselung anhand von sieben Regeln eingegangen. Dieser Abschnitt hat eher illustrativen Charakter, die Bedeutung der Kategorienbildung hat in den Jahren seit Erscheinen des Buches eine wesentlich wichtigere, ja zentrale Stellung eingenommen (siehe etwa → Früh 1981). Wesentlich überzeugender fällt der Abschnitt über »Auswertung, Analyse« (Kapitel 6) aus. Ohne mit komplizierter Mathematik unbedarfte Leser abzuschrecken, werden anhand einer Vielzahl von Beispielen Häufigkeitsauszählungen, Kreuztabellen, Korrelationen und Skalenniveaus verständlich und interessant erklärt. Für Umsicht bei der Analyse wird geworben, etwa am Beispiel der oft anzutreffenden Scheinkorrelationen. Hohen Praxiswert zeichnet auch das abschließende Kapitel über »Berichterstattung« aus – im wesentlichen geht es hier um die Verständlichkeit und »Lesbarkeit« von Tabellen.

Zusammenfassend ist das Werk für Einsteiger in das Gebiet der Umfrageforschung uneingeschränkt zu empfehlen, vor allem aufgrund der schieren Zahl an Beispielen und Diagrammen, die für sich genommen schon interessant genug sind und die Lektüre rechtfertigen. Das Buch wirkt auch heute noch ungemein lebendig, es gelingt der Autorin, die Faszination ihres Gebietes auf den Leser zu übertragen – hier steht sie wirklich in der Tradition der wegweisenden Werke Lazarsfelds.

Aufgrund starker Nachfrage wurde der Band unter neuem Titel »Alle, nicht jeder« (vgl. Noelle-Neumann & Petersen 1996) neu aufgelegt. Die Änderungen fallen eher bescheiden auf, der Charme des »Klassikers« blieb erhalten. Die Gliederung wurde um den Bereich »Untersuchungskonzepte« ergänzt. Der ohnehin schon gelungene Teil »Auswertung« wurde durch neuere Auswertungsmethoden wie Faktorenanalyse erweitert, ohne jedoch an Anschaulichkeit zu verlieren. Bei der »Berichterstattung« wurde dankenswerterweise der Bereich »Graphiken« mit aufgenommen. Die Passagen zur Kategorienbildung und zu Telephonumfragen bleiben skizzenhaft. Spielte die Telephonumfrage aufgrund mangelnder Infrastruktur in den 60er Jahren keine große Rolle, so ist sie heutzutage doch die am häufigsten eingesetzte Umfragemethode. Im Vorwort der Neuauflage begründet Noelle-Neumann die Vernachlässigung der Methode mit deren Risiken und Schwächen und stellt die rhetorische Frage: »Das Telephon-Interview als rationales Skelett mit kleinen Gefühlsbeimischungen von Stimme: Soll das das Instrument der Sozialforschung der Zukunft sein?« Ob die berechtigte Kritik jedoch ein Vernachlässigen der Methode in einem Grundlagenwerk rechtfertigt, bleibt fraglich.

In einem Punkt geht die Autorin jedoch mit der Zeit: Waren bei der Erstauflage nur Männer in Anzügen auf dem Titel zu sehen (Anzahl: 15), so fällt das Cover der Neuauflage wesentlich repräsentativer aus: auf 18 Männer kommen 23 Frauen, ergibt eine Quote von 44% zu 56% – statistisch gesehen.

Literatur

Elisabeth Noelle-Neumann, Thomas Petersen (1996): *Alle, nicht jeder. Einführung in die Methoden der Demoskopie.* München: dtv.

Ralf Stockmann

Elisabeth Noelle-Neumann (1980): *Die Schweigespirale. Öffentliche Meinung – unsere soziale Haut.* Zürich, München: Piper. 296 Seiten. – 4., erweiterte Neuausgabe 1996 unter dem Titel *Öffentliche Meinung. Die Entdeckung der Schweigespirale.* Frankfurt am Main, Wien, Berlin: Ullstein. XIX, 432 Seiten.

Die *Schweigespirale* ist eine Theorie über die Entwicklungsgesetze der öffentlichen Meinung. Dabei kann man darüber streiten, ob sie eine »Theorie« im wissenschaftstheoretischen Sinne ist. Sie führt mehrere Gedanken zu den Vorstellungen und Meinungen der Menschen über ihre soziale Umwelt zusammen. Wahrscheinlich ist es sinnvoller, von einer Agglomeration von Einzelhypothesen zu sprechen, die verschiedene Analyseeinheiten betreffen und verschiedene Kausalaussagen machen. Den Kern bildet dabei eine sozialpsychologisch fundierte Aussage über das Kommunikationsverhalten von Individuen: Wenn Menschen glauben, daß ihre Meinung jetzt oder in der Zukunft in der Minderheit ist, werden sie aus Furcht vor sozialer Isolation ihre eigene Meinung in öffentlichen Situationen verbergen, also »schweigen«. Umgekehrt werden sie beim Glauben an die Mehrheit der eigenen Meinung sich zu dieser bekennen. Das Reden und Schweigen beeinflußt dann seinerseits wieder Wahrnehmung und Redebereitschaft der anderen Menschen, wodurch ein Spiralprozeß in Gang kommt, der der Theorie ihren Namen gab.

Elisabeth Noelle-Neumann wurde 1916 in Berlin geboren, studierte Philosophie, Geschichte, Zeitungswissenschaft und Amerikanistik in Deutschland und den USA, arbeitete bis zu ihrem Berufsverbot im »Dritten Reich« als Journalistin, wurde nach dem Krieg Meinungsforscherin – sie gründete 1947 gemeinsam mit ihrem ersten Mann Erich Peter Neumann das Institut für Demoskopie Allensbach – und erhielt 1964 einen Ruf auf die erste Professur für Publizistikwissenschaft an der Universität Mainz. Wissenssoziologisch muß man diese Vita betrachten, um die Entstehung der *Schweigespirale* zu verstehen. Als Journalistin im »Dritten Reich« hatte Noelle-Neumann die Macht der Medien und der Propaganda auf die Wirklichkeitswahrnehmungen und die Bekenntnisbereitschaft der Menschen kennengelernt. Als Studentin in den USA wurde sie mit den Methoden der Meinungsforschung vertraut und konnte sie später als selbständige Demoskopin unter anderem dafür einsetzen, soziale Diagnostik und die Prüfung eigener Hypothesen zu betreiben. Als Professorin für Publizistikwissenschaft kannte sie die Theorien über Medienwirkungen und öffentliche Meinung, über Sozial- und Wahrnehmungspsychologie.

Wenn es ein durchgängiges Paradigma gibt, dem Elisabeth Noelle-Neumanns Arbeiten folgen, dann ist es das Prinzip der »starken Medienwirkungen«. Das international sicher einflußreichste Lehrbuch der Kommunikationswissenschaft, Denis McQuails »Mass communication theory« (→ McQuail 1983; hier ^{3}1994), rechnet bereits ihre Arbeiten *vor* der *Schweigespirale*, insbesondere den Aufsatz »Return to the concept of powerful mass media« von 1973 zu den Werken, die ein neues Paradigma einleiteten und den Blick wieder auf Medienwirkungen richteten. Dies geschah, nachdem über Jahrzehnte hinweg die Vorstellung überwog, Medien könnten wegen des mit der Theorie der kognitiven Dissonanz (→ Festinger 1957) begründeten Phänomens der selektiven Zuwendung (→ Lazarsfeld, Berelson & Gaudet 1944) und dem starken Einfluß sozialer Gruppen und Meinungsführer Meinungen gar nicht verändern. Bereits in dem »Return«-Aufsatz von 1973 beschrieb Noelle-Neumann neue Formen der Medienwirkungen und die Grenzen des »minimal effects« Paradigmas in den Inhalten der Massenmedien und den Rezeptionsbedingungen ihres Publikums.

In der Theorie der *Schweigespirale* selbst nehmen die Medien nur eine indirekte Rolle ein. Ihre Funktion findet sich in einer der an die Primär-Hypothese angeschlossenen Kausalaussagen. Die Primär-Hypothese besteht in der bereits erwähnten Isolationsfurcht des Individuums, das wegen seiner »sozialen Natur« Sanktionen in seiner menschlichen Umwelt vermeiden will. Sekundäre Hypothesen sind Vermutungen darüber, ob und wie das Individuum in der Lage ist, Vermutungen über Mehrheits- und Minderheitsmeinungen in der Öffentlichkeit anzustellen. Noelle-Neumann nimmt an, daß Menschen hierfür einen »quasi-statistischen Sinn« besitzen, der es ihnen erlaubt, relativ präzise Signale aus der Umwelt (Gesprächsfetzen, Buttons, Autoaufkleber) aufzunehmen. Neben dieser direkten Wahrnehmung gibt es aber eine zweite, indirekte Quelle: die Massenmedien. Auch sie vermitteln Vorstellungen von Mehrheits- und Minderheitsmeinungen zu kontroversen Themen, entweder indem sie einfach Behauptungen über solche Verteilungen aufstellen, oder indem sie eine bestimmte Meinungsfraktion häufiger zu Wort kommen lassen. Auf diese Weise kann dann ein »doppeltes Meinungsklima« entstehen, also eine unterschiedliche Vorstellung von Mehrheits- und Minderheitsmeinungen bei Menschen, die viel oder wenig Mediennutzung aufweisen. An diese »Quellen-Funktion« der Medien angeschlossen ist dann eine weitere Annahme über die Artikulationsfunktion: Die Medien verleihen den von ihnen bevorzugten Meinungen die Sprache, die Begriffe, mit denen die Vertreter dieser Meinungen sich in der Öffentlichkeit äußern können – und machen umgekehrt die andere Meinungsfraktion »mundtot«.

Der eigentliche theoretische Kern der *Schweigepirale* liegt in einer lange relativ unbeachteten Schrift mit dem Titel »Öffentliche Meinung und Soziale Kontrolle« (1966), die auf Noelle-Neumanns Antrittsvorlesung 1965 an der Universität Mainz zurückgeht. Darin gab sie einen wissenschaftsgeschichtlichen Überblick über die verschiedenen Theorien zur öffentlichen Meinung und plädierte dafür, den oft totgesagten Begriff wieder zu beleben. »Was bedeutet denn diese Hartnäckigkeit, mit der am Begriff festgehalten wird, und diese Empfindung der Enttäuschung, wenn man sich mit den Begriffsbestimmungen auseinandergesetzt hat? Es bedeutet, daß der Begriff Öffentliche Meinung einer Wirklichkeit entspricht und daß die Begriffsbestimmungen diese Wirklichkeit noch nicht getroffen haben« (Noelle-Neumann 1966: 3). Der bedeutsamste Beitrag der *Schweigespirale* zur modernen Sozialwissenschaft liegt genau darin, daß die Verfasserin in dem Buch einen Jahrhunderte alten Begriff zu empirischem Leben erweckt hat und dabei die traditionellen Konzepte nicht über Bord zu werfen brauchte. Ob Michel de Montaigne, Edward Ross oder John Locke: Bei allen diesen Autoren war ein Verständnis von öffentlicher Meinung vorhanden, das sich mit den Grundannahmen in der *Schweigespirale* deckte. Praktisch im Vorbeigehen erhält der Leser des Buches so eine philosophiegeschichtliche Übersicht über Staats- und Gesellschaftstheorien in den vergangenen Jahrhunderten.

Zu diesem Interesse an Begriff und Konzept »Öffentliche Meinung« traten dann empirische Beobachtungen, die Elisabeth Noelle-Neumann in zwei Wahlkämpfen 1965 und 1972 machte. In beiden veränderte sich die Erwartung, wer die Bundestagswahl gewinnen würde, stetig und drastisch, ohne daß sich bis kurz vor dem Wahltag die Wahlabsichten selbst änderten. Hier hatte sie den besten Beweis, daß es Phänomene in der Dynamik der öffentlichen Meinung gab, für die die empirische Sozialforschung einschließlich der Wahlforschung keine Theorien bereit hielt. Die Lösung für das »Rätsel« sah Noelle-Neumann in der jeweils viel größeren Rede- und Bekenntnisbereitschaft der CDU-Anhänger 1965 und der SPD-Anhänger 1972, die wiederum durch die jeweiligen Meinungsklimata entstanden waren.

Das Hypothesen-Geflecht der Theorie der Schweigespirale wurde auch von der Urheberin selbst niemals in seinem vollen Umfang empirisch getestet und ist vermutlich auch in dieser Form gegen jegliche Operationalisierungen resistent. Es reicht von den erwähnten Annahmen über Quellen der Umweltwahrnehmungen über das Kommunikationsverhalten in öffentlichen Situationen bis hin zu makrosoziologischen Folgen für die Integration der Gesellschaft (der Untertitel der Erstausgabe *Öffentliche Meinung – unsere soziale Haut* verweist auf diesen die Gesellschaft durch soziale Kontrolle zusammenhaltenden Effekt der Isolationsfurcht). Beim Test einzelner Theoriebereiche hat sich die Verfasserin zum Teil auf frühere Arbeiten anderer Autoren berufen – zum Beispiel hat sie sozialpsychologische Experimente zum Gruppendruck als Indikatoren für Isolationsfurcht gewertet – zum deutlich größeren Teil aber eigene Forschungsergebnisse vorgelegt. Berühmt geworden ist unter anderem der »Eisenbahntest«, in dem im demoskopischen Interview eine kleine öffentliche Situation kreiert wird, mit der sich die Redebereitschaft von Menschen testen läßt. Viele andere Fragebogen-Innovationen wurden entwickelt, um Isolationsdrohung zu simulieren, vorherrschende Meinungen zu testen oder den moralischen Gehalt von Themen zu messen.

Der moralische Gehalt von Themen, angezeigt vor allem durch den Test, dass Meinungen nicht nach richtig oder falsch, sondern nach gut und böse bewertet werden, gehört zu den zentralen Randbedingungen der Theorie der Schweigespirale. Viele empirische Tests der Theorie (vgl. die Meta-Analyse von Glynn & Park 1997) vernachlässigten diese Randbedingungen. Aber auch unter Berücksichtigung der Randbedingungen gibt es widersprüchliche Ergebnisse zur Geltung der Kernaussagen. Dies hängt unter anderem mit der Komplexität der Theorie zusammen. Gerade weil die Schweigespirale an so viele sozialpsychologische, soziologische und kommunikationswissenschaftliche Konzepte anknüpft, bedarf sie einer ständigen Fortschreibung und Präzisierung ihres Geltungsbereichs. Jedenfalls hat das Buch wie wenige andere im 20. Jahrhundert Forschung stimuliert. Die *Schweigespirale* gehört, vielleicht gerade weil die Annahmen kontrovers sind und den Idealvorstellungen vom menschlichen Verhalten zuwider laufen, zu den am meisten zitierten und replizierten Theorien der Sozialwissenschaft.

Literatur

Carroll J. Glynn, Eunkyung Park (1997): Reference groups, opinion intensity, and public opinion expression. In: *International Journal of Public Opinion Research*, 9. Jg., S. 213-232.
Elisabeth Noelle (1966): *Öffentliche Meinung und Soziale Kontrolle*. Tübingen: J.C.B. Mohr
Elisabeth Noelle-Neumann (1973): Return to the concept of powerful mass media. In: *Studies of Broadcasting*, 9. Jg., S. 67-112.

Wolfgang Donsbach

Ulrich Nussberger (1984): *Das Pressewesen zwischen Geist und Kommerz*. Konstanz: Universitäts-Verlag. 186 Seiten.

Das Buch stellt die letzte Veröffentlichung des Autors in seinem 86. Lebensjahr dar, das als Alterswerk vor allem die zentralen zeitungsbetriebswirtschaftlichen Erkenntnisse und Aussagen von Ulrich Nussbergers bisherigen Publikationen zusammenfaßt. Vorgängerveröffentlichungen stammen aus den Jahren 1954, als sich der Praktiker Nussberger im Alter von 55 Jahren erstmals wissenschaftlich über die »Grundlagen der Zeitungsbetriebswirtschaft« zu Wort meldete, sowie aus den Jahren 1957 über den »Anzeigenpreis« (1957a) und zu »Strukturuntersuchungen im Zeitungsbetrieb« (1957b). 1960 stellte der Autor Überlegungen zum »Kapitalbedarf einer Zeitung« an, 1961 zur »Dynamik der Zeitung« (1961a) sowie zur Frage »Sind unsere Bezugspreise zu niedrig?« 1966 folgte ein Buch über die »Probleme des Zeitungs- und Zeitschriftenverlages«, 1971 eines über die »Mechanik der Pressekonzentration«; dreizehn Jahre später dann das hier zur Diskussion stehende Abschlußwerk, das mit 186 Seiten die mit Abstand umfangreichste Publikation des Autors darstellt.

Nussberger (1898-1996) war als Autodidakt (kaufmännische Lehr-, keine Universitätsausbildung) vor allem ein Mann der Praxis, der von 1929 bis zu seiner Pensionierung 1965 als »Administrator« (Leiter der Inseratenabteilung) des in Bern (Schweiz) ansässigen Druck- und Verlagsunternehmens Hallwag AG (Bücher, Zeitschriften [›Automobil-Revue‹], Landkarten) fungierte. Aufgrund seines besonderen Interesses für alle Fragen der Werbung initiierte er 1953 den schweizerischen »Werbe-Club«, dem er bis kurz vor seinem Ruhestand als Präsident vorstand. Fragen des Zusammenhangs zwischen Werbekosten (»Raumpreis« bzw. TLP pro 100 cm^2) und Auflagenhöhe stellen eines der von Nussberger immer wieder bevorzugten Veröffentlichungsthemen dar (1954, 1957a, 1961a,

1961b, 1971, 1984): Die Erkenntnis, daß der »Raumpreis« für Werbung in periodischen Printmedien mit abnehmender Auflage steigt bzw. bei geringauflagigen Zeitungen höher ist als bei hochauflagigen Printprodukten et vice versa, wird in der Kommunikationswissenschaft und der Medienökonomie auch unter dem Stichwort »Anzeigen-Auflagen-Spirale« diskutiert, die als Kausalzusammenhang erstmals vom Soziologen Max Weber 1910 begründet wurde. Aus der Erfahrungspraxis ist inzwischen bekannt, daß Medienunternehmen bei zunehmender Reichweite zwar auch ihre Anzeigen- bzw. Werbepreise erhöhen (können), der mathematische Effekt der TLP/TKP-Formel (Anzeigenpreis: Reichweite [als absoluter Wert] x 1.000), der sich aus der Zunahme des Nenners ergibt, jedoch erheblich stärker durchschlägt als das Ansteigen des Werbepreis(niveaus) im Zähler.

Eine zweite zentrale Beobachtung bzw. immer wieder hervorgehobene These Nussbergers besteht in der »Regression der Herstellungskosten«. Dieses Phänomen wird auch unter dem Stichwort »Fixkostendegression(seffekt)« behandelt, den erstmals der Leipziger Zeitungsforscher Karl Bücher im Jahre 1910 detailliert beschrieben und analysiert hatte: Die Medienproduktion zeichnet sich durch einen im Vergleich zu anderen Branchen überdurchschnittlich hohen Anteil »fixer« Kosten aus (z.B. für Redaktion), die sich (zunächst) unabhängig von der Nachfragemenge ergeben; je größer letztlich die Nachfrage bzw. der Markt ist, um so stärker sinken die fixen Kosten (sogenannte firstcopy-costs) pro Rezipient, weil sich der Fixkostenblock auf eine um so größere (nachgefragte bzw. konsumierte) Menge verteilen kann. Daraus ergeben sich für große Medienunternehmen erhebliche Kostenvorteile gegenüber Kleinbetrieben – so z.B. Nussberger 1971 in seiner »Mechanik der Pressekonzentration«, die andere Konzentrationsursachen aber weitgehend ausblendet.

Nussbergers Perspektive ist nicht so sehr wissenschaftlich orientiert als vor allem pragmatisch angelegt. Dies spiegelt sich auch in dem Buch *Das Pressewesen zwischen Geist und Kommerz* wider, das vorrangig Nussbergers »Lieblingsthemen« aufgreift und nur in Ansätzen eine systematische Grundsatzdiskussion über Medien im Spannungsfeld zwischen »öffentlicher Aufgabe« und ökonomischen Zwängen zu führen versucht. Aktuelle Überlegungen, die den potentiellen Interessens- und Zielkonflikt zwischen publizistischer und wirtschaftlicher Dimension ausleuchten (vgl. Heinrich 1994; Ludwig 1999), greifen denn auch nicht auf Nussbergers (Lebens-)Werk zurück, da es sich – so heißt es seinerzeit in einer Rezension des Buches – »weniger um eine wissenschaftliche Abhandlung als vielmehr um ein engagiertes Plädoyer« handelt (Weigand 1985: 120).

Literatur

Jürgen Heinrich (1994): *Medienökonomie. Bd. 1.* Opladen: Westdeutscher Verlag.

Karl Bücher (1910): Das Gesetz der Massenproduktion. In: *Zeitschrift für die gesamte Staatswissenschaft*, 66. Jg., Nr. 3, S. 429-444

Johannes Ludwig (1999): Medienunternehmer zwischen Kunst und Kommerz. In: Günther Schulz (Hg.): *Geschäft mit Wort und Meinung. Medienunternehmer seit dem 18. Jahrhundert.* München: H. Boldt im Oldenbourg Verlag, S. 23-56.

Ulrich Nussberger (1954): *Die Grundlagen der Zeitungsbetriebswirtschaft.* München: Pohl.

Ulrich Nussberger (1957a): *Der Anzeigenpreis.* Stuttgart: Daco.

Ulrich Nussberger (1957b): Strukturuntersuchungen im Zeitungsbetrieb. In: *Publizistik*, 2. Jg., S. 87-99.
Ulrich Nussberger (1960): Der Kapitalbedarf einer neuen Zeitung. In: *Publizistik*, 5. Jg., S. 544-555.
Ulrich Nussberger (1961a): *Dynamik der Zeitung*. Stuttgart: Daco.
Ulrich Nussberger (1961b): Sind unsere Bezugspreise zu niedrig? In: *Zeitungs-Verlag und Zeitschriften-Verlag*, 58. Jg., H. 18/19, S. 876-883.
Ulrich Nussberger (1966): *Probleme des Zeitungs- und Zeitschriftenverlages*. Stuttgart: Daco.
Ulrich Nussberger (1971): *Die Mechanik der Pressekonzentration*. Berlin, New York: de Gruyter.
Max Weber (1911): Rede auf dem 1. Deutschen Soziologentag. In: *Verhandlungen des Ersten Deutschen Soziologentages vom 19.-22.10.1910 in Frankfurt a. M.* Tübingen: Mohr.
Karl Heinz Weigand (1985): [Rezension]. In: *Publizistik*, 30. Jg., S. 120-121.

Johannes Ludwig

Charles E. Osgood, George J. Suci, Percy H. Tannenbaum (1957): *The measurement of meaning*. Urbana, Chicago, London: University of Illinois Press. 342 Seiten. – Mehrere unveränderte Auflagen.

Obwohl dieses Buch keineswegs einschlägig für die Kommunikationswissenschaft ist, kann man es dennoch mit Fug und Recht zu den Schlüsselwerken zählen, die unser Fach bzw. die methodische Umsetzung von empirischen Studien im Fach maßgeblich beeinflußt haben. Charles Osgood (geb. 1916) ist einer der bedeutenden Psychologen der 1950er Jahre gewesen, der zusammen mit Percy Tannenbaum 1955 mit dem »congruity principle« eine der Konsistenztheorien aufgestellt hat. Im Vergleich zu den anderen Theorien von Fritz Heider, Leon → Festinger (1957) oder Milton Rosenberg (1956) zeichnet sich ihr Ansatz durch komplexe mathematische Formeln aus, mit denen das Ausmaß der kognitiven Konsistenz bzw. Inkonsistenz berechnet werden kann. Percy Tannenbaum hat sich später medienpsychologischen Fragestellungen zugewandt und seinen Schwerpunkt im Bereich der Unterhaltungsfunktion des Fernsehens gesetzt. Seine zusammen mit Dolf Zillmann entwickelte Erregungstransfer-Theorie (excitation transfer) wird im Bereich der Wirkung von Gewalt heute noch vertreten.

The measurement of meaning entstand im Kontext der Sprachpsychologie, die in den 50er Jahren rasante Fortschritte machte, nicht zuletzt bedingt durch die Beiträge der Informationstheorie (beispielsweise → Shannon & Weaver 1949). Sprache vermittelt Bedeutung, und wie diese Bedeutung quantitativ meßbar gemacht werden kann, war der zentrale Gegenstand der Arbeiten in der Autorengruppe, die in den gesamten 50er Jahren fortgeführt wurden. Ausgangspunkt der Überlegungen von Osgood und seinen Mitarbeitern war die sogenannte semantische Differenzierung: »We begin by postulating a *semantic* space, a region of some unknown dimensionality and Euclidian in character. Each semantic scale, defined by a pair of polar (opposite-in-meaning) adjectives, is assumed to represent a straight line function that passes through the origin of this space, and a sample of such scales then represents a multidimensional space.« (S. 25)

Die (subjektive) Bedeutung eines Begriffs, eines Objekts oder Gegenstandes läßt sich also in verschiedene zueinander senkrecht stehende Dimensionen aufteilen und somit differenzieren. Die Dimensionen werden durch Adjektivpaare definiert, die Versuchspersonen vorgelegt werden, so daß diese einem Begriff Bedeutung zuschreiben können. Eine Reihe solcher Gegensatzpaare, in einer empirischen Untersuchung vorgelegt, nannten die Verfasser entsprechend Semantisches Differential. Wie viele Dimensionen notwendig sind, um den Bedeutungsraum hinreichend zu beschreiben, haben sie wie folgt ausgeführt: »To define the semantic space with maximum efficiency, we would need to determine that minimum number of orthogonal dimensions or axes (again, assuming the space to be Euclidian) which exhausts the dimensionality of the space – in practice we shall be satisfied with as many such independent dimensions as we can identify and measure reliably. The logical tool to uncover these dimensions is factor analysis«. (S. 25)

Methodisch gingen die Autoren wie folgt vor: Sie lasen Personen Begriffe vor und baten sie, schnell und spontan ein Adjektiv zu nennen, das ihnen zum Begriff einfällt (z.B. Ofen → warm). Aus diesem Untersuchungsschritt gewannen sie 50 Gegensatzpaare, die den semantischen Raum von Begriffen einigermaßen umfassend abdecken. Mit dem standardisierten Semantischen Differential ließen sie im zweiten Schritt verschiedene Konzepte und Begriffe (Frau, Stein, Symphony, Betrug u.a.) einschätzen. Mit faktorenanalytischen Verfahren konnten die Verfasser dann drei zentrale Dimensionen herausfiltern (evaluation, potency, activity), die den Urteilen der Personen zugrunde liegen. Dabei erklärt der erste Faktor »Bewertung« den größten Teil der Varianz. Der Vorteil des Semantischen Differentials liegt nun darin, daß ganz unterschiedliche Konzepte oder auch Personen beurteilt und auf den gleichen Dimensionen miteinander verglichen werden können (vgl. das Beispiel-Schaubild). Die Ähnlichkeit läßt sich dann mittels eines Distanzmaßes bestimmen, bei dem die Differenzen auf den einzelnen Skalen des Semantischen Differentials quadriert aufsummiert werden.

Schaubild

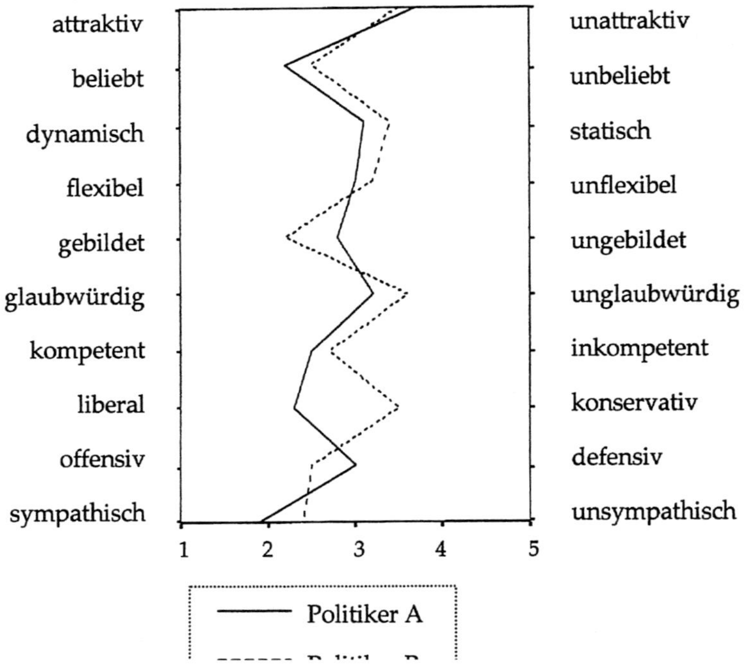

In der empirischen Kommunikationsforschung sind Semantische Differentiale, auch wenn sie kaum den 50 Originalskalen von Osgood und seinen Mitarbeitern entsprechen, häufig verwendete Bausteine in Befragungen und Experimenten. Politiker und Parteien, Sender und Sendungen, Themen und Personen werden mit Hilfe dieses Instruments beurteilt und verglichen. Der standardisierte Gebrauch der Skalen erlaubt es, über die Zeit und über Objekte hinweg Veränderungen zu beobachten. Die drei von Osgood gefundenen Dimensionen Bewertung, Potenz und Aktivität lassen sich in der Regel in den Ergebnissen wiederfinden.

Literatur

Charles E. Osgood, Percy H. Tannenbaum (1955): The principle of congruity in the prediction of attitude change. In: *Psychological Review*, 62. Jg., S. 42-55.
Milton Rosenberg (1956): Cognitive structure and attitudinal affect. In: *Journal of Abnormal and Social Psychology*, 53. Jg., S. 367-372.
Percy H. Tannenbaum, Dolf Zillmann (1975): Emotional arousal in the facilitation of aggression through communication. In: Leonard Berkowitz (Hrsg.): *Advances in experimental social psychology*. Bd. 8. New York, S. 150-192.

Hans-Bernd Brosius

Thomas E. Patterson (1980): *The mass media election. How Americans choose their president.* New York: Praeger. XVI, 200 Seiten.

Thomas E. Pattersons (geb. 1942) Studie *The mass media election* ist eine breit angelegte Untersuchung zum Einfluß der Medien auf die politische Meinungsbildung. Anlass ist die Präsidentschaftswahl in den USA im Jahre 1976. Die Studie setzt sich explizit mit der 36 Jahre vorher veröffentlichten Wahlstudie »The people's choice« (→ Lazarsfeld, Berelson & Gaudet 1944) auseinander, in der die seitdem weitgehend anerkannte These vertreten wurde, daß die Medien keinen genuin verändernden Einfluß auf die Wahlentscheidung ausüben, sondern allenfalls bestehende Einstellungen verstärken können. Pattersons Studie zielt darauf ab, diese Auffassung zu widerlegen.

Zentrales Argument ist, daß der direkte Einfluß der Medien auf die Einstellungen der Wähler in der Tat eher gering ist. Die Bedeutung der Medien liegt jedoch darin, dass sie durch die Art und Weise, wie sie über den Wahlkampf berichten, die Wahrnehmung von Politik prägen. Aufgrund dieser kognitiven Strukturierung fließen nur bestimmte Informationen über die Kandidaten in die politische Meinungsbildung ein, während andere vernachlässigt werden. Die letztendliche Wahlentscheidung kann, so wird vermutet, durchaus unterschiedlich ausfallen, je nachdem auf welchen Informationsaspekten sie beruht. Diese These wurde später mit dem »priming«-Konzept weiter fortentwickelt (→ Iyengar & Kinder 1987). Als wichtige Merkmale der Medienberichterstattung identifiziert Patterson die Bevorzugung von kontroversen Themen mit klarer Pro-contra-Struktur sowie die Betonung von Wettkampfaspekten (»game«) und Wahlkampfstrategien, wodurch die inhaltliche Auseinandersetzung mit den Kandidaten bzw. Parteien in den Hintergrund gedrängt wird. Dagegen sind Politiker nur begrenzt erfolgreich in dem Versuch, ihre Agenda durchzusetzen und Themen in den Mittelpunkt zu stellen, die konsensual sind und eine möglichst große Anzahl von Wählern zu integrieren. Die Folge ist, daß – wie der Titel der Studie *The mass media election* impliziert – Wahlkämpfe immer mehr zu Medienwahlkämpfen werden. Die Dominanz der Medien in der Wahlkampfkommunikation wird durch institutionelle Kontextbedingungen noch verstärkt. Das US-amerikanische System der Vorwahlen (»primaries«), in denen nicht die Parteien, sondern die Wähler über die Auswahl der Kandidaten entscheiden, erhöht die Bedeutung von Medienpräsenz zu einem sehr frühen Zeitpunkt des Wahlkampfes.

Die These von einer reduzierten und verzerrten Sichtweise der Medien auf das politische Geschehen durchzieht das Werk des Autors wie ein roter Faden. Sie ist bereits in der Vorgängerstudie »The unseeing eye« (Patterson & McClure 1976) angelegt und setzt sich bis in jüngere Veröffentlichungen, insbesondere »Out of order« (Patterson 1993), fort. Der Autor lehrt heute Politikwissenschaft mit dem Schwerpunkt »Government and the press« an der J.F. Kennedy School of Government, Harvard University, USA.

Die empirische Untersuchung von *The mass media election* beruht auf einem umfassenden Forschungsdesign, das Bevölkerungsumfrage und Inhaltsanalyse miteinander verknüpft. Für die Umfrage wurde bewußt auf eine nationale repräsentative Erhebung verzichtet. Statt dessen wurden in zwei soziodemographisch unterschiedlichen Gemeinden (Erie, PA, und Los Angeles, CA) Panelumfragen durchgeführt. Das vollständige Panel bestand aus 1.236 Befragten, die insgesamt siebenmal befragt wurden. Die regionale Begrenzung ermöglichte es, eine Inhaltsanalyse aller Medien durchzuführen, die die Befragten tatsächlich nutzten. Das Erhebungsinstrument erfaßt nicht nur, wie beispielsweise in Agenda-setting-Studien üblich, die thematischen Schwerpunkte, sondern vor allem Darstellungsmerkmale der Medienberichterstattung.

Der Vergleich von Medienagenda und Bevölkerungsagenda bestätigt den Einfluß der Medien auf die Wahrnehmung von Politik. Ähnlich wie die Medien stehen auch für die Befragten Wettkampfaspekte und die Frage nach dem Gewinner bzw. Verlierer im Vordergrund. Politische Sachfragen und Ideologien sind dagegen von nachgeordneter Bedeutung. In gleicher Weise ist auch die Wahrnehmung der Kandidaten von der Schwerpunktsetzung der Medienberichterstattung geprägt. Hier dominieren Stilelemente und Persönlichkeitsmerkmale, während politische Aspekte wie Kompetenz und Positionen nur eine geringe Rolle spielen. Im Vergleich von Fernsehen und Zeitungen zeigt sich ein deutlich höheres Informationspotential der Printmedien. Dieser Effekt ist bei politisch interessierten Befragten ausgeprägter als bei wenig interessierten. Die in »The people's choice« (→ Lazarsfeld, Berelson & Gaudet 1944) vertretene Annahme, dass bestehende Überzeugungen einen Schutzwall gegen den Einfluß der Medien darstellen, kann in *The mass media election* nicht bestätigt werden. Die Wähler verhalten sich wie passive Zuschauer und sind nicht aktiv in das politische Geschehen involviert. Diese Passivität ist die Voraussetzung dafür, daß die Medien einen erheblichen Einfluß auf die Wahrnehmung von Politik ausüben können.

Literatur

Thoams E. Patterson (1993): *Out of order*. New York: Alfred Knopf.
Thomas E. Patterson, Robert D. McClure (1976): *The unseeing eye. The myth of television power in national politics*. New York: Putnam.

Katrin Voltmer

Alfred Peters (1930): *Die Zeitung und ihr Publikum. Grundlegung einer Soziologie der Zeitung*. Dortmund: Fr. Wilh. Ruhfus. VII, 174 Seiten.

Die zeitungswissenschaftliche Theoriebildung, die sich im deutschen Sprachraum der 1920er Jahre durchzusetzen begann, beschrieb ihren Forschungsgegenstand historisierend, als statisches Druckwerk, das mächtig wirken kann, um überwiegend moralisch bewertet zu werden. Gegen Ende des Jahrzehnts unternahmen vereinzelt sozialwissenschaftlich ausgebildete Nachwuchsforscher in dem dünnbesiedelten Fach Zeitungswissenschaft den Versuch, die Zeitung, auch Film und Rundfunk, als dynamische Kommunikationsprozesse zu untersuchen und zu deuten. Mit ihren neuartigen theoretischen und methodischen Konzeptionen stießen sie bei den wenigen zeitungswissenschaftlichen Professoren auf Desinteresse, wenn nicht auf Ablehnung. Dies hatte hochschulpolitische Folgen. Keiner der jungen Wissenschaftler machte eine zeitungs- bzw. eine publizistikwissenschaftliche Karriere – zumindest nicht in Deutschland. Nach heutigem Kenntnisstand (vgl. Averbeck 1999) hat sich das Fach durch die Ignorierung solch alternativer Forschungsvorstellungen eines Fortschritts begeben, der beeindruckt, vergleicht man die Ansätze mit dem, was zur gleichen Zeit in Amerika die sozialwissenschaftliche Kommunikationsforschung noch nicht entwickelt hatte. Alfred Peters (1888-1974) gehört zu dieser »verlorenen Generation« sozialwissenschaftlicher Zeitungswissenschaftler (Rühl 1987).

Peters hatte u.a. bei Leopold von Wiese und Max Scheler in Köln studiert und wechselte 1931 als Dozent für Zeitungswesen an die Hochschule für Welthandel in Wien. Ab 1940 lehrte er auch an der dortigen Universität. Unter den Bedingungen der Zeitungswissenschaft im »Dritten Reich« hat er keine Veröffentlichungen mehr vorgelegt, sich jedoch in seinen Lehrveranstaltungen an die Fachdiktion einer »Führungswissenschaft« angepaßt. Nach 1945 gelang ihm der Anschluß an das Fach – abgesehen von einer Lehrtätigkeit an der von der amerikanischen Militärregierung eingerichteten »Ersten Deutschen Journalistenschule« in Aachen – nicht mehr (vgl. Averbeck 1999).

Die Zeitung und ihr Publikum, das Hauptwerk seines letztlich schmalen (nicht dünnen!) Œuvres, ist ein makroperspektivisch angelegter Theorieentwurf. Alfred Peters positioniert darin die Zeitung als »Kommunikationsmittel« zwischen die Öffentlichkeit als »Stoffbereich öffentlicher Interessen« und die Öffentlichkeit als »Publikum der Zeitung«. Nach seinen beiden Dissertationen über die Themen »Begriff des Sports« (1925) und »Technische und ökonomische Rationalität« (1926) ist *Die Zeitung und ihr Publikum* als eine Lehrschrift für die »nach jahrhundertelanger Pause neuerdings wieder lebhaft aufblühende« Zeitungswissenschaft als »Grundlegung [...] nach der soziologischen Seite«. Mit Georg Simmels Theorie sozialer Differenzierung (Simmel 1966/1890) vertrat Peters die Auffassung, daß sich neben Soziologie, Ökonomie und Religionswissenschaft auch die Zeitungswissenschaft zu einer eigenständigen Disziplin entwickelt habe. Die Kennzeichnung der Zeitungswissenschaft als »Soziologie des Schrifttums« darf dabei nicht irritieren. Eine bloße Bindestrich-Soziologie war jedenfalls nicht gemeint.

Peters befreite seine sozialwissenschaftliche Argumentation von umgangssprachlichen Begriffen. So mied er einen alltagssprachlichen Zeitungsbegriff, weil er ihn von praktischen Interessenten auf zufällig ausgewählte Merkmale reduziert sah. Das »Kulturinstrument« Zeitung sei als Evolutionsergebnis gesellschaftlicher Kommunikation weder rechtlich noch staatlich zu legitimieren, »einzig durch die Tatsache der Befriedigung eines vorliegenden Bedürfnisses«. Die Zeitungen setzen ihre Nachrichten und Meinungen auf Märkten ab, auf denen sie gleichzeitig, um wirtschaftlich unabhängig zu bleiben, Inserate als Finanzierungsgrundlage beschaffen. Die Organisationsform der Zeitung diene als Struktur, um Autonomie elastisch handhaben zu können. Die Zeitungsorganisation besteht für Peters in keinem Falle aus Menschen. »Der Redakteur geht eben nicht als Mensch, nicht in seiner unmittelbaren, sozial aufgelockerten Menschlichkeit in die hier gemeinte Relation ein. Vielmehr erscheint er als der Funktionär der sozialen Beziehungen von Öffentlichkeit zu Öffentlichkeit.« Aus welchen Elementen die Zeitungsorganisation statt dessen besteht, darüber läßt uns Alfred Peters im unklaren.

Die methodisch historisierende Zeitungswissenschaft identifiziert die Zeitung als Wesen und beschreibt sie durch Wesensmerkmale, die nach Gattungen und Arten klassifiziert werden (→ Groth 1928-1930). Peters beobachtet die Zeitung – die er mitunter »Publizistik« nennt – als eine Ganzheit, aber nicht als Ding an sich mit zeit- und gesellschaftsunabhängigen Eigenschaften und Merkmalen. Makroperspektivisch ist Zeitung für Peters ein Prozeß öffentlicher Kommunikation, der durch Organisationen, Märkte und Publikum strukturiert wird, geleitet von einer unpersönlichen, nicht vertraulichen »Mittlerfunktion im öffentlichen Leben«. Die »logische Einheit Zeitung« als »formales Prinzip« verbindet und beeinflußt die Öffentlichkeit einerseits als »Stoffbereich öffentlicher Interessen« und andererseits als »Publikum der Zeitung«, und zwar wechselseitig. Den Publika als »besonderen Kulturkreisen« gilt vornehmlich die Aufmerksamkeit von Peters. Er nennt, im Vergleich, den Inhalt des Buches »künstlerisch«, die Darbietungen der Zeitung dagegen »vulgär«, will sagen: »auf den Tag berechnet«. Über die spezifische Mittlerfunktion der Zeitung als System in einer mehrgestaltigen Öffentlichkeit (heute würden wir wohl von einer sozialen Umwelt sprechen) sowie über die Wege ihrer Selbsterhaltung erfahren wir von Alfred Peters nichts Näheres.

Robert E. Park und Ernest W. Burgess (^{3}1969), prominente Vertreter der Chicago School, veröffentlichten 1921 einen Reader mit soziologisch-publizistischen Texten, der in den USA als das erste sozialwissenschaftliche Lehrbuch eingestuft wird (vgl. Rühl 1999). Walter Schönes »Die Zeitung und ihre Wissenschaft« (→ Schöne 1928) wird als »das erste Lehrbuch der Zeitungswissenschaft« und Alfred Peters *Die Zeitung und ihr Publikum* als »die erste Soziologie der Zeitung« bezeichnet (→ Lerg 1970). Peters opponierte entschieden Walter Schönes These, die Zeitung sei in erster Linie ein Wirtschaftsunternehmen und die Zeitungswissenschaft sei eine »Interessentenwissenschaft«, die sich von interessierten Gruppen unterhalten ließe. Wäre dem so, meint Peters, dann bestünde kein begründeter Anlaß, eine eigenständige »Wissenschaft von der Zeitung« anzustreben.

Literatur

Stefanie Averbeck (1999): *Kommunikation als Prozeß. Soziologische Perspektiven in der Zeitungswissenschaft 1927 - 1934*. Münster: Lit.

Robert E. Park, Ernest W. Burgess (³1969): *Introduction to the science of sociology, Including the original index to basic sociological concepts* (1921). With an Introduction by Morris Janowitz. Chicago, London: University of Chicago Press.

Alfred Peters (1925): *Der Begriff des Sports. Die geistige Haltung des Sports sonderlich gegenüber der des Spiels und der des Kampfes*. Phil. Diss. Universität Köln. [Buchhandelsausgabe unter dem Titel »Psychologie des Sports«. Leipzig: Neuer Geist Verlag 1927]

Alfred Peters (1926): *Technische und ökonomische Rationalität*. Staatswiss. Diss. Universität Köln (Köln: Druckerei der Kölner Studentenburse 1929).

Manfred Rühl (1987): Eine funktionale Sichtweise in der Publizistikwissenschaft – vor Parsons, Merton et al. Anmerkungen zum Werk Alfred Peters. In: Manfred Bobrowsky, Wolfgang R. Langenbucher (Hrsg.): *Wege zur Kommunikationsgeschichte*. München: Ölschläger, S. 183-199.

Manfred Rühl (1999): *Publizieren. Eine Sinngeschichte der öffentlichen Kommunikation*. Opladen: Westdeutscher Verlag.

Georg Simmel (1966): *Über sociale Differenzierung. Sociologische und psychologische Untersuchungen* (1890). Neudruck: Amsterdam: Liberac.

Manfred Rühl

Heinz Pohle (1955): *Der Rundfunk als Instrument der Politik. Zur Geschichte des deutschen Rundfunks von 1923/38*. Hamburg: Verlag Hans Bredow-Institut. 480 Seiten.

Die Hamburger Dissertation von Heinz Pohle (1920–1996) zählt – neben der nahezu gleichzeitig entstandenen Arbeit Hans Bauschs »Der Rundfunk im politischen Kräftespiel der Weimarer Republik« (→ Bausch 1956) – zu den ersten wissenschaftlichen Arbeiten der Nachkriegszeit, die sich mit der Vor- und Frühgeschichte des deutschen Rundfunks befaßten. Pohle, der keine wissenschaftliche Laufbahn einschlug, sondern im Spiegel-Verlag Karriere machte, hörte allerdings nicht bei der Zäsur 1932/33 auf, sondern führte die Untersuchung im zweiten, längeren Teil seines Buches bis an die Schwelle des Zweiten Weltkriegs fort. Betreut wurde er von dem Hamburger Zeithistoriker Egmont Zechlin, der seinerzeit das Hans-Bredow-Institut leitete. Auch die befragten Zeitzeugen beeinflußten Pohles Sicht der Dinge, namentlich der ehemalige Rundfunk-Kommissar des Reichspostministers Hans Bredow (für die Weimarer Zeit) und Hans-Joachim Weinbrenner, einst Referent im Reichsministerium für Volksaufklärung und Propaganda, später ein Vertrauter Bredows (für die NS-Zeit).

Jenseits der Zeugenbefragung wertete der Autor eine für damalige Verhältnisse beeindruckende Anzahl von Periodika und Monographien aus, allerdings – anders als Bausch – keine Akten. Bemerkenswert in diesem Zusammenhang ist zweierlei: Bei Pohle wurde erstmals deutlich, wie hilfreich eine systematische Auswertung von Zeitschriften für die Rundfunkgeschichte, speziell die Programmgeschichte des Rundfunks, sein kann. Und der Autor erkannte die Notwendigkeit, angesichts des Gegenstands interdisziplinär zu forschen, auch wenn er Psychologie, Soziologie und Publizistik nur als »Hilfswissenschaften der historischen Forschung« ansah. Immerhin stützte er sich, besonders in den Passagen über die nationalsozialistische Propaganda und deren Wirkung, auch auf Grundlagenliteratur zur Wirkungsforschung, beispielsweise Mertons »Mass persuasion« (→ Merton 1946).

Der zeitlich weit gesteckte Rahmen seiner Untersuchung und sein Wissen um die parallelen Forschungen von Bausch veranlaßten Pohle, sich in jenen Passagen, in denen er sich thematisch mit Bausch überschnitt, kurz zu fassen. Die Auseinandersetzungen zwischen Reich und Ländern Mitte der 20er Jahre beispielsweise handelte er auf ganzen zwei Seiten ab. Andererseits ergänzte er das von Bausch gezeichnete Bild gerade in jenen Punkten, die bei Bausch – wegen dessen anderer Quellenbasis – tendenziell zu kurz kamen. So widmete Pohle dem »Ruf der Hörerschaft nach einem ›politischen Rundfunk‹« und der »Stellung der Intendanten zur Politisierung des Rundfunkprogramms« eigene Kapitel. Ausführlich und relativ differenziert stellte er auch die politische Vorzeigesendung des Weimarer Rundfunks dar: die »Gedanken zur Zeit«. Pohles 30seitige chronologische Suche nach Spuren politischer Sendungen im Programm von 1923 bis 1932 war beispielhaft und wurde in dieser Breite erst in den 90er Jahren weiter differenziert (vgl. Schumacher 1997). Anerkennenswert ist auch der Versuch, die Aussagen über die politischen Sendungen zumindest statistisch in den größeren Zusammenhang des jeweiligen Gesamtprogramms einzuordnen und das politisch akzentuierte Hörspiel in die Betrachtung einzubeziehen. Ein weiterer Pluspunkt der Arbeit war der Versuch, beispielsweise im Resümee zum Weimarer Rundfunk, über den deutschen Tellerrand hinauszublicken und Vergleiche zur frühen Rundfunkentwicklung in anderen Ländern zu ziehen.

Mit dem gleichen Ansatz wie für die Zeit bis 1932 untersuchte Pohle anschließend auch die Jahre bis 1938. Von der nationalsozialistischen Opposition gegen den Weimarer Rundfunk über den Gleichschaltungsprozeß 1933/34 bis zur Neuordnung des Jahres 1937 zeichnete er die politisch-organisatorische Entwicklung nach, analysierte die Zielsetzungen des NS-Rundfunks und schilderte die »Maßnahmen zur Erfassung weitester Hörerkreise« wie die Entwicklung des »Volksempfängers«. Nach einem Querschnitt durch das Programm mündete die Untersuchung in ein zentrales Kapitel über die »Wirkung des nationalsozialistischen Rundfunks« und die Schlußfolgerung, die NS-Propaganda habe – vor allem über den Rundfunk – eine »Scheinwelt« errichtet, in der die »Masse des deutschen Volkes« gelebt und mit deren Zielen sie sich mehr oder weniger identifiziert habe.

Pohles Ausführungen bildeten bis Ende der 1970er Jahre die einzig ernstzunehmende Überblicksdarstellung über den NS-Rundfunk bis 1938 und wurden für den politisch-organisatorischen Bereich erst 1980 durch Ansgar Dillers Monographie zur »Rundfunkpolitik im Dritten Reich« (Diller 1980) überholt. Seine Skizze der Programmentwicklung ist bis heute nicht von einer breiteren und differenzierteren Darstellung abgelöst worden, sieht man von Monographien zu einzelnen Programmsparten wie dem Hörspiel (vgl. Wessels 1985) ab.

Einige Bereiche der Entwicklung vor und nach 1933 hat Pohle aus den beiden ersten Teilen seines Buches ausgegliedert und unter der Überschrift »Der Rundfunk als Instrument der Außenpolitik« in einem dritten Teil zusammengefaßt. Das Themenspektrum dieses Teils reicht von der Gründung des Weltrundfunkvereins über die Grenzlandsender des Weimarer Rundfunks, etwa in Gleiwitz oder Flensburg, bis zur Rolle des Rundfunks im Ätherkrieg gegen Österreich 1933/34 und bei der Saarabstimmung ein Jahr später. Mit diesen Kapiteln hat Pohle ebenfalls Schneisen in den Wald der rundfunkhistorischen Überlieferung geschlagen und erste übersichtlich strukturierte, fundierte Überblicke gegeben. Und auch hier hat es in vielen Fällen Jahrzehnte gedauert, bis die Forschung mit Arbeiten wie denen von Diller oder Schumacher über den Stand von Pohle hinaus gekommen ist.

Literatur

Ansgar Diller (1980): *Rundfunkpolitik im Dritten Reich.* München: dtv.

Renate Schumacher (1997): Radio als Medium und Faktor des aktuellen Geschehens. In: Joachim-Felix Leonhard (Hrsg.): *Programmgeschichte des Hörfunks in der Weimarer Republik.* München: dtv.

Wolfram Wessels (1985): *Hörspiele im Dritten Reich: zur Institutionen-, Theorie- und Literaturgeschichte.* Bonn: Bouvier.

Horst O. Halefeldt

Ithiel de Sola Pool (1983): *Technologies of freedom. On free speech in an electronic age.* Cambridge, MA: The Belknap Press of Harvard University Press. 299 Seiten.

Technologies of freedom stammt wie »Talking back« (1973) und »The social impact of the telephone« (1977) aus einer Reihe von Büchern, die Ithiel de Sola Pool über die Wechselwirkungen zwischen den neuen Medien, dem politischen System und der Kultur in Amerika publiziert hat. Sein letztes Buch zu diesem Thema, »Technologies without boundaries« (1990), erschien erst nach seinem Tod. Pool erkannte den großen dezentralisierenden und fragmentierenden Einfluß, den die neuen, revolutionären Kommunikationstechnologien auf das soziale Leben und die Kultur haben, und sprach in diesem Zusammenhang von einem »weichen Determinismus«. Er begrüßte den Nutzen des technologischen Wandels für die individuelle Freiheit, sah jedoch auch, daß die möglichen Effekte dieser neuen Technologien von gesellschaftlichen Werten abhängig sind. Bennett (1998: 741) beschrieb Pool als einen Visionär: »In his last work, Pool looked into a future that is now our present. Before most people imagined owning a personal computer, Pool imagined a revolution in electronic communication that could free people from the political limits of nation states and the social groups and institutions within them.«

Ithiel de Sola Pool (1917-1984) promovierte 1952 an der Universität von Chicago, die als ein Zentrum sozialwissenschaftlicher Innovationen galt und wo er bei Harold D. Lasswell und Douglas Waples studiert hatte. 1953 wechselte er an das Massachusetts Institute of Technology, wo er die erste Professur für Politikwissenschaft erhielt und das Zentrum für Internationale Studien gründete. Seine

Forschung und Publikationen sind geprägt vom Glauben an Demokratie, Internationalismus und Patriotismus. Inhaltlich war Pool in vielen Gebieten der Politikwissenschaft, u.a. der Politischen Kommunikation sowie der Humankommunikation und der Wissenschafts- und Technologie-Politik zu Hause. Revolutionäre Bewegungen interessierten ihn genauso wie die Prozesse des friedlichen sozialen Wandels und der Einfluß der Medien auf deren Erfolg oder Mißerfolg. Die berühmte Frage, wie viele Face-to-face-Kontakte nötig seien, um zwei beliebige Mitglieder eines Kommunikationsnetzes miteinander zu verbinden, stammt genauso von Pool wie die Frage nach der Zahl der amerikanischen Bürger, die als »politisch aktiv« bezeichnet werden können. Das Instrumentarium der Sozial- und Verhaltenswissenschaften erweiterte er im Bereich der qualitativen Inhaltsanalyse und um die Methode des Zusammenspielens von Querschnittdaten zu Super-Samples.

In den ersten vier Kapiteln von *Technologies of freedom* führt Pool seine Leser durch den 500 Jahre dauernden Kampf um das Recht der freien Meinungsäußerung und eine freie, unlizenzierte, unzensierte und unkontrollierte Presse. Auf dem Höhepunkt der vom Staat befreiten Massenpresse sieht er neue Technologien der elektronischen Kommunikation entstehen, von denen die alten, freien Medien an den Rand der gesellschaftlichen Kommunikation gedrängt werden. In den folgenden vier Kapiteln beschreibt Pool die Veränderung des Marktes durch die neuen Medien, den Prozeß der Konvergenz, die Problematik der Eigentumsverflechtungen und den zweifelhaften Rechtsstatus der technischen Übertragungsmedien. Pool beklagt, daß diese neuen Medien die rechtliche Immunität gegen die Einflußnahme des Staates nicht von den traditionellen Medien geerbt haben und daß im Zeitalter der Drähte, Radiowellen, Satelliten und Computer die Regulierung von Kommunikation als technische Notwendigkeit gesehen wird, die das gerade errungene Recht der freien Rede gefährdet. Dabei leiden nicht nur die neuen Medien unter dem fehlenden Schutz des ersten Zusatzes der amerikanischen Verfassung, der die Freiheit der Meinungsäußerung und der Presse beinhaltet, auch die traditionellen Medien werden durch die Veränderungen im Mediensystem in ihren Freiheiten bedroht.

Pool schreibt (S. 226): »Speech will not be free if these [die elektronischen Medien; Anmerkung der Autorin] are not also free. The danger is not of an electronic nightmare, but of human error«. Die »Technologien der Freiheit« ermöglichen eine weltweite Kommunikation, die nicht länger von Zeit, Raum, Politik und Kultur limitiert wird. Gerade diese Freiheit sieht Pool jedoch durch die Politik bedroht. Seiner Einschätzung nach treffen Regierungen regelmäßig große politische Fehlentscheidungen, die zumeist auf einer falschen Kategorisierung der Medien beruhen. Einer seiner größten Kritikpunkte ist die andauernde Unterscheidung zwischen Printmedien und elektronischen Medien, die die Entwicklung integrierter Kommunikationssysteme behindert, Monopole schafft und die Freiheit der individuellen Auswahl zwischen den Medien sowie den persönlichen Zugang zu den Medien begrenzt. Als heute schon beinahe historisches Beispiel für die Beschränkung der freien Massenkommunikation hebt Pool das lizenzierte, werbefinanzierte und durch die Zahl der Kanäle limitierte amerikanische Fernsehsystem hervor und begrüßt das anbrechende Zeitalter von Pay-

TV, Video-Kassetten und Disketten, in dem den Zuschauern endlich die freie Wahl gelassen wird.

Das Problem der zunehmenden staatlichen Regulierung der Kommunikation hält Pool auch aufgrund der wachsenden Bedeutung der Information für das Leben der Individuen einschließlich des Entstehens von Arbeitsplätzen im Informations- und Kommunikationssektor für alarmierend: »The onus is on us to determine whether free societies in the twenty-first century will conduct electronic communication under the conditions of freedom established for the domain of print through centuries of struggle, or whether that great achievement will become lost in a confusion about new technologies.« (S. 10) Im letzten Kapitel von *Technologies of freedom* fordert er deshalb u.a. die Anwendung des ersten Verfassungszusatzes auf alle Medien, das Recht zum Publizieren für jeden Bürger, kein vorschnelles Eingreifen der Legislative, sondern die Regulierung als letzte denkbare Maßnahme sowie die Anwendung des bestehenden Copyrights auf das »electronic publishing«.

Pools letzte Voraussage (1990: 262) lautete, daß die neuen Technologien und Möglichkeiten der Kommunikation den Individualismus fördern und es erschweren statt erleichtern würden, eine kohärente Gesellschaft zu regieren und zu organisieren. Putnam (1995: 680f.) warnte beim Rückblick auf die sich sehr schnell bestätigenden Prophezeiungen Pools, daß dieselben die individuelle Freiheit fördernden Technologien durch den Rückgang sozialer Kontakte zu einer ernsten Bedrohung für die Gesellschaft werden könnten. Er forderte eine weitergehende Diskussion weniger über die Frage, inwieweit neue Technologien die Individualisierung des Lebens voranbringen könnten, sondern vielmehr darüber inwieweit ein solcher Effekt wünschenswert sei bzw. wie ihm begegnet werden könne. Bezogen auf die Zukunft des politischen Systems der Vereinigten Staaten hatte Pools Schüler Popkin (1991: 226ff.) argumentiert, daß die wachsende Bedeutung des Fernsehens und der damit einhergehende Rückgang sozialer Interaktionen den politischen Diskurs in Amerika schädigten. Positiver als Popkin und somit ganz in der Tradition Pools stellte Bennett (1998: 758) die Frage, wie Kommunikationstechnologien für die Reflexions-, Meinungsbildungs- und Entscheidungsprozesse von Gesellschaften nutzbar gemacht werden können, die sich – wie die Vereinigten Staaten – mehr als je zuvor in ihrer Geschichte auf dem Weg zu einer direkten Demokratie befinden.

Literatur

Lance W. Bennett (1998): The unCivic culture: Communication, identity, and the rise of lifestyle politics. In: *Political Science and Politics*, 31. Jg., S. 741-761.

Ithiel de Sola Pool (Hrsg.) (1973): *Talking back. Citizen feedback and cable technology*. Cambridge, MA: Massachusetts Institute of Technology Press.

Ithiel de Sola Pool (Hrsg.) (1977): *The social impact of the telephone*. Cambridge, MA: Massachusetts Institute of Technology Press.

Ithiel de Sola Pool (1990): *Technologies without boundaries: On telecommunication in a global age*. Cambridge, MA: Harvard University Press.

Samuel L. Popkin (1991): *The reasoning voter*. Chicago: University of Chicago Press.

Robert D. Putnam (1995): Tuning in, tuning out: The strange disappearance of social capital in America. In: *Political Science and Politics*, 28. Jg., S. 664-683.

Michaela Maier

Henk Prakke (1968): *Kommunikation der Gesellschaft. Einführung in die funktionale Publizistik.* Münster: Regensberg. 172 Seiten.

Das Buch entstand als Gemeinschaftswerk von Hendricus J. Prakke (1900-1992) und seiner Mitarbeiter Winfried B. Lerg (1932-1995), Michael Schmolke (geb. 1934) und Franz W. Dröge (geb. 1937) am Institut für Publizistik der Universität Münster und erschien als Band 2 der Schriftenreihe »dialog der gesellschaft«. Prakke war im Hauptberuf Verleger und leitete das Institut als »spätberufener« Akademiker von 1960 bis 1969. Mit dem Buch verfolgte er einen doppelten Zweck, nämlich die Vorlage einer publizistikwissenschaftlichen Bestandsaufnahme und die institutionelle Konsolidierung des Fachs. Deshalb deklarierte er es programmatisch als »selbständige Fortsetzung von Walter Hagemanns 'Grundzügen der Publizistik'« (S. 7) (→ Hagemann 1947), die von ihm kurz zuvor (1966) als erster Band derselben Schriftenreihe neu herausgegeben worden waren.

Das Buch ist (neben → Maletzke 1963) einer der ersten deutschsprachigen Versuche, den Erkenntnisstand wichtiger amerikanischer Fachliteratur zu integrieren. Im gleichzeitigen Bemühen um Kontinuität und Innovation ordnen und deuten die Verfasser viele vorliegende Ansätze und Befunde auf damals unkonventionelle Weise und geben Anregungen zu weiterführender Forschung. Sie wollen ausdrücklich nur Wege zu einer kommunikationswissenschaftlichen Theorie aufzeigen, aber selbst noch keine vorlegen. Gleichwohl war die Monographie ganz offensichtlich als Lehrbuch gedacht, denn im Anhang finden sich ein Glossar von immerhin 93 Begriffen und zwei umfangreiche Personen- und Sachregister; allerdings fehlt seltsamerweise ein Literaturverzeichnis.

Die einzelnen Kapitel tragen deutlich verschiedene Handschriften: So ist das erste (»Vom Sinn der Publizistik«) ist ein fast unveränderter Abdruck eines Vortrags, den Prakke bereits drei Jahre zuvor publizierte hatte (vgl. Prakke 1965). Er widmet er sich darin der kulturgeschichtlichen Rolle der Publizistik, wobei er sich vor allem auf seinen Groninger Lehrer Pieter J. Bouman (1938) und den Funktionalisten Bronislaw Malinowski (1946) stützt. Mit den Begriffen Zeitgeist und Lebensgefühl, Weltbild und Weltwertung versucht er, Beziehungen zwischen sozialen und Kommunikationssystemen sowie langfristige Veränderungen der öffentlichen Meinung zu erfassen, und den Sinn der Publizistik lokalisiert er in ihrer dreifachen Zielsetzung Erzählen, Bezeugen und Überzeugen, »indem und insoweit sie sich bezeugend der historischen Wahrheit, überzeugend der weltanschaulichen Wahrheit und erzählend der dichterischen Wahrheit verpflichtet weiß.« (S. 25)

Im Anschluß daran tragen die Autoren theoretische Bausteine zur Analyse des sozio-kulturellen Kontextes von Publizistik zusammen, präsentieren dazu einen heuristisch fragwürdigen und mathematisch anfechtbaren Formalisierungsversuch, skizzieren die Geschichte des Fachs, stellen sich in die Tradition systemtheoretischer Ansätze (speziell von Lasswell 1948 und Schramm 1954) und entwerfen ein zeichentheoretisches Kommunikationsmodell. Mit dem dialektischen Konzept der »Spiegelung und Prägung« (S. 92 ff.) kritisieren sie außerdem monokausale Wirkungsvorstellungen und lösen den scheinbaren Widerspruch von Reflex- und Kontrollhypothese auf.

Im dritten und letzten Kapitel stellen sie dann ihr eigenes funktionalistisches Kommunikationsmodell vor (S. 101), das die bis dahin erörterten Aspekte integriert und systematisch miteinander verknüpft, und seine Bausteine werden nach Maßgabe einer neungliedrigen lateinischen Frageformel näher erläutert und verschiedenen Forschungsbereichen zugeordnet. Der berühmte Merkspruch Lasswells wird hier um einen prozessualen Faktor des Kommunikationssystems (quo modo) und drei nichtprozessuale Faktoren des soziokulturellen Systems (ubi, cur, quando) erweitert, wobei die Autoren ausdrücklich ein »dynamisches Systemdenken« postulieren (S. 104), also die Annahme interdependenter Beziehungen und Prozesse zwischen allen Faktoren – eine vielfach übersehene Antizipation späterer Wirkungsmodelle, namentlich des dynamisch-transaktionalen Paradigmas (vgl. Schönbach & Früh 1984).

Umstritten sind freilich einige erkenntnisleitende Prämissen der Autoren: die Definition zwischenmenschlicher Kommunikation als Dialog und (erwartungsgesteuerten) Austausch, die verallgemeinernde Übertragung dieses Grundmusters auf massenkommunikative Prozesse und die Betrachtung von Publizistik als soziales System, ohne seinen spezifischen Funktionscode zu benennen (wie überhaupt der Funktionsbegriff noch recht vage bleibt; vgl. S. 156). Diese (aus heutiger Sicht) Merkwürdigkeiten und Defizite erklären sich wohl zum einen aus der problematischen Übersetzung des niederländischen Begriffs »samenspraak« in »Zwiegespräch« (vgl. Prakke 1965) und zum anderen aus Prakkes theoretischer Orientierung am klassisch-normativen Strukturfunktionalismus (vgl. auch Hemels, Kutsch & Schmolke 2000).

Literatur

Pieter J. Bouman (1938): *Van Renaissance tot Wereldoorlog*. Groningen: E. P. Noordhoff.
Joan Hemels, Arnulf Kutsch, Michael Schmolke (Hrsg.) (2000): *Entgrenzungen. Erinnerungen an Henk Prakke*. Assen: Van Gorcum.
Harold D. Lasswell (1948): The structure and function of communication in society. In: Lyman Bryson (Hrsg.): *Communication of ideas*. New York: Institute for Religious and Social Studies.
Bronislaw Malinowski (1946): *The dynamics of cultural change*. New Haven, CT: Yale University Press.
Klaus Merten (1971): [Rezension]. In: *Publizistik*, 16. Jg., S. 438-440.
Hendricus J. Prakke (1957): *De Samenspraak in onze Samenleving*. Assen: Van Gorcum.
Henk Prakke (1965): *Vom Sinn der Publizistik*. Assen: Van Gorcum.
Klaus Schönbach, Werner Früh (1984): Der dynamisch-transaktionale Ansatz II. Konsequenzen. In: *Rundfunk und Fernsehen*, 32. Jg., S. 314-329.
Wilbur Schramm (1954): How communication works. In: Wilbur Schramm, Donald F. Roberts (Hrsg.): *The process and effects of mass communication*. Urbana, IL: University of Illinois Press, S. 3-26.

Joachim Westerbarkey

Harry Pross (1970): *Publizistik. Thesen zu einem Grundcolloquium.* Neuwied und Berlin: Luchterhand. 161 Seiten.

Das Buch mit dem anspruchsvollen und programmatischen Titel *Publizistik* ist – nach Angaben des Autors – im studentenbewegten Berlin des Jahres 1969 anstatt einer »herkömmlichen Einführungsvorlesung« in Form eines Colloquiums entstanden. Die von Harry Pross in Thesenform vervielfältigten Texte wurden in Arbeitsgruppen diskutiert und wieder ins Plenum zurückgetragen. Der Text enthält »aphoristisch formulierte Antworten auf diese Herausforderung, in einer emotional aufgewühlten und von der Polizei umstellten, gleichwohl freien Universität Grundsatzfragen zu erörtern.« (S. 6) Ein Jahr vor dem Erscheinen des Buches war Harry Pross (geb. 1923) nach einer mehr als zwanzigjährigen publizistischen Tätigkeit auf den Lehrstuhl für Publizistikwissenschaft der Freien Universität Berlin berufen worden, wo er bis zu seiner Emeritierung 1983 lehrte (vgl. Pross 1993, 1997).

In 140 Paragraphen befaßt sich Pross mit den anthropologischen und begrifflichen Voraussetzungen der Publizistik (Teil 1), dem Zusammenhang von Publizistik und Geschichte (Teil II), dem »publizistischen Prozeß« und entwickelt in einem abschließenden dritten Teil »Ansätze zu einer Methodik«. Publizistik wird als »kritische« Disziplin innerhalb der Sozial-, Kultur- oder Geisteswissenschaften angesiedelt und in enger Verbindung mit der Kybernetik, den Sprach- und Musikwissenschaften, Psychologie und Physiologie, Pädagogik, Soziologie, Politologie, Jurisprudenz und Historik gesehen (S. 16). Kommunikationstechnik und Kommunikationspolitik werden als Hauptthemen der Publizistikwissenschaft betrachtet.

Mit seinem Axiom »Der Mensch entsteht durch Kommunikation«, einer Formulierung, die im damaligen Berlin viel Kritik von Studierenden nach sich zog, die gerade begonnen hatten, Feuerbach und Marx zu lesen, markiert Pross eine anthropologische Position, die viel Ähnlichkeiten mit späteren Luhmannschen Positionen ausweist. Kommunikation wird mit dem Beginn des Lebens verbunden und – als gesellschaftliche Kommunikation – innerhalb eines »Parallelogramms« zwischen Selbst- und Fremdbestimmung verortet. Zwei wichtige Kommunikationsvoraussetzungen werden als Beweglichkeit und Sprache identifiziert. Sprache wird dabei als Tätigkeit begriffen und so konzipiert, daß verbale und nonverbale Ausdrucksweisen wie Gestik, Mimik, Gefühlsausdruck, »soziale Vereinbarungen« und Normen als deren Konsequenz ausdrücklich einbezogen werden.

Kommunikation wird in Erkenntnis- bzw. Kognitionsprozessen eingebettet und so folgerichtig auf die Produktion, den Transport und Konsum von vermittelter Erkenntnis (S. 38) beschränkt. Öffentlichkeit, Publizieren, publizistische Tätigkeit – z.B. als publizistische Aktion (S. 44) – und der publizistische Apparat (Unternehmen oder Betriebe unter dem Aspekt betrachtet, daß sie Informationen produzieren und transportieren) werden als Grundbegriffe eingeführt. Der publizistische Prozeß wird als »Kräfteparallelogramm« zwischen Autor, Publikationsmittel (Medium) und Publikum, das kommunizierend die publizistische Aktion in Raum und Zeit konkretisiert, konstruiert und in Kategorien der Produktion und des Produkts, des Transports und des Konsums – allesamt ökonomische Kategorien – begrifflich aufgefächert und differenziert.

Publizistik wird mit der Gesamtheit der »öffentlichen Kommunikation« durch Sprache, Zeichensysteme, Schrift, Druck und Bild gleichgesetzt. Innerhalb der Publizistik werden Signale, Texte und Inhalte unterschieden. Damit fundiert

Pross öffentliche Kommunikation zeichentheoretisch. Dies war damals für das Fach in Deutschland wieder recht neu. Allerdings hatte schon 1935 Hans A. Münster mit Rückgriff auf die pressesoziologische Studie von Alfred → Auerbach (1931) der Publizistikwissenschaft, die er als Wissenschaft der »publizistischen Führungsmittel« konzipiert hatte, ein bescheidenes semiotisches Fundament verordnet (vgl. Münster 1935), und verschiedene Fachvertreter (u.a. Otto Groth) hatten sich auf ähnlichen Spuren mit dem Sprachstil der Zeitungen, der Bildsprache und anderen semiotischen Phänomenen beschäftigt. Pross macht für diese semiotische Orientierung, die er in späteren Werken ausbaut, differenziert und zu einer Theorie der »Signalökonomie« entwickelt (vgl. Pross 1981), in seiner Autobiographie eigene Lebenserfahrungen mit den »Bündischen« und mit dem »kolossalen Reinfall auf politische Symbolismen« des Nationalsozialismus, seine Begegnung mit Ernst Cassirers »Philosophie der symbolischen Formen«, seine Erfahrungen mit der »Ulmer Semantik« und seine beruflichen Erfahrungen in der Rundfunkarbeit (unablässiger Wechsel der Symbolismen von Sprache und Bild) verantwortlich (vgl. Pross 1993).

Der fundamentale Zusammenhang zwischen Publizistik und Geschichte wird darin begründet, daß jede gegenwärtige Kommunikation gewordene Kommunikation sei. Nach Pross übersetzt Publizistik die »Abläufe von Ereignissen in ein System von Erkenntnissen«. »Sie errichtet Konstruktionen des Nachdenkens über vorausgegangenes Nachdenken, das sich in Einzelabläufen manifestiert hat.« (S. 81)

Auch die Spannung zwischen der Selbst- und der Fremdbestimmung in der Kommunikation wird hier eingebracht, in späteren Werken ausgeführt. Öffentlichkeit bringt Zwänge mit sich, Regierungswissen impliziert Geheimwissen. Öffentliche Kommunikation läßt sich, so Pross, ohne Kategorien wie Macht und Gehorsam, Herrschaft und – daraus abgeleitet – Manipulation nicht denken. Reflexionen zum Verhältnis von Theorie und Praxis sowie zur Kritik (des Konsums, des Produzenten oder des publizistischen Apparats) und deren Gefährdungen (durch Unkenntnis oder Irrtümer) wie zur Interpretation von sozialer Wirklichkeit, die selbst als sozialer und normativ gesteuerter Prozess verstanden wird, ergänzen diesen umfassenden – sprachlich etwas eigenwillig formulierten – Ansatz.

Aus heutiger Perspektive fällt auf, daß Pross in dieser programmatischen Schrift nur wenige der amerikanischen »Väter« der modernen Ausprägung des Fachs (Bernard Berelson, Harold D. Lasswell, Carl I. Hovland), nur drei zeitgenössische deutsche Publizistikwissenschaftler (Henk Prakke, Gerhard Maletzke, Elisabeth Noelle-Neumann) zitiert, sich dafür aber auf eine Vielzahl klassischer griechischer Philosophen und solche der europäischen Aufklärung (Bacon, Thomas von Aquin, Hegel, Kant, John Locke, Plato, Sokrates, Voltaire) bezieht. Seine Berliner Vorgänger Emil Dovifat und Fritz Eberhard, auch Karl Bücher und viele andere Fachvertreter kommen in dieser Schrift nicht vor. Dies war vermutlich Anlaß für den Rezensenten Winfried B. Lerg (1973), dieses Buch als »grenzüberschreitende (Kommunikations-) Philosophie des wissenden Unwissens« zu bezeichnen, die besonders dann Tücken habe, wenn sich ihrer »Nichtwissenschaftler« annehmen.

Das programmatische Werk hat einige Jahre vor allem in der Berliner Publizistiklehre und -Ausbildung eine wichtige Rolle gespielt. Obwohl für publizistische Einführungsbücher recht prominent in der ›Frankfurter Allgemeinen Zeitung‹ und der ›Frankfurter Rundschau‹ rezensiert, wurde das Buch im Fach selbst mit Zurückhaltung aufgenommen. Allerdings sind wesentliche Theoreme und Grundbegriffe der Theorie von Pross über andere seiner Werke breit im In- und Ausland rezipiert worden. Pross hat mit seinem zeichentheoretisch fundierten Ansatz, der hier von ihm zum ersten Mal in Grundzügen dargestellt wird, sowie mit seiner Berücksichtigung von Kategorien wie Zeit, Raum und Macht (Spannung zwischen Selbst- und Fremdbestimmung) theoretische Perspektiven der öffentlichen Kommunikation vorweggenommen, die das Fach erst später aufgenommen und konkretisiert hat.

Literatur

Winfried B. Lerg (1973): [Rezension]. In: *Publizistik,* 18. Jg., S. 101-102.

Hans Amandus Münster (1935): *Zeitung und Politik. Eine Einführung in die Zeitungswissenschaft.* Leipzig: Robert Noske.

Harry Pross (1981): Signalökonomie – Zum Verhältnis von Publizistik und Semiotik. In: Günter Bentele (Hrsg.): *Semiotik und Massenmedien.* München: Ölschläger, S. 50–54.

Harry Pross (1993): *Memoiren eines Inländers 1923–1993.* München, Zürich: Artemis & Winkler.

Harry Pross (1997): Kommunikationstheorie für die Praxis. In: Arnulf Kutsch, Horst Pöttker (Hrsg.): *Kommunikationswissenschaft – autobiographisch. Zur Entwicklung einer Wissenschaft in Deutschland.* Opladen: Westdeutscher Verlag, S. 120–138.

Günter Bentele

R.[obert] E.[duard] Prutz (1845): *Geschichte des deutschen Journalismus. Zum ersten Male aus den Quellen gearbeitet.* Erster Theil. Hannover: Verlag von C. F. Kius. XIII, 456 Seiten. – Faksimiledruck der 1. Ausgabe von 1845 mit einem Nachwort von Hans Joachim Kreutzer. Göttingen: Vandenhoek & Ruprecht 1971. XIII, 456 Seiten.

Das Buch *Geschichte des deutschen Journalismus* von Robert Eduard Prutz ist ständiger Begleiter vieler Arbeiten, die sich mit der deutschen Presse befassen, um so mehr, wenn sie (auch) eine historische Dimension haben. Das dürfte am eingängigen, vielversprechenden Titel liegen. Das Buch scheint ein präsentabler Zeuge dafür zu sein, daß irgendeiner relativ früh den Versuch unternommen hat, eine Gesamtgeschichte zu schreiben. Aber Prutz dient mehr der Vervollständigung der Literaturverzeichnisse, denn als Quelle für spätere Autoren.

Wenn er in pressehistorischen oder -systematischen Arbeiten zitiert wird, dann gern im Vorwort – mit Schmuckzeilen wie etwa jenen, die im vorhinein einen Schutz für den Autor aufbauen: für »Werke dieser Art, von so mühseliger Zusammensetzung, von so erschöpfendem Umfang, bei denen man ohnedies, auch bei der löblichsten Ausdauer, der reinsten Hingebung, dennoch mehr als einmal in Gefahr ist, der schwerfälligen Masse des Stoffes zu erliegen« (S. VI; vgl. Groth 1929: XIV). So mancher Prutz-Nachfolger ist ihr erlegen und er selber auch, denn ein zweiter oder gar dritter Teil ist nie erschienen. Es ist auch – außer für Liebhaber – wenig ratsam, sich der vom Titel suggerierten Hauptmasse des Stoffes heute noch zu bedienen. Sie beginnt dort, wo der essayistische und gelegentlich durchaus theoretische Text der Einleitung sowie auch noch des I. und II. Subkapitels des Ersten Kapitels des Ersten Buches (ab Seite 81) übergeht in eine katalogisierende Erzählung, die interpretierende und kommentierende Elemente enthält: eine Darstellungsweise, wie wir sie aus jüngerer Zeit von Joachim → Kirchner (1958-1962) kennen. Nur daß Kirchner, 75 Jahre jünger als Prutz, aufgrund der Fortschritte seiner Wissenschaft viel mehr wußte, als Prutz trotz seines unerhörten Quellenfleißes überhaupt hätte in Erfahrung bringen können. Sein Katalog reicht von den »Fliegenden Blätter[n] (Relationen) als Vorläufer[n] der Zeitungen« (S. 98) bis zu den ›Miscellanea Berolinensia‹ (1710; S. 422) der Berliner Akadmie der Wissenschaften; danach sollte es – im (nicht mehr geschriebenen) Dritten Kapitel um die »Kämpfe und Übergänge des theologisch-gelehrten in den belletristisch-kritischen Journalismus« gehen.

Warum sich Prutz die mehrjährige Arbeit (1841-1845) angetan hat, ist aus seiner Biographie zu erschließen und aus der Einleitung der *Geschichte* abzulesen.

Geboren und gestorben in Stettin (1816-1872), war Prutz von der Ausbildung her Altphilologe. Seine akademische Karriere wurde durch seine politische Ausrichtung (Hegelorientiert, Kontakte zu den ›Hallischen Jahrbüchern‹) gebremst. Als Habilitand scheiterte er 1847 in Halle, wo er 1849 dennoch eine Professur für deutsche Literaturgeschichte erlangte. Journalist, Poet, Romancier, Dramatiker und dazu ein sehr fruchtbarer wissenschaftlicher Autor. Als solcher war er politisch engagiert, und darin liegt eine der Wurzeln der *Geschichte des deutschen Journalismus*: Er hätte diesen Versuch nicht unternommen, wenn nicht »das politische Interesse maßgebend hinzugetreten wäre« (S. 15). Prutz wird deutlich: »Von dem ganzen Journalismus ist in diesem Augenblick [1845!] nur derjenige wirklich lebendig, der sich [...] auf die politischen Zustände unserer Gegenwart einlässt. Der übrige Journalismus ist todt oder führt nur ein Scheinleben«.

Das politische Motiv wird gelegentlich, aber nicht durchgehend mit den journalismustheoretischen Erörterungen verknüpft, welche die wichtigsten Abschnitte der Einleitung und des I. Kapitels des Ersten Buches füllen. Sie lassen sich in folgenden Punkten zusammenfassen:

(1) Unter »Journalismus« versteht Prutz weniger das Kollektiv der Berufsausübenden oder gar die Printmediensituation seiner Zeit, sondern einen zeitbezogenen permanenten Kommunikationskreislauf, dessen Subjekt nicht die Schreibenden (als Individuen) und auch nicht die Medien sind, sondern die Zeit: »Der Journalismus überhaupt, in seinen vielfachen Verzweigungen und der ergänzenden Mannigfaltigkeit seiner Organe, stellt sich als das Selbstgespräch dar, welches die Zeit über sich selber führt. Es ist die tägliche Selbstkritik, welcher die Zeit ihre eigenen Inhalte unterwirft« (S. 7). Im Unterschied zur Basisformel der Münchener Zeitungswissenschaft (»Zeitgespräch der Gesellschaft«; Aswerus 1960: 5) führt bei Prutz nicht die Gesellschaft dieses Gespräch, sondern die Zeit (der »Weltgeist«?). »Journalismus« ist demnach eine Formel für soziale Kommunikation schlechthin.

(2) Journalismus ist zugleich das Medium der »Theilnahme« des Publikums. »In der Geschichte dieses Instituts [d.h. des Journalismus] erhalten wir zugleich die

Grundzüge zu einer Geschichte des deutschen Publikums, einer Geschichte der öffentlichen Meinung in Deutschland.« Der Journalismus habe die Möglichkeit der Teilnahme geschaffen, »wie er dem Bedürfniß derselben sein eigenes Dasein verdankt« (S. 19) – ein Interdependenz-Konzept, wie es erst hundert Jahre später wieder entwickelt wird.

(3) Journalismus ist geistig »erst mit dem Eintritt der modernen Zeit, und speciell also mit der Reformation« möglich geworden, damit aber auch nötig. Aus der Dialektik von »möglich« und »nötig« entwickelt Prutz seine Theorie vom »Ursprung des Zeitungswesens«: Es sei nicht mehr als zufällig oder willkürlich zu betrachten, sondern »als eine nothwendige Bedingung, ein unentbehrliches Werkzeug, dessen die moderne Zeit ebenso zu ihrer Verwirklichung bedurfte, wie es selbst folgerecht nur im Zeitalter der Reformation [...] entstehen konnte«. Notwendigkeit und »innere« Möglichkeit schaffen die äußeren Mittel: Buchdruck und Post (Zitate: S. 87-89); ein Gedanke, den Prutz gleichzeitig an anderer Stelle in dem schönen Wort vom »geistigen Zustand der Welt« notierte, der »ein solches Mittel allgemeinster Mittheilung [die Buchdruckerkunst] nöthig machte« (Prutz 1845a: 438).

(4) Schließlich war es die historiographische Motivation in der Einleitung, die die *Geschichte des deutschen Journalismus* in ihrem theoretischen Teil wieder aktuell werden ließ: Weg von der Geschichte der Könige, Feldherren, Kriege, Eroberungen, äußeren Schicksale! Hin zur Geschichte der »eigentlichen Zustände des Volkes«: innere Verhältnisse, Entwicklung der Nationalität, Recht, Sitten und Gesetze! Modern gesagt: Weg von der Ereignisgeschichte, hin zur Struktur- bzw. Sozialgeschichte. Prutz nennt das die »Geschichte des Geistes«, jedoch nicht im Sinne der »aristokratisch-ästhetischen Phase«. In seinem »Reich des Geistes« gibt es »kein Unbedeutendes, kein Verachtetes mehr« (Zitate: S. 2-4).

Die vier Argumentationskerne haben zu einer Wiederentdeckung des Robert Eduard Prutz durch die jüngere Diskussion zur Kommunikationsgeschichte geführt: Langenbucher sieht ihn als Historiker und Theoretiker der Unterhaltungsliteratur, Lerg nimmt ihn als Gewährsmann gegen die »leidige 'Medienfixierung'« der publizistischen Geschichtsschreibung in Anspruch, Schmolke sieht in ihm den Vor-Formulierer eines »Bedarfsgesetzes« der gesellschaftlichen Kommunikation (vgl. Langenbucher 1968; Lerg 1977: 13; Schmolke 1999: 80f.).

Für die Kommunikationshistoriker ist Prutz nicht mehr nur ein Säulenheiliger aus der publizistikwissenschaftlichen Ahnenforschung (vgl. → Groth 1948: 172-195), sondern »eine berechtigte Ausgrabung« (Langenbucher 1968: 117).

Literatur

Bernd Maria Aswerus (1960): Typische Phasen gesellschaftlicher Kommunikation = Teil des Beitrags von Hanns Braun: Die Münchener Zeitungswissenschaft bei den Straßburger Diskussionen. In: *Publizistik*, 5. Jg., S. 3-13.

Otto Groth (1929): *Die Zeitung. Bd. 1.* Mannheim, Berlin, Leipzig: J. Bensheimer.

Joachim Kirchner (1958-1962): *Das deutsche Zeitschriftenwesen, seine Geschichte und Probleme.* 2 Bde. Wiesbaden: Otto Harrassowitz.

Wolfgang R. Langenbucher (1968): Robert Prutz als Theoretiker und Historiker der Unterhaltungsliteratur. In: Hans Otto Burger (Hrsg.): *Studien zur Trivialliteratur.* Frankfurt am Main: Vittorio Klostermann, S. 117-136.

Winfried B. Lerg (1977): Pressegeschichte oder Kommunikationsgeschichte? In: *Presse und Geschichte*. München: Verlag Dokumentation, S. 9-24.
J. Mähly (1880): Prutz. In: *Allgemeine Deutsche Biographie* (ADB), Bd. 26, S. 678-682.
Robert E. Prutz (1845a): Über die Unterhaltungsliteratur insbesondere der Deutschen. In: *Literarhistorisches Taschenbuch*, 3. Jg., S. 433-454. [Verfügbar in der von B. Hüppauf herausgegebenen Sammlung: Robert Prutz: Schriften zur Literatur und Politik. Tübingen: Niemeyer 1973.]
Michael Schmolke (1999): Kommunikationsgeschichte. In: Michael Schmolke: *Aufklärung und Aberwissen. Ausgewählte Beiträge zur Publizistik*. München: Reinhard Fischer, S. 71-94.

Michael Schmolke

Janice A. Radway (1984): *Reading the romance. Women, patriarchy, and popular literature*. Chapel Hill, London: The University of North Carolina Press. 276 Seiten. – Reprint with a new introduction by the author 1987, 1991, 1997.

Mit dem Buch *Reading the romance* hat Janice A. Radway (geb. 1949), heute Professorin für amerikanische Literatur an der Duke University in North Carolina (USA), eine der frühen Rezeptionsstudien der feministischen Medienforschung vorgelegt. Es geht um die Frage, warum sich Frauen so gerne einem als typisch weiblich geltendem Genre wie dem Liebesroman zuwenden, obwohl diese Texte als billige Massenware gelten.

Im Vorwort der zweiten Auflage weist Janice A. Radway darauf hin, daß ihr zwar bei der Abfassung ihrer Untersuchung die Arbeiten der Birmingham School des Centre for Contemporary Cultural Studies (CCCS) unbekannt gewesen wären, sie aber nachträglich ihre Studie in diese Tradition gestellt wissen möchte. Sie bezieht sich dabei explizit auf die feministischen Arbeiten der Women´s Studies Group CCCS (1978), insbesondere auf »Crossroad« von Dorothy Hobson (1982), »Nationwide« von Charlotte Brunsdon und David Morley (Brunsdon & Morley 1978; → auch Morley 1980) sowie die Arbeiten von Angela McRobbie (1978, 1980).

Reading the romance leitet in mehrfacher Hinsicht eine Trendwende in der feministischen Medienforschung ein. Mit dem Untersuchungsdesign markiert das Buch den Beginn der ethnographischen Methode in der Rezeptionsforschung. Radway verwendet für ihre Untersuchung einen Mix aus schriftlicher und mündlicher Befragung, Einzel- und Gruppeninterviews und teilnehmender Beobachtung. Sie interviewt die Buchverkäuferin »Dot« einer kleinen US-Stadt, die sie »Smithton« nennt, mehrmals, wohnt bei ihr und beobachtet sie bei ihrer Arbeit in der Buchhandlung, wo sie mit ihren Kundinnen über die Liebesromane spricht. Mit fünf intensiven Leserinnen von Liebesromanen führt sie Interviews in zwei Wellen, 16 Leserinnen werden in zwei mehrstündigen Gruppeninterviews befragt und 41 Leserinnen sowie 42 weitere beantworten je einen umfangreichen schriftlichen Fragebogen. Den ethnographischen Ansatz verbindet Radway mit einer Analyse der narrativen und hermeneutischen Struktur der Liebesromane und recherchiert deren Produktionsbedingungen.

Während in deutschen Untersuchungen noch bis in die 90er Jahre die Repräsentation der Frau in den Medien anhand von Inhaltsanalysen untersucht und deren Darstellungsform als eine, die nicht der Realität entspricht, kritisiert wird, wendet sich Radway der Rezeptionsseite zu, die sie im Kontext mit der Textseite betrachtet. Ihr Anliegen ist es nicht mehr primär, die patriarchale Ideologie von Liebesromanen und deren affirmative Wirkung offenzulegen, sondern zu fragen, warum Frauen Vergnügen (pleasure) an affirmativer Massenware haben und ob dieses Vergnügen im Sinne einer feministischen Politik wirksam werden kann.

Die Studie geht dabei über den Uses-and-Gratification-Ansatz hinaus, indem sie den weiblichen Lebenskontext der Rezipientinnen mit einbezieht. Die relativ homogene Gruppe der untersuchten »Smithton«-Frauen aus der US-amerikanischen Mittelklasse – alle sind Mütter mit Kindern, Hausfrauen bzw. halbtagsbeschäftigt –, kann sich durch das Lesen von Liebesromanen eine neue Raum-Zeit-Dimension eröffnen, die einen limitierten »Ausstieg« aus dem familialen Kontext und der sich daraus ergebenden Verantwortung als Mutter und Hausfrau bedeutet. Die Aktivität Lesen ist damit nicht einfach eine Flucht in eine Phantasiewelt, sondern Zeit und Ort für die emotionale Selbst-Reproduktion von Frauen, die in ihrer Rolle als Mutter und Hausfrau die Hauptaufgabe zur emotionalen Reproduktion ihrer Familie (Mann und Kinder) übernehmen. Unter Bezug auf den psychoanalytischen Ansatz von Nancy Chodorow (1978) zeigt Radway, daß das Sich-Verlieren in einer Liebesgeschichte ein Motiv für den Mangel an emotionaler Bestätigung im häuslichen Alltag und für die konstante Sorge und emotionale Zuwendung für andere ist. Für Radway wird der Leseakt selbst zu einem oppositionellen Akt, der im Gegensatz zum patriarchalen Erzählmuster der Liebesromane steht. Die Möglichkeiten, selbst aktiv handelnd Veränderungen im eigenen Leben herbeizuführen, schätzt Radway bei den Rezipientinnen dennoch gering ein. Der Leseakt wird als leiser Protest lediglich in der Phantasie, nicht aber im häuslichen Alltag wirksam.

Neben der Trendwende von einer textzentrierten Sichtweise hin zu einer publikumszentrierten Analyse – oder im Sinne der Cultural Studies zu einer Zusammenführung beider zu einer gemeinsamen interpretatorischen Analyseeinheit – spielt zweitens die Hinwendung zu populären Formen von Medientexten eine bedeutende Rolle. Liebesromane, Liebesfilme oder Soap Operas gehören zu jenen Massenprodukten, die als trivial und als »Frauen-Genres« abgewertet werden. Mit dem feministischen Interesse an diesen Medientexten ist auch die Frage verbunden, warum sich Frauen diesen Medienprodukten in großer Zahl zuwenden. Gemeinsam mit *Reading the romance* entstanden Anfang der 80er Jahre die ersten feministischen Rezeptionsstudien zu den sogenannten weiblichen Genres – wie etwa »Loving with a vengeance« (vgl. Modleski 1982) oder »Watching Dallas« (vgl. Ang 1985), welche eine bis heute anhaltende, umfangreiche Forschungstätigkeit in Gang gesetzt haben. Charlotte Brunsdon (1993) und Elisabeth Klaus (1998) haben die bisherigen anglo-amerikanischen Forschungsbefunde systematisiert und zusammengefaßt.

Auf die Theoriebildung der feministischen Medienforschung haben *Reading the romance* und die in diesem Umfeld entstandenen Arbeiten bedeutenden Einfluß ausgeübt. Ien Ang und Joke Hermes (1991) entwickelten auf Basis poststrukturalistischer feministischer Ansätze ein Rezeptionsmodell, das die geschlechtliche Identifikation im Kontext der Medienaussage, der Rezeptionssituation und dem

Lebenskontext der Rezipient/innen als eine instabile und veränderbare Möglichkeit der geschlechtlichen Selbstrepräsentation begreift.

Im deutschprachigen Raum hat die Rezeption dieser Forschungsrichtung erst kürzlich eingesetzt und bisher nur vereinzelt zu eigenständigen Untersuchungen geführt. Ute Bechdolf (1999) hat in ihrer Studie unter Anwendung der ethnographischen Methode erstmals ein Text-Rezeptions-Modell weiterentwickelt, mit dem sie zeigen kann, wie im Medientext angelegte geschlechtlich codierte Botschaften unterschiedlich – aber keineswegs immer im Sinne der intendierten Codierung – geschlechterdifferent, aber auch geschlechterindifferent rezipiert werden.

Literatur

Ien Ang (1985): *Watching Dallas. Soap opera and the melodramatic imagination*. London, New York: Methuen.

Ien Ang, Joke Hermes (1991): Gender and/in media consumption. In: James Curran, Michael Gurevitch (Hrsg.): *Mass media and society*. London, New York: Arnold, S. 307-328.

Ute Bechdolf (1999): Puzzling Gender. *Re- und De-konstruktion von Geschlechterverhältnissen im und beim Musikfernsehen*. Beltz: Deutscher Studien Verlag.

Charlotte Brunsdon (1993): Identity in feminist television criticism. In: *Media, Culture and Society*, 15. Jg., S. 309-320.

Charlotte Brunsdon, David Morley (1978): *Everyday television: Nationwide*. London: British Film Institute.

Nancy Chodorow (1978): *The reproduction of mothering: Psychoanalysis and the sociology of gender*. Berkely, CA: University of California Press.

Dorothy Hobson (1982): *»Crossroad«: The drama of a soap opera*. London: Methuen.

Elisabeth Klaus (1998): *Kommunikationswissenschaftliche Geschlechterforschung*. Opladen: Westdeutscher Verlag.

Angela McRobbie (1978): Working class culture and the culture of femininity In: Women's Studies Group CCCS (Hrsg.): *Women take issue. Aspects of women's subordination*. London: Hutchinson, S. 96-108.

Angela Mc Robbie (1980): Setting accounts with subcultures: A feminist critique. In: *Screen*, Nr. 34, S. 39-49.

Tania Modleski (1982): *Loving with a vengeance: Mass-produced fantasies for women*. Hamden, CT: Archon Books.

Women's Studies Group CCCS (1978): *Women take issue. Aspects of women's subordination*. London: Hutchinson.

Johanna Dorer

Horst Reimann (1968): *Kommunikations-Systeme. Umrisse einer Soziologie der Vermittlungs- und Mitteilungsprozesse*. Tübingen: J. C. B. Mohr (Paul Siebeck). VIII, 242 Seiten. – 2. Auflage 1974.

Diese Heidelberger Habilitationsschrift war meines Wissens im deutschen Sprachraum der erste Versuch, die Form der Systemanalyse der frühen Kybernetik (Wiener 1946) am sozialwissenschaftlichen Wissen über die Humankommunikation auszuprobieren. Die Kybernetik wurde zunächst als System der Regelung, Steuerung, Übertragung, Nutzung und Kontrolle von Informationen beschrieben, während man Signale, Nachrichten, Zeichen und Kommunikationen mit Informationen gleichsetzte. Ausgangskonzept der Alt-Kybernetik war die physiologische Homöostase (Cannon 1967; zuerst 1932), verstanden als elementare Entscheidung zwischen zwei gleichwahrscheinlichen Ereignissen, die der Selbstregulierung und der Selbstreproduktion körperlicher Werte (Temperatur, Sauerstoff- und Zuckergehalt des Blutes und anderer) diente. In Analogie zur physiologischen Homöostase entwickelten die Ingenieurwissenschaften den Homöostaten (Ashby 1956), der auf Organismen als »lebende Maschinen« (Tiere, Menschen) übertragbar sein sollte. Hinzu kam die Algorithmentheorie, die als Lösung logisch-effektiver Verfahren die Programmierung ermöglichen sollte, die, unterstützt von der Erfindung programmgesteuerter elektrischer Rechenmaschinen (Konrad Zuse), Systeme sozialen Handelns steuern sollten.

Der rein syntaktische Informationsbegriff der frühen Kybernetik erwies sich für die Humankommunikation als »sinnlos«. Ingenieurwissenschaftlich macht die Übertragung von Informationen keinen Sinn. (»These semantic aspects of communication are irrelevant to the engineering problem«; → Shannon & Weaver 1949). Als Modell beschrieben fungieren Informationen als Zeichen (oder Signale). Sie werden in einem Sender/Empfänger-Akt auf den Weg gebracht durch einen Binär-Code (ja/nein; 0/1), der verbale Sprache mediengerecht in Schallwellen encodierbar macht. Sie werden durch ein Medium (Luft, Kabel, Neuron, Kanal) transportiert, wo sie durch Rauschen (noise) beeinträchtigt werden können, um anschließend in verbale Sprache decodiert zu werden. Dazu soll auf Zeichenvorräte zurückgegriffen werden, beispielsweise auf das deutsche Alphabet mit seinen 26 Buchstaben und sechs Interpunktionszeichen. Spätestens jetzt ist kommunikationswissenschaftlich zu fragen: Sind die Zeichen des Zeichenvorrats Alphabet nicht von vornherein semantisch relevant? Was geschieht mit der Semantik des ABC im Verbund mit Texten auf dem Weg zwischen Sender und Empfänger? Ist der Sinn der encodierten bzw. der decodierten Sprache womöglich bei Sender bzw. Empfänger vorhanden? Weil kybernetische Systeme eine Führungsgröße haben, sollen auch alle psychischen, wirtschaftlichen und anderen Humansysteme über eine solche verfügen. Allein solche zweckhaften Führungsgrößen konnten für kybernetisch operierende Regelungssysteme nicht entdeckt werden, die zudem nicht nur aus einem, sondern aus vielen, miteinander in Wechselwirkung stehenden (»vermaschten«) Regelkreisen bestehen.

Viele wissenschaftliche Disziplinen hatten bereits kybernetisches Denken und kybernetische Ansätze in ihre Theoriebildung übernommen, als der Soziologe Horst Reimann (1929-1994) fragte: Läßt sich das vorliegende Wissen über Humankommunikation durch die Kybernetik begrifflich und theoretisch umfassender einfangen und besser »auf die Reihe« bringen, als dies durch die tradierten Erkenntnishilfen Organismus und Mechanismus geschieht? Können sich Kybernetik und Sozialwissenschaften wechselseitig befruchten, operieren doch beide mit den Begriffen Information, Kommunikation, Zeichen und System? Reimanns 1966 abgeschlossene Studie versammelte bereits ein umfangreiches, empirisch zugängliches Wissen über Kommunikation und Gesellschaft im Erkenntniswandel der Disziplinen Soziologie, Publizistikwissenschaft und Ethnologie. Er sondierte historisch tiefgreifend vor allem deutsche und amerikanische Sozialtheorien, die er auf den vergleichenden Prüfstand stellte.

Im Hauptabschnitt von *Kommunikations-Systeme* wird die Herkunft der vielfältigen Beiträge zur Kommunikationsforschung differenzierend klargelegt, und es wird versucht, den sozialempirischen Zugang zu kybernetischen Signal-, Informations- und Kommunikationssystemen zu testen. Grundbegriffliche Untersuchungen von Kommunikation standen noch nicht auf den Agenden der Soziologie der 60er Jahre, die heftig dabei war, sich mit Bedingungen von »social action« und »social behavio(u)r« auseinanderzusetzen. »Communication« als sozialwissenschaftlichen Elementarbegriff problematisierte die Soziologie erst in den 70er Jahren, namentlich durch Niklas Luhmann. Horst Reimann interessierte, wie den Sozialpsychologen Gerhard → Maletzke (1963), die Kommunikation als Bedeutungsvermittlung, die beide feldbezogen erklären wollten. Zu epistemischen Bemühungen, damit die sinnmachenden Unterschiede bzw. Gemeinsamkeiten zwischen kybernetischen und sozialwissenschaftlichen Begriffen und Theorien nachvollzogen werden können, kam es nicht. Aus Reimanns Prüfung vieler Sozialstrukturen (Rolle, Institution, Gruppe, Bild, Position, Vermittlung, Mitteilung, Organisation, Netzwerk) ging hervor, daß anhand der frühen Kybernetik kein »unified approach« in der Kommunikationforschung unmittelbar angestrebt werden konnte. Allerdings wurde deutlich, daß durch die systemische Erklärung menschlich-kommunikativer Beziehungen und Prozesse nicht mehr auf die Metaphorik von Organismus und Maschine zurückgegriffen werden konnte. Kommunikation wurde – neben Leben und Bewußtsein – als eigenes menschliches Vermögen entdeckt, das als Beziehung zu erklären war, nicht durch einen Einheitsbezug (Körper, Mensch, Subjekt, Individuum, Person).

Horst Reimann stand für eine sozialwissenschaftliche Orientierung der Kommunikationswissenschaft. Er war bis 1957 Assistent am Heidelberger Institut für Publizistik und bis zu dessen Umwandlung in ein Institut für Soziologie und Ethnologie dessen Verwalter. Reimann blieb Heidelberg bis 1970 verbunden, unterbrochen durch Forschungsaufenthalte an der University of Pittsburgh, PA, sowie durch die Vertretung einer Professur für Soziologie in Mainz, und folgte dann einem Ruf auf ein Ordinariat für Soziologie an der Universität Augsburg (vgl. Schenk 1989, 1995).

Reimanns altkybernetisch-systemischer Ganzheitsansatz war hilfreich bei Feldstudien zur Interkulturellen Kommunikation. Zusammen mit Helga Reimann und vielen, teils soziologischen, teils kommunikationswissenschaftlichen Mitarbeitern untersuchte Horst Reimann über Jahrzehnte vorzugsweise »Inselgesellschaften« (Sizilien, Dominikanische Republik, Costa Rica), mit besonderer Vorliebe die Inselrepublik Malta, für die Reimann gleichsam »Chef-Sozialwissenschaftler« wurde.

Literatur

W. Ross Ashby (1956): *An introduction to cybernetics.* London: Chaman & Hall. (Dt.: Einführung in die Kybernetik. Frankfurt am Main: Suhrkamp 1974.)

Walter B. Cannon (1967): *The wisdom of the body.* Revised and Enlarged Edition. New York: Norton 1967 (zuerst 1932).

Michael Schenk (1989): Horst Reimann 60 Jahre. In: *Publizistik,* 34. Jg., S. 493-495.

Michael Schenk (1995): Professor Dr. Horst Reimann †. In: *Publizistik,* 40. Jg., S. 72-73.

Norbert Wiener (1946): *Cybernetics or control and communication in the animal and the machine.* New York u.a.: John Wiley & Sons. (Dt.: Kybernetik. Regelung und Nachrichtenübertragung in Lebewesen und in der Maschine. 2. Auflage 1963. Düsseldorf, Wien: Econ.)

Manfred Rühl

Karsten Renckstorf (1977): *Neue Perspektiven in der Massenkommunikationsforschung. Beiträge zur Begründung eines alternativen Forschungsansatzes.* Berlin: Spiess. 194 Seiten.

Die Monographie versammelt Texte, die zwischen 1970 und 1977 im Rahmen der Forschung am Hans-Bredow-Institut enstanden sind, in dem Karsten Renckstorf (geb. 1944) von 1970 bis 1985 als wissenschaftlicher Referent arbeitete. Die Sammlung dokumentiert die sukzessive Ausarbeitung des »Nutzenansatzes«. Sie ist von der Universität Bremen als kumulative Dissertation angenommen worden.

Ein in den Texten wiederkehrendes zentrales Motiv ist die kritische Auseinandersetzung mit kommunikatorzentrierten, »mechanistischen« Wirkungsmodellen. Renckstorf beruft sich auf ein verbreitetes Unbehagen gegenüber dem theoretischen Grundverständnis und der inkonsistenten Befundlage der Wirkungsforschung, wenn er für einen Perspektivenwechsel plädiert, der die »Aktivität« der Nutzer in das Zentrum der Analyse stellt. Der Mediengebrauch wird dabei als zielgerichtete, »funktionale« Aktivität verstanden. Sie wird ausdrücklich nicht als Manifestation dispositioneller Eigenschaften der Nutzer konzipiert, sondern als selbstbewußt ausgeführte, sinngeleitete Aktion aufgefaßt. Renckstorf stimmt insoweit in die programmatische Losung des »Uses and Gratifications Approach« ein, die Frage, was die Medien mit den Menschen machten, sei von der Analyse abzulösen, was die Menschen mit den Medien machten (vgl. Blumler & Katz 1974). In den Texten des Bandes bringt Renckstorf theoretische Argumente für eine solche Neuorientierung bei und durchforstet vorliegende empirische Untersuchungen nach Belegen, die die rezipientenzentrierte Auffassung stützen.

Andererseits legt Renckstorf dem »Uses and Gratifications Approach« seine Theorielosigkeit zur Last. Aus der kritischen Aneignung der Arbeiten von Katz, Rosengren u.a. sucht er Grundlagen für eine weiterführende Konzeption zu gewinnen. Deren Grundannahmen werden in dem Kapitel, das den Band einleitet, systematisch als »neue Perspektive« entwickelt: Der »Nutzenansatz« verbindet – in einer bewußt »eklektischen« Weise – die aus dem »Uses and Gratifications Approach« aufgenommene Perspektive des »aktiven Publikums« mit dem theoretischen Inventar des symbolischen Interaktionismus (das vor allem aus den Arbeiten von Blumer angeeignet wird); Renckstorf schließt die Analyse der Mediennutzung insbesondere an das Konzept der bedeutungsstiftenden »Interpretation« und an die Kategorie des »sozialen Handelns« an. Ganz im Sinne des »interpretativen Paradigmas« wird Handeln als ein Prozeß verstanden, in dem das Subjekt Situationen aus der Perspektive seiner »Rollenidentität« interpretiert, Situationsdefinitonen und Bedeutungszuweisungen im Medium sozialer Interaktion aushandelt und im Zuge dessen ein Bewußtsein seines »Selbst« ausbildet und wahrmacht – wobei die Momente dieses Prozesses, Situationsdefinitionen, Bedeutungszuweisungen, Selbstbewußtsein, durch den Fortgang des sozialen Handelns je überformt und »reinterpretiert« werden. Bei dem »Nutzen« des Mediengebrauchs für den Rezipienten anzusetzen, verlange daher, die Mediennutzung in dreifacher Hinsicht kontextualisiert zu begreifen: (a) aus der Perspektive der subjektiven Interessen und Bedürfnisse, die der Handelnde in

Hinsicht auf eine gegebene soziale Konstellation verfolgt, (b) im Zusammenhang mit dem sozialen Umfeld und den durch die soziale Konstellation aufgegebenen Normen und Rollen, auf die hin bezogen der Handelnde Situationen eine »Bedeutung« für seine Interessen und Bedürfnisse gibt und diese Situationen ggf. als »Problem« interpretiert, und schließlich (c) im Kontext der verschiedenartigen Optionen, die individuellen Bedürfnisse durch medienbezogenes oder aber auch durch anderes Handelns zu verwirklichen.

Renckstorf diskutiert in dem Band Möglichkeiten, die theoretischen Ambitionen des »Nutzenansatzes« methodisch umzusetzen. Er kritisiert dabei Erhebungsverfahren, die die »Inhalte« der Massenmedien unabhängig von den Interpretationsleistungen der Rezipienten objektivieren und Nutzer allein als gleichsam passive Reaktionspotentiale vorsehen, an denen der Grad der Wirksamkeit medialer Einflußnahme zu studieren sei. In seinen konzeptionellen Überlegungen stützt er sich auf die methodische Anlage von Gratifikations-Studien sowie auf Modelle der Indikatorenmessung, die denjenigen in nomothetischen, namentlich in dispositionellen Ansätzen noch ähneln.

Der in *Neue Perspektiven in der Massenkommunikationsforschung* vorgestellte »Nutzenansatz« bildete die Rahmenkonzeption für eine Reihe empirischer Studien des Autors, die sich mit der Rolle von Darstellungsformen für die Rezeption von Fernsehnachrichten sowie mit den Faktoren der Publikumsakzeptanz von regionalen und lokalen Medienangeboten befaßt haben. Die handlungstheoretische Grundlegung der Analyse der Mediennutzung hat Renckstorf später im Rahmen seiner Forschung an der Katholieke Universiteit Nijmegen fortentwickelt. Er hat dort seit 1986 eine Professur für Kommunikationswissenschaft inne Gemeinsam mit einer Gruppe niederländischer Kollegen stellte er 1996 ein – in Grundzügen von ihm bereits 1989 skizziertes – Modell vor, das den Mediengebrauch als Moment praktischen sozialen Handelns begreift: »media use as social action« (Renckstorf 1996). Das Modell differenziert verschiedene Etappen im Prozeß des Handelns, von der Wahrnehmung und Definition einer Situation über die Aktualisierung finaler und kausaler Motive sowie durch sie bestimmter Handlungsentwürfe bis zur subjektiven Evaluation der praktischen Aktion; ferner wird nach problematischen und als »unproblematisch« wahrgenommenen, durch »Alltagsroutinen« zu bewältigenden Situationen unterschieden. Das Modell bringt die konstitutive Bedeutung von Wissensstrukturen, Interpretationen und Sinnstiftungen zum Vorschein, die in allen Phasen dieses Prozesses wirksam werden. Die Mediennutzung läßt sich innerhalb dieses Referenzmodells den verschiedenen Etappen des Prozesses zuordnen. Dieser theoretische Ort macht die Art der Medienzuwendung (instrumentell oder habitualisiert) sowie die je nach Phase verschiedenartigen subjektiven Funktionen des Mediengebrauchs erklärbar: für die Wahrnehmung und Interpretation einer Situation oder eines Ereignisses als »Problem« (wie in Agenda-Setting-Studien untersucht) oder für die inhaltliche Struktur des mobilisierten Alltagswissens (die etwa die Cultivation Analysis auf Medienspuren hin inspiziert). Renckstorf versteht dieses neuere, fortentwickelte Modell als Rahmenkonzeption, die helfen soll, Forschungsprojekte zu initiieren und dabei inhaltlich aufeinander abstimmen zu können (vgl. als Umsetzung eines entsprechenden Programms: Renckstorf, McQuail & Jankowski 1996).

Literatur

Jay G. Blumler, Elihu Katz (Hrsg.) (1974): *The uses of mass communications. Current perspectives on gratifications research.* Beverly Hills, CA: Sage.

Karsten Renckstorf (1989): Mediennutzung als soziales Handeln. Zur Entwicklung einer handlungstheoretischen Perspektive der empirischen (Massen-)Kommunikationsforschung. In: Max Kaase, Winfried Schulz (Hrsg.): *Massenkommunikation. Theorien, Methoden, Befunde.* Opladen: Westdeutscher Verlag, S. 314-336.

Karsten Renckstorf (1996): Media use as social action. A theoretical perspective. In: Karsten Renckstorf, Denis McQuail, Nicholas Jankowski (Hrsg.): *Media use as social action. A European approach to audience studies.* London: Libbey, S. 18-31.

Karsten Renckstorf, Denis McQuail, Nicholas Jankowski (Hrsg.) (1996): *Media use as social action. A European approach to audience studies.* London: Libbey.

Ralph Weiß

Ernst Richert (in Zusammenarbeit mit Carola Stern und Peter Dietrich) (1958): *Agitation und Propaganda. Das System der publizistischen Massenführung in der Sowjetzone.* Mit einem Vorwort von Otto Stammer. Berlin, Frankfurt am Main: Franz Vahlen. 331 Seiten.

Agitation und Propaganda ist in den fünfziger Jahren entstanden, als nach der Teilung Deutschlands durch die Staatengründungen der Bundesrepublik Deutschland und der Deutschen Demokratischen Republik (DDR) 1949 ein größeres Interesse an der Entwicklung der »Sowjetzone« förderungswürdig wurde. Am Institut für politische Wissenschaft der Freien Universität Berlin war die »Abteilung Sowjetzone« besonders aktiv, die *Agitation und Propaganda* herausgebracht hat. 1952 war beim Bundesministerium für gesamtdeutsche Fragen der »Forschungsbeirat für Fragen der Wiedervereinigung Deutschlands« gegründet worden. Wissenschaftlich-theoretisch waren diese Vorhaben dem Totalitarismus-Ansatz verpflichtet, der zwischen dem Nationalsozialismus und dem Kommunismus zwar die grundsätzlichen Unterschiede im Ziel (hier Rassendiktatur, dort klassenlose Gesellschaft) und in der Gesellschaftsordnung (hier real existierender Sozialismus, dort faschistischer Kapitalismus) wahrnahm, ansonsten aber die Gemeinsamkeiten in den Methoden in den Vordergrund stellte: einheitliche Ideologie, Einheitspartei (ggf. mit »Blockflöten«), Machtmonopol (keine Demokratie, keine rechtsstaatliche Gewaltenteilung), Geheimpolizei, Verfolgung politisch Andersdenkender und – nicht zuletzt – das Medienmonopol.

West-Berlin war mit seiner offenen Grenze zum Osten der Stadt bis 1961 das natürliche Zentrum der DDR-Forschung (und blieb es danach). Auch als nach 1961 der Totalitarismus-Ansatz zunehmend durch den sogenannten kritisch-immanenten Ansatz ersetzt wurde und das Ziel der Wiedervereinigung weitgehend aufgegeben war, standen entsprechende Forschungseinrichtungen und Universitätsinstitute im Zentrum der Westtätigkeit des Ministeriums für Staatssicherheit (MfS). So wäre die Mitautorin von *Agitation und Propaganda,* Carola Stern (geb. 1925), eine aus der Sicht von 2000 höchst erfolgreiche Journalistin und Schriftstellerin, beinahe entführt worden (vgl. Knabe 1999: 928). Bekannt geworden sind die Fälle der Stasi-Agenten Dietrich Staritz und Hanns-Dieter

Jacobsen, Mitarbeitern des Instituts für politische Wissenschaft, die ab 1961 bzw. 1971 für das MfS spioniert haben (vgl. Knabe 1999: 938).

Ernst Richert (geb. 1912), der Hauptautor von *Agitation und Propaganda,* sollte von der DDR 1958 »in der nächsten Zeit inhaftiert« (Knabe 1999: 928) werden. Der dritte Autor, Peter Dietrich, hat später lange Jahre eine sehr wichtige Funktion in der Forschungsförderung des Ministeriums für innerdeutsche Angelegenheiten (wie die entsprechende Umbenennung lautete) wahrgenommen. Ihr Buch *Agitation und Propaganda,* so ist aus gegenwärtiger Sicht festzustellen, war eine wesentliche und kundige Grundlage für die Erforschung der DDR-Massenkommunikation, ohne daß dies von allen Forscherinnen und Forschern danach genutzt worden wäre. Zentrale Basis für das Buch war »Die Revolution entläßt ihre Kinder« (Leonhard 1955). *Agitation und Propaganda* hat einen entscheidenden und positiven Einfluß ausgeübt auf die Schrift »Zur Theorie und Praxis der Presse in der Sowjetischen Besatzungszone Deutschlands« (→ Herrmann 1963). In *Agitation und Propaganda* haben Wissenschaftlerinnen und Wissenschaftler geschrieben, die ihrem Gegenstand, der Massenkommunikation in der DDR, gewachsen waren. Spätere einschlägige Publikationen haben dieses Niveau allenfalls erreicht. Zum erweiterten Autorenteam des Buchs gehörten u.a. die DDR-Experten Hartmut Zimmermann und Heinz Kersten.

Das Buch beschäftigt sich mit dem Zeitraum 1945 bis 1955. Der XX. Parteitag der KPdSU 1955 wird nicht mehr voll erfaßt, ständig reflektiert aber der permanente Wechsel zwischen »Tauwetter«- und »Frost«-Perioden. Die Autoren zeigen die enge Anbindung von Agitation und Propaganda in der DDR an Lenins Thesen von der Partei und der Presse neuen Typus (in Rußland vom Anfang des Jahrhunderts): neben den Hauptfunktionen von Propaganda, Agitation und Organisation die Prinzipien der Parteilichkeit, Wissenschaftlichkeit, Objektivität, Massenverbundenheit sowie der Kritik und Selbstkritik. Diese Thesen sind in der DDR bis 1989 befolgt worden. Andererseits demonstrieren die Wissenschaftler die besonderen Bedingungen, die in Deutschland nach 1945 geherrscht haben. Dabei sind sie Realisten, sie belegen, dass die Agitatoren und Propagandisten der SED weithin keine offenen Ohren fanden. Diese Tatsache war in der DDR-Forschung danach teilweise in Vergessenheit geraten. *Agitation und Propaganda* verkennt andererseits nicht, welche schwerwiegenden kulturellen Veränderungen schon bis 1955 von der Partei- und Staatsführung überwiegend gegen den Willen der Mehrheit der Bevölkerung durchgesetzt worden waren. In diesem Buch werden die ideologischen Grundlagen und Versatzstücke beschrieben und analysiert, welche die Vorgänge von 1989 auf beiden Seiten (Partei und Staat einerseits, Bevölkerung andererseits) großenteils verständlich machen.

Agitation und Propaganda enthält fünf Kapitel: 1. die machtpolitischen Voraussetzungen für die Einengung des Meinungsspielraums nach 1945, 2. die Entwicklung des Presse- und Rundfunkwesens in der Sowjetzone und der DDR, 3. die spezifisch bolschewistischen Formen der Agitation, 4. der Film als Mittel der politischen Massenbeeinflussung und 5. das politische Schulungssystem der Sowjetzone und der DDR. Die Verfasser berücksichtigen die Umwandlung der SED in eine Partei neuen Typs (1950), sie analysieren Presse und Rundfunk nach dem 17. Juni 1953. Eindrucksvoll wird der Weg zum »sozialistischen Realismus« im Film beschrieben. Kernstück ist die Analyse der Parteipropaganda in der

Form der systematischen Schulung der Parteimitglieder und der Funktionäre. Ausgewertet wurden Zeitungen und Zeitschriften der DDR, offizielle Dokumente der SED und der Massenorganisationen sowie Filme, die in Ost-Berlin gesehen werden konnten. Außerdem wurden systematisch Flüchtlinge aus der DDR befragt.

So gelangen die Autoren zu dem Ergebnis, daß die Chancen einer fortdauernden Wirkung von Propaganda und Agitation der SED nicht allzu hoch zu veranschlagen sind. Sie betonen aber, daß mit der Gewöhnung »an die z.T. lebenserleichternden Formen der Existenz«, mit der Abschnürung vom Ausland und mit der Entwöhnung von Eigenaktivität große Gefahren verbunden sind. »In diesen Gefahren wird man die wesentlichste, nicht bloß politische, sondern auch kulturelle Problematik der in dieser Studie dargestellten Tatsachen sehen müssen.« Die Prozesse der Vereinheitlichung Deutschlands nach 1989 geben den Autorinnen und Autoren von *Agitation und Propaganda* nachträglich recht.

Literatur

Hubertus Knabe (1999): Unterwanderte Wissenschaft. Die Bearbeitung der DDR- und Osteuropaforschung durch das MfS. In: *Deutschland Archiv*, 32. Jg., S. 926-941.

Wolfgang Leonhard (1955): *Die Revolution entläßt ihre Kinder*. Köln, Berlin: Kiepenheuer & Witsch.

Wilfried Scharf

Wolfgang Riepl (1913): *Das Nachrichtenwesen des Altertums mit besonderer Rücksicht auf die Römer*. Leipzig, Berlin: B. G. Teubner. XIV, 478 Seiten. – Reprograph. Nachdruck: Hildesheim, New York: Georg Olms, 1972. – Seiten 1-7 abgedruckt (unter Weglassung aller Hervorhebungen im Text) in: Manfred Bobrowsky, Wolfgang Duchkowitsch, Hannes Haas (Hrsg.) (1987): *Medien- und Kommunikationsgeschichte. Ein Textbuch zur Einführung*. Wien: Wilhelm Braumüller, S. 144-148].

Das Nachrichtenwesen des Altertums (der Rest des Titels ist im Original optisch abgesetzt und damit als Untertitel zu verstehen) ist die vollständige Fassung der Dissertation »Beiträge zur Geschichte des Nachrichtenwesens bei den Römern«, mit der Wolfgang Riepl (1864-1938) im Jahr 1911 als bereits 46jähriger bei dem Althistoriker Adolf Schulten in Erlangen promovierte (Teildruck: Leipzig: Teubner, 1911). Riepl hatte nach dem Abitur alte Geschichte in Würzburg und Erlangen studiert und bereits während seines Studiums als Journalist zu arbeiten begonnen; seit 1900 war er Chefredakteur der ›Nordbayerischen Zeitung‹ in Nürnberg. Mitte der 20er Jahre entstanden über Karl d'Ester Kontakte zum Institut für Zeitungswissenschaft an der Universität München (vgl. die von Lerg verfaßte biographische Notiz in Bobrowsky, Duchkowitsch & Haas 1987: 196 sowie Starkulla & Wagner o.J. [1981] und Wagner ^{2}1989).

Riepls Werk enthält im Kern eine umfassende Darstellung des römischen Nachrichtenwesens. Stellenweise nimmt Riepl die gesamte Antike in den Blick, außerdem betrachtet er häufig auch die weitere Entwicklung bis zum Beginn des 20.

Jahrhunderts bzw. stellt dem antiken Nachrichtenwesen das seiner eigenen Zeit zum Vergleich gegenüber. Seine Ausführungen stützen sich in erster Linie auf ein detailliertes Studium der alten griechischen und lateinischen Quellen. Zunächst behandelt Riepl die Methoden der »Nachrichtenübermittlung« (Mitteilungen an einen oder wenige Abwesende). Er beschreibt und systematisiert einfache Zeichen oder Signale (Gesten, Feuerzeichen usw.) und geht ausführlich auf Bemühungen ein, differenzierte Signale bis hin zu beliebigen, nicht vorher fest vereinbarten Botschaften zu übermitteln. Er zeigt, daß in der Antike bereits Grundprinzipien der Telegraphie des 19. Jahrhunderts entwickelt wurden. Ein weiteres Thema ist die Geschwindigkeit der Nachrichtenbeförderung (durch Briefboten), insbesondere die Rolle der Arbeitsteilung (etwa in der Form einer Botenstafette). Riepl weist auch darauf hin, daß die Beschleunigung der Nachrichtenübermittlung von der Antike bis ins 19. Jahrhundert hinein eher gering war.

Verschiedene Betrachtungen über den Briefverkehr (Umfang, Beförderungskosten, Geheimschriften usw.) leiten dann über zur »Nachrichtenverbreitung« (Massenkommunikation). Auch hier unterscheidet Riepl verschiedene Formen, so etwa die mündliche (z.B. durch Ausrufer), die schriftliche (Anschläge, Plakate), die bildliche – bis hin zum abgeschlagenen Kopf als »Publikationsmittel« – oder die briefliche Verbreitung. Ausführlich widmet sich Riepl dem römischen Zeitungswesen und seiner Entwicklung, wobei er die Briefzeitungen und insbesondere die acta diurna als Vorläufer der heutigen Tagespresse betrachtet. Nebenbei identifiziert er einen gewissen Chrestus als ersten namentlich bekannten Berufsjournalisten. Auch an anderen Stellen berührt Riepl kommunikationswissenschaftliche Konzepte, so etwa das des Nachrichtenwertes, von ihm als die Stärke der einer Nachricht innewohnenden Verbreitungstendenz bezeichnet, oder das der Publikumsaktivität.

Die am stärksten beachteten Aussagen des Buches sind bereits im zweiten Kapitel des Einleitungsteils, im Kontext einer zusammenfassenden Beschreibung der Entwicklungsgeschichte des Nachrichtenwesens, formuliert. Obwohl sich das Nachrichtenwesen im Laufe der Zeit verändert habe, sei »festzustellen, daß neben den *höchstentwickelten* Mitteln, Methoden und Formen des Nachrichtenverkehrs in den Kulturstaaten auch die einfachsten *Urformen* bei verschiedenen Naturvölkern noch heute im Gebrauch sind [...].« (S. 4; Hervorhebungen im Original gesperrt) Aber auch abgesehen von solchen kulturspezifisch unterschiedlichen Entwicklungen komme es langfristig gesehen nie zu einer völligen Verdrängung älterer durch neuere Nachrichtenmittel, da im Zuge der Expansion der Anwendungsgebiete alte und neue Mittel arbeitsteilig nebeneinander Platz fänden: »Andererseits ergibt sich gewissermaßen als ein *Grundgesetz der Entwicklung* des Nachrichtenwesens, daß die einfachsten Mittel, Formen und Methoden, wenn sie nur einmal eingebürgert und brauchbar befunden worden sind, auch von den vollkommensten und höchst entwickelten niemals wieder gänzlich und dauernd verdrängt und außer Gebrauch gesetzt werden können, sondern sich neben diesen erhalten, nur daß sie genötigt werden, andere Aufgaben und Verwertungsgebiete aufzusuchen.« (S. 5; Hervorhebung im Original gesperrt) Dieses »Gesetz« wird, verstreut über das ganze Buch, immer wieder anhand von Beispielen belegt; andere derartige Belege beziehen sich auf die zuerst aufgeführte Aussage, wonach ältere Nachrichtenmittel in weniger entwickelten Kulturen überleben. Der fortdauernde oder wiederkehrende Einsatz älterer Mittel ist, so zeigt sich, in vielen Fällen darin begründet, daß neuere (wie Telegraphie oder Fernsprecher) nicht in allen Situationen überlegen oder überhaupt verfügbar sind, so etwa im Krieg oder bei Naturkatastrophen.

Riepls Arbeit wurde von der zeitgenössischen Kritik insgesamt positiv aufgenommen, wenngleich verschiedene Auslassungen, Ungenauigkeiten und Fehler vermerkt wurden (z.B. Birt 1914). In der altertumswissenschaftlichen Literatur gilt das Buch als Standardwerk zum antiken Nachrichtenwesen. Sowohl in der Zeitungs- als auch in der Publizistik- und Kommunikationswissenschaft ist es vor allem in jüngerer Zeit breit rezipiert worden; bis in die 70er Jahre war dies nur vereinzelt der Fall. Vermutlich entscheidend für die weitere Wirkungsgeschichte war, daß Riepls Werk Mitte der 20er Jahre von Karl d'Ester aufgegriffen wurde und dessen zeitungswissenschaftliche Arbeiten beeinflußte (vgl. Starkulla & Wagner o.J. [1981]). Offenbar hat sich Riepls Werk vor allem über d'Ester von München aus im Fach verbreitet. Obwohl das Buch 1972 vollständig nachgedruckt wurde, hat wahrscheinlich insbesondere der Teilabdruck von 1987 zu seiner Bekanntheit beigetragen. Mittlerweile gilt es als »Klassiker der Kommunikationswissenschaft« (Bobrowsky, Duchkowitsch & Haas 1987: 143); Riepls »Gesetz« ist »zum kommunikationswissenschaftlichen Allgemeingut geworden« (Haas 1987: 105; vgl. ähnlich Wagner ^{2}1989: 120) und wird mittlerweile auch in vielen einführenden Lehrbüchern zitiert.

Die kommunikationswissenschaftliche Rezeption hat sich bisher fast ausschließlich auf zwei Aspekte konzentriert (vgl. auch Schäfers 1998, mit weiteren Fundstellen): Riepls Buch wird oft als Darstellung des antiken Nachrichtenwesens bzw. der damaligen Nachrichtentechnik zitiert (z.B. → Bauer 1914; → Hagemann 1947; Merten 1999); weit häufiger aber geht es um Riepls »Gesetz«, nach dem ältere Kommunikationsmittel durch neuere niemals völlig verdrängt werden (z.B. Krumbach 1935; Mast 1986; Projektgruppe 1976; Pürer ^{5}1993). Offenbar unter Rückgriff auf → Hagemanns (1947) zweidimensionale, nämlich horizontale (= räumliche) und vertikale (= zeitliche) Differenzierung der »publizistischen Erscheinungen« sind für die beiden oben zitierten Aussagen Riepls auch die Bezeichnungen aktuell-horizontale und historisch-vertikale Medienkomplementarität eingeführt worden (vgl. Schmidt-Fischbach 1988). Der Begriff der (funktionalen) Komplementarität wird heute jedenfalls häufig zur Umschreibung der Kernaussage des Rieplschen »Gesetzes« verwendet. Allein Lerg (1977) und Wagner (1993) nennen über die beiden erwähnten Aspekte hinaus noch weitere Leistungen Riepls. So war Riepl zum Beispiel – neben → Löffler (1837) und → Knies (1857) – einer der ersten, die eine Periodisierung der Kommunikationsgeschichte vorgenommen haben.

Die meisten Autoren, die Riepls Werk zitieren, erwähnen es nur sehr kurz; vereinzelte Ansätze zur Interpretation, Weiterführung oder Kritik beziehen sich ausschließlich auf Riepls »Gesetz« und sind bisher weitgehend unverbunden geblieben. Bereits früh hat d'Ester das Rieplsche »Gesetz« speziell auch auf die Presse und ihre Darstellungsformen bezogen (→ d'Ester 1928; vgl. auch d'Ester 1940). Generell ist die Lage und Zukunft der Zeitung häufig unter Bezugnahme auf Riepl diskutiert worden (z. B. → Glotz & Langenbucher 1969; Neuberger

1999; Schönbach 1995). Daneben finden sich einzelne Gedanken, die an Riepl anknüpfen, aber bislang in der Literatur nicht weiter beachtet worden sind. So werfen Decker, Langenbucher und Nahr (1976) die Frage nach der Eignung von Medienkomplementarität als einer kommunikationspolitischen Zielvorstellung auf. Lerg (1981) bemüht sich um eine differenziertere Analyse der Konkurrenzbeziehungen zwischen Medien, wobei er zwischen Medien- und Rezipientenverhalten unterscheidet. Bentele (1987) stellt Überlegungen aus evolutionstheoretischer Sicht darüber an, inwieweit sich Riepls »Gesetz« generalisieren und auf die Entwicklung von Kommunikation allgemein beziehen ließe. Er interpretiert dabei die Medienkomplementarität im Rahmen eines Schichtenmodells.

Das Rieplsche »Gesetz« wird weithin als gültige Regel akzeptiert und als empirisch bestätigt angesehen. Eher selten wird es einmal in Frage gestellt oder zumindest kritisch interpretiert. So nimmt Langenbucher (1984) kritisch zur »herrschenden Lehre« von der Komplementarität der Medien Stellung und diskutiert einige mögliche Wirkungen der Verbreitung des Fernsehens. Bentele (1987) hält Riepls »Gesetz« für begrifflich präzisierungsbedürftig und schlägt eine Reformulierung auf der Basis der allgemeinen Systemtheorie vor. In jüngerer Zeit mehren sich Arbeiten, die das Rieplsche »Gesetz« bzw. seine herkömmliche Rezeption kritisch oder zumindest differenziert betrachten (Hagen 1998; Neuberger 1999; Schäfers 1998). Im übrigen hat Schmidt-Fischbach (1988) darauf aufmerksam gemacht, daß Riepls »Gesetz« im Grunde bereits von → Knies (1857) vorweggenommen wurde, der ähnliche Gedanken bezogen auf das Überleben der »persönlichen Berichterstattung« formulierte.

Fragt man nach der heutigen Bedeutung von Riepls »Gesetz«, so wären verschiedene Aspekte zu diskutieren, die hier nur kurz angesprochen werden können. Da ist zunächst der Allgemeinheitsgrad von Riepls »Grundgesetz«. Aus Riepls Werk geht hervor, daß der Begriff »Gesetz« hier offenbar nicht im strengen Sinne zu verstehen ist, sondern eher einen Regelfall meint; Riepl selbst nennt denn auch einige Gegenbeispiele, also Fälle, in denen vormals etablierte Nachrichtenmittel völlig oder fast völlig verschwunden sind. Aus heutiger Sicht ließe sich die Liste solcher Beispiele wohl verlängern, zumindest bezogen auf unseren Kulturkreis (vgl. auch Hagen 1998). Abgesehen davon ist zu fragen, welchen Informationswert Riepls »Gesetz« hat, wenn das Kriterium »niemals wieder gänzlich und dauernd verdrängt« (Riepl 1913: 5) bereits von solchen alten Medien erfüllt wird, die nur mehr eine Nischenexistenz nahe der quantitativen Bedeutungslosigkeit fristen (vgl. auch Neuberger 1999). Zu beachten ist weiter, daß die von Riepl betrachteten »Medien« der Antike nur bedingt mit modernen Massenmedien zu vergleichen sind. Es handelt sich um weitgehend passive technische Kommunikationsmittel, während wir es heute überwiegend mit Medienorganisationen zu tun haben, die selbst als Akteure in Erscheinung treten. Auch bezieht sich Riepls »Gesetz« in erster Linie auf die Technik und Infrastruktur der Übermittlung. Ist es aber sinnvoll, die inhaltliche Ebene auch bei der Betrachtung moderner Massenmedien auszuklammern? Je nach Medienbegriff gelangt man unter Umständen zu anderen Folgerungen hinsichtlich der Gültigkeit des Rieplschen »Gesetzes«. Und schließlich ist zu fragen, ob Riepls »Gesetz« nicht im Grunde nur die auf das Nachrichtenwesen bezogene Formulierung eines viel allgemeineren Sachverhaltes ist, nämlich dessen, daß Kulturtechniken (im weitesten Sinne) in der Regel nicht auf Dauer in Vergessenheit geraten. Eine differenzierte Auseinandersetzung mit Riepls »Gesetz« und seiner Rezeption steht jedoch bislang noch aus.

Literatur

Günter Bentele (1987): Evolution der Kommunikation – Überlegungen zu einer kommunikationstheoretischen Schichtenkonzeption. In: Manfred Bobrowsky, Wolfgang R. Langenbucher (Hrsg.): *Wege zur Kommunikationsgeschichte*. München: Ölschläger, S. 79-94.

Th[eodor] Birt (1914): Besprechung »Das Nachrichtenwesen des Altertums, mit besonderer Rücksicht auf die Römer. Von Wolfgang Riepl. Leipzig u. Berlin, B. G. Teubner. 1913«. In: *Historische Zeitschrift*, 113. Bd., S. 571-576.

Manfred Bobrowsky, Wolfgang Duchkowitsch, Hannes Haas (Hrsg.) (1987): *Medien- und Kommunikationsgeschichte. Ein Textbuch zur Einführung*. Wien: Braumüller.

Horst Decker, Wolfgang R. Langenbucher, Günter Nahr, unter Mitarbeit von Jürgen Huber und Dietrich Steinhorst (1976): *Die Massenmedien in der postindustriellen Gesellschaft. Konsequenzen neuer technischer und wirtschaftlicher Entwicklungen für Aufgaben und Strukturen der Massenmedien in der Bundesrepublik Deutschland*. Göttingen: Schwartz.

Karl d'Ester (1940): Geschriebene Zeitung. In: Walther Heide (Hrsg.): *Handbuch der Zeitungswissenschaft. Bd I*. Leipzig: Hiersemann, Sp. 1271-1287.

Hannes Haas (Hrsg.) (1987): *Mediensysteme. Struktur und Organisation der Massenmedien in den deutschsprachigen Demokratien*. Wien: Braumüller.

Lutz M. Hagen (1998): Online-Nutzung und Nutzung von Massenmedien. Eine Analyse von Substitutions- und Komplementärbeziehungen. In: Patrick Rössler (Hrsg.): *Online-Kommunikation. Beiträge zu Nutzung und Wirkung*. Opladen, Wiesbaden: Westdeutscher Verlag, S. 105-122.

Josef H. Krumbach (1935): *Grundfragen der Publizistik. Die Wesenselemente des publizistischen Prozesses. Seine Mittel und Ergebnisse*. Berlin, Leipzig: de Gruyter.

Wolfgang R. Langenbucher (1984): Verdrängung oder Ergänzung der Medien untereinander. In: *Studienkreis Rundfunk und Geschichte. Mitteilungen*, 10. Jg., Nr. 2, S. 154-165.

Winfried B. Lerg (1977): Pressegeschichte oder Kommunikationsgeschichte? In: *Presse und Geschichte. Beiträge zur historischen Kommunikationsforschung. Referate einer internationalen Fachkonferenz der Deutschen Forschungsgemeinschaft und der Deutschen Presseforschung / Universität Bremen, 5.–8. Oktober 1976 in Bremen*. München: Verlag Dokumentation [Saur KG], S. 9-24.

Winfried B. Lerg (1981): Verdrängen oder ergänzen die Medien einander? Innovation und Wandel in Kommunikationssystemen. In: *Publizistik*, 26. Jg., S. 193-201.

Claudia Mast (1986): *Was leisten die Medien? Funktionaler Strukturwandel in den Kommunikationssystemen*. Osnabrück: Fromm.

Klaus Merten (1999): *Einführung in die Kommunikationswissenschaft. Bd 1/1: Grundlagen der Kommunikationswissenschaft*. Münster, Hamburg, London: Lit.

Christoph Neuberger (1999): Vom Papier auf den Bildschirm. Die Zeitung in der Metamorphose. In: Christoph Neuberger, Jan Tonnemacher (Hrsg.): *Online – Die Zukunft der Zeitung? Das Engagement deutscher Tageszeitungen im Internet*. Opladen, Wiesbaden: Westdeutscher Verlag, S. 16-56.

Projektgruppe am Institut für Kommunikationswissenschaft der Universität München (1976): *Politische Kommunikation. Eine Einführung*. Berlin: Spiess.

Heinz Pürer ([5]1993): *Einführung in die Publizistikwissenschaft*. München: Ölschläger.

Anja Schäfers (1998): Im Mittelpunkt der Mensch: Neue Medien und historischer Vergleich. In: Irene Neverla (Hrsg. unter Mitarbeit von Anja Schäfers und Dorothea Siegle): *Das Netz-Medium. Kommunikationswissenschaftliche Aspekte eines Mediums in Entwicklung*. Opladen, Wiesbaden: Westdeutscher Verlag, S. 89-110.

Patricia Schmidt-Fischbach (1988): Karl Knies und die Fundamental-Kategorien des Nachrichtenverkehrs. Zur Geschichte des zeitungswissenschaftlichen Paradigmas. In: Hans Wagner (Hrsg.): *Idee und Wirklichkeit des Journalismus. Festschrift für Heinz Starkulla*. München: Olzog, S. 151-164.

Klaus Schönbach (1995): Zur Zukunft der Tageszeitung. In: Beate Schneider, Kurt Reumann, Peter Schiwy (Hrsg.): *Publizistik: Beiträge zur Medienentwicklung. Festschrift für Walter J. Schütz*. Konstanz: Universitätsverlag Konstanz, S. 337-347.

Heinz Starkulla, Hans Wagner (o.J. [1981]): Karl d'Ester: der Mensch und sein Werk. In: *Karl d'Ester, 1881-1960: Professor für Zeitungswissenschaft an der Ludwig-Maximilians-Universität München 1924-1954* (Mappe zum 100. Geburtstag von Karl d'Ester, hrsg. vom Präsidium der Deutschen Zeitungswissenschaftlichen Vereinigung e.V.). München, Bl. I-IX.
Hans Wagner (unter Mitarbeit von Heinz Starkulla jr.) ([2]1989): *KommunikationsWissenschaft (ZeitungsWissenschaft). Das Fach. Das Studium. Die Methoden.* München, Mülheim: publicom-medienverlag Edgar Verheyen.
Hans Wagner (1993): Kommunikationswissenschaft – ein Fach auf dem Weg zur Sozialwissenschaft. Eine wissenschaftsgeschichtliche Besinnungspause. In: *Publizistik*, 38. Jg., S. 491-526.

Wolfram Peiser

David Riesman, Reuel Denney, Nathan Glazer (1950): *The lonely crowd. A study on the changing American character.* New Haven, CT: Yale University Press. XVII, 386 Seiten.

David Riesman (geb. 1909) ist ein Seiteneinsteiger in die Soziologie von der Rechtswissenschaft her und wird erst 1958 Teil des Lehrkörpers der Harvard-Universität, an der er später die Henry Ford II.-Professur für Sozialwissenschaften innehatte. Das Buch *The lonely crowd* war sofort ein Bestseller (2. Auflage 1953, »Volksausgabe« 1954 mit über 50.000 verkauften Exemplaren innerhalb weniger Monate). Es wurde aber nicht nur in den USA als ein wichtiger Spiegel gesellschaftlicher Entwicklungen benutzt, sondern erlangte mit für die damalige Zeit sehr schneller Übertragung in die deutsche Diskussion auch hier erhebliche Bedeutung (Die einsame Masse. Eine Untersuchung der Wandlungen des amerikanischen Charakters, 1956, Darmstadt – Berlin – Neuwied: Hermann Luchterhand; 1958 dann als Taschenbuch bei rowohlts deutsche enzyklopädie Bd. 72/73, bis 1964 mit über 60.000 Exemplaren aufgelegt. Übersetzung Renate Rausch, Vorwort Helmut Schelsky).

Der Erfolg des Buches ist nur vordergründig auf seinen gegenüber üblichen soziologischen Werken »literarischen« Abhandlungsstil zurückzuführen, der sich nicht an Tabellen orientiert, sondern mit Alltagssprache und Humor nicht spart. Entscheidender war wohl, daß Riesman und seine Mitarbeiter (vielleicht auch weil Riesman vor seiner Harvard-Zeit engen Kontakt mit der Ethnologin Margaret Mead hatte) eine zu den an Strukturen orientierten Soziologie alternative Tradition der Gesellschaftsinterpretation wiederbeleben, die 1899 Thorstein Veblen mit seiner Analyse der »leisure class« (vgl. Veblen 1899) erfolgreich begründet hatte: Die Beachtung des alltäglichen Handelns außerhalb der eigentlichen formalen Berufssphäre als Quelle von Gesellschaftsformierung. Bezogen auf die deutsche Soziologie-Tradition ist Riesman daher inhaltlich eher Georg Simmel zuzuordnen, methodisch steht er aber voll in der idealtypischen Tradition Max Webers.

Die Analyse zentriert sich daher auf die Darstellung von drei Charaktertypen, deren Herausbildung mit der Bevölkerungsentwicklung korrespondiert:

• Hoher Bevölkerungsumsatz ist verknüpft mit der Herausbildung des traditions-geleiteten Typs. Die Gesellschaftsordnung ist verhältnismäßig stabil, weil das Handeln der Menschen von sehr lange gültigen Traditionen angeleitet wird.

- Bei Einsetzen einer Bevölkerungswelle (vor allem durch Geburtenüberschuß und sinkende Sterberate) wandeln sich die Gesellschaftsverhältnisse schnell und die Menschen stabilisieren sich gegen diese Wandlungen durch Verinnerlichung von Werten und Zielen. Dies konstituiert den innen-geleiteten Typus.
- Bei beginnender Bevölkerungsschrumpfung werden die Verhältnisse komplexer: Wachsende Freizeit und zunehmender Konsum, stärkere Bürokratisierung und Zentralisierung, mehr Kontakte mit anderen Menschen und Kulturen. Dieser Komplexität ist mit auf Beständigkeit abzielender Innen-Leitung nicht mehr zu begegnen. Der sich neu – vor allem in den Städten – entwickelnde Charaktertyp des Außen-Geleiteten orientiert sich an den anderen.

Diese Typen folgen aufeinander, in den USA der 50er Jahre setzt der Umschwung zur Außen-Leitung ein, wobei als wichtiges Instrument der Außenleitung die Massenmedien anzusehen sind, die »die anderen« repräsentieren. In der Außen-Leitung werden nicht mehr Ziele internalisiert, sondern es wird das Prinzip verinnerlicht, daß Ziele in Abhängigkeit von den anderen festzulegen sind. Für die Herausbildung der Innen-Leitung spielte das gedruckte Wort insbesondere als Literatur eine wichtige Rolle, für die Außen-Leitung haben alle Massenkommunikationsmittel (und dabei natürlich vor allem die elektronischen Medien) eine zentrale Bedeutung. In der sich herausbildenden außen-geleiteten Lebensweise tritt die Arbeitswelt gegenüber der Freizeitwelt zurück, wird Unterhaltung einerseits wichtiger, andererseits stärker als Gruppenanpassung gestaltet, und es entsteht eine Art konformistischer Freizeitzwang.

Politisch resultiert Traditions-Leitung im Typ des Gleichgültigen, Innen-Leitung im Typ des Moralisten, Außen-Leitung im Typ des »information-dopester« (übersetzt als »Informationssammler«). Politik wird so zunehmend zum Konsumgut, womit für die Außen-Geleiteten aber auch Tendenzen zu mehr Toleranz und intensiver Suche nach Aufrichtigkeit verbunden sind. Der Außen-Geleitete steht zwischen zwei Extremen der Unfreiheit durch Außen-Leitung: Anomalie als Unfähigkeit, den von außen stammenden Normen zu folgen, und reiner Anpassung an diese Normen. Der Mittelweg ist der der Autonomie, die in Beruf und Freizeit realisiert werden kann, sowohl als Kultivierung des Alltags als auch als Emanzipation von Beengungen der innen-geleiteten Phase (etwa für Frauen).

In den 60er Jahren war das Buch ein wesentlicher Wegweiser in Deutschland, mit dem der Wandel zur Außen-Leitung, der in den späten 50er Jahren bereits zu spüren war, nicht nur als reine Amerikanisierung, sondern eher als ein universeller Prozeß, der mit Industrialisierung, Demographie und Zivilisierung zu tun hatte, begriffen werden konnte. Es ermöglichte auch eine Funktionsbestimmung der Massenmedien nicht von ihrer herrschaftsdienlichen Funktion her (wie im Nationalsozialismus) oder von ihrer moralischen (also innen-geleiteten) Bestimmung her, wie sie im Verständnis von »Publizistik« der Nachkriegszeit (etwa bei Emil Dovifat) vorherrschte. Der moderate Liberalismus Riesmans mußte dann zunächst gegenüber den radikaleren marxistischen Ansätzen der »68er«, aber auch gegenüber der medienzentrierten und auf harte Empirie verpflichteten Wirkungsforschung zurücktreten. Aber nicht ganz zufällig findet sich doch in etlichen Nachfolge-Bestrebungen der »68er« das Konzept der Autonomie und greifen einige Stränge der Wirkungsforschung auf Komponenten der Außen-Leitung zurück.

Riesman ist darüber aber nicht in Vergessenheit geraten, gerade in neueren Diskussionen der Soziologie und Kommunikationswissenschaft wird er wieder häufiger zitiert, insbesondere dort, wo sich seine Traditionen wieder mehr in den Vordergrund schieben, d.h. wo der Blick der Wissenschaft von der Arbeit zu Freizeit und Konsum wandert (etwa bei Zygmunt Bauman), wo das Interesse von den Medien zu den Menschen wandert, wo neben das publizistikwissenschaftliche Interesse an der politischen Kommunikation das kommunikationswissenschaftliche Interesse an Unterhaltung tritt.

Literatur

Thorstein Veblen (1899): *The theory of the leisure class. An economic study of institutions*. Boston, MA: Houghton Mifflin.

Gernot Wersig

Everett M. Rogers (1962): *Diffusion of innovations*. New York: The Free Press of Glencoe, London: Macmillan. XII, 367 Seiten. – Neuauflage 1995. XVII, 519 Seiten.

Diffusion of Innovations stellt die wohl erste systematische Abhandlung über die Diffusionsforschung dar. Zum Zeitpunkt der Publikation hatte die Diffusionsforschung bereits eine große Forschungstradition in den USA. In unterschiedlichen Wissenschaftsgebieten befaßte man sich mit Diffusionsprozessen. So wurden z.B. in der Anthropologie, der Soziologie, den Agrarwissenschaften, in Bildung und Erziehung, in der Medizinsoziologie, in der Industrie usw. Diffusionsphänomene untersucht. Die Wurzeln der Diffusionsforschung sind daher breit angelegt. Everett M. Rogers (geb. 1931), der selbst aus der Landwirtschaft stammt und Agrarwissenschaften studierte, gebührt das Verdienst, die unterschiedlichen Traditionen der Diffusionsforschung zusammengeführt und den Diffusionsprozeß analytisch durchdrungen zu haben. Rogers führte auch selbst eine Reihe von empirischen Diffusionsprojekten durch und wirkte sogar als Diffusionsberater, u.a. in Entwicklungsländern. Während anfangs insbesondere Neuerungen in der Landwirtschaft im Vordergrund seiner Arbeiten standen, widmete sich Rogers in späteren Jahren der Verbreitung des Personalcomputers sowie neuer Informations- und Kommunikationstechnologien (vgl. Rogers 1986). Everett M. Rogers lehrte lange Jahre an der renommierten Stanford University in Kalifornien, er lehrt und forscht gegenwärtig an der University of New Mexico, Albuquerque.

Der Diffusionsprozeß wurde von Rogers als ein Prozeß sozialen Wandels begriffen. Eingedenk der Erfahrung, daß viele Neuerungen, insbesondere auch in den Entwicklungsländern, keine Akzeptanz fanden oder sich nur schwer durchzusetzen vermochten, wurde der Bedeutung kultureller Normen und Werte Rechnung getragen. Letztlich stoßen die Neuerungen an traditionell eingeschliffene Verhaltensmuster und Einstellungen, die in den betreffenden sozialen Systemen, in denen die Neuerungen eingeführt werden, begründet sind. Da die sozialen Normen und Werte, die in den betreffenden Systemen vorherrschen, eine Barriere für die Diffusion von Neuerungen darstellen können, hat Rogers sehr detailliert die Rolle der Agenten des sozialen Wandels (»change agent«) beschrieben. Deutlich wird, daß solchen Agenten eine besondere Rolle in den frühen Phasen der Diffusion zukommt. Agenten des Wandels sollten sich daher insbesondere auf die frühen Übernehmer konzentrieren. Sie sollten aber auch die sozialen Konsequenzen von Innovationen zu antizipieren versuchen, um so möglichen Gegenreaktionen vorzubeugen. Insbesondere bei der Einführung von Neuerungen in Entwicklungländern kommt den (sensiblen, empathie-geleiteten) Verhaltensweisen der Agenten eine wichtige Rolle zu. Andere Kulturen haben nämlich ihre eigenen Normen und Werte, die auch als traditionale Kulturen bezeichnet werden, so daß Planer des Wandels diesen Normen und Werten Rechnung tragen müssen. Als eine wirksame Einflußstrategie wird deshalb angesehen, persönliche Einflüsse etwa seitens der lokalen Opinion Leader zum Tragen zu bringen. Rogers knüpft hierbei eng an die soziologisch orientierte Kommunikationsforschung der Columbia-Schule (→ Katz & Lazarsfeld 1955) an. Persönliche Einflüsse scheinen nämlich vor allem bei der Einstellungsbildung bezüglich einer Innovation bzw. letztlich der Adoptionsentscheidung eine sehr wichtige Rolle zu spielen, so daß die Durchsetzung einer Innovation ausschließlich mit Massenkommunikationsmitteln nur geringe Chancen hat. Interaktionseffekte seitens der Mitglieder des sozialen Systems, in dem eine Neuerung eingeführt wird, werden seither bei der Modellierung von Diffusionsprozessen verstärkt berücksichtigt.

Die Diffusion von Neuerungen in sozialen Systemen veranschlagt Zeit, und häufig stellt sich der typische S-förmige Verlauf der Verbreitung von Neuerung in Abhängigkeit von der Zeit dar. Mit Hilfe von Mittelwert und Standardabweichung gelingt es Rogers, fünf Adopterkategorien zu benennen, welche in unterschiedlichen Phasen des Diffusionsprozesses die Neuerung übernehmen: Innovatoren, Frühadopter, frühe Mehrheit, späte Mehrheit, Nachzügler. Diese Kategorien gelten inzwischen als Standard für die sozio-ökonomische Analyse von Adoptertypen. Von besonderem Interesse sind dabei die Kategorien, die den Diffusionsprozeß voranbringen, also in erster Linie die Innovatoren, schließlich auch die Opinion Leader, die den Fluß von Ideen durch Interaktion mit anderen Personen im sozialen Umfeld beschleunigen. Everett M. Rogers analysiert auf dem Stand der damaligen Forschung die Rolle dieser Adopterkategorien im Detail. Wegweisend ist auch die Darstellung des individuellen Adoptionsprozesses, welcher sich auf mehreren Stufen vollzieht (Awareness, Interest, Evaluation, Trial, Adoption). Daß nach einer Entscheidung zur Übernahme Individuen auch diese wieder zurückweisen können, also nicht weiter übernehmen, wird ebenso wie die fortgesetzte Übernahme ausführlich in Betracht gezogen (S. 305ff.). Die Einbettung des einzelnen Individuums, welches Innovationen übernimmt, in das jeweilige soziale System sowie verschiedene Persönlichkeitsmerkmale, die einen Einfluß auf das individuelle Entscheidungsverhalten haben, stellen Faktoren dar, von denen Adoptionsprozesse abhängen können.

Mit dem Modell des Adoptionsprozesses legt Rogers bereits 1962 die Grundlage für die gesamte Diffusionsforschung. In einem späteren Werk, das Rogers zusammen mit Shoemaker publizierte (Rogers & Shoemaker 1971) werden die Grundlagen weiter vertieft und mit empirischen Forschungsergebnissen aus rund 1.500 Studien angereichert. Letzteres Werk gibt auf anschauliche Weise einen Gesamtüberblick über den Diffusionsprozeß, führt aber im wesentlichen nicht über die bereits im Erstwerk von 1962 enthaltenen Analysen des Adoptions- und Diffusionsprozesses hinaus. Allerdings werden die wiedergegebenen generalisierenden Hypothesen im Hinblick auf Innovationsfreudigkeit später noch eingehender und komprimierter formuliert.

Zusammenfassend ist es das Verdienst von Everett M. Rogers, der Diffusionsforschung ein tragbares theoretisches und analytisches Gerüst gegeben zu haben. Rogers, der sich Theorien mittlerer Reichweite verpflichtet fühlt, bleibt nicht bei der analytischen Durchdringung haften, sondern ist stets bemüht, seine Hypothesen und Verallgemeinerungen auch empirisch zu stützen. Hierbei tragen eigene Primärstudien wie sorgfältige Literatursynopsen zur Fruchtbarmachung seiner Ansätze bei. In einer Zeit, in der die Diffusion von Neuerungen weithin von großer Bedeutung für die Entwicklung moderner Gesellschaften ist, bildet Rogers' Analyse des Diffusionsprozesses noch immer den zentralen Anknüpfungspunkt. Auch neuere Arbeiten auf dem Gebiet der Diffusionsforschung knüpfen daher stets an die von Rogers erarbeiteten Modelle an (z.B. Schenk, Dahm & Sonje 1996).

Literatur

Everett M. Rogers (1986): *Communication technology. The new media in society*. New York: The Free Press.

Everett M. Rogers, Floyd Shoemaker (1971): *Communication of innovations*. New York: The Free Press.

Michael Schenk, Herrmann Dahm, Deziderio Sonje (1996): *Innovationen im Kommunikationssystem*. Münster, London: Lit.

Michael Schenk

Franz Ronneberger (1978): *Kommunikationspolitik I: Institutionen, Prozesse, Ziele*. Mainz: v. Hase & Köhler Verlag. XXIV, 303 Seiten.

Franz Ronneberger (1980): *Kommunikationspolitik II: Kommunikationspolitik als Gesellschaftspolitik*. Mainz: v. Hase & Köhler Verlag. XI, 359 Seiten.

Franz Ronneberger (1986): *Kommunikationspolitik III: Kommunikationspolitik als Medienpolitik*. Mainz: v. Hase & Köhler Verlag. XIV, 529 Seiten.

Einen »monumentalen Versuch« hat es Ulrich Saxer genannt, in drei Bänden für die Medienpolitik »eine umfassende wissenschaftliche Grundlage zu erarbeiten« (Saxer 1999: 225). Sein Vorwort zum ersten Band der *Kommunikationspolitik* hat Franz Ronneberger mit »Rechtfertigung« überschrieben, als hätte es einer Rechtfertigung bedurft, dass sich der als Jurist, Politik- und Kommunikationswissenschaftler (1913-1999) hierzu besonders befähigte Autor als erster darum bemühte, dem damals neu entstandenen Begriff Inhalt und Schärfe zu geben. Es entsprach seiner Überzeugung, dass die gewaltigen Veränderungen der Medienwelt, die sich vollzogen oder abzeichneten, eine theoretische Fundierung geradezu herausforderten, auf deren Basis die Phänomene und Konflikte zu erklären und vielleicht auch zu prognostizieren sein sollten. Freilich sah Ronneberger einerseits die Komplexität des Gegenstandes und andererseits die Tatsache, dass es – ebenso wie schon für die (Massen-)Kommunikation – wohl kaum eine allgemeinverbindliche und einheitliche Theorie würde geben können. Das hat ihn aber nicht davon abgehalten, auf der Grundlage einer »Verpflichtung« gegenüber der »funktional-strukturellen Systemtheorie Niklas Luhmanns« die unterschiedlichen Erklärungsansätze auch zu nutzen, um dem Ideal einer solchen verbindenden Theorie der Kommunikationspolitik möglichst nahe zu kommen.

Was Ronneberger bescheiden »Kompromisse« nennt, das zeichnet sein Werk besonders aus: Zum einen hat er zwar keine »Anleitung zum praktischen Handeln« schreiben wollen, seine eigenen Erfahrungen aus der journalistischen und juristischen Praxis aber immer eingebracht und insofern durchaus praktisch verwertbare Analysen geliefert. Auf Erfahrungen und Analysen allein stützt er sich jedoch auch nicht, sondern er bezieht empirische Forschungsergebnisse »immer und überall« ein. Insofern gibt er der kommunikations- und damit sozialwissenschaftlichen Argumentation gegenüber der rechtswissenschaftlichen auch stets Priorität.

Einen weiteren »Kompromiß« sieht Ronneberger selbst in der »Verbindung von akademischem Lehrbuch und aktueller Monographie«, und gerade das ist in diesem Werk in besonderer Weise geglückt. Seine »sozialwissenschaftlichen Fachgenossen« bittet er um Nachsicht dafür, »daß ich die fachliche Terminologie so weit wie möglich meide« (Bd. I, S. 4), das Inhaltsverzeichnis wird zumindest im Band I in einer Form angeboten, die einen Überblick über den Inhalt des jeweiligen Kapitels erlaubt, und auf Fußnoten wurde gänzlich verzichtet. Ronneberger bezeichnet diese »dem Wissenschaftler geläufige Methode« als »für andere sehr störende Unterbrechung des Gedankengangs« (Bd. I, S. 1).

Schließlich hat – und auch dies hebt Ronnebergers Werk nur hervor – der Autor keineswegs allein neutral referiert, sondern immer auch seinen eigenen Standpunkt vorgetragen. Er erklärt zwar, nicht die Absicht zu haben, in die aktuelle kommunikationspolitische Auseinandersetzung eingreifen zu wollen, übernimmt auch kaum jemals kritiklos die Meinung der einen oder der anderen Fraktion, kritisiert dann aber deutlich die Emotionalisierung und Ideologisierung kommunikationspolitischer Debatten: »Medienpolitik degeneriert zum Mittel oder Instrument von Parteien-, Verbände- und Staatspolitik. Zumindest kommt der Verdacht auf, dass es gar nicht mehr um bessere Lösungen für ein freies Mediensystem, sondern um minimale Macht-Vorteile mittels bestimmter Medienkonstellationen und -strukturen geht« (Bd. III, S. 3). Um so mehr bemüht sich Ronneberger daher um die Einhaltung der strengen Standards der Wissenschaft.

Die Klärung der Begrifflichkeiten und die Abgrenzung von Kommunikationspolitik und Medienpolitik sind ebenso sein Verdienst wie die Tatsache, daß er immer betont, Kommunikationspolitik dürfe nicht in einem engeren Sinne als die Politik staatlicher Institutionen gesehen werden, sondern als »soziales Handeln«, das auf die Ordnung von Kommunikationsprozessen gerichtet ist. Im Vordergrund steht natürlich immer das Handeln der »organisierten Interessen«, das er in Zielsetzung und Verhalten im ersten Band sowie in einem Kapitel des dritten Bandes beschreibt – vieles davon heute noch genauso gültig wie vor fünfzehn oder zwanzig Jahren zu Zeiten der Entstehung der Trilogie. Die Medienwelt hat sich seither erheblich gewandelt, aber die Begehrlichkeiten der Institutionen sind – wenn auch zumeist stärker – die gleichen geblieben.

Ronneberger hat die im ersten Band bereits für die beiden weiteren Bände vorgegebene Gliederung eingehalten bis auf die Tatsache, dass er dem Wandel der Medienlandschaft durch neue Kommunikationstechniken Rechnung tragen musste. In diesen Jahren hatte es die Pilotprojekte und Feldversuche zu Videotext, Bildschirmtext und Kabelfernsehen gegeben, Landesmediengesetze waren entstanden, die Bundesverfassungsgerichtsurteile hatten den Weg zum dualen Rundfunksystem vorgegeben, das es dann seit 1984 gab, und der erste Rundfunkstaatsvertrag wurde in kontroversen Diskussionen vorbereitet. Eingeschlossen hat er neben ausführlicher Behandlung des technischen und organisatorischen Wandels im Rundfunksystem im dritten Band auch vorsichtige und wohlabgewogene Prognosen, die naturgemäß vom damaligen Wissensstand und entsprechenden Erwartungen geprägt waren und fortgeschrieben werden müssen bzw. worden sind. Ronnebergers Verdienst besteht in diesem Zusammenhang vor allem darin, die Bedingungen erkannt und benannt zu haben, die die Entwicklung des Mediensystems bestimmen.

Der erste Band enthält eine theoretische Fundierung der Kommunikationspolitik, und der Autor hat dort die kommunikationspolitischen Grundprobleme und Leitideen behandelt. Deutlich gemacht wird in einem historischen Abriss, wie diese Probleme und Ideen in der Vergangenheit schon genauso oder ähnlich bestanden haben und damals wie heute die Konflikte und Auseinandersetzungen von machtpolitischen Interessen bestimmt waren. Der Kampf um die Informations- und Meinungsfreiheit stellt in der Geschichte der Kommunikationspolitik ein Kontinuum dar, und jüngst wurde in Belgrad wieder demonstriert, daß neben dem Parlament das erste Ziel einer Revolution der Fernsehsender darstellt. Im zweiten Band hat Ronneberger die Kommunikationspolitik in systemtheoretischer Argumentationsweise in den Rahmen der Gesellschaftspolitik gestellt, dem Zusammenhang zwischen Medien- und Wirtschaftssystem ein besonderes Kapitel gewidmet und auch die internationale Dimension der Kommunikationspolitik berücksichtigt, die sich zu jener Zeit mit den Fernsehsatelliten erst abzeichnete. Seinem dritten Band hat Ronneberger den Titel *Kommunikationspolitik als Medienpolitik* gegeben und dort die Struktur- und Existenzprobleme der Medien sowie die kommunikationspolitischen Konflikte in Gegenwart und Zukunft behandelt.

Wenn Ronneberger am Ende seines Werkes schreibt, die *Kommunikationspolitik* sei weder ein Lehrbuch geworden, noch habe sie »den Charakter einer Monographie«, sondern sie beschränke sich »in der Art eines Grundrisses auf die Darstellung der ausschlaggebenden Tendenzen und Fragestellungen [...], wobei eine theoretisch abgestützte Systematik anzustreben ist« (Bd. III, S. 24), so entspricht dieses Resümee seinem unprätentiösen Selbstverständnis. Als Lehrbuch ist es allerdings auch sehr anspruchsvoll, und die Theorie der Kommunikationspolitik kann und wird es nicht geben. Ein »Grundriß« ist es aber allemal geworden, und zwar einer »für einen ganzen Teilbereich des Faches Kommunikationswissenschaft« (Roegele 1987: 469), zweifellos also der Klassiker der Kommunikationspolitik.

Literatur

Otto B. Roegele (1987): [Rezension: Kommunikationspolitik III]. In: *Publizistik*, 32. Jg., S. 467-469.
Franz Ronneberger (1997): Wegemeister einer interdisziplinären Kommunikationswissenschaft. Autobiographische Fragen an Franz Ronneberger von Manfred Rühl. In: Arnulf Kutsch, Horst Pöttker (Hrsg.): *Kommunikationswissenschaft – autobiographisch. Zur Entwicklung einer Wissenschaft in Deutschland.* Opladen 1997, S. 21-35.
Ulrich Saxer (1999): Franz Ronneberger (1913-1999). In: *Publizistik*, 44. Jg., S. 224-225.

Jan Tonnemacher

Manfred Rühl (1969): *Die Zeitungsredaktion als organisiertes soziales System.* Bielefeld: Bertelsmann Universitätsverlag. 205 Seiten. – 2., erweiterte Auflage: Freiburg (Schweiz): Universitätsverlag 1979. 317 Seiten.

Die Zeitungsredaktion als organisiertes soziales System gehört in dreifacher Hinsicht zu den zentralen Studien der deutschen Kommunikationswissenschaft: Theoretisch macht die Analyse die Systemtheorie in ihrer funktional-strukturellen Variante für die Kommunikationswissenschaft fruchtbar und bildet damit gewissermaßen den Auftakt für eine Vielzahl von systemtheoretisch orientierten Arbeiten, die sich mit Aspekten organisierter Kommunikation befassen. Hinsichtlich des behandelten Problems – Analyse von Strukturen und Prozessen in der Zeitungsredaktion – ist die Arbeit ein frühes Beispiel für Redaktionsforschung, ein Forschungsgebiet, das selbst in der sich seit Mitte der 70er Jahre konstituierenden Journalistik wenig bearbeitet bleibt. Methodisch ist die Untersuchung von Manfred Rühl ein Beispiel für die in der empirischen Kommunikationsforschung ertragreiche, aber selten angewandte Methode der teilnehmenden Beobachtung. Die 1969 in der Schriftenreihe »Gesellschaft und Kommunikation« veröffentlichte Beschreibung einer Zeitungsredaktion als soziales System dokumentiert ein modernes Verständnis von Publizistik als Sozialwissenschaft und bildet in der Kommunikationswissenschaft und Journalistik nach wie vor den Ausgangspunkt für theoretische und organisationsbezogene Studien.

Mit dem Werk über die Redaktion als System – eine erweiterte und überarbeitete 2. Auflage erschien 1979 im Universitätsverlag Freiburg (Schweiz), unter dem gleichen Titel – hat Rühl der deutschen Publizistik, Kommunikationswissenschaft und Journalistik eine theoretische Perspektive eröffnet, die Massenkommunikation und Journalismus als Organisationsprobleme behandelt. Wie auch bei späteren Arbeiten des Autors (→ Rühl 1980; vgl. Rühl 1989, 1999) basieren die Beobachtungen und Beschreibungen von kommuniktionsbezogenen Prozessen auf einer intensiven theoretischen und analytischen Durchdringung des Problembereichs.

Manfred Rühl (geb. 1933) hat die Studie zur Zeitungsredaktion als Dissertation am Lehrstuhl für Politik und Kommunikationswissenschaft der Universität Nürnberg-Erlangen unter dem Einfluß der Arbeiten von Franz Ronneberger zu Massenkommunikation, Sozialisation und Gesellschaft verfaßt. In diesem Forschungszusammenhang (Nürnberger Schule) sind weitere Beiträge zur Redaktions- und Journalismusforschung entstanden, die allerdings nicht die wissenschaftliche Resonanz der Studie von Rühl erreichten (vgl. Dygutsch-Lorenz 1971; Gruber 1975; Hofer 1978; Koller 1981). Leitmotiv dieser Studien ist es, Aspekte der Massenkommunikation als Organisationsprozesse zu behandeln. Von 1976 bis 1983 hat Rühl den Journalistik-Aufbaustudiengang in Stuttgart-Hohenheim als Hochschullehrer aufgebaut und geleitet; danach war er bis zur Emeritierung 1999 Inhaber des Lehrstuhls für Kommunikationswissenschaft, Schwerpunkt Journalistik, der Universität Bamberg.

Rühl benutzt ein Systemmodell, um das Zustandekommen publizistischer Aussagen zu erläutern. Am Beispiel der Zeitungstheorie von Otto Groth (→ Groth 1928-1930; → Groth 1960-1972) zeigt er, welche Schwächen normativ und teleologisch argumentierenden Betrachtungen der Redaktion anhaften, die in ontologischer Perspektive beschreiben, wie sich ein Redakteur richtig zu verhalten habe. Aus dem Repertoire der aktuellen systemtheoretischen Entwürfe in den 60er Jahren wählt Rühl nicht primär den seinerzeit stark rezipierten Ansatz der amerikanischen Soziologie von Talcott Parsons (1957), sondern die Weiterentwicklung von Parsons Theoriemodell durch den deutschen Soziologen Niklas Luhmann (1964). Die funktional-strukturelle Theorie beschreibt ein soziales System als Handlungssystem, das auf der Basis von Sinn operiert. Der Gewinn dieser Betrachtungsweise wird darin gesehen, daß damit auch die Umweltbeziehungen Gegenstand der Analyse werden. Die funktional-strukturelle Systemkonzeption entwirft das Handlungssystem in Konfrontation zur Umwelt, die sich der Kontrolle durch das System selbst entzieht. Neben der Frage der System/Umwelt-Beziehung fokussiert der funktional-strukturelle Ansatz das Problem der Systembildung und -erhaltung. »Jedes organisierte soziale System hat eine Reihe von Problemen zu lösen, von denen eine bestimmte Anzahl als Aufgaben formuliert werden können. Sie werden als Leistungen an die Umwelt erbracht und erlangen damit ihre Funktion für das Gesellschaftsganze« (S. 36). Die Redaktion wird als soziales System konzipiert, das aus Handlungen besteht, die sinnhaft aufeinander bezogen sind. Neben der soziologischen Systemtheorie verwendet Rühl zahlreiche sozialwissenschaftliche Erkenntnisse aus der Betriebs- und Berufssoziologie sowie aus der Entscheidungstheorie (vgl. March & Simon 1958), um die Zeitungsredaktion zu analysieren.

Mit der Methode der teilnehmenden Beobachtung und mit leitfadengestützten Intensivinterviews wird die Redaktion einer fränkischen Regionalzeitung untersucht. Die Analyse erbringt zahlreiche Befunde, die nach wie vor Gültigkeit in der Redaktionsforschung besitzen. Rühl nimmt von Luhmann Konzepte wie »Reduktion von Komplexität« und »Mitgliedschaftsrolle« auf und gibt ihnen empirischen Gehalt. Der differenzierte Aufbau einer Zeitungsredaktion, die Komplexität bei der Koordination von technischen und journalistischen Tätigkeiten, die Aufgaben von Redaktionskonferenzen und der Tagesablauf werden dargelegt. Die empirische Analyse fördert zum Beispiel die folgenden Merkmale der Mitgliedschaftsrolle in einer Zeitungsredaktion zu Tage: Zustimmung zu den Redaktionszwecken, Anerkennung der Redaktionsleitung, Identifikation mit den Redaktionszielen, Verarbeitung von Informationen nach dem vorgegebenen Entscheidungsprogramm, redaktionelle Diskretion. Redaktionskonferenzen werden als intermediäre Systeme beschrieben, die eine koordinierende Leistung zwischen den einzelnen Ressorts erbringen. Mit Blick auf das journalistische Entscheidungshandeln, also die Sammlung, Selektion und Verarbeitung von Informationen, differenziert Rühl zwischen einem Konditionalprogramm, das nach einem »Wenn-Dann«-Schema die redaktionellen Routinehandlungen in Form von Entscheidungsstraterien für die einzelnen Redakteure eines Ressorts bereithält, und einem Zweckprogramm, das sich an dem Output, den Wirkungen in der Umwelt orientiert. Als generelles Verhaltensschema legt das Zweckprogramm den Rahmen für redaktionelle Entscheidungen fest. Die Organisation Redaktion verarbeitet Ereignisse aus ihrer Umwelt, indem sie Typologien für Situationen bildet, die in Form von Routineprogrammen ablaufen.

Zu den wichtigen Einsichten der Studie zählt der Befund, daß die Programme nicht starr festgelegt sind, wie es die normativen Vorgaben der traditionellen Zeitungsforschung in Deutschland und statische Organisationskonzepte nahelegen, sondern elastisch mit Bezug auf die Umwelt angelegt sind. Sie sind ein soziales Phänomen, das von der Organisation Zeitungsredaktion hervorgebracht wird. Herausgearbeitet wird die Autonomie der Redaktion, die die Entscheidungsprogramme selbst entwickelt und sich damit als Handlungssystem selbst strukturiert.

Insgesamt führt *Die Zeitungsredaktion als organisiertes soziales System* avancierte sozialwissenschaftliche Konzepte und Begriffe in die Journalistik und Kommuniktionswissenschaft ein. Die systemtheoretisch inspirierte Studie vollzieht die Abwendung von den individuenbezogenen Ansätzen der Gatekeeper-Forschung. Mit dieser Studie etabliert sich die Differenzierung von Arbeits- und Mitgliedsrolle, von Konditional- und Zweckprogramm. Begriffe wie System, Subsystem, Entscheidungsprogramm, Rolle und Organisation werden mit Bezug auf die Studie von Rühl insbesondere in der Journalismusforschung aufgenommen und weitergeführt. Systemtheoretische Beschreibungen von Journalismus (vgl. Blöbaum 1994), Publizistik (vgl. Marcinkowski 1993) oder Wissenschaftsjournalismus (vgl. Kohring 1997) basieren ebenso auf der Studie von Rühl wie theoretische und empirische Arbeiten zum Verhältnis von Journalismus und Gesellschaft sowie Kommunikatorstudien (vgl. Scholl & Weischenberg 1998). Auch Ansätze der Organisationsforschung und der Kommunikationswissenschaft werden nun kombiniert, um Medien und andere Organisationen als informationsverarbeitende Einheiten zu beschreiben (vgl. Theis 1994). Hinsichtlich des theoretischen Zugangs und der verwendeten Begriffe knüpfen Redaktionsuntersuchungen an die Arbeit zur Zeitungsredaktion als System an (vgl. Hienzsch 1990; Altmeppen 1999).

Literatur

Klaus-Dieter Altmeppen (1999): *Redaktionen als Koordinationszentren. Beobachtungen journalistischen Handelns.* Opladen, Wiesbaden: Westdeutscher Verlag.

Bernd Blöbaum (1994): *Journalismus als soziales System. Geschichte, Ausdifferenzierung und Verselbständigung.* Opladen: Westdeutscher Verlag.
Ilse Dygutsch-Lorenz (1971): *Die Rundfunkanstalt als Organisationsproblem.* Düsseldorf: Bertelsmann Universitätsverlag.
Thomas Gruber (1975): *Die Übernahme der journalistischen Berufsrolle. Eine sozialwissenschaftliche Analyse.* Nürnberg: Nürnberger Forschungsvereinigung.
Ulrich Hienzsch (1990): *Journalismus als Restgröße. Redaktionelle Rationalisierung und publizistischer Leistungsverlust.* Wiesbaden: Deutscher Universitäts Verlag.
Arthur Hofer (1978): *Unterhaltung im Hörfunk. Ein Beitrag zum Herstellungsprozeß publizistischer Aussagen.* Nürnberg: Nürnberger Forschungsvereinigung.
Matthias Kohring (1997): *Die Funktion des Wissenschaftsjournalismus. Ein systemtheoretischer Entwurf.* Opladen: Westdeutscher Verlag.
Barbara Koller (1981): *Lokalredaktion und Autonomie. Eine Untersuchung in Außenredaktionen regionaler Tageszeitungen.* Nürnberg: Nürnberger Forschungsvereinigung.
Niklas Luhmann (1964): *Funktionen und Folgen formaler Organisation.* Berlin: Duncker & Humblot.
James G. March, Herbert A. Simon (1958): *Organizations.* New York, London, Sydney: Wiley.
Frank Marcinkowski (1993): *Publizistik als autopoietisches System. Politik und Massenmedien. Eine systemtheoretische Analyse.* Opladen: Westdeutscher Verlag.
Talcott Parsons (1957): *The social system.* Glencoe, IL: Free Press.
Manfred Rühl (1980): *Journalismus und Gesellschaft. Bestandsaufnahme und Theorieentwurf.* Mainz: v. Hase & Koehler.
Manfred Rühl (1989): Organisatorischer Journalismus. Tendenzen der Redaktionsforschung. In: Max Kaase, Winfried Schulz (Hrsg.): *Massenkommunikation. Theorien, Methoden, Befunde.* Opladen: Westdeutscher Verlag, S. 253-269.
Manfred Rühl (1999): *Publizieren. Eine Sinngeschichte der öffentlichen Kommunikation.* Opladen, Wiesbaden: Westdeutscher Verlag.
Armin Scholl, Siegfried Weischenberg (1998): *Journalismus in der Gesellschaft. Theorie, Methodologie und Empirie.* Opladen, Wiesbaden: Westdeutscher Verlag.
Anna Maria Theis (1994): *Organisationskommuniktion. Theoretische Grundlagen und empirische Forschungen.* Opladen: Westdeutscher Verlag.

Bernd Blöbaum

Manfred Rühl (1980): *Journalismus und Gesellschaft. Bestandsaufnahme und Theorieentwurf.* Mainz: von Hase & Koehler. 516 Seiten.

Die Studie *Journalismus und Gesellschaft* des Bamberger Kommunikationswissenschaftlers Manfred Rühl (geb. 1933), der vor wenigen Jahren emiritiert wurde, stellte die Journalismusforschung erstmals auf ein gesellschaftstheoretisch begründetes Fundament. Das Werk entstand als Habilitationsschrift im Umfeld des Sonderforschungsbereiches »Sozialisations- und Kommunikationsforschung« der Universität Erlangen-Nürnberg, wo Franz Ronneberger, der akademische Lehrer Rühls, tätig war. Mit *Journalismus und Gesellschaft* differenzierte und erweiterte Rühl seine Ende der 60er Jahre publizierte Pionierstudie zur Redaktion als organisiertes soziales System (→ Rühl 1969). Während jene einen theoretischen Rahmen bereitstellte, um darauf aufbauend die Redaktion empirisch zu analysieren, zielt *Journalismus und Gesellschaft* auf die Ausarbeitung einer Journalismustheorie, um »Journalismus in seiner Funktionalität für die heutige Weltgesellschaft sichtbar zu machen.« (S. 21) Damit markiert die Studie den Beginn einer detaillierten theoretischen Beschreibung des Journalismus: Sie provozierte im deutschen Sprachraum, vor allem in den 90er Jahren, eine Vielzahl von Anschlußuntersuchungen. Heute kann konstatiert werden, daß die Überlegungen Rühls nachhaltig dazu beitrugen, die simplifizierenden normativen und individualistischen Vorstellungen aus der Frühzeit der Journalismusforschung zu überwinden und systemtheoretisches Denken in der Journalismusforschung zu etablieren.

Ausgehend von einer systematischen und differenzierten Bestandsaufnahme der empirischen Journalismusforschung sowie einer Klärung relevanter sozial- und kommunikationswissenschaftlicher Begriffe entwickelt Rühl ein anspruchsvolles Konzept zur Identifikation des Journalismus. Integriert werden dabei kommunikations-, entscheidungs- und systemtheoretische Kategorien und Begriffe. Zu den wesentlichen Bausteinen seines Entwurfs gehören das aus der Luhmannschen Systemtheorie importierte System / Umwelt-Paradigma als Ordnungsprinzip einer allgemeinen Theorie des Journalismus, die Annahme einer journalismusinternen Herausbildung und Differenzierung von (Entscheidungs-)Strukturen sowie die gesellschaftliche Einbettung des Journalismus, der als abhängig von einem soziohistorisch zu bestimmenden Gesellschaftssystem beschrieben wird. Nach Rühl reagiert der Journalismus auf die weltgesellschaftliche Evolution mit Differenzierung und Spezialisierung, also indem er seine interne Komplexität steigert, um die eigenen Selektions- und Entscheidungsprozesse angemessener regulieren zu können. Mit diesen Basisannahmen gelingt der Anschluß an die gesellschaftstheoretische Debatte, ohne jedoch den Anspruch auf eine empirische Prüfung der Theorie aufgeben zu müssen.

Mit dem Transfer systemtheoretischer Überlegungen verbunden ist insbesondere die Trennung von Journalisten als Personen vom Journalismus als Sozialsystem. Denn Journalisten seien nicht nur individuell tätig, sondern operierten in einem Geflecht organisatorischer Strukturen. Nach Auffassung von Rühl ist die Person als Paradigma zudem ein viel zu komplexer und unelastischer Begriff, um als Bezugseinheit für Journalismus dienen zu können. Deshalb schlägt er in *Journalismus und Gesellschaft* vor, den Begriff des Sozialsystems zu verwenden, weil damit zwischen dem Journalismus und seinen Umwelten unterschieden werden könne. Unter den Bedingungen moderner pluralistischer Gesellschaften ist vor allem eine exklusive (Primär-)Funktion des Journalismus zu identifizieren, um ihn als soziales System identifizieren zu können. Rühls – später oft zitierter, aber auch kritisierter – Vorschlag lautet: »Die besonderen Leistungen und die besonderen Wirkungen des Journalismus, durch die sich sein Handeln von anderen, an der Öffentlichkeit orientierten Sozialsystemen unterscheidet, bestehen in der Ausrichtung auf die Herstellung und Bereitstellung von Themen zur öffentlichen Kommunikation.« (S. 322f.)

Als für empirische Studien anschlußfähig haben sich insbesondere Rühls Überlegungen zur internen Differenzierung des Journalismus erwiesen. Journalistische Entscheidungen sind danach keineswegs beliebig, sondern abhängig von spezifischen Strukturen – u.a. den jeweiligen Wertbestimmungen einer Redaktion, den Konstellationen redaktioneller Rollen, in denen Kommunikationserwartungen generalisiert werden, den journalistischen Entscheidungsprogrammen (Konditional- und Zweckprogramme) sowie den journalistischen Normen, die das System Journalismus stabilisieren. Derartige Strukturen, die auf Selbstprogrammierung, Selbstorganisation und Selbstprofessionalisierung basieren, autonomisieren den Journalismus operativ, verschaffen ihm also Entscheidungsfreiräume gegenüber seinen diversen Umwelten. Zum Verständnis dieser Perspektive ist wesentlich, daß durch solche Strukturen die Wirklichkeit des Journalismus nicht abgebildet wird, sondern jene letztlich auf (wissenschaftlichen) Beobachtungen basieren. So versteht Rühl beispielsweise die Strukturen journalistischer Angebote nicht als »Stilformen«, sondern als »Schemata zur Vereinfachung öffentlicher Kommunikation« (S. 303). Die Studie *Journalismus und Gesellschaft* grenzt sich also von ontologisch ausgerichteten Vorstellungen zum Journalismus strikt ab.

Schon früh entwickelten sich neben dem Ansatz von Rühl weitere systemtheoretische Konzepte, in denen ein anderer Systembegriff verwendet wurde. Heute werden, ausgehend von *Journalismus und Gesellschaft,* unterschiedliche Ansätze zur Identifikation des Journalismus als soziales System verfolgt, die sich vor allem hinsichtlich der zugrunde gelegten systemischen Einbindung unterscheiden: Handelt es sich beim Journalismus um ein Funktionssystem in der Gesellschaft, wie Rühl annimmt? Oder operiert der Journalismus als Bestandteil, als organisiertes Leistungssystem, in einem Funktionssystem wie Öffentlichkeit, Publizistik oder Massenmedien? Divergente Auffassungen gibt es dementsprechend hinsichtlich der Funktion, mit welcher der Journalismus zu beschreiben ist, sowie hinsichtlich der Strukturen, welche die innere Ordnung des Systems ausmachen. Kritisiert wird in diesem Zusammenhang der Strukturbegriff Rühls, der den Journalismus auf organisiertes Entscheidungshandeln reduziere und vernachlässige, daß organisatorische Bedingungen nicht nur funktional seien, sondern seine Leistungen durchaus behindern könnten. Die von Rühl bestimmte Primärfunktion sei außerdem zu unscharf, lasse also, beispielsweise, eine Unterscheidung zwischen Journalismus und Öffentlichkeitsarbeit nicht zu. (vgl. Löffelholz 2000; Görke 1999; Scholl & Weischenberg 1998; Kohring 1997; Blöbaum 1994)

Rühl selbst modifizierte sein Konzept mehrfach. Anfang der 90er Jahre umschrieb er die Primärfunktion des Journalismus als »organisatorische Herstellung und Bereitstellung durchsetzungsfähiger thematisierter Mitteilungen zur öffentlichen Kommunikation.« (Rühl 1992: 129) Heute, etwa ein Jahrzehnt später, identifiziert er die Funktion des Journalismus als »organisatorische Produktion und schematische Distribution programmierter Programme zur öffentlichen Kommunikation.« (Rühl 2000: 73) Auch auf die »autopoietische Wende« in der Systemtheorie ließ Rühl sich ein: Seitdem wird der Journalismus nicht mehr als umweltoffenes soziales System konzipiert, sondern als operativ geschlossen und selbstreferentiell betrachtet. (vgl. Rühl 1992) Eine weitere Umorientierung zeigt sich in seiner Vorstudie zur Theorie der »Marktpublizistik« (Rühl 1993), bei der er das Publikum ins System integriert und die Wirtschaft als eine Art Supersystem für das publizistische System modelliert.

Literatur

Bernd Blöbaum (1994): *Journalismus als soziales System. Geschichte, Ausdifferenzierung und Verselbständigung.* Opladen: Westdeutscher Verlag.

Alexander Görke (1999): *Risikojournalismus und Risikogesellschaft. Sondierung und Theorieentwurf.* Opladen, Wiesbaden: Westdeutscher Verlag.

Matthias Kohring (1997): *Die Funktion des Wissenschaftsjournalismus. Ein systemtheoretischer Entwurf.* Opladen: Westdeutscher Verlag.
Martin Löffelholz (Hrsg.) (2000): *Theorien des Journalismus. Ein diskursives Handbuch.* Wiesbaden: Westdeutscher Verlag.
Manfred Rühl (1992): Theorie des Journalismus. In: Roland Burkart, Walter Hömberg (Hrsg.): *Kommunikationstheorien. Ein Textbuch zur Einführung.* Wien: Braumüller, S. 117-133.
Manfred Rühl (1993): Marktpublizistik. Oder: Wie alle – reihum – Presse und Rundfunk bezahlen. In: *Publizistik,* 38. Jg., S. 125-152.
Manfred Rühl (2000): Des Journalismus vergangene Zukunft. In: Martin Löffelholz (Hrsg.): *Theorien des Journalismus. Ein diskursives Handbuch.* Wiesbaden: Westdeutscher Verlag, S. 65-79.
Armin Scholl, Siegfried Weischenberg (1998): *Journalismus in der Gesellschaft. Theorie, Methodologie und Empirie.* Opladen, Wiesbaden: Westdeutscher Verlag.

Martin Löffelholz

Georges Sadoul (1946-1954): *Histoire générale du cinéma.* Paris: Denoël. – Band 1 (1946): *L'invention du cinéma, 1832-1897.* 363 Seiten. – Band 2 (1947): *Les pionniers du cinéma (De Méliès à Pathé), 1897-1909.* 627 Seiten. – Band 3, 1. Teil (1951): *Le cinéma devient un art. 1909-1920. L'avant-guerre.* 371 Seiten. – Band 3, 2. Teil (1952): *Le cinéma devient un art. 1909-1920. La première guerre mondiale.* 547 Seiten. – Band 6 (1954): *L'époque contemporaine, 1939-1954. [1. Teil:] Le cinéma pendant la guerre, 1939-1945.* X, 329 Seiten. – Neuausgabe in 6 Bänden. Hrsg. v. Bernard Eisenschitz. Paris: Denoël 1973-1975: Band 1 (1973): *L'invention du cinéma, 1832-1897.* 446 Seiten. – Band 2 (1973): *Les pionniers du cinéma, 1897-1909.* 572 Seiten. – Band 3 (1973): *Le cinéma devient un art, 1909-1920. 1. Teil: L'avant-guerre.* 440 Seiten. – Band 4 (1974): *Le cinéma devient un art, 1909-1920. 2. Teil: La première guerre mondiale.* 589 Seiten. – Band 5 (1975): *L'Art muet, 1919-1929. 1. Teil: L'après-guerre en Europe.* 568 Seiten. – Band 6 (1975): *L'Art muet, 1919-1929. 2. Teil: Hollywood, la fin du muet.* 586 Seiten.

Surrealist, aktives Mitglied der französischen Kommunistischen Partei, Widerstandskämpfer während des Zweiten Weltkriegs: Georges Sadoul, 1904 in Nancy geboren, war Journalist, akademischer Lehrer und »Cinéphile«, als er schon 1936 das gigantische Projekt einer Weltfilmgeschichte in Angriff nahm. Der erste Band der *Histoire général* erschien 1946, der vierte lag 1952 vor und erfaßte das Kino bis 1920. Das Projekt selbst wurde nie abgeschlossen. Sadoul veröffentlichte eine Vielzahl von Artikeln, eine eigene Monographie zum Kino zwischen 1939 und 1945 (1954), zwei Wörterbücher zu Filmen und Regisseuren (beide 1965, engl. 1972), eine Geschichte des französischen Kinos (1962) und eine ganze Reihe von Monographien zu einzelnen Regisseuren. Auch wenn den historischen Arbeiten sachliche Fehler und ihre offensichtliche Parteilichkeit vorgeworfen worden sind, besteht doch kein Zweifel daran, daß Sadouls Bücher maßgeblich an der Entwicklung der französischen Filmwissenschaft und der internationalen Historiographie des Kinos mitgewirkt haben. Dazu hat die einbändige Geschichte des internationalen Kinos (Histoire du cinéma mondial) ebenso beigetragen wie eine Jugendbuchfassung (Conquête du cinéma). Darum ist auch

Sadouls Bedeutung für die Entstehung einer populären Kultur der Cinéphilie in Frankreich kaum zu unterschätzen. Er starb 1967 in Paris.

Die Periodisierung der Filmgeschichte ist bis heute folgenreich geblieben. Nach einer Vorperiode des Films, zu der auch die ersten Gehversuche des Kinos selbst gerechnet werden, folgen die Pionierjahre (1897-1909), der die Vorkriegsphase (1909-1914), die Kriegsphase (1914-1920) und schließlich die Phase, in der der Film als »stumme Kunst« galt, nachfolgen (1920-1929). Diese Folge ergibt sich zum ersten aus der Annahme, daß die »Sprache des Films« sich im Verlauf der Geschichte herausgebildet und immer weiter differenziert habe, zum zweiten aus der zunehmend wichtiger werdenden Rolle des Films als Kunstform. Es ist eines der Verdienste von Sadouls Arbeit, das Interesse auf stilistische Details des filmischen Ausdrucks gelenkt zu haben wie Großaufnahmen, Kamerafahrten, elementare Montageformen, die hier zum ersten Mal als Elemente eines evolutionären Prozesses gedeutet werden. (Gleichwohl steht die Werkreihe im Zentrum der Darstellung, die Geschichte der »Filmsprache« wird also nicht wirklich als eine Stilgeschichte ausgeführt.)

Die Filmgeschichte Sadouls ist durch das politisches Engagement ihres Autors deutlich gekennzeichnet (ähnlich wie das konservative, antisemitische Gegenstück von Maurice Bardèche und Robert Brasillach 1935): Der historische Entwurf basiert auf einer marxistischen Gesellschafts- und Produktionsanalyse und lokalisiert das Kino in einem industriellen und sozialhistorischen Kontext. Gerade die zeitliche Entfernung zum frühen Kino zwang Sadoul, die Geschichte des Kinos als Sozialgeschichte anzulegen, zu einem genauen Studium der Quellen und zu einer methodisch reflektierten Art der Dokumentation, die sich nicht auf den Augenzeugenbericht verlassen konnte. Nicht die Anekdote oder das Prinzip der Reihung wichtiger Werke regiert dieses Unternehmen, sondern die Annahme einer ökonomischen und ästhetischen Evolution, die eingebunden ist in eine umfassendere, allgemeine Entwicklung der gesellschaftlichen Systeme. Entsprechend dem marxistischen Ausgangspunkt sieht Sadoul die ästhetischen Strategien des sowjetischen Kinos als Fortschritte zu einer Kunst der Massen, das Unterhaltungskino Hollywoods wird dagegen scharf kritisiert. Die Argumentation nimmt in manchen Details die Vorgaben von Bardèche und Brasillach auf – für beide Geschichten gelten ökonomische Faktoren als ausschlaggebend dafür, ob und wie sich die dominante Stilistik verändert oder nicht; beide stellen den Kunstcharakter des Films seinem Warencharakter entgegen, die Produktcharakteristik und der damit zusammengehende Unterhaltungswert eines Films ist für die historische Einschätzung bedeutsamer als seine artistischen Qualitäten als Werk künstlerischer Produktion. Sie unterscheiden sich aber scharf in der Beurteilung des Ökonomischen. Während Bardèche und Brasillach den Umgang mit ökonomischem Risiko als Teil der Arbeit des Filmemachers ansehen, verbindet Sadoul Fragen ökonomischer Macht mit Klasseninteressen und führt z.B. die künstlerischen Ambitionen des Kinos der 1910er Jahre wesentlich darauf zurück, dass sich darin eine Adressierung bourgeoiser Publika artikuliere, die das Kino unter die Geschmacksurteile der bürgerlichen Klasse subordiniere.

Literatur

Maurice Bardèche, Robert Brasillach (1935): *Histoire du cinéma.* Givors: Martel.

Georges Sadoul (1949): *Histoire de l'art du cinéma des origines à nos jours.* Paris: Flammarion. – 9. Auflage unter dem Titel: *Histoire du cinéma mondial. Des origines à nos jours.* Paris: Flammarion 1973. – Erweiterte deutschsprachige Ausgabe: Georges Sadoul (1957): *Geschichte der Filmkunst.* Wien: Schönbrunn. – Taschenbuchausgabe: Frankfurt am Main: Fischer 1982.

Hans Jürgen Wulff

Ludwig Salomon (1900-1906): *Geschichte des Deutschen Zeitungswesens von den ersten Anfängen bis zur Wiederaufrichtung des Deutschen Reiches.* Bd. 1–3. Oldenburg und Leipzig: Schulze. V, 265; IV, 268; IV, 694 Seiten. – Nachdruck in 2 Bänden. Aalen: Scientia-Verlag 1973. Bd. 1/2: X, 265 Seiten; Bd. 3: XVIII, 694 Seiten.

Das Werk ist in drei ungleich lange Zeiteinheiten gegliedert. Der erste Band spannt den weitesten Bogen. Er reicht vom Ende des 15. Jahrhunderts bis zum ausgehenden 18. Jahrhundert. Von Briefzeitungen, »Neuen Zeitungen«, städtischen Nachrichtenzentren, Boten, Einrichtungen der Post, Handelsbeziehungen und Meßrelationen führt er über die allerersten Zeitungen und Zeitschriften sowie danach über die ›Moralischen Wochenschriften‹ und schöngeistigen Blätter hin zu den aus politischen und literarischen Motiven geschaffenen Journalen. Der erste Abschnitt dieses Bandes behandelt die Anfänge des deutschen Zeitungswesens, der zweite beschäftigt sich mit Zeitungen während des Dreißigjährigen Kriegs, die bereits als Produkte im modernen Sinne begriffen werden. Dem dritten Abschnitt »Die Presse im Zeitalter Friedrichs des Großen« widmete Ludwig Salomon einen dreimal so großen Umfang wie den beiden ersten. Ihn strukturieren vier Kapitel mit »sprechenden« Überschriften: »Die Wiederaufrichtung der Nation«, »Die bedrückte Lage der politischen Zeitungen«, »Das geistige Leben sucht seinen Ausdruck in der schönen Literatur zu gewinnen« und »Die zunehmende politische Erregung gibt den Zeitschriften mehr und mehr eine politische Grundstimmung«.

Der zweite Band konzentriert sich auf die Zeit von 1792 bis 1814. Er ist von der Absicht durchdrungen, die mannigfachen Schicksale der Presse während der Napoleonischen Zeit, der »Fremdherrschaft«, darzustellen, den »weitverzweigten, grausamen und brutalen« Kampf Napoleons gegen die öffentliche Meinung in Deutschland. Der dritte Band reicht von den »Befreiungskriegen« über die Epoche »im Banne der Karlsbader Beschlüsse« (1819–1848) bis zum »Strudel der Preßfreiheit« (1848–1849), angereichert mit einem Ausblick in die fünfziger und sechziger Jahre.

Ludwig Salomon (1844–1911), der nach dem Studium der Naturwissenschaften und Philosophie 35 Jahre als Journalist tätig war, am längsten bei der ›Elberfelder Zeitung‹, und im Rahmen seiner historischen Studien 1881 mit einer »Geschichte der deutschen Nationalliteratur des 19. Jahrhunderts« hervorgetreten ist (Killy & Vierhaus 1998: 504), ließ sich beim Abfassen der *Geschichte des Deutschen Zeitungswesens von den ersten Anfängen bis zur Wiederaufrichtung des Deutschen Reiches* von der Wiederspiegelungstheorie leiten: Alles, was seit dem Zeitalter der Reformation das deutsche Volk bewegt hat, spiegelt sich scharf und bis ins einzelne hinein in den Zeitungen wieder. Diese Theorie schlug sich später in ungezählten Dissertationen der Zeitungswissenschaft nieder, bis weit in die 70er Jahre hinein, sie ist in der Geschichtswissenschaft mitunter noch immer präsent. Sich selbst erkannte er zu, die Zeitung als Kulturfaktor zu behandeln und ein treues Kultur- und Literaturbild zu entwerfen. Kraft profunder Kenntnis, basierend auf Durchsicht aller relevanten Primär- und Sekundärliteratur sowie auf Autopsie vieler Blätter, griff er die Arbeit von folgender Synthese auf: Aus der schlichten Meldung, die anfangs nur einfach mitteilt, spricht nach und nach der Wunsch, die Befürchtung, dann die Absicht zu überzeugen und schließlich der Wille, der verlangt, die öffentliche Meinung, die da zwingt, und in umfassender Weise kommen nun in den Zeitungen die geistigen Mächte zum Ausdruck, die auf die Entwicklung der Kultur bestimmend einwirken.

Das Ergebnis ist eine im geschichtswissenschaftlichen Sprachduktus seiner Zeit verfaßte chronikalisch angeordnete Daten- und Faktensammlung. Manche der ihnen zur Seite gestellten Kommentare sind widersprüchlich, manche erscheinen um so wertender, je zeitnäher sie sind. Sein Bemühen, eine lesbare Geschichte des deutschen Zeitungswesens zu schreiben, ist mit ein Grund, daß das Werk für Arbeiten der zeitungswissenschaftlich orientierten Pressegeschichte herangezogen wurde. Es war bis zur umfassenden Darstellung der »Geschichte der Deutschen Presse« durch Margot → Lindemann (1969) und Kurt → Koszyk (1966) »die Zuflucht aller Lehrenden und Lernenden« (Lerg 1967). Für die empirisch geleitete Publizistikwissenschaft der 1960er Jahre hatte es keine Bedeutung. Im Fachlexikon »Publizistik« wurde es lediglich im Zusammenhang mit einer Übersicht der Zeitschriftengeschichtsliteratur erwähnt und zugleich als überholt bezeichnet, dies mit dem Argument versehen, es sei auf das gesamte Pressewesen [!] ausgerichtet gewesen (Kieslich 1971).

In seiner »Geschichte der deutschen Zeitungswissenschaft« sieht Otto → Groth (1948) das Werk zu Recht als mit inhaltlichen und methodischen Mängeln behaftet. Es ist in sozial-, wirtschafts- und kulturgeschichtlicher Hinsicht nicht gründlich genug gearbeitet. Außerdem ist die unverhohlen geäußerte Freude Salomons nicht zu übersehen, es für jene verfaßt zu haben, die sich als Freunde vaterländischen Geistes und vaterländischer Kultur verstehen. Ein Jahr nach dem Erscheinen des dritten Bandes nahm Salomon das Angebot eines Verlegers gemeinverständlicher Einzeldarstellungen sämtlicher Wissensgebiete, der ›Sammlung Göschen‹, an und stellte aus seinem Material eine »Allgemeine Geschichte des Zeitungswesens« (Salomon 1907) zusammen.

Literatur

Günter Kieslich (1971): Zeitschrift. In: Elisabeth Noelle-Neumann, Winfried Schulz (Hrsg.): *Publizistik.* Frankfurt/Main: Fischer, S. 350-355.

Walther Killy, Rudolf Vierhaus (Hrsg.) (1998): *Deutsche biographische Enzyklopädie.* Bd. 8. München: K. G. Saur.

Winfried B. Lerg (1967): Ludwig Salomon (1844-1911). Ein biographischer Hinweis. In: *Publizistik,* 12. Jg., S. 52-57.

Ludwig Salomon (1907): *Allgemeine Geschichte des Zeitungswesens.* Leipzig: G. J. Göschen'sche Verlagsbuchhandlung.

Wolfgang Duchkowitsch

Ulrich Saxer, Wolfgang [R.] Langenbucher, Angela Fritz (1989): *Kommunikationsverhalten und Medien: Lesen in der modernen Gesellschaft. Eine Studie der Bertelsmann Stiftung*. Gütersloh: Verlag Bertelsmann Stiftung. 288 Seiten.

Dieses Buch ist der Bericht über eine breit angelegte sozialwissenschaftlich-empirische Untersuchung zum Leseverhalten der westdeutschen Bevölkerung 1986/87, die von der Bertelsmann Stiftung in Auftrag gegeben wurde. Die Autoren der Studie sind durch andere einschlägige Veröffentlichungen ausgewiesen und gehörten damals bereits zu den führenden Leseforschern im deutschsprachigen Raum. Ulrich Saxer (geb. 1931) war zur damaligen Zeit Ordinarius für Publizistikwissenschaft und Leiter des Seminars für Publizistikwissenschaft an der Universität Zürich. Wolfgang R. Langenbucher (geb. 1938) ist – nach langjähriger Tätigkeit am Institut für Kommunikationswissenschaft (Zeitungswissenschaft) der Universität München, zuletzt als Professor und geschäftsführender Vorstand – seit 1984 Ordinarius für Publizistik- und Kommunikationswissenschaft an der Universität Wien. Angela Fritz (geb. 1954) war 1989 als wissenschaftliche Mitarbeiterin und Lektorin ebenfalls am Institut für Publizistik- und Kommunikationswissenschaft der Universität Wien tätig.

Kommunikationsverhalten und Medien kann mit Einschränkungen als Nachfolgestudie zu der 1977/78 durchgeführten, ebenfalls von der Bertelsmann Stiftung geförderten Untersuchung »Kommunikationsverhalten und Buch« (Infratest Medienforschung o.J. [1978]) bezeichnet werden. Mit dieser Untersuchung hatte sich die Leseforschung in Deutschland umzuorientieren begonnen: Die Nutzung von Büchern wurde nicht mehr weitgehend isoliert, sondern im Kontext der gesamten Mediennutzung betrachtet. Die Studie von Saxer, Langenbucher und Fritz folgte diesem Ansatz, konzentrierte sich aber angesichts des gesellschaftlichen Wandels (vor allem Individualisierung, aktiveres Freizeitverhalten) und einer veränderten Forschungslage mehr auf das Lesen selbst als auf das Medium Buch und akzentuierte gegenüber der medienvergleichenden Reichweitenbetrachtung nun vor allem die Kontexte der Nutzung (z.B. Elternhaus, Freizeit). Bewußt wurde dabei die Vergleichbarkeit mit der Vorläuferstudie teilweise aufgegeben (vgl. zur Entwicklung der Forschung und zur Einordnung der Studie Bonfadelli 1999; Kübler 1995). Gemäß der Zielsetzung, das Mediennutzungsverhalten in größeren Zusammenhängen abzubilden, erhoben Saxer, Langenbucher und Fritz neben der Mediennutzung und Medienbewertung selbst und den üblichen soziodemographischen Variablen eine Vielzahl von Hintergrundmerkmalen, insbesondere sehr detailliert die häusliche Medienumgebung, ferner das Freizeitverhalten, Themeninteressen, Persönlichkeitsmerkmale und Variablen der Lesesozialisation (der Fragebogen ist im Anhang des Bandes abgedruckt). Ein Schwerpunkt der Datenauswertung lag auf der Entwicklung von Typologien (z.B. Persönlichkeitstypen, Mediensozialisationstypen), die dann mit anderen Merkmalen – vor allem Mediennutzungsvariablen – in Beziehung gesetzt wurden.

Die Studie liefert Ergebnisse zu einer ganzen Reihe von Teilbereichen der sozialwissenschaftlichen Leseforschung. Dabei beziehen sich viele Aussagen nicht speziell auf Buch und Lesen, sondern auf die Nutzung des gesamten Medienangebotes. So wird etwa aufgezeigt, daß in der Gesellschaft mittlerweile grundlegende Gemeinsamkeiten bestehen hinsichtlich Medienbesitz und Nutzungshäufigkeit. Unterschiede treten im Vergleich zu den anderen Medien besonders bei der Büchernutzung auf. Saxer, Langenbucher und Fritz diagnostizieren eine Lockerung des Zusammenhangs zwischen Schicht bzw. Bildung und dem Medienbesitz sowie insbesondere dem Lesen. Ein zentraler Befund der Studie bezieht sich auf die Lesesozialisation: Sehr verschiedene (familiäre) Sozialisationsumgebungen können zum Lesen von Büchern führen; es ist offenbar nicht allein ausschlaggebend, ob im Elternhaus speziell Wert auf Bücher und Lesen gelegt wird. Insgesamt stellen die Autoren Stabilität – im Gegensatz zum oft behaupteten Verfall – der Lesekultur fest und kommen zu einer eher günstigen Einschätzung der Entwicklung und Lage des Lesens, begründet auch mit der Reduktion gesellschaftlicher Ungleichheiten (v.a. zwischen den sozioökonomischen Schichten) und der Verbesserung leserelevanter Sozialisationsbedingungen.

In unmittelbarem Zusammenhang mit der Studie steht die Untersuchung von Fritz (1991), die in einer Sekundärauswertung die Daten weitergehend analysierte. Die Befunde von *Kommunikationsverhalten und Medien* sind in der Diskussion um Lesekultur und Leseförderung sowie in nachfolgenden Untersuchungen über das Leseverhalten vielfach aufgegriffen worden (Literatur siehe Bonfadelli 1999). Die Studie war insbesondere Grundlage und Ausgangspunkt für eine Reihe von Untersuchungen zur Lesesozialisation, die erneut von der Bertelsmann Stiftung im Rahmen eines Forschungsschwerpunktes gefördert wurden (vgl. Bonfadelli, Fritz & Köcher 1993; Hurrelmann, Hammer & Nieß 1993). In diesen spezieller ausgerichteten Untersuchungen wurden einige ihrer Befunde bestätigt, andere dagegen relativiert. Kritik an der Studie bezog sich vor allem darauf, daß die Forscher einzelne Ergebnisse trotz eingeschränkter Vergleichbarkeit den Befunden der Vorläuferstudie »Kommunikationsverhalten und Buch« gegenüberstellten (Franzmann 1990; Kübler 1990). Im übrigen ist die Rezeptionsgeschichte der Studie vor dem Hintergrund ihrer breiten Anlage und der Forschungsentwicklung zu bewerten: Die Studie zielte nicht in erster Linie auf die Ermittlung von Basisdaten (Reichweiten usw.), war also weniger geeignet als Quelle für solche grundlegenden Informationen zum Leseverhalten. Auch sind in den Jahren nach ihrer Veröffentlichung neue – allerdings durchweg einfacher konzipierte – Untersuchungen zum allgemeinen Leseverhalten durchgeführt worden, die immer wieder aktuellere (und bald auch gesamtdeutsche) Basisdaten bereitgestellt haben (vgl. Schön 1998). Andererseits ist die Studie *Kommunikationsverhalten und Medien* aufgrund ihrer breiten Anlage auch über den Bereich der (Buch-)Leseforschung hinaus häufig rezipiert worden, insbesondere in Arbeiten zum Fernsehnutzungsverhalten und zum Zeitunglesen.

Literatur

Heinz Bonfadelli (1999): Leser und Leseverhalten heute – Sozialwissenschaftliche Buchlese(r)-forschung. In: Bodo Franzmann, Klaus Hasemann, Dietrich Löffler, Erich Schön (Hrsg.): *Handbuch Lesen*. München: Saur, S. 86-144.

Heinz Bonfadelli, Angela Fritz, Renate Köcher (1993): *Lesesozialisation. Bd. 2: Leseerfahrungen und Lesekarrieren. Studien der Bertelsmann Stiftung*. Gütersloh: Verlag Bertelsmann Stiftung.

Bodo Franzmann (1990): Leseverhalten im Spiegel neuerer Untersuchungen. In: Stiftung Lesen: *Lesen im internationalen Vergleich. Ein Forschungsgutachten der Stiftung Lesen für das Bundesministerium für Bildung und Wissenschaft. Teil I.* Mainz: Stiftung Lesen, S. 53-70.
Angela Fritz (1991): *Lesen im Medienumfeld. Eine Studie zur Entwicklung und zum Verhalten von Lesern in der Mediengesellschaft auf der Basis von Sekundärdaten zur Studie »Kommunikationsverhalten und Medien« im Auftrag der Bertelsmann Stiftung.* Gütersloh: Verlag Bertelsmann Stiftung.
Bettina Hurrelmann, Michael Hammer, Ferdinand Nieß (1993): *Lesesozialisation. Bd. 1: Leseklima in der Familie. Eine Studie der Bertelsmann Stiftung.* Gütersloh: Verlag Bertelsmann Stiftung.
Infratest Medienforschung (o.J. [1978]): *Kommunikationsverhalten und Buch – Endbericht. Eine Untersuchung im Auftrag der Bertelsmann Stiftung.* O. O. [München].
Hans-Dieter Kübler (1990): Dem Lesen weiter auf der Spur. In: *Buch und Bibliothek,* 42. Jg., S. 135-146.
Hans-Dieter Kübler (1995): Leseforschung – für bibliothekarische Belange quergelesen. In: *Bibliothek – Forschung und Praxis,* 19. Jg., S. 187-206.
Erich Schön (1998): Kein Ende von Buch und Lesen. Entwicklungstendenzen des Leseverhaltens in Deutschland – Eine Langzeitbetrachtung. In: Stiftung Lesen (Hrsg.): *Lesen im Umbruch – Forschungsperspektiven im Zeitalter von Multimedia.* Baden-Baden: Nomos, S. 39-77.

Wolfram Peiser

Albert Schäffle (1875): *Bau und Leben des socialen Körpers. Encyclopädischer Entwurf einer realen Anatomie, Physiologie und Psychologie der menschlichen Gesellschaft, mit besonderer Rücksicht auf die Volkswirthschaft als socialen Stoffwechsel.* Bd. 1: Allgemeiner Theil. Tübingen: Verlag der H. Laupp'schen Buchhandlung. XXIV, 850 Seiten. – Neue zum Theil umgearbeitete Ausgabe. Bd.1. Tübingen 1881. XXIV, 847 Seiten [Zitatgrundlage]. – 2. [stark gekürzte] Auflage. Bd. 1. Tübingen 1896. XIV, 571 Seiten.

Das Werk Albert Schäffles (1831-1903) markiert einen der Ausgangspunkte sozialwissenschaftlicher Kommunikationsforschung. Schäffle, der nach Abbruch des Theologiestudiums zehn Jahre als Zeitungsredakteur gearbeitet und als Autodidakt Staatswissenschaften studiert hatte, machte sich ab 1856 mit zahlreichen wissenschaftlichen Aufsätzen einen Namen. 1860 wurde er auf den renommierten Tübinger Lehrstuhl für Nationalökonomie berufen, 1868 nach Wien. Er vertrat eine realistische und sozialethische, an Gegenwartsproblemen orientierte Richtung der Nationalökonomie und begriff sein Fach als eine über das Güterleben im engeren Sinne hinausgehende Kulturwissenschaft. Als Publizist und Parlamentarier engagierte sich Schäffle auch politisch. 1871 gab er die akademische Karriere für ein Intermezzo als österreichischer Handelsminister auf, zog sich aber bald enttäuscht ins Privatleben zurück und wandte sich mit enzyklopädischem Ansatz soziologischen Studien zu. Ergebnis war sein an westeuropäische Vorbilder anknüpfendes wissenschaftliches Hauptwerk *Bau und Leben des socialen Körpers* (4 Bde., 1875-1878), der erste große deutsche Versuch einer Soziologie, verstanden als »systematische Zergliederung der Hauptanstalten und Hauptverrichtungen der menschlichen Gesellschaft.« (Bd. 1, S. IV)

Sittliche Gemeinschaft beruht für Schäffle in erster Linie auf einer geistigen, »durch den fortgesezten Ideenverkehr der Zeitgenossen, durch die geistige Communikation ihrer eigenen Zeit« (Bd. 1, S. 421) bewirkten Verbindung der

Individuen. Eine an Theorien der zeitgenössischen Individualpsychologie angelehnte »soziale Psychologie« nimmt in seiner Gesellschaftslehre einen entsprechend zentralen Platz ein.

Als unorthodoxer nationalökonomischer Theoretiker hatte Schäffle schon vorher auf die grundlegende Bedeutung des symbolvermittelten Ideen-Verkehrs und seiner Medien zunächst für die Wirtschaft hingewiesen (vgl. Schäffle 1873) und dazu einen eigenwilligen Symbolbegriff geprägt. Schäffles weiter Horizont unterschied diese Darstellung von einer speziellen Medienökonomie und lenkte seinen Blick auf das allgemeine Phänomen der gesellschaftlichen Kommunikation. Kommunikation definiert Schäffle als »durchaus reale[n] Proceß allseitigster Ideenmittheilung durch Sprache, Wort, Schrift und Druck, durch Gesang, Dichtung, Kunstwerke, Monumente, Signale, Zeichnungen – kurz durch mancherlei Sinnbilder, durch Zeichen jeder Art. Derselbe vollzieht sich real in Production, Umsaz, Veröffentlichung und Verbrauch all der genannten so mannigfaltigen Symbole.« (Bd. 1, S. 422) In synchroner (»Ideencommunikation« im Raum, »Ausbreitung«) und diachroner Richtung (»Ideenüberlieferung« in der Zeit, »Tradition«) führt sie zur (Er-)Füllung sozialer Gemeinschaften mit geistigem Inhalt.

Strukturell beschreibt Schäffle Gesellschaft als kommunikatives Netzwerk. Zum »sozialen Körper« gehört für ihn ein »Bewußtsein«, das nur im und durch das Bewußtsein der gesellschaftlich verbundenen Einzelnen existiert. »Das centrale Nervensystem der bürgerlichen Individuen ist das Centrum aller geistigen Gesammt- und Wechselwirkung in der menschlichen Gesellschaft. Verstärkt um die äusseren Mittel des Ausdrucks, der Communication, der Tradition und des Transports, vollziehen die Organe des centralen Nervensystems der Individuen den socialen Zusammenhang.« (Bd. 1, S. 45) Jeder einzelne sei als multipolare »Endzelle« des sozialen Nervensystems »eingesezt in die sociale Ideenleitung, das Communikationsgewebe des ganzen Gesellschaftskörpers« (Bd. 1, S. 355), sei »rezeptiv als Adressat und mittheilend als Absender durch tausende und aber tausende von Communikationsfäden täglich und stündlich in den socialen Körper verflochten« (Bd. 1, S. 369), übe und empfange Wirkungen. Der Grad der gesellschaftlichen Integration korreliere mit der Zuwendung zu »symbolischen« Medien, insbesondere den zu »überragender publicistischer Entfaltung und [...] größerer Universalität« gelangten sachlichen Symbolen. »Je höher die Civilisation steigt, desto beziehungsreicher wird das Nez der von ihr ausgehenden und in sie zurücklaufenden Fäden geistiger Communikation. Jedes neue Buch, was der Einzelne liest, jede Zeitung, die er abonnirt, jeder gesellige Kreis, in welchen er eintritt, vermehrt oft mit einem Tage seine Theilnahme um Duzende und Hunderte von geistigen Verknüpfungen.« (Bd. 1, S. 355)

Schäffle erklärt das Bewußtsein für soziale Kommunikation zur Voraussetzung des Verständnisses von Gesellschaft schlechthin. Ihre systematische Analyse, die er schon von der Nationalökonomie verlangt hatte, legt er nun auch der Soziologie nahe, die bisher zur Aufhellung dieser Erscheinungen nicht genügend beigetragen habe, obwohl die Tatsachen zähl- und meßbar vor Augen lägen. »Im Journalismus, im Versammlungswesen, an der Tribüne und Kanzel und an anderen Veranstaltungen der Publicität sehen wir ganz klar die Leitungsbahnen und Ausbreitungswege des 'socialen Nervenstroms' [...] ihr Studium braucht keine hypothetischen Notbehelfe« (Bd. 1, S. 398).

Unter den »psychophysischen Sozialgeweben« nimmt das der öffentlichen Meinung in Schäffles Darstellung als offenes, von Öffentlichkeit geprägtes und den gesamten Sozialorganismus durchziehendes System mit universeller Bedeutung sowie im Hinblick auf die darüber möglichen Wirkungen (die »allgemeine gesellschaftliche Reaktion der Massen«) einen besonderen Platz ein. Schäffle stellt den Journalismus als ausdifferenziertes Teilsystem vor, das in erster Linie als Vermittlungsorgan fungiert. Die Tagespresse sei »die eigentliche Leitung für die geistigen Wechselwirkungen zwischen den führenden Organen der socialen Geistesthätigkeit und dem Publikum« (Bd. 1, S. 444) und das machtvollste Beeinflussungsmittel der öffentlichen Meinung von Seiten der Autoritäten. Daß ihre Wirkung nicht monokausal zu erklären ist, steht für ihn fest. Mit Anleihen aus der Psychologie diskutiert Schäffle das Phänomen der Bewußtseinsschwelle und der Unstetigkeit der öffentlichen Aufmerksamkeit, kritisiert aus durch biographische Erfahrungen geschärftem Problembewußtsein das von wirtschaftlichen Interessen korrumpierte Mediensystem seiner Zeit und betont die Bedeutung journalistischer Ethik.

Sein umfassender Ansatz zur Analyse sozialer Kommunikation – weder allein unter ökonomischem Aspekt, noch auf die Presse beschränkt – und die Bildkraft seiner Darstellung rechtfertigen es, Schäffle zu den Vordenkern und Anregern der Kommunikationswissenschaft zu zählen, obwohl er das Thema selbst nicht wieder aufnahm und die von ihm gegebenen Impulse ohne große Resonanz blieben. In Frankreich, Italien und den USA als Entgrenzung (Durkheim) begrüßt, wurde Schäffles Soziologieverständnis in Deutschland mehrheitlich als zu unspezifisch und organizistisch abgelehnt, was teils an prominenten Verdikten, teils auch an unübersehbaren Schwächen des Werkes lag. Seine Presse- und Öffentlichkeitstheorien hatten einigen Einfluß auf die zeitungskundlichen Arbeiten seines Freundes Karl Bücher (→ Bücher 1926), blieben in der frühen pressesoziologischen Literatur jedoch fast gänzlich unberücksichtigt und wurden in ihrer Bedeutung erstmals durch Otto Groth (→ Groth 1948), später bei → Hardt (1979) und Rühl (1999) eingehend gewürdigt. In der kommunikationstheoretischen Diskussion der letzten Jahrzehnte reichte der Blick nur selten (→ Lerg 1970, Loenhoff 1993) bis zu Schäffle zurück.

Literatur

Jens Loenhoff (1993): Albert Schäffle über Symbol, Verkehr und Wechselwirkung. Ein vergessenes Kapitel Soziologie. In: Sociologia Internationalis, 31. Jg., S. 197-219.

Manfred Rühl (1999): *Publizieren. Eine Sinngeschichte der öffentlichen Kommunikation*. Opladen, Wiesbaden: Westdeutscher Verlag.

Albert Schäffle (1873): Über die volkswirtschaftliche Natur der Güter der Darstellung und Mitteilung. In: *Zeitschrift für die gesammte Staatswissenschaft*, 29. Bd., S. 1-70.

Frank Andert

Rudolf Schenda (1970): *Volk ohne Buch. Studien zur Sozialgeschichte der populären Lesestoffe 1770-1910.* Frankfurt am Main: Klostermann. 607 Seiten. – 2. Auflage. München: Deutscher Taschenbuch Verlag 1977. 607 Seiten. – 3. Auflage. Frankfurt am Main: Klostermann 1988. 607 Seiten.

Rudolf Schenda (1930-2000) hat als einer der führenden europäischen Erzählforscher und Kulturwissenschaftler mit seiner Tübinger Habilitationsschrift einen Klassiker der Literatursoziologie geschaffen. Wie Schenda in allen seinen Arbeiten die Erforschung der Popularkultur stets auch als Kommunikationsforschung begriff, so bemüht er sich in seinem Werk *Volk ohne Buch* um die Rekonstruierung historischer Kommunikations- und Rezeptionsbedingungen von Literatur. Damit gab er wie wenige andere Anstöße zu einer Erforschung des historischen literarischen Lebens, bei der die Schimären von Literaturhistorikern, die 99 Prozent der Schriftsteller und Leser ihrer Betrachtung nicht für wert hielten, auf ihren Realitätsgehalt befragt wurden. Der Autor selbst bezeichnet seine Schrift als ein Zeugnis »für die geistigen Evolutionen des Jahres 1968«. Die Anbindung der Literaturgeschichte an die Sozialgeschichte und die Beachtung des konkreten Alltags potentieller Leser waren Anliegen Schendas, die befruchtend auch auf die Kommunikationsgeschichte gewirkt haben. Der Versuch, Literaturgeschichte in Zusammenarbeit so verschiedener Disziplinen wie Bibliotheksforschung, Buchmarktforschung, Literaturkritik, Pädagogik, Psychologie, Publizistik, Soziologie, Volkskunde und Wirtschaftsgeschichte als weitgefaßte Kommunikations- und Sozialgeschichtsforschung zu betreiben, wurde beispielgebend. Gleichzeitig vermittelt Schenda – seine Sprachenkenntnisse nutzend – nationale Wissenschaftsschulen, so daß durch ihn die deutsche Literatursoziologie, die Leser- und Erzählforschung von neuen Forschungsansätzen besonders in Frankreich und Italien erfahren hat. Die Studie ist in sich ein Paradoxon, handelt *Volk ohne Buch* doch auf jeder Seite vom Verhältnis der »niederen Stände« zur Schrift und besonders zu den »populären Lesestoffen«, im Grunde also vom Umgang eines »Volkes« mit seinen Büchern.

Schenda hat sich mit seiner Studie auf ein Feld begeben, das bis dahin von der Literaturwissenschaft und auch von der gerade modisch gewordenen Trivialliteraturforschung vernachlässigt worden war. Er wollte Aussagen treffen »über die billigsten, die anspruchslosesten, auch die ‚schmutzigsten' Lesestoffe« und gleichzeitig deren Herstellern, Vermittlern und Verbrauchern auf die Spur kommen. Ausdrücklich bezeichnete Schenda sein Buch als Essay, als einen ersten Versuch, »anzufangen mit einer Sozialgeschichte massenhaft verbreiteter Literatur«. Von einer Pilot-Studie ist die Rede, die die Bildung von halbwegs brauchbaren Hypothesen ermöglichen soll. Der Schwerpunkt der Arbeit liegt – bei häufigen Blicken auch auf das 18. Jahrhundert, Schenda selbst spricht vom Untersuchungszeitraum 1770-1910 – zeitlich auf der Epoche der Restauration, räumlich auf Bayern, Schwaben, Baden und dem Elsaß, mit Abstechern nach Norddeutschland, Paris und Italien. Frappierend ist der ungeheure Materialreichtum, der vor dem Leser ausgebreitet wird, gezogen aus buchstäblich tausenden von Studien und Quellen, die für das Thema zuvor nicht fruchtbar gemacht worden waren.

Nach einer Einführung in Probleme und Fragestellungen breitet Schenda, stets Fragen stellend und provozierend Hypothesen anbietend, in sieben Kapiteln seinen Stoff aus. Das erste ist dem »Problem des Lesens« gewidmet, wobei die Frage gestellt wird, wer überhaupt habe lesen können. Eine Hauptthese lautet, die ökonomischen Bedingungen der zweiten Hälfte des 18. Jahrhunderts und die volkspädagogische Auseinandersetzung mit ihnen hätten bis ins 19. Jahrhundert hinein eine begrenzte Lesefähigkeit aller Klassen gefördert und konserviert, die bürgerliche Aufklärung habe in bezug auf das Lesen und Lernen keine gemeinsame überregionale und progressive Theorie entwickelt, sondern zu Kompromissen mit den Staaten geneigt und sich sogar mit deren Bildungsrestriktionen einverstanden gezeigt. Im 19. Jahrhundert habe das Lesepublikum entschieden weniger Lesematerial verbraucht, als die Kritiker suggerieren wollten, die Klage über eine allgemeine Lesesucht sei mithin eine ideologische Fälschung gewesen. Schließlich wird betont, das Volk lese stets etwas anderes als die Pädagogen vermeinten, so daß die pädagogische Literatur von fabrikmäßig hergestellten Lesestoffen überlagert worden sei, die dem Lesebedürfnis und Lesegeschmack der neuen Leserschichten entsprochen hätten. Schendas Überlegungen haben ebenso wie seine Schätzungen zur Lesefähigkeit zu zahlreichen Studien angeregt, die wie etwa die Alphabetisierungsforschung oder die Erforschung der Volksaufklärung (vgl. Böning 1989 sowie Böning & Siegert 1990ff.) seine Thesen bestätigt, ergänzt, relativiert oder auch in Frage gestellt haben.

Während sich das zweite Kapitel mit der Zensur der populären Lesestoffe und der »Literatur-Diätetik« der Aufklärung befaßt, die besonders Druckwerke – unter ihnen die politischen Zeitungen – betraf, die zu politischem Denken oder auch zu politischem Gruppenbewußtsein hätten führen können, konzentriert sich das dritte große Kapitel auf Produktion und Vertrieb der populären Lesestoffe, wobei auch die zahlreichen Winkeldruckereien des 19. Jahrhunderts, die kleinen und kleinsten Buchhandlungen, Leihbüchereien und Bibliotheken oder die Volksschriftenvereine ins Blickfeld kommen. Wichtig ist dann das vierte Kapitel, das den vor Schenda kaum einmal berücksichtigten Kolportagebuchhandel, die Kolporteure und die Bedeutung des Kolportagewesens in den Mittelpunkt stellt. Um ein Beispiel zu nennen, das die Wichtigkeit veranschaulicht: Nahezu die ganze Produktion der Reutlinger oder der Épinaler Buchdrucker wurde durch Hausierer abgesetzt, wobei es sich jährlich um hunderttausende von Druckwerken handelte. Der Kolporteur war Nachrichtenüberbringer, Ideenträger und Unterhaltungslieferant, er vor allem nährte das im 19. Jahrhundert explodierende Lesebedürfnis.

Das 5. und 6. Kapitel analysieren die besonderen Kennzeichen der populären Lesestoffe, ihre Bindung an Traditionen, die Thematiken, die Erzähltypen und Erzählmotive, die Stereotypen und Requisiten. Gezeigt wird, wie vieles in dieser Literatur sich gelegentlich seit dem lateinischen Mittelalter, oft seit dem 16. Jahrhundert und fast immer seit dem Barockzeitalter nachweisen läßt, gleichwohl aber stets Platz geblieben sei zur Aufnahme aktueller Elemente. Schenda spricht vom reaktionären Charakter der Massenkommunikationsmittel des 19. Jahrhunderts, die ungebildete Leser dieser Epoche verbildet und verdummt hätten. Den Lesern und Nichtlesern ist dann das 7. Kapitel gewidmet. Die so häufig ausgemalte Idylle von der lesenden Nation, so erfährt man, sei ein ideologisches

Konstrukt, nicht nur naiv, sondern schamlos von den sozialen Realitäten absehend. Und doch betont Schenda die meinungsbildende Kraft der populären Lesestoffe, ja er sieht die Leser im Ergebnis als Opfer dieser Literatur: »In zwei Weltkriegen haben Millionen von Lesern – manipuliert, willfährig, gedankenlos, blind – der Tradition getraut, der Autorität zugestimmt, auf alte Werte hingewiesen, der verlogenen Fiktion falscher Berichte geglaubt, Abenteuer auf dem Felde der Ehre gesucht, vom großen Vaterland oder von der großen Nation bramarbasiert und vom idyllischen Frieden geträumt. Das gibt, für Gegenwart und Zukunft, zu denken.«

»Dieses Buch ist ein Anfang«, so lautet der erste Satz der Studie Rudolf Schendas. Tatsächlich ist es der Beginn einer intensiven Forschung geworden, die unser Bild von der populären Lesekultur nachhaltig verändert hat. Auch drei Jahrzehnte nach Erscheinen der ersten von drei Auflagen wird es nicht nur noch immer gekauft, sondern ist weiterhin mit Genuß und Gewinn zu lesen. Nützlich geblieben sind die »Tausend Titel zum Thema«, die das Werk abschließen und beweisen, was zu scheinbar unwegsamen Themen zu finden ist, wenn findig und fleißig gesucht wird.

Literatur

Holger Böning (1989): Der »gemeine Mann« als Adressat aufklärerischen Gedankengutes. Ein Forschungsbericht zur Volksaufklärung [mit einer Bibliographie zahlreicher von Schenda angeregter Arbeiten]. In: *Das Achtzehnte Jahrhundert. Mitteilungen der Deutschen Gesellschaft für die Erforschung des 18. Jahrhunderts,* 12. Jg., H. 1, S. 52-80.

Holger Böning, Reinhart Siegert (1990ff.): *Volksaufklärung. Biobibliographisches Handbuch zur Popularisierung aufklärerischen Denkens im deutschen Sprachraum von den Anfängen bis 1850.* Bd. 1ff., Stuttgart-Bad Cannstatt: Frommann-Holzboog.

Rudolf Schenda (1976): *Die Lesestoffe der Kleinen Leute. Studien zur populären Literatur im 19. und 20. Jahrhundert.* München: Beck.

Rudolf Schenda (1993): *Von Mund zu Ohr. Bausteine zu einer Kulturgeschichte volkstümlichen Erzählens in Europa.* Göttingen: Vandenhoeck und Ruprecht 1993.

Holger Böning

Herbert I. Schiller (1969): *Mass communications and American empire.* New York: August M. Kelley. X, 170 Seiten.

Herbert Irving Schillers *Mass communications and American empire* erlebte in rascher Folge mehrere Nachdrucke und Übersetzungen (darunter auch ins Deutsche, vgl. den Teilabdruck in Aufermann, Bohrmann & Sülzer 1973: Bd. 2, 714-731) sowie – nach über zwei Jahrzehnten – 1992 eine Neuauflage (Boulder, CO: Westview Press). Der große Erfolg des Werkes ist vor dem zeitgeschichtlichen Hintergrund verständlich: Schillers »Medien-Imperialismus«-Theorie gehört zu den Schlüsseltexten einer »kritischen« bzw. »materialistischen« Kommunikationswissenschaft, die über die empirische Analyse hinausgehend (und manchmal: diese überspringend) in oftmals polemisch zugespitzter Weise zu politischen Empfehlungen vordringt.

Herbert I. Schiller (1919-2000) promovierte nach dem Studium an der Columbia University (M.A.) 1960 zum PhD an der New York University. 1950 bis 1961 war er Associate Professor am Pratt Institute, danach Professor an der University of Illinois; 1970 gehörte er zu den Gründungsprofessoren des Communication Programs der University of California in San Diego, wo er bis zu seiner Emeritierung lehrte. Durch seine acht Monographien und Hunderte von Artikeln in der Fach- und Publikumspresse wurden nicht nur mehrere Studentengenerationen beeinflußt, Schiller griff auch durch pointierte Stellungnahmen immer wieder in kommunikationspolitische Debatten ein (z.B. UNESCO-Diskussion über die Weltinformationsordnung). Für den deutschen Leser mag in den 70er Jahren ein besonderer Reiz des »American empire«-Buches darin gelegen haben, dass ein US-Wissenschaftler das »eigene« Mediensystem und die dahinter stehende Politik »von links« kritisierte.

Schiller gehört mit seinem Werk zu den ersten Kommunikationswissenschaftlern, die sich kritisch mit der Globalisierung der Medienkommunikation auseinandersetzten. Er steht damit im Gegensatz zur »administrative research« (eine Bezeichnung Lazarsfelds), die gerade hinsichtlich internationaler Kommunikation lange Zeit dominierte (z.B. David Lerner).

Im Mittelpunkt der kritischen Strukturanalyse Schillers steht der »militärisch-administrative-industrielle Komplex«, der die Massenmedien (Schiller verzichtet allerdings auf die Untersuchung der Presse) und die Telekommunikationsmedien in den USA beherrscht. Die engmaschigen institutionellen Netzwerke, die Kapitalkonzentration im Mediensektor und die finanziellen Abhängigkeiten wirken sich laut Schiller nicht nur bedenklich auf die öffentlichen Kommunikationsverhältnisse in den USA aus, wo kommerzielle, staatliche und militärische Interessen eine »Symbiose« eingehen. Geradezu bedrohlich erscheinen die Auswirkungen des technologischen und ökonomischen Vorsprungs der USA sowie ihre politischen Weltmachtbestrebungen auf die Entwicklung der Mediensysteme und der öffentlichen Kommunikation in den Staaten Lateinamerikas, Asiens und Afrikas. Statt die Medien im »American century« planvoll für die Befriedigung der Grundbedürfnisse nach Information, Bildung und Kultur einzusetzen, fungieren sie »affirmativ«: Politische, wirtschaftliche und militärische Interessen werden durch sie in den USA und weltweit durchgesetzt.

Trotz seiner eindeutigen Stellungnahmen und seiner mitunter polemischen Formulierungen kann man *Mass communications and American empire* nicht einfach als politische Essay-Sammlung (Auszüge wurden seit 1965 in diversen Zeitschriften veröffentlicht) abtun. Zu gründlich und zu materialreich sind die Dokumentenanalysen, zu einleuchtend die statistischen Indikatoren, die Schiller vorlegt. Ideologie- und kapitalismuskritisch belegt er seine Schlußfolgerungen mit Zitaten von Schlüsselpersonen aus Medienwirtschaft, Politik und Militär. Schiller gelingt es, bei der Analyse der offiziellen und der informellen Policy-Netzwerke die vielfältigen Allianzen und Interessenkoalitionen zwischen ziviler Verwaltung (Federal Communications Commission [FCC], Interdepartement Radio Advisory Committee [IRAC]), Militär und den großen Konzernen (Radio Corporation of America [RCA], American Telephone and Telegraph Company [AT&T] etc.) aufzuzeigen, durch die Medien und Medienpolitik in den USA seit den 20er Jahren geprägt werden. Weniger die direkte Machtausübung oder die politische Propaganda (»Kalter Krieg«, »Counter-Insurgency«) als eine »informal control« und die Attraktivität des amerikanischen Kapitalismus (»American way of life«) verursachen die imperialistische Wirkung der amerikanischen Medien. Neben der – unter veränderten Vorzeichen erneut aktuellen – Globalisierungsdebatte klingt hier bereits die »Amerikanisierungsthese« an, die bis heute zu den Forschungsgegenständen der Kommunikationswissenschaft zählt. Der Imperialismus der amerikanischen Medien ist nicht mehr auf »blood and iron« gegründet, sondern auf der »marriage of economics and electronics« (S. 5), die im Bereich der Satellitenkommunikation ihre (damals) jüngste und beeindruckendste Ausprägung fand.

Die Herrschaft des US-Medienimperiums gründet auf technologischem Vorsprung ebenso wie auf extensivem Programmexport (teils zu Dumpingpreisen) und dem Transfer des kommerziellen Rundfunksystems in alle Welt. Treibende Kraft sind laut Schiller vor allem die internationalen Werbeagenturen, die die Interessen der multinationalen Konsumgüterproduzenten vertreten. Gestützt wird dieses Vorgehen durch ideologische und sicherheitspolitische Interessen der US-Regierung sowie des Militärs. Zwar betont Schiller immer wieder die Arbeitsweise des »militärisch-administrativen-industriellen Komplexes«, und er belegt (im Gegensatz zu vielen postmodernen sogenannten Medientheoretikern) dessen Existenz, doch er will dies ausdrücklich nicht als »Verschwörungstheorie« verstanden wissen (S. 105).

Die meisten Fakten und Argumente Schillers sind für den heutigen Leser nicht mehr grundsätzlich neu; erstaunlich ist aber, wie früh Schiller die Hauptargumentationslinien einer »kritischen Kommunikationswissenschaft« entwickelt hat: Medienkonzentration, Kommerzialisierung, Militarisierung, Amerikanisierung, Globalisierung, Kritik an Freihandels- und »free-flow-of-information«-Konzepten, kulturelle Homogenisierung und: Manipulation des Massengeschmacks. Dies alles sind Themen, die bis heute diskutiert werden und hinter denen sich ein ganzes Bündel noch immer ungelöster kommunikationspolitischer Probleme verbirgt. Aus heutiger Sicht sind sicherlich viele Argumente angreifbar, insbesondere kann man Schillers nicht hinterfragte Prämisse der starken Medienwirkungen so undifferenziert keineswegs gelten lassen. Nicht unproblematisch erscheinen – zumindest zwanzig Jahre später – auch Schillers abschließende Empfehlungen für einen Politikwandel: Die Regierungen der Entwicklungsländer sollten mittels einer »cultural screens policy« den Einfluß der populären US-Programme regulieren – eine Politik, die der offiziellen Haltung der USA (»free flow of information« in der beginnenden UNESCO-Debatte) diametral gegenübersteht. Schiller postuliert eine internationale (aber staatsferne) Programmregulierung und setzt sich für einen öffentlichen Rundfunk in den USA ein. Dieser soll durch zivilgesellschaftliche Akteure (also nicht durch den Staat) getragen werden. Bei der Lizenzierung kommerzieller Veranstalter sollen neben ökonomischen auch Gemeinwohlkriterien berücksichtigt werden. Und schließlich (auch das kehrt heute in der Diskussion über das Internet zurück) setzt Schiller auf neue, partizipations- und kompetenzstärkende Medientechniken (damals: Video).

Auch über dreißig Jahre nach dem Erscheinen von *Mass communications and American empire* lohnt die Lektüre dieses Schlüsseltextes für alle Leser, die sich systematisch mit dem amerikanischen Mediensystem, vor allem aber mit Fragen internationaler Kommunikationspolitik beschäftigen möchten.

Literatur

Jörg Aufermann, Hans Bohrmann, Rolf Sülzer (Hrsg.) (1973): *Gesellschaftliche Kommunikation und Information. Forschungsrichtungen und Problemstellungen. Ein Arbeitsbuch zur Massenkommunikation.* 2 Bde. Frankfurt am Main: Athenäum.

Klaus Beck

Philip Schlesinger (1978): *Putting »reality« together. BBC news.* London: Constable. 303 Seiten.

Mit *Putting »reality« together* legte Philip Schlesinger (geb. 1948) die erste systematische Untersuchung der internen Arbeitsweisen der britischen BBC vor. Er gewährte seinen Lesern einen kritischen, entmystifizierenden Blick hinter die Kulissen der selbstbewußten und scheinbar makellosen Fassade einer weltweit angesehenen Rundfunkinstitution. Schlesinger besuchte die Radio- und Fernsehabteilungen der Londoner BBC-Zentrale an insgesamt 90 Tagen zwischen 1972 und 1976 und führte bei seinen Redaktionsbeobachtungen 120 Intensivinterviews mit den dort beschäftigten Nachrichtenredakteuren. Obwohl sein Buch auf einer organisationssoziologischen Dissertation an der London School of Economics beruht, ist Schlesingers Redaktionsstudie gut lesbar. Sie geht der Frage nach: »How is news actually put together in the BBC's newsroom? And how does the way in which it is assembled result in a specific version of reality?« (S. 11)

Organisationsanalysen sind bis heute ein unterentwickelter Ansatz der Kommunikationswissenschaft geblieben. Nach diesem Ansatz werden Nachrichten als Produkt der spezifischen Organisationsweisen, Redaktionsstrukturen, Arbeitsroutinen und Nachrichtenwertorientierungen innerhalb der Medienbetriebe verstanden. Einen Höhepunkt erlebte dieser Forschungszweig in den 70er Jahren, als sich verschiedene Autoren in den USA (→ Altheide 1976; vgl. auch Epstein 1973; → Gans 1979; Tuchman 1978) und in Deutschland (vgl. Dygutsch-Lorenz 1973; → Rühl 1969, ^{2}1979; Schulz 1974) der Frage widmeten, wie Organisationszwänge und Redaktionsroutinen die Berichterstattung prägen. *Putting »reality« together* blieb lange Zeit die umfassendste britische Studie in dieser Forschungstradition, bis sie im Jahr 2000 von Jackie Harrison repliziert, aktualisiert und erweitert wurde. Harrisons Nachfolgestudie »Terrestrial tv news in Britain« konnte viele Kernbefunde Schlesingers bestätigen.

Schlesingers erster Kernbefund liegt in der herausragenden Bedeutung der Vorabplanung. Schlesinger räumt mit der Laienvorstellung auf, daß Nachrichten willkürliche Reaktionen auf zufällige Ereignisse sind und unter chaotischen Bedingungen entstehen. Vielmehr seien Fernsehnachrichten in hohem Maße das Ergebnis vorheriger Planungen und Erwartungen. Durch Nachrichtenorganisation und -koordination (z.B. Redaktionskonferenzen, Redaktionskalender, Routinen und Spezialisierungen) versuchen Redakteure das Unkalkulierbare weitgehend aus dem Nachrichtenprozeß zu eliminieren. Das Ziel liegt in der Routinisierung des Unerwartbaren. Dies führt laut Schlesinger im Fall der BBC dazu, daß 70 Prozent aller Nachrichten auf Ereignisankündigungen und Pressemitteilungen zurückgehen, wie der Vergleich zwischen Redaktionskalender und Berichterstattung zeigt.

Der zweite Kernbefund betrifft die Auswirkungen des Aktualitätsdrucks. Zeitmangel sei der größte Feind im Fernsehnachrichtengeschäft, wie Schlesinger anschaulich schildert. Er führe zu einem obseßhaft zelebrierten Zeitdruck und einem Sekundenzeigerkult, die die Nachrichtenpräsentation abrupt und unzusammenhängend mache. Die daraus resultierende mangelnde Kontexteinbettung und Bedeutungserklärung werde durch eine allgemeine Publikumsignoranz noch verschärft: Weil die Rückkopplung zum Publikum fehle, so Schlesingers dritter Kernbefund, folge die Nachrichtenaufbereitung professionsinternen, selbstreferentiellen Mechanismen. Die auf diesen professionsinternen Werten beruhende Nachrichtenkultur werde bei der BBC im Sinne einer identitätsstiftenden »corporate ideology« besonders gepflegt. Ihre Aufrechterhaltung, so der vierte Kernbefund, garantiere zum einen die Standardisierung der Arbeitsabläufe und zum anderen die redaktionelle Kontrolle. Letztere teile sich allerdings eher implizit-atmosphärisch als explizit-sanktionierend mit. Obwohl die BBC-Mitarbeiter dies nicht so empfänden, besitzen sie nach Schlesinger nur geringe Autonomie. Der Konformitätsdruck sei so subtil, daß er kaum bemerkt würde.

Im Vergleich zur US-Forschungsliteratur sind die großen Parallelen (und kleinen Unterschiede) zwischen den Befunden zur redaktionellen Kontrolle und Sozialisation sowie zu Organisationszwängen und Routinen bei der öffentlich-rechtlichen BBC und den kommerziellen amerikanischen Rundfunkstationen auffallend. Dies gilt vor allem deswegen, weil Schlesingers Arbeit weitgehend unabhängig von amerikanischen Untersuchungsergebnissen entstand. Aus deutscher Perspektive sind die Ausführungen zur BBC-Nachrichtenideologie interessant, deren Leitprinzipien Neutralität und Unparteilichkeit lauten. Schlesinger weist nach, daß es sich hierbei um einen Mythos handelt. Allerdings sei die Aufrechthaltung dieses Mythos die einzige Chance, mit der die gebührenfinanzierte BBC ihren privilegierten Status unter den gegebenen politschen Bedingungen legitimieren könne. Viele der in diesem Zusammenhang diskutierten Probleme klingen für deutsche Ohren vertraut.

Wer wissen möchte, wie sich die von Schlesinger untersuchten Prozesse unter den aktuellen Bedingungen sinkender Redaktionsbudgets und Mitarbeiterzahlen, zunehmender Bedeutung von Redaktionstechnik, -marketing und -managementkonzepten sowie verschärfter Medienkonkurrenz weiterentwickelt haben, muß zu Harrisons (2000) Nachfolgestudie greifen.

Literatur

Ilse Dygutsch-Lorenz (1973): *Die Rundfunkanstalt als Organisationsproblem.* Düsseldorf: Bertelsmann Universitätsverlag.

Edward J. Epstein (1973): *News from nowhere.* New York: Random House.

Jackie Harrison (2000): *Terrestrial tv news in Britain. The culture of production.* Manchester: Manchester University Press.

Rüdiger Schulz (1974): *Entscheidungsstrukturen in der Redaktionsarbeit*. Unveröff. Dissertation, Univ. Mainz.
Gaye Tuchman (1978): *Making news: A study in the construction of reality*. New York: Free Press.

Frank Esser

Michael Schmolke (1971): *Die schlechte Presse. Katholiken und Publizistik zwischen Katholik und Publik 1821-1968*. Münster: Regensberg. 428 Seiten.

Michael Schmolke (geb. 1934) studierte in Göttingen, München und Münster, arbeitete als Journalist, wurde 1965 promoviert, habilitierte sich 1970 und ist seit 1973 Lehrstuhlinhaber am Institut für Kommunikationswissenschaft der Universität Salzburg. Er ist Mitherausgeber der Zeitschrift ›Communicatio Socialis‹. Das Buch *Die schlechte Presse* ist seine Habilitationsschrift. Sie entstand in einer von Umbrüchen gekennzeichneten Zeit: In den 1960er Jahren begann sich die deutsche Publizistikwissenschaft amerikanischen Einflüssen zu öffnen. Schmolke löste mit seiner Untersuchung das von Henk Prakke in Münster eingeführte Paradigma der funktionalen Publizistik ein, das seinerseits Elemente der funktionalen Systemtheorie von Talcott Parsons aufnahm (vgl. Averbeck 2000).

Die von Schmolke ausgewerteten Quellen sind Broschüren, Periodika und Äußerungen mit Öffentlichkeitscharakter (z.B. auch kirchliche Verkündigungen). Seine Arbeit ist in eine Einleitung und fünf Kapitel untergliedert. In der Einleitung definiert er den Gegenstand, stellt die Quellen vor und unterteilt den Untersuchungszeitraum in vier Phasen: die Frühphase von der Gründung des ›Katholik‹ (1821) bis 1860, die Phase der Kaplanspresse bis 1878, die Phase der Partei- und Generalanzeigerpresse bis 1932 und die Phase der »erzwungenen Verkirchlichung« bis 1968. Gegenstand ist die Auseinandersetzung der Katholiken (Publizisten, Kleriker und engagierte Laien) mit Publizistik und Öffentlichkeit. Damit steht im Zentrum seiner Untersuchung das »Zwiegespräch«, das Kernelement der Prakkeschen funktionalen Publizistik.

Die Kapitel I bis IV behandeln in chronologischer Reihung die geistesgeschichtlichen Entwicklungen in der katholischen Publizistik und ihre Auseinandersetzung mit der »schlechten Presse«, d.h. der Presse der weltanschaulichen Gegner bzw. der »farblosen« Presse. Unter farblos verstand die katholische Publizistik Blätter, die wertneutral daherkamen, ohne es unbedingt zu sein. Das fünfte Kapitel liefert keine Fortführung der ersten vier, sondern faßt die Hauptgesichtspunkte der vorangegangenen Kapitel unter analytischen Aspekten zusammen.

Die schlechte Presse, so lautet der doppeldeutige Titel der Studie. Michael Schmolke hat darin eine Geistesgeschichte der katholischen Auseinandersetzung mit dem Phänomen der modernen Medien und zugleich eine rationale Begründung des (weitgehenden) Scheiterns der katholischen Anstrengungen, eine eigene, massenattraktive Presse zu lancieren, geschrieben. »Schlecht« war Fremdbeschreibung der nichtkatholischen Presse, »schlecht« korrespondierte mit der grundsätzlichen »Schlechtigkeit« der Welt. Doch »schlecht« ließe sich auch auf die katholische Presse anwenden. Denn die katholische Presse bot den Katholiken zu wenig von dem, was die Leser wünschten.

Nur in der Zeit des Kulturkampfes war das einmal kurzfristig anders. Da garantierte die katholische Presse immerhin Sicherheit vor der Beschimpfung als »Römling« oder Dummkopf oder »Reichsfeind«. Die zumeist überwiegenden Defizite der eigenen Presse versuchten ihre Protagonisten mit einem Appell an die »Pflicht« jedes Katholiken, »seine Presse« zu unterstützen, wettzumachen. Das war auf die Dauer zu wenig. So verharrte die katholische Publizistik in einer langsam erodierenden Position. Analog zu dem schleichenden (relativen) Gewichtsverlust des politischen Katholizismus (Zentrum) verlor die Zentrumspresse gegenüber neueren Presseformen schon im späten 19. Jahrhundert relativ, ab dem 20. Jahrhundert dann auch absolut an Bedeutung. Katholische massenattraktive Presse gab es – abgesehen von wenigen Ausnahmen (›Kölnische Volkszeitung‹, ›Tremonia‹) – nicht.

Die eigentliche Schwäche der katholischen Publizistik beschreibt Schmolke daher mit den Worten eines anonymen »deutschen Publicisten« als Circulus vitiosus – in etwa einer negativen Anzeigen-Auflage-Spirale vergleichbar: »aus Mangel an Abonnenten stehen die katholischen Blätter auch an innerer Qualität oft anderen Zeitungen nach, und aus diesem Grunde hält man diese lieber als jene; [...] und in diesem Maße schwinden wiederum die Mittel, diesem Übelstand abhelfen zu können.« (S. 118f.)

Die Erforschung der katholischen Publizistik stand in den letzten Jahrzehnten nicht im Mittelpunkt der kommunikationswissenschaftlichen Forschung. Unlängst ist mit der Arbeit von Bernhard Schneider eine Untersuchung erschienen, welche den von Michael Schmolke gesponnenen Faden wieder aufnimmt (vgl. Schneider 1999). Michael Schmolke selbst ist immer wieder zu dem Thema zurückgekehrt. 1992 hat er ein europäisches Handbuch herausgegeben (vgl. Schmolke 1992). In dem Sonderheft 2 der Fachzeitschrift ›Publizistik‹: »Medien-Kulturkommunikation« hat Michael Schmolke in globaler Perspektive erneut die Auseinandersetzung der Religionen mit der Moderne beleuchtet (vgl. Schmolke 1998).

Literatur

Stefanie Averbeck (2000): Die funktionale Publizistik – Eine kritische Würdigung. In: Joan Hemels, Arnulf Kutsch, Michael Schmolke (Hrsg.): *Entgrenzungen. Erinnerungen an Henk Prakke. Mit einer Bibliografie.* Assen: Van Gorcum, S. 57-70.

Michael Schmolke (Hrsg.) (1992): *Kirchenpresse am Ende des Jahrtausends: Berichte aus 15 Ländern Europas und aus den Vereinigten Staaten. Festgabe für Ferdinand Oertel zur Vollendung des 65. Lebensjahres.* Paderborn: Schöningh.

Michael Schmolke (1998): Religionskommunikation durch Medien. In: Ulrich Saxer (Hrsg.): *Medien-Kulturkommunikation.* Opladen: Westdeutscher Verlag, S. 199-214.

Bernhard Schneider (1999): *Katholiken auf die Barrikaden? Europäische Revolutionen und deutsche katholische Presse 1815-1848.* Paderborn, München, Wien, Zürich: Schöningh.

Rudolf Stöber

Klaus Schönbach (1983): *Das unterschätzte Medium. Politische Wirkungen von Presse und Fernsehen im Vergleich.* München, New York, London, Paris: Saur. 159 Seiten.

Das Buch Das unterschätzte Medium markiert einen wesentlichen Entwicklungsschritt der Medienwirkungsforschung. Klaus Schönbach wendet hier das von ihm und Werner Früh an anderer Stelle (Früh & Schönbach 1982; Schönbach & Früh 1984) genauer explizierte Paradigma des transaktionalen Ansatzes erstmals auf breiter empirischer Basis an. Anhand der ersten Direktwahl zum Europäischen Parlament im Jahre 1979 untersucht er die Wirkungen von Presse- und Fernsehnutzung auf das politische Wissen, die politischen Einstellungen und die Wahlabsichten der Bundesbürger. Er bedient sich dabei einer dreiwelligen Panelbefragung vor und nach der Wahl. Die Studie ist eingebettet in eine international vergleichende Wahlstudie in allen neun damals zur Europäischen Gemeinschaft gehörenden Staaten, geht aber in der theoretischen Fundierung (transaktionaler Ansatz der Medienwirkungsforschung) wie im methodischen Design (Panel-Befragung) über die Vergleichsstudien hinaus.

Klaus Schönbach (geb. 1949) gehört zu den wichtigen empirischen Kommunikationsforschern aus Deutschland. Er habilitierte sich mit der Arbeit *Das unterschätzte Medium* an der Universität Münster und lehrt heute – nach verschiedenen wissenschaftlichen Stationen in Deutschland und den USA – an der Universität Amsterdam. Schönbach hat sich außer mit politischen Medienwirkungen und Problemen der Wahlkommunikation in jüngerer Zeit beispielsweise mit der Nutzung und den Strategien von Tageszeitungen sowie den Merkmalen und Selbstverständnissen von Journalistinnen und Journalisten beschäftigt.

Schon das von Winfried Schulz verfaßte Vorwort zu *Das unterschätzte Medium* ordnet Schönbachs Studie in die medienpolitische Diskussion der 70er und frühen 80er Jahre ein: Die Überzeugung, daß das Fernsehen wesentlich stärkere politische Wirkungen zeige als andere Medien – von Elisabeth Noelle-Neumann (1970) in der Metapher vom »getarnten Elefanten« zusammengefaßt – hat »seit Anfang der 70er Jahre nicht nur die medienpolitische Debatte in der Bundesrepublik Deutschland bestimmt, sondern auch zur Rechtfertigung von tatsächlichen Veränderungen in der Medienorganisation« gedient (Vorwort von Winfried Schulz, S. 8). Die Einführung einer privat-kommerziellen Säule im Rundfunksystem der Bundesrepublik Deutschland mag eine ihrer Ursachen in der These vom »getarnten Elefanten« Fernsehen haben. In *Das unterschätzte Medium* zeigt Schönbach jedoch, daß die Presse ein mindestens ebenso großes politisches Wirkungspotential besitzt wie das Fernsehen.

Der von Schönbach zugrunde gelegte transaktionale Ansatz verbindet Aspekte des in der Medienwirkungsforschung lange vorherrschenden Stimulus-response-Modells und des entgegengesetzten Nutzen- und Belohnungsansatzes (»uses and gratifications approach«) und überwindet damit deren Frontstellung. Der Ansatz konzipiert den Prozeß der Medienwirkung als einen – weitgehend unbewußten – »Aushandlungsprozeß« von Gratifikationen zwischen Kommunikator und Rezipient, der sich vereinfacht so ausdrücken läßt: Der Kommunikator erhält Wirkungsmöglichkeiten beim Rezipienten, weil er den Informationsbedürfnissen des Rezipienten entgegenkommt, und umgekehrt: Der Rezipient wird durch die Befriedigung seiner Informationsbedürfnisse belohnt, weil er dem Kommunikator Wirkungsmöglichkeiten eröffnet. Diese »Aushandlung« von Belohnungen findet jedoch weitgehend im Kopf der jeweiligen Kommunikationspartner statt, stellt also ein »Para-Feedback« dar (S. 69). »Vorstellungs-, Einstellungs- und Verhaltensänderungen entstehen im transaktionalen Modell aus dem interaktiven Zusammenwirken von Motiven und Kommunikationsinhalten, modifiziert durch Prädispositionen.« (S. 71) Die beiden Wirkungskomponenten Nutzungsmotiv und Medieninhalt können sich dabei nicht nur addieren, sondern einander exponentiell verstärken oder auch abschwächen (S. 70). Solche Transaktionswirkungen auf politische Vorstellungen und Einstellungen weist Schönbach an mehreren Stellen seiner Untersuchung nach. Der transaktionale Ansatz hat Vorläufer in der US-amerikanischen Kommunikationsforschung, die bis in die 40er Jahre des 20. Jahrhunderts zurückreichen. Er gilt heute als einer der avanciertesten Ansätze in der Medienwirkungsforschung (vgl. auch Früh 1991).

Das wichtigste Ergebnis seiner Studie faßt Schönbach wie folgt zusammen: »Politische Vorstellungen werden im Umfeld der Europawahl durch die Nutzung von Presse und Fernsehen gleichermaßen verändert, wobei Medien und Sendeformen mit größerer Kanalkapazität prinzipiell im Vorteil sind.« (S. 122) Mit Kanalkapazität ist die Menge der politischen Information gemeint, die ein Medium oder ein Sendeformat vermitteln kann. Das Ergebnis bedeutet also, daß die politischen Vorstellungen (definiert Faktenwissen sowie Wahrnehmung von issue-salience und Partei-Images) durch die Presse stärker beeinflußt werden als durch das Fernsehen und beispielsweise durch politische Magazinsendungen im Fernsehen stärker als durch Nachrichtensendungen.

Die Mediennutzung hatte weiterhin einen Einfluß auf die Einstellungen der Bürger zur europäischen Integration. Anders als bei der Wissensvermittlung zeigte sich hier allerdings kein systematischer Unterschied zwischen den Wirkungen der Presse- und der Fernsehnutzung. Ein Einfluß der Mediennutzung auf die Wahlabsicht und die Stimmabgabe bei der Europawahl 1979 war kaum vorhanden.

Der Gegenstand der Untersuchung – die erste Europawahl mit ihrem untypischen, wenig kontroversen und wenig dynamischen Wahlkampf – schränkt die Verallgemeinerbarkeit der Befunde für Medienwirkungen im Umfeld von Wahlen stark ein. Das unterschätzte Medium ermöglicht nach Auffassung Schönbachs statt dessen allerdings Aussagen über »die Wirkungen von Informationskampagnen allgemein auf politische Meinungen und Einstellungen in offeneren, weniger strukturierten Situationen« (S. 67).

In einer theoretischen Verallgemeinerung seiner Befunde zeigt Schönbach überzeugend, daß die Frage nach dem generell mächtigeren Medium – Fernsehen oder Presse – zu pauschal gestellt ist. Die politische Wirkung eines Mediums hänge vielmehr davon ab,

- wie »normal« es geworden ist (nach der Einführung eines Mediums nimmt der Reiz des Neuen allmählich ab und die Wirkungspotentiale normalisieren sich);

- wie stark es sich überhaupt in der Berichterstattung über einen bestimmten Gegenstand oder ein Ereignis engagiert (wenig Berichterstattung hat auch wenig Wirkungspotential);
- wieviel Platz und Zeit für gründliche Information es zur Verfügung stellt (ausführliche journalistische Darstellungsformen haben mehr Wirkungspotential als knappe) und
- wie man Wirkung definiert (berücksichtigt man – wie im transaktionalen Modell – Effekte, die durch das Zusammenwirken von Nutzungsmotiven und Medieninhalten überhaupt erst entstehen, wird man zusätzliche und andersartige Wirkungen identifizieren).

Schließlich empfiehlt Schönbach der Kommunikationsforschung, sich weniger »mit den kommunikativen Problemen der Politik als mit den politischen Problemen der Kommunikation« (S. 138) zu beschäftigen und sich so in der Entwicklung ihrer Fragestellungen von politisch-pragmatischen Engführungen zu befreien.

Literatur

Werner Früh (1991): *Medienwirkungen: Das dynamisch-transaktionale Modell.* Opladen: Westdeutscher Verlag.
Werner Früh, Klaus Schönbach (1982): Der dynamisch-transaktionale Ansatz. Ein neues Paradigma der Medienwirkungen. In: *Publizistik,* 27. Jg., S. 74-88.
Elisabeth Noelle-Neumann (1970): Der getarnte Elefant. Über die Wirkungen des Fernsehens. In: Dieter Stolte (Hrsg.): *Fernseh-Kritik. Die gesellschaftliche Funktion des Fernsehens.* Mainz: v. Hase & Köhler, S. 79-90.
Klaus Schönbach, Werner Früh (1984): Der dynamisch-transaktionale Ansatz II: Konsequenzen. In: *Rundfunk und Fernsehen,* 32. Jg., S. 314-329.

Hartmut Weßler

W.[alter] Schöne (1928): *Die Zeitung und ihre Wissenschaft.* Leipzig: Heinrich F.A. Timm. 235 Seiten.

Walter Schöne (1885-1943) habilitierte 1922 an der Universität Leipzig mit einer Arbeit über »Zeitungswesen und Statistik« und untersuchte in dieser Schrift die Erforschung des Pressewesens sowie die Nutzung der Zeitung als Quelle im Rahmen der Statistik und der Nationalökonomie seit der Jahrhundertwende (vgl. Schöne 1924). Vier Jahre später folgerte er: »Für das 'Methodenpaar' der Deduktion und Induktion ist auf dem Gebiete der Sozialwissenschaften, zu denen die Zeitungskunde in erheblichem Umfange gehört, das statistische Verfahren das spezifische.« (S. 21).

Am Leipziger Institut für Zeitungskunde war der hauptamtliche Leiter des Statistischen Amtes der Stadt Leipzig bis zu seinem Tode, zunächst als Privatdozent, später als außerordentlicher Professor tätig; größtenteils institutionell isoliert, was auf inhaltliche Differenzen zu Karl Büchers normativer Zeitungskunde und offene Streitigkeiten mit Bücher als Vorgesetztem und Institutsleiter zurückzuführen ist (vgl. Kutsch 1997). Insbesondere gegen Bücher gerichtet, schrieb Schöne eines der wenigen Lehrbücher der Zeitungswissenschaft, das mit dem Diktum, es gelte die Zeitung als »Ausdruck des gesellschaftlichen Bewußtseins« auf empirischer Basis zu erforschen (S. 25), in der Fachgemeinschaft weithin anregend wirkte: Schloß dies doch ein, Presse in sozioökonomische Makrokontexte zu stellen sowie das Fach für Methoden der Nachbarwissenschaften, insbesondere der Soziologie, zu öffnen. Den theoretischen Aspekt dieses Diktums dachte insbesondere Karl Jaeger weiter: Die Mitteilung sei der Ausdruck des gesellschaftlichen Bewußtseins (→ Jaeger 1926).

Schöne selbst lehnte die Erweiterung seiner Perspektive durch Jaeger massiv ab (S. 25) und blieb seinerseits – unzureichend für eine zukunftsträchtige erkenntnistheoretische Perspektive – auf den Gegenstand Zeitung fixiert. Schöne öffnete sich – trotz seiner klarsichtigen Ausführungen über »öffentliche Meinung« als in der Öffentlichkeit wirksame Meinung, die erst durch Mitteilung, etwa via Presse, aber auch im persönlichen Gespräch evident werden kann (vgl. S. 19), nicht stringent für Fragen sozialer Kommunikation. Thomas Lietz drückt in seiner wissenschaftsbiographisch angelegten Magisterarbeit Schönes theoretische Stagnation treffend aus: »Das eigentliche Hemmnis für eine Entgrenzung der Zeitungswissenschaft ist der fehlende Schritt Schönes, einen Perspektivwechsel von der Zeitung zum Leser vorzunehmen« (Lietz 1999: 69).

Seit 1912 als Mitarbeiter an den Sozialenqueten des Vereins für Sozialpolitik einschlägig geschult und sich zur »Werturteilsfreiheit« Max Webers bekennend (S. 11), ist Schöne zur »empirisch-soziologischen« Richtung (versus »ethisch-historische« Richtung) der Zeitungswissenschaft zu zählen. Sowohl aus dogmengeschichtlicher als auch aus rezeptionshistorischer Sicht habe Schönes Monographie zur sozialwissenschaftlichen Fundierung der Zeitungswissenschaft beigetragen, wertet Arnulf Kutsch (1997: 34).

Hervorzuheben ist auch Schönes Bemühen um eine erkenntnistheoretische Fundierung des Begriffes »öffentliche Meinung«. Er erkannte, daß der Bildung öffentlicher Meinungen Beobachtungsprozesse eines jeden Bürgers zugrunde liegen, die sowohl kognitiv-konstruktive Dimensionen als auch solche psychologischer Einfühlung innerhalb sozialer Kontexte aufweisen: »Ich fühle, jeder weiß vom anderen, daß er weiß. Denn in diesem Wissen vom Wissen der anderen liegt die Macht, das Wesen der öffentlichen Meinung« (S. 18). Deshalb ist die Zeitung »Ausdrucksmittel des gesellschaftlichen Bewußtseins«: Sie selbst fungiert als Beobachterin (vgl. S. 24) und stellt Inhalte zur weiteren Verfügung: »[…] Nachrichtengeber und Empfänger. Zwischen diesen beiden steht die Zeitung als Nachrichtenorganisation und wirtschaftliche Unternehmung […]. Sie ist Vermittler dieser Wechselwirkung zwischen Nachrichtengeber und Nachrichtenempfänger. Es findet eine wechselseitige Beeinflussung statt, selbst da wo das Lesepublikum noch nicht zur Mitarbeit an der Zeitung aufgerufen wird. Sichtbar – schwarz auf weiß – erhält der Empfänger Nachrichten und Meinungen, die er nicht nur aufnimmt, sondern die zur eigenen Meinungsbildung anregen.« (S. 23)

Offensichtlich agiert das Publikum selektiv. Dies wird von Schöne indes nicht weiter ausgeführt; er verbleibt wiederum auf der Ebene der Programmatik, des Forschungsdesideratums (vgl. Kutsch 1997: 28).

Schöne zählte bald nicht mehr zu den Innovatoren des Faches: Er ordnete sich dem Verdikt einer antisoziologischen, auf den engen Gegenstand bezogenen Zeitungswissenschaft des Deutschen Zeitungswissenschaftlichen Verbandes (DZV) 1933 unter und konzentrierte sich auf die Erforschung der Frühgeschichte der Presse (vgl. Averbeck 1999: 410ff.; Lietz 1999: 53ff.). Offensichtlich kam er nicht in Interessenskonflikte mit einer »nationalsozialistischen« Zeitungswissenschaft. Schöne trat bereits am 1. Mai 1933 in die NSDAP ein, war seit 1934 »fachpolitischer Lehrer« in Diensten der Partei und avancierte schließlich zum a.o. Professor (vgl. Kutsch 1997: 34; Münster 1935).

Literatur

Stefanie Averbeck (1999): *Kommunikation als Prozeß. Soziologische Perspektiven in der Zeitungswissenschaft 1927-1934*. Münster: Lit.

Arnulf Kutsch (1997): »Historisch-ethisch« versus »empirisch-soziologisch« fundierte Zeitungswissenschaft. Zum Bruch zwischen Walter Schöne und Karl Bücher. In: Michael Haller, Arnulf Kutsch, Jochen Schlevoigt, Siegfried Schmidt: *Tatsachen und Meinungen. Festschrift für Klaus Puder*. Leipzig: Institut für Kommunikationswissenschaft.

Thomas Lietz (1999): *Walter Schöne (1885-1934). Eine biographische Studie*. Magisterarbeit Univ. Leipzig.

Hans Amandus Münster (1935): Walter Schöne 50 Jahre alt. In: *Zeitungswissenschaft*, 10. Jg., Nr. 6, S. 295-296.

Walter Schöne (1924): *Zeitungswesen und Statistik. Eine Untersuchung über den Einfluß der periodischen Presse auf die Entstehung und Entwicklung der staatswissenschaftlichen Literatur, speziell der Statistik*. Jena: Gustav Fischer.

Walter Schöne (1934): Zeitungswissenschaftliche Grundbegriffe. In: *Zeitungswissenschaft*, 9. Jg., Nr. 11, S. 473-483.

Stefanie Averbeck

Karl Schottenloher (1922): *Flugblatt und Zeitung. Ein Wegweiser durch das gedruckte Tagesschrifttum*. Berlin: Richard Carl Schmidt & Co. 555, XXIX Seiten. – Neu herausgegeben, eingeleitet und ergänzt von Johannes Binkowski. München: Klinkhardt und Biermann 1985. 2 Bde. 496 und 266 Seiten.

Karl Schottenlohers *Flugblatt und Zeitung*, 1922 erstmals veröffentlicht, zählte lange Zeit (vgl. Langenbucher 1970) gemeinsam mit der zwei Jahrzehnte zuvor erschienenen dreibändigen *Geschichte des deutschen Zeitungswesens* (→ Salomon 1900-1906) und der fast ein halbes Jahrhundert danach ebenfalls in drei Bänden vorgelegten *Geschichte der deutschen Presse* (→ Koszyk 1966, → Lindemann 1969, → Koszyk 1972) zu den drei im 20. Jahrhundert unternommenen Versuchen einer Gesamtdarstellung der deutschen Presseentwicklung seit der Erfindung des Buchdrucks (mit gelegentlichen Verweisen auf Österreich). Erst Rudolf Stöber (2000) und Jürgen Wilke (2000) haben zur Jahrtausendwende ihre Zahl auf fünf erhöht, wenngleich der Berichtszeitraum beider Darstellungen mit der Weimarer Republik endet.

Die von Wolfgang R. Langenbucher zu Recht – im Anschluß an Winfried B. Lerg (1968) – kritisierte Theorielosigkeit und fehlende methodische Reflexion einer deskriptiv-individualisierenden, ideographischen Pressegeschichtsschreibung überlagern sich bei Schottenloher mit den Charakteristika der von Stefanie Averbeck (1999) für die Weimarer Zeitungswissenschaft beschriebenen Grundkonzeption einer »konservativen Dogmatik« (wobei dem Werk jedoch bestenfalls ein *vor*wissenschaftlicher Status eingeräumt werden kann). Wenn der Autor im Vorwort den Maßstab für seine Darstellung in der »sichtbaren Entwicklung der öffentlichen Ansprache von verwunderlicher Schweigsamkeit zu überlauter Redefülle« sieht, so bestimmt – wie von Averbeck beschrieben – die weltanschauliche Ebene der Kulturkritik an der Massengesellschaft die scheinbar vordergründige Untersuchungsebene der Medienentwicklung. Diese Dogmatik übersieht Johannes Binkowski, der Herausgeber der 1985 erschienenen Neuauflage von *Flugblatt und Zeitung*, wenn er das seiner Ansicht nach einzige Defizit des Buches darin ausmacht, daß Schottenloher, »dem Denken seiner Zeit verhaftet«, die Bedeutung des Jahres 1848 nicht klar erkennen habe können (weshalb Binkowski diesen Teil auch, »völlig neu bearbeitet« und bis in die Gegenwart fortgeführt, getrennt vom Nachdruck des Zeitabschnitts bis 1848 als eigenen Band veröffentlichte). Entgegen Binkowskis Ausführungen war sich Schottenloher des »großen bürgerlichen Befreiungskampfe[s]« in der Revolution 1848 (S. 410) durchaus bewußt, hat aber seine Darstellung konsequent einer Kritik an den Prozessen gesellschaftlicher Modernisierung untergeordnet, wie sie insbesondere in der zweiten Hälfte des 19. Jahrhunderts eingesetzt und sich nicht nur gegen die alte feudale Ordnung, sondern auch gegen das in politische Machtpositionen gelangte Bürgertum gerichtet hatten. Prüft man den Text anhand der (nach Daniel Lerner) für den Modernisierungsprozeß zentralen Indikatoren Urbanisierung, Bildung, Medienteilhabe und politische Partizipation, so sind sie mit jenen »pejorativen Metaphern« versehen, die Lerg (1968: 6) als vorrangige Barriere für die wissenschaftliche Analyse des für die weitere Entwicklung der Medienstruktur entscheidenden Phänomens der Massenpresse erkannte. Diese erscheint bei Schottenloher als »Hypertrophie des Zeitungswesens«, als »schädliche« Überbildung und Ausdruck eines »künstlichen [...] Lebenszustandes«, hervorgerufen von der – als Gegenpol zu »den starken Pfeilern der Sitte und Gewohnheit« entworfenen – Großstadt mit »ihrer ungeheuren Wissensbegierde, wo jeder den anderen an Kenntnis und Redefülle überragen [möchte]«, und der von ihr beförderten »Zusammendrängung der Arbeiterbevölkerung« zur »größten Massenbewegung, die die Weltgeschichte kennt« (S. 421 und 465f.).

Ungeachtet der politischen Instrumentalisierbarkeit dieser Position hatte Hans-Joachim Köhler (1987) kurz nach Erscheinen der Neuauflage angemerkt, daß Schottenloher bloß an äußerer Form und Themen der Druckwerke interessiert war, kaum jedoch an Bedingungen und Formen von Produktion und Vertrieb oder gar ihrer Funktion im Kommunikationsprozeß. Bereits vorliegende nationalökonomische oder soziologische Ansätze finden in dem 555 Seiten starken Werk keine Beachtung. Dazu fügt sich eine fehlende begriffliche Fundierung, die nicht nur zu kuriosen Wortschöpfungen führt (wie den »unbuchmäßigen Erscheinungen des gedruckten Wortes« als Sammelbegriff für alle Mediengattungen im Unterschied zum »alten Buch«, dem Schottenlohers Vorläuferpublikation gewidmet war), sondern auch – wie Binkowski in der Einleitung der Neuauflage sogar betont – zur Konstruktion eines »Zusammenhangs des geschichtlichen Werdens« beiträgt, der die strukturellen Veränderungen des Kommunikationssystems im Spannungsfeld »zwischen Komplementarität und Konkurrenz« (Haas 1985) ignoriert. Es überrascht daher nicht, daß *Flugblatt und Zeitung* in der kommunikationshistorischen Literatur bis hin zu den beiden oben genannten jüngeren Gesamtdarstellungen vor allem als Materialsammlung zur deutschen Pressegeschichte vom ausgehenden 15. Jahrhundert bis zur beginnenden Weimarer Republik Verwendung findet. Ihre in der Rezeption besonders genutzte Stärke liegt im Bereich der Publizistik der Reformationszeit als dem – durch zahlreiche weitere Publikationen ausgewiesenen – Spezialgebiet Schottenlohers, deutliche Schwächen zeigt sie jedoch selbst bei frühen Vertretern massenhaft verbreiteter Druckwerke wie Kalendern und Almanachen. Sämtliche Angaben bedürfen jedoch der Überprüfung, da der fehlende wissenschaftliche Apparat nicht durch den pauschalen Hinweis im Vorwort auf den »reichen Besitz« der Münchner Staatsbibliothek, an der Karl Schottenloher (1878-1954) von 1908 bis 1938 als Bibliothekar tätig war, ersetzt werden kann. Mit seiner beruflichen Arbeit hängt schließlich das größte Verdienst des Werkes zusammen, das im letzten Kapitel das »Sammeln des Tagesschrifttums« zur vordringlichen Aufgabe der Bibliotheken erklärt, Probleme erörtert und eine – noch immer weitgehend vernachlässigte – inhaltliche Erschließung fordert.

»There is a huge process of institutionalization going on«, schrieb jüngst Karl Erik Rosengren (2000) in einem der überzeugendsten Versuche einer konzeptuellen Definition des Objektbereichs der Kommunikationswissenschaft als eigenständiger wissenschaftlicher Disziplin im Hinblick auf deren verstärkte Etablierung an Universitäten und außeruniversitären Forschungseinrichtungen. Der trotz dieses – zweifellos von gesellschaftlichen Entwicklungen beschleunigten – Institutionalisierungsprozesses vielfach konstatierte Fortbestand »grundlegender Dissense über Objekt, Theorie und Methoden« (Renckstorf 1998) verweist dringlich auf ein verbindliches Profil des Faches in einer notwendig interdisziplinär vernetzten Forschungslandschaft. Welcher richtungsweisenden Werke sich die Kommunikationswissenschaft auf dieser Basis vergewissern wird, bleibt der Fortführung des Diskurses, dem auch der vorliegende Sammelband gewidmet ist, vorbehalten; Karl Schottenlohers *Flugblatt und Zeitung* wird dabei vermutlich kaum mehr – aber auch nicht weniger – als wissenschaftsgeschichtliches Interesse beanspruchen können.

Literatur

Stefanie Averbeck (1999): *Kommunikation als Prozeß. Soziologische Perspektiven in der Zeitungswissenschaft 1927-1934.* Münster: Lit.

Hannes Haas (1985): Zwischen Komplementarität und Konkurrenz: Zur Veränderung des Kommunikationssystems durch die Einführung »neuer Medien« am Beispiel der Ersten Republik. In: Wolfgang Duchkowitsch (Hrsg.): *Mediengeschichte – Forschung und Praxis. Festgabe für Marianne Lunzer-Lindhausen zum 65. Geburtstag.* Wien, Köln, Graz: Hermann Böhlaus Nachf., S. 127-142.

Hans-Joachim Köhler (1987): Die Flugschriften der frühen Neuzeit. In: Werner Arnold, Wolfgang Dittrich, Bernhard Zeller (Hrsg.): *Die Erforschung der Buch- und Bibliotheksgeschichte in Deutschland.* Wiesbaden: Harrassowitz, S. 307-345.

Wolfgang R. Langenbucher (1970): Von der Pressegeschichte zur Kommunikationsgeschichte (Ein Sammelreferat). In: *Göttingische Gelehrte Anzeigen*, 222. Jg., S. 306-314.

Winfried B. Lerg (1968): Die Anfänge der Zeitung für alle. Methodenkritisches zur Geschichte der Massenpresse. In: Winfried B. Lerg, Michael Schmolke: *Massenpresse und Volkszeitung. Zwei Beiträge zur Pressegeschichte des 19. Jahrhunderts.* Assen: van Gorcum & Co., S. 1-46.

Karsten Renckstorf (1998): *Kommunikationswissenschaft heute. Forschungsproblem, theoretische Perspektiven und Forschungsfragen*. Bonn: ZV Zeitungs-Verlag Service.

Karl Erik Rosengren (2000): *Communication. An introduction*. London, Thousand Oaks, New Delhi: Sage.

Rudolf Stöber (2000): *Deutsche Pressegeschichte. Einführung, Systematik, Glossar*. Konstanz: UVK-Medien.

Jürgen Wilke (2000): *Grundzüge der Medien- und Kommunikationsgeschichte. Von den Anfängen bis ins 20. Jahrhundert*. Köln, Wien, Weimar: Böhlau.

Josef Seethaler

Winfried Schulz (1976): *Die Konstruktion von Realität in den Nachrichtenmedien: Analyse der aktuellen Berichterstattung*. Freiburg im Breisgau, München: Verlag Karl Alber. 141 Seiten.

Die *Konstruktion von Realität in den Nachrichtenmedien*, 1990 in einer zweiten, unveränderten Auflage erschienen, ist ein Gutachten für das Presse- und Informationsamt der Bundesregierung über die Selektionsmerkmale, die zur Auswahl von Nachrichten in den Medien führen. Diese Inhaltsanalyse von Nachrichten steht in der Tradition der nordischen Nachrichtenforschung. Zwei für das Gutachten zentrale Vorläuferstudien erschienen 1965: Östgaard schrieb über die Faktorenkomplexe, die den »Flow of news« beeinflussen, und – wichtiger noch – Galtung und Ruge veröffentlichten ihre Studie »The structure of foreign news«, in der zwölf für die Nachrichtenauswahl wesentliche Nachrichtenfaktoren herausgearbeitet werden. Vor allem die heterogenen empirischen Befunde dieser und folgender Studien zur Erforschung der Nachrichtenfaktoren bilden den wissenschaftlichen Ereignishintergrund, vor dem Schulz seine theoretische und empirische Neuorientierung zur Nachrichtenauswahl und damit zur Konstruktion von Realität entwickelte.

Schulz (geb. 1938) war zu diesem Zeitpunkt gerade wissenschaftlicher Assistent an der Universität Mainz bei Elisabeth Noelle-Neumann geworden und schrieb das Gutachten nach seiner Promotion und Habilitation als Assistenzprofessor in Mainz. Diese Publikation ist »zum Markenzeichen von Winfried Schulz geworden« (Holtz-Bacha, Scherer & Waldmann 1998: 10), obwohl sie noch vor seiner Zeit als Professor für Publizistik in Münster (seit 1977) und als Lehrstuhlinhaber für Kommunikations- und Politikwissenschaft an der Universität Erlangen-Nürnberg (seit 1983) erschien.

Selektion ist das eigentliche Thema des Buches: Wie wählen Journalisten Nachrichten aus, was sind ihre Selektionskriterien, wie also wird dadurch »Medienrealität« konstruiert? Schulz kritisiert Rosengrens Ansatz, die Realität in den Nachrichtenmedien anhand der »faktischen« Realität zu evaluieren. Da wir über die Wirklichkeit (»wahre« Realität) keine intersubjektiv verbindliche Auskunft geben können, gibt es weder »richtige« noch »falsche« Selektionsregeln, weder »verzerrende« noch »verfälschende« Berichterstattung. Nachrichten, so Schulz, konstruieren »Realität« durch »Sinngebung des beobachtbaren und vor allem auch des nicht beobachtbaren Geschehens« (S. 28). Eine Falsifikation dieser journalistischen Hypothesen von Realität durch »wahre« Ereignisse ist nach Schulz daher weder möglich noch notwendig. Eine Untersuchung der Medienrealität allein ist für eine Analyse der journalistischen Definitionsmodelle genügend. Als Indikator dafür, welche Nachrichtenfaktoren die Selektionsentscheidung beeinflussen, dient Schulz der Nachrichtenwert eines Ereignisses. Der Nachrichtenwert – die Selektion eines Ereignisses und dessen Präsentation – ist ein Konstrukt journalistischer Umweltwahrnehmung, das durch die einzelnen Nachrichtenfaktoren beschrieben wird. Durch Reduzierung, Reformulierung und Differenzierung der von Galtung und Ruge vorgeschlagenen Nachrichtenfaktoren gelangt Schulz zu sechs Dimensionen, die die Wahrscheinlichkeit eines Ereignisses, zur Nachricht zu werden, bestimmen: Zeit (Dauer, Thematisierung), Nähe (räumliche, politische und kulturelle Nähe und Relevanz), Status (regionale und nationale Zentralität, persönlicher Einfluss und Prominenz), Dynamik (Überraschung, Struktur), Valenz (Konflikt, Kriminalität, Schaden, Erfolg) und Identifikation (Personalisierung, Ethnozentrismus).

Schulz untersucht diese Nachrichtenfaktoren im Rahmen einer Inhaltsanalyse von etwa 6.000 Nachrichtenbeiträgen (Agenturmeldungen, Fernseh- und Hörfunknachrichten, Tageszeitungen); Untersuchungszeitraum sind elf Tage im Juni 1975. Der Nachrichtenwert-Index, ein additiver Index aus Beachtungsgrad (Positionierung der Meldung) und Umfang (Länge der Meldung/des Beitrags), dient ihm als Indikator für die Bedeutung der Nachrichtenfaktoren. Mit seiner Analyse zeigt Schulz, daß Meldungen mit hohem Nachrichtenwert in den Nachrichtenmedien vor allem durch die Nachrichtenfaktoren Thematisierung, persönlicher Einfluß, Ethnozentrismus, Negativismus und Erfolg bestimmt sind. Diese Nachrichtenfaktoren fanden sich in allen Medien und stehen für die Konsonanz und Stabilität journalistischer Selektion. Sie erhöhen damit die Chance, »daß möglichst viele Menschen eine übereinstimmende Nachrichtenkenntnis haben« (S. 120).

Der methodische Teil und die Dokumentation der Studie können auch aus heutiger Sicht als vorbildlich gelten. Ausführlich und verständlich wird das inhaltsanalytische Vorgehen beschrieben; vor allem der Anhang mit dem Untertitel »Verläßlichkeit der Kategorien« überzeugt. So weist Schulz alle Reliabilitäts-Koeffizienten aus, was sich bis heute leider nicht wirklich als Standard durchgesetzt hat. Dadurch macht Schulz seine Studie allerdings auch angreifbar, da zwei der wichtigsten Selektionskriterien mit .43 (Überraschung) und .42 (Struktur) eine bedenklich geringe Intercoder-Reliabilität besitzen. Teichert (1976: 407) führt dies in seiner Rezension auf eine mangelhafte Operationalisierung zurück. Merten (1977: 489) kritisiert zudem die Bildung des Nachrichtenwert-Indexes, dessen Konstruktion unterstelle, »daß drei Äpfel und eine Butterblume ebensoviel zählen wie drei Butterblumen und ein Apfel«.

Was ist es, das dieses Werk zum Meilenstein der Kommunikationswissenschaft macht? In Anlehnung an Schulz läßt sich formulieren: Je mehr eine Publikation dem entspricht, was Kommunikationswissenschaftler für wichtige und mithin berichtenswerte Erkenntnisse der Forschungsrealität halten, desto größer ist ihr Meilensteinwert (S. 30). Es ist das Verdienst von Schulz, den Ansatz von Galtung und Ruge durch die klare Trennung von Nachrichtenwert und Nachrichtenfaktoren weiterentwickelt und die operationale Definition der Faktorendimensionen formalisiert zu haben. Die »Konstruktion von Realität in den Nachrichtenmedien« hat als »bahnbrechende Arbeit« (Schönbach 1998: 427) maßgeblichen Anteil daran, daß Nachrichtenwertforschung vor allem in Deutschland zum festen Forschungsinventar gehört. Wenn Teichert (1976: 408) das Buch zudem als »hervorragende Basis« auch für praxisorientierte Diskussionen empfiehlt, Merten (1977: 489) »den prinzipiellen Fortschritt, der mit dieser Arbeit verbunden ist«, hervorhebt und Kepplinger (1998: 19) gut zwanzig Jahre später bemerkt, daß die »'Konstruktion von Realität in den Nachrichtenmedien' [...] wie kaum eine andere Veröffentlichung Spuren in der deutschen Publizistikwissenschaft hinterlassen« hat, dann ist mit erstaunlicher Reliabilität ein hoher Meilensteinwert codiert worden.

Literatur

Johan Galtung, Mari Holmboe Ruge (1965): The structure of foreign news. The presentation of the Congo, Cuba and Cyprus crises in four Norwegian newspapers. In: *Journal of Peace Research*, 2. Jg., S. 64-91.
Christina Holtz-Bacha, Helmut Scherer, Norbert Waldmann (1998): Medienrealität, Medienwandel und Medienwirkung – Facetten politischer Kommunikation. Ein Beitrag zum Werk von Winfried Schulz. In: Christina Holtz-Bacha, Helmut Scherer, Norbert Waldmann (Hrsg.): *Wie die Medien die Welt erschaffen und wie die Menschen darin leben*. Opladen: Westdeutscher Verlag, S. 9-18.
Hans Mathias Kepplinger (1998): Der Nachrichtenwert der Nachrichtenfaktoren. In: Christina Holtz-Bacha, Helmut Scherer, Norbert Waldmann (Hrsg.): *Wie die Medien die Welt erschaffen und wie die Menschen darin leben*. Opladen: Westdeutscher Verlag, S. 19-38.
Klaus Merten (1977): [Rezension]. In: *Publizistik*, 22. Jg., S. 488-489.
Einar Östgaard (1965): Factors influencing the flow of news. In: *Journal of Peace Research*, 2. Jg., S. 39-63.
Karl Erik Rosengren (1974): International news: Methods, data and theory. In: *Journal of Peace Research*, 11. Jg., S. 145-156.
Klaus Schönbach (1998): Winfried Schulz 60 Jahre. In: *Publizistik*, 43. Jg., S. 427-429.
Will Teichert (1976): [Rezension]. In: *Rundfunk und Fernsehen*, 24. Jg., S. 406-408.

Edmund Lauf

Joachim von Schwarzkopf (1795): *Ueber Zeitungen. Ein Beytrag zur Staatswissenschaft*. Frankfurt am Main: Varrentrapp und Wenner. VI, 127 Seiten.

Mit zahlreichen Arbeiten über Zeitungen, Intelligenzblätter und Kalender, erschienen in allen deutschen Ländern sowie im europäischen und außereuropäischen Ausland, unter denen das hier vorzustellende Werk als zentral zu gelten hat, kann der Publizist Joachim von Schwarzkopf (1766-1806) als erster Zeitungshistoriker bezeichnet werden, der auf der Grundlage einer ungewöhnlich breiten Quellenkenntnis die Frühzeit der Zeitung und besonders die periodische Presse des 18. Jahrhunderts beschrieben hat. Seine Fragestellungen und Forschungsinteressen sind stark geprägt von der Bedeutung, die die Zeitungen nach der Französischen Revolution als Informationsmittel für alle Stände der Bevölkerung erlangt haben. »Das Alltägliche«, so lautet der erste Satz seines Büchleins, »entgeht bisweilen der Aufmerksamkeit mehr als eine seltene Erscheinung.« Ziel von Schwarzkopfs war es, die Zeitung in ihrer historischen Entwicklung und – als »Beytrag zur Staatswissenschaft« – in ihrer aktuellen politischen Funktion und Bedeutung darzustellen. Entsprechend schrieb die ›Allgemeine Literatur Zeitung‹ (ALZ) in ihrer Rezension: »Der in dieser Schrift untersuchte Gegenstand, der Ursprung und die Verbreitung unserer heutigen Zeitungen, verdiente längst eine historische Entwickelung; aber wer durfte dergleichen bey den vorhandenen dürftigen Hülfsmitteln, und den Schwierigkeiten, auch nur Materialien zur Geschichte der berühmtesten Blätter zusammen zu bringen, wagen.« (ALZ, Nr. 124, April 1798)

In der ersten Abteilung seines Buches macht sich Joachim von Schwarzkopf auf die Spurensuche nach den ersten Zeitungen, in die er auch die Neuen Zeitungen einbegreift, und ihrer dann im 17. Jahrhundert schnell zunehmenden Verbreitung in Europa. Auch wenn viele Einzelergebnisse dieser historischen Darstellung als überholt gelten müssen, bleibt es doch stets interessant und anregend, dem Autor zu folgen. Dies gilt insbesondere für die Angaben zur Zeitungsentstehung in verschiedenen Orten und für die Beobachtung, daß Kriege der Zeitungsvermehrung stets förderlich waren.

Von großem kultur- und pressehistorischem Wert ist die zweite Abteilung des Buches, in der Nutzen und politische Wichtigkeit der Zeitungen beschrieben werden, den Revolutionseinflüssen auf die Zeitungslektüre nachgegangen wird und Beschreibungen des »deutschen Lesetriebes« sowie Angaben zu verschiedenen »Classen von Zeitungen« zu finden sind. Gepriesen wird der »wohlthätige Einfluß« der Zeitungen auf »geistige Cultur« und »angenehme Unterhaltung«. Ohne Zeitungen, so meint von Schwarzkopf, würde »der Mensch ein Maulwurf seyn, der dumpf in seinen Erdschollen wühlt.« Groß sei auch ihre Wirkung auf öffentliche Meinung und Denkart. In der Geschichte der neuesten Revolutionen – von Schwarzkopf führt dies an den Beispielen Nordamerika, Vereinigte Niederlande und Frankreich aus – zeigten sich die »Spuren von ihrer politischen Allgewalt«. Aus konservativer Grundhaltung beschreibt von Schwarzkopf die Wirkungen der Zeitungen vielleicht etwas grell, im ganzen jedoch mit zahllosen interessanten Einzelheiten und in Bildern, die das Lesen zum Vergnügen machen. Dies gilt auch, wenn er der Auffassung entgegentritt, bei der politischen Schwerfälligkeit der Deutschen müsse ein Mißbrauch des Zeitungswesens nicht befürchtet werden. Das allenthalben beobachtbare Übergewicht der Zeitungs- und Journallektüre, meint er, möge bei den »gebildeten Classen« minder schädlich sein: »Eine Folge der neuesten Aufklärung ist dagegen die Allgemeinheit des Zeitungslesens unter denjenigen Ständen, welche wenig oder gar keine wissenschaftliche Cultur haben. In den Dorfschenken und Werkstätten, in der Säbeltasche des Kammerhusaren und in dem Reifrocke der Zofe, findet man Zeitungen.« Die Wirkungen dieser »Universal-Lectüre« äußerten sich in gesellschaftlichen und überhaupt in allen bürgerlichen Verhältnissen, »und kaum kann man auf dieses Gemälde die Farben zu stark auftragen. [...] Durch unzweckmässige Zeitungsrügen lernt oft der Deutsche seine Verfassung tadeln, und wird auf Ausspähung von Mängeln geleitet, welche vorher sein bürgerliches Glück nie stöhrten.«

Aufschlußreich sind die Beobachtungen, die von Schwarzkopf als Zeitgenosse über die Veränderungen des Zeitungswesens am Ende des 18. Jahrhunderts macht. Er unterscheidet zwischen zwei Hauptklassen von Zeitungen, den »zusammengetragenen« und den »ausgearbeiteten«, wobei ein »Zeitungsschreiber«

erstere aus verschiedenen fremden Zeitungen kompiliere und lediglich bemüht sei, Wiederholungen und Widersprüche zu vermeiden, der Zeitungsverfasser hingegen, dessen Tätigkeit viel mühsamer und ehrenvoller sei, mit Auswahl und Vergleichung arbeite, unbekannte Gegenstände statistisch erläutere und »aus dem Abgange irgend einer Begebenheit von längerer Dauer und selbst bey einzelnen wichtigen Vorfällen« selbständig Resultate und Schlußfolgerungen ziehe. Selbst eigene Urteile hält von Schwarzkopf für legitim und sinnvoll. Die größere Zahl der deutschen Zeitungen stehe in der »Mitte zwischen compilirten und redigirten Zeitungen«. Stets bemerkt man bei den Ausführungen von Schwarzkopfs, daß die Liebe des Autors seinem Gegenstand gehört, denn gegen alle detailliert geäußerten Beschreibungen der negativen Folgen allgemeiner Zeitungslektüre verrät sein Lob für die deutschen Zeitungen große Sympathien und viel Verständnis für das schwierige Geschäft der Redakteure: »Wenn sie [...] die Inspiration der Herbstluft gemächlich abwarten könnten, so würde manche Erzählung fliessender, mancher Ausdruck besser gewählt seyn. Allein eine Beschäftigung, welche man, von andern Berufsgeschäften ermüdet, täglich und oft zu den unbequemsten Stunden ergreifen muss, verdient wohl eine vorzügliche Nachsicht.«

Für jeden an Zeitungsgeschichte Interessierten ist die detaillierte Kritik an Mißständen der Zeitungsberichterstattung, die stets mit konkreten Beispielen anschaulich gemacht wird, aufschlußreich und lesenswert. »Ein kleiner und enger Druck schadet dem Gesichte«, so liest man beispielsweise; auch kann man erfahren, welchen Nutzen ein Register für eine Zeitung hat. Selbst eine Erhöhung des Preises als Folge besseren Druckes und besseren Papieres will von Schwarzkopf nicht als »ein so grosses Uebel« erscheinen: »Der Bürger und Bauer wird alsdann freylich nicht mehr ganze Jahrgänge zu zwey Gulden, noch der Taglöhner und Soldat für einen Kreuzer ein politisches Labsal erkaufen können. Dagegen können die gebildetern Stände, durch Associirung in Lesezirkeln, den Preis hundertfach vermindern.« Ungeachtet aller Mängel jedoch, so ein Fazit von Schwarzkopfs, hätten sich die Zeitungen in Deutschland mit jedem Jahre verbessert. In gleichem Maße habe sich allerdings bei einigen Blättern der Gesichtspunkt »in Rücksicht auf den Staat und auf die bürgerliche Gesellschaft« verrückt, wie »eine übertriebene Licenz in den Urtheilen über Regierungen, über Fürsten und Staatsbeamte, über Verfassungen und Administrationen« zeige.

Schließlich bleibt darauf hinzuweisen, daß von Schwarzkopf der erste Pressehistoriograph ist, der in eigenen Abschnitten seiner Schrift auf das Phänomen der »Volkszeitungen« und der »Zeitungen für Frauen und für die Jugend« hinweist. Die allgemeine Zeitungslektüre erscheint ihm als vollendete Tatsache, dem dadurch entstehenden möglichen Schaden sei durch spezielle Blätter zu steuern, die dem Fassungsvermögen der Adressaten zu entsprechen hätten. Eine »Volkszeitung«, so meint der Autor, dürfe »nur für einen bestimmten Distrikt geschrieben werden [...], mit dessen herrschendem Volksgeiste der Verfasser vertraut ist. Wie leicht wäre es alsdann, in den Erzählungen der neuesten Zeitvorfälle dem Volke richtige staatsbürgerliche Begriffe beyzubringen! Eine solche Zeitung müsste auch möglichst wohlfeil seyn«.

Holger Böning

Claude E. Shannon, Warren Weaver (1949): *The mathematical theory of communication*. Urbana, IL: University of Illinois Press. 125 Seiten.

Deutsche Ausgabe: Claude E. Shannon, Warren Weaver (1976): *Mathematische Grundlagen der Informationstheorie*. Ins Deutsche übersetzt von Helmut Dreßler. München: Oldenbourg. 143 Seiten.

Das Werk von Claude E. Shannon und Warren Weaver gehört zu den meistbeachteten in der Kommunikationswissenschaft. Es bietet eine mathematisch fundierte Theorie des Kommunikationsprozesses und wird in einer Vielzahl von Einführungsbüchern und -vorlesungen behandelt.

The mathematical theory of communication gliedert sich in zwei Hauptteile. Im ersten Teil werden die Grundideen der Informationstheorie von Warren Weaver in drei allgemeinverständlichen Kapiteln vorgestellt. In den fünf Abschnitten des zweiten Teils führt Claude E. Shannon die mathematischen Grundlagen der Informationstheorie ein. Konkret beinhaltet diese eine mathematische Repräsentation der Bedingungen und Parameter, die bei der Übertragung und der technischen Verarbeitung von Information eine Rolle spielen. Das verwendete Kommunikationsmodell ist stark an der Nachrichtentechnik orientiert und umfaßt in seiner knappsten Ausführung sechs Konzepte. Unterschieden werden (a) eine Nachrichtenquelle (information source), die eine Nachricht zur Übermittlung auswählt, (b) ein Sender (transmitter), der die Nachricht (message) in ein (c) Signal transformiert, (d) ein Empfänger (receiver), der das Signal aufnimmt, die Nachricht rekonstruiert und es (e) dem Nachrichtenziel (destination) zukommen lässt. Bei der Signalübertragung kann es zu Störungen (noise) kommen, die von (f) einer Störquelle ausgehen. Daher ist das ausgesendete Signal nicht unbedingt mit dem empfangenen Signal identisch. Die Transformation der Nachricht in Signale wird Encodieren, ihre Rekonstruktion beim Empfänger Decodieren genannt. Handelt es sich beim Sender und beim Empfänger um Menschen, so darf nicht übersehen werden, daß das Modell Übertragungs- und nicht Kommunikationsverhältnisse abbildet. Mit anderen Worten: Sender und Empfänger können ihre Rollen tauschen, ohne daß das Modell modifiziert werden muß.

Der für die Theorie zentrale Begriff der Information unterscheidet sich von alltagssprachlichen Vorstellungen insofern, als er ausdrücklich auf technische Aspekte der Kommunikation beschränkt ist. Über Bedeutungs- oder gar Wirkungsaspekte wird nichts ausgesagt, obgleich deren Relevanz von den Autoren nicht bestritten wird. Vielmehr gewinnt die Theorie ihre große Reichweite gerade aus der Tatsache heraus, daß Information strikt formal verstanden wird und die Theorie daher auf jede denkbare Kommunikation anwendbar ist. Es muß lediglich ein Set von Einheiten festgelegt werden, aus denen sich die zu übermittelnden Nachrichten zusammensetzen. Das können physikalische Größen, Wörter, Regierungsentscheidungen, Personen oder anderes mehr sein. Jede beliebige Nachricht ist dann eine Teilmenge aus dem zuvor festgelegten Set. Zur Bestimmung der Teilmenge und damit zur Formulierung der Nachricht ist eine bestimmte Zahl von binären Auswahlentscheidungen erforderlich, die die Nachricht in digitale Informationen transformieren, d.h. in Informationen, die aus einem mehrstelligen Verbund von Nullen und Einsen bestehen. Jede Stelle kann dabei als Relais mit zwei möglichen Zuständen, Null oder Eins, begriffen werden. Shannon und Weaver nennen diese Relais »binary digits« oder bits. Es können um so mehr Informationen eindeutig transformiert werden, je mehr Stellen pro Zeiteinheit übertragen werden können. Mit einer Stelle können also zwei, mit zwei Stellen vier, mit drei Stellen acht und mit vier Stellen sechzehn alternative Nachrichten übermittelt werden. Die Menge der transformierbaren Informationen verdoppelt sich mit jeder weiteren Stelle. Mathematisch entspricht die Anzahl der Stellen dem dualen Logarithmus, d.h. dem Logarithmus zur Basis 2. Genaugenommen gilt dies allerdings nur für gleich wahrscheinliche Alternativen. Zumindest aus der Sicht des Empfängers sind die Wahrscheinlichkeiten nämlich meist nicht gleich verteilt, d.h. manche Nachrichten werden eher, manche weniger erwartet. Je wahrscheinlicher die übermittelte Nachricht und je unwahrscheinlicher ihre Alternative war, desto geringer wird die übertragene Information. Umgekehrt ist der Informationswert um so größer, je ungewisser die konkrete Nachricht ist und je mehr Alternativen es zu ihr gibt. Genau diesen Zusammenhang nutzen Shannon und Weaver durch Gewichtung der Alternativen mit ihrer Wahrscheinlichkeit und erhalten so eine allgemeine Definition von Information. In Anlehnung an die Thermodynamik nennen die Autoren den so verstandenen Informationsgehalt Entropie (H). Die Entropie ist identisch mit der Ungewißheit, die durch die übertragene Nachricht reduziert wird. Sie nimmt bei gleich wahrscheinlichen Alternativen ihr Maximum an und wird minimal bzw. gleich Null, wenn eine Alternative mit hoher Sicherheit erwartet wird.

Shannon und Weaver leiten aus diesen Grundüberlegungen im Verlauf der Abhandlung noch den Begriff der Redundanz sowie der Kanalkapazität ab und berechnen die Entropie für diskrete, kontinuierliche sowie gemischte Informationsströme, jeweils mit und ohne Störeinflüssen.

Die Informationstheorie war von Beginn an sehr erfolgreich und fand in zahlreichen wissenschaftlichen Disziplinen Anwendung, beispielsweise in der Psychologie, der Biologie, der Linguistik, der Kybernetik, der Wirtschaftswissenschaft, der Physik und eben auch in der Kommunikationswissenschaft (vgl. zur Übersicht Pierce 1980). So war sie beispielsweise grundlegend für die Weiterentwicklung der modernen Kryptographie, beeinflußte erheblich Berlynes (1960) Neugiertheorie und prägte die psychologische Aufmerksamkeitsforschung über mehr als ein Jahrzehnt. In der Kommunikationswissenschaft bauten eine Reihe von Forschern auf dem Modell von Shannon und Weaver auf und ergänzten oder modifizierten es (vgl. McQuail & Windahl ^{7}1990: 12ff.). Begriffe wie Kapazitätsbegrenzung, Redundanz, Informationsverlust, Feedback oder Entropie gehören heute zum gängigen Vokabular mehrerer Wissenschaften. Die Popularität des Ansatzes war zeitweise so groß, daß das technisch-lineare Übertragungsmodell überinterpretiert und als Kommunikationsmodell schlechthin angesehen wurde. Dies ist freilich nicht den Autoren anzulasten. In *The mathematical theory of communication* wiesen sie ausdrücklich darauf hin, daß das Modell lediglich die technische Seite der Kommunikation beträfe und für semantische oder gar pragmatische Aspekte allenfalls nützlich und anregend sei. Shannon selbst warnte bereits 1956 in einem Aufsatz vor einer zu großen Euphorie. Heute wird die Informationstheorie und insbesondere das Entropiemaß in der Kommunikationswissenschaft als attraktive Ergänzung zu anderen Theorien mit allerdings begrenztem Nutzen angesehen.

Claude E. Shannon (1916-2001) studierte in Michigan Mathematik und Elektrotechnik und ging nach seinem Abschluß 1936 an das renommierte Massachusetts Institute of Technology (MIT), wo er 1940 in Mathematik promovierte. 1941 wechselte er an die mathematische Abteilung der amerikanischen Telefon- und Telegrafengesellschaft Bell Laboratorien. Von 1956 bis zu seiner Emeritierung 1978 war Shannon Professor am MIT, blieb aber beruflich noch bis 1972 auch mit den Bell Laboratorien verbunden. Warren Weaver (1894-1978) war ebenfalls Mathematiker und unterrichtete dieses Fach an der Universität Wisconsin. Er wurde 1932 Mitglied des Rockefeller Instituts und 1956 an das Sloan-Kettering-Institut für Krebsforschung berufen, dessen Vizepräsident er 1958 wurde.

Literatur

Daniel E. Berlyne (1960): *Conflict, arousal, and curiosity*. New York: McGraw-Hill.
Emory Griffin ([4]1999): *A first look at communication theory*. New York: McGraw-Hill.
Klaus Krippendorf (1986) *Information theory. Structural models for qualitative data*. Beverly Hills, CA: Sage.
Denis McQuail, Sven Windahl ([7]1990): *Communication models for the study of mass communication*. New York: Longman.
John R. Pierce (1980): *An introduction to information theory. Symbols, signals, noise*. New York: Dover.
David L. Ritchie (1991): *Information*. Newbury Park, London, New Delhi: Sage.
Claude E. Shannon (1956): Bandwagon. In: *IRE Transactions on Information Theory*, 2. Jg., Nr. 1, S. 2-3.

Werner Wirth

Fred S. Siebert, Theodore Peterson, Wilbur Schramm (1956): *Four theories of the press. The authoritarian, libertarian, social responsibility and Soviet communist concepts of what the press should be and do*. Urbana, Chicago, London: University of Illinois Press. 153 Seiten. – Reprint 1973 Freeport, NY: Books for Libraries Press.

Diese Systematisierung der drei Autoren war wegbereitend für kommunikationssoziologische und -politische Analysen. Fred S. Siebert, Theodore Peterson und Wilbur Schramm unterscheiden vier Idealtypen der Institutionalisierung von Medienkommunikation: autoritäre, liberale, sozial verantwortliche Konzepte und das sowjetische »of what the press should be and do«. Diese Typologie, ursprünglich in kirchlichem Auftrag realisiert, zeigt allerdings, daß sie auf eine spezifische historische Situation ausgerichtet ist. Daß das sowjetische Medienregime lediglich eine historische Fußnote autoritär-totalitärer Knebelungsversuche von Medienkommunikation war, hat sich ja seit einiger Zeit erwiesen. Diese Analyse war dementsprechend weder international noch überzeitlich, sondern ist zeit- und ortsverhaftet (USA) und entbehrt, bei allen Meriten, der theoretischen Stringenz.

Dies beginnt bereits beim Titel: Es sind ja keine »theories of the press«, die abgehandelt werden, sondern unterschiedliche Institutionalisierungsprinzipien.

Nationen stellen Medienkommunikation in ihren Dienst, weil sie von ihr bestimmte Leistungen erwarten: Autoritäre und totalitäre Regimes für ihre Machtsicherung, liberale Demokratien für die Befriedigung von Konsumenten- und Marktbedürfnissen, sozial verantwortliche Regelungssysteme für eine soziale staatliche Ordnung, vor allem, der elektronischen Medien, für jedermann. Daß der letzte Typus unter Druck der internationalen Deregulierung und seiner inneren Widersprüche wegen in Probleme geraten ist, daß das »Programm für alle« seit längerem nach der Segmentierung des Publikums durch vermehrte Angebote und individualisierte Rezeptionsgewohnheiten phantomhaft geworden ist, kann den Autoren nicht angelastet werden.

Es bleibt bei der Feststellung, daß die *Four theories of the press* in der Kommunikationswissenschaft Marksteine gesetzt haben. Sie halfen maßgeblich zur Orientierung in einem reichlich unübersichtlichen Bereich. Wohl sind die konzeptuell-theoretischen Defizite der Typenbeschreibung unübersehbar – diese sind in erster Linie bloße Deskriptionen –, aber das Buch hatte zweifellos konstituierende Wirkung für eine soziologisch ausgerichtete Wissenschaft. Bedauerlich ist freilich, daß das weiterführende soziologische Konzept der Institutionalisierung von Medienkommunikation nicht als theoretischer Focus der Analyse verwendet wird. Es hätte die etwas disparaten vier Kapitel der Autoren stringenter ordnen können. Trotzdem ist die unter der Leitung von Wilbur Schramm verfaßte Analyse der drei Autoren, der er später das erfolgreiche Werk »Responsibility in mass communication« (1957, 1969 in überarbeiteter Auflage gemeinsam mit William L. Rivers) folgen ließ, eine sehr beachtliche kommunikationssoziologische Typisierungsleistung.

Four theories of the press entstand, als Fred Siebert (1902-1982), Theodore Peterson und Wilbur Schramm (1907-1987) an der University of Illinois tätig waren, wo Schramm entscheidend am Aufbau des Institute for Communication Research beteiligt war, das 1948 gegründet wurde. Er wechselte 1955 nach Stanford und baute dort ein ähnliches Forschungsinstitut auf.

Literatur

Wilbur Schramm (1957): *Responsibility in mass communication*. New York: Harper.
Wilbur Schramm, William L. Rivers (1969): *Responsibility in mass communication* (überarb. Auflage). New York: Harper & Row.

Ulrich Saxer

Alphons Silbermann, Udo Michael Krüger (1973): *Soziologie der Massenkommunikation*. Stuttgart, Berlin, Köln, Mainz: Kohlhammer. 136 Seiten.

Zwölf Jahre nach der Veröffentlichung von Gerhard Maletzkes Monographie »Psychologie der Massenkommunikation« (→ Maletzke 1963) und nur wenige Jahre, nachdem Denis McQuail (1969) mit seinem auch ins Deutsche übersetzten Buch »Towards a sociology of mass communication« einen gleichlautenden Titel herausgebracht hatte, stellt das Werk *Soziologie der Massenkommunikation* die Ergebnisse der modernen Massenkommunikationsforschung systematisch dar. Gemessen am zeitgenössischen Erkenntnisstand, führen der Kölner Soziologe Alphons Silbermann (1909-1999) (vgl. auch Silbermann [2]1992; Gottschlich 2000) und sein damaliger Assistent Udo Michael Krüger (geb. 1942) umfassend in die amerikanische, soziologisch geprägte Massenkommunikationsforschung ein. Dabei ist ihre dezidiert soziologische Perspektive, die auch die zuvor von Silbermann veröffentlichten Beiträge zu diesem Thema kennzeichnet (vgl. Silbermann & Luthe 1969; Silbermann 1969), gleichzeitig Programm und Abgrenzungslinie zu der sich zu Beginn der 1970er Jahre ebenfalls stark entwickelnden Publizistikwissenschaft. Das brachte dem Buch auch eine kritische Rezension von Klaus Merten ein: »Überbetonung des Soziologischen« lautete sein Vorwurf (Merten 1974: 113).

Die Autoren gehen im Vorwort programmatisch – ohne dies zu begründen – davon aus, daß die Massenkommunikationsforschung eine soziologische Teildisziplin sei: »Noch nie hat ein Zweifel darüber bestanden, daß Massenkommunikation eine soziale Kommunikation ist, und daher lag es nahe, diese Domäne der Verantwortung der Soziologie zu übergeben« (S. 7). Die Autoren polemisieren gegen Wissenschaftler, die es vorziehen, »im kulturpessimistischen Gerede über Vermassung, Halbbildung oder Kulturindustrie« zu verbleiben (S. 8), und mahnen faktische Nachweise, mühsame und gewissenhafte Anstrengungen für die Kommunikationssoziologie an, eine selbstverständliche Forderung für die heutige Kommunikationswissenschaft.

Die »Wissenschaft von der Massenkommunikation« wird nicht als eigenständige Disziplin, sondern als »Hilfswissenschaft« bzw. »Knotenpunkt« bezeichnet (S. 12). Damit nehmen die Autoren eine ähnliche Position ein, wie sie zu dieser Zeit auch Wilbur Schramm (1963) artikuliert hat. Die Publizistik (Wissenschaft) wird neben Soziologie, Psychologie, Sozialpsychologie, Sozialphilosophie, Pädagogik, Anthropologie, Politologie, Geschichte, Linguistik und Ökonomie nur als eine von vielen Disziplinen gesehen, die sich mit Massenkommunikation beschäftigt. Silbermann polemisiert gegen die Publizistik, der er vor allem mangelnden Empiriebezug vorwirft und von der er sagt, sie sei »eher ein Wissenschaftsansatz als eine Wissenschaft« (S. 15; vgl. auch Silbermann 1972, 1996). Die Autoren betonen, der wesentliche Fortschritt der Massenkommunikationsforschung habe sich erst ergeben, als die Notwendigkeit der Rezeption empirischer Forschungsergebnisse, vor allem angloamerikanischen Ursprungs, akzeptiert worden sei. Begründungen dafür, daß diese Massenkommunikationsforschung am besten innerhalb der Soziologie aufgehoben ist, werden allerdings nicht gegeben. Die Situation 30 Jahre später zeigt, daß sich Disziplinen offenbar nach anderen Logiken entwickeln als nach subjektiven Wünschen einzelner Fachvertreter: Während die Soziologie sich heute – innerhalb eines eher kleinen Forschungszweigs – mit Massenkommunikation beschäftigt, hat sich die Kommunikations- und Medienwissenschaft als Fach stark entwickelt.

Inhaltlich bietet der Band – aus heutiger Sicht – wenig Aufregendes: Der Kommunikationsprozeß, der Prozeß der Massenkommunikation, die damals schon profilierten Zweige der empirischen Massenkommunikationsforschung, nämlich die Kommunikatorforschung, die Inhaltsforschung, die Rezipientenforschung, werden in ihren wesentlichen Ergebnissen dargestellt. Dabei wird der Prozeß der Kommunikation und der Massenkommunikation auch mit Hilfe der damals bekannten graphischen Modelle dargestellt. Im dritten Kapitel werden zwei Ansätze einer »soziologischen Theorie der Massenkommunikation« beschrieben: Ein systemtheoretischer, strukturell-funktionaler Ansatz und ein neomarxistischer Theorieansatz. Neue theoretische Ansätze werden zwar gefordert, aber von den Autoren nicht entwickelt, wenn man von Hinweisen absieht wie dem, daß eine »Benutzungsanalyse« einzelner Medien notwendig sei: »Die Beobachtung des Lesers, Hörers oder Betrachters, während er Zeitung liest, Rundfunk hört oder auf den Bildschirm blickt. Denn nur dann, d.h. von hier aus können Funktionen festgestellt und daran anschließend Theorien entwickelt werden. Alles andere, als da sind Einschaltquoten, Verbreitungsziffern, Leserschaftsanalysen usw., sind nur Oberflächendaten ohne tieferschürfenden Aussagewert.« (S. 101) Abgesehen davon, daß die Autoren hier offenbar die forschungspragmatischen Probleme und Grenzen einer so skizzierten »Benutzungsanalyse« unterschätzen, scheint es mehr als fraglich, ob durch solche Analysen tatsächlich gesellschaftliche Funktionen von Massenmedien empirisch gestützt werden können.

Dieses Buch kann heute als das betrachtet werden, was es vermutlich damals für viele Leser war: Ein verständlich geschriebener Überblick über die Ergebnisse der empirischen Massenkommunikationsforschung, kombiniert mit dem Versuch, Massenkommunikation als gesellschaftliches Phänomen zu betrachten. Gewiß hat das Buch, von dem 1975 eine Übersetzung ins Niederländische erschienen ist, viele Studierende der Publizistikwissenschaft, der Soziologie und anderer sozialwissenschaftlicher Fächer in den 1970er Jahren mit diesem Überblickswissen versorgt (vgl. auch Silbermann 1982). Es entwickelt keinen eigenen theoretischen Ansatz, hat aber doch dazu beigetragen, die Publizistikwissenschaft bei der »empirischen Wende« zu Beginn der 1970er Jahre zu unterstützen.

Literatur

Maximilian Gottschlich (2000): Der Luxus »intellektueller Boheme«. Zum Tod von Alphons Silbermann (1909-2000). In: *Publizistik*, 45. Jg., S. 229-230.

Denis McQuail (1969): *Towards a sociology of mass communication*. London: Collier-Macmillan (deutsche Ausgabe: *Soziologie der Massenkommunikation*. Berlin: Volker Spiess 1973).

Klaus Merten (1974): [Rezension]. In: *Publizistik*, 19. Jg., S. 113-114.

Wilbur Schramm (Hrsg.) (1963): *The science of human communication*. New York: Basic Books.

Alphons Silbermann (Hrsg.) (1969): *Reader Massenkommunikation*. Bd. 1. Bielefeld: Bertelsmann Universitätsverlag.

Alphons Silbermann (1972): Schwächen und Marotten der Massenmedienforschung. In: *Kölner Zeitschrift für Soziologie und Sozialpsychologie*, 24. Jg., S. 118-131.

Alphons Silbermann (1982): *Handwörterbuch der Massenkommunikation und Medienforschung*. 2 Bde. Berlin: Volker Spies.

Alphons Silbermann (^{2}1992): *Verwandlungen. Eine Autobiographie*. Bergisch Gladbach: Lübbe.

Alphons Silbermann (1996): Marottenhafte Wichtigtuerei. Ein Abgesang auf die deutsche Medien- und Kommunikationswissenschaft. In: *Die Zeit*, Nr. 51 vom 13. 12., S. 53.

Alphons Silbermann, Heinz Otto Luthe (1969): Massenkommunikation. In: René König (Hrsg.): *Handbuch der empirischen Sozialforschung*. Stuttgart: Ferdinand Enke. Bd. 2, S. 675-734.

Günter Bentele

[Caspar Stieler] (1695): *Zeitungs Lust und Nutz/Oder: derer so genanten Novellen oder Zeitungen/wirckende Ergetzlichkeit/Anmut/Notwendigkeit und Frommen; Auch/ was bey deren Lesung zu lernen/zu beobachten und zu bedencken sey? Samt einem Anhang/Bestehend: In Erklärung derer in den Zeitungen vorkommenden fremden Wörtern. Dem itztherrschenden Europa: Vorstellung der Oerter zu Wasser und Lande/wor gegenwärtige Kriege gefüret werden: Wie nicht weniger eine kurze Wapen-Nachricht/Derer Grossen in der Welt. Entworffen von dem Spaten [d.i. Caspar Stieler].* Hamburg: Schiller. 762 Seiten. – Neuauflage: ... Samt einem verm. Anhang. Ebenda 1697. 23, 523 Seiten. – Vollständiger Neudruck der Originalausgabe von 1695. Hrsg. von Gert Hagelweide (1969) u.d.T.: Kaspar Stieler: Zeitungs Lust und Nutz. Bremen: Schünemann. XXV, 327 Seiten.

Zeitungs Lust und Nutz ist die erste umfassende monographische Darstellung zum Pressewesen überhaupt. Sie erlebte 1697 eine zweite, im Anhang verkürzte und im Layout stark vernachlässigte Ausgabe. Erst 1969 wurde eine kommentierte Neuausgabe durch den Schünemann-Verlag in Bremen ermöglicht, die der Erstausgabe von 1695 folgt. Die Ausgaben des 17. Jahrhunderts erschienen anonym, jedoch unter dem Autorenhinweis »der Spate«, einem Decknamen, den Caspar Stieler (1632-1707) von der Fruchtbringenden Gesellschaft, deren Mitglied er geworden war, erhalten hatte. Die Verfasserschaft war daher leicht zu entschlüsseln.

Das Werk ist, wie Stieler selbst betont, eine Gelegenheitsschrift, die außerhalb seines eigentlichen schriftstellerischen Schaffens stand und nach heutigem Verständnis dem Sachbuchtyp am nächsten kommt. Der Autor beschreibt in anschaulicher Weise das Zeitungswesen seiner Zeit, ohne Absicht, wissenschaftlich zu analysieren oder gar eine quellenfundierte Studie vorzulegen. Seine Methode ist die distanziert kritische Betrachtung, begründet auf individueller Erfahrung, als Rezipient, der seine langjährigen Beobachtungen einem breiten Publikum zum allgemeinen Nutzen vermitteln will. Dabei gelingen ihm Formulierungen, die an moderne kommunikationswissenschaftliche Vorstellungen heranreichen, versucht er doch gültige Feststellungen zu treffen, die Kommunikator, Medium und Rezipienten in einem Gesamtzusammenhang sehen. Er unternimmt es, den Gegenstand Zeitung begrifflich zu fassen, sein Wesen (vor allem die Merkmale Universalität und Aktualität), seine materielle und verlegerisch/journalistische Bedingtheit verständlich zu beschreiben. Dem Medium Zeitung steht er unbedingt positiv gegenüber und verteidigt es gegen sogenannte Zeitungsstürmer (Buch 1).

Hauptanliegen des Verfassers ist es, den Nutzen des Zeitungslesens und daher seine Notwendigkeit für fast jedermann darzustellen und zu dokumentieren (Buch 2). Stieler wird nicht müde, die Zeitungslektüre als lebensnotwendig auszumalen. Aktuelle Informationsvermittlung ist für ihn das wesentliche Merkmal der Zeitung. Die Kommentation scheint ihm nicht notwendig zu sein, da die Presse seiner Zeit sie ohnehin – zensurbedingt – nicht wahrnehmen konnte. Er ahnt sie allerdings und verneint sie zugleich, wenn er für eine ausschließliche Nachrichtenvermittlung plädiert, die unparteiisch und wahrhaftig zu sein habe, aus der er aber jede Kritik an Regierung, Staat und Kirche verbannt sehen möchte. Dagegen weiß er die Aktualität als Neuestes vom Tage hoch einzuschätzen.

Im dritten Buch wird schließlich dargestellt, wie und unter welchen Wissensvoraussetzungen die Zeitung mit Nutzen zu lesen sei. In diesem Verständnis ist auch der Anhang zu sehen, der Hilfsmittel zur besseren Orientierung und zum besseren Verstehen der Zeitungsmeldungen anbietet: eine Erklärung der in den Zeitungen vorkommenden Fremdwörter, ein Verzeichnis der zur damaligen Zeit regierenden Herrscher, eine Beschreibung jener Orte, die bislang in der Presse Erwähnung fanden, sowie ein Verzeichnis der Wappen deutscher und ausländischer Fürsten.

Darstellung und Stil des Werks sind zeittypisch (barock), gelegentlich weitschweifig und stets bilderreich, immer wieder mit belehrenden und erläuternden Beispielen durchsetzt, dennoch sehr lebendig und originell. Für den heutigen Leser ergeben sich gelegentlich Verständnisschwierigkeiten, die auf die zeitgebundene Wortwahl, auf Schreibduktus, die andere Orthographie und Zeichensetzung zurückzuführen sind, doch lassen sich diese Hindernisse leicht überwinden.

Insgesamt stellt *Zeitungs Lust und Nutz* eine Zusammenfassung aller positiven Bewertungen dar, die das ausgehende 17. Jahrhundert für die Zeitung erwähnenswert fand, zugleich bietet das Werk – in Kritik und Wertforderungen – eine Ist-Beschreibung des frühen Pressewesens, einen Spiegel des Zeitungsverständnisses jener Epoche.

Insofern gebührt ihm innerhalb der zeitungskundlichen Literatur ein Ehrenplatz. Ihm ist ein hoher quellenhistorischer Aussagewert zuzumessen.

Zeitungs Lust und Nutz wurde durch Robert E. Prutz in die Geschichtsschreibung des deutschen Pressewesens eingeführt, allerdings als geistlos verworfen und lediglich für die Kulturgeschichte der Zeit »von einem gewissen beiläufigen Werthe« (→ Prutz 1845: 33f.). Die zeitungswissenschaftliche Forschung des 20. Jahrhunderts hat dieses harte Urteil wieder korrigiert und als ungerecht zurückgewiesen (→ Groth 1948: 19f.). Der sich universitär etablierenden Zeitungswissenschaft galt das Werk als wahre Fundgrube für presse- und kulturgeschichtliche Untersuchungen (vgl. Bömer 1929: 290), Werner Storz erhob es zu einem »Standardwerk über das Zeitungswesen« (Storz 1931: 33), die funktionale Publizistikwissenschaft erblickte in ihm schließlich einen frühen Beleg für die »Erkenntnis der gesellschaftlichen Funktion der Zeitung und damit die Apologie« (Dröge 1967: 44). In diesem Sinne wertet auch die heutige Kommunikationswissenschaft (vgl. Rühl 1999), die in Stieler den »eigentliche[n] Begründer einer aufklärerischen Zeitungswissenschaft« (Conter 1999: 77) sehen will. Mit Conter liegt die erste wissenschaftlich analytische Untersuchung von *Zeitungs Lust und Nutz* vor. Stieler wird nicht nur für die historische Kommunikationsforschung neu entdeckt, er wird auch – hier allerdings weit über die eigentliche Zweckbestimmung des Werkes hinausschießend – als Theoretiker im Sinne heutiger Wissenschaft dargestellt. Die stiefmütterliche Behandlung seitens der Publizistikwissenschaft, wie sie noch im »Handbuch der Publizistik« zu erkennen ist (vgl. Kieslich 1969: 542), scheint überwunden zu sein.

Literatur

Karl Bömer (1929): *Bibliographisches Handbuch der Zeitungswissenschaft. Kritische und systematische Einführung in den Stand der deutschen Zeitungsforschung.* Leipzig: Harrassowitz.

Claude D. Conter (1999): Zu Besuch bei Kaspar Stieler. »Zeitungs Lust und Nutz« – ein Beitrag zur historischen Kommunikationsforschung. In: *Publizistik,* 44. Jg., S. 75-93.

Franz W. Dröge (1967): *Publizistik und Vorurteil.* Münster: Regensberg.

Günter Kieslich (1969): Politische Lieder und Dichtungen. In: *Handbuch der Publizistik.* Bd. 2, T. 1. Berlin: de Gruyter.

Manfred Rühl (1999): Publizieren, damit wir ehrlichen Leute die Welt verstehen: Kaspar Stieler. In: Manfred Rühl: *Publizieren. Eine Sinngeschichte der öffentlichen Kommunikation.* Opladen, Wiesbaden: Westdeutscher Verlag, S. 91-102.

Werner Storz (1931): *Die Anfänge der Zeitungskunde. Die deutsche Literatur des 17. und 18. Jahrhunderts über die gedruckten, periodischen Zeitungen.* Halle/Saale: Klinz.

Gert Hagelweide

Hertha Sturm (1968): *Masse – Bildung – Kommunikation.* Stuttgart: Ernst Klett Verlag. 231 Seiten. – Deutsche und französische Kurzzusammenfassung unter demselben Titel in: *Gymnasium Helveticum. Zeitschrift für die schweizerische Mittelschule.* Heft 3, S. 174-175.

Hertha Sturms Werk *Masse – Bildung – Kommunikation* ist eine Synthese von Massenkommunikationsforschung und pädagogischer Theoriebildung. Es ist das erste Buch im deutschsprachigen Raum, das anstelle kulturkritischer Spekulationen über die Gefahrenquellen »Rundfunk« (Hörfunk) und Fernsehen oder anstelle von Einzelforschung systematisch empirische Untersuchungen zu den Massen- und Bildungsmedien in der Bundesrepublik Deutschland, in den angelsächsischen Ländern und in Japan zusammenstellt. Durch die sukzessive Entwicklung von Kriterien schafft es Grundlagen für eine allgemeine »praktikable« Theorie der Massenkommunikation. Es ist auch eines der ganz wenigen Bücher aus jener Zeit, das Einblick in die nicht-veröffentlichten Resultate der Hörer- und Zuschauerforschung gibt und praxisrelevant über Programmangebote und Mitarbeiterstrukturen in den Rundfunkanstalten reflektiert.

Eine Erstfassung der Arbeit hat Hertha Sturm Ende 1965 fertiggestellt und sie 1967, ermutigt durch ihren Lehrer, den Psychologieprofessor Robert Heiß, als Habilitationsschrift an der Philosophischen Fakultät der Universität Freiburg im Breisgau vorgelegt. Die Buchveröffentlichung ist eine gekürzte Fassung.

Nach einem Studium der Rechtswissenschaft und der Psychologie wurde Hertha Sturm (1925-1998) mit knapp 21 Jahren Redakteurin und entwickelte beim Südwestfunk maßgeblich den Jugend- und Schulfunk. Siebzehn Jahre später wechselte sie nach Mainz zum Zweiten Deutschen Fernsehen, um die Abteilung Bildung und Erziehung aufzubauen. Doch war sie nicht nur Psychologin, Journalistin und Publizistin, sondern auch Pädagogin und Kommunikationswissenschaftlerin. Sie lehrte zunächst als Professorin am Psychologischen Institut der Universität Freiburg, später am Institut für Kommunikationswissenschaft (Zeitungswissenschaft) der Universität München. Gleichzeitig leitete sie das Internationale Zentralinstitut für das Jugend- und Bildungsfernsehen beim Bayerischen

Rundfunk und gab die Fachzeitschrift ›Fernsehen und Bildung‹ heraus. 1982 folgte sie einem Ruf der Universität Koblenz/Landau und initiierte dort den Studiengang für Kommunikationspsychologie und Medienpädagogik, der 1985 startete. Bis zu ihrem Tod am 14. Mai 1998 konzentrierte sie sich auf Fragen der Medienwirkungsforschung mit Kindern und Jugendlichen (vgl. Sturm 1997).

Masse – Bildung – Kommunikation verfolgt im wesentlichen zwei Ziele. Zum einen wird das durch die massenmedialen Angebote hervorgerufene Kommunikationsverhalten der Teilnehmer aufgezeigt und verdeutlicht, und zum anderen liefert es »Vorklärungen« zu den Möglichkeiten der Wissensvermittlung durch Hörfunk und Fernsehen.

Als Massenkommunikationsmittel definiert Hertha Sturm die Medien, die heterogenen Publika Informationen anbieten, die Kommunikationsprozesse in Gang setzen und die die »Vorleistungen« der Rezipienten verringern. Unter »Vorleistungen« subsumiert sie »jene Leistungen oder Verzichte, die getan werden müssen, damit die Annahme der Angebote der Massenmedien möglich sind« (S. 16), z.B. beim Selektionsverhalten. Weil sich die Vorleistungen bei den »echten Massenkommunikationsmitteln« immer stärker reduzieren, breiten sich Zeitung, Hörfunk und Fernsehen mehr aus, so eine ihrer zentralen Thesen, die sie an internationalen Statistiken überprüft.

Sie weist zudem nach, daß durch die Angebotspalette die Massenmedien ihre Faszinationskraft verlieren. Dies führt zu einer Konkurrenz der Medien untereinander. Bei Angebotsvielfalt bilden sich Rezipientengruppen, die spezifische Kommunikationserwartungen haben und sich Kommunikationssicherheit wünschen. Dadurch legen sich Medien in ihren Angeboten fest, und das Auswahlverhalten der Rezipienten wird eingeschränkt.

Eine Wirkung von Massenmedien ist für Hertha Sturm das aktualitätsabhängige »Tageswissen«, über das sich »eine äußerst heterogene Teilnehmerschaft« austauschen kann. Doch für noch bedeutsamer als die kurzfristigen, direkten Beeinflussungen hält sie die »Tagesbildung«, die sich aus der Strukturierung und Kategorisierung von »Tageswissen« entwickelt und die zur sozialen Integration führt. Medienwirkungen sind um so stärker, »je mehr das allgemeine Meinungsklima homogenisiert ist und je weniger gegensätzliche Meinungen ausgedrückt werden können« (S. 104).

Lernen durch Medien wird durch ihre Angebotsweisen (z.B. durch Kurzdarstellungen) erschwert und bedarf »besonderer Hilfen«. Medienerziehung – etwa in Form gezielter Bildungsprogramme im Rundfunk – sollte in erster Linie Spracherziehung sein. Hörfunk und Fernsehen fördern zwar soziales Lernen, also Imitation und Identifikation, doch nicht intellektuelle Einsicht und Voraussicht. Obwohl Hertha Sturm eine »Pädagogisierung der Gesamtprogramme« zurückweist, weil dadurch Kreatives verhindert wird und Langeweile aufkommt, spricht sie sich für Bildungsangebote in den Massenmedien aus. Bildungsförderung kann jedoch nicht allein von den Rundfunkanstalten kommen, sondern erfordert eine schrittweise, sach-orientierte Zusammenarbeit mit den Institutionen der Wissenschaft und mit den Unterrichtsbehörden.

Hertha Sturm diskutiert in ihrem Buch das Verhältnis von Massenkommunikation und Pädagogik zwar aus der Perspektive des damaligen Forschungsstandes – so z.B. bei den Theorien zu Lernen und Sprache. Dennoch führt sie klare Begriffsdifferenzierungen ein und formuliert zentrale und aktuelle Hypothesen. Zum Teil hat sie diese selbst überprüft, etwa zur Wirkung der medienspezifischen Angebotsweisen oder zu den Effekten von Hörfunk und Fernsehen auf Emotion und Lernen. Ihr Buch zeigte aber auch Nachwirkung in den pädagogischen und kommunikationswissenschaftlichen Arbeiten anderer (vgl. z.B. Giesecke 1969; Grewe-Partsch & Groebel 1986).

Literatur

Hermann Giesecke (1969): Massenmedien und Pädagogik. In: *Deutsche Jugend*, 17. Jg., H. 4, S. 183-189.

Marianne Grewe-Partsch, Jo Groebel (Hrsg.) (1986): *Mensch und Medien. Festschrift für Hertha Sturm*. München: K.G. Saur.

Hertha Sturm (1997): Auf der Suche nach den dominanten Wirkungspotentialen bei Medien und Rezipienten. In: Arnulf Kutsch, Horst Pöttker (Hrsg.): *Kommunikationswissenschaft – autobiographisch. Zur Entwicklung einer Wissenschaft in Deutschland*. Opladen: Westdeutscher Verlag, S. 184-222.

Karin Böhme-Dürr

Ferdinand Tönnies (1922): *Kritik der Öffentlichen Meinung*. Berlin: Julius Springer. XII, 583 Seiten. – Neuauflage: Aalen: Scienta Verlag 1981. XII, 583 Seiten.

Das fast 600 eng bedruckte Seiten umfassende, etwas umständlich geschriebene Werk gehört zu den Impulsen, die sozialwissenschaftliche Klassiker wie Karl Marx und Friedrich Engels, Albert → Schäffle (1875), Karl → Bücher (1926), Max Weber, Robert E. Park oder Theodor Geiger der Zeitungs- und Kommunikationswissenschaft gegeben haben (vgl. Pöttker 2001).

Der Nestor der Soziologie in Deutschland hatte sich schon seit 1905 mit Plänen für dieses Buch getragen und auch schon vor sowie nach dessen Erscheinen Aufsätze zur Thematik Presse und öffentliche Meinung publiziert (vgl. Fechner 1992, Datensatznummern 436, 740, 741, 757, 825, 835, 836). Angesichts der Bedeutung, die diese Thematik über Jahrzehnte für Tönnies hatte, kann eine Betrachtung, die sich auf die berühmte Gegenüberstellung von »Gemeinschaft und Gesellschaft« (1887) beschränkt, seinem Gesamtwerk nicht gerecht werden.

Ferdinand Tönnies (1855-1936) stammte aus Schleswig-Holstein und hat, abgesehen von Studium und Reisen, sein Leben zwischen Nord- und Ostsee verbracht. 1881 an der Universität Kiel habilitiert, erhält der erklärte, aber durchaus national gesinnte »Sozialist« dort erst 1913 einen Lehrstuhl für wirtschaftliche Staatswissenschaften, von dessen Pflichten er sich drei Jahre später wieder entbinden läßt. 1910, auf dem Ersten Deutschen Soziologentag in Frankfurt am Main, tritt er als Mitgründer der Deutschen Gesellschaft für Soziologie in Erscheinung, als deren Präsident er von 1922 bis 1933 amtiert. Drei Wochen nach der Machtübergabe an Hitler reist der 77jährige nach Berlin und hält dort auf dem Kongreß »Das freie Wort« am 19. Februar 1933 einen Vortrag »Über die Lehr- und Redefreiheit« (Tönnies 1955), der in einem von Hitleranhängern provozierten Tumult untergeht. Nachdem die nationalsozialistischen Machthaber seine Pension gekürzt hatten, verbrachte der weltberühmte Gelehrte die letzten drei Lebensjahre in nahezu ärmlichen Verhältnissen (vgl. Käsler 1985: 76).

Von bleibender Bedeutung ist der erste, theoretische Teil des Buchs, besonders das Kapitel IV »Öffentliche Meinung und d i e Öffentliche Meinung« (S. 131-215), während die »Empirischen Beobachtungen und Anwendungen« (S. 219-574) – trotz mancher langfristig zutreffender Feststellungen etwa zum Kulturvergleich zwischen den USA, England, Frankreich und Deutschland (S. 321-436) – seit 1922 natürlich an Aktualität eingebüßt haben.

Tönnies unterscheidet zwischen öffentlichen Meinungen und *der* Öffentlichen Meinung, der sein Hauptinteresse gilt. Diesen Gegenstand seiner kritischen Analyse bestimmt er so: »Die Öffentliche Meinung tritt immer mit dem Anspruch auf, maßgebend zu sein, sie heischt Zustimmung und macht wenigstens das Schweigen, das Unterlassen des Widerspruchs zur Pflicht. Mit mehr oder weniger Erfolg; je vollkommener der Erfolg, umso mehr bewährt sie sich als *die* Öffentliche Meinung, trotz des mehr oder minder zum Schweigen gebrachten Widerspruchs.« (S. 138) Diesen Gedanken wird über ein halbes Jahrhundert später auch Elisabeth Noelle-Neumann ins Zentrum ihrer Theorie der »Schweigespirale« stellen (→ Noelle-Neumann 1980). In beiden Fällen wird öffentliche Meinung als Mechanismus konzipiert, der ohne physischen Zwang zum Verschweigen eigener Auffassungen führt und kulturelle Konformität erzeugt.

Bei dem sozialwissenschaftlichen Klassiker sucht man allerdings vergeblich nach der späteren Biologisierung des Phänomens oder seiner Überhöhung zum unverzichtbaren Mechanismus, ohne den die Gesellschaft keinen Zusammenhalt hätte. Tönnies steht insofern in der Tradition der Aufklärung und ihres demokratischen Ideals vom mündigen Bürger, als er Gesellschaftlichkeit nicht mit dem Unterdrücken eigener Meinungen und Konfliktvermeidung gleichsetzt. Das geht bereits aus dem Titel des Buches hervor, in dem der Begriff der Kritik durch die auf Kant und Marx anspielende Anfangsstellung akzentuiert und damit Distanz vom Reflexionsobjekt geschaffen wird, während der Untertitel von Noelle-Neumanns »Schweigespirale« die im Text dann vollzogene Identifikation von Konformität mit Sozialität signalisiert: »Öffentliche Meinung – unsere soziale Haut«.

Auch die Analyse der Machteliten, die über ihren Einfluß auf die Massenmedien den Spiralprozeß der öffentlichen Meinung steuern und so ihre Ansichten und Interessen gesellschaftlich durchsetzen, fällt bei Tönnies anders aus. Während Noelle-Neumann die Journalisten in dieser Rolle sehen wird, weil sie als Intellektuelle weniger Isolationsfurcht als andere haben oder diese leichter überwinden, macht Tönnies die staatliche Exekutive und die großen Presseunternehmen mit ihren Macht- und Geschäftsinteressen als die Drahtzieher der öffentlichen Meinung aus (vgl. Pöttker 1993). Die materialen Teile des Buchs dienen großteils dem Zweck, diese Thesen zu belegen und kulturvergleichend zu differenzieren.

Spezifisch für Tönnies ist die Typologie von drei »Aggregatzuständen«, die die Öffentliche Meinung annehmen könne: einem festen, einem flüssigen und einem »luftartigen«. »Der Grad ihrer Festigkeit ist der Grad ihrer Einheitlichkeit.« (S. 137) Das heißt: Je vorherrschender, selbstverständlicher eine öffentliche Meinung, als desto dauerhafter, schwerer in Bewegung zu bringen habe sie zu gelten. Daß Tönnies als Beispiele für den festen Aggregatzustand ausgerechnet sozio-politische Überzeugungen wie die von der Verwerflichkeit der Todesstrafe oder sogar der Monarchie nennt, erscheint zumal zu Beginn der 20er Jahre fragwürdig, als gerade diese Fragen auch in Deutschland noch umstritten waren. Besser wären hier wohl tief verinnerlichte kulturelle Selbstverständlichkeiten wie das Inzesttabu zu nennen gewesen. Jenseits der Beispiele überzeugt die Metapher der ineinander übergehenden Aggregatzustände jedoch durchaus, weil sie die Möglichkeit ins Auge faßt, daß sehr einheitliche, verfestigte kulturelle Überzeugungen in Bewegung geraten, aber auch stark fluktuierende Tagesmeinungen allmählich erstarren und sich auf dem Boden der kulturellen Selbstverständlichkeiten absetzen können. Daß Tönnies mit Blick auf die publizistischen Meinungskämpfe seiner Epoche in der Tagespresse vor allem einen Faktor der gasförmigen, flüchtigen öffentlichen Meinung des Augenblicks sah, während er dem festen und flüssigen Zustand dauerhaftere Medien wie das Buch zuordnete, liegt auf der Hand.

Wie die meisten Arbeiten sozialwissenschaftlicher Klassiker über Medien und Journalismus hat auch Tönnies' *Kritik der Öffentlichen Meinung* seither relativ wenig Beachtung gefunden. Das gilt sowohl für die Soziologie, wo das Buch in Würdigungen der wissenschaftlichen Persönlichkeit und ihres Werks schlicht unbeachtet bleibt (vgl. Bellebaum 1976). Es gilt aber auch für die Kommunikationswissenschaft, wo Elisabeth Noelle-Neumann, die das Fach mitprägte, Tönnies' Studie trotz deren Nähe zu ihrer eigenen Theorie nur en passant erwähnte und überdies als mißlungen bezeichnete. Ein Grund für die beiderseitige Vergeßlichkeit mag die ebenfalls beiderseitige Annahme sein, kommunikationswissenschaftlich relevante Arbeiten soziologischer Klassiker würden in dem jeweils anderen Fach ohnehin hinreichend rezipiert.

Literatur

Alfred Bellebaum (1976): Ferdinand Tönnies. In: Dirk Käsler (Hrsg.): *Klassiker des Soziologischen Denkens. Bd. 1. Von Comte bis Durkheim*. München: C. H. Beck, S. 232-266.

Rolf Fechner (1992): *Ferdinand Tönnies Werkverzeichnis*. Berlin, New York: de Gruyter.

Dirk Käsler (1985): *Soziologische Abenteuer. Earle Edward Eubank besucht europäische Soziologen im Sommer 1934*. Opladen: Westdeutscher Verlag.

Horst Pöttker (1993): Ferdinand Tönnies und die Schweigespirale. Zur Mutation einer Theorie über die Öffentliche Meinung. In: Günter Bentele, Manfred Rühl (Hrsg.): *Theorien Öffentlicher Kommunikation*. München: Ölschläger, S. 202-213.

Horst Pöttker (Hrsg.) (2001): *Öffentlichkeit als gesellschaftlicher Auftrag. Klassiker der Sozialwissenschaft über Journalismus und Medien*. Konstanz: Universitätsverlag.

Ferdinand Tönnies (1887): *Gemeinschaft und Gesellschaft: Abhandlung des Communismus und des Sozialismus als empirische Culturformen*. Leipzig: Fues.

Ferdinand Tönnies (1955): Über die Lehr- und Redefreiheit. In: *Kölner Zeitschrift für Soziologie und Sozialpsychologie*, 7. Jg., S. 468-477.

Horst Pöttker

Hans Traub (1933): *Grundbegriffe des Zeitungswesens.* Stuttgart: Poeschel. 184 Seiten.

Hans Traub (1901-1943) hat mit diesem Buch die wohl grundlegendste erkenntnistheoretische Arbeit der Zeitungswissenschaft hinterlassen. Im doppelten Sinne: Denn seine akademische Karriere endete schon 1937 mit der Entlassung durch die Nationalsozialisten. Traub mußte die Universität aus »rassischen Gründen« verlassen. Den tragischen Lebensweg und die zentralen Positionen dieses begabten Zeitungswissenschaftlers der zweiten Generation hat Frank Biermann (1984) in einer eingängigen Studie beschrieben. Traub war in Greifswald Privatdozent, zugleich in Berlin Referent am Deutschen Institut für Zeitungskunde unter der Leitung von Emil Dovifat und hatte sich im Fach ein hohes Renommee erarbeitet. Auf der Basis sprachphilosophischer Überlegungen (in Anlehnung an Fritz Mauthner) entwickelte er einen erkenntnistheoretischen Ansatz für die »einheitliche Betrachtung« aller bis dahin bekannten »publizistischen Mittel«. Diese Mittel dienten, so definierte Traub, dem »anonymen geistigen Wechselverkehr« der Menschen. Entsprechend beschrieb er das Verhältnis von Journalisten und »Empfängern« als »Wechselwirkung« (angelehnt an den Begriff der soziologischen Wechselwirkung bei Georg Simmel und Leopold von Wiese, vgl. Averbeck 1999: 375ff.). Traub argumentierte prozeßorientiert (→ Lerg 1970: 189), nicht mehr kommunikator- oder medienzentriert wie damals weithin üblich. Er selbst reflektierte – Bezug nehmend auf den von-Wiese-Schüler Alfred Peters (→ Peters 1930): »der Soziologe Alfred Peters, der sich wohl als einziger in vertiefter Form mit der Frage des eigentlichen Gebietes der Zeitungswissenschaft befasst hat, [kam] zu dem Ergebnis, 'daß unser Feld seiner wissenschaftlichen Struktur nach eine Soziologie des Schrifttums ist'. Doch läßt er bereits eine Erweiterungsmöglichkeit offen, denn er schreibt [...]: 'Alles, was mithin in unserem Aspekt dem Schrifttum gemäß ist, alles, was in mittelbarer Weise dargeboten wird'. Ich selbst formulierte dann in meinen 'Grundbegriffen des Zeitungswesens': 'Zeitungswissenschaft ist Forschung und Lehre des anonymen, geistigen Zwischenverkehrs der Menschen. Sie erfaßt Flugschrift, Broschüre, Buch als Ausdrucksmöglichkeiten ebenso wie Rundfunk, Film, Zeitung und Zeitschrift'« (Traub, ca. 1934).

Aus dieser Erkenntnisperspektive scheint sich zwangsläufig eine »publizistische Wissenschaft« im Sinne Karl Jaegers abzuleiten (→ Jaeger 1926). Traub jedoch wollte den Begriff »Zeitungswissenschaft« beibehalten, ihn aber nicht gegenständlich, sondern systematisch, als »Pars-pro-toto-Begriff« für den Gesamtbereich der Analyse öffentlicher Kommunikation verstanden wissen (vgl. S. 6, S. 140; vgl. Traub 1934).

Mitteilungen sind re-kreativ und auch der Rezipient verfügt über interpretatives und selektives Vermögen: »Erst die Art der Entzifferung durch den Intellekt wird das Gefühl des Empfangs beeinflussen [...]. Jedes Ich muß seine eigene Entzifferung der mittelbaren Zustellung vornehmen.« (Traub 1933a: 20).

Traub redefinierte die Begriffe »Anonymität« und »Aktualität« zur »wechselseitigen Anonymität«, dem gegenseitigen Wissen von Kommunikator und Rezipient um einander, heute würde man von Antizipation sprechen (vgl. S. 142; Traub 1933a) sowie zur »periodischen Aktualität«, die subjektiv zugewiesen wird: Es gibt keine Aktualität an sich, sondern nur zeitlich gebundene Aktualitäten für den jeweils Einzelnen, gemessen am Stand seines Vorwissens und thematischer Vorlieben (vgl. S. 10ff., vgl. Averbeck 1999: 384ff.). Traub stellte sich den Mitteilungsaustausch der Gesellschaft als zeitlich strukturierten (»periodischen«) Austausch von Sinn (»Aktualitäten«) vor. Ein Austausch, der, über Medien (»Mitteilungsträger«) vollzogen, keine direkte Beziehung zwischen den Teilnehmenden voraussetzt (»Anonymität«) und dessen Richtung offen ist. Bestimmte Interessen führen nicht (monokausal) zu bestimmten (medialen) Handlungen oder »Mitteilungskonsum« (S. 124): Dasselbe Interesse könne sich der Oper, der Zeitung oder dem Buch zuwenden (S. 136).

Traub entwickelte außerdem eine phänomenologische Typologie der Medien und beschrieb die mediale Funktion (»Mitteilungsträger«) als Zusammenspiel von Transport (via »Ausdrucksträger«, z.B. Papier, Telefon, Grammophonplatte) und sinnstiftender Zeichengebung (via Schrift, Bild, Gebärde, Laut, Mimik). Es gibt verschiedene Möglichkeiten der Kombination von »Ausdrucksträgern« und »Ausdrucksmitteln«, mit verschiedenen Leistungen: Traub schloß sich der Auffassung Wolfgang → Riepls (1913) an, daß neue Medien – er bezog sich u.a. auf den Rundfunk – die alten, etwa die Zeitung, nicht verdrängen (vgl. Averbeck 1999: 378ff.). Sein Begriff des »Ausdrucksmittels«, betonte er, entspreche dem Begriff des »Zeichens« bei Walter → Auerbach (1931) (S. 4).

Interpersonale Kommunikation war für Traub – gleiches gilt für → Auerbach (1931) – eine mögliche Form der »Wechselwirkung« zwischen Menschen, diente ihm aber nur als erkenntnistheoretischer Bezugsrahmen, nicht als originärer Untersuchungsgegenstand der Zeitungswissenschaft (vgl. Averbeck 1999: 377). Auch auf Interdependenzen zwischen medialer und interpersonaler Kommunikation ging er noch nicht ein. Gegenstand der Zeitungswissenschaft waren ihm sämtliche »Ausdrucksmöglichkeiten«, die das Kriterium der Mittelbarkeit und der potentiellen öffentlichen Wahrnehmung bzw. Zugänglichkeit erfüllten (vgl. S. 180; Traub 1933a).

Mit den *Grundbegriffen des Zeitungswesens,* in denen Traub seine zentralen Überlegungen darlegte und auf die er in seiner Greifswalder Antrittsvorlesung über »Zeitung, Film, Rundfunk« im November 1932 zurückgreifen konnte, hatte er sich an ebendieser Universität habilitiert. Das erste Habilitationsgutachten verfaßte Emil Dovifat, der die zukunftsweisende Qualität der Arbeit erkannte (vgl. Averbeck 1999: 388f.).

Zwar fehlen bei Traub Überlegungen zu einem Wechselspiel zwischen medialer und personaler Kommunikation, aber Grundlagen dazu sind entwickelt: nämlich Überlegungen zur medialen Qualität von Sprache und eine gruppensoziologische, statt einer massenpsychologischen Perspektive.

Traubs *Grundbegriffe des Zeitungswesens* erschienen 1933, fertiggestellt waren sie Ende 1932. Sie bauten auf einer noch früheren Schrift über »Zeitungswesen und Zeitungslesen« (vgl. Traub 1928) auf. Doch seine Synthese soziologischer und sprachphilosophischer Überlegungen, die später Walter → Hagemann (1947) und Henk → Prakke (1968) inspirieren sollte, war für die Zeitungswissenschaft verloren. Das »Dritte Reich« und seine (zeitungswissenschaftlichen) Denker waren nicht mehr an der Aufschlüsselung kommunikativer Prozesse interessiert, sie setzten die Wirksamkeit von Parolen (und Parolen geknüpft an Terror) schlicht voraus. Süffisant ließ sich nun – 1934 – urteilen, Traubs Grundbegriffe seien »von den politischen Verhältnissen überholt« (Schöne 1934: 480). Heute indes gilt, daß gerade Traubs Werk elementare kommunikationswissenschaftliche Fragen, insbesondere nach den Zusammenhängen von Sprache und Kognition, damit von Codierung und Encodierung, Symbol (Inhalt) und Rezeption, vorwegnahm.

Literatur

Stefanie Averbeck (1999): *Kommunikation als Prozeß. Soziologische Perspektiven in der Zeitungswissenschaft 1927-34.* Münster: Lit.
Frank Biermann (1984): Hans Traub. In: Arnulf Kutsch (Hrsg.): *Zeitungswissenschaftler im Dritten Reich. Sieben biographische Studien.* Köln: Hayit.
Walter Schöne (1934): Zeitungswissenschaftliche Grundbegriffe. In: *Zeitungswissenschaft,* 9. Jg., Nr. 11, S. 473-483.
Hans Traub (1928): *Zeitungswesen und Zeitungslesen.* Dessau: Dünnhaupt.
Hans Traub (1933a): *Zeitung. Film. Rundfunk. Die Notwendigkeit einer einheitlichen Betrachtung.* Berlin: Weidmannsche Buchhandlung.
Hans Traub (1934): Film und Rundfunk in der Zeitungswissenschaft. In: *Zeitungswissenschaft,* 9. Jg., Nr. 4, S. 152-159.
Hans Traub (ca. 1934): Zeitungswissenschaft. Ein politisches Bildungsgut unserer Zeit. Manuskript. In: *Archiv für Zeitungsforschung Dortmund, Sign. II AK 79/10 (Nachlaß Traub).*

Stefanie Averbeck

Douglas Waples, Bernard Berelson, Franklyn R. Bradshaw (1940): *What reading does to people. A summary of evidence on the social effects of reading and a statement of problems for research.* Chicago, IL: The University of Chicago Press. XI, 222 Seiten. – 2. Auflage 1942. XI, 222 Seiten.

Bei der Publikation *What reading does to people* handelt es sich um die erste systematische Synopse der vorhandenen empirischen Forschung zu den sozialen Effekten des Lesens. Die Autoren, zwei Dekane und ein Professor der Graduate Library School der Universität von Chicago, wählen einen breiten Ansatz, und zwar in verschiedener Hinsicht. Mit dem Begriff »Lesen« bzw. »Reading« meinen sie nicht nur den Umgang mit dem Medium »Buch«, sondern auch das Lesen von Zeitungen und Zeitschriften. Dieser breiten Definition des Forschungsgegenstandes entspricht auch, daß nicht nur psychologische und soziologische Untersuchungen berücksichtigt wurden, sondern auch literatursoziologische und bibliothekarische Studien, aber auch Marktforschungen zur Nutzung von oder Inhaltsanalysen zum Angebot an Büchern. Während die zwanzig Jahre später veröffentlichte Synthese von Joseph T. Klapper zu den Effekten der Massenkommunikation sich schon relativ eng nur auf den Bestand der sozialpsychologischen Wirkungsforschung in der Tradition von Carl I. Hovland und Paul F. Lazarsfeld konzentriert, geht es hier noch um eine deutlich breitere Diskussion der gesellschaftlichen Konsequenzen des (Buch-)Lesens überhaupt. Wirkungsgeschichtlich äußerte sich dies später darin, daß sich die Vertreter des in den 70er Jahren entstandenen sogenannten Uses-and-Gratifications-Ansatzes neben anderen Werken auch auf die Synthese von Waples (geb. 1893), Berelson (1912-1979) und Bradshaw berufen (vgl. z.B. Blumler & Katz 1974; Rosengren, Wenner & Palmgreen 1985). Ein Hauptgrund liegt sicher darin, daß sich die Autoren relativ breit mit den Motivationen des Lesens einerseits, andererseits mit den Funktionen des Mediums »Buch« für die Leserinnen und Leser im speziellen, aber auch für die Gesellschaft ganz allgemein auseinandersetzen.

In theoretischer Hinsicht besteht die Hauptleistung von *What reading does to people* darin, daß die Autoren ein explizites Faktorenmodell formulieren, das von der Interaktion sowohl des Lesers als auch des Mediums ausgeht: »A reading experience involves a person who reads a publication and who is affected by the reading [...]. How he is affected depends both upon the publication and upon what he brings to it.« (S. 7) Diskutiert werden dabei folgende Hauptfaktoren: 1) die sozialen Voraussetzungen des Print-Angebots, 2) das tatsächlich vorhandene Angebot an Printmedien, 3) die gelesenen Publikationen als inhaltliche Stimuli, 4) die Prädispositionen der Leserinnen und Leser, das heißt deren themenspezifische Einstellungen, aber auch deren Lektüremotivationen, und 5) die Effekte des Lesens.

Gemäß diesem Faktorenmodell werden in einem ersten Schritt angebotsorientiert in einer eher sozialstrukturellen Perspektive verschiedenste Distributionsaspekte diskutiert. Die Autoren betonen, daß die sozialen Wirkungen des Lesens zu einem großen Teil durch das vorhandene Lektüreangebot bestimmt werden. Dieses wiederum wird nicht nur durch die Strategien der Printverlage – beispielsweise eine möglichst große Leserschaft zu erreichen – beeinflußt, sondern ist auch von allgemeineren kulturellen Rahmenbedingungen abhängig wie das in einer bestimmten Epoche oder Kultur zu einer bestimmten Zeit bestehende Meinungsklima, allfällige ideologische Restriktionen oder gar bestehende politische Zensurmaßnahmen.

Diese gesellschaftlichen Voraussetzungen und Rahmenbedingungen einer Printkultur haben einen mehr oder weniger bestimmenden Einfluß darauf, was konkret gelesen wird. Die Autoren gehen also in einer sozialstrukturellen Perspektive davon aus, daß das Distributionssystem in negativer Hinsicht die faktische Lektüre zu kanalisieren und zu beschränken, umgekehrt in positiver Hinsicht aber auch neue Lektüreerfahrungen zu ermöglichen vermag. Einen wichtigen Einfluß haben dabei die verschiedenen Distributionsinstanzen wie Buchverlage, Buchhandlungen, Buchclubs oder Bibliotheken, insofern sie nach ihren je spezifischen Kriterien aus dem insgesamt vorhandenen Angebot eine Selektion treffen. Nach Durchsicht der damals vorhandenen Forschung werden zum Beispiel beträchtliche Zugangsunterschiede zwischen städtischen und ländlichen Gebieten konstatiert: Während die Versorgung der gut gebildeten und wohlhabenden Leserschaft in den städtischen Gebieten optimal ist, sind die armen und wenig gebildeten Bewohner ländlicher Gebiete deutlich benachteiligt, was nach Ansicht der Autoren wiederum zur Folge haben wird, daß deren Lektüregewohnheiten eher negativ beeinflußt werden.

Was das tatsächlich vorhandene Print- und Buchangebot selbst anbelangt, werden verschiedene Klassifikationsmöglichkeiten diskutiert, wobei betont wird, daß rein inhaltliche Klassifikationen wenig ergiebig wären, vielmehr thematisieren die Autoren wirkungsorientiert funktionale Klassifikationen psychologischer und soziologischer Art. Hier wird zum ersten Mal explizit verdeutlicht, daß Leserinnen und Leser aus ganz unterschiedlichen Bedürfnissen und Motiven – engl.: needs bzw. desires – heraus zu einem Buch oder einer Zeitung greifen und daß diese je anders akzentuierten Erwartungen letztlich wieder die Effekte des Lesens mediatisieren. Die von den Autoren erstmals formulierte Funktionstypologie als Antwort auf die Frage »What is reading good for?« war sicher ein entscheidender Ausgangspunkt des Uses-and-Gratifications Approach. 1) Printmediennutzung kann aus instrumentellen Gründen erfolgen, weil der Leser in einem Buch oder Text jene Information sucht, die er zur Lösung eines Problems benötigt. 2) Lesen kann aber auch Prestige-Funktionen erfüllen, wenn beispielsweise durch stellvertretende Identifikation mit einem Helden das Selbstwertgefühl erhöht werden kann. 3) Ein weiterer Effekt des Lesens besteht in seiner Bestätigungsfunktion, insofern durch die Lektüre bereits vorhandene Haltungen bestätigt und verstärkt werden. 4) Die Lektüre eines Romans beispielsweise stellt aber unabhängig vom allfälligen instrumentellen Zweck eine ästhetische Erfahrung als Selbstwert dar. 5) Und schließlich betonen die Autoren, daß das Lesen auch Zerstreuung und Ablenkung sein könne und so den Erhalt des Status quo fördere.

Welcher Art von Lektüre sich jemand zuwende bzw. welche Motivationen dem Lesen unterliegen, hängt wiederum von den jeweils vorliegenden Prädispositionen des Lesers ab. Dazu wird auf Studien verwiesen, die geschlechts-, bildungs- und altersspezifische Lesepräferenzen belegen wie etwa die, daß Frauen anteilsmäßig mehr Fiction lesen als Männer oder daß mit steigendem Bildungshintergrund der Anspruchsgrad der gelesenen Stoffe steigt.

Schließlich bleiben die dem Lesen unterliegenden Motivationen nicht ohne Folgen für die Effekte des Lesens selbst, und zwar sowohl auf der intrapersonal psychologischen als auch auf der interpersonalen sozialen Ebene. Lesen kann 1) Zerstreuung und Ablenkung auf der individuellen Ebene zur Folge haben, was sich gesellschaftlich in der Aufrechterhaltung des Status quo äußert. 2) Lesen hat Wissensaneignung zur Folge und ermöglicht so den gesellschaftlichen Informationsaustausch. 3) Durch das Lesen werden Einstellungen beeinflußt, indem neue Einstellungen gebildet oder bestehende modifiziert werden; dadurch verändert sich auch das gesellschaftliche Meinungsklima. 4) Und durch das Lesen kann schließlich auch das Verhalten einzelner beeinflußt werden.

Die Forschungssynopse *What reading does to people* bildet im Rückblick den Ausgangspunkt einer transaktionalen oder funktionalistischen Sichtweise der Medien. Im Unterschied etwa zur experimentellen und psychologisch orientierten Forschungstradition von Hovland wird zum Verständnis der Wirkungen des Lesens auf die hinter dem Lesen stehenden Zwecke und Motivationen zurückgegriffen; gleichzeitig werden die Effekte des Lesens jedoch nicht nur kurzfristig und auf der individuellen Ebene thematisiert, sondern in einem breiten Verständnis als gesellschaftliche Konsequenzen zu verstehen versucht. Freilich ist diese 1940 formulierte Perspektive von der Massenkommunikationsforschung erst wieder Mitte der 70er Jahre neu entdeckt und weitergeführt worden.

Literatur
Jay G. Blumler, Elihu Katz (Hrsg.) (1974): *The uses of mass communications. Current perspectives on gratifications research.* Berverly Hills, CA, London: Sage.
Karl Erik Rosengren, Lawrence A. Wenner, Philip Palmgreen (Hrsg.) (1985): *Media gratifications research. Current perspectives.* Beverly Hills, CA, New Delhi, London: Sage.

Heinz Bonfadelli

Paul Watzlawick, Janet H. Beavin, Don D. Jackson (1967): *Pragmatics of human communication. A study of interactional patterns, pathologies, and paradoxes.* New York: W.W. Norton & Co Inc. 296 Seiten.

Deutsche Ausgabe: Paul Watzlawick, Janet H. Beavin, Don D. Jackson (1969): *Menschliche Kommunikation: Formen, Störungen, Paradoxien.* Bern, Göttingen, Toronto, Seattle: Huber. 271 Seiten. – 10., unveränderte Aufl. 2000.

Pragmatics of human communication ist das Resultat langjähriger psychotherapeutischer Praxis der interdisziplinär ausgerichteten Gruppe um Don D. Jackson und Paul Watzlawick am Mental Research Institute (MRI) im kalifornischen Palo Alto. Aus der Zusammenarbeit mit Gregory Bateson gingen grundlegende kommunikationstheoretische Kategorien hervor, die in *Pragmatics* systematisch entwickelt werden. Der »interaktionale Ansatz« unterscheidet sich von individualpsychologischen Theorien v.a. durch die Betonung der kommunikativen Dynamik in Interaktionssystemen und die Beschränkung auf beobachtbares Verhalten. Obwohl der Schwerpunkt auf psychopathologischer Kommunikation liegt, gilt das Interesse auch der Entwicklung einer allgemeinen Kommunikationstheorie.

Paul Watzlawick (* 1921 in Österreich) studierte Philologie und Psychologie in Venedig und erhielt eine psychotherapeutische Ausbildung in Zürich. Er ist seit 1960 am MRI und seit 1971 Professor für Psychotherapie an der Stanford University. Er gilt als Pionier der Familien- und Kurztherapie und ist durch viele Veröffentlichungen hervorgetreten. Janet Beavin Bavelas (* 1940 in Kanada) studierte Psychologie und Kommunikationswissenschaft an der Stanford University und war von 1961 bis 1970 Mitarbeiterin am MRI. Seit 1976 ist sie an der kanadischen University of Victoria Professorin für Psychologie mit Schwerpunkt nonverbale und verbale Kommunikation und Konversationsanalyse. Don D. Jackson (1920-1968) studierte Medizin und Psychiatrie an der Stanford University. Er entwickelte in den fünfziger Jahren mit Gregory Bateson, John Weakland und Jay Haley die »Double Bind« Theorie. Er publizierte zahlreiche Artikel und Bücher, gründete 1958 das MRI und gilt als einer der bedeutendsten Psychiater seiner Zeit.

Das Werk besteht aus sieben Kapiteln nebst einem Vorwort und einem Epilog. Während das erste Kapitel und der Epilog wissenschaftstheoretisch-philosophische Aspekte behandeln, legen die Kapitel 2, 4 und 6 theoretisch-systematische Grundlagen, wohingegen Kapitel 3, 5 und 7 jeweils Fallbeispiele, Anwendungen und Konsequenzen diskutieren. Das erste Kapitel entwickelt die These, daß menschliches Verhalten sich in kommunikativen Beziehungen manifestiert und von dort aus zu analysieren ist. Als theoretisches Instrumentarium wird ein auf kybernetischen und systemtheoretischen Begriffen aufbauendes »pragmatisches Kalkül« kommunikativer Regeln vorgeschlagen. Dieses Kalkül wird im zweiten und dritten Kapitel in Form von »metakommunikativen Axiomen« expliziert. Grundlage ist das Axiom der Unmöglichkeit, nicht zu kommunizieren, da alles soziale Verhalten kommunikatives Verhalten ist. Dem folgt die axiomatische Unterscheidung von Inhalts- und metakommunikativem Beziehungsaspekt. Das dritte Axiom postuliert die Abhängigkeit einer Beziehung von der Interpunktion der kommunikativen Abläufe. Im vierten Axiom werden digitaler und analoger Modus unterschieden. Das fünfte Axiom stellt symmetrische und komplementäre Interaktionsformen gegenüber. Die Axiome werden dann durch die Analyse von klinischen Kommunikationsstörungen (Entwertung, gestörte Selbst- und Fremdwahrnehmung, selbsterfüllende Prophezeiungen und Eskalationen) illustriert und empirisch begründet. In den folgenden beiden Kapiteln werden die Strukturen des Kommunikationsprozesses systematisch entfaltet. Im Mittelpunkt stehen längerfristige Interaktionssysteme mit komplexen Kommunikationsabläufen und systemeigener Emergenz. Entscheidend sind dabei Feedback und Equifinität: Die Systemparameter bestimmen selbstreferentiell und selbstlimitierend die Resultate des Systemgeschehens; jeder kommunikative Austausch begrenzt die Menge möglicher Anschlußkommunikationen. Themenbegrenzung haben auf der Ebene längerfristiger Beziehungen ähnliche Stabilisierungseffekte. Diese Prozesse werden dann anhand von Dialogen aus Edward Albees Theaterstück »Who is afraid of Virgina Woolf?« detailliert analysiert und exemplifiziert. Im sechsten und siebten Kapitel werden verschiedene Typen der Paradoxie behandelt, wobei der Schwerpunkt auf pragmatischen Paradoxien sowie auf selbst-perpetuierenden Double Bind-Phänomenen und paradoxen Voraussagen liegt. Diese Kommunikationspathologien werden dann im Blick auf therapeutische Effekte betrachtet. Dabei wird v.a. die Rolle therapeutischer Double Bind-Situationen als metakommunikative Interventionsstrategie diskutiert. Der Epilog verbindet den interaktionalen Ansatz mit der Existenzphilosophie und behandelt epistemologische Konsequenzen und Grenzen der Theorie: Die Konstruktion von übergreifendem Lebenssinn kann nicht durch (therapeutische) Metakommunikation erfolgen, sondern allenfalls durch Prämissen dritter Ordnung im Bereich von Intuition und lebensweltlicher Hintergrundgewißheit.

Das Werk hat eine weitreichende und andauernde Wirkung in der Psychologie (z.B. systemische Therapie, neurolinguistische Programmierung), aber auch in Epistemologie und Kognitionswissenschaft (vgl. Watzlawick, Weakland & Fisch 1974; Bateson 1972; Watzlawick 1981). Die anglo-amerikanische Kommunikationswissenschaft hat den Ansatz v.a. im Bereich der Ethnomethodologie (vgl. Schiffrin 1994) und der geschlechtsspezifischen Kommunikationsanalyse (vgl. Tannen 1994) rezipiert.

Besonders hervorzuheben ist der Beitrag von *Pragmatics* zur Entwicklung der kommunikationstheoretisch fundierten Systemtheorie (z.B. Luhmann 1984; Rusch & Schmidt 1999). Die deutschsprachige Kommunikationswissenschaft hat das Werk dagegen eher zurückhaltend aufgenommen und meist auf die fünf Axiome verkürzt (z.B. → Burkart 1983; hier [3]1998: 466-478). Eine intensivere Rezeption hat der Ansatz in der interpersonalen Kommunikationsforschung (vgl.

Hannappel & Melenk 1984) und der kritischen Kommunikationstheorie im Rahmen der »Theorie der systematisch verzerrten Kommunikation« (Habermas 1984) erfahren. Zu erwähnen ist schließlich die kommunikationspsychologische Synthese des interaktionalen Kommunikationsmodells mit dem Bühlerschen Organonmodell (vgl. Schulz von Thun 1981-1990).

Kritisch werden dem Werk terminologische Unschärfen, rigide Axiomatik, Ausklammerung der Intention und Immunisierung gegen Kritik vorgeworfen (z.B. Girgensohn-Marchand [3]1996). Ungeachtet dessen hat *Pragmatics* eine bleibende Bedeutung für die Kommunikationswissenschaft, die vor allem in den axiomatischen Kategorien, der Analyse der Organisation von interpersonaler Kommunikation und in der Verbindung von Systemtheorie, Kybernetik und Kommunikationstheorie liegt.

Literatur

Gregory Bateson (1972): *Steps to an ecology of mind.* San Francisco: Chandler.
Bettina Girgensohn-Marchand ([3]1996): *Der Mythos Watzlawick und die Folgen. Eine Streitschrift gegen systemisches und konstruktivistisches Denken in pädagogischen Zusammenhängen.* Weinheim: Deutscher Studienverlag.
Jürgen Habermas (1984): Zur Pathologie der Kommunikation. In: Jürgen Habermas: *Vorstudien und Ergänzungen zur Theorie des kommunikativen Handelns.* Frankfurt am Main: Suhrkamp, S. 226-270.
Hans Hannappel, Hartmut Melenk (1984): *Alltagssprache.* München: UTB.
Niklas Luhmann (1984): *Soziale Systeme.* Frankfurt am Main: Suhrkamp.
Gebhard Rusch, Siegfried J. Schmidt (Hrsg.) (1999): *Konstruktivismus in der Medien- und Kommunikationswissenschaft.* Frankfurt am Main: Suhrkamp.
Deborah Schiffrin (1994): *Approaches to discourse.* Cambridge: B. Blackwell.
Friedemann Schulz von Thun (1981-1990): *Miteinander reden: Störungen und Klärungen.* 2 Bde. Reinbek: Rowohlt.
Deborah Tannen (1994): *Gender and discourse.* New York: Oxford University Press.
Paul Watzlawick (Hrsg.) (1981): *Die erfundene Wirklichkeit.* München: R. Piper.
Paul Watzlawick, John H. Weakland, Richard Fisch (1974): *Change. Principles of problem formation and problem resolution.* New York: Norton.

Bernhard Debatin

David H. Weaver, G. Cleveland Wilhoit (1986): *The American journalist. A portrait of US news people and their work.* Bloomington, IN: Indiana University Press. VIII, 216 Seiten. – Neuauflage 1991. XII, 276 Seiten.

Die Studie *The American journalist* markiert einen wichtigen Meilenstein in der Entwicklung der empirischen Kommunikatorforschung – nicht nur der USA. Ihre heutige Bedeutung verdankt die Untersuchung in erster Linie nicht der Originalität des gewählten Ansatzes, sondern vor allem der Vorbildfunktion, die *The American journalist* für Nachfolge-Studien in anderen Ländern bekam. David H. Weaver (geb. 1946) und G. Cleveland Wilhoit (geb. 1939) orientieren sich an der Pionierstudie »The news people« von John W. C. Johnstone, Edward J. Slawski und William W. Bowman, in der die Merkmale und Einstellungen US-amerikanischer Journalisten erstmalig auf repräsentativer Basis ermittelt wurden (vgl. Johnstone, Slawski & Bowman 1972, 1976). Primäres Ziel von Weaver und

Wilhoit war es, mit Hilfe ihrer ein Jahrzehnt später durchgeführten »follow-up study« (Weaver 1998: 395) die Daten von Johnstone, Slawski und Bowman zu überprüfen, um Auskunft über den Wandel des US-amerikanischen Journalismus zu erhalten. Beide Analysen waren repräsentativ angelegt, erweiterten also die Kommunikatorforschung, die bis dahin auf Fallstudien und Untersuchungen einzelner journalistischer Segmente begrenzt war, erheblich.

Die Idee einer Nachfolge-Studie entstand Ende der siebziger Jahre, als David Weaver und Richard G. Gray, der damalige Direktor der School of Journalism der University of Indiana, anläßlich der Tagung der Association for Education in Journalism and Mass Communication (AEJMC) in Houston, Texas, einen Vortrag zum Thema »Journalism and mass communication research in the United States: Past, present and future« hielten. Weaver und Gray stützten sich auf eine Studie, die sie im Auftrag der Gannett Foundation durchgeführt hatten. Im Kern gingen die Autoren davon aus, dass die Journalismus- und Medienorganisationsforschung deutlich gestärkt werden müsse, um die Vielzahl publikumsbezogener Studien auszugleichen. In der Folge bildete sich an der University of Indiana eine Forschungsgruppe, an der neben David Weaver und G. Cleveland Wilhoit auch Edmund Lambeth und Walter Jaehnig teilnahmen. Zu diesem Zeitpunkt gab es keine direkten Kontakte zur Forschungsgruppe um John Johnstone. Auf Anfrage stellte Johnstone jedoch Hintergrundinformationen und Hinweise zur Stichprobenziehung zur Verfügung. So konnte seine Untersuchung von Weaver und Wilhoit präzise repliziert werden.

Methodisch basiert *The American journalist* auf einer medienvermittelten Zufallsstichprobe von 1.001 Journalistinnen und Journalisten, die für Nachrichtenagenturen, Tageszeitungen, Hörfunk- und Fernsehsender sowie Nachrichtenmagazine tätig waren. Wie bei Johnstone, Slawski und Bowman konzentriert sich das Sample also auf den nachrichtlichen Journalismus, während der eher unterhaltungsorientierte Zeitschriftensektor weitgehend ausgeblendet blieb. Ebenfalls nicht einbezogen wurden die freiberuflich tätigen Journalistinnen und Journalisten. Durchgeführt wurde die Befragung 1982. Inhaltlich konzentriert sich die Untersuchung auf die demographische Zusammensetzung der Stichprobe (Alter, Geschlecht, ethnische Zugehörigkeit, Religionszugehörigkeit), das Einkommen, die politischen Einstellungen, den Ausbildungshintergrund, die Arbeitsbedingungen, die Arbeitszufriedenheit sowie die professionellen und ethischen Einstellungen der US-amerikanischen Journalisten.

Nach den Ergebnissen von Weaver und Wilhoit arbeiteten 1982 rund 112.000 Personen als Journalisten. 1971 konnten dagegen nur rund 43.500 hauptberuflich journalistisch tätige Personen ermittelt werden. Eine valide Ermittlung der Grundgesamtheiten vorausgesetzt, bedeutet das eine Steigerung um 61 Prozent innerhalb von zehn Jahren. Diese Expansion des journalistischen Berufsfeldes setzte sich in den neunziger Jahren fort: Weaver und Wilhoit replizierten ihre Studie 1992 und stellten fest, daß zu diesem Zeitpunkt etwa 122.000 Personen als Journalisten tätig waren, also ein weiteres Wachstum um knapp zehn Prozent (vgl. Weaver & Wilhoit 1996). Die Anfang der 90er Jahre replizierte Untersuchung beruht auf einem Hauptsample aus 1.156 befragten Journalisten; hinzu kamen – im Unterschied zur Untersuchung von 1982 – 254 Angehörige ethnischer Minoritäten.

Ein wesentlicher Wert von *The American journalist* liegt, wie die Beschreibung der dynamischen Entwicklung der journalistischen Berufsfelder illustriert, in der Vergleichbarkeit der Befunde mit ähnlich angelegten Vorgänger- bzw. Nachfolgestudien. Die Kernergebnisse von *The American journalist* können daher am besten komparativ verdeutlicht werden, also im Vergleich der 1982 und 1992 durchgeführten Studien.

Wenig verändert haben sich im US-amerikanischen Journalismus die beruflichen Rollenselbstbilder: Sowohl Anfang der 80er als auch Anfang der 90er Jahre dominierten die Rollen des Interpretierers (interpreter), des Rechercheurs (investigator) und des Vermittlers von Informationen (disseminator). Dem Rollenselbstverständnis des Widersachers (adversary), der sich als Opponent zur Regierung versteht, neigte demgegenüber nur ein Fünftel der Befragten zu. Reine Typen fanden sich freilich selten: Rund die Hälfte derjenigen, die sich dem Selbstbild des Interpretierers und Rechercheurs anschlossen, hielten die Rolle des Vermittlers ebenfalls für wichtig. Im Unterschied zu den geringen Veränderungen des journalistischen Selbstbildes ermittelten Weaver und Wilhoit einen deutlichen Wandel ethischer Normen: 1982 war beispielsweise nur jeder dritte US-Journalist bereit, persönliche Dokumente interviewter Personen ohne Erlaubnis zu verwenden; zehn Jahre später stimmte immerhin nahezu die Hälfte der Befragten dieser Recherchepraktik zu. Hinsichtlich der demographischen Merkmale sind zwei Befunde besonders bemerkenswert: Die Zahl von Journalisten, die ethnischen Minderheiten angehören, stieg von vier auf acht Prozent, was für die multikulturelle US-Gesellschaft von großer Relevanz ist. Unverändert stagniert dagegen der Anteil von Frauen im Journalismus bei einem guten Drittel.

The American journalist regte eine Vielzahl von Nachfolge-Studien in anderen Ländern an (vgl. Weaver 1998), darunter auch Anfang der 90er Jahre zwei Untersuchungen in Deutschland. Die repräsentative Studie »Journalismus in Deutschland« (vgl. Weischenberg, Löffelholz & Scholl 1998, 1994, 1993) sowie die zur selben Zeit durchgeführte »Sozialenquete ost- und westdeutscher Journalisten« (vgl. Schönbach, Stürzebecher & Schneider 1994; Schneider, Schönbach & Stürzebecher 1993) stellten die Datengrundlage über den deutschen Journalismus auf ein solides Fundament. Anders als bei Weaver und Wilhoit wurden Grundgesamtheit und Sample in der Studie »Journalismus in Deutschland« jedoch weiter gefaßt. Nicht nur der gesamte Zeitschriftenbereich und die Anzeigenblätter, auch das Segment der freiberuflich tätigen Journalisten wurden einbezogen. Beide deutschen Untersuchungen orientieren sich in einer Reihe von Dimensionen an dem Befragungsinstrument, das in *The American journalist* verwendet wurde. So ist es möglich, den deutschen und den US-Journalismus miteinander zu vergleichen. Als zentraler Befund kristallisierte sich heraus, daß – im Gegensatz zu früheren Spekulationen über erhebliche Unterschiede bei den beruflichen und politischen Einstellungen von deutschen und US-Journalisten – eine Vielzahl von Gemeinsamkeiten besteht.

Literatur

John W. C. Johnstone, Edward J. Slawski, William W. Bowman (1972): The professional values of American newsmen. In: *Public Opinion Quarterly*, 36. Jg., S. 522-540.

John W. C. Johnstone, Edward J. Slawski, William W. Bowman (1976): *The news people. A sociological portrait of American journalists and their work.* Urbana, IL, London: University of Illinois Press.
Beate Schneider, Klaus Schönbach, Dieter Stürzebecher (1993): Journalisten im vereinigten Deutschland. Strukturen, Arbeitsweisen und Einstellungen im Ost-West-Vergleich. In: *Publizistik,* 38. Jg., S. 353-382.
Klaus Schönbach, Dieter Stürzebecher, Beate Schneider (1994): Oberlehrer und Missionare? Das Selbstverständnis deutscher Journalisten. In: Friedhelm Neidhardt (Hrsg.): *Öffentlichkeit, öffentliche Meinung, soziale Bewegungen.* Opladen: Westdeutscher Verlag, S. 139-161.
David H. Weaver (1998) (Hrsg.): *The global journalist. News people around the world.* Cresskill, NJ: Hampton Press.
David H. Weaver, Wilhoit G. Cleveland (1996): *The American journalist in the 1990s. U.S. news people at the end of an era.* Mahwah, NJ: Lawrence Erlbaum.
Siegfried Weischenberg, Martin Löffelholz, Armin Scholl (1993): Journalismus in Deutschland. Design und erste empirische Befunde der Kommunikatorstudie. In: *Media Perspektiven,* Nr. 1, S. 21-33.
Siegfried Weischenberg, Martin Löffelholz, Armin Scholl (1994): Merkmale und Einstellungen von Journalisten. Journalismus in Deutschland II. In: *Media Perspektiven,* Nr. 4, S. 154-167.
Siegfried Weischenberg, Martin Löffelholz, Armin Scholl (1998): Journalism in Germany. In: David H. Weaver (Hrsg.): *The global journalist. News people around the world.* Cresskill, NJ: Hampton Press, S. 229-256.

Martin Löffelholz

Bernward Wember (1976): *Wie informiert das Fernsehen? Ein Indizienbeweis.* München: Paul List. 175 Seiten. – 3., erweiterte Auflage 1983. 189 Seiten.

Unter den in diesem Band vorgestellten Werken nimmt Bernward Wembers »Indizienbeweis« in mehrerlei Hinsicht eine Sonderstellung ein: *Wie informiert das Fernsehen?* ist zum einen kein an theoretischen Ansätzen orientiertes Fachbuch im traditionellen Sinn, sondern eine fallbeispielhafte Produktanalyse aktueller Berichterstattung. Zweitens entstand der Band aus einer Fernsehsendung, die der Autor für das ZDF (und damit für ein Massenpublikum) produzierte und die enorme öffentliche Resonanz hervorrief. Daraus resultiert das auffälligste Kennzeichen dieses »Buchs zum Film«, nämlich seine formale Gestalt: Als Dokumentation organisiert, verknüpft es Screenshots aus der Fernsehsendung mit dem Abdruck der gesprochenen Kommentare, akribisch genauen Filmprotokollen und den Reaktionen der Medien auf die Sendung zu einem medienpädagogischen Gesamtwerk. Und schließlich dürfte es diesem fernsehkritischen Fachbuch wie keinem zweiten gelungen sein, eine öffentliche Diskussion über die Qualität von Fernsehberichterstattung anzustoßen.

Bernward Wember (geb. 1943), in den 70er Jahren ein prominenter Medienkritiker, prägte in diesem Werk den bis heute gebräuchlichen Begriff der »Bild-Text-Schere« für die Diskongruenz zwischen visuell und auditiv vermittelten Informationen. Dabei handelt es sich allerdings nur um einen Aspekt seiner vielschichtigen Diagnose, die fundamentale Defizite in der Informationsvermittlung durch das Fernsehen ausmacht. Ausgangspunkt seiner Betrachtungen ist ein neunminütiger Informationsfilm des Zweiten Deutschen Fernsehens (ZDF) über den Nordirland-Konflikt aus dem Jahr 1976. Anhand einzelner Einstellungen aus dieser Reportage werden sehr anschaulich Charakteristika von Bildauswahl,

Dynamik der Montage und Kommentierung aufgezeigt (Inhaltsanalyse) und in Einzelfällen mit Wirkungsstudien verknüpft (Experimentaldesign). Konkret weist Wember anhand seines Fallbeispiels nach, daß Motivwahl, Bildausschnitt, Kamerabewegungen und Filmrhythmus weniger auf die Informationsvermittlung, sondern auf die Erzeugung eines orientierenden Reflexes (»Augenkitzel«) abzielen, um die Aufmerksamkeit des Zuschauers zu erregen. Durch Re-Arrangieren einzelner Bildfolgen und Texte konnte er die Behaltensleistungen in einer Experimentalgruppe erheblich verbessern.

Wember findet seine These einer »Verseuchung der Denkwelt« bestätigt: Fernsehberichterstattung behindere Informationen, statt sie verständlich zu machen, was er als Bedrohung einer demokratischen Urteilsbildung interpretiert. Seine Bemühungen um einen »konstruktiven Gegenvorschlag« dokumentiert er durch einen viertelstündigen, selbst hergestellten Nachrichtenfilm über das Irland-Thema, der vollständig auf vor Ort gedrehtes Material verzichtet und die Zusammenhänge durch abstrakte Symbole zu verdeutlichen sucht. Ein wesentlicher Teil des Buches stellt im Anschluß Arbeitsmaterial für die Medienerziehung bereit, das im wesentlichen aus einem detaillierten Protokoll des originalen Irland-Films nebst zugehöriger Anleitung zur Transkription und Blanko-Formularen besteht. Für den Einsatz in Seminaren wurden zusätzlich Videocassetten angeboten, und so haben Generationen von Studierenden seit der Publikation von Buch und Film Beispiele aus der Fernsehberichterstattung nach dem Vorbild dieser Fallanalyse zerlegt.

Das Buch *Wie informiert das Fernsehen?*, deutlich vor der Einführung des Privatfernsehens in Deutschland am Beispiel öffentlich-rechtlicher Berichterstattung entstanden, löste im Kontext der schon damals geführten Diskussion um den Programmauftrag des Fernsehens eine enorme Resonanz aus. »Gründlicher, seriöser und auf sachliche Weise spannender ist Fernsehen im Fernsehen noch nicht kritisiert, härter noch nie abgeurteilt worden«, konstatierte seinerzeit ›Der Spiegel‹ (Nr. 50, 1975). In der Tat dokumentiert Wembers Buch einen in der Geschichte des deutschen Fernsehens singulären Vorgang: Wie bei Wembers Vorläuferprojekt »Objektiver Dokumentarfilm?« aus dem Jahre 1972 initiierte das ZDF die Studie, hat sie finanziert, mit ihrem Archiv unterstützt und das Ergebnis zur besten Sendezeit veröffentlicht – ein in der heutigen Fernsehlandschaft nicht mehr vorstellbarer Akt der Selbstkritik. Konsequent wurde damit der damals verbreiteten Forderung Rechnung getragen, Fernsehkritik sei nur als intramediale Kritik denkbar. Doch schon damals fiel beispielsweise dem Rezensent der ›Zeit‹ (19.12.1975) auf, daß Wember sich mit seinen eigenen Waffen schlägt, wenn er selbst zu einer reißerischen Argumentationsweise greift.

Aus wissenschaftlicher Sicht kann diese Produktanalyse (man möchte sagen: zwangsläufig) nur teilweise überzeugen. Die plakativen Thesen werden in keinerlei theoretischen Bezugsrahmen eingestellt, weder einschlägige soziologische noch psychologische Konzepte werden herangezogen. Und für seine Behauptung, das von ihm exemplarische Bildmaterial sei »beliebig« herausgegriffen, stünde also stellvertretend für die Berichterstattung über andere politische Themen, bleibt Wember den Beweis schuldig. Sicherlich mag der Entstehungskontext des Films (und damit auch des Buchs) diesen Sachverhalt erklären: Abzielend auf die Beachtung durch »normale« Fernsehzuschauer (also interessierte

Laien) und durch die begrenzten Vermittlungsqualitäten des flüchtigen Mediums Fernsehen geprägt, handelt es sich sogar um eine beachtliche Transferleistung. Aber damit läßt sich nicht die Verkürzung seiner Argumentation entschuldigen, wenn Wember meint, mit Hilfe seiner mühseligen Alternativästhetik aus Schrift, Pfeilen und Piktogrammen ließe sich letztendlich die demokratische Urteilsfähigkeit der Gesellschaft verbessern. So beklagenswert diese Situation sein mag – aktuelle Berichterstattung wird immer unter Zeitdruck geschehen, womit für Wembers aufwendige Darstellungsformen im Redaktionsalltag schlicht keine Zeit bleiben dürfte. Außerdem steht vor der Rezeption auch auf Publikumsseite immer eine Art von Selektion, und selbst eine didaktisch untadlige Aufbereitung verpufft dann wirkungslos, wenn sie dem Publikum so wenig attraktiv daherkommt, daß sie gleich weggeschaltet wird. Dieser Dialektik – und damit der alten Frage nach dem Kompromiß zwischen Verpackung und Inhalt – stellt sich *Wie informiert das Fernsehen?* erst im Anhang zur dritten Auflage des Buchs, wo der Verfasser zu einer Kritik des Journalisten Stefan Troller Stellung bezieht.

Gerade im Zeitalter des Infotainment hat die Methodik von Wembers »Indizienbeweis« nichts an Charme eingebüßt. Im Gegenteil: Die Vervielfachung des Angebotsvolumens und die Ausdifferenzierung des Informationsgenres in neue Darstellungsformen hat der Autor, inzwischen Professor für Theorie der audiovisuellen Kommunikation an der Hochschule der Künste Berlin, zum Anlaß für eine rezipientenorientierte Erweiterung seines Ansatzes genommen. Seine Metapher von der » Bauch-Kopf-Schere« (Wember 1993), die auf das Zusammenspiel von Rationalität und Emotionalität bei der Medienrezeption verweist, will er ausdrücklich als Ergänzungsmodell zur klassischen Bild-Text-Schere verstanden wissen: In der politischen Informationsvermittlung des dualen Systems gehe – aus Gründen moderner Gestaltungslogik – die Schere von emotionaler Betroffenheit und rationaler Erklärung extrem weit auseinander: »Politische Realität wird oft reduziert auf erlebbare Oberfläche, auf den erlebbaren emotionalen Kick« (Wember 1993: 33), was eine ganzheitliche Bewältigung von gesellschaftlicher Realität verhindere. Wembers mediendidaktische Folgearbeiten zielen deswegen darauf ab, Zuschauer (durch entsprechend gestaltete Angebote) weg von einem passiven Konsumsehen hin zu einem aktiven Beteiligungssehen zu motivieren.

Literatur

Bernward Wember (1993): »Die Bauch-Kopf-Schere« oder: Was machen Menschen mit Informationen. In: *Medium spezial*, 23. Jg., S. 31-36.

Patrick Rössler

Benjamin Lee Whorf (1956): *Language, thought and reality. Selected writings.* Hrsg. von John B. Carroll. New York: MIT Press. XI, 278 Seiten.

Deutsche Ausgabe: Benjamin Lee Whorf (1963): *Sprache – Denken – Wirklichkeit. Beiträge zur Metalinguistik und Sprachphilosophie.* Reinbek bei Hamburg: Rowohlt. 157 Seiten. – 22. Auflage 1999. 155 Seiten.

Benjamin Lee Whorf (1897-1941), der nach einem Chemie-Studium am Massachusetts Institute of Technology (MIT) als Brandverhütungsingenieur für eine Versicherung gearbeitet hatte, kam erst spät mit der Wissenschaft in Kontakt. Nachdem er auf einer Reise nach Mexiko zu einer Reihe von Aufsätzen über Maya-Hieroglyphen inspiriert worden war, lernte er 1928 Edward Sapir kennen, einen der damals führenden amerikanischen Sprachwissenschaftler und sein späterer Lehrer. Whorf war unter Sapir von 1937 bis 1938 Dozent für Anthropologie an der Yale University.

Whorf hat sich in mehreren Aufsätzen mit der Maya-Schrift, dem Aztekischen und vor allem mit Indianersprachen, darunter insbesondere dem Hopi, beschäftigt. Seine wichtigsten Aufsätze sind seit Anfang der dreißiger Jahre bis nach seinem Tod 1941 erschienen. Selten hat ein Wissenschaftler mit einer so kurzen aktiven Laufbahn eine so große – weltweite – Resonanz erreicht wie Benjamin Lee Whorf.

Das entscheidende Konstrukt, aufgrund dessen Whorf Einfluß weit über die Linguistik und die Sprachphilosophie hinaus gewinnen konnte, waren seine Überlegungen zum Zusammenhang von Sprache und Denken. Aus seinen Beobachtungen und Untersuchungen nicht-amerikanischer Sprachen leitete er das »linguistische Relativitätsprinzip« ab, auch »linguistischer Determinismus« oder »Sapir-Whorf-These« genannt (vgl. Lewandowski ^{3}1979, Bd. 2: 475ff.). Es besagt im Kern, »daß nicht alle Beobachter durch die gleichen physikalischen Sachverhalte zu einem gleichen Weltbild geführt werden, es sei denn ihre linguistischen Hintergründe sind ähnlich oder können in irgendeiner Weise auf einen gemeinsamen Nenner gebracht werden« (S. 12). An einer anderen Stelle präzisiert Whorf diesen Gedanken insofern, als er unterschiedliche Grammatiken dafür verantwortlich macht, daß die Wahrnehmung (Beobachtungen) von Menschen und ihre Bewertungen von Wahrnehmungen unterschiedlich sind, je nachdem in welcher Grammatik sie sich artikulieren. »Sie sind daher als Beobachter einander nicht äquivalent, sondern gelangen zu irgendwie verschiedenen Ansichten von der Welt« (S. 20). Zu dieser Hypothese gelangte Whorf durch Beobachtungen wie die, daß in der Hopi-Sprache (die Hopi sind ein nordamerikanischer Stamm der Pueblo-Indianer in Arizona) Wörter wie »Blitz«, »Welle«, »Flamme«, »Meteor«, »Rauchwolke« und »Puls« nicht anders als in der Form von Verben ausgedrückt werden können. Diese Vorgänge von kurzer Dauer werden also in unseren Sprachen durch Nomen, in der Hopi-Sprache durch Verben bezeichnet. Ebenfalls hat Hopi z.B. nur ein Substantiv für alles, was fliegt, mit Ausnahme der Vögel, deren Klasse durch ein anderes Hauptwort bezeichnet wird. Insekten, Flugzeuge und Flieger werden alle mit demselben Wort bezeichnet, und die Hopi sehen darin kein Problem. Für Sprecher europäischer Sprachen oder des Amerikanischen wäre diese Klasse viel zu groß und umfassend. Umgekehrt erscheint den Eskimos unser Wort »Schnee« ebenfalls als zu umfassend: Eskimos haben für diese Phänomene unterschiedliche Wörter, während wir die Unterschiede, die wir auch zwischen fallendem Schnee, auf dem Boden liegendem Schnee, wässrigem Schnee etc. wahrnehmen, nur durch Adjektive bzw. adverbiale Beschreibungen deutlich machen.

Die Whorf'sche Hypothese von der Relativität des Denkens durch Sprache und speziell durch grammatische Strukturen hat vor allem in bestimmten einfacheren Versionen eine starke Wirkung erzielt. Sie wurde aber auch kritisch betrachtet und aufgrund weiterer empirischer Studien differenziert (vgl. zu einem Forschungsüberblick z.B. Gipper 1972: 77ff.). Gegen Whorf wird vorgebracht, daß seine erkenntnistheoretischen Prämissen unklar seien und die meisten einer strengen Prüfung nicht standhielten, daß er zirkelhaft argumentiere. Auch das Argument der prinzipiellen Übersetzbarkeit von einer Sprache in die andere wird gegen seine Annahmen ins Feld geführt. Helmut Gipper (1972: 90) stellt zwar fest, es sei unmöglich, ein mathematisches Lehrbuch oder das Werk eines europäischen Philosophen ins Hopi zu übersetzen, weil dort ein ausgebildetes System der Zahlwörter oder eine philosophische Terminologie fehlt. Er schließt jedoch eine mögliche Fortentwicklung der Hopi-Sprache dahingehend nicht aus, daß dies eines Tages doch noch möglich sein würde. Gipper (1972: 236ff.), der während zweier Aufenthalte bei den Hopi-Indianern die Annahmen von Whorf überprüft hat, kommt aufgrund einer profunden Analyse der gesamten Diskussion und des linguistischen Relativitätsgedankens sowie seiner eigenen Untersuchungen der Grammatik der Hopi-Sprache zu einem differenzierten Ergebnis: Einerseits wird ein »rationaler Kern« des Relativitätsgedankens akzeptiert, der aber nicht so radikal interpretiert wird, wie es bei Whorf anklingt. Zudem werden eine Reihe von Unklarheiten, Widersprüchen und überzogenen Interpretationen von Whorf kritisiert. Die »gemäßigte« Antwort auf die Frage wird von ihm wie folgt formuliert: »Das Denken jedes Menschen ist insofern ‚relativ' zu den Ausdrucksmöglichkeiten der verfügbaren Sprachsysteme und ihrer semantischen Strukturen, als es nur Gestalt gewinnen kann, indem es sich diesen gegebenen Bedingungen fügt. Abstraktes Denken auf höheren Stufen kann sich durch die Schaffung künstlicher Symbolsysteme von den Gemeinsprachen emanzipieren, ohne deshalb jedoch völlig sprachunabhängig zu werden.« (Gipper 1972: 248)

Die These von der linguistischen Relativität ist in vielen anderen Disziplinen, auch in der Kommunikationswissenschaft, rezipiert worden, aber meist als grob und undifferenziert wahrgenommenes Konzept (z.B. → Burkart 1983; hier ³1998: 94ff., der der sprachlichen Relativität ein ganzes Kapitel widmet, oder Severin & Tankard 1992: 77). Die differenzierte Diskussion über dieses Prinzip innerhalb der Linguistik oder der Anthropologie wurde in der Kommunikationswissenschaft nicht oder nur am Rande wahrgenommen.

Literatur

Helmut Gipper (1972): *Gibt es ein sprachliches Relativitätsprinzip? Untersuchungen zur Sapir-Whorf-Hypothese.* Frankfurt am Main: Fischer.

Theodor Lewandowski (³1979): *Linguistisches Wörterbuch.* Bde. 1-3. Heidelberg: Quelle & Meyer.

Edward Sapir (1961): *Die Sprache. Eine Einführung in das Wesen der Sprache.* München: Max Huber.

Werner J. Severin, James W. Tankard, Jr. (1992): *Communication theories: Origins, methods, and uses in the mass media*. New York, London: Longman.

Günter Bentele

Jürgen Wilke (1984): *Nachrichtenauswahl und Medienrealität in vier Jahrhunderten. Eine Modellstudie zur Verbindung von historischer und empirischer Publizistikwissenschaft*. Berlin, New York: de Gruyter. VIII, 294 Seiten.

Jürgen Wilkes Studie *Nachrichtenauswahl und Medienrealität in vier Jahrhunderten* nimmt in zweierlei Hinsicht einen zentralen Stellenwert in der Entwicklung der jüngeren deutschen Kommunikationswissenschaft ein: Einerseits kann sie gemeinsam mit Andreas Emmerichs (1984) experimenteller Untersuchung, Joachim Friedrich Staabs (1990) Analyse der Berichterstattung über öffentliche Konflikte und Christiane Eilders' (1997) rezeptionsorientierter Studie zu den umfassendsten deutschen Beiträgen zur Nachrichtenwertforschung gezählt werden, andererseits kommt ihr im Hinblick auf die intendierte Zusammenführung der empirischen und historischen Tradition des Faches Pioniercharakter zu. Lange war die in den 60er Jahren in Deutschland einsetzende Orientierung an empirischen Methoden, wie sie in den USA insbesondere von zahlreichen, in der Zeit des Nationalsozialismus (und Austrofaschismus) emigrierten oder vertriebenen Wissenschaftlern angewandt wurden, für die historische Forschung folgenlos geblieben. Schon 1973 kritisierten Hans Bohrmann und Rolf Sülzer die »traditionelle Publizistikwissenschaft historisch politischer Arbeitsweise«, an ihren »überkommenen Arbeitsfeldern« festzuhalten und »über Pressegeschichte und Persönlichkeiten der Publizistik [zu publizieren], als sei nichts geschehen«. Doch erst Jürgen Wilke (geb. 1943), seit 1988 Professor für Publizistik in Mainz und in zahlreichen Funktionen im Rahmen deutscher und internationaler Universitäten, Fachgesellschaften und Kommissionen tätig, hat am Beginn der 80er Jahre mit seiner programmatisch gemeinten, als Habilitationsschrift vorgelegten »Modellstudie« einen breit angelegten Versuch unternommen, das methodische Instrumentarium der empirischen Kommunikationswissenschaft für historische Analysen nutzbar zu machen.

Dafür wählte er den im Anschluß an Johan Galtung und Mari Holmboe Ruge (1965) von Winfried Schulz neu fundierten und methodisch weiterentwickelten Ansatz der Nachrichtenwerttheorie (→ Schulz 1976). Seinen zentralen Prämissen entspricht der Buchtitel *Nachrichtenauswahl und Medienrealität*: Medien bilden Realität nicht ab, sie konstituieren – für ihr Publikum – Realität. Dieses medienvermittelte Bild von Realität konturieren die Nachrichtenfaktoren, die den Rezipienten als Ereignismerkmale scheinen, von Schulz aber (analog dem individuellen Informationsverarbeitungsprozeß) als »journalistische Hypothesen von Realität« interpretiert werden. Je mehr demnach ein Ereignis dem entspricht, was Journalisten für wichtige Eigenschaften der Realität halten, desto größer ist ihr – Selektionsentscheidung, Beachtungsgrad und Aufmachung prägender – Nachrichtenwert. (Aus der sich daraus ergebenden Konsequenz, daß Nachrichtenwerte dazu beitragen, ob und in welchem Maße ein Ereignis beim Publikum

Aufmerksamkeit erregt, leitet Wilke im Schlußkapitel »Folgerungen für eine Wirkungsgeschichte der Massenmedien« ab.)

Im Zentrum der Untersuchung stehen jedoch Konstanz bzw. Variabilität der Nachrichtenwerte über einen Zeitraum von fast dreihundert Jahren, gemessen an den als Beitragsmerkmalen operationalisierten Nachrichtenfaktoren und ausgewählten Nachrichtenwert-Indikatoren. Für die ersten zwei von insgesamt sechs, in einem Abstand von etwa sechzig Jahren zwischen 1622 und 1906 liegenden Stichjahren wählt Wilke als Untersuchungsgegenstand die in Hamburg unter vergleichsweise günstigen pressepolitischen Rahmenbedingungen erscheinende ›Wöchentliche Zeitung auß mehrerley örther‹, für den Großteil der »Zeitreihenanalyse« aber den ›Hamburgischen Unpartheyischen Correspondenten‹ als in programmatischer und auflagenmäßiger Hinsicht herausragende Zeitung Deutschlands. In jedem Jahrgang werden durchschnittlich 14, vorzugsweise (je nach Quellenlage) im November erschienene Ausgaben inhaltsanalytisch untersucht, Kodiereinheit ist der einzelne Nachrichtenbeitrag. Der gesamte Datensatz umfaßt 5.178 Artikel. Die von Wilke anhand historischen Textmaterials erörterten Probleme bei der Kodierung verweisen freilich auf grundsätzliche, bei aktuellen Analysen selten hinterfragte Aspekte der Intercoder-Reliabilität.

Die anhand kommunikationstheoretischer wie zeitgenössischer historischer Literatur interpretierten, zum Teil vorgefaßte Sichtweisen in Frage stellenden Ergebnisse sind auf mehreren Ebenen angesiedelt. Grundsätzlich sprechen die Befunde für einen erheblichen langfristigen Wandel der Medienrealität, den Wilke als Diversifikation vor allem seiner thematischen und personellen Struktur (letztere als Rückgang der Dominanz der politisch-militärischen Elite zugunsten neuer sozialer Einflußgruppen und Personen ohne Statusprominenz) beschreibt und in Zusammenhang mit Prozessen gesellschaftlicher Differenzierung und Demokratisierung sieht. Darüber hinaus kann das (zumeist späte) 19. Jahrhundert als zentraler Veränderungszeitraum identifiziert werden. Davon betroffen sind einerseits Nachrichtenwert-Indikatoren wie der Anstieg des durchschnittlichen Umfangs eines Beitrags, die zum heute gewohnten journalistischen Umbruch sich entwickelnde Aufmachung der Nachrichten und die Differenzierung der Stilformen im Sinne einer »Subjektivierung« des Medieninhalts. Andererseits zeichnet sich im selben Zeitraum auch hinsichtlich der Geltung zahlreicher Nachrichtenfaktoren eine Beschleunigung längerfristiger Entwicklungen ab. Dies gilt beispielsweise für »Nähe« (Zunahme der lokalen und nationalen Berichterstattung bei sinkendem Anteil – geographisch expandierender – Auslandsberichte), »Ethnozentrismus« (Anstieg von Beiträgen mit rein innerdeutschem Geschehen) und »Negativität« (Tendenz zu negativen Nachrichten, allerdings verursacht durch Ausweitung der unpolitischen Berichterstattung über Kriminalität und Sensationen, bei gleichzeitigem Trend zu geringerer Konflikthaltigkeit). Andere wiederum, wie »Personalisierung« und »Bezug zu Elite-Nationen«, erweisen sich über die Jahrhunderte hinweg als relativ stabil. Im letzten Teil der Untersuchung fragt Wilke schließlich in Anlehnung an George Gerbner (1969) nach der Rolle der Massenmedien bei der Schaffung eines kollektiven Bewußtseins, also nach der Konsonanz der Medienrealität(en). Ein Vergleich der oben genannten Zeitungen mit je einer unter gleichen bzw. verschiedenen lokalen Bedingungen (vor allem in Berlin) erscheinenden Zeitung ergibt eine kontinuierlich hohe (in absoluten Zahlen sogar steigende) Konsonanz sowohl der politischen Berichterstattung als auch der Berichte über Ereignisse mit großer Tragweite (wobei dieser Nachrichtenfaktor bei einem Bezug der Nachricht auf einen erkennbar großen Kreis von Personen, vor allem auf Nation/en, Staat/en oder Gesellschaft/en gegeben ist). Der im Gegensatz dazu diagnostizierte Rückgang der Ähnlichkeit der Medienrealität in der Gesamtberichterstattung wurde von Klaus Merten und Petra Teipen (1991) aus methodischen Gründen in Frage gestellt, indem sie anhand der veröffentlichten Angaben eine hoch signifikante Korrelation des Gesamtvolumens der Berichterstattung mit der Zahl (nicht dem Anteil) konsonanter Beiträge errechneten. Auch wenn es bedauerlich ist, daß Wilke die Diskussion seiner Ergebnisse nicht durch statistische Hypothesentests gestützt hat, setzt die zwei Jahre später um einen Vergleich mit französischen, englischen und amerikanischen Zeitungen erweiterte Studie (vgl. Wilke 1986) Standards, an denen kommunikationswissenschaftliche Analysen historisch orientierter Fragestellungen zu messen sind.

Literatur

Hans Bohrmann, Rolf Sülzer (1973): Massenkommunikationsforschung in der BRD. Deutschsprachige Veröffentlichungen nach 1960. Kommentar und Bibliographie. In: Jörg Aufermann, Hans Bohrmann, Rolf Sülzer (Hrsg.): *Gesellschaftliche Kommunikation und Information. Forschungseinrichtungen und Problemstellungen. Ein Arbeitsbuch zur Massenkommunikation*. Frankfurt am Main: Athenäum, S. 83-120.

Christiane Eilders (1997): *Nachrichtenfaktoren und Rezeption. Eine empirische Analyse zur Auswahl und Verarbeitung politischer Information*. Opladen: Westdeutscher Verlag.

Andreas Emmerich (1984): *Nachrichtenfaktoren: die Bausteine der Sensationen. Eine empirische Studie zur Theorie der Nachrichtenauswahl in den Rundfunk- und Zeitungsredaktionen*. Saarbrücken: Verlag Die Mitte.

Johan Galtung, Mari Holmboe Ruge (1965): The structure of foreign news: The presentation of the Congo, Cuba and Cyprus crisis in four Norwegian newspapers. In: *Journal of Peace Research*, 2. Jg., S. 64-91.

George Gerbner (1969): Toward »cultural indicators«: the analysis of mass mediated public message systems. In: George Gerbner, Ole R. Holsti, Klaus Krippendorff, William J. Paisley, Philip J. Stone (Hrsg.): *The analysis of communication content. Developments in scientific theories and computer techniques*. New York, London, Sydney, Toronto: Wiley & Sons, S. 123-132.

Klaus Merten, Petra Teipen (1991): *Empirische Kommunikationsforschung. Darstellung, Kritik, Evaluation*. München: Ölschläger.

Joachim Friedrich Staab (1990): *Nachrichtenwerttheorie. Formale Struktur und emprischer Gehalt*. Freiburg im Breisgau, München: Alber.

Jürgen Wilke (1976): Auslandsberichterstattung und internationaler Nachrichtenfluß im Wandel. In: *Publizistik*, 31. Jg., S. 53-90.

Josef Seethaler

Raymond Williams (1974): *Television. Technology and culture form*. Hanover: University Press of New England. 130 Seiten. – Neuausgabe. Hrsg. von Ederyn Williams. London: Routledge 1990. 164 Seiten.

Lange vor der deutschen Diskussion über Medien und sozialen Wandel beschreibt Raymond Williams (1921-1988) in seiner Studie *Television* die fundamentalen Wechselbeziehungen zwischen Technik, Wirtschaft, Kultur und Medien. Analysiert werden die technischen Innovationen des Fernsehens, das veränderte Konsumentenverhalten des Zuschauers, sein Familienleben und der Alltag. Sozialgeschichtliche Reflexionen zur Rekombination essentieller Basistechnologien charakterisieren Fernsehen als eine neue Idee der Vermittlung bewegter Bilder, soziologisch begriffen als eine »new and powerful form of social intervention and social control« oder aktueller modernisierungstheoretisch verstanden als »form of mobile privatisation«.

Die Institutionalisierung der Technologie wird beschrieben im Spannungsfeld zwischen Staat – hier mit Blick auf das Militär –, Öffentlichkeit und zuletzt Wirtschaft. Eine Formenanalyse von Fernsehen kombiniert die Entwicklung von Nachrichten, Diskussionen, Bildungsleistungen, Drama, Film, Varieté, Sport und Werbung. In einem weiteren Kapitel unternimmt Williams eine Programmanalyse des Fernsehens für eine Woche im März 1973. Er analysiert drei TV-Kanäle in Großbritannien und zwei in den Vereinigten Staaten. Das Auswertungsschema umfaßt zwölf Kategorien. Ein wesentliches Charakteristikum des Fernsehprogramms liegt im Fluß, in der Sequenz von Ereignissen und der Ablösung von der Kommunikation diskreter Items. Die entsprechende Aufmerksamkeit der Zuschauer kann nicht mehr isoliert und als jeweils zeitweilig, wie beispielsweise bei der Rezeption von Büchern oder Hörfunknachrichten begriffen werden, sondern sie hat sich an einem rasch wechselnden Fluß von Nachrichten-, Werbungs- und Unterhaltungssequenzen zu orientieren (vgl. auch Williams 1998).

Was sind nun die Wirkungen der Fernsehtechnologie und ihrer Nutzung? Zunächst sollten Wirkungen, so die These von Williams, immer in bezug auf die realen Absichten des Kommunikators und nicht nur bezogen auf die erklärten Absichten untersucht werden. Es geht auch nicht um die Technologie als Artefakt. Kritisiert wird die Auffassung von Marshall McLuhan, Medium bzw. Technologie als eine Ursache von Wirkung aufzufassen. Vielmehr scheint es mehr als plausibel zu sein, daß technologische Entwicklungen ganz wesentlich durch kommerzielle Absichten und ökonomische Handlungen im Wechselspiel mit politischen Interessen dominiert werden. Fernsehtechnologie unterliegt somit auch kulturellen und sozialen Definitionen und kann, technologisch gesehen, keinesfalls als ein autonomer Prozeß verstanden werden. Zum Schluß seiner Abhandlung diskutiert Williams – ausgehend von Entwicklungspotentialen der Technologie – Veränderungen der Fernsehnutzung.

Raymond Williams ist einer der bedeutenden britischen Linksintellektuellen der sechziger, siebziger und achtziger Jahre gewesen. Sein Buch *Television* ist die 17. von insgesamt 34 veröffentlichten Monografien zu verschiedensten Themen der Literaturwissenschaft, der Soziologie sowie marxistischer Literatur- und Sozialwissenschaft (vgl. Inglis 1995). Das Buch wurde später ins Italienische übersetzt und 1990 von seiner Tochter Ederyn Williams neu herausgegeben, dabei aber nur an einzelnen Stellen, insbesondere im Kapitel über Technologie, ergänzt. Wesentliche Prognosen über die Entwicklung des Fernsehens, so Ederyn Williams, hätten sich erfüllt (vgl. Williams 1990).

Die Wirkungsgeschichte von Raymond Williams *Television* berührt heute nicht nur die Medien- und Kommunikationswissenschaft gleichermaßen, sondern vor allem die Fernsehforschung. So werden Arbeiten zum Zusammenhang von sozialem Wandel und Fernsehentwicklung angeregt und dies nicht nur hinsichtlich theoretischer Erklärungen, sondern auch mit Blick auf empirische Beschreibungen (vgl. Bruns u.a. 1996). Somit liegt hier ein Klassiker der Fernsehtheorie vor, der auch noch zu Beginn des neuen Jahrtausends für die Kommunikationswissenschaft von Relevanz bleiben wird.

Literatur

Thomas Bruns, Frank Marcinkowski, Jörg-Uwe Nieland, Georg Ruhrmann, Thomas Schierl (1996): Das analytische Modell. In: Heribert Schatz (Hrsg.): *Fernsehen als Objekt und Moment sozialen Wandels. Faktoren und Folgen der aktuellen Veränderungen des Fernsehens*. Opladen: Westdeutscher Verlag, S. 19-55.

Fred Inglis (1995): *Raymond Williams*. London, New York: Routledge.

Raymond Williams (1998): Drama in einer dramatisierten Gesellschaft. In: Udo Göttlich, Jörg-Uwe Nieland, Heribert Schatz (Hrsg.): *Kommunikation im Wandel. Zur Theatralität der Medien*. Köln: Halem, S. 238-252.

Georg Ruhrmann

Heinrich Wuttke (1875): *Die deutschen Zeitschriften und die Entstehung der öffentlichen Meinung. Ein Beitrag zur Geschichte des Zeitungswesens*. Dritte Auflage. Leipzig: Joh. Wilh. Krüger. 446 Seiten – Frühere Auflagen: Hamburg: Hoffmann und Campe. 1866. 151 Seiten. – Zweite bis auf die Gegenwart fortgeführte Auflage. Leipzig: Joh. Wilh. Krüger. 1875. 405 Seiten.

»Ein Schlag in's Wasser war diese Schrift nicht«. Mit diesen, der zweiten Auflage seines Buches geltenden Worten leitete Heinrich Wuttke 1875 das Nachwort zu der nur wenige Monate später folgenden dritten Auflage ein. Die ein wenig trotzig anmutende Feststellung hatte ihren Grund, denn die erste, neun Jahre zuvor erschienene Ausgabe war zur Enttäuschung ihres Verfassers ein Schlag ins Wasser gewesen. Wuttke hatte sich von der Veröffentlichung dieser in der Ursprungsfassung rund 150 Druckseiten zählenden Flugschrift, die die deutsche Öffentlichkeit über die »Schattenseiten« (^{3}1875, S. 30) der Presse aufklären sollte, eine unmittelbare und durchschlagende Wirkung erhofft, mußte aber zur Kenntnis nehmen, daß die im Mai 1866 publizierte Schrift nach einem Jahr nur dreihundert Käufer gefunden hatte. Zur geringen öffentlichen Resonanz und Verbreitung dürfte zum einen beigetragen haben, daß die deutsche Presse Schrift und Autor weitgehend ignorierte, und zum anderen, daß nur wenige Wochen nach dem Erscheinen der Schrift, deren Verfasser sich zu einem demokratischen Nationalstaat unter Einschluß Österreichs bekannte, mit dem Sieg Preußens bei Königgrätz der politischen Zielsetzung, die Wuttke mit der Veröffentlichung verbunden hatte, die Grundlage entzogen war. Blieb auch eine direkte Wirkung der Schrift aus, fanden die pressekritischen Ausführungen Wuttkes und besonders seine Enthüllungen verdeckter Regierungseinflüsse auf die Presse doch allmählich Eingang in die öffentliche Diskussion. Im Herbst 1874 erschien eine neue Ausgabe, deren Umfang mehr als das Doppelte der Fassung von 1866 betrug. Diese zweite Auflage bestand aus dem leicht erweiterten Ursprungstext und einem etwa gleich großen neuverfaßten Teil, der die Entwicklung von 1866 bis 1874 beschrieb. Obwohl auch dieses Mal die Presse das Buch überwiegend totschwieg bzw. ablehnte, wurde schon wenige Monate später eine dritte Auflage nötig, die im Sommer 1875 erschien und noch einmal erweitert war. Eine vierte Auflage soll in Vorbereitung gewesen sein, als Wuttke im Juni 1876, erst 58jährig, überraschend starb. Erschienen ist hingegen ein Jahr nach seinem Tod eine französische Ausgabe, eine vom Verfasser genehmigte Übersetzung der dritten Auflage in einer gekürzten Fassung.

Heinrich Wuttke (geb. 1818) hatte Geschichte studiert und war nach Promotion (1838) und Habilitation (1841) im Jahr 1848 Professor für Geschichte in Leipzig geworden. Neben seiner wissenschaftlichen Tätigkeit engagierte er sich schon früh in der liberal-demokratischen Bewegung und wurde 1848 als Nachrücker des in Wien hingerichteten Robert Blum Mitglied der Frankfurter Nationalversammlung. Zu seinen politischen Aktivitäten gehörte auch eine umfangreiche tagespublizistische Tätigkeit. In den 1860er Jahren sympathisierte er mit der sich organisierenden Arbeiterbewegung und stand in Verbindung mit Ferdinand Lassalle. Dessen im Herbst 1863 im Druck erschienene Rede »Die Feste, die Presse und der Frankfurter Abgeordnetentag«, in der sich Lassalle polemisch mit der liberalen Presse auseinandersetzte, hat Wuttke offensichtlich beeinflußt, vielleicht zu seiner Schrift überhaupt erst angeregt. Für diese Vermutung spricht, daß Wuttke die Erstfassung 1866 veröffentlicht, aber schon 1864 geschrieben hat. Auch bezog Wuttke sich nicht nur wiederholt auf Lassalle, er übernahm auch einige von dessen Formulierungen, ging im Themenspektrum und im Umfang der Darstellung aber weit über Lassalle hinaus.

Wuttke, der nicht beabsichtigte, eine Gesamtdarstellung des deutschen Pressewesens vorzulegen (»Ein derartiges Werk möchte ich gern lesen, aber schreiben kann ich es nicht«; ^{3}1875, S. 229), hat doch die erste umfassende Beschreibung der Presse und ihrer politischen und kulturellen Funktionen im bürgerlich-industriellen Zeitalter geliefert. Überzeugt von der gesellschaftlichen Bedeutung der Presse (sie »vermittelt [...] gleichsam das Gesammtdenken der Zeit und redet die allgemeine Sprache des Zeitalters«; ^{3}1875, S. 47) beschäftigt er sich unter Einbeziehung der Entwicklung seit Beginn des 19.Jahrhunderts mit allen mit der Presse im Zusammenhang stehenden Bereichen zeitgenössischer Kommunikation. Sein Ansatz ist ein kritisch-normativer. Wie Lassalle geht er von der These aus, daß die Presse eine ideale, d.h. eine volksaufklärerische und volkserzieherische Aufgabe hat, sich aber tatsächlich aufgrund pressefremder Einflüsse von seiten des Staates und des Kapitals in einem Prozeß der Selbstentfremdung von ihrer eigentlichen Aufgabe und trotz ihrer äußeren Ausdehnung in einem Stadium des Niedergangs befindet. Unter diesem Gesichtspunkt beschreibt, analysiert und kritisiert er die Verhältnisse seiner Zeit, u.a. die zunehmende Entwertung journalistischer Arbeit und die Unterwerfung der Berufsjournalisten unter die Interessen der kapitalbesitzenden und profitorientierten Verleger, die Entstehung und Ausbreitung der Pressekorrespondenzen und Presseagenturen, die beträchtlichen Einfluß auf die Bildung der öffentlichen Meinung haben, aber selbst öffentlicher Kontrolle entzogen sind, die zumeist verdeckt arbeitenden Staats- und Regierungseinrichtungen zur Beeinflussung der öffentlichen Meinung, die Einflüsse von Börsen und Banken auf Finanzierung und Inhalt der

Presse sowie die Ausbreitung des Anzeigengeschäfts und dessen Auswirkungen auf die redaktionellen Teile der Zeitungen und Zeitschriften. Darstellung, Argumentation und Beweisführung untermauert Wuttke mit einer Vielzahl von ihm auch mündlich von Zeitgenossen zuteil gewordenen Informationen, ohne aber immer die Quelle anzugeben. Ungesicherte Angaben hingegen kennzeichnet er (z.B. »So behaupten Kundige«; [3]1875, S. 302). Er sieht sich in der Rolle eines »zeitgenössischen Geschichtsschreibers« ([3]1875, S. 13), dem auch Irrtümer unterlaufen können, verwahrt sich aber gegen den Vorwurf, die Realität aus politischen Gründen verzerrt wiederzugeben: »Man wähne ja nicht, daß ich [...] eine Muthmaßung als Wirklichkeit hinstelle. Ich verfahre gewissenhaft.« ([3]1875, S. 73)

Für Wuttke steht die Macht der Presse durch die von ihr auf Leser und Öffentlichkeit ausgeübte Wirkung außer Frage. Früher habe darin eine Chance gelegen, inzwischen aber überwiege die Bedrohung für die Entwicklung einer freiheitlichen und demokratischen Gesellschaft. Den nachdrücklichsten Beweis für seine Auffassung sieht er in der Formierung der deutschen öffentlichen Meinung durch die Pressepolitik Bismarcks im Umfeld der Einigungskriege von 1864 bis 1870/71. Eine von Geld- und Staatsmacht »organisirte Agitation [...] schafft absichtlich und künstlich das, was man hernach 'öffentliche Meinung' heißt« ([3]1875, S. 191). Deren Wirkungsmechanismus besteht nach Wuttke darin, zunächst den Eindruck zu vermitteln, Mehrheitsmeinung zu sein, um dann aufgrund der dadurch ausgelösten Sogwirkung auf die fehlinformierte und desorientierte Masse der Bevölkerung diese an sich zu ziehen (»wo viele sind [...] da kann man sich getrost anschließen«; [3]1875, S. 195) und damit tatsächlich die Mehrheit zu gewinnen. Gegen die Macht einer von Staats- und Kapitalinteressen gesteuerten Presse und der durch sie inszenierten öffentlichen Meinung setzt Wuttke auf die Aufklärung der Bevölkerung, der auch sein Buch dienen soll, denn »Irrtümer aufdecken führt hin zu des Verderblichen Entfernung« ([3]1875, S. 199).

In der von Wuttke attackierten regierungsfreundlichen Presse wurden seine Enthüllungen entweder totgeschwiegen oder scharf zurückgewiesen, ohne daß sich die Rezensenten auf inhaltliche Auseindersetzungen einließen. So leugnete ein anonymer Rezensent nicht die von Wuttke geschilderten »geheime(n) Schäden« in der deutschen Presse, attestierte dem Autor aber angesichts der Tatsache, daß er diese Schäden dem deutschen Volk »in Gegenwart der ganzen Welt« aufgedeckt habe, die »Abwesenheit jedes Begriffs von nationalem Anstand« (Prof. Wuttke's »Deutsche Zeitschriften« und das Ausland 1875: 463f.). Zustimmung hingegen erhielt Wuttke aus Kreisen der damaligen politischen Opposition einschließlich der sozialdemokratischen Arbeiterbewegung, in der Wuttke auch einen erheblichen Teil seiner Leser vermutete. Im Gefolge schon der ersten Ausgabe 1866 entstanden pressekritische Schriften anderer Autoren, die sich meist ausdrücklich auf Wuttke beriefen. Berufsjournalisten haben sich uneinheitlich über Wuttkes Buch geäußert. Während ein ungenannter Standesgenosse im Jahr 1893 an den Verfasser lobend erinnerte und sich dessen Positionen zu eigen machte (vgl. Wir Journalisten. Von einem Journalisten 1893: 552), nannte der Chefredakteur einer norddeutschen Tageszeitung Wuttke zwar einen »kundige(n) Mann«, bezeichnete aber dessen Bemerkungen über die Käuflichkeit der Presse als eine »unerhörte Verleumdung« (Jacobi 1902: 69). Mit zunehmendem zeitlichem Abstand fielen dann die Urteile substantieller und differenzierter aus, so in einer fachwissenschaftlichen Arbeit aus dem Jahr 1912, deren Autor das Wuttkesche Buch als »merkwürdig«, aber als »zweifellos besser als der Ruf, dem man ihm gemacht hat«, charakterisierte (Garr 1912: 19). Otto Groth schließlich erklärte das Buch zur »wichtigsten gesellschafts- und preßkritischen Schrift aus der zweiten Hälfte des neunzehnten Jahrhunderts« und zur »Hauptquelle für die Geschichte der damaligen politischen Presse Deutschlands« (→ Groth 1948: 210, 212). Dennoch ist Wuttkes Darstellung bis heute wissenschaftlich bei weitem nicht ausgeschöpft. Das mag sowohl an der entstehungsgeschichtlich bedingten Unübersichtlichkeit des Textes liegen als auch an den besonderen Schwierigkeiten, die die quellenkritische Einschätzung vieler von Wuttke mitgeteilter Angaben mit sich bringt, und vielleicht auch daran, daß die Verfügbarkeit des Buches, soweit überhaupt noch in öffentlichen Bibliotheken vorhanden, nicht unbedingt gesichert ist. Ein Reprint der 3. Auflage (Ende der 80er Jahre von einem Berliner Verlag angekündigt, aber nicht erschienen) wäre daher zu begrüßen, noch wünschenswerter aber wäre auch wegen der vielen erklärungsbedürftigen Querverweise und Anspielungen ein Neudruck der dritten Auflage mit Annotationen und Registern.

Literatur

Max Garr (1912): *Die wirtschaftlichen Grundlagen des modernen Zeitungswesens.* Wien, Leipzig: Franz Deuticke.

Richard Jacobi (1902): *Der Journalist.* Hannover: Gebrüder Jänecke.

Ferdinand Lassalle (1863): *Die Feste, die Presse und der Frankfurter Abgeordnetentag. Drei Symptome des öffentlichen Geistes.* Düsseldorf: Schaub'sche Buchhandlung (W. Nädelen).

Prof. Wuttke's »Deutsche Zeitschriften« und das Ausland (1875). In: *Deutsche Rundschau,* IV. Bd., S. 462-466.

Wir Journalisten. Von einem Journalisten (1893). In: *Die Grenzboten,* 3. Quartal, S. 552-561.

Hartwig Gebhardt

Register

Alphabetisches Titelregister

Chronologisches Titelregister

Personenregister

Mitarbeiterverzeichnis

Frank Andert, M.A.
(Universität Bremen)

Dr. Stefanie Averbeck
(Universität Leipzig)

Dozent Dr. Klaus Beck
(Universität Leipzig)

Dr. Markus Behmer
(Universität München)

Prof. Dr. Günter Bentele
(Universität Leipzig)

Prof. Dr. Verena Blaum
(Universität Lüneburg)

Prof. Dr. Bernd Blöbaum
(Universität Münster)

Prof. Dr. Karin Böhme-Dürr
(Universität Düsseldorf)

Prof. Dr. Hans Bohrmann
(Institut für Zeitungsforschung der Stadt Dortmund)

Prof. Dr. Heinz Bonfadelli
(Universität Zürich)

Prof. Dr. Holger Böning
(Universität Bremen)

Prof. Dr. Louis Bosshart
(Universität Fribourg)

Prof. Dr. Hans-Bernd Brosius
(Universität München)

Prof. Dr. Bernhard Debatin
(University of Athens, Ohio)

Prof. Dr. Wolfgang Donsbach
(Technische Universität Dresden)

Dr. Johanna Dorer
(Universität Wien)

Prof. Dr. Franz Dröge
(Universität Bremen)

Prof. Dr. Wolfgang Duchkowitsch
(Universität Wien)

Dr. Frank Esser
(Universität Mainz)

Bodo Franzmann
(Mainz)

Prof. Dr. Romy Fröhlich
(Universität München)

Prof. Dr. Hartwig Gebhardt
(Universität Bremen)

Prof. Dr. Peter Glotz
(Universität St. Gallen)

Dr. Udo Göttlich
(Universität Duisburg)

Dr. Gert Hagelweide
(Gevelsberg)

Dr. Lutz Hagen
(Universität Nürnberg)

Horst O. Halefeldt
(Deutsches Rundfunkarchiv, Frankfurt am Main)

Prof. Dr. Hanno Hardt
(University of Iowa)

Uwe Hartung, M.A.
(Institut für Demoskopie, Allensbach)

Prof. Dr. Christina Holtz-Bacha
(Universität Mainz)

Prof. Dr. Friedrich Krotz
(Universität Münster)

Dr. Christoph Kuhlmann
(Technische Universität Ilmenau)

Prof. Dr. Michael Kunczik
(Universität Mainz)

Prof. Dr. Arnulf Kutsch
(Universität Leipzig)

PD Dr. Erich Lamp
(Universität Mainz)

Prof. Dr. Wolfgang R. Langenbucher (Universität Wien)

Dr. Edmund Lauf
(Universiteit van Amsterdam)

Prof. Dr. Edgar Lersch
(Universität Halle-Wittenberg)

Prof. Dr. Martin Löffelholz
(Technische Universität Ilmenau)

Prof. Dr. Johannes Ludwig
(Fachhochschule Hamburg)

Michaela Maier
(Universität Jena)

PD Dr. Frank Marcinkowski
(Liechtenstein-Institut Bendern)

Dr. Rainer Mathes
(Mainz)

Prof. Dr. Axel Mattenklott
(Universität Mainz)

Prof. Dr. Klaus Merten
(Universität Münster)

Prof. Dr. Michael Meyen
(Universität München)

Dr. Wolfram Peiser
(Universität Mainz)

Jochen Peter, M.A.
(Universiteit van Amsterdam)

Prof. Dr. Peter Pleyer
(Em. Fachhochschule Münster)

Prof. Dr. Horst Pöttker
(Universität Dortmund)

Prof. Dr. Patrick Rössler
(Universität Erfurt)

Prof. Dr. Dr. Manfred Rühl
(Universität Bamberg)

Prof. Dr. Georg Ruhrmann
(Universität Jena)

Prof. Dr. Stephan Ruß-Mohl
(Università della Svizzera Lugano)

Prof. Dr. Ulrich Saxer
(Em. Universität Zürich)

Dr. Wilfried Scharf
(Universität Göttingen)

Prof. Dr. Dr. Michael Schenk
(Universität Stuttgart)

Prof. Dr. Michael Schmolke
(Universität Salzburg)

Prof. Dr. Irmela Schneider
(Universität Köln)

Prof. Dr. Bernd Schorb
(Universität Leipzig)

Prof. Dr. Walter J. Schütz
(Hochschule für Musik und Theater Hannover)

Dr. Josef Seethaler
(Österreichische Akademie der Wissenschaften Wien)

Prof. Dr. Rudolf Stöber
(Universität Bamberg)

Dipl.-Soz. Ralf Stockmann
(Universität Göttingen)

Prof. Dr. Jan Tonnemacher
(Universität Eichstätt)

Dr. Andreas Vogel
(Köln)

Dr. Katrin Voltmer
(University of Leeds)

Prof. Dr. Gerd Vowe
(Technische Universität Ilmenau)

Prof. Dr. Hans Wagner
(Universität München)

PD Dr. Johannes Weber
(Universität Bremen)

PD Dr. Ralph Weiß
(Hans-Bredow-Institut, Hamburg)

Prof. Dr. Gernot Wersig
(Freie Universität Berlin)

Prof. Dr. Hartmut Weßler
(Internationale Universität Bremen)

PD Dr. Joachim Westerbarkey
(Universität Münster)

Dr. Werner Wirth
(Hochschule für Musik und Theater Hannover)

Jens Woelke
(Universität Jena)

Prof. Dr. Hans Jürgen Wulff
(Universität Kiel)

Astrid Zipfel, M.A.
(Universität Mainz)

Dr. Guido Zurstiege
(Universität Münster)